Meffert · Marketing-Management

Heribert Meffert

Marketing-Management

Analyse – Strategie – Implementierung

GABLER

Prof. Dr. Dr. h.c. Heribert Meffert ist o. Professor der Betriebswirtschaftslehre, insbesondere Marketing und Direktor des Instituts für Marketing an der Universität Münster.

Deutsche Bibliothek – CIP-Einheitsaufnahme

Meffert, Heribert:
Marketing-Management : Analyse, Strategie, Implementierung / Heribert Meffert. – Wiesbaden: Gabler, 1994
ISBN 3-409-23613-9

Der Gabler Verlag ist ein Unternehmen der Verlagsgruppe Bertelsmann International.

Lektorat: Barbara Marks

Höchste inhaltliche und technische Qualität unserer Produkte ist unser Ziel. Bei der Produktion und Verbreitung unserer Bücher wollen wir die Umwelt schonen: Dieses Buch ist auf säurefreiem und chlorarm gebleichten Papier gedruckt. Die Einschweißfolie besteht aus Polyäthylen und damit aus organischen Grundstoffen, die weder bei der Herstellung noch bei der Verbrennung Schadstoffe freisetzen.

Satz: RESchulz, Dreieich-Buchschlag
Druck und Bindung: Wilhelm & Adam, Heusenstamm
Printed in Germany

ISBN 3-409-23613-9

Vorwort

Auf dem Gebiet des Marketing hat sich in Wissenschaft und Praxis seit geraumer Zeit ein bemerkenswerter Wandel vollzogen. Unter dem Einfluß veränderter Markt- und Umweltbedingungen ist die auf den Einsatz absatzpolitischer Instrumente bezogene Sichtweise des Marketing-Management weiterentwickelt und zu einer marktstrategisch ausgerichteten Führungskonzeption ausgebaut worden. Ihr liegt die Vorstellung zugrunde, daß die Marktleistungen auf strategische Ziele ausgerichtet und in einer längerfristigen Akzentsetzung der Geschäftstätigkeit im Spannungsfeld zwischen Unternehmenspotentialen, Kundenbedürfnissen, Wettbewerbsangebot und gesellschaftlichen Ansprüchen festzulegen sind.

Mittlerweile ist – trotz der Vielzahl auch im deutschsprachigen Bereich erschienener Veröffentlichungen – auf dem Gebiet des strategischen Marketing nach anfänglicher Euphorie eine gewisse Ernüchterung eingetreten. Angesichts der hohen Dynamik und unvorhersehbarer Diskontinuitäten auf den Märkten wird eine Abkehr vom strategischen Denken und wieder eine stärkere Hinwendung auf das operative Geschäft gefordert. Darüber hinaus wird die Dominanz strategischer Analysemethoden in den Lehrbüchern und das Fehlen leistungsfähiger Instrumente für das Auffinden situationsgerechter strategischer Optionen beklagt. Schließlich wird auf die Schwierigkeiten und das Bestehen einer Lücke bei der Implementierung von Marketingstrategien in der Praxis verwiesen. Diese z. T. berechtigte Kritik macht deutlich, daß strategisches Marketing nicht isoliert betrachtet, sondern in ein umfassendes Marketing-Management-Konzept eingebunden werden muß. Dies gilt umso mehr, als sich erfolgreiche Unternehmungen durch eine längerfristige, auf die Sicherung und den Ausbau von Wettbewerbsvorteilen ausgerichtete strategische Planung stützen und diese konsequent mit dem operativen Marketing verbinden müssen.

Das Anliegen des vorliegenden Buches ist es, einen umfassenden Überblick zum Marketing-Management zu vermitteln, in dessen Mittelpunkt die Gestaltung von Marketingstrategien steht. Einem ganzheitlichen Ansatz folgend werden dabei nicht nur die „klassischen" Marktteilnehmer, sondern auch die immer wichtiger werdenden Anspruchsgruppen bei der Festlegung von Marketingstrategien einbezogen. Aufbauend auf den Informationsgrundlagen der strategischen Unternehmens- und Marketingplanung werden zunächst anhand von generischen Ansätzen allgemeine strategische Stoßrichtungen aufgezeigt. Anschließend erfolgt eine ausführliche Diskussion strategischer Optionen in unterschiedlichen situativen Kontexten. Der Implementierung von Strategien ist wegen des hohen Stellenwertes in der Unternehmenspraxis und der bestehenden Defizite ein eigenes Kapitel des Buches gewidmet. Die Beiträge geben Hinweise darüber, welche Voraussetzungen erfüllt sein müssen und welche Instrumente für eine erfolgreiche Implementierung von Marketingstrategien zur Verfügung stehen. Die abschließenden Thesen zeigen schließlich Perspektiven auf, in welche Richtung sich die marktorientierte Unternehmensführung bewegen wird und wo sich in den nächsten Jahren Schwerpunkte für Forschung und Praxis abzeichnen.

Zum Aufbau des Buches ist anzumerken, daß die Beiträge insgesamt in einem Gesamtkonzept eingebunden sind. Die Lektüre der einzelnen Beiträge kann dennoch weitgehend unabhängig voneinander erfolgen, da jeweils in sich abgeschlossene Problemkreise behandelt werden. Damit ist das Buch nicht nur für Studenten der Betriebswirtschaftslehre und insbesondere des fortgeschrittenen Marketingstudiums als umfassendes Grundlagenwerk geeignet, sondern ebenso für Praktiker, die sich aus ihrer spezifischen Situation heraus für besondere Teilaspekte des Marketing-Management interessieren.

Das vorliegende Werk ist mit vielfältiger Unterstützung meiner früheren und derzeitigen Mitarbeiter am Institut für Marketing der Universität Münster entstanden. Ihnen möchte ich an dieser Stelle aufrichtig für die wertvolle Hilfe bei der Abfassung einiger Beiträge danken. Dies gilt insbesondere meinem früheren Mitarbeiter Herrn Dr. Joachim Bolz, der mir stets mit konstruktiver Kritik zur Seite stand und maßgeblich an der Gestaltung der Beiträge „Generische Marketingstrategien" und „Strategien auf globalen Märkten" mitgewirkt hat. Mein besonderer Dank gilt jedoch Herrn Dipl.-Kfm. Michael Szeliga, der mich nicht nur bei der Abfassung einiger Beiträge im Kapitel „Implementierung des Marketing" unterstützte, sondern sich auch mit großem Engagement für die formale Gestaltung des Buches eingesetzt hat. Ferner danke ich Herrn Dr. Ralf Birkelbach, Herrn Dr. Manfred Kirchgeorg, Herrn Dr. Christoph Burmann, Herrn Dipl.-Kfm. Jörg Meurer und Herrn Dipl.-Kfm. Nicolaus Müller für wertvolle kritische Anregungen und Ergänzungen bei der inhaltlichen Überarbeitung der Beiträge sowie Herrn Dipl.-Wi.-Ing. Dirk Tautkus bei der Durchsicht der Druckfahnen. Schließlich danke ich dem Gabler Verlag für die ausgezeichnete verlegerische Betreuung bei der Drucklegung dieses Werkes.

Münster, im Februar 1994 Heribert Meffert

Inhaltsverzeichnis

Erstes Kapitel
Einführung und Grundproblem

Zweites Kapitel
Informationsgrundlagen der strategischen Unternehmens- und Marketingplanung

Drittes Kapitel
Generische Marketingstrategien

Viertes Kapitel
Marketingstrategien in unterschiedlichen situativen Kontexten

Fünftes Kapitel
Implementierung von Marketingstrategien

Sechstes Kapitel
Zukunftsperspektiven des Marketing

Abbildungsverzeichnis

Erstes Kapitel
Einführung und Grundproblem

1. Herausforderungen und Anspruchsspektrum der marktorientierten Unternehmensführung

2. Entwicklung des strategischen Marketing

3. Planung des strategischen Marketing

Zweites Kapitel
Informationsgrundlagen der strategischen Unternehmens- und Marketingplanung

1. Definition des Betätigungsfeldes und strategische Planungskonzepte

2. Das PIMS-Programm

3. Strategische Marketingziele

Drittes Kapitel
Generische Marketingstrategien

1. Überblick: Zur Systematisierung von Marketingstrategien

2. Abnehmergerichtete Wettbewerbsstrategien

3. Konkurrenzgerichtete Strategien

4. Absatzmittlergerichtete Strategien

5. Anspruchsgruppengerichtete Strategien

Viertes Kapitel
Marketingstrategien in unterschiedlichen situativen Kontexten

1. Strategien in jungen Märkten

2. Strategien in stagnierenden und schrumpfenden Märkten

3. Strategien in rezessiven Märkten

4. Strategien auf globalen Märkten

5. Strategien auf Dienstleistungsmärkten

6. Marktorientierte Umweltschutzstrategien

Fünftes Kapitel
Implementierung von Marketingstrategien

1. Grundlagen der Strategieimplementierung

2. Computergestützte Systeme in der strategischen Marketingplanung

3. Controlling im Marketing

4. Unternehmens- und Marketingkultur

5. Flexibilität als Erfolgsfaktor der Unternehmung

Kapitelübersicht

Erstes Kapitel

Einführung und Grundproblem

1. Herausforderungen und Anspruchsspektrum der marktorientierten Unternehmensführung

1.1 Entwicklungslinien des Marketing

Es besteht kein Zweifel, daß das Marketing in den letzten 30 Jahren einen imposanten Aufstieg in Wissenschaft und Praxis genommen hat. Der Grundgedanke einer konsequenten, in der ganzen Unternehmung auf den Markt ausgerichteten Unternehmensführung hat sich dabei vor dem Hintergrund des Wandels vom Verkäufer- zum Käufermarkt in verschiedenen Etappen vollzogen und zu einem branchenspezifisch unterschiedlich hohen Stellenwert des Marketing geführt (Meffert 1989, 1990). Stark vereinfacht lassen sich im deutschsprachigen Raum die folgenden **Entwicklungsstufen des Marketing** unterscheiden (vgl. Abbildung 1):

In den **50er Jahren** herrschte allenthalben mit dem Streben nach Massenproduktion in den Unternehmen eine starke Produktions- und Distributionsorientierung vor. Erste Versuche

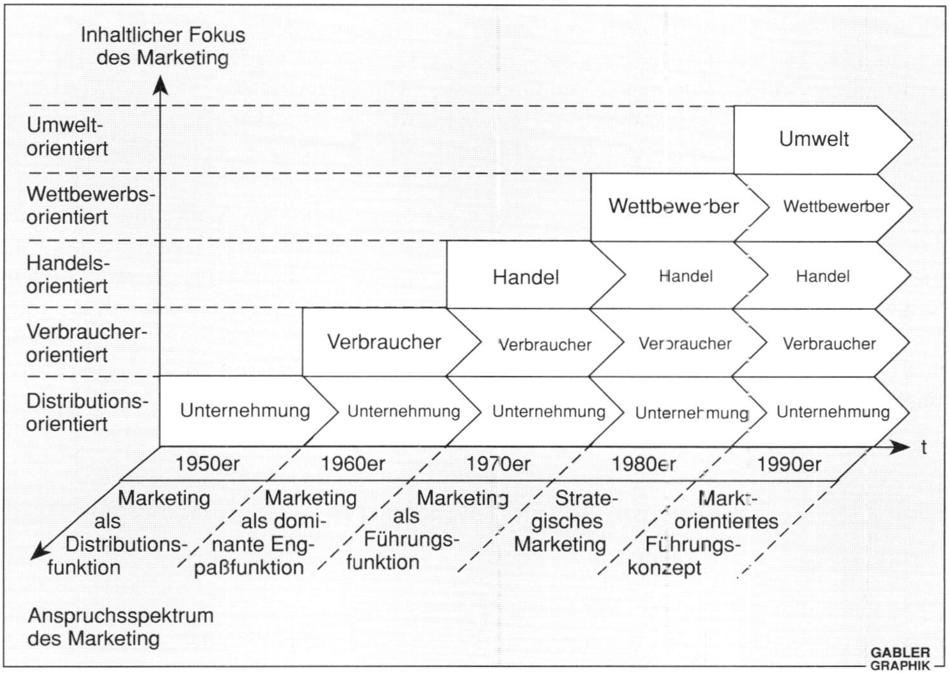

Abbildung 1: Entwicklungsstufen des Marketing

bei der Profilierung von Markenartikeln und Marktsegmentierungsmethoden gelten als „Start des Marketing". Marketing wurde seinerzeit vor allem als **„Distributionsfunktion"** interpretiert. In den **60er Jahren** wurde das Marketing vor dem Hintergrund der zunehmenden Käufermarktsituation verstärkt als **dominante Engpaßfunktion** verstanden. Insbesondere durch die Arbeiten von Philip Kotler und der von ihm geforderten konsequenten **Orientierung an den Verbraucherbedürfnissen** war dies die eigentliche Geburtsstunde des Marketing (Kotler 1967). Marketing ließ sich in dieser Phase vor allem als eine operative Beeinflussungstechnik kennzeichnen. Im Mittelpunkt standen die Instrumente des Marketing-Mix.

Die **70er Jahre** lenkten schließlich bei wachsender Nachfragemacht des **Handels** (Nadelöhr/Gatekeeper) das Interesse verstärkt auf Aspekte des vertikalen Marketing. Die handelsgerichteten Instrumente des Marketing wurden ausgebaut. Hinzu kam der verstärkte Einsatz von Techniken zur Analyse der Unternehmens-Markt-Beziehungen (Gap-Analyse, Stärken-Schwächen-Analysen etc.) sowie der Übergang zu einer Langfristorientierung im Marketing. Dennoch wurde in dieser Phase die strategische Unternehmensplanung als eigenständige betriebswirtschaftliche Managementaufgabe aufgefaßt, die erst schrittweise Berührungspunkte zu einem sich emanzipierenden Marketing aufwies. So begann sich das Marketing in dieser Phase parallel als **Führungsfunktion** zu etablieren.

Spätestens mit dem ersten Ölschock und der darauf folgenden Rezession führten jedoch zu Beginn der **80er Jahre** Aspekte wie Rohstoffverknappung, gesättigte Märkte und beobachtbare Phänomene des Verdrängungswettbewerbes zu einer stärker **kompetitiven Ausrichtung des Marketing**. Vor allem die Arbeiten von Porter (1980, 1985) prägten dabei das theoretische Fundament, die Unternehmensressourcen langfristig auf das Erzielen von Wettbewerbsvorteilen (Kosten- versus Differenzierungsvorteile) zu konzentrieren.

Anfang der **90er Jahre** beginnt sich das Anspruchsspektrum des Marketing bei zunehmender **Umweltorientierung** abermals zu erweitern. An die Stelle des Marketing als Führungsfunktion rückt eine ganzheitliche Interpretation des **Marketing als marktorientiertes Führungskonzept**. Dabei wird Marketing als ein duales Führungskonzept aufgefaßt, das erstens als **Leitkonzept des Management** im Sinne eines gelebten Unternehmenswertes („shared values") und zweitens als **gleichberechtigte Unternehmensfunktion** interpretiert wird (vgl. Abbildung 2).

1.2 Kritik am Marketingkonzept

Der hohe Stellenwert und die skizzierte Anpassungsfähigkeit des Marketing in der Unternehmenspraxis und -theorie können nicht darüber hinwegtäuschen, daß sich die Marketingdisziplin zu Beginn der 90er Jahre auch zunehmender Kritik ausgesetzt sieht. Zwar hat sich das Marketing von seinem Selbstverständnis immer dem gesellschaftlichen Vorwurf

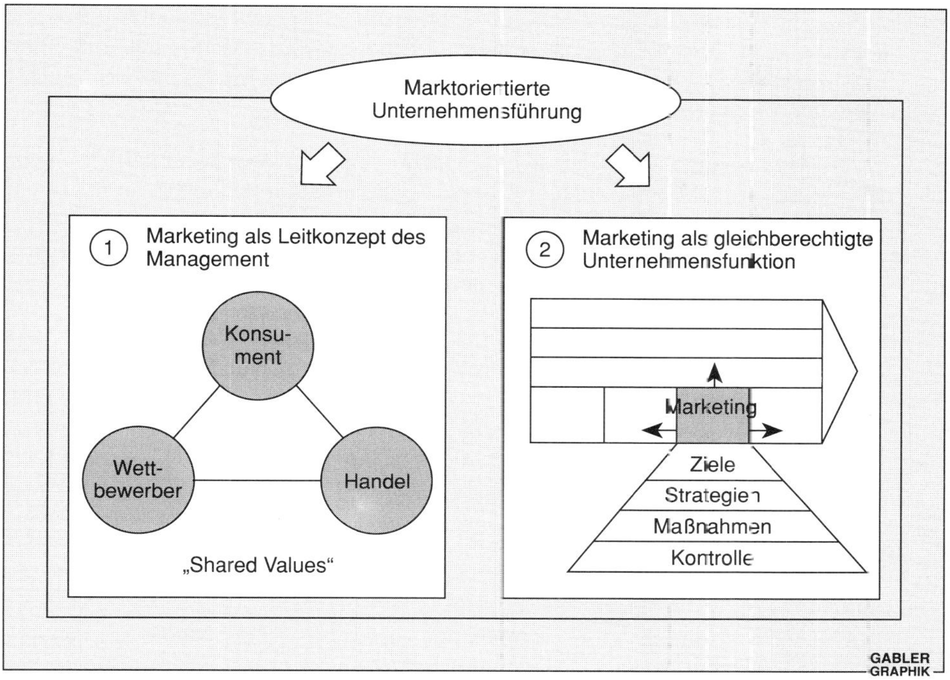

Abbildung 2: Marketing als duales Konzept der marktorientierten Unternehmensführung

ausgesetzt gesehen, „Sinnbild der Überflußgesellschaft" zu sein, doch mehren sich neuerdings die Anzeichen, daß die Marketingdisziplin in eine **Identitätskrise** läuft (von Briskorn 1987). Einerseits dokumentieren zahlreiche in den 80er Jahren hervorgebrachte „Marketing-Varianten" wie Mega-Marketing, Maxi-, Warfare- und gesellschaftsorientiertes Marketing die hohe Dynamik des Marketingkonzeptes. Andererseits führen die immer schneller aufeinander folgenden „Theoriewellen" zu einer Verwässerung der Marketingphilosophie.

Dies gibt wiederum den Kritikern vermehrt Anlaß, die Grundprinzipien des Marketing in Frage zu stellen. Die Kritik reicht dabei von der Zurückweisung des Marketing-Mix als „Relikt aus alter Zeit" (von Briskorn 1987, S. 7 f.) bis hin zu der Forderung des Zukunftsforschers Gerken, vollständig Abschied vom Marketing zu nehmen (Gerken 1990). Gerken und andere machen die Kritik am Marketing im wesentlichen an zwei Themenbereichen fest: An der Marketingphilosophie selbst und an dem im Marketing eingesetzten Instrumentarium.

Mit Bezugnahme auf die **Marketingphilosophie** wird behauptet, daß die Bedürfnisorientierung als Grundprinzip des Marketing zunehmend überholt sei.

- Erstens wird kritisiert, daß eine Unternehmensfunktion ihren besonderen Stellenwert verlieren müsse, die sich in einer Überflußgesellschaft der Identifikation nicht-befriedigter Bedürfnisse und ihrer Erfüllung verschrieben habe (**„Bedarfslenkungs-Obsoleszenz“**).

- Zweitens wird angemerkt, daß sich das Marketing zwar über seine vermeintliche Orientierung an den Kundenbedürfnissen als „innerbetrieblicher Anwalt des Konsumenten“ versteht. Dennoch konnte es nicht verhindern, daß diverse gesellschaftliche Anspruchsgruppen den Gesetzgeber mit der Reglementierung der Unternehmensaktivitäten beauftragen (**„Reglementierungsdefizit“**).

- Ferner behaupten die Marketingkritiker, daß das Marketing bislang wenig dazu beitragen konnte, die Schnittstellen-Problematik nach innen und außen zu lösen. So habe sich das Marketing weder in der Praxis aus einer Position als unternehmerische Teilfunktion weiterentwickeln können, noch gelinge in den meisten Fällen die marktbezogene Vernetzung der Unternehmensfunktionen (z. B. Marketing und F&E) (**„Koordinationsdefizit“**) (Gerken 1990, S. 122 ff.).

- Am tiefgreifendsten stellen die Marketing-Kritiker allerdings die vom Marketing eingesetzten Problemlösungstechniken und die dahinterstehende Planungsphilosophie in Frage (**„Marketing-Technokratie-Vorwurf“**). So wird die Gestaltbarkeit des Marketing durch eine Kombination der klassischen Marketing-Mix-Instrumente generell in Frage gestellt und das Mix mit dem Hinweis auf seinen vermeintlich wirklichkeitsfremden „rezeptologisch-mechanistischen Charakter“ verworfen (von Briskorn 1987, S. 8).

Neben der Kritik am operativen Marketing findet darüber hinaus aber auch eine Auseinandersetzung mit dem **strategischen Marketing** statt. Einerseits wird der intensive und breite Einsatz statistischer und strategischer Analyseverfahren für die Verdrängung des visionären, zeitnahen und risikobewußten Unternehmersinnes verantwortlich gemacht (Gerken 1990, S. 359). Andererseits wird von Vertretern der evolutionären Managementlehre angemerkt, daß ein synoptisches Verständnis des strategischen Management mit dem Anspruch auf die vollständige Planbarkeit und proaktive anbieterseitige Marktbeeinflussung den vielfältigen Außeneinflüssen der Unternehmensinnenwelt nicht mehr gewachsen sei (Servatius 1991). Als Indikator werden dabei ein zunehmendes „Strategieversagen“ und die sog. „Implementierungslücken“ angeführt. Sie fordern, anstelle der langfristigen Strategieentwicklung die Ressourcen auf die Schaffung langfristig überlebensfähiger Unternehmensstrukturen zu konzentrieren, die sich ihrerseits in selbstorganisatorischen Prozessen in kürzeren und flexibleren Zeitabständen mit den „Interaktionspartnern des Marktes“ arrangieren (Gomez 1988).

Im Lichte dieser kritischen Bestandsaufnahme – die im Gegensatz zu früher nicht mehr die Kritik an einzelnen Instrumenten, sondern an den fundamentalen Prinzipien des Marketing reflektiert – ist die Frage nach den Zukunftsperspektiven der marktorientierten Unternehmensführung neu zu stellen. Ist das Marketing in der Reife oder am Ende seines Lebenszyklus angelangt? Müssen wir tatsächlich Abschied vom Marketing nehmen, oder brauchen wir angesichts des sich dramatisch verändernden Aufgabenumfeldes eine neue Identität dieser Führungskonzeption?

In den folgenden Beiträgen gilt es, die These zu begründen, daß in Zukunft – mehr noch als in den 80er Jahren – Marketing als Leitkonzept des Management und als gelebter Unternehmenswert benötigt wird. Die Instrumente, Methoden und Einsatzbereiche werden jedoch neue, den veränderten Kontextfaktoren der 90er Jahre angepaßte Schwerpunkte aufweisen müssen. Dies wird deutlich, wenn man die Herausforderungen und Spannungsfelder näher betrachtet, innerhalb derer sich die marktorientierte Unternehmensführung in den 90er Jahren bewegt.

1.3 Herausforderungen an die marktorientierte Unternehmensführung in den 90er Jahren

Die zukünftigen Rahmenbedingungen des Marketing sind gleichermaßen durch politisch-gesellschaftliche, ökologische, technologische und wirtschaftliche Herausforderungen gekennzeichnet (vgl. Abbildung 3).

1.31 Politisch-gesellschaftliche Herausforderungen

Die De-Integration der südosteuropäischen Staaten und das Entstehen neuer regionaler Krisenherde (z. B. ehemaliges Jugoslawien) führen in Europa voraussichtlich langfristig zu umfangreichen Völkerwanderungen. Der damit verbundene – politisch mehr oder weniger akzeptierte – Trend zu **multikulturellen Gesellschaften** wird über den wachsenden Anteil ausländischer Mitbürger die Bevölkerungsstruktur in den westlichen Nationen grundsätzlich verändern. Gleichzeitig vollziehen sich in den westlichen Industrieländern selbst erhebliche **soziodemographische Veränderungen**. So findet bei rückläufigen Geburtenraten eine zunehmende Überalterung der einheimischen Bevölkerung statt. In der Bundesrepublik Deutschland wird im Jahre 2000 voraussichtlich ein Fünftel der Bevölkerung älter als 60 Jahre sein. Wirtschaftliche Rationalisierungseffekte in Verbindung mit gesellschaftlichen Forderungen werden die private Zeit weiter wachsen lassen. Wenngleich erste Gegenforderungen artikuliert werden, ist der Prognose des Freizeitforschers Opaschowski (1990, S. 12) Beachtung zu schenken, nach der um die Jahrtausendwende die „freie Zeit“ die Arbeitszeit weit überholt haben wird: 200 jährlich freien Tagen stehen dann noch 165 Arbeitstage gegenüber.

Die Überalterung der Bevölkerung und die Umverteilung im Zeitbudget führen in ihrer Folge zur **Herausbildung neuer Lebens- und Arbeitsformen**. Der wachsende Single-

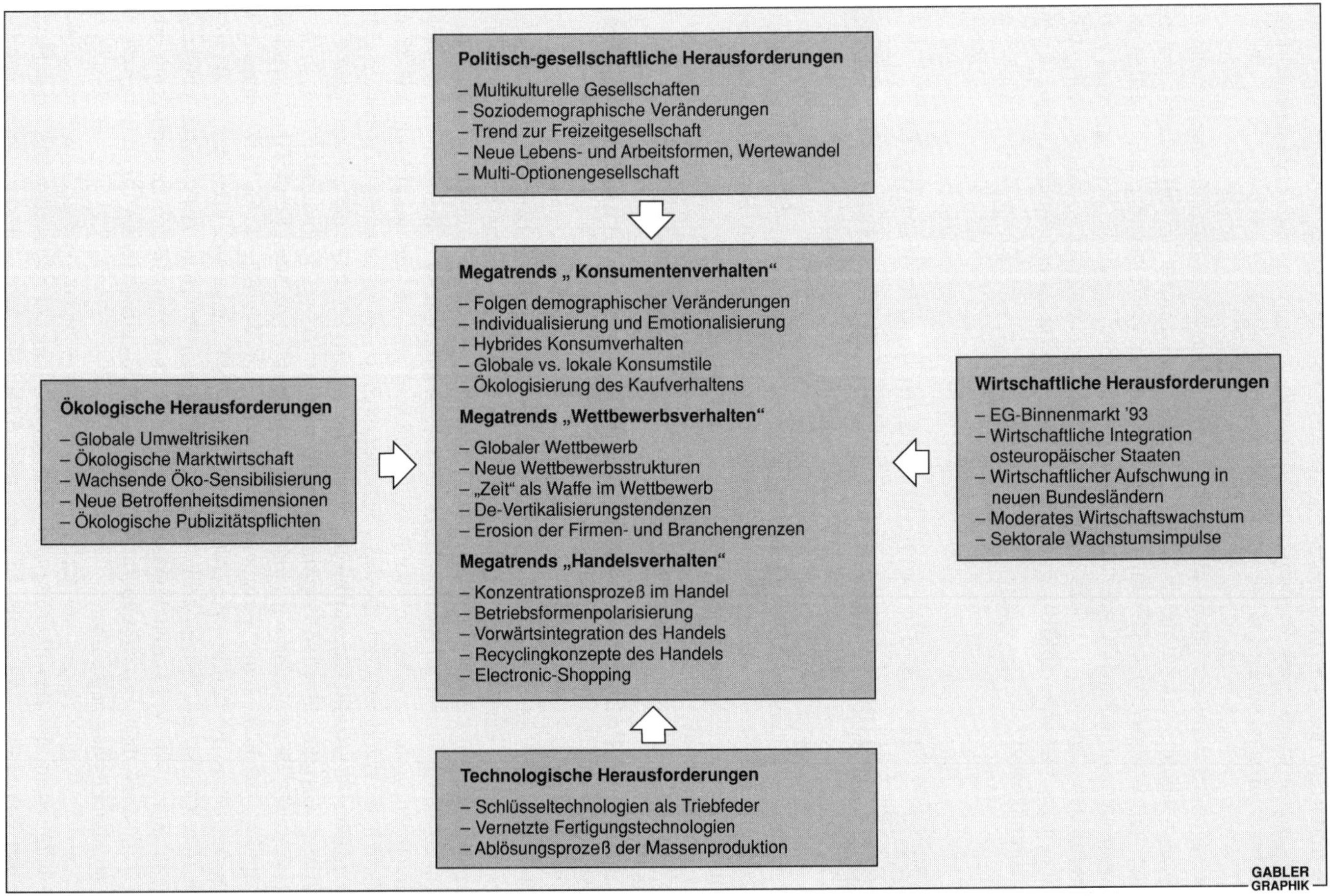

Abbildung 3: Herausforderungen an die marktorientierte Unternehmensführung in den 90er Jahren

Anteil und kinderlose Lebensgemeinschaften kristallisieren sich in neuen „Szenen“ wie Körper-, Club- und Wochenendkulturen heraus. Umgekehrt verschwimmen die bislang getrennten Lebenssphären „Beruf und Freizeit“ immer mehr zu einer „Freizeit-Arbeits-Gesellschaft“ (Opaschowski 1990, S. 13 ff.).

Eng verbunden mit diesen Strömungen ist ein tiefgreifender **Wertewandel in der Bevölkerung**. Dieser verläuft keineswegs eindeutig, sondern zeigt sich vielschichtig und widersprüchlich. Wertemuster wie Obrigkeitsglauben, Materialismus, Rationalität und der Glaube an ökonomische Nutzenkriterien werden voraussichtlich an Bedeutung verlieren, während Sittlichkeit, Körperbewußtsein, Ich-Orientierung und Ökologiebewußtsein in den 90er Jahren in der Wertehierarchie der Konsumenten aufsteigen (Hillmann 1986).

Als weiterer gesellschaftlicher Mega-Trend kann die Entwicklung zur sog. **„Multi-Optionen-Gesellschaft“** festgehalten werden (Gerken 1990, S. 314 ff.). Sei es Freizeitaktivität, Lebens- und Arbeitsform, Konsumwunsch oder die Bekennung zu einer Religion: Die Bürger sind in ihrer Selbstentfaltung nicht mehr vor begrenzte „Entweder-Oder-Entscheidungen“ gestellt, sondern können in allen Lebensbereichen zwischen einer unüberschaubaren Vielzahl von Alternativen auswählen.

1.32 Wirtschaftliche Herausforderungen

Als wichtigstes marktwirtschaftliches Datum für das Marketing der 90er Jahre stellt sich die zusammenwachsende **europäische Wirtschaftsgemeinschaft** dar, die sich nunmehr auch institutionell fest als dritter Wirtschaftsblock neben Japan und den USA etabliert hat und damit an 80 % des Welthandelsvolumen der Triadenationen partizipiert (Giersch 1988).

Inwieweit es dabei gelingt, die **osteuropäischen Staaten** in die europäische oder Weltwirtschaft zu reintegrieren, stellt derzeit die herausragendste Frage im Hinblick auf die Erschließung von Auslandsmärkten dar. Wahrscheinlich ist, daß es sich hierbei um einen schwierigen und komplizierten Prozeß handeln wird, der sich mehr in Dekaden als in Jahren entwickelt. Realistisch erscheint zudem, daß die Integration der einzelnen Länder als Folge innenpolitischer Machtkämpfe sehr unterschiedlich verlaufen wird (Walter 1991).

Die wirtschaftliche Entwicklung in der Bundesrepublik wird maßgeblich von der **Restrukturierung der ostdeutschen Wirtschaft** abhängen. Dem anfänglichen Nachfrageboom infolge aufgestauter Konsumwünsche steht Mitte der 90er Jahre eine in der Politik unterschätzte Höhe an Transferzahlungen gegenüber, die wiederum die Konsumausgaben in den alten Bundesländern einschränken wird. Insgesamt werden bei weltwirtschaftlich rezessiven Tendenzen und weiterhin restriktiver Geldpolitik westeuropäische Staaten wie die Bundesrepublik Deutschland ein moderates Realwachstum von 2,5 % mittelfristig wohl kaum überschreiten.

Innerhalb der Gesamtwirtschaft wird sich die Expansion einzelner Sektoren und Branchen sehr unterschiedlich entwickeln (Wüthrich 1991, S. 374 ff.). Das bedeutsamste Wachstumsfeld besteht in hochentwickelten Industrieländern in der marktlichen Nutzung neuer Technologien. Eine Schlüsselrolle wird dabei die anwendungsorientierte Nutzung neuer Informations- und Umweltschutztechnologien (Mobilfunk, Rauchgasentschwefelung etc.) einnehmen. Im tertiären Sektor stellt sich die Zunahme der Produktiv-Dienstleistungen in Form des „Value adding“ zu industrieller Hardware als die eigentliche „große Wachstumshoffnung Europas“ dar. Der **„Marsch in die Dienstleistungsgesellschaft“** aufgrund veränderter Beschäftigungspotentiale wird auch bei den arbeitsintensiveren, konsumtiven Dienstleistungen sichtbar.

Hier zeigen sich Zuwächse vor allem bei den Financial Services, Beratungsdienstleistungen sowie in den Freizeit- und Sicherheitsdienstleistungen. Weitere Wachstumsmärkte zeichnen sich als Folge der Deregulierungs- und Reprivatisierungstendenzen öffentlicher Märkte ab, nicht zuletzt durch überforderte Träger in den neuen Bundesländern (Bundes- bzw. Reichsbahn, Straßenbau etc.).

1.33 Technologische Herausforderungen

Technologische Herausforderungen werden in den 90er Jahren, mehr noch als heute, die Triebfeder für Veränderungen und Wirtschaftswachstum sein. So kommt eine Studie der Man Power Service-Commission zu dem Ergebnis, daß in den USA und Japan nicht weniger als 60 % des Produktionswachstums durch den Einsatz neuer Technologien zu erklären ist (Wüthrich 1991, S. 367). Der technologische Wandel bringt zunächst eine **anwendungsorientierte Weiterentwicklung der Schlüsseltechnologien,** insbesondere der Nachrichten- und Informationstechnik. Neue Technologien wie die Bio-, Gen- und die Lasertechnologie werden dabei in dynamischen Wachstumsschüben zur Anwendungsreife gelangen.

Revolutionäre Entwicklungen vollziehen sich auch bei den Prozeßtechnologien. Hier führt das Zusammenwachsen von Informations- und Fertigungstechnologien (CIM) zu neuen **vernetzten Fertigungskonzepten** und in dessen Folge auch zu neuen Fertigungsphilosophien (Lean-Production, Total Quality Management etc.). Während die flexible robotergestützte Automatisierungstechnik kleine Losgrößen kostengünstig zu produzieren vermag, vollzieht sich ein langsamer **Ablösungsprozeß von der Massenproduktion** zur auftragsorientierten Einzelfertigung in konsumnahen Stufen (Kotler 1988; Davis 1988).

1.34 Ökologische Herausforderungen

In engem Risikoverbund mit neuen Technologien stehen die ökologischen Herausforderungen. Hier wird zunehmend deutlich, daß **Umweltrisiken** aus einzelwirtschaftlicher

Sicht unbezahlbare Dimensionen annehmen. Ökologische Problemstellungen werden damit vermehrt zu einem Gestaltungsfeld etablierter Politikbereiche. Die Zukunftsvisionen reichen von der Forderung nach einer ökologischen, sozialen Marktwirtschaft (von Weizsäcker 1990) bis hin zur Naisbitt-Prognose eines Öko-Sozialismus (Naisbitt, Aburden 1989). Für den einzelnen Anbieter wird die Beachtung ökologischer Risiken, aber auch die Nutzung umweltorientierter Marktchancen zu einer der zentralen Herausforderungen der marktorientierten Unternehmensführung in den 90er Jahren.

Insgesamt wird sich die ökologische Sensibilisierung weiter Bevölkerungskreise nicht nur weiter erhöhen, sondern auch auf neue **Betroffenheitsdimensionen** ausweiten. Hier rückt vor allem der Fertigungsprozeß in das Blickfeld kritischer Konsumenten. Vor diesem Hintergrund werden die Unternehmen zukünftig verstärkt gezwungen sein, sich in Versorgungs- und Entsorgungsnetzwerke zu integrieren. Hierbei geht es darum, nach dem Grundsatz „von der Wiege bis zur Bahre" die Produkte und Dienstleistungen über ihren gesamten Lebenszyklus hinweg an ökologischen Erfordernissen auszurichten und verschiedenen Formen der Wieder- und Weiterverwendung zuzuführen. Darüber hinaus wird eine zu erwartende **ökologische Publizitätspflicht** der Unternehmen, z. B. in Form von Umweltbilanzen und Umweltschutzzertifizierungen, mehr Transparenz über die Umweltverträglichkeit der Produkte und Prozesse für den Konsumenten und die Gesellschaft schaffen.

1.35 Auswirkungen auf das Verhalten der Marktteilnehmer

Die skizzierten veränderten Rahmenbedingungen haben deutliche, z. T. einschneidende Auswirkungen auf die marktorientierte Unternehmensführung in den 90er Jahren. Sie schlagen sich zunächst vor allem in einem veränderten Verhalten der Marktteilnehmer „Konsument", „Wettbewerber" und „Handel" nieder.

Bei der **Entwicklung des Konsumentenverhaltens** sind vor allem die Verschiebungen in den Verbrauchersegmenten als **Konsequenz der aufgezeigten demographischen Veränderungen** von Interesse. Die demographischen Strukturverschiebungen zu mehr älteren und weniger jungen Menschen führen vor allem dazu, daß die Konsumenten ihre Bedarfsstruktur ändern. Nach der „Freß- und Bekleidungswelle" in den 50er und der „Einrichtungs- und Kfz-Welle" in den 70er Jahren wird die Konsumnachfrage in den 90er Jahren vor allem durch das Phänomen der Freizeit geprägt. So steigen in den mit Standardprodukten gesättigten Märkten die Ausgaben vor allem in den freizeitbezogenen Feldern: Mode, Körper- und Gesundheitspflege, Bildung, Unterhaltung und Reisen.

Grundsätzlich dokumentiert sich die Dynamik des Konsumentenverhaltens in einer weiteren Differenzierung und Polarisierung der Konsumwünsche (von Bergen 1988, S. 23). Dabei zählt die **Individualisierung** zu den zentralen Verhaltens-Megatrends der 90er Jahre und geht einher mit einer zunehmenden **Emotionalisierung** der Konsumerlebnisse (Erlebniskauf etc.). Die Nachfrage nach individuellen Produkten bis hin zu Unikaten (z. B. „Designer-Teppichboden") wird dabei vor allem von den kaufkräftigen Zielgruppen zunehmend gut ausgebildeter junger Frauen und Männer der „Erbengeneration" getragen. Eine zweite Konsumstütze wird durch aktive und finanziell unabhängige Senioren repräsentiert, die von amerikanischen Wissenschaftlern als „GLAMs" tituliert werden (**g**reying, **l**eisured **a**nd **m**onied).

Das geäußerte Konsumverhalten in einzelnen Produktfeldern erlaubt dabei immer weniger den für das Marketing so wichtigen Rückschluß auf die zugrunde liegenden Zielgruppenstrukturen, da die Zielgruppen zersplittern und zeitlich instabiler werden. Zum einen wechseln die Konsumenten ihre Konsumpräferenzen immer häufiger, zum anderen sinkt ihre Marken- und Anbieterloyalität bei Innovationen der jeweiligen Wettbewerber („Instant-Mentalität") (Wüthrich 1991, S. 373). Bezogen auf den einzelnen Konsumenten zeichnen sich dabei zunehmend **„hybride" Konsumstrukturen** ab. So steht der Nachfrage nach aggressiv niedrigpreisigen Gütern des täglichen Bedarfs nicht selten ein steigender Bedarf nach erlebnisorientiertem Luxuskonsum gegenüber. Erschwert wird die Käufertypologisierung der 90er Jahre zusätzlich durch eine Polarisierung in **globale Konsummuster** einerseits und die Rückbesinnung auf **nationale, regionale** und sogar **lokale Werte** und **Geschmacksausprägungen** andererseits. Somit wird der vielzitierte Euro-Verbraucher voraussichtlich auf wenige transnationale Zielgruppen in spezifischen Produktfeldern beschränkt bleiben.

Der Konsument der 90er Jahre ist zunehmend hinsichtlich ökologischer Fragestellungen sensibilisiert. Im Gegensatz zu den 80er Jahren bringt er dies aber auch zunehmend in einem tatsächlich zu beobachtenden **ökologischen Kaufverhalten** zum Ausdruck, während die Gruppe der Umweltbewußten – aber gleichzeitig nur bedingt ökologisch Handelnden – immer kleiner wird.

In engem Zusammenhang mit dem Konsumentenverhalten stehen auch die **Entwicklungstendenzen im Handelsverhalten**. Der **Konzentrationsprozeß im Handel** wird sich in einem vereinten Europa der 90er Jahre dramatisch beschleunigen. Immer weniger europaweit kooperierende Handelsunternehmen werden immer mehr Umsatz- und damit Einkaufsmacht auf sich vereinigen. Von dieser Entwicklung werden die einzelnen Betriebs- und Organisationsformen unterschiedlich betroffen sein. Deutlich abzusehen ist dabei, daß ein gleichzeitiges „trading up" und „trading down" zu einer verstärkten **Betriebstypenpolarisierung** führen wird. Der „Verlust der Mitte" im Handelsspektrum berührt dabei insbesondere den Möbel-, Sport-, Textil- und technischen Bedarf. Hier wird die Betriebstypenprofilierung zu neuen Formen erlebnisorientierten Einkaufs führen.

Im Spannungsfeld „Hersteller – Handel" wird die wachsende Einkaufsmacht des Handels mehr noch als bisher die Hersteller zur Übernahme klassischer Handelsfunktionen zwingen. Umgekehrt werden die Industrieunternehmen europaweit versuchen, durch verstärkten Einsatz von Vertragsbindungen ihren Einfluß im Absatzkanal zu stabilisieren oder aber durch **Vorwärtsintegration** die Handelsproblematik zu umgehen. Dem **Multiplikationseffekt,** d. h. der Vervielfachung von Geschäfts- und Betreibungskonzepten, kommt dabei aller Voraussicht nach eine herausragende Bedeutung zu (Pümpin 1989, S. 36 ff.).

Eine neue Vertriebsform, deren Diffusionsgeschwindigkeit in den 70er und 80er Jahren noch erheblich überschätzt wurde, stellt das **„Electronic Shopping"** dar. Hier wird sich aber in den 90er Jahren auf Endverbraucherseite ein Wandel vollziehen. Nutznießer sind vor allem der Versandhandel und am Direktvertrieb interessierte Hersteller.

Neben dem Konsumenten- und Handelsverhalten stellen die Veränderungen im **Wettbewerbsverhalten und den -strukturen der Hersteller** eine weitere zentrale Herausforderung an das Marketing der 90er Jahre dar. Hier wird der bereits in den 80er Jahren durch ein Höchstmaß gekennzeichnete Wettbewerb nicht an Dynamik verlieren. Weltweite Akquisitionen und Beteiligungen werden den **Wettbewerb weiter globalisieren**. Kleinere, vormals regionale und lokale Wettbewerber werden strategische Netzwerke zur Know-how-Stärkung aufbauen (Bleicher 1989, S. 194 ff.). Demgegenüber werden große Unternehmen verstärkt auf das Instrument „strategischer Allianzen" zurückgreifen, um die mit der hohen Technologiedynamik verbundenen Investitionen zu bewältigen (z. B. IBM-Siemens-Megachip). Die Gleichzeitigkeit von kompetitivem und kooperativem Wettbewerbsverhalten führt zu **neuen „paradoxen" Wettbewerbsstrukturen**: Multinationale Konzerne bilden in Teilbereichen strategische Allianzen mit den gleichen Wettbewerbern, mit denen sie in anderen Geschäftsfeldern im harten Verdrängungswettbewerb stehen (z. B. Ford / VW).

Als Instrument der intensivierten Wettbewerbsstrategien gewinnt dabei die „Zeit" immer größere Bedeutung (Davis 1988). **„Time based strategies"** werden mehr noch als bisher zum Ziel haben, den Produktentwicklungsprozeß und die Fertigungszeit selbst auf ein Minimum zu reduzieren. Eine zweite aus dem Wettbewerbsdruck zu erklärende Reaktion der Unternehmen liegt in zunehmenden **De-Vertikalisierungstendenzen**. Hersteller versuchen verstärkt, durch Reduktion der Fertigungstiefe und „global sourcing" an strategischer Flexibilität zu gewinnen.

Im Zusammenspiel von technologischen Entwicklungen, der verstärkten Bildung strategischer Kooperationen, De-Vertikalisierungstendenzen und Vorwärtsintegrationen bildet sich die **Erosion der Firmen- und Branchengrenzen** als charakteristisches Wettbewerbsphänomen der 90er Jahre heraus. Dies mögen in vertikaler Betrachtung die Quasi-Integration von Hersteller- und Zuliefererbetrieben durch Just-in-time-Konzepte, die Warenwirtschaftssysteme zwischen Hersteller und Handel und die verstärkte horizontale Allianzenbildung nur schlagwortartig beleuchten. Gleichzeitig findet, bedingt vor allem durch die Entwicklung der Informationstechnologien, auch ein Zusammenwachsen der Märkte selber statt. Kreditkartenhersteller integrieren Versicherungen in ihr Angebot, Banken und Versicherungen sind längst zu Financial Services zusammengewachsen, aber auch die Tourismusbranche weist immer stärkere Vernetzungen mit dem Versicherungs- und Handelssektor auf. In der Folge wird es zwangsläufig trotz erhöhter Wettbewerbsintensität auf Branchenebene über das „Vernetzungs-Symptom" zu einer Machterosion des einzelnen Anbieters mit tiefgreifenden Auswirkungen auf die strategische Gestaltbarkeit der Märkte kommen.

1.4 Spannungsfelder der marktorientierten Unternehmensführung in den 90er Jahren

Das Bemerkenswerte an den skizzierten Megatrends ist, daß sie durch z. T. gegenläufige Entwicklungen gekennzeichnet sind (Meffert 1990). Die marktorientierte Unternehmensführung der 90er Jahre muß sich in einer durch Gegensätze gekennzeichneten Marketingumwelt behaupten, die sich durch vier zentrale Spannungsfelder charakterisieren läßt (vgl. Abbildung 4).

So stehen den Konsumwünschen einer **materialistischen Anspruchsgesellschaft** zunehmend die durch die verschiedenen Anspruchsgruppen gesetzten Rahmenbedingungen einer **sozial/ökologischen Gesellschaft** gegenüber. Der selbstverständliche Umgang mit weltweit vernetzten neuen Technologien in der **High-Tech-Gesellschaft** ist in Einklang mit der Suche nach Individualität und emotionalem Erlebnis der **High-Touch-Gesellschaft** zu bringen. Umgekehrt führen in einer durch sinkende Arbeitszeiten gekennzeichneten **Freizeitgesellschaft** die Vorabforderungen der Konsumenten der **„Instant-Gesellschaft"** die

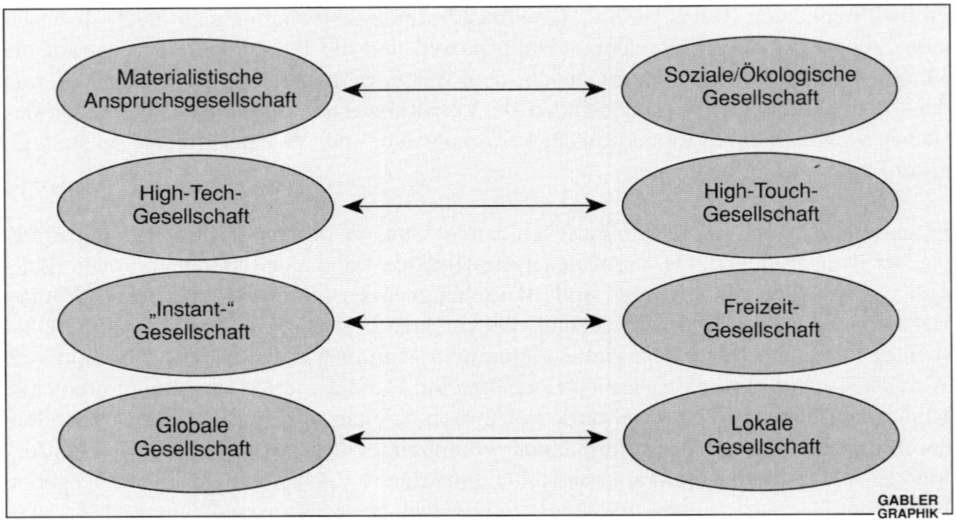

Abbildung 4: Spannungsfelder der marktorientierten Unternehmensführung in den 90er Jahren

Unternehmen in Zugzwang, Produkte zukünftig verstärkt mit eindeutigem Zeitvorteil zu realisieren. Alle Trends spielen sich weiterhin im Spannungsfeld zwischen der **globalen „Cosmo"-Gesellschaft** und einer nach regionaler Identität suchenden **lokalen Gesellschaft** ab.

In dieser Situation verlieren einfache, in zeitgeistigen Marketing-Wellen niedergeschriebene Erfolgskonzepte ebenso ihre Gültigkeit wie der vorschnelle Aufruf, „Abschied vom Marketing" zu nehmen. Aufgabe der marktorientierten Unternehmensführung in den 90er Jahren muß es vielmehr sein, die Anforderungen an die marktorientierte Unternehmensführung neu zu definieren, um in einer erfolgreichen Ausgestaltung zwischen den komplexen Spannungsfeldern zu vermitteln. Es gilt in Zukunft mehr noch als heute

- die Komplexität, Diskontinuität und Dynamik der Umwelt richtig zu handhaben,
- die konzeptionelle Gesamtschau langfristig sicherzustellen,
- im Verdrängungswettbewerb das Spannungsfeld zwischen individueller Bedürfnisorientierung und Kostenoptimierung zu überbrücken sowie
- die Wechselwirkungen zwischen Unternehmen, Markt und Umwelt zu erfassen und im Sinne von Regelkreisen miteinander zu verbinden.

In diesem Sinne zeichnen sich die Konturen der ganzheitlich strategischen marktorientierten Unternehmensführung von morgen ab.

Literaturhinweise

Bergen von, H. (1988): New Marketing. Die Zukunft inszenieren, Freiburg i. Br. 1988.
Briskorn von, G. (1987): Gedanken an den Grenzen des Marketing. Optionen und Potential, in: Innovation, Heft 5/6, 1987, S. 6–12.
Bleicher, K. (1989): Chancen für Europas Zukunft, Führung als internationaler Wettbewerbsfaktor, Frankfurt/Main 1989.
Davis, S.M. (1988): Vorgriff auf die Zukunft, Freiburg 1988.
Gomez, P. (1988): Die Organisation der Autonomie – Neue Denkmodelle für die Unternehmensführung, in: Zeitschrift Führung und Organisation, Heft 6, 1988, S. 389–393.
Gerken, G. (1990): Abschied vom Marketing: Interfusion statt Marketing, Düsseldorf 1990.
Giersch, H. (1988): Der EG-Binnenmarkt als Chance und Risiko, Diskussionsbeitrag 147 des Institutes für Weltwirtschaft der Universität Kiel, Kiel 1988.
Hillmann, J.-H. (1986): Umweltkrise und Wertewandel. Die Umwertung der Werte als Strategie des Überlebens, 2. Aufl., Würzburg 1986.
Kotler, Ph. (1967): Marketing Management, Englewood Cliffs 1967.
Kotler, Ph. (1988): Development and Tendencies of Marketing in the 1990's, in: Meffert, H., Wagner, H. (Hrsg.): Marketing – Quo Vadis?, Documentation of the 15th IMMS Conference, Münster 1988, S. 25–37.
Meffert, H. (1989): Marketing und allgemeine Betriebswirtschaftslehre – Eine Standortbestimmung im Lichte neuerer Herausforderungen der Unternehmensführung, in: Kirsch, W., Picot A. (Hrsg.): Die Betriebswirtschaftslehre im Spannungsfeld zwischen Generalisierung und Differenzierung, Festschrift zum 70. Geburtstag von E. Heinen, Wiesbaden 1989, S. 339–357.
Meffert, H. (1990): Entwicklungslinien des Marketing – Akzente der marktorientierten Führung in den 90er Jahren, in: Schöttle, K.M. (Hrsg.): Jahrbuch des Marketing, 5. Aufl., Wiesbaden 1990, S. 12–21.
Naisbitt, J., Aburden, G. (1989): Megatrends 2000 – Zehn Perspektiven für den Weg in das nächste Jahrtausend, Düsseldorf 1989.
Opaschowski, H. (1990): Herausforderung Freizeit. Perspektiven der 90er Jahre, Bd. 10 der Schriftenreihe zur Freizeitforschung, hrsg. v. B.A.T-Freizeitforschungsinstitut, Hamburg 1990.
Porter, M.E. (1980): Competitive Strategies, Englewood Cliffs 1980.
Porter, M.E. (1985): Competitive Advantage, Englewood Cliffs 1985.
Pümpin, C. (1989): Das Dynamik-Prinzip. Zukunftsorientierungen für Unternehmen und Manager, Düsseldorf, Wien, New York 1989.
Servatius, H.G. (1991): Vom Strategischen Management zur Evolutionären Führung: Auf dem Weg zu einem ganzheitlichen Denken und Handeln, Stuttgart 1991.
Walter, N. (1991): Das Abendland hat seine besten Zeiten hinter sich, Interview in: Absatzwirtschaft, Heft 4, 1991, S. 12–19.
Weizsäcker von, E.U. (1990): Erdpolitik – Ökologische Realpolitik an der Schwelle zum Jahrhundert der Umwelt, 2. Aufl., Darmstadt 1990.
Wüthrich, H.A. (1991): Neuland des strategischen Denkens – von der Strategientechnokratie zum mentalen Management, Wiesbaden 1991.

2. Entwicklung des strategischen Marketing

2.1 Ansätze der Strategiediskussion in der Marketing-Wissenschaft

Die Entwicklung des Marketing wurde wesentlich von den Veränderungen der Märkte und der Unternehmensumwelt geprägt. Vor dem Hintergrund einer sich schnell wandelnden und zunehmend komplexeren Umwelt wurde das Problembewußtsein für strategische Fragestellungen geschärft und die Bemühungen zu ihren Lösungen intensiviert. Insbesondere seit Anfang der 80er Jahre wurde der wissenschaftlichen Erforschung und praktischen Anwendung des strategischen Marketing verstärkte Aufmerksamkeit zuteil. Dabei hat die US-amerikanische Forschung – wie früher in den übrigen Marketingbereichen auch – wiederum eine Vorreiterrolle übernommen. Insbesondere die **grundlegenden Arbeiten Porters** zur „Wettbewerbsstrategie“(Porter 1980) sowie die **Konzepte von Unternehmensberatungsgesellschaften** haben die Marketing-Wissenschaft mit diesem Problemkreis konfrontiert.

Obwohl sich die deutschsprachige Marketing-Literatur bereits in den 60er und 70er Jahren vereinzelt mit strategischen Fragestellungen beschäftigt hat, entstanden die ersten umfassenden Monographien zu diesem Problemkreis erst Ende der 70er bzw. Anfang der 80er Jahre (Hinterhuber 1977; Weinhold-Stünzi 1979; Meffert 1980; Köhler 1981). Eine **erste kritische Bestandsaufnahme** erfolgte im Rahmen der Kommission Marketing im Verband der Hochschullehrer für Betriebswirtschaft e.V. (Brockhoff 1985; Engelhardt 1985; Köhler 1985). Hierbei kommt Engelhardt zu dem Ergebnis „... die Geschichte der Strategiediskussion ist kein Ruhmesblatt der Marketing-Wissenschaft. Dem ersten Versäumnis zu langer Zurückhaltung und Abstinenz gegenüber einem immens wichtigen und drängenden praktischen Problem gesellt sich eine zweite Fehlentwicklung hinzu. Sie ist darin zu sehen, daß nach Adaption des Problems die Stoßrichtung zu stark in die methodenkritische Richtung gelenkt worden ist und erneut eine über die Systematisierung und Klassifizierung hinausgehende inhaltliche Auseinandersetzung versäumt wird.“ Zwischenzeitlich wurde dieses Versäumnis nachgeholt. In den 80er Jahren sind eine Vielzahl von Arbeiten entstanden. Sieht man von den mehr begrifflich systematisierenden Untersuchungen ab, so lassen sich die Forschungsansätze – stark vereinfacht – nach drei Richtungen klassifizieren:

- **Methodenorientierte Ansätze**
  Im Mittelpunkt dieser Ansätze stehen Methoden bzw. Verfahren zur Analyse und Bewertung von Marketingstrategien. Es ist eine heute noch kaum übersehbare Zahl von Veröffentlichungen zur Leistungsfähigkeit strategischer Analysemethoden (Lebenszyklus-Konzepte, Portfolio-Konzepte, PIMS-Studie etc.) entstanden.

- **Inhaltsorientierte Ansätze**
  Über den Methodenaspekt hinaus wird hier der Frage nachgegangen, welche Handlungsempfehlungen bezüglich der strategischen Positionierung der Unternehmung bzw. einzelner Geschäftsfelder gegeben werden können. Es wurden eine Vielzahl von Schemata zur Entwicklung strategischer Optionen vorgeschlagen. Diese entsprechen z. T. sog. „Normstrategien", wie sie sich aus den strategischen Analysemethoden ergeben (z. B. investieren, desinvestieren, halten). Darüber hinaus wurden vor allem in Anlehnung an Porter sog. Wettbewerbsstrategien (z. B. Kostenführerschaft, Qualitätsführerschaft, Nischenstrategien) aufgegriffen und weiterentwickelt. Schließlich finden sich auch wissenschaftliche Ansätze für die kreative Entwicklung „unkonventioneller" strategischer Optionen, wie z. B. der Einsatz von Analogiemethoden zur Entdeckung neuer Geschäftsfelder.

- **Implementierungsorientierte Ansätze**
  Vergleichsweise wenige Untersuchungen beschäftigen sich mit der Frage, wer Strategien entwickeln und wie sie in Organisationen durchgesetzt werden sollen. Unter Bezugnahme auf das „Strategie-Struktur-Paradigma" (Chandler 1962) werden Fragen der Organisationsanpassung und des geplanten Wandels aufgegriffen. Darüber hinaus finden Fragen des strategischen Controlling und Aspekte der „geeigneten" Unternehmenskultur für die erfolgreiche Implementierung von Strategien besondere Beachtung. Im Zuge dieser Forschungsrichtungen setzte sich zunehmend die Erkenntnis durch, daß erfolgreiche Marketingstrategien nicht nur auf der Geschäftsleitungsebene (top-down-Ansatz) oder der Expertenebene (bottom-up-Ansatz), sondern im strategischen Dialog entwickelt werden müssen (integrativer Ansatz).

Derzeit geht die Entwicklung dahin, methodenorientierte, inhaltsorientierte und implementierungsorientierte Ansätze in einer umfassenden Prozeßbetrachtung des strategischen Marketing-Management zu integrieren.

2.2 Entwicklungsstufen des strategischen Marketing

Wenngleich die Entwicklung der Strategiediskussion in der deutschen Marketing-Wissenschaft relativ spät eingesetzt hat, so lassen sich doch in einer historisch-genetischen Betrachtung die wesentlichen Denkansätze und Bausteine des strategischen Denkens identifizieren. Abbildung 1 zeigt in starker Vereinfachung die zeitliche Abfolge der wichtigsten Problembereiche und die sich daraus ergebenden Konzepte des strategischen Marketing. Das Schema verdeutlicht, daß die von Engelhardt konstatierten Versäumnisse der Strategiediskussion relativiert werden müssen.

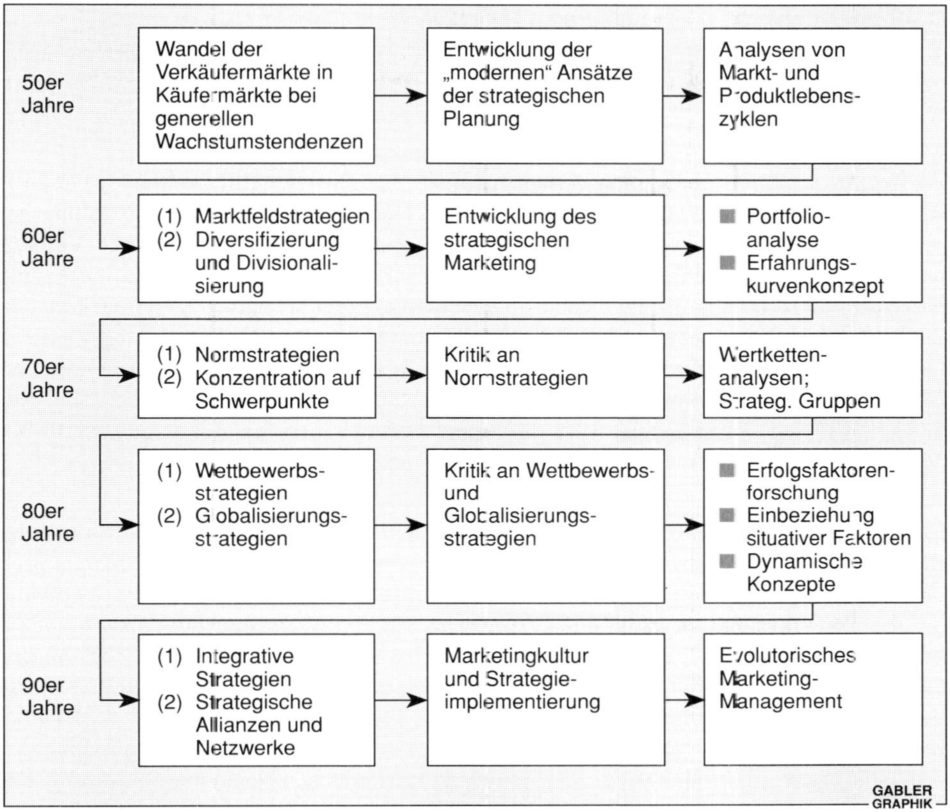

Abbildung 1: Entwicklungsstufen des strategischen Marketing

Den Ausgangspunkt bildete in den späten 50er Jahren ein **Wandel der Märkte vom Verkäufer- zum Käufermarkt** bei generellen Marktwachstumstendenzen. Bereits zu diesem Zeitpunkt wurde eine längerfristige Ausrichtung des Leistungsangebots an den Bedürfnissen der Nachfrager gefordert. So wies Levitt in seinem Aufsatz „Marketing Myopia“ bereits frühzeitig auf die Notwendigkeit einer marktorientierten Definition der Geschäftstätigkeit hin (Levitt 1960). Auch im deutschsprachigen Bereich entstanden grundsätzliche Abhandlungen über Programm- und Sortimentsentscheidungen, deren Grundlage systematische Analysen von Markt- und Produktlebenszyklen waren (Gümbel 1963; Brockhoff 1966; Sabel 1971).

An der Schwelle zu den 60er Jahren entwickelte Ansoff seine grundlegenden Überlegungen zur Wahl von Marketingstrategien (Marktdurchdringung, Marktentwicklung, Produktentwicklung, Diversifikation). Dieser auch heute noch bemühte konzeptionelle Ansatz zur Strukturierung von **Marktfeldstrategien** kann als die eigentliche Geburtsstunde des strategischen Marketing bezeichnet werden. In Verbindung mit der in den 60er Jahren auftretenden **Diversifizierungs- und Divisionalisierungswelle** standen dabei eindeutig Wachstumsstrategien im Vordergrund, und im Zuge der Ausweitung der Geschäftstätigkeit auf neue Produkte und neue Märkte gewannen „Synergiekonzepte“ (Ansoff 1966) zunehmend an Beachtung.

Zu Beginn der 70er Jahre kamen in Anlehnung an finanzwirtschaftliche Rendite- und Risikoüberlegungen **Portfolio-Konzepte** auf. Ausgehend von Unternehmensberatungsgesellschaften fanden sie in eingängiger, vereinfachender Darstellungsform rasch Verbreitung in der Unternehmenspraxis. Dies vor allem auch deshalb, weil mit der Einbeziehung von Erfahrungskurvenkonzepten „plausible“ **Normstrategien** abgeleitet werden konnten. Die in den Normstrategien angestrebte Rendite- und Cash-Flow-sichernde Mischung von Geschäftsfeldern ist jedoch nur unter stark vereinfachenden Annahmen zielführend. Insbesondere in stagnierenden und schrumpfenden Märkten und bei Fehlen der Voraussetzungen für die Realisierung von Erfahrungskurvenkonzepten führt das Portfolio-Management nur zu wenig befriedigenden Lösungen.

Bei wachsendem Verdrängungswettbewerb rückte Ende der 70er Jahre die **Sicherung dauerhafter Wettbewerbsvorteile** in den Vordergrund der Betrachtung. In Anlehnung an die Arbeiten Porters (Porter 1985) wurden **Konzepte der „strategischen Gruppen“** und die sog. **Wertkettenanalyse** in das strategische Marketing einbezogen. Ausgangspunkt bildete dabei der Grundgedanke, daß Wettbewerbsvorteile aus dem Wert entstehen, den eine Unternehmung für ihre Abnehmer zu schaffen vermag. Die Wertkette stellt Aspekte der Bedürfnisorientierung und Kosteneffizienz im System des Abnehmerwertes gleichberechtigt nebeneinander und schenkt darüber hinaus der Untersuchung von Interdependenzen zwischen Wertaktivitäten in einzelnen Funktionsbereichen besondere Beachtung. Die Tatsache, daß Wettbewerbsvorteile funktionsübergreifend zu analysieren, zu gestalten und zu bewerten sind, führte zur Überwindung der engen, auf absatzpolitische Instrumente bezogenen Sichtweise des Marketing-Management.

Parallel zum Denken in **Wettbewerbsstrategien** vollzog sich auf vielen Märkten der **Übergang von multinationalen zu weltweit ausgerichteten Marketingstrategien**. Levitt löste mit seinem Beitrag zur Globalisierung der Märkte (Levitt 1983) eine kontroverse Diskussion über die zweckmäßige Internationalisierungsstrategie von Unternehmungen aus. Dabei setzte sich die Erkenntnis durch, daß für die Wahl geeigneter Internationalisierungsstrategien situative Faktoren der Ländermärkte eine besondere Rolle spielen. Die Tatsache, daß Wettbewerbsstrategien auf internationalen Märkten einer besonderen Dynamik ausgesetzt sind, führte - unter dem Einfluß des Erfolgs japanischer Unternehmungen - zur kritischen Auseinandersetzung mit dem Wettbewerbskonzept Porters. Unter dem Stichwort **„Outpacing-Strategien“** (Gilbert, Strebel 1985; Kleinaltenkamp 1987) wurden dynamische Konzepte des Strategiewechsels vorgeschlagen. Dabei setzte sich unter dem Einfluß des Total-Quality-Management zunehmend die Erkenntnis durch, daß Kosten- und Qualitätsführerschaft keine sich ausschließenden Alternativenkonzepte, sondern simultan realisierbare Strategieoptionen darstellen.

Mit Beginn der 90er Jahre gewinnen damit **integrative Ansätze** zur Betrachtung strategischer Optionen an Bedeutung. Aus der Aufgabe der Sicherung von Wettbewerbsvorteilen in **strategischen Allianzen und Netzwerken** ergeben sich neue Herausforderungen für das strategische Marketing. Der „Fit" von Marketingkulturen und die Durchsetzung von Marketingstrategien in „hybriden" Organisationsformen werden somit zu zentralen Erfolgsfaktoren.

Darüber hinaus führen die Zunahme ökologischer Problemstellungen und die damit einhergehenden gesellschaftlichen Ansprüche verstärkt zur Notwendigkeit einer Integration entsprechender Entwicklungen in marketingstrategische Überlegungen. In diesem Zusammenhang beschäftigen sich Beiträge z.B. zum umweltorientierten Marketing (Raffée 1979; Kaas 1992; Meffert, Kirchgeorg 1993) mit der Entwicklung und Implementierung marketingstrategischer Optionen, um die Vorteile im Umweltschutz in Wettbewerbs- und Kundenvorteile zu überführen und Problemlösungen in kooperativen Systemen umzusetzen.

2.3 Evolutorisches Marketing-Management

Viele Anzeichen sprechen dafür, daß sich das strategische Marketing als „Herzstück"des strategischen Management im Rahmen eines evolutionären Prozesses vollzieht. Folgt man dem Grundgedanken von Kirsch (Kirsch, Esser, Gabele 1979; Kirsch 1992), so wird das strategische Management vom Grundgedanken der

- Steuerung und Koordination der langfristigen Evolution des Unternehmens,
- Festlegung der konzeptionellen Gesamtsicht der Unternehmenspolitik und
- Formulierung einer sinngebenden Leitidee für alle Betroffenen geprägt.

Der **Grundgedanke der Evolution** knüpft an die Erkenntnis an, daß die Markt- und Umweltsituation der Unternehmen durch eine zunehmende Komplexität und Entwicklungsdynamik gekennzeichnet ist und Prognosen für die Strategieplanung kaum mehr eine verläßliche Informationsgrundlage bilden. Die zunehmenden Instabilitäten und Diskontinuitäten in der Unternehmensumwelt stellen somit besondere Herausforderungen an die Anpassungsfähigkeit der Unternehmensstrategien, -strukturen, -systeme und -kulturen. Bezogen auf die strategische Ausrichtung des Marketing erfordert dies, „die ... Unternehmung mit Fähigkeiten auszustatten, die diese in die Lage versetzen, auf dem Weg vom Standort zum Wunschort die zielführende Strategie evolutorisch fortzuentwickeln und an den ebenfalls evolvierenden Kontext ... anzupassen." (Ahlert 1990). Durch die Erhöhung der Handlungs-, Lern- und Entwicklungsfähigkeit, die Schaffung dezentraler selbstorganisierender Systeme und Prozesse soll ein Höchstmaß an Unternehmensflexibilität sowie die Steigerung der Innovationskraft und Beschleunigung der anwenderorientierten Neuproduktentwicklung und -einführung erreicht werden, um eine erfolgreiche Ko-Evolution zwischen Unternehmung und der dynamischen Unternehmensumwelt zu ermöglichen (Servatius 1991). Im strategischen Marketing gewinnt damit eine ganzheitlich-vernetzte Orientierung an Bedeutung, um die Herausforderungen der komplexen Markt- und Umweltentwicklungen durch Flexibilität und eine kreative Erschließung von Innovationspotentialen zu bewältigen.

Literaturhinweise

Ahlert, D. (1990): Evolutionäres Handelsmangement - Die controllinggestützte Evolution erlebnisorientierter Betreibungskonzepte des stationären Einzelhandels, Arbeitpapier Nr. 11 des Lehrstuhls für Betriebswirtschaftslehre, insbes. Distribution und Handel der Universität Münster, 1990.

Ansoff, H.I. (1966): Management-Strategie, München 1966.

Brockhoff, K. (1966): Unternehmenswachstum und Sortimentsänderungen, Köln, Opladen 1966.

Brockhoff, K. (1985): Beiträge der Marketingwissenschaft zur Strategiediskussion, in: Marketing ZFP, Heft 3, S. 212-213.

Chandler, A.D. (1962): Strategy and Structure, Cambridge/Mass. 1962.

Engelhard, W.H. (1985): Versäumnisse der Marketing Wissenschaft in der Strategiediskussion, in: Marketing ZFP, Heft 3, 1985, S. 213-214.

Gilbert, X., Strebel, P.J. (1985): Outpacing Strategies, in: IMEDE, Perspectives for Managers, No. 2, 1985.

Gümbel, R. (1963): Die Sortimenspolitik in den Betrieben, Köln, Opladen 1963.

Hinterhuber, H.H. (1977): Strategische Unternehmensführung, Berlin, New York 1977.

Kaas, K. P. (1992): Marketing für umweltfreundliche Produkte – Ein Ausweg aus den Dilemmata der Umweltpolitik, in: Die Betriebswirtschaft, 1992, S. 473-487.

Kirsch, W. (1992): Kommunikatives Handeln, Autopiese, Rationalität: Sondierung zu einer evolutionären Führungslehre, München 1992.

Kirsch, W., Esser, W.M., Gabele, E. (1979): Das Management des geplanten Wandels von Organisationen, Stuttgart 1979.

Kleinaltenkamp, M. (1987): Die Dynamisierung strategischer Marketingkonzepte, in: Zeitschrift für betriebswirtschaftliche Forschung, Heft 1, 1987.

Köhler, R. (1981): Grundprobleme der strategischen Marketingplanung, in: Geist, M.N., Köhler, R. (Hrsg.): Die Führung des Betriebes, Festschrift für Curt Sandig, Stuttgart 1981, S. 261-291.

Köhler, R. (1985): Strategisches Marketing: Auf die Entwicklung eines umfassenden Informations-, Planungs- und Organisationssystems kommt es an, in: Marketing ZFP, Heft 3, 1985, S. 213-216.

Kreikebaum (1981): Strategische Unternehmensplanung, Stuttgart u.a. 1981.

Levitt, Th. (1960): Marketing Myopia, in: Harvard Business Review, July/August 1960, S. 45-56.

Levitt, Th. (1983): The Globalization of Markets, in: Harvard Business Review, No. 3, 1983, S. 92 ff.

Meffert (1980): Strategische Planung in gesättigten rezessiven Märkten, Teil I, in: Absatzwirtschaft, Nr. 6, 1980, S. 89-97.

Meffert, H., Kirchgeorg, M. (1993): Umweltmanagement, 3. Aufl., Stuttgart 1993.

Porter, M.E. (1980): Competitive Strategy, New York u. a. 1980.

Porter, M.E. (1985): Competitive Advantage, New York u. a. 1985.

Raffée, H. (1979): Marketing und Umwelt, Stuttgart 1979.

Sabel, H. (1971): Produktpolitik in absatzwirtschaftlicher Sicht, Wiesbaden 1971.

Servatius, H.-G. (1991): Vom strategischen Management zur evolutionären Führung, Stuttgart 1991.

Weinhold-Stünzi, H. (1979): Die Marketingstrategie: Langfristige Ziele und Verhaltensweisen im Markt, in: Die Orientierung, Nr. 72, 1979.

3. Planung des strategischen Marketing

3.1 Gegenstand der strategischen Unternehmens- und Marketingplanung

Die umfangreiche Auseinandersetzung mit Aspekten der strategischen Planung hat zu einer erheblichen Begriffsvielfalt in diesem Bereich geführt. Es ist deshalb nicht verwunderlich, daß die Begriffe „strategische Planung“ und „Strategie“ in sehr unterschiedlicher Weise eingesetzt werden. Zweifellos ist dies auch dadurch bedingt, daß sich unterschiedliche Spezialgebiete der Betriebswirtschaftslehre mit „strategischer Planung“ befassen. Jede einzelne Teildisziplin, wie z.B. die Marketing-, die Finanzierungs- oder die Produktionstheorie, bemüht sich bei der Kategorisierung der im Unternehmen zu treffenden Entscheidungen um gewisse Klassifikationen, die nicht nur zur Typologisierung bestimmter Strategien, sondern oft auch zur Trennung zwischen „strategischen“, „operativen“, „taktischen“ und anderen Klassen von Plänen und Entscheidungen führen.

Eine in der Literatur weitverbreitete Abgrenzung von Strategien ist – insbesondere unter Berücksichtigung diversifizierter Unternehmen – die Unterscheidung zwischen Unternehmens-, Geschäftsfeld- und Marktteilnehmerstrategien (Hofer, Schendel 1978, S. 27 f.; Schreyögg 1984, S. 124 ff.).

Unternehmensstrategien geben vor allem Antwort auf die Frage, in welchen Bereichen (bzw. Produkt-Markt-Kombinationen) das Unternehmen tätig sein soll. Unternehmensstrategien beinhalten primär Aspekte der Ressourcenverteilung auf verschiedene Geschäftsfelder, z.B. unter Berücksichtigung der Wettbewerbsstärke des einzelnen Geschäftsfeldes und der Branchenattraktivität (Kreilkamp 1987, S. 445 ff.; Hinterhuber 1992, S. 103 ff.). Daher nehmen Unternehmensstrategien oft die Form von aus den Portfolioansätzen abgeleiteten Normstrategien an (Meffert 1986, S. 93 ff.), welche die allgemeine Entwicklungsrichtung für einzelne Geschäftsfelder aufzeigen. Zu den bekanntesten Normstrategien zählen die „Behauptungs-Wachstums-Rückzugs“-Entscheidungen (Hedley 1986, S. 120 ff.; Meffert 1986, S. 93 ff.).

Die konkrete Ausgestaltung dieser Vorgaben ist Gegenstand der Geschäftsfeld- und Marktteilnehmerstrategien. Die zentralen Fragestellungen der **Geschäftsfeldstrategien** beziehen sich u.a. auf den Umfang der Marktabdeckung sowie die Art der anzustrebenden Wettbewerbsvorteile. Die **Marktteilnehmerstrategien** entscheiden über den Grad der Differenzierung bei der Bearbeitung der unterschiedlichen Marktsegemente und über die grundlegenden Verhaltensweisen gegenüber den Marktteilnehmern.

Auf Basis dieser Grundsatzentscheidungen wird anschließend ein Orientierungsrahmen für den Einsatz des Marketing-Instrumentariums abgeleitet. Da lediglich Richtlinien für die

Marketing-Instrumente festgelegt werden, ist es gerechtfertigt, hier von **Instrumentestrategien** zu sprechen. In ihrer weiteren Präzisierung zählen die Marketing-Instrumente dagegen zu den operativen Aspekten der Marketingplanung.

Folgt man diesen Überlegungen, so kann festgehalten werden, daß die strategische Unternehmensplanung als Prozeß zur Entwicklung von Unternehmensstrategien und die strategische Marketingplanung als Prozeß zur Formulierung von Geschäftsfeld- und Marktteilnehmerstrategien bezeichnet werden kann. Der Planungsprozeß umfaßt dabei die Ableitung von Zielen, Strategien bzw. Maßnahmen sowie die Ressourcenallokation. Hiermit ergeben sich für die **strategische Unternehmensplanung** die folgenden Teilaufgaben:

- Festlegung der Unternehmensmission,
- Abgrenzung des Marktes und Definition der strategischen Geschäftsfelder sowie
- Bestimmung der strategischen Stoßrichtung und Allokation der Ressourcen über die strategischen Geschäftsfelder.

Demgegenüber beinhaltet die **strategische Marketingplanung** die folgenden, geschäftsfeldspezifischen Aufgaben:

- Festlegung von Geschäftsfeldzielen,
- Bestimmung von Geschäftsfeldstrategien,
- Konkretisierung der Marktteilnehmerstrategien und
- Ableitung der zur Strategierealisation notwendigen Marketingbudgets.

Die sich anschließende **operative Marketingplanung** umfaßt

- die Formulierung der Instrumenteziele,
- die Festlegung der Instrumentemaßnahmen sowie
- die Ableitung der Instrumentebudgets.

Die Planung ist unter Zugrundelegung bestimmter Annahmen über künftige Umweltsituationen (Hahn 1986, S. 39) durch die Phasen der **Steuerung und Kontrolle** zu ergänzen, da vor allem die Kontrolle aus prozessualer Sicht die zwingende Ergänzung der Planung darstellt (Wild 1982, S. 44). Konsequenterweise erfährt der **Planungsprozeß** auf jeder Ebene (d.h. auf den Ebenen der strategischen Unternehmens- und Marketingplanung sowie der operativen Marketingplanung) eine Ergänzung um die vorgeschaltete **Analyse- und Prognosephase** sowie um die nachgelagerten **Implementierungs- und Kontrollphasen** (vgl. Abbildung 1).

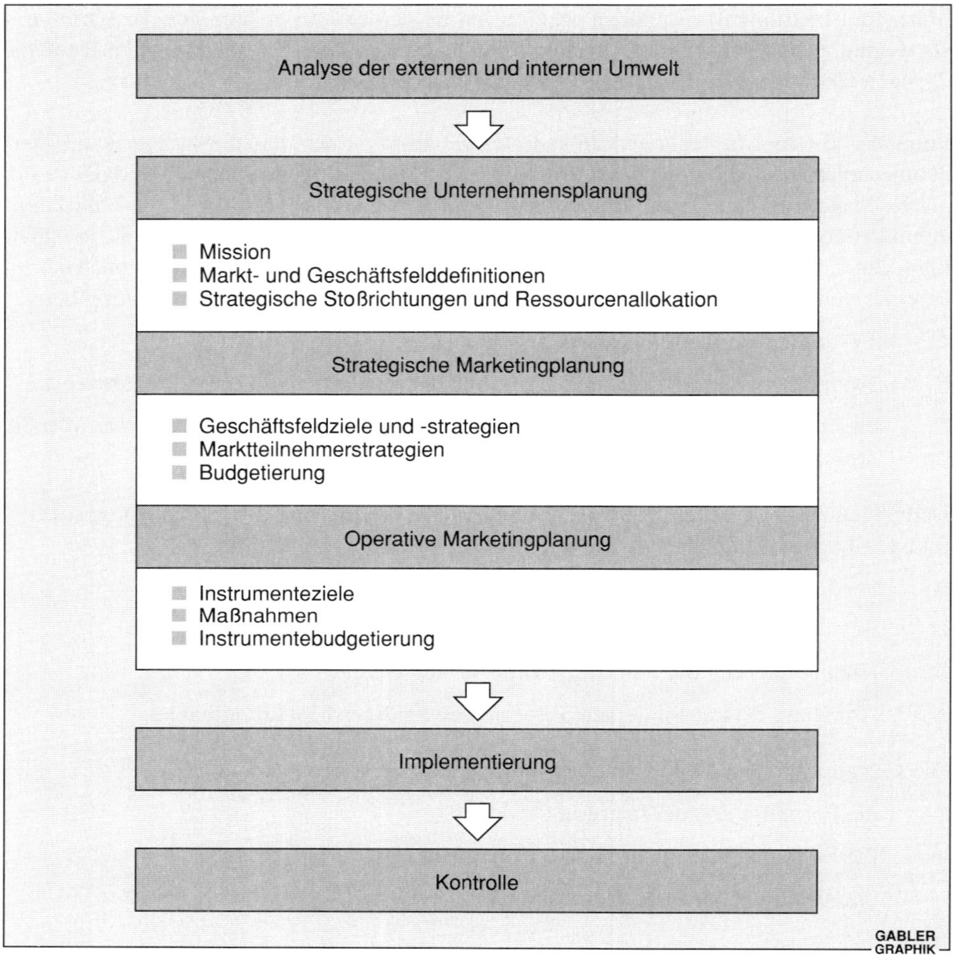

Abbildung 1: Gegenstand der strategischen Unternehmensplanung sowie der strategischen und operativen Marketingplanung

Strategische Unternehmensplanung, strategische Marketingplanung und operative Marketingplanung können darüber hinaus noch anhand der Dimensionen Entscheidungsträger, -objekt und -prozeß voneinander abgegrenzt werden (Cady, Buzzell 1986; Kreilkamp 1987).

Entscheidungsträger bei der strategischen Unternehmensplanung ist die Unternehmensleitung, bei der strategischen Marketingplanung die Sparten- bzw. Geschäftsfeldleitung und bei der operativen Marketingplanung das Produktmanagement.

Hinsichtlich des **Entscheidungsobjektes** handelt es sich bei der strategischen Unternehmensplanung um das Gesamtunternehmen, beim strategischen Marketing vorrangig um das einzelne Geschäftsfeld. Das operative Marketing beschäftigt sich demgegenüber vorrangig mit Teilbereichen einzelner Produktgruppen, z.B. mit Aspekten der Produkt- oder Kommunikationsplanung. Während sich die operative Marketingplanung auf den kurzfristigen, abgestimmten Einsatz der Marketinginstrumente konzentriert, wird bei der strategischen Unternehmensplanung eine umfassende Analyse von Unternehmenspotentialen und speziell bei der strategischen Marketingplanung von Marktpotentialen vorgeschaltet, um sich längerfristige Einwirkungs- und Entwicklungsmöglichkeiten offenzuhalten. Die eher langfristige Ausrichtung der strategischen Unternehmens- und Marketingplanung bringt gleichzeitig einen höheren Komplexitätsgrad der Entscheidungsstruktur mit sich.

Mit Blick auf den **Entscheidungsprozeß** läßt sich daher feststellen, daß strategische Entscheidungen auf schlecht strukturierten Problemstellungen beruhen und einen geringen Detaillierungsgrad besitzen. Während operative Marketingentscheidungen oft Routinearbeit und in gewissem Umfang programmierbar sind, beinhalten strategische Entscheidungen ein starkes Maß an Kreativität und innovativem Denken.

Aufgrund der starken **Interdependenzen zwischen strategischer Unternehmens- und Marketingplanung sowie der operativen Marketingplanung** ergibt sich die Notwendigkeit einer systematischen Verknüpfung der einzelnen Planungszyklen (Köhler 1991, S. 91 ff.). So beschränken Entscheidungen über die Geschäftsfeldentwicklung und die damit zusammenhängende Budgetierung einzelner Geschäftsfelder die Alternativen der Geschäftsfeldziele und -strategien. Beispielsweise ist im Falle einer Wachstumsstrategie davon auszugehen, daß diese entweder mit einer Marktdurchdringung oder aber mit einer Erweiterung der Produktlinien bzw. Abnehmergruppen verbunden ist.

Insbesondere durch die Festlegung der anzustrebenden Wettbewerbsvorteile beeinflussen die Geschäftsfeldstrategien ihrerseits die Ausgestaltung der Marktteilnehmerstrategien und diese wiederum die Frage nach der Instrumentegestaltung bei der operativen Marketingplanung. Bei einer beabsichtigten Marktdurchdringung sind z. B. Maßnahmen zur Steigerung der Verwendungsintensität der bisherigen Produkte zu generieren (vgl. Abbildung 2).

Interpretiert man als primäre Aufgabe der strategischen Marketingplanung die Entscheidung darüber, welche Produkte in welchen Märkten mit welchen Strategien zu welchem Zeitpunkt vertrieben werden sollen, so wird deutlich, daß die strategische Marketingplanung nicht nur eine funktionale Komponente, sondern das **Kernstück der strategischen Unternehmensplanung** darstellt. Letztendlich hängt der langfristige Erfolg der Unternehmung vom Bestehen auf den Absatzmärkten ab.

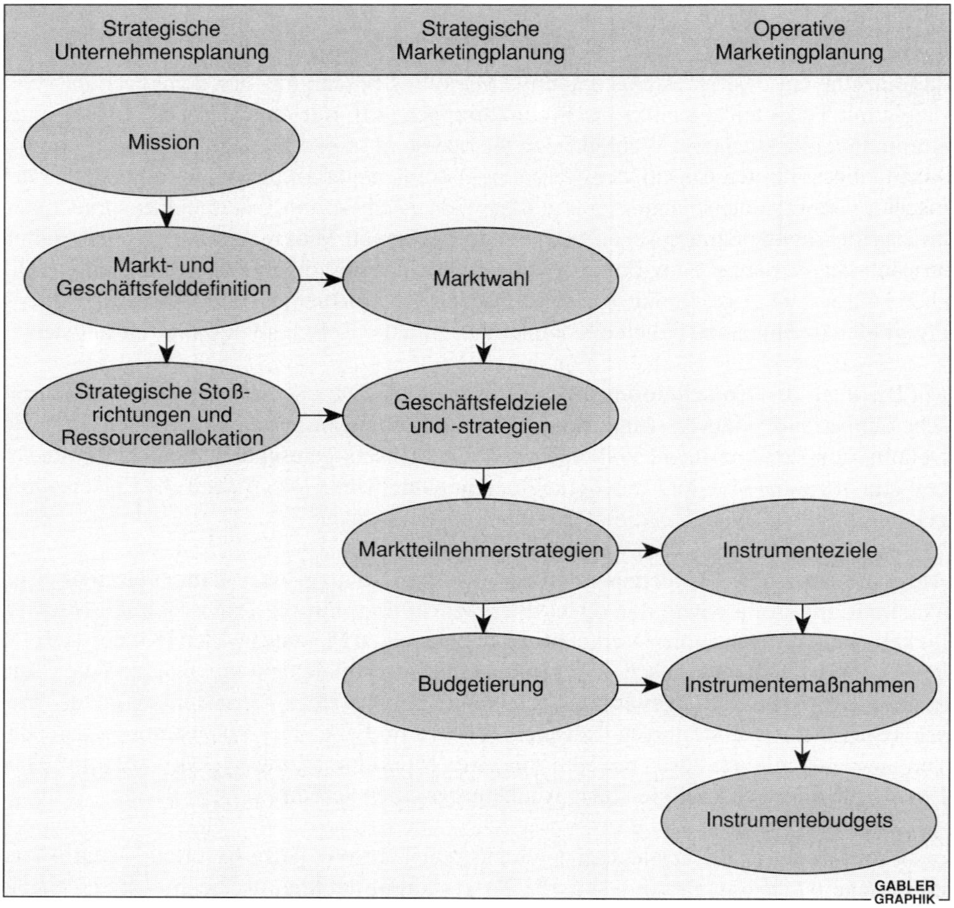

Abbildung 2: Interdependenzen zwischen strategischer Unternehmensplanung, strategischer und operativer Marketingplanung

Daher berührt der Prozeß der strategischen Marketingplanung auch Aspekte der strategischen Unternehmensplanung, insbesondere wenn eine Abstimmung absatzmarktgerichteter Aktivitäten mit anderen Unternehmensfunktionen erfolgt. Dies betrifft vor allem die F&E-Politik, der in jüngerer Zeit eine immer wichtigere Bedeutung zugesprochen wird. Aufgrund dieser starken Interdependenzen ist es sinnvoll, die Aufgaben der strategischen Marketingplanung bewußt weit zu fassen.

3.2 Phasen der strategischen Marketingplanung

Die Berücksichtigung der verschiedenen inhaltlichen Ebenen eines strategischen Marketingplans verdeutlicht, daß dieser nicht in einem Schritt entwickelt werden kann, sondern das Ergebnis eines umfassenden **iterativen und dynamischen Planungs- und Umsetzungsprozesses** darstellt. Hierbei können folgende Prozeßphasen unterschieden werden:

- Analyse und Prognose der unternehmensinternen und -externen Umwelt,
- Festlegung der Geschäftsfeldziele,
- Entwicklung von Geschäftsfeldstrategien,
- Ausgestaltung der Marktteilnehmerstrategien,
- Bewertung und Auswahl der Strategien,
- Ermittlung der zur Strategierealisation erforderlichen Budgets,
- Implementierung der Strategien und
- Kontrolle.

Ein Vergleich der Konzepte zur strategischen Marketingplanung verdeutlicht, daß nicht alle Autoren diese Schritte des allgemeinen Planungsprozesses gleichermaßen berücksichtigen (vgl. Abbildung 3). Abell, der die Geschäftsfeldbestimmung als „starting point of strategic planning“ sieht, verzichtet auf die Analyse und Prognose der internen und externen Situation (Abell 1980), während Köhler im Rahmen seines siebenstufigen Planungsprozesses diesem Aspekt verstärkt Aufmerksamkeit schenkt (Köhler 1991). Auch der Entscheidungsprozeß im Rahmen der strategischen Marketingplanung wird in der Literatur nicht gleichermaßen berücksichtigt. So findet sich bei Abell und Köhler nur die Zuteilung der Ressourcen, ohne Hinweis, nach welchen Kriterien diese verteilt werden sollen. Bei Kotler (1992) fehlt dieser Aspekt vollständig.

3.21 Analyse und Prognosephase

Ausgangspunkt der strategischen Marketingplanung ist die **strategische Analyse und Prognose.** Ihre Aufgabe ist es, entscheidungsrelevante Informationen zur Sensibilisierung bzw. Anregung, Problemanalyse und Alternativenbewertung bereitzustellen. Zur Strukturierung relevanter Informationen und Einflußfaktoren des strategischen Marketing werden in der Literatur verschiedene Ansätze vorgestellt (Schreyögg 1978, S. 80 ff.; Jehle 1980, S. 82 ff.; Kubicek, Thom 1989, S. 84).

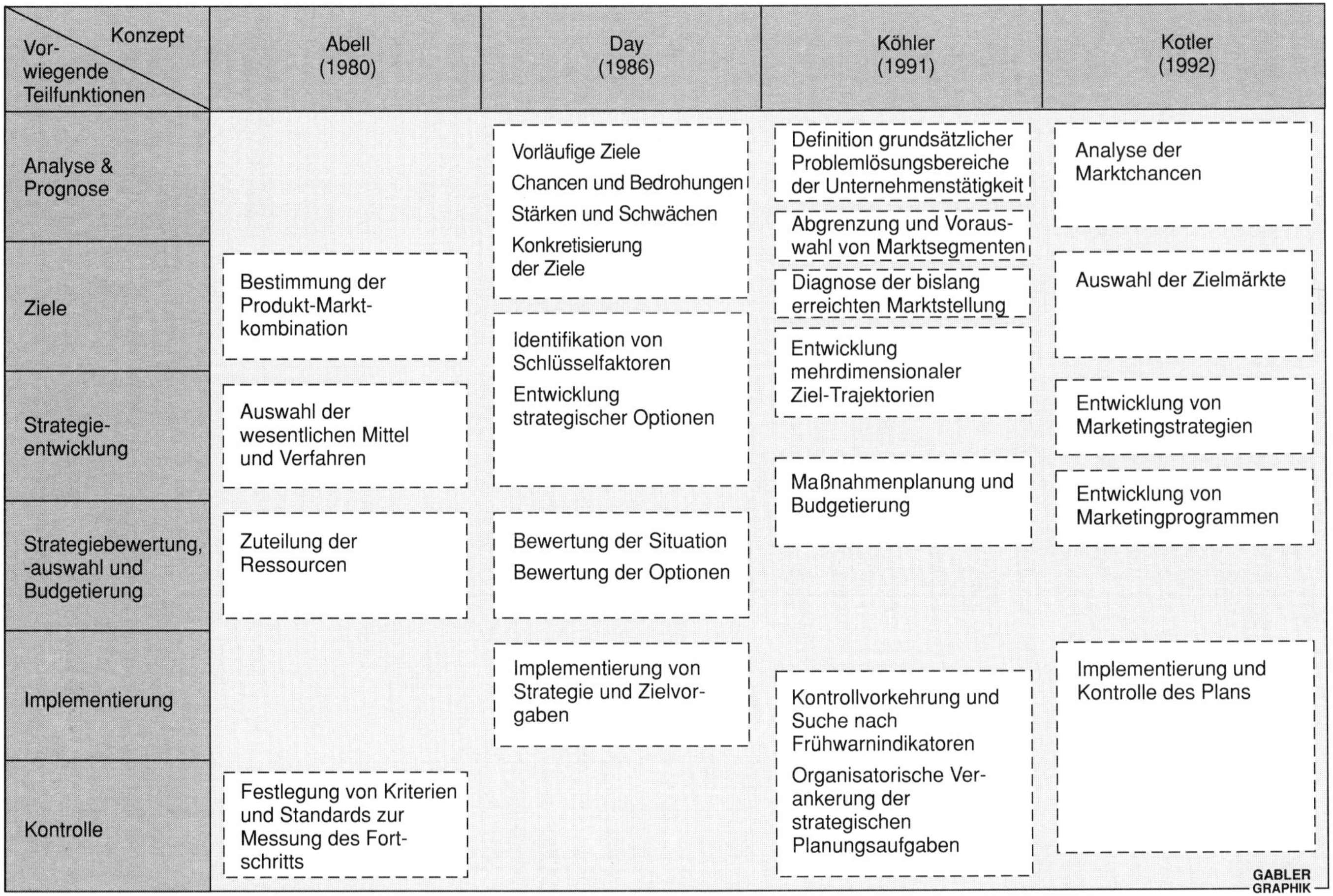

Abbildung 3: Vergleich ausgewählter Konzepte zur strategischen Marketingplanung

Entsprechend der Tradition systemtheoretischer und situativer Forschungsansätze kann die Unternehmensumwelt zunächst in eine globale Umwelt und in eine unternehmensspezifische Aufgabenumwelt untergliedert werden (Raffée, Wiedmann 1987, S. 186 ff.). Dabei ist die **globale Umwelt** in die Sphären der natürlichen, politisch-rechtlichen, sozio-kulturellen, technologischen und ökonomischen Umwelt zu differenzieren. Für die Analyse der **unternehmensspezifischen Aufgabenumwelt** ist eine institutionenbezogene Betrachtung vorzunehmen, in der gesellschaftliche (z.B. Medien, Bürgerinitiativen), politisch-rechtliche (z.B. Parteien, Behörden) und marktbezogene (z.B. Endverbraucher, Absatzmittler, Zulieferer, Wettbewerber) Anspruchsgruppen und Austauschpartner Berücksichtigung finden.

Unter methodischen Gesichtspunkten können die einzelnen Umweltbereiche mit einer Vielzahl von **Planungsinstrumenten** analysiert werden. Im Vordergrund stehen dabei die SWOT- und die Key-Issue-Analyse, in deren Rahmen die Stärken und Schwächen der Unternehmung den relevanten Chancen und Bedrohungen der Unternehmensumwelt gegenübergestellt werden. Wertkettenanalysen dienen dazu, für jeden Unternehmensbereich Kostensenkungs- und Differenzierungspotentiale aufzuspüren, um sich gegenüber den anderen Marktteilnehmern profilieren zu können. Diese und andere allgemeine Analysemethoden werden durch spezifische, d.h. auf einzelne Umweltmerkmale bzw. Marktteilnehmer ausgerichtete Planungstechniken ergänzt. Dazu zählen u.a. die Kundenanalyse, Konkurrentenanalysen sowie Analysen auf Basis von Distributionskennziffern (Köhler 1991, S. 9). Zur Prognose von Entwicklungen werden mathematische Verfahren der Entwicklungsprognose sowie qualitative Methoden wie die Szenario-Technik herangezogen. Quantitative Ansätze berechnen zukünftige Entwicklungen auf Basis von Vergangenheitsdaten und sind damit eher für mittelfristige Prognosen und langfristig stabile Umwelten geeignet. Qualitative Methoden sind darauf ausgerichtet, einen Rahmen zur systematischen Entwicklung alternativer Zukunftsszenarien bereitzustellen. Hierdurch werden nicht nur aktuelle, sondern auch denkbare zukünftige Situationen in die Bewertung von Strategien einbezogen.

3.22 Geschäftsfeldziele und -strategien

Den ersten Schritt bei der Entwicklung von Marketingstrategien bildet die Objektbestimmung der Strategien. Hierbei stellen sog. **strategische Geschäftsfelder** die Basis für Marketingstrategien dar. Die Bestimmung neuer bzw. Überprüfung bestehender Geschäftsfelder bildet das zentrale Bindeglied der strategischen Marketing- und Unternehmensplanung. Als strategische Geschäftsfelder werden dabei diejenigen Analyse- und Planungseinheiten bezeichnet, die im Rahmen der strategischen Marketingplanung eine eigenständige Behandlung erfahren. Sie sind im Idealfall durch eine **spezifische Marktaufgabe** gekennzeichnet, weisen eine hohe **Eigenständigkeit** auf und liefern einen **Beitrag zum Erfolgspotential** der Unternehmung (Gälweiler 1979, S. 252 ff.; Köhler 1981, S. 272 ff.). In der Literatur besteht Einigkeit darüber, daß es aus strategischer Perspektive unzureichend ist, Geschäftsfelder allein durch die Angabe von Produkten oder Abnehmergruppen zu definieren. Üblicherweise wird vorgeschlagen, bei der Geschäftsfelddefinition die drei Dimensionen

- potentielle Abnehmergruppen,
- Abnehmerfunktionen und
- verwendbare Technologien

getrennt zu berücksichtigen (Abell 1980, S. 169 ff.; Köhler 1981, S. 266 ff.). Als vierte Dimension kann die räumliche Marktabdeckung hinzutreten.

Die sich anschließende Formulierung des **geschäftsfeldspezifischen Zielsystems** ist ein wesentlicher Bestandteil der strategischen Marketingplanung. Ohne klare Zielvorstellungen befindet sich das Geschäftsfeld stets in der Gefahr, sich reaktiv an Umweltveränderungen anzupassen. Strategische Zielvorgaben dagegen vermitteln eine klare Orientierung, an der alle weiteren Aktivitäten im Rahmen des strategischen Planungs- und Umsetzungsprozesses auszurichten sind.

Unternehmens- und Geschäftsfeldziele stehen in einer hierarchischen Beziehung zueinander. Die auf Unternehmensebene getroffenen Entscheidungen über grundsätzliche Unternehmensziele und strategische Stoßrichtungen bilden den Ausgangspunkt für die Festlegung der Marketingziele auf Geschäftsfeldebene. Grundsätzlich können ökonomische (z. B. Marktanteil) und psychographische (z. B. Image) Marketingziele unterschieden werden. Im Rahmen der strategischen Marketingplanung sind diese in bezug auf Zielinhalt, -ausmaß und Zeitraum zu präzisieren (Becker 1992, S. 80).

Hierbei sind die vielfältigen Interdependenzen zu berücksichtigen, die sowohl zwischen den Marketingzielen als auch zwischen den Marketing- und Unternehmenszielen bestehen. Insbesondere im Fall konfliktärer Beziehungen ist eine eindeutige Aussage über die Bedeutung und die Prioritäten der einzelnen Ziele zu treffen. Darüber hinaus sind die dynamischen Wirkungsbeziehungen zwischen den Zielen zu analysieren. Hierbei kann auf das sog. Leitlinien- bzw. Trajektorie-Konzept zurückgegriffen werden, das im Rahmen einer mehrdimensionalen Zielstufenplanung den zeitlichen Zusammenhang zwischen den zentralen Zielgrößen abbildet (Köhler 1991).

In engem Zusammenhang mit den Zielen ist über die **Entwicklungsrichtung** zu entscheiden, die das Geschäftsfeld im Markt nehmen soll. Dabei ist grundsätzlich an den Alternativen einer Behauptungs-, Wachstums- oder Rückzugsstrategie im Rahmen der Unternehmensstrategien anzuknüpfen. Diese sich vorrangig im Zuge der **unternehmensweiten Ressourcenallokation** ergebenden Optionen können auf der Ebene der einzelnen Geschäftsfelder näher spezifiziert werden. Als Alternativen bieten sich die Intensivierung, die Produkt- und Marktentwicklung sowie die Diversifikation an. Darüber hinaus ist für Geschäftsfelder, die bislang noch nicht bearbeitet wurden, der Markteintrittszeitpunkt festzulegen.

Die **Strategien der Marktabdeckung** bauen unmittelbar auf der Geschäftsfelddefinition und der Festlegung der Entwicklungsrichtung auf. Der strategische Auswahlprozeß ist deshalb insbesondere auch davon abhängig, nach welchen Dimensionen die strategischen Geschäftsfelder abgegrenzt werden. Zu entscheiden ist, wie viele und welche Segmente ausgewählt und bearbeitet werden sollen. Hierbei lassen sich insbesondere die vollständige Produkt-Markt-Abdeckung, die Produkt-Markt-Spezialisierung sowie die Produkt- und die Marktspezialisierung unterscheiden (Abell 1980, S. 192 ff.; Kotler 1992, S. 301 ff.).

3.23 Festlegung der Marktteilnehmerstrategien

Im Rahmen der **Marktteilnehmerstrategien** ist zunächst zu klären, ob die einzelnen Produkt-Markt-Segmente mit einer einheitlichen oder einer differenzierten Strategie zu bearbeiten sind und ob eine proaktiv-offensive oder reaktiv-defensive Haltung in bezug auf Markt- und Umweltentwicklungen eingenommen werden soll.

Im Mittelpunkt der auf die einzelnen Marktteilnehmer bezogenen Strategien stehen die **abnehmergerichteten Wettbewerbsstrategien.** Auf Grundlage der Arbeiten von Porter werden diese Strategien oftmals unter dem Aspekt der Konkurrenzorientierung als Strategien der Differenzierung und Kostenführerschaft diskutiert (Porter 1992). Genau genommen handelt es sich jedoch um an Wettbewerbsvorteilen ausgerichtete Abnehmerstrategien, die schon frühzeitig unter Preis-Mengen- bzw. Präferenzaspekten behandelt wurden. Während die **Preis-Mengen-Strategie** einzig auf den Wettbewerbsvorteil eines niedrigen Preises ausgerichtet ist, versucht die **Präferenz-Strategie** Zusatzbedürfnisse der Konsumenten zu befriedigen. Die Präferenz-Strategie verfolgt das Ziel einer eigenständigen Profilierung in der Wahrnehmung der Endabnehmer, um eine dauerhafte, vom Preis weitgehend unabhängige Vorzugsstellung aufbauen zu können. Ansatzpunkte hierzu bieten sich besonders in der Innovations-, der Qualitäts- und der Markierungsorientierung sowie im Angebot eines breiten Leistungsprogramms.

Die Festlegung der abnehmergerichteten Strategien steht im Mittelpunkt der strategischen Marketingplanung. Darüber hinaus muß jedoch auch das Verhalten der Unternehmung gegenüber den übrigen, für das Geschäftsfeld relevanten Marktteilnehmern (Konkurrenten, Absatzmittlern, Anspruchsgruppen) festgelegt werden. Hier kann grob zwischen den vier Grundtypen: Anpassungs-, Kooperations-, Konflikt- und Umgehungsstrategie unterschieden werden.

Die **Anpassungsstrategie** zeichnet sich durch eine eher passive Haltung des Unternehmens aus, das sich hierdurch dem Verhalten anderer unterordnet. Dagegen versuchen Unternehmen mit einer **Kooperationsstrategie,** durch die aktive Zusammenarbeit mit den Marktteilnehmern die Durchsetzung eigener Ziele zu erreichen. Eine starke Marktposition des eigenen Unternehmens ist Voraussetzung für eine **Konfliktstrategie**, die mit einer

Konfrontation und der Herausforderung anderer Marktteilnehmer einhergeht. Im Gegensatz hierzu soll die **Umgehungsstrategie** bereits die Entstehung von Konfliktsituationen vermeiden.

3.24 Strategiebewertung und -auswahl

In der Bewertungs- und Auswahlphase müssen die Strategiealternativen auf ihre Konsistenz, ihre Beanspruchung von Kompetenz und ihre Funktionserfüllung getestet werden (Florin 1988, S. 24 ff.). Im Rahmen des **Konsistenztests** wird – vor allem in einer Vorauswahlphase möglicher Alternativen – der widerspruchsfreie Fit der Alternativen untereinander (z.B. abnehmer- und absatzmittlergerichteter Strategien) sowie zu den Marketing- bzw. Geschäftsfeldzielen überprüft. Der **Kompetenztest** versucht dagegen, im Rahmen der Strategievorauswahl aus den vorgeschlagenen Alternativen anhand globaler Kriterien wie „Kompetenz des Management", „finanzielle Ressourcen" etc. wirtschaftlich realisierbare Alternativen zu selektieren. Der **Funktionstest** bildet schließlich das Kernstück der Strategiebewertung. Hierbei werden die Alternativen hinsichtlich ihres Ressourcenbedarfs bei der Umsetzung und der Wirkung der Umsetzung auf den Zielerreichungsgrad untersucht. Hierzu steht dem Unternehmen eine Vielzahl von **Bewertungsverfahren** zur Verfügung, die von einfachen Scoringmodellen bis hin zu investitionstheoretischen Ansätzen reichen (Wilde 1989).

3.25 Budgetierung

Sind die erfolgversprechenden Strategien festgelegt, erfolgt die **strategische Budgetierung.** Unter Budgetierung wird dabei die Erstellung von in Geldeinheiten quantifizierten Vorgaben für die Organisationseinheiten des Unternehmens verstanden. Damit wird eine in wertmäßigen Größen ausgedrückte systematische Planung, Koordination und Kontrolle der Unternehmensressourcen angestrebt. Neben Kostenbudgets müssen dabei auch Leistungsbudgets, die Zielgrößen wie Umsatz, Marktanteil oder Gewinn umfassen, betrachtet werden.

Durch das Marketingbudget werden die Schwerpunkte der Marketingstrategie sowie das quantifizierte Aktivitäts- und Leistungsniveau der daraus abgeleiteten Marketing-Maßnahmen zum Ausdruck gebracht. Die Marketing-Budgetierung erfüllt verschiedene Funktionen. Neben der Prioritätenfunktion, nach der im Budget bewußt ziel- und strategiegeleitete Schwerpunkte gesetzt werden, sind dies insbesondere die Zurechenbarkeits-, Motivations- und Verantwortungsfunktion, die Steuerungs- und Kontroll- sowie die Zielvereinbarungsfunktion (Barzen 1989).

3.26 Strategieimplementierung

Spätestens seit den Publikationen von Peters und Waterman (Peters, Watermann 1983) ist deutlich geworden, daß oftmals nicht das „was", sondern das „wie" der strategischen Planung erfolgsentscheidend ist. Die Realisation strategischer Konzepte scheitert häufig nicht nur an der fehlenden oder falschen Umsetzung der strategischen Vorgaben, sondern vielfach auch aufgrund der mangelhaften Durchsetzung bei den durch die Strategierealisation betroffenen Unternehmensmitgliedern.

Für die Strategieimplementierung ergeben sich damit zwei zentrale Aufgabenbereiche. Der Aufgabenbereich der **Umsetzung** der strategischen Pläne betrifft die Spezifizierung der globalen strategischen Vorgaben durch die Ableitung konkreter Maßnahmen sowie die Anpassung der für die Strategierealisation notwendigen Strukturen und Systeme. Die **Durchsetzung** der Strategien als zweiter Aufgabenbereich bezieht sich auf die Förderung ihrer Anwendung durch eine anzustrebende Strategieakzeptanz der betroffenen Unternehmensmitarbeiter (Kolks 1990).

3.27 Strategiekontrolle

Während die operative Kontrolle bereits als weitgehend institutionalisiert gelten kann, läßt sich im Rahmen der strategischen Marketingplanung noch eine Vernachlässigung von Kontrollaspekten konstatieren (Köhler 1991). Strategische Kontrollen müssen aufgrund der Zukunftsbezogenheit der strategischen Planung auch zeitlich nach vorne gerichtet sein und parallel zu den Planungs- und Umsetzungsprozessen erfolgen (Gälweiler 1981, S. 383 ff.; Hahn 1990, S. 651 ff.). Dabei sind unter strategischen Aspekten die Konsistenz-, Prämissen- und Durchführungskontrolle zu diskutieren. Die **Konsistenzkontrolle** dient in diesem Zusammenhang der formalen Überprüfung der strategischen Pläne auf Vollständigkeit, logischen Aufbau und Widerspruchsfreiheit hinsichtlich der Unternehmens- bzw. Geschäftsfeldziele sowie der einzelnen Teilpläne und Maßnahmen untereinander. Im Rahmen der **Prämissenkontrolle** hat die Überwachung derjenigen internen und externen Entwicklungen zu erfolgen, die der strategischen Planung als Annahmen zugrunde liegen. Die **Durchführungskontrolle** dient in Form einer Planfortschrittskontrolle der Überprüfung der schrittweisen Realisierung der strategischen Ziele anhand von Zwischenzielen bzw. Zieltrajektorien (Köhler 1991).

3.3 Ausblick zur Bedeutung der Unternehmens- und Marketingplanung

Betriebswirtschaftliches Handeln und eine auf Dauer erfolgreiche Unternehmensführung erfordern ein planvolles Wirtschaften. An die Stelle spontaner, improvisierter und zum Teil irrationaler Entscheidungen muß ein rationales Vorausdenken für die zukünftig ablaufenden Betriebsprozesse treten. Planung als gestaltendes Denken für die Zukunft vermag zwar eine verfehlte Unternehmenspolitik nicht auszuschließen, die ihre Ursache in nicht vorhersehbaren Entwicklungen hat, sie bietet jedoch den vergleichsweise größten Schutz vor wirtschaftlichem Mißerfolg.

Trotz der besonderen Bedeutung der Planung in der betriebswirtschaftlichen Diskussion der letzten Jahrzehnte stellt sich jedoch die Frage, inwieweit angesichts zunehmender Umweltveränderungen (Öffnung des Ostens, Wiedervereinigung, Umweltkatastrophen, Wertewandel etc.) „Planung" überhaupt noch möglich und sinnvoll ist. Es wird sogar die Kritik erhoben, daß die abstrahierten Entscheidungs- und Planungsmodelle der Betriebswirtschaft mit den häufig zugrunde gelegten ceteris-paribus-Bedingungen zu einer Umweltvergessenheit geführt haben und insbesondere die ökologischen Folgen des wirtschaftlichen Handelns ausgeklammert wurden.

Vor diesem Hintergrund hat sich der Arbeitskreis „Integrierte Unternehmensplanung" der Schmalenbach-Gesellschaft in jüngster Zeit mit den Grenzen der Unternehmensplanung auseinandergesetzt. Dabei lassen sich folgende Schlußfolgerungen zusammenfassen (Arbeitskreis „Integrierte Unternehmensplanung" 1991, S. 811 ff.):

- Da sich bestimmte planungsrelevante Größen auch in Zukunft nicht mit hinreichender Sicherheit prognostizieren lassen, wird den Ansätzen des Risk-Management eine steigende Bedeutung zukommen.

- Verbesserungen im Bereich der Planung müssen insbesondere auch an der Unternehmensphilosophie und -kultur ansetzen, um ein planungsfreundliches Klima bzw. Planungsbewußtsein zu schaffen.

- Die Aus- und Weiterbildung im Bereich der Planung muß in der Kooperation von Wissenschaft und Praxis intensiviert werden, um die Fähigkeiten und Mitwirkungsbereitschaft des Einzelnen zu verbessern.

Literaturhinweise

Abell, D.F. (1980): Defining the Business. The Starting Point of Strategic Planning, Englewood Cliffs 1980.

Ansoff, H. I. (1966): Management Strategie, München 1966.

Arbeitskreis „Integrierte Unternehmensplanung": Grenzen der Planung – Herausforderung an das Management, in: Zeitschrift für betriebswirtschaftliche Forschung, Heft 9, 1991, S. 811-829.

Barzen, D. (1989): Marketing-Budgetierung, Frankfurt/Main 1989.

Becker, J. (1992): Marketing-Konzeption, 4. Aufl., München 1992.

Cady, J. F., Buzzell, R.D. (1986): Strategic Marketing, Boston 1986.

Florin, G. (1988): Strategiebewertung auf der Ebene der Strategischen Geschäftseinheiten, Frankfurt/Main 1988.

Gälweiler, A. (1979): Strategische Geschäftseinheiten (SGE) und Aufbau-Organisation der Unternehmung, in: Zeitschrift Führung und Organisation, Nr. 5, 1979, S. 252-260.

Gälweiler, A. (1981): Zur Kontrolle strategischer Pläne, in: Steinmann, J. (Hrsg.): Probleme der strategischen Unternehmensführung, München 1981, S. 383-399.

Hahn, D. (1986): Planungs- und Kontrollrechnung, 3. Aufl., Wiesbaden 1986.

Hahn, D. (1990): Strategische Kontrolle, in: Hahn, D., Taylor, B. (Hrsg.): Strategische Unternehmensplanung – Strategische Unternehmensführung, 5. Aufl., Heidelberg 1990, S. 651-654.

Hedley, B. (1986): Strategy in the Business Portfolio, in: Hahn, D., Taylor, B. (Hrsg.): Strategische Unternehmensplanung, Heidelberg 1986, S. 116-127.

Hinterhuber, H.H. (1992): Strategische Unternehmensführung, I. Strategisches Denken, 5. Aufl., Berlin, New York 1992.

Hofer, C. W., Schendel, D. (1978): Strategy Formulation: Analytical Concepts. St. Paul 1978.

Jehle, E. (1980): Unternehmung und gesellschaftliche Umwelt, Stuttgart 1980.

Köhler, R. (1981): Grundprobleme der strategischen Marketingplanung, in: Geist, M.N., Köhler, R. (Hrsg.): Die Führung des Betriebs, Stuttgart 1981, S. 261-291.

Köhler, R. (1991): Beiträge zum Marketing Management, 2. Aufl., München 1991.

Kolks, V. (1990): Strategieimplementierung, Wiesbaden 1990.

Kotler, Ph. (1992): Marketing Management, 7. ed., Englewood Cliffs 1992.

Kreilkamp, E. (1987): Strategisches Management und Marketing, Berlin, New York 1987.

Kubicek, H., Thom, N. (1989): Umsystem, betriebliches, in: Grochla E., Wittmann, W. (Hrsg.): Handwörterbuch der Betriebswirtschaft, 4. Aufl., Stuttgart 1989, Sp. 3977-4017.

Meffert, H. (1986): Marketing, 7. Aufl., Wiesbaden 1986.

Meffert, H. (1989): Globalisierungsstrategien und ihre Umsetzung im internationalen Wettbewerb, in: Die Betriebswirtschaft, Heft 4, 1989, S. 445-463.

Peters, T.J., Watermann, R.H. (1983): Auf der Suche nach Spitzenleistungen, Landsberg 1983.

Porter, M. E. (1992): Wettbewerbsstrategie, Frankfurt/Main 1992.

Raffée, H., Wiedmann, K.R. (1987): Marketingumwelt 2000, in: Schwarz, C. (Hrsg.): Marketing 2000, Perspektiven zwischen Theorie und Praxis, Wiesbaden 1987, S. 185-209.

Schreyögg, G. (1978): Umwelt, Technologie und Organisationsstruktur, Bern, Stuttgart 1978.

Schreyögg, G. (1984): Unternehmensstrategie, Berlin, New York 1984.

Wild, J. (1982): Grundlagen der Unternehmensplanung, 4. Aufl., Opladen 1982.

Wilde, K. D. (1989): Bewertung von Produkt-Markt-Strategien, Berlin 1989.

Kapitelübersicht

Zweites Kapitel

Informationsgrundlagen der strategischen Unternehmens- und Marketingplanung

1. Definition des Betätigungsfeldes und strategische Planungskonzepte

1.1 Abgrenzung des relevanten Marktes und Bildung strategischer Geschäftsfelder

Im Rahmen der strategischen Planung kommt der Abgrenzung des relevanten Marktes und in diesem Zusammenhang der Bildung Strategischer Geschäftsfelder eine herausragende Bedeutung zu. Eine falsche Abgrenzung kann für die Unternehmung mit erheblichen Folgen verbunden sein. Erfolgt die Definition des relevanten Marktes zu eng, bleiben potentielle Konkurrenten und mögliche Kundenbedürfnisse unberücksichtigt. Wird die Abgrenzung zu weit vorgenommen, werden Nachfrager auf spezialisierte Anbieter ausweichen, die in dem von ihnen bearbeiteten Marktbereich über komparative Konkurrenzvorteile verfügen (Backhaus 1992, S. 124).

Darüber hinaus ist eine Marktabgrenzung für das Unternehmen als Einheit nur bei einem kleinen, homogenen Produktsortiment möglich. Diversifizierte Unternehmen erfordern eine differenzierte Analyse ihrer einzelnen Tätigkeitsbereiche. Dabei ist zu berücksichtigen, daß diese aufeinander abzustimmen sind, um in einer Gesamtunternehmensbetrachtung einen Risiko- und Finanzmittelausgleich innerhalb des Unternehmens zu gewährleisten.

Die Definition der Tätigkeitsbereiche erfolgt mit Hilfe des Konzepts der **strategischen Geschäftsfelder (SGF)**. Als grundlegende Eigenschaften strategischer Geschäftsfelder gelten die Kriterien der Marktaufgabe, der Eigenständigkeit und des Erfolgsbeitrags. Ein strategisches Geschäftsfeld ist dadurch gekennzeichnet, daß es

- eine eigene, von anderen Geschäftsfeldern unabhängige Marktaufgabe („unique business mission") besitzt, die auf die Lösung abnehmerrelevanter Probleme ausgerichtet ist,
- am Markt als vollwertiger Konkurrent mit eindeutig identifizierbaren Konkurrenzunternehmen partizipiert und nicht etwa die Funktion eines internen Lieferanten einnimmt,
- die Formulierung und Implementierung eines weitgehend eigenständigen strategischen Plans erlaubt sowie
- einen eigenständigen Beitrag zur Steigerung des Erfolgspotentials der Gesamtunternehmung leistet (Kreilkamp 1987, S. 317; Neubauer 1989, S. 17; Hinterhuber 1992, S. 142).

Neben den konstitutiven Merkmalen sind Kriterien zu formulieren, die eine konkrete Abgrenzung der strategischen Geschäftsfelder ermöglichen. In der Literatur finden sich hierzu eine Vielzahl von Ansätzen. Keiner dieser Ansätze kann als eindeutig richtig bezeichnet werden, sondern es ist im Einzelfall anhand der konkreten Unternehmens- und Marktsituation zu prüfen, welche Vorgehensweise zu wählen ist.

Einigkeit besteht darin, daß eine rein **produktbezogene Definition** strategischer Geschäftsfelder den Anforderungen einer marktorientierten Unternehmensstrategie nicht genügt. Bereits Anfang der 60er Jahre stellte Theodor Levitt in seinem inzwischen als „klassisch" bezeichneten Aufsatz „Marketing Myopia" heraus, daß enge, produktbezogen formulierte Ziele zu Kurzsichtigkeiten gegenüber Bedarfsentwicklungen und Marktänderungen führen können (Levitt 1960; Köhler 1981, S. 24). So zeigte Levitt, daß die Wachstumsprobleme der amerikanischen Eisenbahnen zu einem großen Teil auf eine zu enge Definition des Tätigkeitsfelds zurückzuführen sind. Als solches wurde fälschlicherweise der Markt für Eisenbahnen und nicht der Markt für Beförderung von Personen und Fracht verstanden.

Obwohl sich der Ansatz einer produktbezogenen Definition strategischer Geschäftsfelder in der wissenschaftlichen Diskussion als nicht tragbar erwiesen hat, zeigt die Unternehmenspraxis, daß entsprechende Abgrenzungen durchaus weiterhin üblich sind. Es ist jedoch davon auszugehen, daß dies nicht unbedingt auf ein fehlendes strategisches Verständnis der Unternehmen zurückzuführen ist. Stattdessen handelt es sich bei der produktbezogenen Abgrenzung häufig um eine vereinfachte Darstellung, die erst nach einem umfassenden Planungsprozeß gewählt wird.

Einen erweiterten Ansatz der Geschäftsfeldabgrenzung beschreibt Hinterhuber. Er definiert strategische Geschäftsfelder als „**Produkt/Markt-Kombinationen**, Produktlinien etc., die gemeinsam eine Funktion erfüllen, die sich klar von der anderer Produkt/Markt-Kombinationen abhebt" (Hinterhuber 1992, S. 123). Produkte/Produktlinien innerhalb eines strategischen Geschäftsfelds stehen dabei in einem gegenseitigen Abhängigkeitsverhältnis. Preisänderungen, Veränderungen von Produkteigenschaften etc. nehmen direkt Einfluß auf die Entwicklung anderer Produkte/Produktlinien desselben Geschäftsfelds (Hinterhuber 1992, S. 148). Hinterhuber erweitert damit die rein produktorientierte Abgrenzung um die Dimension des Marktes, allerdings ohne explizit auf die spezifischen Bedürfnisse der einzelnen Abnehmergruppen einzugehen.

Der umfassendste Ansatz geht auf die Arbeiten von Abell (1980) zurück. Ausgangspunkt seiner Überlegungen ist die These, daß ein Produkt als das physische Gegenstück der Anwendung einer Technologie zur Realisierung bestimmter Problemstellungen für eine spezifische Zielgruppe zu betrachten sei. Diesem Gedanken entsprechend entwickelte er einen dreidimensionalen Bezugsrahmen mit den **Dimensionen „Abnehmergruppe", „Funktionserfüllung"** und **„Technologie"**. Entlang der Dimension „Abnehmergruppe" wird festgelegt, wessen Bedürfnisse angesprochen werden sollen. Die Abnehmer werden hierzu in Marktsegmenten zusammengefaßt, die hinsichtlich des Bedarfs und des voraussichtlichen Kaufverhaltens möglichst homogen sind. Die Dimension der „Funktionserfüllung" bezieht sich auf die Aufgabe des Produktes und legt fest, welches Bedürfnis durch die Produkte befriedigt werden soll. Die dritte Dimension schließlich beschreibt alternative Wege, wie diese befriedigt werden können (Meffert 1986, S. 98 f.).

Für die Konkretisierung der Dimensionen empfiehlt es sich, zunächst von einem relativ hohen Abstraktionsgrad der Achsenbezeichnungen auszugehen und diese in einem **stufenweisen Prozeß** zu konkretisieren (Krups 1985, S. 47 ff.). Hierdurch wird zum einen

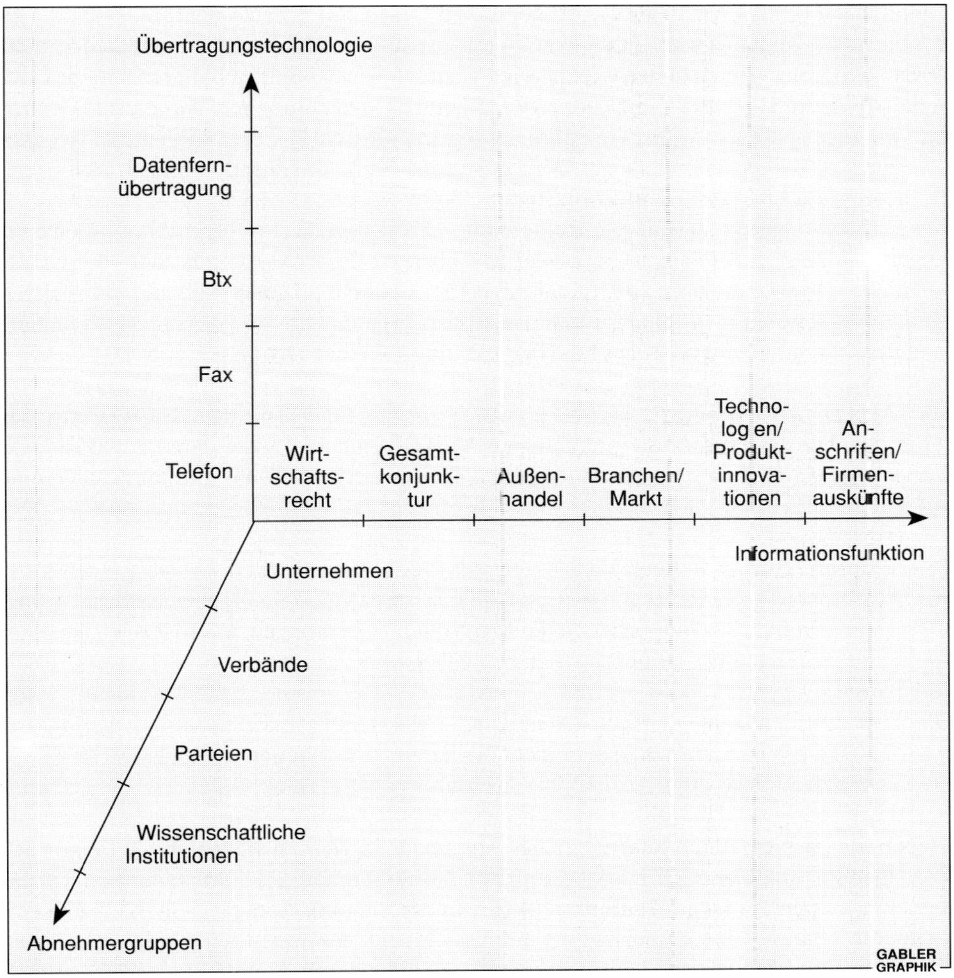

Abbildung 1: Strategischer Suchraum zur Bestimmung und Auswahl strategischer Geschäftsfelder im Markt für elektronische Wirtschaftsinformationen (in Anlehnung an Krups 1985, S. 63)

eine möglichst umfassende Berücksichtigung potentieller Geschäftsfelder gewährleistet, so daß erfolgversprechende Alternativen nicht von vornherein ausgegrenzt werden. Zum anderen reduziert eine stufenweise Konkretisierung die Komplexität des Planungsproblems, da in jeder Stufe eine weitere Eingrenzung der Geschäftsfelddimensionen vorgenommen wird. Einen bereits relativ detailliert beschriebenen Suchraum zur Abgrenzung strategischer Geschäftsfelder für den Markt elektronischer Wirtschaftsinformationen zeigt Abbildung 1.

Mit der Konkretisierung des dreidimensionalen Suchraums wird die Voraussetzung zur **Lokalisierung und Auswahl** der Strategischen Geschäftsfelder geschaffen. Dabei ist zu berücksichtigen, daß die Zahl möglicher Geschäftsfelddefinitionen mit zunehmender Differenzierung der Dimensionen exponentiell ansteigt. Eine simultane Abgrenzung des Geschäftsfelds auf allen drei Dimensionen wird damit nahezu unmöglich. Aus diesem Grunde ist vorher festzulegen, in welcher Reihenfolge die einzelnen Dimensionen bei der Abgrenzung zu berücksichtigen sind. Der „klassische Marketingansatz" spiegelt sich in der Reihenfolge **„Abnehmer-Funktion-Technologie"** wider, bei der die Abnehmerbedürfnisse im Mittelpunkt stehen. Die Reihenfolge **„Funktion-Technologie-Abnehmer"** dagegen orientiert sich relativ stark an der Machbarkeit des Produkts aus Sicht der Unternehmung. Obwohl die optimale Reihenfolge vom situativen Kontext abhängt, führt insbesondere letztere zu recht guten und umsetzbaren Ergebnissen, da vorhandene Potentiale und Ressourcen in besonderem Maße berücksichtigt werden (Krups 1985, S. 80 f.).

Ein Aspekt, der von Abell vernachlässigt wird, ist die **räumliche Abgrenzung des Marktes**. Die Dimension der „räumlichen Marktabdeckung" kann dabei auf Basis von Ländern, aber auch für bestimmte Regionen entwickelt werden. Ihr kommt deshalb eine besondere Bedeutung zu, da

- aufgrund einer stetigen Verkürzung der Produktlebenszyklen bei steigenden Investitionen während des Innovationsprozesses die Unternehmungen gezwungen sind, ihre Produkte in möglichst vielen Markträumen anzubieten, um so das Risiko einer zu langen Amortisationsdauer zu begrenzen und

- in einer Vielzahl von Branchen räumliche Markteintrittsbarrieren relativ gering sind und diese dazu führen, daß in nicht besetzten Markträumen relativ kurzfristig neue Wettbewerber auftreten, die dort das Marktpotential ausschöpfen.

Neben der Problematik unterschiedlicher Abgrenzungskriterien stellt sich die Frage nach der Übereinstimmung einer marktorientierten Definition der Geschäftsfelder und der unternehmensinternen **Organisationsstruktur**. In der Literatur findet sich hierzu keine eindeutige Meinung. Hinterhuber vertritt die Ansicht, daß zumindest bei einer vorhandenen Organisationsstruktur „eine Umstrukturierung zu einer klaren Organisation nach strategischen Geschäftsfeldern in vielen Fällen nicht erforderlich und auch nicht zweckmäßig ist" (Hinterhuber 1992, S. 147). Andere Autoren schlagen vor, die vorhandene organisatorische „Primärstruktur" durch eine „Sekundärorganisation" zu ergänzen (Dunst 1983).

Hierdurch entstehen sogenannte „duale Organisationen“, in denen nur teilweise die primären operativen und die sekundären strategischen Verantwortungen in Personalunion von demselben Verantwortungsträger wahrgenommen werden (Szyperski, Wienand 1979, S. 200). Gerl und Roventa betonen die Notwendigkeit, strategische Geschäftsfelder sowohl unter unternehmensexternen als auch -internen Gesichtspunkten zu bilden (Gerl, Roventa 1983, S. 144 ff.).

Einige Autoren nehmen an dieser Stelle eine semantische Trennung der häufig synonym verwendeten Begriffe strategisches Geschäftsfeld und **strategische Geschäftseinheit** vor. Danach ist das strategische Geschäftsfeld allein nach marktorientierten Gesichtspunkten zu bilden und stellt zunächst nur eine Analyse- und Planungseinheit dar, während dessen organisatorische Verankerung als strategische Geschäftseinheit bezeichnet wird. Beide müssen nicht notwendigerweise übereinstimmen, sondern eine Geschäftseinheit kann durchaus mehrere Geschäftsfelder umfassen und umgekehrt (Meffert 1986, S. 98).

Welche **Form der organisatorischen Implementierung** sich eignet, ist im Einzelfall an Kriterien wie Unternehmensgröße, den zur Verfügung stehenden personellen Ressourcen sowie anhand von Bedeutung, Umfang und Anzahl der strategischen Geschäftsfelder zu prüfen. In jedem Fall muß sichergestellt werden, daß sich die marktorientierte Definition der strategischen Geschäftsfelder in Form klarer Kompetenzen und Verantwortungen für deren Führung in der Organisation widerspiegelt.

1.2 Strategische Planungskonzepte

Im Zusammenhang mit der strategischen Planung sind eine Reihe strategischer Analyse- und Planungsinstrumente entwickelt worden. Hierzu zählen insbesondere die Lücken-, Lebenszyklus-, Diskontinuitäten- und Portfolioplanung sowie die Wertkettenanalyse und das Konzept der strategischen Gruppen. Diese als Standardinstrumente in der Literatur diskutierten Verfahren werden im folgenden einer kritischen Würdigung unterzogen.

1.21 Lückenplanung

Die von Ansoff entwickelte **Lücken- bzw. Gap-Analyse** gilt als klassisches Instrument der strategischen Planung (Ansoff 1966). Ihr Grundgedanke ist eine Extrapolation der Vergangenheitsentwicklung in die Zukunft, die mit einer Zielprojektion konfrontiert wird. Das Vorgehen entspricht einer Schwachstellenanalyse, wobei Lücken zwischen einer quantitativ bestimmbaren Zielgröße und dem Zielerreichungsgrad über mehrere Jahre prognostiziert werden.

Die diagnostizierten Lücken sind Grundlagen der strategischen Alternativensuche. Zur Strukturierung dieser Suche dient die an anderer Stelle erläuterte **Produkt-, Markt- oder Diversifizierungsmatrix.** Die Gap-Analyse gibt zweifellos wichtige Hinweise für die strategische Stoßrichtung und war das vorherrschende strategische Denkraster der 60er Jahre. Folgende Kritikpunkte lassen sich jedoch anmerken:

- Die strategischen Stoßrichtungen sind einseitig und unvollständig. Desinvestitions- bzw. Rückzugsstrategien bleiben unberücksichtigt.
- Marktteilnehmerbezogene Aspekte, insbesondere die wichtige Konkurrenzdimension, werden nicht explizit berücksichtigt.
- Die Denkmodelle sind zu sehr an einer Extrapolation und pragmatischen Verbesserung bestehender Zustände orientiert (Orientierung an bestehenden Geschäftsbereichen bzw. Produktlinien).
- Interne Schwächen und Stärken sowie Marktchancen und -risiken werden zwar implizit bei der strategischen Alternativensuche zugrunde gelegt, jedoch durch die Lückenplanung nicht systematisch aufgespürt.

Trotzdem gibt das Konzept der Lückenanalyse im Zusammenhang mit der Strategiebewertung einige Anhaltspunkte zur Lösung von Planungsproblemen.

1.22 Lebenszyklusplanung

Das Konzept des Produkt- oder allgemeiner des Lebenszyklus ist einerseits Voraussetzung für die Lückenanalyse, andererseits dient es als eigenständiges Instrument zur Formulierung von Strategien. In idealtypischer Darstellung durchläuft ein Produkt die Einführungs-, Wachstums-, Reife-, Sättigungs- und Abstiegsphase.

Der Aussagewert des **Produktlebenszyklus-Konzeptes** wird in Wissenschaft und Praxis unterschiedlich beurteilt (Meffert 1974; Schürmann 1993, S. 38). Es herrscht Einigkeit darüber, daß das Konzept keine normative Aussagekraft besitzt. Insbesondere ist der Verlauf nicht gesetzmäßig vorgegeben, sondern durch Marketingstrategien selbst beeinflußbar. Besonders problematisch sind Bezugsbasis und Meßgrößen (Marke, Produktgruppe, Produktgattung).

Auf relativ hoch aggregierter Ebene (Produktgruppe, Geschäftsfeld) kann die Produktlebenszyklus-Analyse zur Typologisierung strategisch relevanter Situationen herangezogen werden. In diesem Sinne wird das Lebenszykluskonzept als wichtiges Gestaltungselement einer Konzeption der Marktevolution in den Mittelpunkt der strategischen Marketingplanung gestellt. Es gilt, Hinweise für das Auffinden von strategischen Grundsatzentscheidungen in verschiedenen Markt-Produkt-Situationen zu finden.

Unter besonderer Berücksichtigung der Technologiedimension wurde das Produktlebenszyklus-Konzept in Richtung eines **Nachfrage-Technologie-Zyklus** erweitert (Ansoff 1984). Abbildung 2 zeigt diesen Sachverhalt am Beispiel der Unterhaltungselektronik und des Kameramarktes. Die Einschätzung der Technologie als entscheidende Erfolgskomponente in Verbindung mit der Erkenntnis, daß sich die Nachfrage- und Technologiezyklen, aber auch die Produktlebenszyklen im Zeitablauf immer mehr verkürzen, führt zu der Forderung, das Management der **Technologiesubstitution** (von T1 auf T2 auf T3) in den Mittelpunkt der strategischen Unternehmensführung zu rücken.

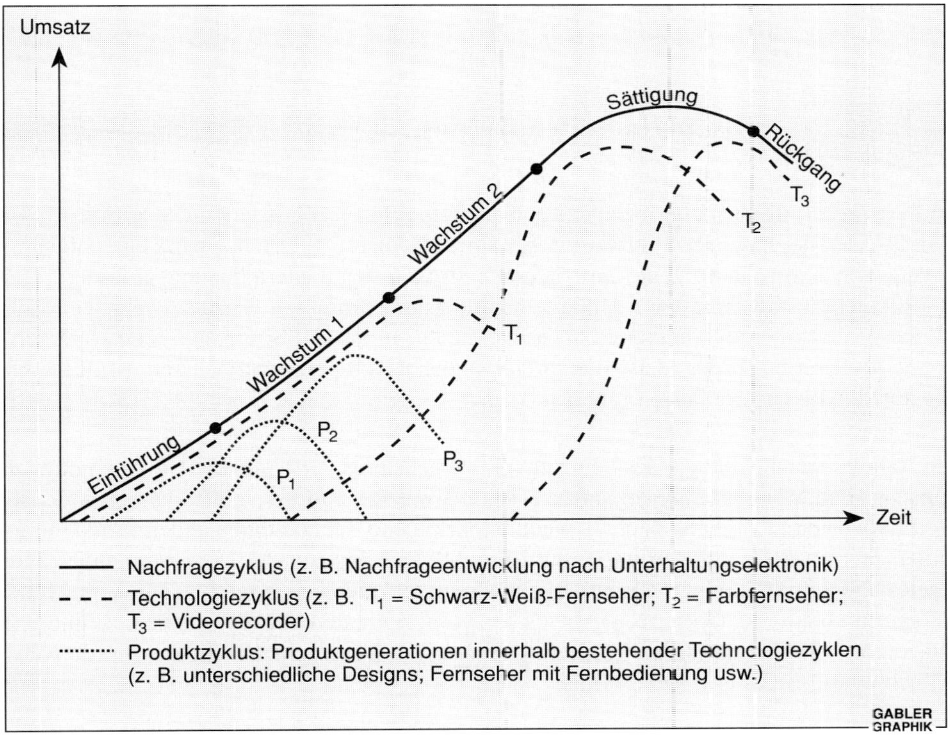

Abbildung 2: Nachfrage-Technologie-Produktzyklus

Bei der strategischen Anwendung des Produktlebenszyklus-Konzeptes gewinnen – neben der Technologiedimension – die aus der Umweltentwicklung resultierenden Faktoren besondere Bedeutung. Dies macht die unkritische Akzeptanz der Annahme rückläufiger Wachstumsraten im Zeitablauf auf der Ebene von Geschäftsfeldern besonders problematisch. Dabei wird übersehen, daß sich bei dynamischer Betrachtungsweise

- Markt- bzw. Geschäftsfelddefinitionen als Grundlage des Produktlebenszyklus verändern (können), sich
- unsystematische, diskontinuierliche Veränderungen ereignen können und sich
- die nachfrage-, technologie- und wettbewerbsorientierten Einflußfaktoren gegenläufig entwickeln können.

Die Annahme einer „typischen" Umsatzwachstumskurve ist deshalb nicht zu rechtfertigen. Trotzdem erweist sich das Produktlebenszyklus-Konzept für die Programmplanung vor allem dann als nützliches strategisches Analyseinstrument, wenn auch diskontinuierliche Veränderungen in die Betrachtung einbezogen werden.

1.23 Diskontinuitätenplanung

In Weiterführung der Überlegungen zum Lebenszykluskonzept entwickelte Ansoff die **Misfit-Analyse** bzw. **Diskontinuitätenplanung** (Ansoff 1976). Es wird eine Entsprechung von Umwelt, Strategie und interner Struktur der Unternehmung gefordert. Die Grundhypothese ist, daß eine Unternehmung dann erfolgreich arbeitet, wenn Umwelt, Strategie und interne Fähigkeiten übereinstimmen. In diesem Sinne muß jede Unternehmung für den Einsatz des Marketing ihren ureigenen Kompetenzbereich herausfinden, der sie positiv von der Konkurrenz abhebt.

Im Rahmen einer Strategie des kontrollierten Wachstums verfolgen die Unternehmungen zunächst kontinuierliche Strategien durch defensives oder aggressives Marketing einerseits und Expansion in ähnliche bzw. verwandte Märkte und Technologien andererseits. In turbulenten Umweltsituationen und gesättigten Märkten können die Unternehmungen ihre Ziele dagegen nur durch diskontinuierliche Strategien erreichen. Kreatives Marketing bzw. Pioniermarketing ist dabei als ein Abweichen vom „normalen Muster", als flexible und von eingefahrenen Gleisen abweichende Kombination marktgerichteter und langfristig wirksamer Verhaltensweisen zu verstehen.

Im Rahmen einer solchen Diskontinuitätenplanung gibt es begrenzte Zeiträume, in denen die besonderen Kompetenzen einer Unternehmung genau die Entwicklung und spezifischen Anforderungen des Marktes treffen. In einer solchen Phase, in der sozusagen das **„strategische Fenster"** offensteht, muß die Unternehmung alle Marketinganstrengungen aufbieten, um die Gunst der Stunde für einen langfristigen Durchbruch in neue Marktdimensionen zu nutzen (z. B. Digitaluhrenhersteller) (Abell 1978). Der Ansatz gibt Hinweise für eine **Marktrevolution**. Als Instrument der strategischen Planung ist er jedoch zu wenig operational, zumal sich das „strategische Fenster" nur selten öffnet.

1.24 Portfolioplanung

Das weitverbreitetste Denkschema der 70er Jahre ist die **Portfolioplanung.** In Anlehnung an das Portfolio von Wertpapieren wird hierbei eine Unternehmung als Gesamtheit von Geschäftsfeldern und Produktlinien gesehen. Es gilt, eine Ausgewogenheit im Gesamt-Portfolio der Unternehmung herzustellen. Grundlage der Portfolioplanung sind zum Teil empirisch fundierte Fakten über die langfristigen **Erfolgsdeterminanten** einer Unternehmung und die Realisierung von **Skalen-** bzw. **Lerneffekten** (PIMS-Studie). Darüber hinaus gehen Vorstellungen des Produktlebenszyklus-Konzeptes in die Analyse ein.

Der Grundgedanke der Portfolioplanung ist darin zu sehen, daß strategische Geschäftsfelder bzw. Produkte oder Produktlinien in einer zweidimensionalen Matrix positioniert werden. Die Achsenbezeichnungen sind einerseits weitgehend von der Umwelt definierte Größen (z. B. Marktwachstum, Marktattraktivität), auf der anderen Seite steht eine durch die Unternehmung beeinflußte Variable (z. B. relativer Marktanteil, relativer Wettbewerbsvorteil). Folgt man der Einteilung der Boston Consulting Group, so ist das Marktanteils-Marktwachstums-Portfolio um die Felder schrumpfender Märkte (Underdog, Bucket) zu ergänzen. Praktische Erfahrungen zeigen, daß z. Z. bei zahlreichen Firmen ein großer Teil der Geschäftsfelder im Underdog- bzw. Bucket-Bereich liegt (vgl. Abbildung 3).

Ähnlich wie bei der Gap-Analyse werden aufgrund der Ist-Position von Geschäftsfeldern in der Matrix strategische Stoßrichtungen – sogenannte **Normstrategien** (Desinvestition, Abschöpfung, Selektion, Investition) – definiert. Die Portfolioansätze empfehlen in gesättigten und stagnierenden Märkten im wesentlichen Abschöpfungs- und Marktanteilserhaltungsstrategien, wenn die Geschäftseinheit über einen hohen Marktanteil verfügt (cash cows). Bei geringem Marktanteil (dogs) wird eine Desinvestitionsstrategie vorgeschlagen, um die finanziellen Mittel für neue Aktivitäten und derzeitige Stars bereitstellen zu können.

Darüber hinaus lassen sich aus den Portfolioanalysen für die strategische Planung nur die zwei vergleichsweise trivialen Erkenntnisse ableiten:

- Hohe Marktanteile in einzelnen Teilmärkten zu erzielen (Degressions- und Lerneffekte) und die
- Strukturierung eines ausgewogenen Produktportfolios zu erreichen (Kompensationsstrategien).

Gegenüber der Gap- und der Lebenszyklusanalyse bringen die Portfoliokonzepte dennoch zweifellos einige bedeutsame Fortschritte. Dies gilt vor allem für die Betonung der Wettbewerbsgesichtspunkte (relative Wettbewerbsstärke) und der dynamischen Bewegung von Geschäftsfeldern.

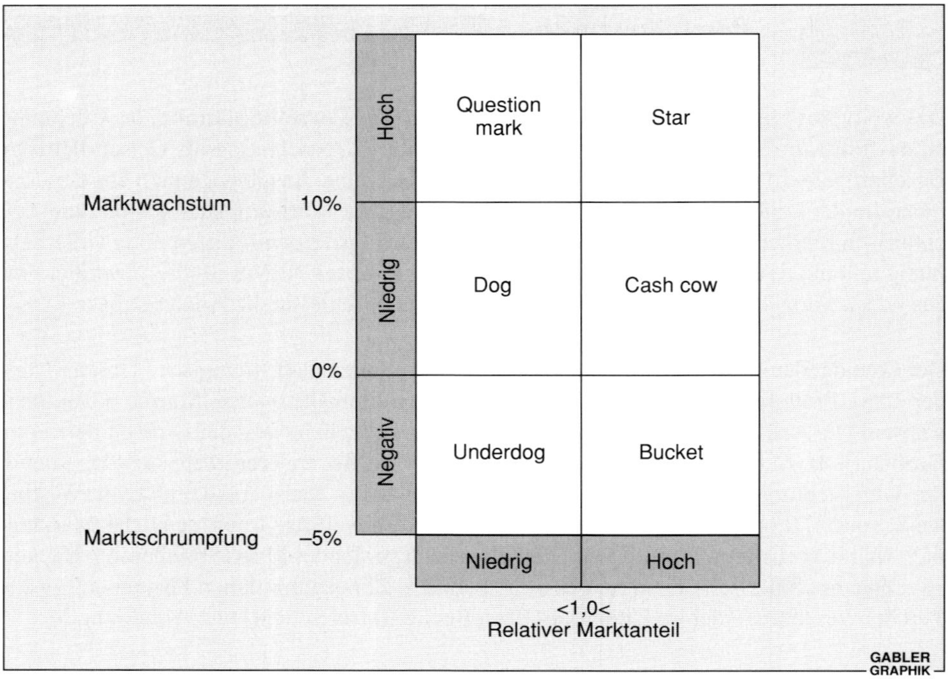

Abbildung 3: Modifiziertes Marktwachstums-Marktanteils-Portfolio

Die Portfoliomethode wurde in den letzten Jahren erweitert und verfeinert. Je nach Branche und konkretem Anwendungszweck wurden unterschiedliche Varianten gebildet und mit mehr oder weniger großem Erfolg eingesetzt. Darüber hinaus wächst die Erfahrung des Managements mit dieser Methode, so daß ein zunehmend effizienterer Einsatz möglich ist. Die Entwicklung tendiert dahin,

- Konkurrenzportfolios zu erstellen,
- Geschäftsfeldentwicklungen im Zeitablauf zu analysieren,
- globale Normstrategien kreativ-systematisch durch Marketinginstrumente-Strategien zu konkretisieren und
- Portfoliomethoden durch detaillierte Analysen (z. B. Cash-Verlaufsanalysen) und andere Planungsmethoden (Simulationstechniken) zu ergänzen.

1.25 Wertkettenanalyse

Das Instrument der Wertkette geht auf die Arbeiten Porters zurück und dient zur **Identifikation von Wettbewerbsvorteilen**. Als Wettbewerbsvorteil gilt eine Unternehmensleistung, der ein höherer Wert zugemessen wird als der eines Konkurrenzunternehmens. Der Wert spiegelt sich dabei in demjenigen Betrag wider, den die Abnehmer für die von dem Unternehmen erbrachte Leistung zu zahlen bereit sind.

Da der so definierte Wert durch die Gesamtheit der betrieblichen Unternehmensfunktionen geschaffen wird, fordert Porter eine **ganzheitliche kompetitive Analyse**, die alle Aktivitäten des Unternehmens umfaßt (Porter 1992, S. 59 ff.). Die hierzu herangezogene Wertkette stellt in ihrem grundsätzlichen Aufbau eine grobstrukturierte Abbildung der Unternehmung oder eines Unternehmensbereiches mit den wichtigsten Funktionen dar (vgl. Abbildung 4). Die Funktionen bezeichnet Porter als Wertaktivitäten, die er in primäre und unterstützende Aktivitäten untergliedert. Primäre Aktivitäten beschreiben Funktionen, die mit der physischen Herstellung des Produktes, dessen Verkauf und Übermittlung an den Abnehmer befaßt sind. Zu den unterstützenden Aktivitäten, die auch als Versorgungsfunktionen bezeichnet werden, zählen die Beschaffung, die Forschung und Entwicklung, die Personalwirtschaft sowie die Unternehmensinfrastruktur.

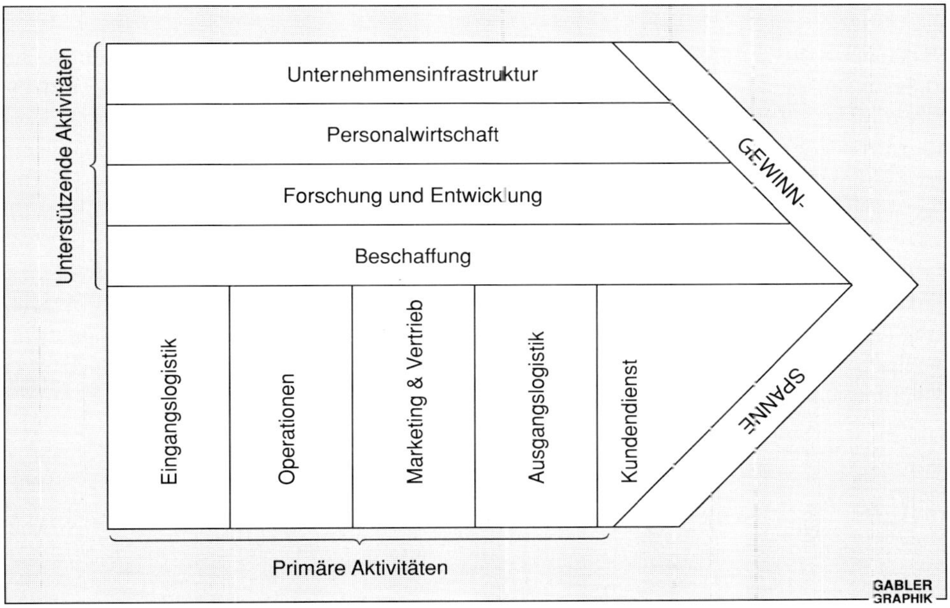

Abbildung 4: Modell einer Wertkette nach Porter
(Quelle: Porter 1992, S. 62)

Die so dargestellten Wertaktivitäten sind nicht identisch mit der organisatorischen Funktionsaufteilung, sondern umfassen alle Tätigkeiten, die mit der entsprechenden Aktivität verbunden sind. So zählen zur Wertaktivität der Beschaffung alle mit einer Beschaffung verbundenen Tätigkeiten in der Unternehmung, unabhängig davon, ob diese von der Einkaufs- oder einer anderen Abteilung durchgeführt werden (Meffert, Benkenstein 1989, S. 785).

Die Wertkette stellt für die betriebliche Praxis ein **grobes Strukturraster** dar. Dementsprechend ist für jedes Unternehmen eine spezifische Wertkette zu bestimmen. In diesem Zusammenhang schlägt Porter vor, solche Tätigkeiten in die Wertkette aufzunehmen, die entweder ein hohes kompetitives Differenzierungspotential gegenüber den Abnehmern aufweisen oder aber mit einem erheblichen bzw. steigenden Kostenanteil verbunden sind. Die Wertkette dient damit sowohl zur Identifizierung von Wertaktivitäten zur Erhöhung des Abnehmernutzens als auch zur Analyse der Kostenentstehung. Sie fördert damit insbesondere die **integrierte Betrachtung abnehmer- und kostenorientierter Denkansätze** (Meffert 1989, S. 263).

Darüber hinaus ist die Wertkettenanalyse geeignet, **Verknüpfungen** sowohl innerhalb einer als auch zwischen mehreren Wertketten zu untersuchen. Innerhalb einer Wertkette lassen sich Interdependenzen und Synergien zwischen den Wertaktivitäten verdeutlichen. Durch die Verknüpfung mehrerer Wertketten können Verflechtungen zwischen den einzelnen Geschäftsbereichen sowie mit Zulieferern und Abnehmern analysiert werden.

Neben der Analysefunktion kommt der Wertkette eine **Kommunikationsfunktion** zu. Sie ist besonders geeignet, Mitarbeitern in den betrieblichen Funktionsbereichen zu verdeutlichen, in welcher Form sie den Wert der einzelnen Aktivitäten erhöhen bzw. die Kosten ihrer Erbringung verringern können. Hierdurch kann es gelingen, das Kostenbewußtsein der Unternehmensmitarbeiter zu verstärken und marktferne Funktionsbereiche für Bedürfnisse und Probleme der Nachfrager zu sensibilisieren.

Kritisch ist anzumerken, daß es sich bei der Wertkette nicht um einen standardisierten Analysemechanismus handelt, sondern daß zunächst lediglich ein Rahmen zur Strukturierung der Unternehmensfunktionen zur Verfügung gestellt wird. Eine konkrete und differenzierte Operationalisierung der Wertkettenaktivitäten insbesondere hinsichtlich ihrer quantitativen Ausprägungen gestaltet sich eher schwierig.

1.26 Analyse strategischer Gruppen

Lange Zeit war die strategische Planung von einer Ausrichtung an den Bedürfnissen der Endabnehmer geprägt. Erst in den 80er Jahren wurde neben der Kundenorientierung die Wettbewerbsorientierung als gleichberechtigte Dimension in die strategischen Überlegungen einbezogen. Als Grund für die zunehmende Bedeutung der Wettbewerbsorientierung wird ein auf vielen Märkten beobachtbarer Übergang von einem „friedlichen Wachstum“ zu einem aggressiven Verdrängungswettbewerb gesehen (Simon 1988). Porter betrachtet in diesem Zusammenhang die Schaffung von Wettbewerbsvorteilen sogar als den „eigentlichen Kern unternehmerischer Leistung“ (Porter 1992, S. 15).

Aus der Notwendigkeit einer stärkeren **Wettbewerbsorientierung** heraus wurde die Entwicklung von Instrumenten erforderlich, die eine systematische Beobachtung und Analyse des Konkurrenzverhaltens ermöglichen (Homburg, Sütterlin 1992, S. 636). Vor diesem Hintergrund entstand das Konzept der strategischen Gruppen.

Eine **strategische Gruppe** umfaßt Unternehmen einer Branche, die hinsichtlich ihrer strategischen Verhaltensweisen vergleichbar sind. Die Vergleichbarkeit drückt sich in ähnlichen Ausprägungen von Schlüsselvariablen aus, wie z. B. dem Grad der vertikalen Integration, dem Umfang der Produktpalette und der verwendeten Vertriebskanäle (Homburg 1992, S. 83).

Grundsätzlich sind zwei Extremsituationen denkbar, wie sich strategische Gruppen aus Unternehmen einer Branche zusammensetzen können:

- Eine Branche kann eine einzige strategische Gruppe darstellen, falls alle Unternehmen hinsichtlich der strategischen Schlüsseldimensionen ein ähnliches Verhalten aufweisen. In diesem Fall gleicht die Analyse strategischer Gruppen der allgemeinen Branchenanalyse.

- Verfolgen alle Unternehmen in der Branche unterschiedliche Strategien, so bildet jede von ihnen eine separate strategische Gruppe. Die Analyse entspricht hierbei der herkömmlichen Konkurrenzanalyse.

Gewöhnlich wird jedoch eine kleine Zahl strategischer Gruppen existieren, durch die grundlegende Unterschiede zwischen den Wettbewerbern repräsentiert werden. Strategische Gruppen sind dabei nicht mit Marktsegmenten zu verwechseln. Eine strategische Gruppe besteht aus **Anbietern**, deren strategisches Vorgehen auf dem Absatzmarkt auf einer ähnlichen, umfassenden Konzeption beruht, während Segmente Gruppen von Nachfragern im Markt darstellen. Zwischen strategischen Gruppen bestehen **Mobilitätsbarrieren** der Form, daß Unternehmen nur unter Kosten- und Zeitaufwand und unter Unsicherheit hinsichtlich der Zielerreichung von einer zur anderen Gruppe wechseln können (Bauer 1991, S. 394).

Die Analyse strategischer Gruppen trägt wesentlich zur **Beschreibung und Erklärung der branchenspezifischen Wettbewerbssituation** bei. So lassen sich Rentabilitätsunterschiede innerhalb einer Branche aus dem unterschiedlich starken Einfluß der Wettbewerbskräfte in den strategischen Gruppen ableiten. Darüber hinaus ermöglicht die Identifizierung gruppentrennender Mobilitätsbarrieren ein besseres Verständnis für die in einer

Branche relevanten Wettbewerbsparameter. Die hierauf aufbauende Stärken-/ Schwächenanalyse kann auf die wesentlichen strategischen Schlüsseldimensionen beschränkt werden und vermittelt damit eine präzise und branchenspezifische Darstellung der Unternehmens- und Wettbewerbssituation.

Nicht zuletzt können strategische Gruppen als **Instrument zur Prognose von Konkurrenzreaktionen** herangezogen werden, da davon auszugehen ist, daß Unternehmen der gleichen strategischen Gruppe ähnlich auf Veränderungen im Wettbewerbsumfeld reagieren (Homburg, Sütterlin 1992, S. 652).

Grundsätzlich erscheint das Instrument der strategischen Gruppen geeignet, das relevante Wettbewerbsumfeld zu strukturieren und zu analysieren. Es besteht jedoch die Gefahr, daß Unternehmen dazu verleitet werden, die Aufmerksamkeit allein auf ihre strategische Gruppe auszurichten. Veränderungen außerhalb der eigenen Gruppe, die zu einem Wechsel von Unternehmen zwischen den Gruppen oder sogar zu Verschiebungen der gesamten Struktur in der Branche führen, werden in diesem Fall nicht ausreichend beachtet (Albach 1992, S. 667). Hier fehlt ein dynamischer Aspekt in dem bislang überwiegend statisch formulierten Konzept.

1.3 Kritische Würdigung der Konzepte

Die skizzierten Stärken und Schwächen verdeutlichen, daß die vorgestellten Planungskonzepte jeweils unterschiedliche Schwerpunkte im Rahmen ihrer Analyse- und Planungsfunktion setzen. Ein Vergleich hinsichtlich der Anforderungen, die an Instrumente der strategischen Planung zu stellen sind, zeigt daher auch, daß in keinem Konzept alle zentralen Aspekte Berücksichtigung finden (vgl. Abbildung 5). Die Konzepte können somit nicht als Alternativen betrachtet werden, sondern sind vielmehr ergänzend einzusetzen. Die praktische Umsetzung dieser Forderung zeigt jedoch, daß die kombinierte Nutzung voneinander isoliert entwickelter Instrumente mit erheblichen Schwierigkeiten verbunden ist. Statt einer integrierten Analyse und Planung findet oftmals nur eine ausschnittsweise Betrachtung aus unterschiedlichen Blickwinkeln statt. Für die Betriebswirtschaftslehre stellt sich daher für die Zukunft die Aufgabe, einen umfassenden Analyse- und Planungsrahmen zu entwickeln, dessen Teilkonzepte klar voneinander abgrenzbar und miteinander kompatibel sind.

Berücksichtigte Aspekte \ Strategische Planungskonzepte		Lücken-planung	Lebens-zyklus-planung	Diskontinui-tätenplanung	Portfolio-planung	Wertketten-analyse	Analyse strategischer Gruppen
Externe Umwelt	Allgemeine Umwelt (Technologie, Gesellschaft, etc.)	–	+	+	0	–	0
	Wettbewerber	–	0	+	+	0	+
	Abnehmer	–	0	+	–	+	–
	Lieferanten	–	–	–	–	+	–
Interne Umwelt	Stärken/Schwächen des Unternehmens	0	–	+	0	+	+
	Geschäftsfeldübergreifende Zusammenhänge	–	–	–	+	0	–
	Funktionsübergreifende Zusammenhänge	–	–	–	–	+	–
Dynamische Entwicklung und Risikoaspekte	Kontinuierliche Entwicklung	+	+	–	+	–	0
	Diskontinuierliche Entwicklung	–	–	+	0	–	0
	Risiko	–	–	–	0	–	–
Planungs- und Entscheidungs-unterstützung	Eignung zur Strukturierung	+	+	0	+	+	+
	Ableitung von Zielvorgaben	+	0	0	+	–	–
	Ableitung von Normstrategien	+	0	0	+	–	0
	Eignung zur Kommunikation	+	+	0	+	+	0

+: wird besonders berücksichtigt; 0: wird in Ansätzen berücksichtigt; –: wird nicht berücksichtigt.

GABLER GRAPHIK

Abbildung 5: Vergleichende Darstellung der strategischen Planungsinstrumente

Literaturhinweise

Abell, D. F. (1978): Strategic Windows, in: Journal of Marketing, July 1978, S. 21–26.
Abell, D. F. (1980): Defining the Business: The Starting Point of Strategic Planning, Englewood Cliffs, N. J. 1980.
Albach, H. (1992): Strategische Allianzen, strategische Gruppen und strategische Familien, in: Zeitschrift für Betriebswirtschaft, Heft 6, 1992, S. 663–670.
Ansoff, H. I. (1966): Management-Strategie, München 1966.
Ansoff, H. I. (1976): Managing Surprise and Discontinuity-Strategic Response to Weak Signals, in: Zeitschrift für betriebswirtschaftliche Forschung 1976, S. 129–152.
Ansoff, H. I. (1984): Implanting Strategic Management, Englewood Cliffs, N. J. 1984.
Backhaus, K. (1992): Investitionsgütermarketing, 3. Aufl., München 1992.
Bauer, H. H. (1991): Unternehmensstrategie und Strategische Gruppen, in: Kistner K. P., Schmidt, R. (Hrsg.): Unternehmensdynamik, Wiesbaden 1991.
Dunst, K. H. (1983): Portfolio-Management. Konzeption für die strategische Unternehmensplanung, 2. Aufl., Berlin, New York 1983.
Gerl, K., Roventa, P. (1983): Strategische Geschäftseinheiten aus der Sicht des Strategischen Managements, in: Kirsch, W., Roventa, P. (Hrsg.): Bausteine eines Strategischen Managements, Berlin, New York 1983.
Hinterhuber, H. H. (1992): Strategische Unternehmungsführung, II. Strategisches Handeln, 5. Aufl. Berlin, New York 1992.
Homburg, C. (1992): Strategische Gruppen, in: Marktforschung und Management, Nr. 2, S. 83–87.
Homburg, C., Sütterlin, S. (1992): Strategische Gruppen: Ein Survey, in: Zeitschrift für Betriebswirtschaft, Nr. 6, S. 635–662.
Köhler, R. (1981): Grundprobleme der strategischen Marketingplanung, in: Geist, M., Köhler, R. (Hrsg.): Die Führung des Betriebes, Stuttgart 1981, S. 261–291.
Kreilkamp, E. (1987): Strategisches Management und Marketing, Berlin, New York 1987.
Krups, M. (1985): Marketing innovativer Dienstleistungen am Beispiel elektronischer Wirtschaftsinformationsdienste, Frankfurt/Main 1985.
Levitt, T. (1960): Marketing Myopia. In: Harvard Business Review, No. 4, 1960, S. 45–56.
Meffert, H. (1974): Interpretation und Aussagewert des Lebenszykluskonzeptes, in: Hammann, P. u. a. (Hrsg.): Neuere Ansätze zur Marketingtheorie, Festschrift zum 80. Geburtstag von O. I. Schnutenhaus, Berlin 1974.
Meffert, H. (1986): Marketing, 7. Aufl., Wiesbaden 1986.
Meffert, H. (1989): Die Wertkette als Instrument einer integrierten Unternehmensplanung, in: Delfmann, W. (Hrsg.): Der Integrationsgedanke in der Betriebswirtschaftslehre, Wiesbaden 1989, S. 257–278.
Meffert, H., Benkenstein, M. (1989): Die Wertkette, in: Die Betriebswirtschaft, Heft 6, 1989, S. 785–787.
Neubauer, F. F. (1989): Portfolio-Management, 3. Aufl., Neuwied 1989.
Porter, M. E. (1992): Wettbewerbsvorteile, Frankfurt/Main, New York 1992.
Schürmann,U. (1993): Erfolgsfaktoren der Werbung im Produktlebenszyklus, Frankfurt/Main 1993.
Simon, H. (1988): Wettbewerbsvorteile und Wettbewerbsfähigkeit, Stuttgart 1988.
Szyperski, N., Wienand, U. (1979): Duale Organisation. Ein Konzept zur organisatorischen Integration der strategischen Geschäftsplanung, in: Zeitschrift für betriebswirtschaftliche Forschung, 1979, S. 195–205.

2. Das PIMS-Programm

2.1 Das PIMS-Programm im Überblick

Das **PIMS-Programm** (PIMS = Profit Impact of Market Strategies) stellt die umfassendste Datensammlung zur empirischen Fundierung von Geschäftsbereichsstrategien dar. Insgesamt sind strategisch relevante Merkmale von ca. 3000 strategischen Geschäftseinheiten erfaßt. 250 Unternehmen unterschiedlicher Branchen und Länder stellen derzeit Daten zur Verfügung. Seit Bestehen des Programms haben insgesamt 450 Firmen Unternehmensdaten in die Datenbank eingebracht (Grimm 1983; Luchs, Müller 1985; Jacob 1986; Neubauer 1992).

Das PIMS-Programm entwickelte sich aus einem **ursprünglich firmeninternen Projekt** der General Electric Company, mit dem das Unternehmen die eigenen strategischen Erfahrungen analysierte. Seit 1972 existiert PIMS als Mehrfirmenprojekt, zunächst unter der Ägide des Marketing Science Institute, dann – seit 1975 – als selbständige, nicht erwerbswirtschaftliche Gesellschaft in Form des Strategic Planning Institute in Cambridge, Mass. Die erste europäische Niederlassung wurde 1982 gegründet. Ihr folgten weitere Tochtergesellschaften und Kooperationen. So existieren Tochterunternehmen in Köln und Wien sowie ein Joint Venture mit einer skandinavischen Partnerfirma in Stockholm.

Der Ausbau zu einem **Mehrfirmenprojekt** erfolgte mit dem Ziel, branchenübergreifende Erfolgsbedingungen für Geschäftsbereichsstrategien zu ermitteln. Die Initiatoren des Projektes gingen dabei von der Hypothese aus, daß Merkmale der Marktsituation, Strukturparameter der Unternehmung sowie die Ausrichtung der Strategien unabhängig von spezifischen Branchengegebenheiten den Erfolg von Geschäftseinheiten bestimmen. Eine Vielzahl wissenschaftlicher Studien auf der Grundlage von PIMS-Daten stützt die These von der Existenz allgemeingültiger, branchenübergreifender, strategischer Prinzipien, den sog. **„Laws of the Marketplace“**. Trotz zahlreicher Kritik, die gegenüber dem PIMS-Ansatz geäußert worden ist, besteht unter Strategieexperten weitgehend Einigkeit darüber, daß PIMS einen bedeutenden Beitrag zur Weiterentwicklung des strategischen Denkens geleistet hat. So besteht kein Zweifel, daß die jüngsten Modifikationen und Erweiterungen der Datenbasis ihre Leistungsfähigkeit für die Zukunft erhöhen wird.

Im folgenden werden die Elemente des PIMS-Programms sowie die bedeutendsten Ergebnisse der wissenschaftlichen Auswertung der Datenbasis dargestellt und unter Bezugnahme auf die gegen PIMS geäußerte Kritik relativiert. Über die Erörterung der wissenschaftlichen Forschung auf Basis des PIMS-Programms hinausgehend, soll der Einsatz von

PIMS als Planungsinstrument zur Fundierung von Strategien aufgezeigt werden. In Abbildung 1 ist die Struktur des PIMS-Programms im Überblick dargestellt.

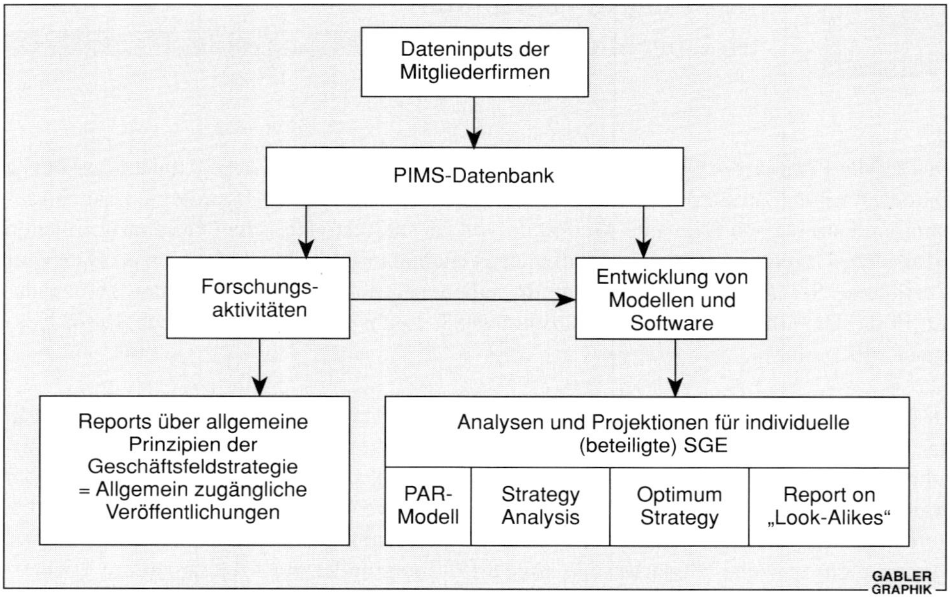

Abbildung 1: Das PIMS-Programm im Überblick
(Quelle: Fronhoff 1986, S. 256 und Neubauer 1992, S. 286)

2.2 Die PIMS-Prinzipien – Erkenntnisse der empirischen Strategieforschung

2.21 Das PIMS-Paradigma der Wettbewerbsstrategie

Für jeden der erfaßten Geschäftsbereiche werden ca. 500 Einzelinformationen, die zu 200 Kerngrößen verdichtet werden, erfaßt (zur Definition zentraler Variablen vgl. Anhang). Die erhobenen Daten lassen sich in vier Gruppen einteilen (Buzzell, Gale 1989, S. 25):

1. **Marktstruktur**
   Hierzu zählen beispielsweise Daten über den Grad der Marktdifferenzierung, das Marktwachstum und die Markteintrittsbedingungen.

2. **Wettbewerbsposition**
   Kerngrößen der Wettbewerbsposition sind u. a. der relative Marktanteil, die relative Produktqualität, die relative Kapitalintensität sowie die relativen Kosten im Vergleich zu den Hauptwettbewerbern.

3. **Strategien und Maßnahmen**
   Erfaßt werden u. a. Daten zur Preis- und Produktpolitik, zu den Marketingausgaben, den Distributionskanälen sowie dem Grad der vertikalen Integration.

4. **Erfolgsgrößen**
   Hierunter fallen finanzwirtschaftliche Größen wie Return on Investment, Cash Flow und Kapitalproduktivität sowie Kennziffern zum Umsatz- und Größenwachstum.

Die Beziehungen zwischen diesen Größen lassen sich zusammengefaßt in dem Paradigma der Wettbewerbsstrategie des PIMS-Programms darstellen (vgl. Abbildung 2).

Die **Grundaussage des PIMS-Programms** geht von einem komplexen, gleichzeitigen Einfluß aller erhobenen Einflußvariablen auf den Erfolg einer Geschäftseinheit aus. Die spezifische Zielsetzung besteht jedoch darin, den Einfluß einzelner Variablen bzw. Variablenkombinationen auf den Erfolg herauszuarbeiten.

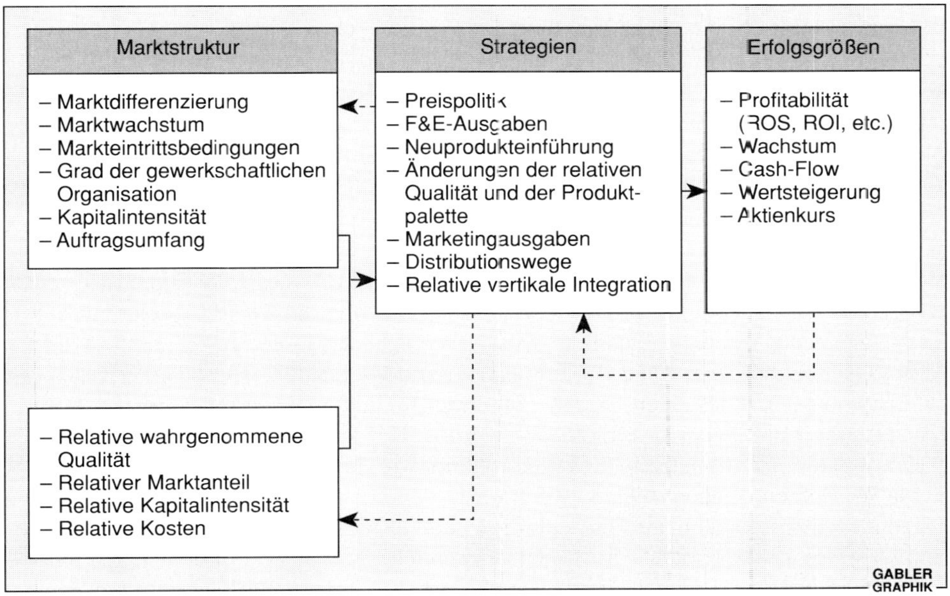

Abbildung 2: Das PIMS-Paradigma der Wettbewerbsstrategie
(Quelle: Buzzell, Gale 1989, S. 25)

2.22 Marktposition und Profitabilität

Zu dem wohl bekanntesten, aber auch umstrittensten Ergebnis des PIMS-Programms zählt der **positive Zusammenhang zwischen Marktanteil und ROI** einer Geschäftseinheit. Dieser Zusammenhang konnte auf Basis der PIMS-Daten für den absoluten Marktanteil, den relativen Marktanteil im Vergleich zu den Hauptwettbewerbern und den Marktanteilsrang nachgewiesen werden (vgl. Abbildung 3). Die Kritik richtet sich dabei sowohl auf die Existenz und Stärke dieses Zusammenhangs als auch auf dessen Interpretation.

In bezug auf Stärke und Form des Einflusses der Marktposition auf den ROI widersprechen die PIMS-Ergebnisse den Auffassungen von Henderson, Porter sowie von Jacobson und Aaker (vgl. Abbildung 3).

Der Ansatz von Porter postuliert eine **U-förmige Beziehung** zwischen Marktanteil und ROI (Porter 1992). Allerdings besteht zwischen dem Ansatz Porters und dem PIMS-Modell ein wesentlicher Unterschied in bezug auf die der Marktanteilsberechnung zugrundegelegten Erfassung des relevanten Marktes. So stellt Porter auf eine branchenweite Betrachtung ab (z. B. Automobile) und berechnet den Marktanteil einzelner Hersteller (z. B. Daimler Benz PKW). In dieser Betrachtung hat das profitable Automobilgeschäft von Daimler Benz einen niedrigen Marktanteil. Im Rahmen von PIMS würde der relevante Markt für Merceds PKW jedoch als Segment der Luxusautomobile definiert. In diesem Teilmarkt nimmt Daimler Benz eine führende Position ein.

In bezug auf die **Stärke des Einflusses** der Marktposition auf den ROI weisen die PIMS-Untersuchungen nach, daß die Ergebnisse Hendersons zum Erfahrungskurvenkonzept die Wirkung der relativen Marktposition deutlich überschätzen. Im Durchschnitt ergibt sich nach den Ergebnissen von PIMS eine Veränderung des ROI um 5,3 Prozentpunkte bei 10 Prozentpunkten Marktanteilsveränderung (Buzzell, Gale 1989, S. 81).

Eine schwächere Beziehung zwischen Marktanteil und ROI als die PIMS-Ergebnisse zeigen dagegen die Untersuchungen von Jacobsen und Aaker, wobei diese einen anderen Ansatz als die Vertreter des Strategic Planning Institute wählen (Jacobsen, Aaker 1985, S. 14 f.). Während letztere einen kausalen Zusammenhang von Marktanteil und ROI unterstellen, der mit Erfahrungskurveneffekten, Skalen-, Marktmacht- und Imagevorteilen begründet wird, gehen Jacobsen und Aaker davon aus, daß ein großer Teil des Zusammenhangs zwischen den beiden Faktoren lediglich als Scheinkorrelation zu interpretieren ist (Venohr 1988, S. 145 ff.; Barzen, Wahle 1990, S. 105 ff.). Sie vermuten unbeobachtbare Drittvariablen wie Managementfähigkeit und Glück als die Haupteinflußfaktoren zur Erklärung der Profitabilität eines Unternehmens. So gehen erfolgreiche Produkteinführungen, Kostensenkungsprogramme und Produktivitätssteigerungen häufig auf ein qualifiziertes Management zurück, dessen Erfolg sich in Marktanteil und Profitabilität gleichermaßen ausdrückt. Zur Modellierung dieses Einflusses berücksichtigen Jacobson und Aaker u. a. zeitlich ver-

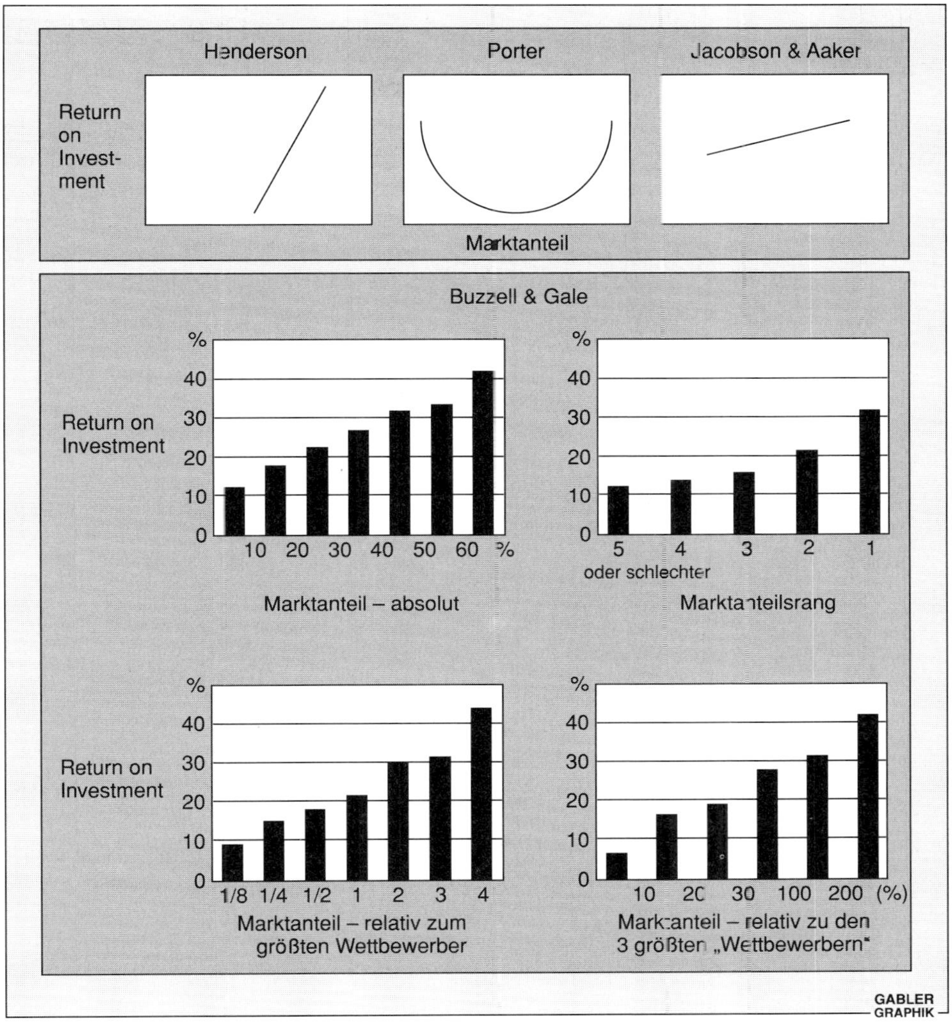

Abbildung 3: Zusammenhänge zwischen Marktanteil und ROI
(Quelle: Buzzell, Gale 1989, S. 82)

zögerte ROI-Variablen als Größen für firmenspezifisches Verhalten, das sowohl den Marktanteil als auch den ROI beeinflußt (Jacobsen, Aaker 1985, S. 14 f.; Jacobsen 1988, S. 71). Sie kommen zu dem Ergebnis, daß eine Erhöhung des Marktanteils um 10 Prozentpunkte lediglich eine Verbesserung der Profitabilität um 1 Prozentpunkt zu Folge hat (Jacobsen 1985, S. 20). Damit scheint nicht nur der Einfluß des Marktanteils auf den ROI von den PIMS-Vertretern weit überschätzt zu werden, sondern es zeigt sich, daß ein großer Teil des Einflusses tatsächlich auf Drittvariablen zurückzuführen ist (Venohr 1989, S. 179).

2.23 Relative Produktqualität und Profitabilität

Der stärkste Einfluß auf die Profitabilität geht im Rahmen des PIMS-Modells von der **relativen Produktqualität** aus. Der Einfluß dieses Faktors wird von den Vertretern des Strategic Planning Institute als wesentlicher Grund für die Unterschiede zwischen den Aussagen von PIMS und der Erfahrungskurve angesehen.

Eine Analyse von Marktführern und -folgern zeigte für die erfolgreichsten Firmen jeweils einen Vorsprung in bezug auf die Marktanteile, Preise, Kosten und somit auch auf die Profitabilität (Phillips, Chang, Buzzell 1983) (vgl. Abbildung 4).

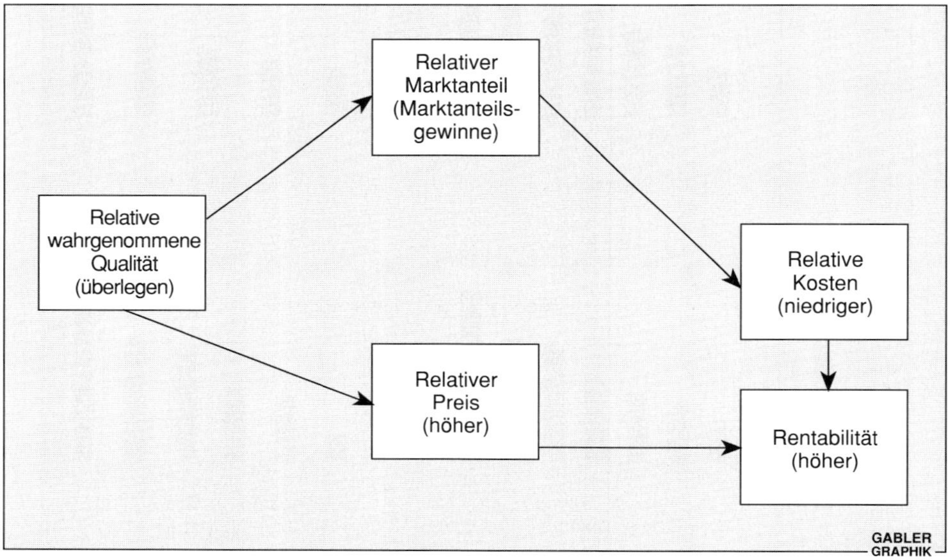

Abbildung 4: Zusammenhang zwischen wahrgenommener Produktqualität und Erfolg
(Quelle: Buzzell, Gale 1989, S. 73)

Im Gegensatz zu den strategischen Empfehlungen, die sich aus dem Erfahrungskurvenkonzept ableiten, impliziert PIMS, daß die relative Produktqualität und nicht die auf kumulierter Erfahrung basierenden Kostenvorteile der zentrale Ansatzpunkt zum Ausbau und zur Sicherung der Marktposition und damit einer hohen Profitabilität ist (vgl. Abbildung 5).

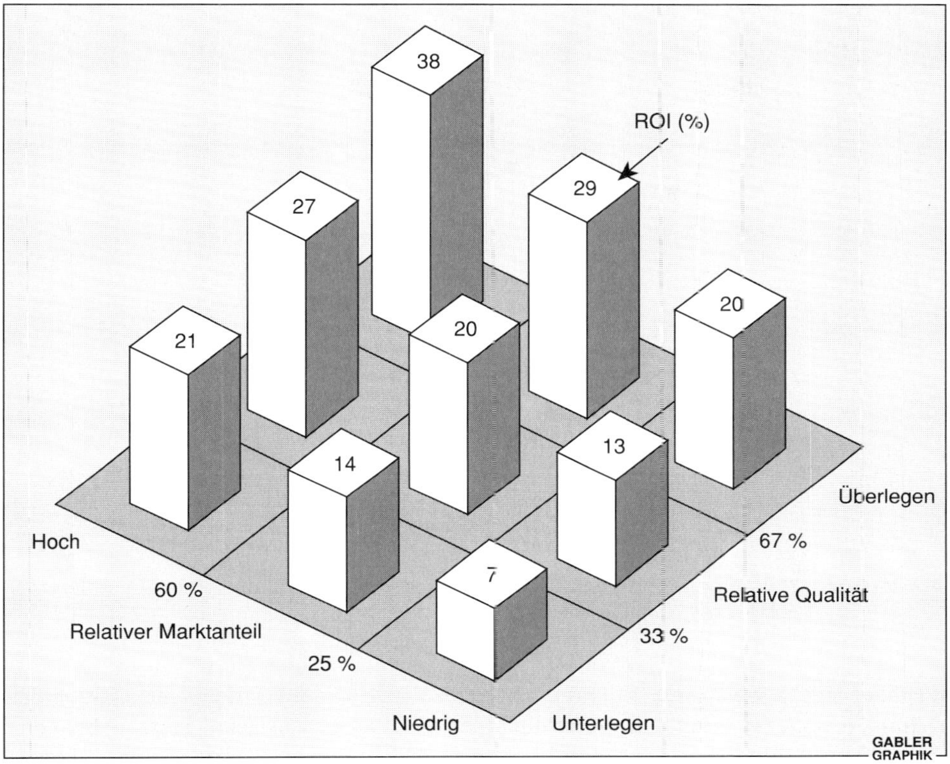

Abbildung 5: Zusammenhang zwischen Marktanteil, Produktqualität und ROI
(Quelle: Buzzell, Gale 1989, S. 94)

2.24 Kapitalintensität und Profitabilität

Die **Kapital- und Investitionsintensität** wurde als ein weiterer wesentlicher Einflußfaktor auf die Profitabilität identifiziert. Im Gegensatz zu den bisher genannten Einflußgrößen stellt die Kapitalintensität keine eigenständige strategische Zielgröße dar, sondern ist eher als eine Konsequenz strategischer Entscheidungen zu interpretieren. So gehen beispielsweise Strategien zur Sicherung der Wettbewerbsposition nach dem Erfahrungskurvenkonzept vielfach mit einem vorbeugenden Ausbau von Kapazitäten einher (Porter 1992). Der unmittelbare Effekt eines solchen Vorgehens ist die Erhöhung der Investitions- und Kapitalintensität.

PIMS-Auswertungen haben einen stark negativen Einfluß der Kapitalintensität auf den ROI nachweisen können (Schoeffler 1978). Abbildung 6 stellt den ermittelten Zusam-

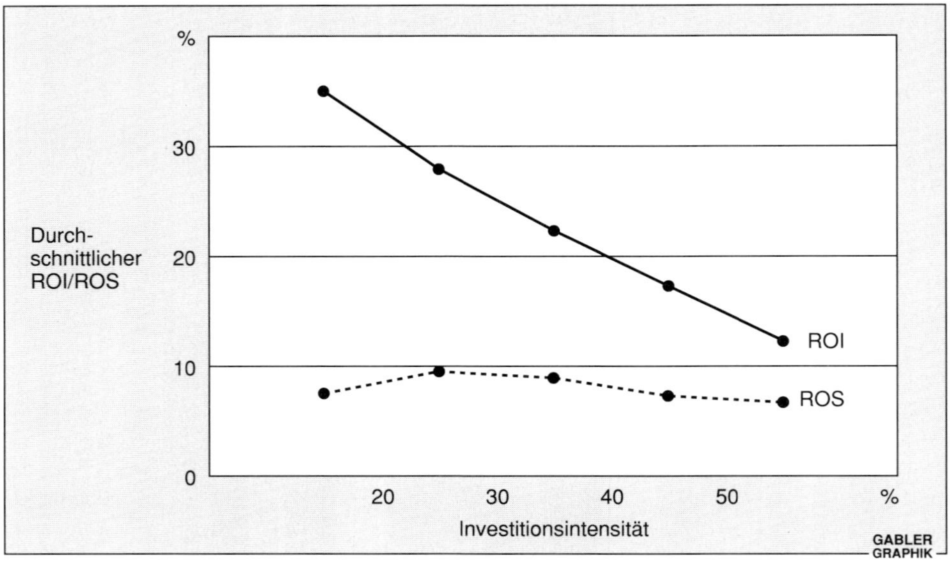

Abbildung 6: Zusammenhang zwischen Investitionsintensität und Erfolg (in Anlehnung an Buzzell, Gale 1989, S. 10)

menhang dar. Dabei wurde lediglich der Netto-Effekt der Investitionsintensität berücksichtigt, d. h. der Return on Investment wurde um Kapazitätsauslastungseffekte bereinigt.

Als Gründe für die negative Erfolgswirkung der Kapitalintensität werden von den PIMS-Forschern vor allem folgende Punkte genannt (Buzzel, Gale 1989, S. 124):

- Eine hohe Kapitalintensität führt zu aggressivem und häufig ruinösem Wettbewerb.

- Hohe Investitionssummen stellen eine Marktaustrittsbarriere für unprofitable Geschäftseinheiten dar.

- Erfolgszielgrößen, wie z. B. Return on Sales (ROS), werden vielfach ohne Ansehen der unterschiedlichen Investitionsintensitäten den Geschäftseinheiten vorgegeben.

- Kapitalintensive Geschäftseinheiten weisen oftmals niedrigere Kapitalproduktivitäten auf.

Als Konsequenz dieser Ergebnisse für die strategische Planung empfehlen die PIMS-Wissenschaftler eine genaue Analyse der Produktivitätswirkung von Investitionen innerhalb des Unternehmens sowie eine Überwachung der Kapazitätsentwicklung der Branche. Vielfach bietet sich eine Bevorzugung flexibler Produktionstechnologien als Investitionsobjekt an, um die negativen Auswirkungen einer hohen Kapitalintensität zu vermeiden (Meffert, Benkenstein 1985).

2.25 Vertikale Integration und Profitabilität

Die Frage nach der Erfolgswirkung von Strategien der vertikalen Integration wurde in der wissenschaftlichen Diskussion bislang unterschiedlich beurteilt. Auch im Rahmen des PIMS-Programms konnte kein generelles Wirkungsprinzip abgleitet werden. Vielmehr belegen die Ergebnisse, daß die Vorteilhaftigkeit der **vertikalen Integration** situationsspezifisch zu beurteilen ist.

So zeigt sich, daß ein hoher Grad der vertikalen Integration für Unternehmen mit schwacher Marktposition nicht vorteilhaft ist. Für Unternehmen mit mittlerer oder starker Wettbewerbsposition ergeben sich die höchsten Werte für den ROI entweder bei einem geringen oder bei einem hohen Grad der vertikalen Integration (vgl. Abbildung 7).

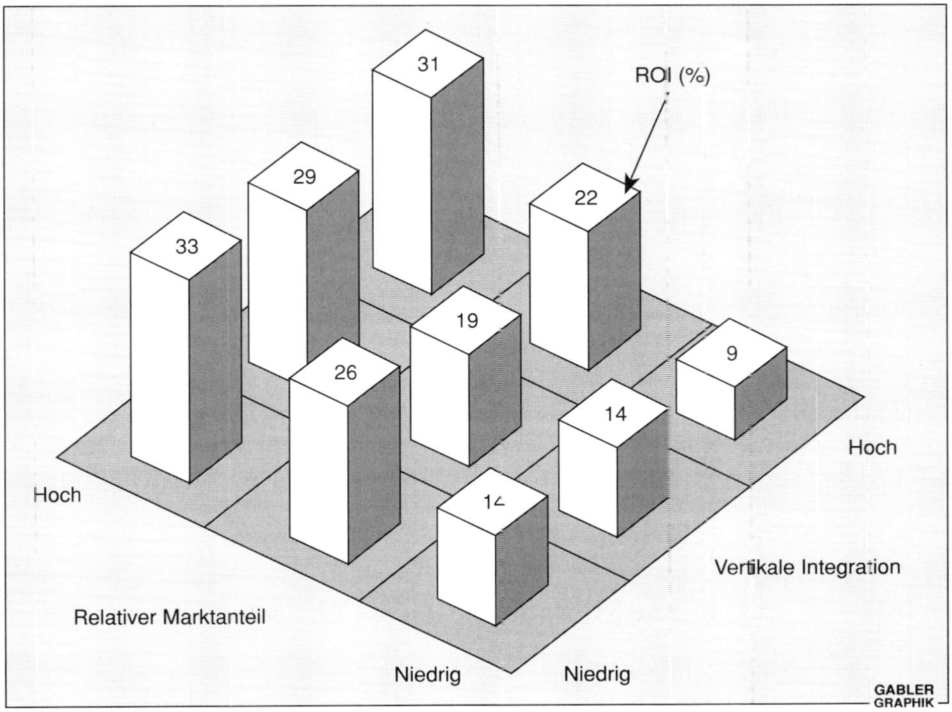

Abbildung 7: Zusammenhang zwischen vertikaler Integration, Marktposition und ROI (Quelle: Buzzell, Gale 1989, S. 12)

Neben Faktoren der Marktsituation wird die Vorteilhaftigkeit der vertikalen Integration vor allem auch von der mit ihr einhergehenden Veränderung der Investitionsintensität beeinflußt. Unter Berücksichtigung dieses Faktors läßt sich generell feststellen, daß vertikale Integration vor allem dann vorteilhaft auf die Rendite wirkt, wenn sie nicht mit einer Erhöhung der Investitionsintensität einhergeht (vgl. Abbildung 8).

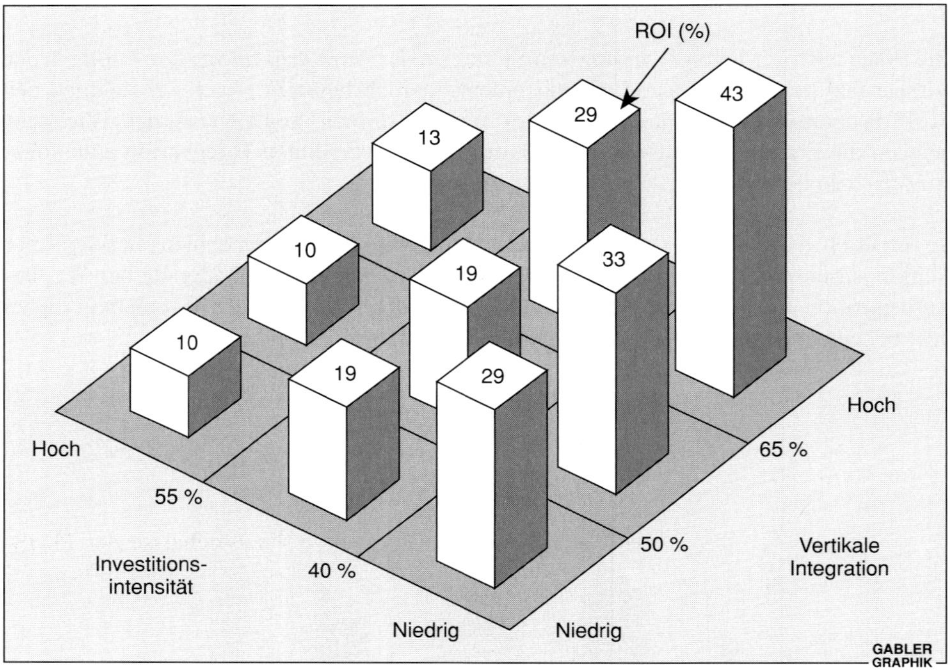

Abbildung 8: Zusammenhang zwischen Investitionsintensität, vertikaler Integration und ROI (in Anlehnung an Buzzell, Gale 1989, S. 143)

Darüber hinaus zeigt sich sowohl für Konsum- als auch für Investitionsgüterhersteller ein positiver Zusammenhang zwischen dem Grad der Rückwärtsintegration und dem ROI. Keine Beziehung konnte dagegen zwischen der Vorwärtsintegration und der Profitabilität festgestellt werden (Buzzell, Gale 1989, S. 144).

2.26 Kritische Einwände gegen die PIMS-Forschung

Zahlreiche Beiträge haben sich kritisch mit den durchgeführten wissenschaftlichen PIMS-Analysen auseinandergesetzt (Lange 1982; Lubatkin, Pitts 1983; Chrubasik, Zimmermann 1987; Barzen, Whale 1990). Dabei stützt sich die Kritik vor allem auf folgende Aspekte:

- **Schätz- und Meßprobleme der Variablen und Gültigkeit der Ergebnisse:** Hierbei wird die Subjektivität in der PIMS-Datenbank enthaltener Variablen negativ bewertet (z. B. relative Produktqualität). Darüber hinaus wird die Vollständigkeit der erhobenen unabhängigen Variablen in Frage gestellt (z. B. Variablen der Umwelt, schwer quantifizierbare Variablen wie Unternehmenskultur).

- **Begründung und Spezifikation des Regressionsansatzes:** Diese Kritik betrifft die unzureichende theoretische Fundierung des üblicherweise im Rahmen von PIMS-Untersuchungen verwendeten multiplen Regressionsmodells. Vor allem werden Zweifel an der unterstellten Linearität und Einseitigkeit des Wirkungszusammenhanges der einbezogenen Variablen geäußert.

- **Messung des Unternehmenserfolges:** Die überwiegende Ausrichtung am ROI als Erfolgsmaßstab wird als eine zu einseitige Betrachtungsweise des unternehmerischen Zielsystems angesehen.

- **Berücksichtigung des Wettbewerbs:** Die PIMS-Daten ermöglichen derzeit keinen direkten Vergleich zu einzelnen Hauptwettbewerbern.

- **Mangelnde externe Validität:** Dieser Vorwurf wird mit der mangelnden Repräsentativität der Stichprobe begründet. Insbesondere wird in diesem Zusammenhang das Übergewicht amerikanischer Firmen kritisiert.

- **Darstellung der Ergebnisse:** Üblicherweise werden die Ergebnisse der PIMS-Forschung in Form von klassischen Korrelationsdiagrammen und Kontingenztabellen dargestellt. Kritiker bemängeln, daß bei dieser Form der Darstellung eine gleichgewichtige Besetzung der Felder mit Unternehmen aus allen Branchen nicht gewährleistet ist, was zu systematischen Verzerrungen der Ergebnisse führen kann.

Diese Kritikpunkte können den Stellenwert des PIMS-Programms für die strategische Erfolgsfaktorenforschung jedoch nicht ernsthaft in Frage stellen. Der Hauptnutzen des PIMS-Programms besteht dabei in der Möglichkeit, Forschungsergebnisse empirisch zu validieren (z. B. Erfahrungskurveneffekte). So wird die Datenbank durch die Zusammenarbeit mit namhaften Wissenschaftlern (z. B. Porter, Drucker) ständig erweitert und angepaßt.

Desweiteren wird die Gewinnung nicht-amerikanischer Mitgliedsfirmen vorangetrieben. Seit 1984 existiert eine sog. „neue Datenbasis“, in der vor allem die explizite Berücksichtigung von Marktein- und -austrittsbarrieren, die detailliertere Erfassung der Hauptwettbewerber sowie die verstärkte Berücksichtigung von Informationen zur internationalen Dimension als wesentliche Erweiterungen hervorstechen (Ostmeier 1987, S. 8).

Darüber hinaus werden **ergänzende Datenbanken** entwickelt, die sich mit spezifischen Anwendungsproblemen befassen. Hierzu zählen die (Buzzell, Gale 1989, S. 237)

- **PIMS-Start-up-Datenbank** zur Analyse von Strategien neugegründeter Geschäftseinheiten, die
- **PIMS-Portfolio-Datenbank** zur Untersuchung von Synergieeffekten bei verbundenen Geschäftseinheiten, die
- **PIMS-Datenbank für Qualität und Differenzierung** mit detaillierten Informationen über Qualitätskriterien, Bedeutungsgewichte und Bewertungen sowie die
- **PIMS-OASIS-Datenbank** zur Untersuchung der Beziehungen zwischen Führungsstil, Wettbewerbsstrategie und Unternehmenserfolg.

2.3 Der Beitrag des PIMS-Programms als Instrument der strategischen Planung

Für die Mitgliedsfirmen des Strategic Planning Institute besteht der Hauptnutzen des PIMS-Programms darin, auf seiner Grundlage eine fundierte Analyse der strategischen Situation durchführen und die Konsequenzen alternativer Strategien simulieren zu können. PIMS stellt für sie ein wichtiges Instrument zur Fundierung von Strategien dar.

Das dem Strategic Planning Institute angeschlossene Beratungsunternehmen PIMS-Associates bietet den Mitgliedsfirmen eine Reihe von Analysepaketen zur Strategieplanung (vgl. auch Abbildung 1).

2.31 Das PAR-Modell

Kernstück der strategischen Analyse ist das sog. **PAR-Modell** zur empirischen Bestimmung eines aufgrund der Ausprägungen von 28 strategisch relevanten Variablen zu erwartenden ROI-Wertes einer strategischen Geschäftseinheit. Das PAR-Modell (vgl. Abbildung 9) besteht aus einer Bestimmungsgleichung für den ROI, in welche Merkmale der Wettbewerbsposition, der Marktgegebenheiten sowie der Kapital- und Produktionsstruktur eingehen.

Durch Einsetzen der Ausprägungen der 28 Variablen einer strategischen Geschäftseinheit in die Bestimmungsgleichung wird ein Erwartungswert für den ROI dieser Geschäftseinheit geschätzt (Strategic Planning Institute 1977, S. 14; PIMS-Associates o. J., Bd. III). Der PAR-Report liefert ebenfalls eine detaillierte Analyse der spezifischen strategischen Stärken und Schwächen einer Geschäftseinheit. Hierzu werden die Ausprägungen der

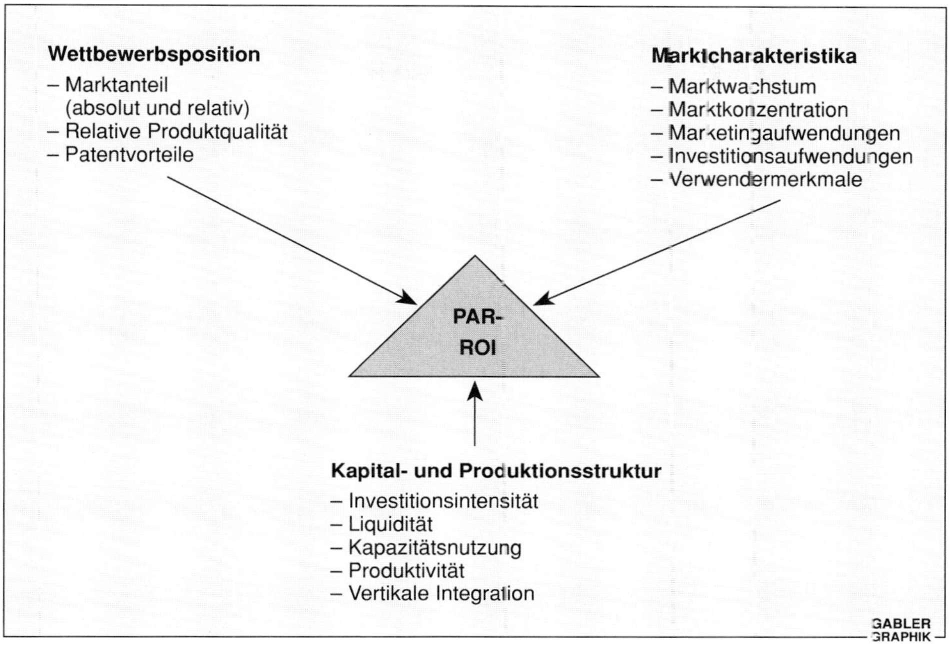

Abbildung 9: Das PAR-Modell
(Quelle: Fronhoff 1986, S. 257)

28 Strategievariablen mit den Durchschnittswerten für alle übrigen PIMS-Geschäftseinheiten verglichen. Der PAR-Report gibt weiterhin erste Hinweise darauf, wie sich Änderungen der strategischen Variablen auf den ROI auswirken (Sensitivitätsanalyse).

Der **PAR-ROI** stellt einen aufgrund der strategischen Situation einer Geschäftseinheit zu erreichenden Zielwert dar. Negative Abweichungen des aktuellen ROI vom PAR-Wert werden im Rahmen von PIMS als Indiz für Schwächen des operativen Managements gewertet. Weiterführende Analysen (z. B. Produktivitätsuntersuchungen, operative Effizienz) erlauben erste Aufschlüsse über Gründe für die konstatierten operativen Schwächen. Die Umsetzung der Empfehlung dieser sog. „Operating PAR-Models" hat bei Anwendern des Modells bereits innerhalb eines Jahres zu einer Halbierung der Differenz zwischen aktuellem und PAR-ROI führen können.

In der Wissenschaft wird jedoch zunehmend Kritik am Ansatz des PAR-Modells geäußert, da dieser lediglich beobachtbare Variablen umfaßt. Ausgelöst durch die Diskussion über den Zusammenhang von Marktanteil und ROI konzentriert sich die Forschung verstärkt auf Ansätze zur Berücksichtigung von Faktoren wie Managementqualität und Glück. Die Vernachlässigung dieser nicht beobachtbaren Variablen innerhalb des PAR-Modells führt nach Meinung dieser Forschungsrichtung zu Verzerrungen bei der Schätzung der Modellparameter und damit zu fehlerhaften Ergebnissen und falschen Implikationen (Boulding 1990; Buzzell 1990; Jacobsen 1990a; Jacobsen 1990b).

2.32 Report on Look-Alikes

Ist der ROI-Report primär ein Instrument zur strategischen Situationsanalyse und zur Ableitung von Maßnahmen im operativen Bereich, so liefert der sog. **Report on Look-Alikes** Hinweise zu einer Anpassung strategischer Aktionsparameter zur Erreichung eines bestimmten strategischen Ziels.

Hat ein Unternehmen für eine bestimmte Geschäftseinheit z. B. das Ziel, den Marktanteil von 15 % auf 21 % zu erhöhen, so kann es auf der Basis des Look-Alikes-Reports An-

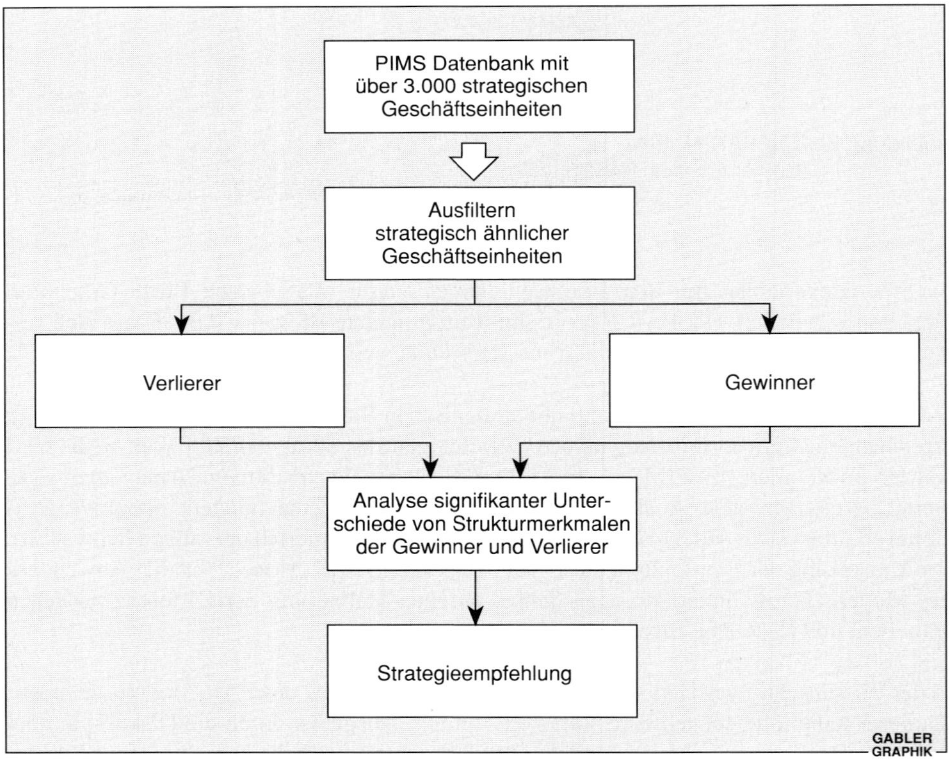

Abbildung 10: Das Konzept der Look-Alikes (in Anlehnung an Becker, Müller 1986)

haltspunkte darüber bekommen, wie Unternehmen in einer vergleichbaren strategischen Situation Marktanteilssteigerungen verwirklicht haben. Gleichzeitig gibt der Report an, welche strategischen Fehler von Unternehmen begangen wurden, die in der gleichen strategischen Ausgangssituation Marktanteile verloren haben (Becker, Müller 1986, S. 256).

Abbildung 10 stellt die **Look-Alike Analyse** im Überblick dar. Look-Alikes sind dabei solche Geschäftseinheiten, die im Vergleich zu der analysierten Geschäftseinheit ähnliche strategische Merkmalsausprägungen aufweisen. So können Look-Alikes einer Geschäftseinheit, die im Verbrauchsgüterbereich als Marktführer Massenprodukte bei steigendem Marktvolumen absetzt, nach den Merkmalen

- Marktanteil,
- Wettbewerbsstruktur,
- Kapitalintensität,
- vertikaler Integrationsgrad,
- relative Produktqualität u. ä.

charakterisiert werden (Fronhoff 1986, S. 259).

Strategischer Faktor	Untersuchte Geschäftseinheit	Strategic Peers	
		Marktanteil-Gewinner	Marktanteil-Verlierer
Marktanteil	15 %	15 %	15 %
Veränderung im Marktanteil	6 %-Pkte	13 %-Pkte	–3 %-Pkte
Produktlinie	Wie Konkurrenz	Breiter als Konkurrenz	Wie Konkurrenz
Preisverhältnis zum Wettbewerber	Gleich	Höher	Niedriger
Relative Produktqualität	30 %	60 %	10 %
Anteil neuer Produkte	15 %	22 %	16 %
Werbebudget (in % vom Umsatz)	3 %	2 %	5 %
Promotion (in % vom Umsatz)	2 %	8 %	3 %

GABLER GRAPHIK

Abbildung 11: Strategisch relevante Merkmale von Look-Alikes
(Quelle: Fronhoff 1986, S. 261)

Im Anschluß an die Identifikation der Look-Alikes werden aus den 200 erhobenen Variablen diejenigen Größen ermittelt, die Marktanteilsgewinner von Marktanteilsverlierern diskriminieren. Abbildung 11 gibt einen Auszug aus einem Report on Look-Alikes wieder.

Aus dem Report ergibt sich, daß zur Erreichung der Marktanteilsziele eine Ausweitung der Produktlinie, eine Anhebung des Preisniveaus, eine Verbesserung der relativen Produktqualität, eine Steigerung des Anteils neuer Produkte sowie die Erhöhung des Promotionsanteils vorzunehmen ist.

Somit liefert der Report on Look-Alikes erste Ansatzpunkte zur Festlegung von Strategieparametern. Allerdings sind die Ergebniswirkungen der Look-Alike Analyse nur im historischen Kontext (Konjunkturlage, Konkurrenzstruktur u. ä.) sinnvoll interpretierbar. Desweiteren können Wirkungen wie z. B. technologische Durchbrüche und Beschaffungsprobleme nicht direkt quantifiziert werden. Die Verantwortlichen des PIMS-Projektes empfehlen daher, die Ergebnisse des Reports vorwiegend als Auslöser für eine unternehmensinterne Diskussion über gangbare Strategiealternativen zu betrachten.

2.33 Das Strategie-Simulations-Modell

Das **Strategie-Simulations-Modell** stellt einen komplexeren Ansatz zur finanzwirtschaftlichen Bewertung alternativer strategischer Optionen dar (vgl. PIMS Associates o. J., Bd. IV). Das Modell erfordert die Eingabe von Variablen zur

- Umweltentwicklung, z. B. Wirtschaftswachstum, Inflationsraten,
- strategischen Stoßrichtung, z. B. Marktanteilsziel, angestrebter Grad der vertikalen Integration, Produktqualität,
- strategischen Position, z. B. Kostenstruktur, Innovationsniveau, Investitionsintensität,
- operativen Effektivität, z. B. Produktivitätskennzahlen im Fertigungs- oder Vertriebsbereich.

Auf der Grundlage von Bestimmungsgleichungen berechnet das Modell (vgl. Abbildung 12) sodann zentrale Einflußfaktoren des Unternehmenserfolges (z. B. erwarteter ROI, Umsatzwachstum).

Die finanzwirtschaftlichen Erfolgsgrößen des Simulationsmodells bestehen aus Gewinn, Cash-Flow sowie Marktwert der Unternehmung. Das Modell generiert dabei die Erfolgsgrößen für das erste Jahr nach den Strategieanpassungen. Darüber hinaus wird ein diskontierter Cash-Flow und der zukünftige Marktwert der Geschäftseinheit für die nächsten 10 Jahre bestimmt (Buzzell, Chussil 1985).

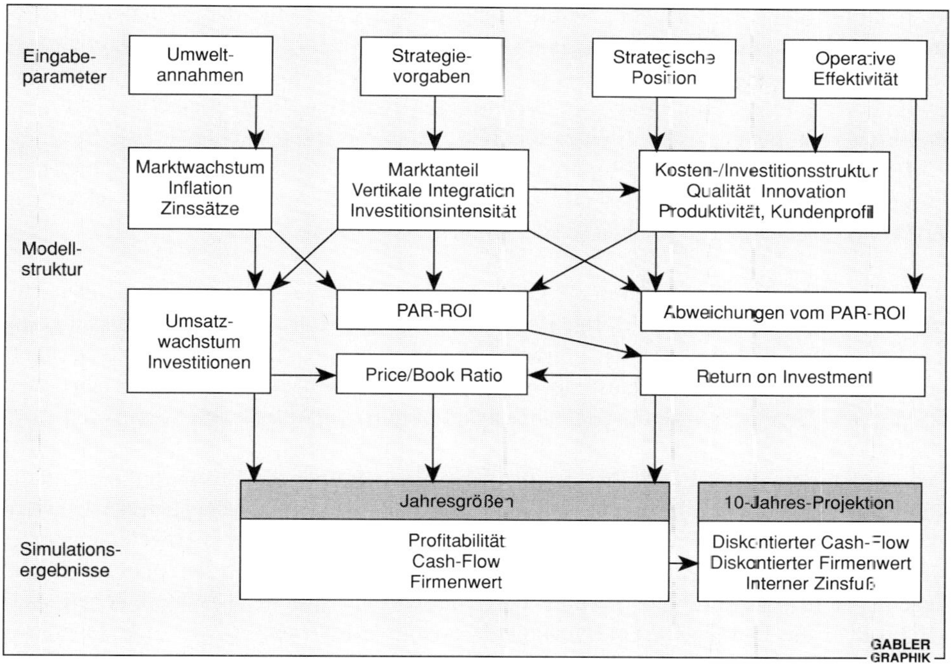

Abbildung 12: Das PIMS-Strategie-Simulations-Modell
(Quelle: PIMS Associates o. J., Vol. IV, S. 4)

Aus der Relation von diskontiertem 10-Jahres-Cash-Flow plus dem ebenfalls diskontierten zukünftigen Wert der Geschäftseinheit zum derzeitigen Marktwert läßt sich eine neue strategische Kenngröße, das sog. Wertsteigerungspotential, ermitteln (Buzzell, Chussil 1985). Mit der Einführung dieser Variablen ist die Langfristorientierung des PIMS-Programms deutlich gesteigert worden.

2.4 Schlußbemerkung

Die bisherigen Ausführungen haben deutlich gemacht, daß auf der Grundlage des PIMS-Programms Beziehungen zwischen Schlüsselfaktoren des Unternehmenserfolgs empirisch abgeleitet werden. Der besondere Wert für die am PIMS-Programm beteiligten Unternehmen besteht darin, die Beziehungen dieser Variablen für ihre spezielle strategische Situation analysieren zu können. Daraus ergeben sich weitreichende Implikationen für die Ziel- und Strategieplanung auf der einen und die operative Planung auf der anderen Seite.

In der empirischen Zielforschung wurde nachgewiesen, daß Unternehmen in der überwiegenden Mehrzahl nicht nur ein singuläres Unternehmensziel (z. B. Gewinnmaximierung) verfolgen, sondern ein mehrdimensionales Zielsystem besitzen. Die allgemeinen Erkenntnisse der PIMS-Forschung über **Beziehungen zwischen Zielgrößen** erlauben es, das Zielsystem eines Unternehmens auf potentielle Zielkonflikte hin zu untersuchen. Spezielle PIMS-Analysen wie der PAR-Report zeigen auf, welche Subziele (z. B. Marktanteil) zur Erreichung der Oberziele (z. B. ROI) verstärkt zu verfolgen sind und welche Zielbeiträge bereits als ausreichend angesehen werden können.

Von besonderer Bedeutung ist der PAR-Report vor allem zur Quantifizierung des Zielausmaßes (Welge 1985, S. 170). Der PAR-ROI stellt einen aus der strategischen Situation des Unternehmens begründbaren Leitwert dar, der gegenüber der in der Praxis weitverbreiteten Festlegung von Zielausmaßen – in Form der Vorgabe eines am Vorjahreswert orientierten Zielwertes – methodisch abgesicherter und realistischer erscheint.

Die Implikationen des PIMS-Programms gehen jedoch über die Ebene der Zielbildung und Strategieformulierung hinaus. Die über das PAR-Modell hinausgehenden Untersuchungen stellen eine **Verbindung zur operativen Planungsebene** her. Abweichungen des aktuellen ROI vom errechneten PAR-Wert werden als Schwächen des operativen Managements interpretiert. Anschlußuntersuchungen zum PAR-ROI-Modell geben Aufschluß über die Gründe für eine mangelnde operative Effizienz. Diese sog. „Operating PAR-Modelle" ermitteln – ähnlich wie für den PAR-ROI – Vorgabewerte für die Mitarbeiterproduktivität, die Kapitalproduktivität oder die Marketingproduktivität, die sich aus den Besonderheiten der Unternehmens- und Marketingsituation ergeben (PIMS Associates o. J., Bd. III).

Somit bietet PIMS wichtige Ansatzpunkte, um die Unternehmenspolitik auf **Implementierungslücken** hin zu untersuchen. Anwendererfahrungen zeigen, daß die Umsetzung von PIMS-Ergebnissen im operativen Bereich den ROI binnen Jahresfrist signifikant steigern konnte (Kellinghusen, Wübbenhorst 1987). Dabei wurde deutlich, daß insbesondere operative Einheiten durch Präsentation von PIMS-Ergebnissen für die strategische Relevanz ihrer Aktivitäten sensibilisiert werden, was in der Folge zu einer größeren Integration der Planungsebenen führt (Becker, Müller 1986, S. 248 ff.).

Trotz der zum Teil berechtigt vorgebrachten Kritik besteht kein Zweifel darüber, daß PIMS insbesondere als flankierendes Instrument zu herkömmlichen strategischen Planungsmethoden (z. B. Portfolioanalysen, Technologie-Szenarien u. ä.) wertvolle Informationen zur Fundierung der Unternehmenspolitik liefert. Dabei kann und will PIMS nicht den Anspruch erheben, die Kreativität des Management zu ersetzen. Sein Wert besteht vielmehr darin, in allen Phasen des strategischen Managementprozesses als **Intelligenzverstärker** zu dienen und die Urteilsfähigkeit des Management zu erhöhen (Hildebrandt, Strasser 1990, S. 132). In diesem Sinne ist die Aussage der Verantwortlichen des Strategic Planning Institute zu verstehen: „Don't ignore what the report says. – Don't believe what the report says" (Strategic Planning Institute 1977, S. 11).

Anhang: Definition zentraler Variablen des PIMS-Modells

(vgl. Strategic Planning Institute 1979/1984)

$$\text{ROI} = \frac{\text{Gewinn vor Steuern und Zinsen, nach Konzernumlagen}}{\text{Anlagevermögen plus Working Capital bez. auf SGE}}$$

$$\text{Marktanteil} = \frac{\text{Umsatz der Geschäftseinheit}}{\text{Umsatzvolumen des bedienten Marktes}}$$

$$\text{Relativer Marktanteil} = \frac{\text{Umsatz der Geschäftseinheit}}{\text{Gemeinsamer Umsatz der 3 Hauptwettbewerber}}$$

Relative Produktqualität = % Anteil des Umsatzes der SGE mit qualitativ überlegenen Produkten minus % Anteil des Umsatzes der SGE mit qualitativ schlechteren Produkten

$$\text{Relativer Preis} = \frac{\varnothing \text{ Verkaufspreis der Produkte der SGE}}{\varnothing \text{ Verkaufspreis der Produkte der Hauptwettbewerber}}$$

$$\text{Kapitalintensität} = \frac{\text{Buchwert des Anlagevermögens*}}{\text{Umsatz**}}$$

* Zähler wird für Einzelanalysen um das Ausmaß der Kapazitätsauslastung korrigiert
** In Einzelfällen auch Wertschöpfung (Umsatz minus Material)

$$\text{Vertikale Integration} = \frac{\text{Umsatz minus Materialkosten}}{\text{Umsatz}}$$

$$\text{Investitionsintensität} = \frac{\text{Investment*}}{\text{Umsatz}}$$

* Anlagevermögen plus Working Capital bez. auf SGE

Literaturhinweise

Barzen, D., Wahle, P. (1990): Das PIMS-Programm – was es wirklich wert ist, in: Harvard Manager, Heft 1, 1990, S. 100–109.

Becker, M., Müller, R. (1986): Erfahrungen mit PIMS aus der Sicht eines Anwenders, in: Strategische Planung, Bd. 2, 1986, S. 245–267.

Boulding, W. (1990): Unobservable Effects and Business Performance: Do Fixed Effects Matter?, in: Marketing Science, Winter 1990, S. 88–91.

Buzzell, R. D. (1983): Is Vertical Integration Profitable, in: Harvard Business Review, No. 1, 1983, S. 92–102.

Buzzell, R. D. (1990): Commentary on „Unobservable Effects and Bussiness Performance", in: Marketing Science, Winter 1990, S. 86–87.

Buzzell, R. D., Chussil, M. (1985): Managing for Tomorrow, in: Sloan Management Review, Summer 1985, S. 3–14.

Buzzell, R. D., Gale, B. (1989): Das PIMS-Programm – Strategien und Unternehmenserfolg, Wiesbaden 1989.

Chrubasik, B., Zimmermann, H. J. (1987): Evaluierung der Modelle zur Bestimmung strategischer Schlüsselfaktoren, in: Die Betriebswirtschaft, Heft 4, 1987, S. 426–450.

Fronhoff, B. (1986): Die Gestaltung von Marketingstrategien, Bergisch Gladbach, Köln 1986.

Grimm, U. (1983): Analyse strategischer Faktoren, Wiesbaden 1983.

Hildebrand, L., Strasser, H. (1990): PIMS in der Praxis – ein Controllingsystem, in: Harvard Manager, Heft 4, 1990, S. 127–132.

Jacob, H. (1986): Das PIMS-Programm, in: Wirtschaftstudium, Heft 6, 1986, S. 262 –266.

Jacobson, R. (1988): Distinguishing Among Competing Theories of the Market Share Effect, in: Journal of Marketing, October 1988, S. 68–80.

Jacobson, R. (1990a): Unobservable Effects and Business Performance, in: Marketing Science, Winter 1990, S. 74–85.

Jacobson, R. (1990b): Unobservable Effects and Business Performance: Reply to the Comments of Boulding and Buzzel, in: Marketing Science, Winter 1990, S. 92–95.

Jacobson, R., Aaker, D. A. (1985): Is Market Share All That It's Cracked Up to Be?, in: Journal of Marketing, Fall 1985, S. 11–22.

Kellinghusen, G., Wübbenhorst, K. J. (1987): Strategisches Management der Bertelsmann Industriegruppe, Vortrag am Institut für Marketing am 26. Januar 1987, unveröffentlichtes Manuskript.

Lange, B. (1982): Bestimmung strategischer Erfolgsfaktoren und Grenzen ihrer empirischen Fundierung, in: Die Unternehmung, Heft 1, 1982, S. 27–41.

Lubatkin, M., Pitts, M. (1983): PIMS: Fact or Folklore?, in: Journal of Business Strategy, Winter 1983, S. 38–43.

Luchs, R. H., Müller, R. (1985): Das PIMS-Programm – Strategien empirisch fundieren, in: Strategische Planung Bd. 1, 1985, S. 79–98.

Meffert, H., Benkenstein, M., (1985): Flexibilität und Unternehmensstrategie – Eine Bestandsaufnahme der zentralen Grundprobleme, Arbeitspapier Nr. 22 der Wissenschaftlichen Gesellschaft für Marketing und Unternehmensführung e. V., Hrsg.: Meffert, H., Wagner, H., Münster 1985.

Neubauer, F. E. (1992): Das PIMS-Programm und Portfolio Management, in: Hahn, D., Taylor, B. (Hrsg.): Strategische Unternehmensplanung – strategische Unternehmensführung, 6. Aufl., 1992, S. 283–310.

Ostmeier, H. (1987): Wettbewerbsstrategien US-amerikanischer und europäischer Unternehmungen auf Auslandsmärkten – eine explorative Studie auf der Grundlage von PIMS-Daten, Arbeitspapier Nr. 40 der Wissenschaftlichen Gesellschaft für Unternehmensführung und Marketing e. V., Hrsg.: Meffert, H., Wagner, H., Münster 1987.

Phillips, L. W., Chang, A., Buzzell, R. D. (1983): Product Quality, Cost Position and Business Performance: A Test of Some Key Hypotheses, in: Journal of Marketing, Spring 1983, S. 26–43.

PIMS Associates (Hrsg.) (o. J.): Using PIMS, Vol. III, Conducting a Strategic Audit, London, Cambridge, Mass.
PIMS Associates (Hrsg.) (o. J.): Using PIMS, Vol. IV: Assessing Strategic Alternatives, London, Cambridge, Mass.
Porter, M. E. (1983): Capital Expansion: Should You Play the Preemption Game?, in: Journal of Business Strategy, Heft 4, 1983, S. 24–32.
Porter, M. E. (1992): Wettbewerbsstrategien: Methoden zur Analyse von Branchen und Konkurrenten, 7. Aufl., Frankfurt/Main, New York 1992.
Schoeffler, S. (1978): Capital Intensive Technology vs. ROI: A Strategic Assessment, in: Management Review, September 1978, S. 8–14.
Strategic Planning Institute (Hrsg.) (1977): The PAR-Report: Explanation and Sample, Cambridge, Mass. 1977.
Strategic Planning Institute (Hrsg.) (1979): PIMS Data Manual, Cambridge, Mass. 1979.
Strategic Planning Institute (Hrsg.) (1984): The SPI Research Data Base, Cambridge, Mass. 1984.
Venohr, B. (1988): „Marktgesetze und strategische Unternehmensführung". Eine kritische Analyse des PIMS-Programms, Wiesbaden 1988.
Welge, M. K. (1985): Unternehmensführung, Bd. 1, Stuttgart 1985.

3. Strategische Marketingziele

3.1 Konzeptionsebene der Marketingzielsetzungen

Marktorientierte Unternehmensführung und die ihr zugrundeliegenden strategischen und operativen Verhaltensmuster sind untrennbar mit der Planung des Marketingzielsystems verbunden. Die Formulierung eines klaren, langfristig ausgerichteten Zielsystems ist dabei wesentlicher Bestandteil jeder strategischen Marketingplanung. Ohne diese zielorientierte Ausrichtung droht die Unternehmens- und Marketingstrategie zu einer reaktiven Anpassung an Umweltveränderungen mit der Gefahr des „Muddling Through" zu degenerieren (Raffée 1984, S. 67). Insbesondere die deutschsprachige Marketingliteratur hat den Entscheidungscharakter der Unternehmensziele und nachgelagerten Bereichsziele in den Vordergrund der Betrachtung gerückt und in den Zusammenhang mit den Zwecksetzungen des strategischen Management gestellt (Meffert 1986), während die amerikanische Marketinglehre – sonst in hohem Maße Vorbild und Muster – nur wenig differenzierte Einsichten zum Komplex der Unternehmens- und Marketingziele bietet (Cravens 1987; Kotler, Armstrong 1988; Assael 1990).

Im Rahmen der strategischen Planung steht die Festlegung von Unternehmens- und Marketingzielen in enger Beziehung zur Formulierung von Strategien (Kotler, Bliemel 1992). Strategien dienen der Erreichung von gesetzten Zielen. Voraussetzung für die Festlegung von Zielen bildet eine umfassende Bestandsaufnahme und Prognose der Entwicklung von unternehmensexternen und -internen Bedingungslagen bzw. Potentialfaktoren. Ausgangspunkt einer realistischen und potentialorientierten Unternehmensführung sind demnach differenzierte Umwelt- und Unternehmensanalysen (Aaker 1984, S. 47 ff.; Kreilkamp 1987, S. 69 ff.). Von entscheidender Relevanz für die Zielableitung ist die schlüssige Zusammenführung unternehmensexterner und -interner Informationen in Form einer Chancen/Risiken- und Stärken/Schwächen-Analyse, um zielstrategische Ansatzpunkte zu identifizieren. Ferner erweist sich im Rahmen der strategischen Zielplanung zunächst eine differenzierte Analyse des grundlegenden Aufbaus des **Zielsystems** als zweckmäßig. Zielsysteme lassen sich als eine Hierarchie unterschiedlicher Ebenen kennzeichnen. Diese Zielebenen können als Pyramide interpretiert werden (Steiner 1971, S. 199 f.; Becker 1992, S. 68 ff.), die im Rahmen des Zielplanungsprozesses einen zunehmenden Konkretisierungsgrad aufweisen (vgl. Abbildung 1). Die übergeordneten Ziele stellen Prämissen bzw. Leitlinien für die Festlegung oder Präzisierung der Zielsetzungen auf der nachfolgenden Ebene dar. Gleichzeitig besteht zwischen den Zielebenen eine Mittel-Zweck-Beziehung: Die untergeordneten Ziele sind als Mittel zur Erreichung der jeweils übergeordneten Zielsetzungen anzusehen. Entsprechend dieser Hierarchisierung des Zielsystems soll im folgenden zunächst auf die Unternehmensphilosophie, die Corporate Identity sowie die generellen Unternehmensziele als Ausgangspunkt der strategischen Zielplanung im Marketing eingegangen werden.

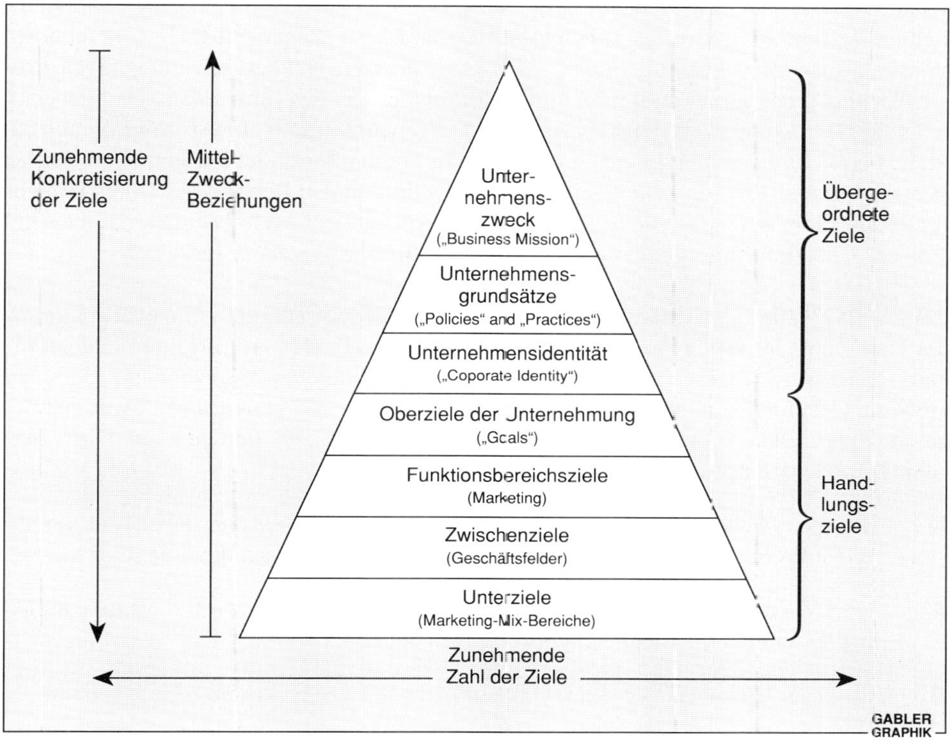

Abbildung 1: Hierarchie der Zielebenen

3.2 Unternehmensphilosophie, Unternehmensziele und Corporate Identity als Ausgangspunkt

3.21 Unternehmensphilosophie und Unternehmensgrundsätze als Leitlinien der strategischen Zielplanung

Die Unternehmensphilosophie beinhaltet die allgemeinen Zielvorstellungen und Werte der Unternehmung und bildet damit die Basis für die Bestimmung eines konsistenten Zielsystems. Den Ausgangspunkt der Diskussion um die Unternehmensphilosophie bildet der eigentliche **Unternehmenszweck,** der bestimmt, welche Art von Leistungen die Unternehmung als Teil der Gesamtwirtschaft erbringen soll. Mit der Beantwortung der Fragen

„Was ist unser Geschäft?" und „Was sollte unser Geschäft sein?" gibt die Zwecksetzung dem Unternehmen eine klare Grundrichtung. Während früher der Unternehmenszweck überwiegend durch Bezugnahme auf eine Produktklasse (z.B. „Wir sind ein Computerhersteller") oder auf einen technologischen Bereich („Wir sind ein Hersteller von Mikroelektronik") umrissen wurde, wählten in den letzten Jahren zunehmend mehr Unternehmen eine marktbezogene Formulierung („Wir helfen unseren Kunden mit innovativen Problemlösungen bei der Bewältigung ihrer Informations- und Kommunikationsaufgaben"). Bei der Entwicklung einer **marktbezogenen Unternehmenszweckbestimmung** muß ein Mittelweg zwischen einer zu engen und einer zu breiten Formulierung gefunden werden (Kotler, Bliemel 1992). Während eine zu enge Definition den Bestand des Unternehmens gefährden kann, ist eine zu breite „business mission" mit der Gefahr behaftet, daß sie nicht in konkrete Aktionen umgesetzt werden kann oder Identitätsverluste entstehen.

Bei der Festlegung der **Unternehmensphilosophie** ist die marktgerichtete Bestimmung des Unternehmenszwecks um **gesellschaftsorientierte Inhalte** zu erweitern. Denn eine marktgerichtete Zwecksetzung muß sich auch an den generellen Wertvorstellungen einer größeren Öffentlichkeit orientieren, damit die langfristige Akzeptanz und Legitimität des unternehmerischen Verhaltens in der Gesellschaft sichergestellt werden kann. Die Unternehmensphilosophie muß somit

- die spezifische Kompetenz der Unternehmung aufzeigen und dabei ihre spezifischen Problemlösungsbeiträge für Wirtschaft und Gesellschaft verdeutlichen,
- eine Vision im Sinne einer realistischen Utopie propagieren, die zur Lösung aktueller und potentieller Problemstellungen beiträgt,
- die grundlegenden Wertvorstellungen, Ziele und Erfolgskriterien festlegen und
- das Verhältnis der Unternehmung zu den zentralen Ziel- und Anspruchsgruppen definieren (Gabele 1981, S. 251; Kubicek 1984, S. 184 ff.; Grünig 1988, S. 255 f.).

Eine derartige Unternehmensphilosophie wird in aller Regel durch das Denken und Handeln in der Unternehmung bestimmt, ohne daß sie explizit ausformuliert wird. Sie stellt damit das von den Organisationsmitgliedern geteilte Selbstverständnis der Unternehmung dar.

Die Unternehmensphilosophie findet in **Unternehmensleitlinien bzw. Unternehmensgrundsätzen** ihren konkreten Ausdruck und ihr verbindlicher Charakter sollte durch die schriftliche Dokumentation unterstrichen werden (Gabele, Kretschmer 1986; Hoffmann 1989).

Bei der inhaltlichen Konkretisierung von Unternehmensgrundsätzen schlägt Bleicher drei Inhaltsdimensionen vor (Bleicher 1992, S. 27 ff.). Zu den Inhalten gehören demnach:

- Unternehmenspolitische Grundsätze und strategische Missionen, die als Vorgabe für zu vollziehende Aktivitäten dienen.

- Strukturgrundsätze der Unternehmensverfassung, Organisationsstrukturen und Managementsysteme, welche die Rahmenbedingungen für das Mitarbeiterverhalten gestalten.
- Verhaltensgrundsätze für die unternehmenskulturgeprägte Führung und Kooperation.

Im Rahmen der unternehmenspolitischen Grundsätze geht es um die **Bestimmung der Grundorientierung**, in der der Unternehmenszweck, die Entwicklungspotentiale sowie die Verpflichtung gegenüber verschiedenen Anspruchgruppen fixiert werden. Vielfach können moderne Leitbilder wie das des „Sustainable Development" zur Formulierung von Unternehmensgrundsätzen einbezogen werden. Branchenweit verpflichtende Grundsatzkataloge (z.B. Tutzinger Erklärung, Business Charter for Sustainable Development) bieten vielfach konkrete inhaltliche Orientierungshilfen, sie müssen jedoch immer vor dem Hintergrund des jeweiligen Unternehmenskontextes und der spezifischen Unternehmenskultur modifiziert und weiterentwickelt werden. Die Grundsätze müssen als Shared Values von allen Mitarbeitern getragen und gelebt werden. Sie dürfen nicht als „aufgesetzte" Vorzeigephilosophie im alltäglichen Handeln verkümmern.

Weiterhin werden zu den Unternehmensgrundsätzen Aussagen über die **Unternehmensverfassung,** die **Organisation** sowie die **Managementsysteme** gezählt. Diese zum Teil durch formale Rahmenregelungen vorbestimmten Grundsätze dienen den Mitarbeitern als Orientierungsrahmen für den sozio-organisatorischen Aufbau des Unternehmens. Besondere Bedeutung wird der Formulierung von **Verhaltensgrundsätzen** für die unternehmenskulturgeprägte Führung und Kooperation mit unternehmensexternen Anspruchsgruppen beigemessen. Folgende inhaltliche Elemente werden hierbei als besonders relevant angesehen: Grundsätze zur Mitarbeiter- und Individualitätsorientierung, Grundsätze zur Leistungserbringung (z.B. Aufgaben-, Kostenorientierung) sowie Grundsätze zur Bedeutung und Gestaltung von externen Beziehungen (Kunden-, Konkurrenz-, Anspruchsgruppenorientierung). In der Abbildung 2 sind beispielhaft Formulierungen für Unternehmensgrundsätze nach den aufgezeigten Inhaltsdimensionen aufgeführt.

Die mit der Formulierung von Unternehmensgrundsätzen verfolgten **Zielsetzungen** können wie folgt zusammengefaßt werden. Unternehmensgrundsätze sollen

- den Unternehmenszweck, die Entwicklungspotentiale und die Grundhaltung zu externen Anspruchsgruppen aufzeigen,
- die eigenen Grenzen des unternehmerischen Handelns verdeutlichen und explizite Prioritäten setzen,
- die Werthaltungen und Interessen verschiedener Gruppen auf einen „gemeinsamen Nenner" bringen und einen Orientierungsrahmen für einen Interessensausgleich bilden,
- bewußt eine reale Utopie propagieren, um die gegenwärtige Situation zu verbessern und zukünftigen Chancen und Risiken erfolgreich begegnen zu können,

Präambel

Wir sind seit Jahrzehnten Anbieter von Leistungen auf dem Gebiet der xxx. Auf dem Markt haben wir es erreicht, eine herausragende Stellung zu gewinnen und im Laufe der Zeit auch zu behaupten. Wir können eine Abflachung der Nachfrage nach unseren Leistungen nicht erkennen, so daß wir nach wie vor in diesem Bereich tragende und weiter erfolgversprechende geschäftliche Möglichkeiten sehen. Wir bekennen uns daher zu diesem Gebiet und wollen es weiter pflegen, indem wir unsere Erfahrungen auf einem Markt, der sich durch eine zunehmende Wettbewerbsintensität auszeichnet, vor allem durch ein günstiges Preis-Leistungsverhältnis dem Kunden zugute bringen. Diesen programmatischen Vorstellungen ordnen sich alle unsere Bemühungen im einzelnen unter.

Strategische Grundsätze

– *Marktführerschaft durch konzentrierte Marktversorgung*

Unsere überragende Kompetenz auf dem Gebiet der xxx hat über die günstige Kosten-Preis-Relation zu einer Position der Marktführerschaft geführt, die wir mit allen Mitteln verteidigen wollen. Statt unsere Ressourcen zu verzetteln, werden wir sie konzentriert zu einer weiteren Qualifizierung auf diesem Gebiet gegenüber den Wettbewerbern einsetzen.

– *Streben nach Standardisierung des Leistungsangebotes*

Unsere günstigen Angebotsbedingungen erreichen wir durch eine weitgehende Standardisierung unserer Erzeugnisse und deren Komponenten, die eine Nutzung von Erfahrungspotentialen bei der Kostengestaltung gestatten. Sonderwünsche einzelner Kunden können wir daher nur im Rahmen unseres modular differenzierten Standardprogrammes befriedigen.

– *Kostenorientierung als Schlüssel zum Markterfolg*

Die Versorgung unseres Marktes mit standardisierten Gütern setzt uns einem massiven Preis-Wettbewerb aus, den wir nur durch ein hohes Kostenbewußtsein auf allen Ebenen und in allen Bereichen unseres Handelns bestehen können.

– *Eigengestaltung der Wertschöpfungskette*

Unsere Kostenorientierung verlangt eine weitgehende Aktivierung aller Synergiepotentiale im Rahmen der Wertschöpfungskette, die wir daher selbst in der Hand behalten wollen.

– *Verteidigung der Erfolgsposition*

Unsere über Jahrzehnte erkämpfte Marktposition auf dem Gebiet der xxx sind wir bereit, mit allen uns zur Verfügung stehenden Mitteln zu verteidigen, auch wenn dies ein Eingehen von kurzfristigen Ergebniseinbußen bedeuten sollte.

– *Imitation ist keine Schande*

Die Verbesserungen des Leistungsangebotes seitens unserer Wettbewerber versuchen wir nachzuahmen und damit in unsere Leistungspalette einzubringen. Dies entspricht nicht nur der Kostenorientiertheit unseres Denkens und

Handelns, sondern auch unserem Risikobewußtsein, das die Risiken von Fehlentwicklungen den Pionierunternehmungen überläßt.

– *Rationaler Einsatz und produktive Nutzung von Ressourcen*

Zur Erreichung kostengünstiger Leistungen nutzen wir ein personelles und sachliches Leistungspotential, das jeweils auf die Erfüllung klar definierter Aufgaben zu richten ist. Dies ermöglicht ein schnelles Erlernen und Einfahren der erforderlichen Leistung und eine rationale und produktive Nutzung der eingesetzten Ressourcen.

I. *Zielausrichtung auf Anspruchsgruppen*

Wir sind uns der Bedeutung des Erreichens ökonomischer Ziele für den Fortbestand unserer Unternehmung bewußt, verkennen dabei aber keineswegs die vielfältigen Interessen und Bedürfnisse der Bezugsgruppen an unserer Unternehmung. Ohne die Leistung eines gesellschaftlichen Nutzens wird unsere Unternehmung nicht überleben. Wir versuchen deshalb, mit unserem Handeln einen größtmöglichen Nutzen für unsere Mitarbeiter und unsere soziale, ökologische und ökonomische Umwelt zu stiften.

II. *Entwicklungsorientierung*

Letztes Ziel unserer unternehmerischen Tätigkeit ist die Sicherung der Überlebens- und Entwicklungsfähigkeit der Unternehmung. Unsere Vorhaben sind daher langfristig ausgerichtet. Dies bedeutet die laufende Pflege vorhandener und den Aufbau neuer Erfolgspotentiale für die Zukunft, zumal alle Erfolgspotentiale im Zeitablauf den Zenit ihres maximalen Nutzens überschreiten und in ihrer Wirksamkeit verblassen werden. Wir sind ständig auf der Suche nach sich bietenden geschäftlichen Möglichkeiten im Rahmen unserer sachlich verpflichteten Leistung zur Marktversorgung und Problemlösung für den Kunden. Sich uns bietende Chancen nehmen wir auch dann wahr, wenn wir zum Zeitpunkt der Entscheidung keine letzte Gewißheit über ihre Auswirkungen auf den geschäftlichen Erfolg haben.

III. *Ökonomische Zielausrichtung*

Wir sehen unsere unternehmerische Aufgabe in der Versorgung des Marktes mit xy-Leistungen, in dem wir unseren Kunden Lösungen für deren spezifische Probleme von hoher Qualität anbieten. Die Erhaltung unserer Selbständigkeit erfordert, daß wir aus dem Ertrag unsere Kosten decken, notwendige Reserven zur Zukunftssicherung bilden und das uns anvertraute Kapital angemessen verzinsen.

IV. *Soziale Zielausrichtung*

Bei aller Verfolgung wirtschaftlicher Interessen sind wir uns stets unserer Verantwortung gegenüber unserer sozialen und ökologischen Umwelt bewußt und werden ihr in unserem Handeln einen entsprechend hohen Stellenwert einräumen. Wo immer wir tätig sind, wollen wir uns in einem gut nachbarschaftlichen Verhältnis bewegen. Das Verhalten aller Angehörigen unserer Unternehmung ist von hohem moralischen und ethischem Verhalten getragen. Wir verzichten eher auf geschäftliche Möglichkeiten, als daß wir bereit sind, Kompromisse im Hinblick auf ein möglicherweise gefordertes unmoralisches oder unethisches Verhalten einzugehen. In gleicher Weise ist das Verhalten der Führung gegenüber den Mitarbeitern von einem hohen Verantwortungsbewußtsein getragen. Konsens erstreben wir über Dialog und Argumentation.

Präambel

Unser stark im Wandel befindliches Umfeld verlangt von uns ein vorausschauendes, flexibles Problemlösungsverhalten. Was gestern richtig war, kann heute und erst recht morgen völlig falsch sein. Ein ständiges Infragestellen von Bewährtem und die Suche nach Neuem sind Voraussetzungen für ein zukunftsorientiertes Verhalten unserer Mitarbeiter. Die nachstehenden Personal- und Führungsgrundsätze sollen den Mitarbeitern eine Orientierung für ein zweckgerechtes Verhalten vermitteln.

Grundsätze

– *Partizipation als Verhaltensziel*

Der Fähigkeit und dem Streben des Menschen, sich zu entwickeln und zu entfalten, geben wir Raum durch ein partizipatives Verhalten. Dies läßt sich nur verwirklichen, wenn Vertrauen, Initiative und Engagement selbstverständlich sind. Partizipation beginnt mit der Vereinbarung von gegenseitig verpflichtenden Zielsetzungen und setzt sich fort bei Entscheidungen, dem Geben und Nehmen von Informationen und der kritischen Beurteilung von Ergebnissen.

– *Kooperation als Verhaltensziel*

Entscheidungen beruhen auf einer umfassenden Unterrichtung und Urteilsbildung. Hierbei wirken alle diejenigen mit, die Kraft ihrer Betroffenheit, ihrer Informationen und ihres Sachverstandes dazu beitragen können, die Qualität des Ergebnisses gemeinsamer Überlegungen zu erhöhen. Ein kooperatives Verhalten setzt die Identifikation mit der Sache und eine gegenseitige Loyalität aller Beteiligten voraus. Kooperatives Verhalten verlangt von jedem einzelnen Aufgeschlossenheit, Beweglichkeit und Toleranz.

– *Unternehmerisches Handeln als Aufgabe der Führung*

Wandel verlangt von der Führung ein zukunftsorientiertes Verhalten, das visionär und ganzheitlich Chancen und Risiken erkennt, abwägt und initiativ den Zukunftskurs beschreitet. Diese innovative, unternehmerische Leitperspektive verkörpert die Idealvorstellung unseres Mitarbeiterverhaltens.

– *Generalisten sichern eine fachübergreifende Verhaltensperspektive*

In der Selektion und beim Einsatz von Mitarbeitern suchen wir nach Generalisten, die einen breiten Überblick über eine Problemlandschaft besitzen. Dort, wo diese über keine vertiefte Fachkompetenz verfügen, setzen wir entweder selbst Spezialisten ein oder versuchen, derartige Aufgaben mit externen Experten zu lösen, um auf diesem Wege den uns fehlenden Sachverstand in Problemlösungen einzubringen.

Abbildung 2: Beispiele zur Formulierung von Unternehmensgrundsätzen (Quelle: Bleicher 1992)

- intern und extern über Absichten des Unternehmens informieren und damit die strategische Orientierung des Unternehmens verbessern sowie
- eine spezifische Unternehmensstruktur und -kultur verwirklichen und diese weiter entwickeln helfen.

Unternehmensgrundsätze können in unterschiedlichen Vorgehensweisen erarbeitet und formuliert werden. Eine intensive Auseinandersetzung der Unternehmensmitglieder mit den Grundsätzen in Arbeitgruppen, Seminaren und Workshops hilft, eine breite Akzeptanz und Durchsetzung sicherzustellen.

3.22 Bestimmung der Unternehmensidentität

In unmittelbarer Beziehung zur Unternehmensphilosophie und ihrer Konkretisierung in Unternehmensgrundsätzen steht die Bestimmung der Unternehmensidentität. Unter der **Corporate Identity (CI)** wird im weitesten Sinne die „Unternehmenspersönlichkeit“ verstanden, die sich im Verhalten, der Kommunikation und dem Erscheinungsbild des Unternehmens ausdrückt (Birkigt, Stadler, Funck 1988). Sie beschreibt den gegenwärtigen Zustand der Unternehmung, ihre Tradition, die Einstellungen der Führungskräfte und Mitarbeiter sowie die bisherige Unternehmenspolitik (Schneider 1991).

Durch eine Anonymisierung der Märkte, die Entpersonalisierung durch arbeitsteilige Prozesse, wachsende Unternehmensgrößen und den gesellschaftlichen Wandel haben CI-Konzepte eine zunehmende Bedeutung erlangt. Die Corporate Identity wird jedoch mit unterschiedlichen Begriffsinhalten verknüpft, die eine Unterscheidung in vier Interpretationsrichtungen ermöglichen (Meffert 1991, S. 817). Vertreter des **designorientierten Ansatzes** stellen die formalen Erscheinungsformen der CI in den Vordergrund. Hierzu zählt die Gestaltung von Firmenname, Logo, Hausfarben, Produkt- und Verpackungs-Design, Firmenarchitektur, Personal- und Image-Anzeigen sowie Firmenbroschüren.

Mit dem **führungsorientierten Ansatz** der CI wird die identitätsorientierte Leitung des gesamten Unternehmens verbunden (Keller 1990). CI wird als Instrument zur Steuerung sämtlicher Prozesse der Willensbildung und Willensdurchsetzung verstanden, um ein zielkonformes Verhalten der Unternehmensmitarbeiter zu gewährleisten. Im Rahmen der Willensbildung kommt der CI eine konsensbildende Aufgabe zu. Bei der Willensdurchsetzung wird durch eine einheitliche Bewußtseinsbildung und Identifikation der Mitarbeiter mit dem Unternehmen die Integration gestärkt.

In **strategieorientierten Ansätzen** wird CI als Basisstrategie der Kommunikationspolitik oder der gesamten Unternehmenspolitik aufgefaßt. Im Sinne einer zentralen Kommunikationsstrategie dient sie ausschließlich der einheitlichen Abstimmung sämtlicher kommunikativer Einzelmaßnahmen. Auf der strategischen Unternehmensebene angesiedelt bildet die CI den Fokus für alle Unternehmensaktivitäten.

Ansätze / Planungsprozeß	Design	Führung	Strategie	Planung
	CI als Summe der visuellen Darstellungsformen	CI als Steuerung der Willensbildung u. -durchsetzung	CI als Leitstrategie der Unternehmens- u./o. Kommunikationspolitik	CI als iterativer dynamischer Planungsprozeß
Rahmenbed. – Philosophie – Kultur – etc.	○	◒	◒	●
Ziele	○	●	◒	●
Strategien	○	◒	●	●
Maßnahmen	●	◒	●	●
Kontrolle	○	○	○	●
Rückkoppelung und Anpassung	○	○	○	●

○ Keine Berücksichtigung ◒ Implizite Berücksichtigung
● Explizite Berücksichtigung

GABLER GRAPHIK

Abbildung 3: Ansätze der Corporate Identity-Politik
(Quelle: Meffert 1991, S. 818)

Die umfassendste Beschreibung des CI-Begriffs liegt dem **planungsorientierten Ansatz** zugrunde. CI wird dabei als strategisch geplanter und operativ gesteuerter, iterativer, dynamischer Planungsprozeß verstanden, der das Erscheinungsbild, die Verhaltensweisen und die Aktivitäten des Unternehmens im Innen- und Außenverhältnis unter einer einheitlichen Konzeption koordiniert. Dies beinhaltet die Analyse der Ist-Identität, den Entwurf der Soll-Identität, die Festlegung und Realisation der CI-Strategie bzw. -Maßnahmen sowie der CI-Kontrolle und -Anpassung. Abbildung 3 zeigt die verschiedenen Interpretationsformen des CI-Begriffs in einem synoptischen Überblick.

Mit der Bestimmung der Unternehmensidentität wird zunächst angestrebt, das Spannungsfeld zwischen Unternehmenswirklichkeit und dem Bild der Unternehmung, das sich in den verschiedenen Teilöffentlichkeiten gebildet hat, weitgehend abzubauen, um das Vertrauen dieser Teilöffentlichkeiten (Arbeitnehmer, Gewerkschaften, Anteilseigner, Kapitalgeber, gesellschaftliche Gruppierungen etc.) gegenüber einer Unternehmung zu steigern. Aufbauend auf dieser Vertrauensbildung werden der Corporate Identity als Anker unternehmerischer Wertvorstellungen die folgenden Aufgaben zugesprochen (Antonoff 1984, S. 32; Meffert 1991, S. 817 ff.):

- Grundsätzlich besitzt die CI eine **Informations- und Kommunikationsfunktion**. Bei externen Zielgruppen steht die Vermittlung von unternehmensbeschreibenden Informationen im Mittelpunkt. Durch die prägnante Unternehmensdarstellung soll eine eindeutige, mit positiven Assoziationen behaftete Bekanntheit des Unternehmens erreicht werden. Sie kommt in psychologischen Dimensionen wie Glaubwürdigkeit, Vertrauen und Identifikation zum Ausdruck. Internen Zielgruppen, insbesondere den Unternehmensmitarbeitern, ist das Konzept der CI transparent zu machen, damit sich ein stärkeres Wir-Bewußtsein und eine höhere Mitarbeitermotivation entwickeln.

- Im Zusammenhang mit der Kommunikationsfunktion der CI steht die **imagebildende Funktion**. Der Aufbau bzw. Ausbau von Sympathiepotentialen wirkt stabilisierend auf die Beziehungen zu unternehmensrelevanten Personenkreisen, z.B. Lieferanten, Handelspartnern und Interessenvereinigungen und mindert zudem die Wirkungen negativer Einflüsse auf das Unternehmensimage.

- Des weiteren kommt der CI eine **verhaltensbeeinflussende Funktion** zu. So kann CI sowohl das Führungs- und Sozialverhalten der Mitarbeiter innerhalb des Unternehmens als auch das Verhalten gegenüber relevanten Zielgruppen positiv beeinflussen.

- Die **Integrationsfunktion** der CI erlaubt die Nutzung von Synergieeffekten. Indem CI vor allem die Marketingziele und -instrumente aufeinander abstimmt, wird das Marketingbudget effizienter eingesetzt und die Gesamtleistung optimiert. Im Vordergrund der zielbezogenen Integration steht die inhaltliche und zeitliche Abstimmung. Bei konfliktären Zielbeziehungen erlauben die in den Handlungsmaximen der CI enthaltenen Bewertungsrichtlinien eine objektivierte und konfliktreduzierte Zielbeurteilung. In der CI fixierte Grundhaltungen und unternehmensbezogene Kernaussagen unterstützen das Management bei der Durchführung im Zeitablauf konsistenter Marketingaktivitäten. Die instrumentebezogene Integration der CI wirkt einer Fragmentierung des Marketinginstrumentariums und Zersplitterung der finanziellen Ressourcen entgegen, indem alle Marketingmaßnahmen instrumenteübergreifend koordiniert sowie auf konkrete Zielgruppen gebündelt eingesetzt werden.

Insgesamt muß im Rahmen der Bestimmung einer Corporate Identity die Unternehmung ihre charakteristischen Eigenschaften definieren und dabei auch ihre Leitidee und ihre Geisteshaltung überprüfen (Rudolph 1985, S. 203; Trux 1985, S. 65). Damit wird die Corporate Identity zu einem zentralen Instrument der strategischen Marketingplanung und definiert neben der Untenehmensphilosophie die Leitlinien für die strategische Planung der Handlungsziele (Birkigt, Stadler, Funck 1988).

3.23 Festlegung strategischer Unternehmensziele

Auf der nächsten Zielplanungsebene steht das Management vor der Aufgabe, den Unternehmenszweck unter Berücksichtigung der Unternehmensgrundsätze und der Corporate Identity in konkrete Handlungsziele umzusetzen. Die **Unternehmensziele („goals“)** stellen in diesem Sinne Orientierungs- bzw. Richtgrößen für unternehmerisches Handeln dar. Sie sind zugleich Aussagen über angestrebte Zustände, die aufgrund unternehmerischer Maßnahmen erreicht werden sollen.

3.231 Prozeß und Bedeutung der strategischen Zielplanung

Die strategische Zielplanung ist als iterativer Prozeß anzusehen, in dessen Verlauf die strategischen Unternehmens- und Marketingziele verändert und konkretisiert werden. Ausgangspunkt dieses Prozesses ist – aufbauend auf den Rahmendaten der strategischen Analyse und den Wertvorstellungen der Unternehmung – die Festlegung relativ globaler strategischer Zielsetzungen. Diese Ausgangsziele werden direkt aus der Unternehmensphilosophie und der Corporate Identity abgeleitet (Hauschildt 1982, Sp. 2419 ff.). Im Anschluß an die Festlegung dieser strategischen Ausgangsziele erfolgt ein Informationsgewinnungsprozeß, der die zielspezifischen Umweltbedingungen und Trends, aber auch die Stärken und Schwächen der Unternehmung erfaßt. Diese strategische Analyse gibt immer dann Anlaß zur Revision, wenn erkennbar ist, daß die Ausgangsziele nicht oder übererfüllt werden können. Dabei wird entweder das Anspruchsniveau der Ziele angepaßt, oder es werden in einem grundlegenden Änderungsprozeß die Zielinhalte überarbeitet.

Je nach Intensität der Zielrevision wird die strategische Analyse fortgesetzt, oder die Unternehmung kann die Strategieentwicklung und -bewertung angehen. Im Zuge der ersten **Iteration des Zielplanungsprozesses** sind diese Strategien noch relativ global, häufig im Sinne von Normstrategien formuliert. Sie geben jedoch Anlaß zur Konkretisierung der strategischen Zielsetzungen (Grimm 1983, S. 246), die wiederum Ausgangspunkt der zweiten und – sofern notwendig – weiterer Prozeßiterationen sind. Die einzelnen Phasen des strategischen Zielbildungsprozesses sowie den Prozeßverlauf verdeutlicht Abbildung 4.

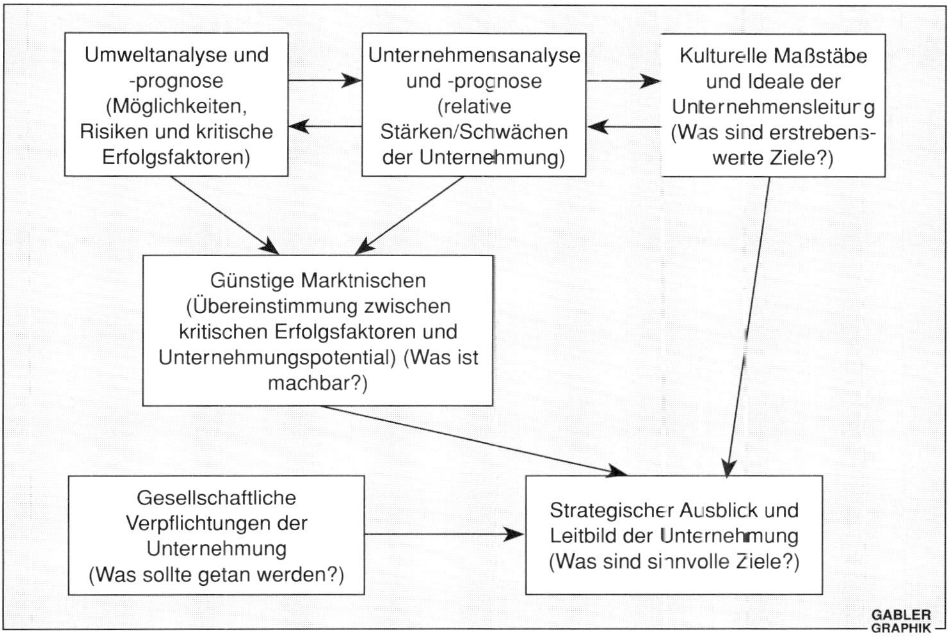

Abbildung 4: Prozeß der strategischen Zielplanung
(Quelle: Hinterhuber 1992)

Die Zielbildung ist jedoch nicht allein aufgrund der Komplexität des Entscheidungsproblems als Prozeß anzusehen. Speziell in größeren Unternehmungen erfolgt die Zielbildung nicht als intrapersonale Zielplanung, sondern muß als interpersoneller Verhandlungsprozeß angesehen werden, durch den die allgemeinen Zielbedingungen einer Unternehmung fixiert werden. Teilnehmer an diesem Verhandlungsprozeß der Zielplanung sind beispielsweise Gesellschafter, Aufsichtsratsmitglieder und der Vorstand.

3.232 Basisinhalte strategischer Unternehmensziele

In marktwirtschaftlichen Systemen muß der Gewinn nicht nur als eine notwendige Stabilitätsbedingung für die Unternehmen angesehen werden, sondern stellt auch eine Voraussetzung für den Bestand und den Fortschritt der Gesellschaft selbst dar. Trotz der zentralen Bedeutung des Gewinnziels haben die Befunde der modernen Zielforschung ergeben, daß die klassische Gewinnmaximierungshypothese in ihrem absoluten Anspruch nicht mehr aufrechterhalten werden kann. Vielmehr ist davon auszugehen, daß die Unternehmen dem Gewinnziel eher eine relative Bedeutung einräumen (Mindestgewinn bzw. angemessener Gewinn) und in der Regel eine Vielzahl von Zielen gleichzeitig verfolgen.

Die Fülle möglicher Unternehmensziele kann in folgenden Basiskategorien zusammengefaßt werden (Ulrich, Fluri 1986; Becker 1992, S. 13; Meffert, Kirchgeorg 1993):

- **Marktstellungsziele**
  - Marktanteil
  - Umsatz
  - Marktgeltung
  - Neue Märkte
- **Rentabilitätsziele**
  - Gewinn
  - Umsatzrentabilität
  - Rentabilität des Eigenkapitals
  - Rentabilität des Gesamtkapitals
- **Finanzielle Ziele**
  - Kreditwürdigkeit
  - Liquidität
  - Selbstfinanzierungsgrad
  - Kapitalstruktur
- **Soziale Ziele** (in bezug auf die Mitarbeiter)
  - Arbeitszufriedenheit
  - Einkommen und soziale Sicherheit
  - Soziale Integration
  - Persönliche Entwicklung
- **Markt- und Prestigeziele**
  - Unabhängigkeit
  - Image und Prestige
  - Politischer Einfluß
  - Gesellschaftlicher Einfluß
- **Umweltschutzziele**
  - Verringerung des Ressourcenverbrauchs
  - Vermeidung und Verminderung der Belastungen von Umweltmedien (Boden, Wasser, Luft)

Dabei ist davon auszugehen, daß die Marktstellungsziele für die Erreichung der Rentabilitätsziele grundlegende Voraussetzung sind. Die finanziellen Ziele stecken demgegenüber die Bedingungen ab, unter denen die Realisierung der Marktstellungs- und Rentabilitätsziele erst möglich ist. Die sozialen Ziele stellen wesentliche Begleitziele dar, während Macht- und Prestigeziele in wechselseitiger Beziehung zur Erreichung der Rentabilitätsziele stehen (Becker 1992, S. 13 f.).

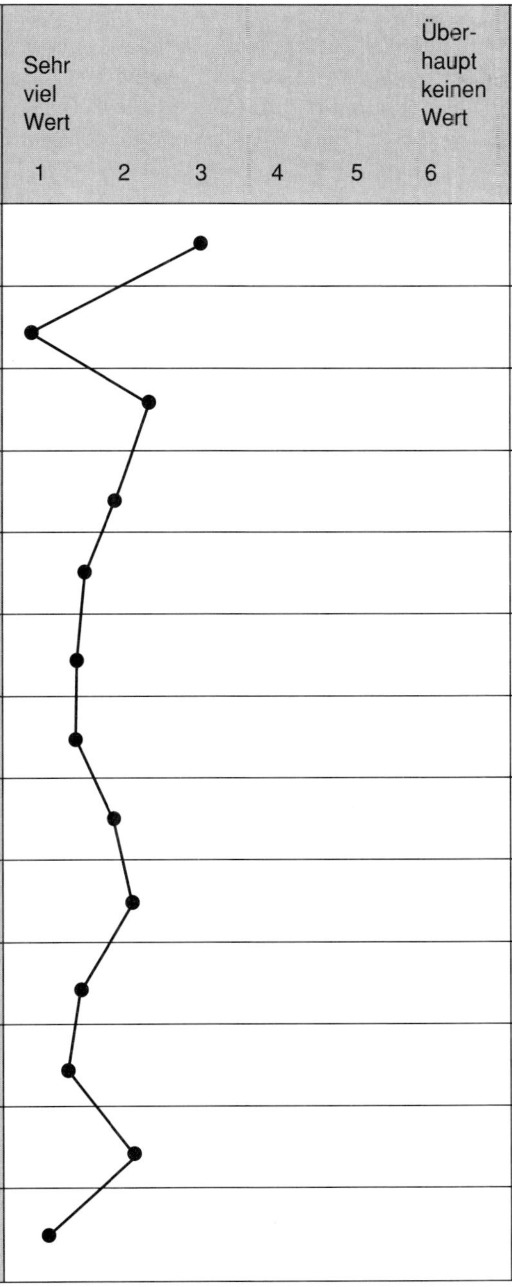

Zielgewichtung	Ø Wert	Rang
Kurzfristige Gewinnerzielung	3,09	13
Langfristige Gewinnerzielung	1,42	2
Umsatz	2,50	12
Marktanteil	2,15	11
Erschließung neuer Märkte	1,70	7
Kosten-einsparungen	1,52	4
Produktivitäts-steigerungen	1,48	3
Umweltschutz	1,88	8
Erhaltung von Arbeitsplätzen	1,93	9
Image	1,57	6
Mitarbeiter-motivation	1,56	5
Kooperation mit dem Handel	2,28	11
Sicherung der Wett-bewerbsfähigkeit	1,19	1

GABLER GRAPHIK

Abbildung 5: Prioritäten im Zielsystem der Unternehmen
(Quelle: Meffert, Kirchgeorg 1989)

Neben der Erfassung der dargestellten Zielarten im Rahmen von Zielkatalogen ist insbesondere die Frage der **Prioritätenfolge von Zielen** Gegenstand empirischer Untersuchungen (vgl. Abbildung 5). Unter Berücksichtigung der nur relativen Aussagefähigkeit derartiger Untersuchungen kommt in der Mehrzahl der Befunde zum Ausdruck, daß das Gewinnziel von anderen Zielen überlagert wird und nicht allein Dominanz besitzt (Fritz u.a. 1985, S. 328 ff.; Kirchgeorg 1990).

Branchenübergreifend sind die Sicherung der Wettbewerbsfähigkeit und die langfristige Gewinnerzielung deutlich als Oberziele zu kennzeichnen. Mit Abstand folgen angesichts des hohen Preiswettbewerbs in nahezu allen untersuchten Branchen Kosten- und Produktivitätsziele. Auch die Mitarbeitermotivation und Imageziele werden in der Prioritätenrangfolge als besonders wichtig eingestuft und nehmen den Rang 4 und 5 ein. Besonders interessant erscheint der Sachverhalt, daß dem Umweltschutzziel gegenüber den klassischen Marktzielen wie Umsatz, Marktanteil und kurzfristige Gewinnerzielung ein deutlicher Vorrang eingeräumt wird. Die sich abzeichnenden Umweltprobleme und die gesellschaftspolitische Relevanz des Umweltschutzes haben zu einem Bedeutungszuwachs dieser Zieldimension bei den Unternehmen geführt.

In der Literatur fehlt es nicht an Versuchen, die unterschiedlichen Unternehmensziele im Rahmen eines konsistenten Zielsystems in eine hierarchische Ordnung zu bringen. So basiert z.B. das von Heinen entwickelte deduktiv orientierte Mittel-Zweck-Schema der wichtigsten Unternehmensziele auf dem Oberziel der Gesamtkapitalrentabilität (vgl. Abbildung 6). Aus **definitionslogischen Beziehungen** ergeben sich dabei jeweils aus den übergeordneten Zielen die untergeordneten (Zwischen- bzw. Unter-) Ziele.

So ist die Gesamtkapitalrentabilität als Verhältnis von Kapitalgewinn (Gewinn und Fremdkapitalzinsen) zum eingesetzten Kapital definiert. Die Kapitalrentabilität kann wiederum als Produkt aus Umsatzrentabilität (Gewinn und Fremdkapitalzinsen/Umsatz) und Kapitalumschlag (Umsatz/Gesamtkapital) ausgedrückt werden. Neben diesen definitionslogischen Beziehungen umfaßt ein solches Zielsystem allerdings auch Mittel-Zweck-Vermutungen (z.B. zwischen Gewinn und sozialen Bestrebungen oder zwischen Eigenkapital und Liquidität).

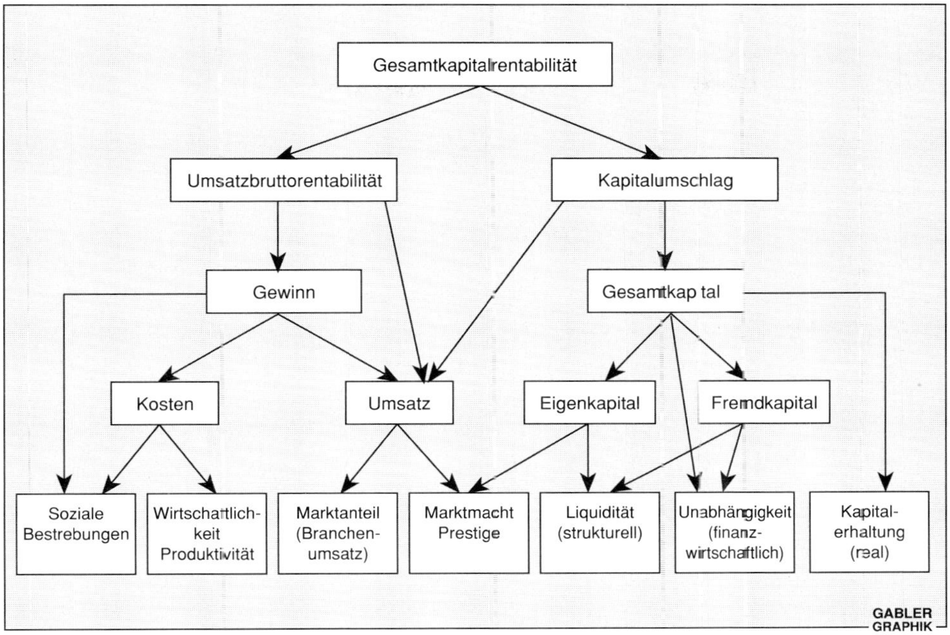

Abbildung 6: Deduktiv orientiertes Mittel-Zweck-Schema der wichtigsten Unternehmensziele
(Quelle: Heinen 1976)

3.3 Marketingziele im Zielsystem der Unternehmung

3.31 Integration und Funktion von Marketingzielen

Unternehmensziele können nur dann realisiert werden, wenn in den einzelnen Funktionsbereichen der Unternehmung detaillierte Teilziele vorgegeben werden. Insofern stellt die Integration und Präzisierung von Marketingzielen im Zielsystem der Unternehmung die notwendige Voraussetzung dafür dar, die Unternehmens- und Marketingaktivitäten aus einer konzeptionellen Gesamtsicht heraus den veränderten Rahmenbedingungen anzupassen und zielorientiert zu gestalten. Die Funktionsbereichsziele des Marketing sind hierbei wiederum aufzugliedern: eine Unterteilung erfolgt in geschäftsfeldbezogene Zwischenziele sowie auf der nachfolgenden Ebene in Unterziele für die jeweiligen Marketinginstrumente. Abbildung 7 stellt das Zielebenenkonzept im Marketing dar.

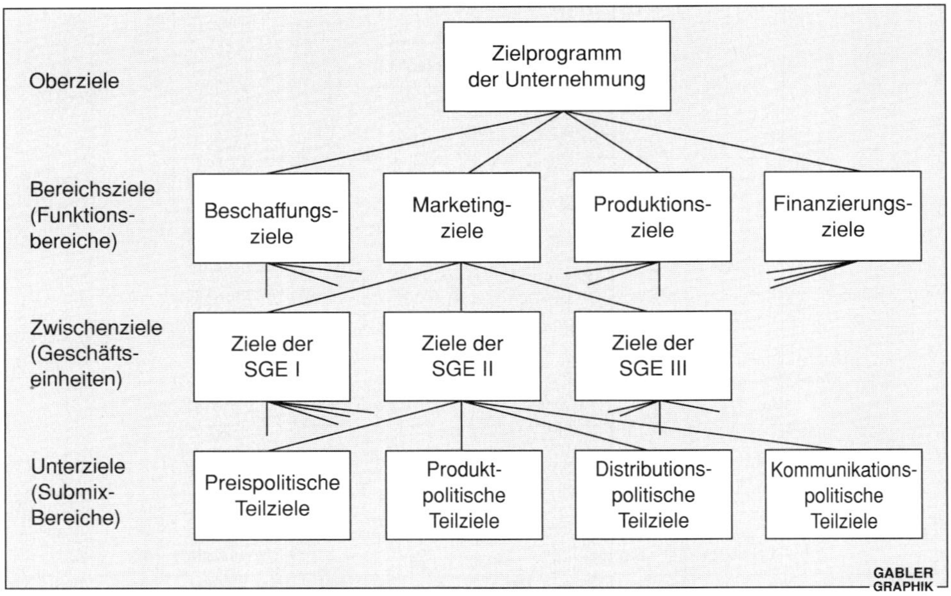

Abbildung 7: Zielebenen im Marketingbereich

Die **Marketingziele** kennzeichnen die dem Marketingbereich gesetzten Imperative (Vorzugszustände), die durch den Einsatz absatzpolitischer Instrumente erreicht werden sollen (Meffert 1971, S. 2 ff.; Heinen 1976, S. 49 ff.).

Folgende Funktionen werden der Festlegung der Marketingziele zugesprochen:

- Die fixierten Marketingzielsetzungen erfüllen eine wichtige **Koordinationsfunktion**, indem sich alle Marketingaktivitäten an den Oberzielen der Unternehmung ausrichten und somit ein aufeinander abgestimmtes Verhalten sicherstellen.

- Neben der Koordinationsfunktion erfüllen Marketingziele eine **Steuerungsfunktion** im Entscheidungsprozeß. Alle Entscheidungen werden auf die Erreichung des „erwünschten Zustandes" ausgerichtet, wobei diejenigen Handlungsalternativen ausgewählt werden, die den höchsten Zielbeitrag leisten.

- Weiterhin ist die **Kontrollfunktion** von Marketingzielen hervorzuheben. Anhand der vorgegebenen Zielformulierung können der Beitrag einzelner Marketingaktivitäten zur Zielverwirklichung bewertet und notwendige „Kurskorrekturen" auf der strategischen oder operativen Ebene der Marketingkonzeption vorgenommen werden.

- Darüber hinaus erfüllt die Integration von Marketingzielen und ihre Umsetzung eine **sach-rationale und eine sozio-emotionale Funktion**. Einerseits geht es darum, die Marketingziele gegenüber den Mitarbeitern, Marktpartnern und gesellschaftlichen

Anspruchsgruppen zu kommunizieren. Andererseits soll das Bekenntnis der Führungskräfte zu diesen Zielen eine Vorbild- und Identifikationsfunktion erzeugen.

Die Festlegung der Marketingziele beinhaltet zwei Problemkreise:

- Die **Dimensionen** der Marketingziele sind zu operationalisieren. Operationalität verlangt eindeutige Meßvorschriften, anhand derer die Zielerreichung zu kontrollieren ist und mit deren Hilfe die Konsequenzen alternativer Strategien beurteilt werden können (Heinen 1986, S. 98 ff.).
- Es ist ein **marktorientiertes Zielsystem** zu entwickeln. Dies bedeutet, daß die verschiedenen Imperative des Marketing unter Beachtung des Gesamtzusammenhangs der Unternehmensziele in eine Ordnung zu bringen sind. Insbesondere müssen bei Vorliegen von Zielkonflikten Prioritäten gesetzt werden.

3.32 Dimensionen der Marketingziele

Die Operationalisierung von Marketingzielen stellt ein Präzisierungsproblem der Marketingplanung dar, das aus dem Erfordernis eines systematischen Unternehmensplanungsprozesses resultiert. Die Ableitung von operationalen Marketingzielen ist auf die Fixierung von drei grundlegenden Dimensionen gerichtet: Marketingziele sind nach Inhalt, Ausmaß und Zeitbezug zu präzisieren. Darüber hinaus ist es speziell im Marketing erforderlich festzulegen, auf welche Marktsegmente sich die einzelnen Marketingziele beziehen sollen (Meffert 1986, S. 84).

3.321 Systematisierung der Marketingziele

Zur **Systematisierung von Marketingzielen** werden in der Literatur unterschiedliche Ansatzpunkte gewählt. Setzt man am Gewinnziel des Unternehmens an und zerlegt es in die Ertrags- und Kostenkomponente, so wird versucht, Zieldimensionen für das Marketing abzuleiten, die eine Erlössteigerung oder eine Kostensenkung bewirken. Allerdings lassen sich keine eindeutigen Zuordnungen zu diesen beiden Kategorien treffen, da bestimmte Marketingziele wie z.B. Marktanteilserhöhung oder Steigerung des Bekanntheitsgrades sowohl die Kosten- als auch die Erlösdimension beeinflussen. Ein weiterer Systematisierungsansatz versucht, betriebsorientierte und marktorientierte Marketingziele zu unterscheiden (Koppelmann 1993, S. 190). Da letztlich alle Marketingziele auf die Beeinflussung von Markttransaktionen zur kunden- und wettbewerbsbezogenen Profilierung ausgerichtet sind, ist diese Unterscheidung mit erheblichen Unschärfen verbunden. Im Rahmen der folgenden Betrachtung sollen generelle Marketingziele zum einen an jenen Größen ausgerichtet werden, die ein Unternehmen beeinflussen muß, damit eine Transaktion bzw. ein Kaufakt zustande kommt. Hierbei handelt es sich primär um psychographische Marketingziele. Die aus dem Kaufakt abzuleitenden und beobachtbaren Wirkungen lassen andererseits den Bezug zu ökonomischen Marketingzielen erkennen. Aus diesen generellen Marketingzielen sind in einem weiteren Schritt für einzelne Instrumentalbereiche des Marketing-Mix wiederum Subziele abzuleiten, die es durch den Einsatz der marketingpolitischen Instrumente zu erreichen gilt.

3.322 Psychographische und ökonomische Marketingziele

Psychographische und ökonomische Marketingziele stehen in einer engen Beziehung zueinander. Im Mittelpunkt des Marketing und des Einsatzes absatzpolitischer Maßnahmen steht die Beeinflussung des Kaufverhaltens. Voraussetzung für den Handlungserfolg bzw. die Erreichung ökonomischer Zielsetzungen ist zunächst die Erzielung einer psychischen Wirkung beim Käufer. **Psychographische Marketingziele** knüpfen deshalb in erster Linie an den mentalen und nicht beobachtbaren Prozessen des Käufers an, während die ökonomischen Marketingziele sich in der Regel anhand der Markttransaktionen (Kauf bzw. Absatz) messen lassen und damit auf beobachtbare Ergebnisse des Kaufentscheidungsprozesses Bezug nehmen. Die Abbildung 8 zeigt die Beziehungen zwischen den psychographischen und ökonomischen Marketingzielen.

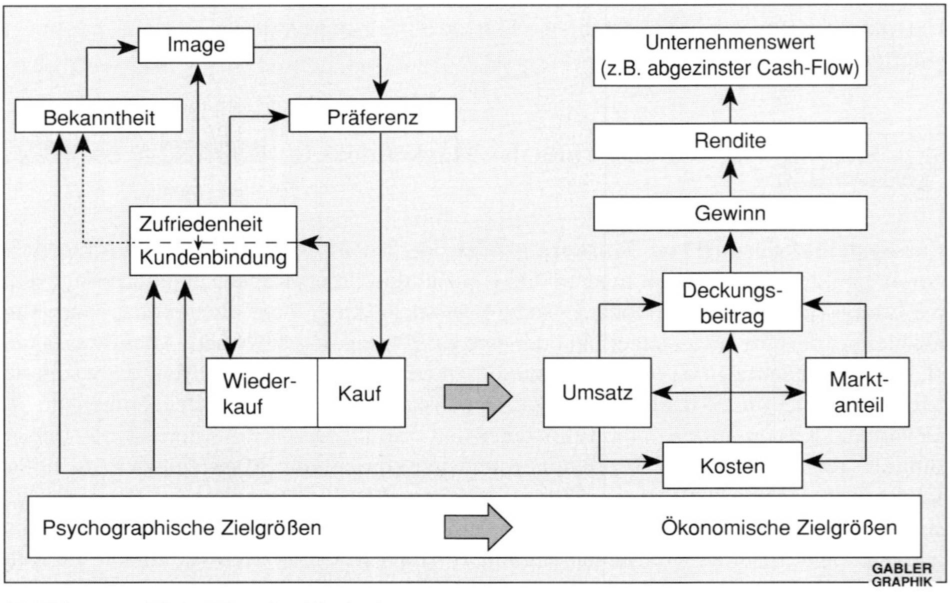

Abbildung 8: Zielgrößen im Marketing

Ausgangspunkt bei der Formulierung von pychographischen Marketingzielen bildet die empirisch nachgewiesene Hypothese, daß die Bekanntheit eines Produktes, die Kaufmotive, Einstellungen und Images eines Käufers die Kaufbereitschaft und damit letztendlich die Kaufwahrscheinlichkeit bestimmen (Steffenhagen 1978, S. 74 ff.). Die nicht direkt beobachtbaren Variablen dienen als theoretische Konstrukte zur Erklärung des Kaufverhaltens und werden insofern auch als Operationalisierung psychographischer Marketingziele diskutiert.

Die Mehrzahl psychographischer Marketingziele wurde in den letzten Jahrzehnten im Rahmen werbepsychologischer Untersuchungen formuliert (Mayer 1990, S. 37 ff.). Dabei wird insbesondere auf den in der Abbildung 8 dargestellten Zusammenhang zwischen Information, Bekanntheit, Einstellungen, Zufriedenheit und Verhalten eingegangen. Unter Betrachung der zum Kaufakt führenden psychischen Voraussetzungen sind folgende psychographische Ziele von Bedeutung:

- Erhöhung des Bekanntheitsgrades,
- Erzielung von Wissenswirkung,
- Veränderung bzw. Verstärkung von Einstellungen,
- Erhöhung der Präferenzen,
- Erzielung von Kaufabsichten,
- Erhöhung der Zufriedenheit sowie
- Intensivierung der Wiederkaufrate und der Kundenbindung.

Der Aufbau einer hohen **Marken- und Firmenbekanntheit** ist als Marketingziel in der Praxis von grundsätzlicher Bedeutung. Dabei läßt sich zwischen der aktiven (eigenständige Nennung eines Markennamens bei Vorgabe eines Produktbereiches) und passiven (Kenntnis einer Marke bei Betrachtung oder Vorgabe eines Markennamens) Bekanntheit unterscheiden. Nicht zuletzt aufgrund des engeren Bezuges zum Kaufverhalten steht die aktive, d.h. ungestützte Marken- und Firmenbekanntheit im Vordergrund. Die Kaufverhaltensrelevanz des Bekanntheitsgrades zeigt sich insbesondere bei Produkten, deren Kauf beim Konsumenten eine geringe Bedeutung und weitgehende Risikolosigkeit besitzt (beispielsweise bei Gütern des täglichen Bedarfs wie z.B. bei Zucker).

Aufbauend auf den Bekanntheitszielen gewinnen **Einstellungs- und Imageziele** an Bedeutung. Insbesondere das Einstellungskonstrukt wird in der Theorie des Kaufverhaltens als zentrale Determinante zur Erklärung und Prognose des Kaufverhaltens herangezogen, wenngleich sich auch hier kritische Stimmen zu Wort melden (Mayer 1990, S. 174 ff.; Meffert 1992, S. 55 ff.). Im Hinblick auf eine möglichst operationale Formulierung von Einstellungszielen sind mehrdimensionale Einstellungsmodelle besonders geeignet. Eine derart differenzierte Betrachtungsweise liefert eine Vielzahl von Anhaltspunkten für die gezielte Einflußnahme auf Konsumenteneinstellungen durch einzelne Marketinginstrumente.

Auf der Grundlage von Einstellungen zu verschiedenen Produkten bilden sich **Präferenzen** für diejenigen Alternativen heraus, die am ehesten den idealen Bedürfnissen entsprechen. Präferenzen beruhen darauf, daß ein Konsument einem Produkt aufgrund objektiver Leistungsmerkmale oder emotionaler Erlebnisse eine Vorzugsstellung beim Kaufentscheidungsprozeß einräumt. Im Rahmen der Einstellungsforschung wird von einer mit der Einstellung verbundenen Handlungstendenz und Kaufverhaltensabsicht gesprochen, die in hohem Maße als kaufverhaltensrelevant einzustufen ist.

Besonders erfolgversprechend ist es für Unternehmen, insbesondere in zunehmend gesättigten Märkten, Konsumenten zum **Wiederkauf** zu gewinnen. Ein Wiederkauf wird von einem Konsumenten nur dann getätigt, wenn er mit der bisher erhaltenen Leistung zufrieden ist. Somit bildet ein hoher **Zufriedenheitsgrad** die Voraussetzung für einen Wiederkauf und eine Intensivierung der Kundenbindung. Die Konsumentenzufriedenheit gibt die Übereinstimmung zwischen den subjektiven Erwartungen und der tatsächlich erlebten Motivbefriedigung bei Produkten oder Dienstleistungen wieder. Hinsichtlich der Operationalisierung von Zufriedenheitszielen bietet eine mehrdimensionale Erfassung der Kundenzufriedenheit einen geeigneten Ansatzpunkt, um über eine negative Diskrepanz zwischen erwarteten und tatsächlichen Eigenschaftsausprägungen eines Produktes spezifische Zufriedenheitsziele abzuleiten.

In engem Zusammenhang mit den Zufriedenheitszielen werden **Qualitätsziele** gesehen. Insbesondere mit den zunehmenden Qualitätsansprüchen der Konsumenten sowie der Diskussion um Qualitätsführerschaftsstrategien gewinnt die Einbeziehung von Qualitätszielen in das System der Marketingziele eine große Relevanz. Aus einer angebotsbezogenen Sicht können Qualitätsziele als Maß für die Einhaltung der von einem Unternehmen gesetzten Qualitätsstandards angesehen werden (z.B. Sicherstellung einer Lieferzeit von einem Tag bei 95% aller Auslieferungen). Aus nachfragerorientierter Sichtweise kann die wahrgenommene Qualität durch einen Vergleich der Kundenerwartungen mit der erlebten Eignung eines Produktes zur Erfüllung individueller Präferenzen ermittelt werden. Die Erzielung eines hohen Zufriedenheitsgrades geht somit i.d.R. mit der Erhöhung der Angebotsqualität einher. Letztendlich bietet der Wiederkauf einen objektiven Indikator für einen zufriedenen Kunden. Empirische Untersuchungen zeigen, daß die Erhöhung der Kundenbindung an ein Unternehmen bzw. eine Marke zu erheblichen Gewinnsteigerungen durch eine erhöhe Wiederkaufrate und die Nutzung von Cross-Selling-Möglichkeiten führen kann. So wurden beispielsweise bei einer Steigerung der Kundenbindung (bzw. Verringerung der Kundenabwanderung) um 5% je nach Branche 25% bis 85% Gewinnsteigerungen erzielt (Reichheld, Sasser 1990, S. 10).

Mit dem Kauf- bzw. Wiederkaufakt werden zentrale **ökonomische Marketingziele** wie Umsatz, Deckungsbeitrag, Marktanteil und Rendite beeinflußt.

Aus den geplanten Käufen und den am Markt zu erzielenden Preisen lassen sich **Absatz- und Umsatzziele** bestimmen. Gerade wenn Unternehmen neue Märkte erschließen, kommt den Absatz- und Umsatzzielen besondere Bedeutung zu, um eine schnelle Diffusion der Produkte am Markt zu erzielen. Mit zunehmendem Sättigungsgrad in den Märkten wächst der Wettbewerbsdruck und wettbewerbsstrategische Zielgrößen wie der Marktanteil gewinnen an Bedeutung.

Der **Marktanteil** bildet somit ein weiteres zentrales ökonomisches Marketingziel. Er ist definiert als das Verhältnis des mengen- oder wertmäßigen Absatzes einer Unternehmung zum gesamten Absatz, jeweils in einem Teilmarkt sowie in einer Betrachtungsperiode. Der Marktanteil spiegelt den Grad der Ausschöpfung des Marktvolumens durch das betrachtete Unternehmen wider. Im Rahmen der strategischen Unternehmensplanung unterstreichen die PIMS-Analysen die Bedeutung des Marktanteils als wettbewerbsstrategische Zielgröße (Buzzell, Gale 1989). Die Untersuchungen bestätigen eine positive Korrelation zwischen Marktanteil und Rentabilität. Ein hoher Marktanteil ist mit der Realisation von Kostenvorteilen in vielen Unternehmensbereichen verbunden, woraus positive Effekte auf die Rendite resultieren können.

Neben dem absoluten Marktanteil findet auch der **relative Marktanteil**, definiert als das Verhältnis des Marktanteils des eigenen Unternehmens zu dem Marktanteil des stärksten Wettbewerbers in einem Markt, im Rahmen der strategischen Analyse Anwendung. Er zeigt auf, welche Marktposition ein Unternehmen im Vergleich zum Wettbewerber einnimmt. Im Zusammenhang mit den Erkenntnissen der Erfolgsfaktorenforschung lassen sich über den relativen Marktanteil interessante Rückschlüsse hinsichtlich der Kosten- und Renditeposition des Wettbewerbers ziehen. Darüber hinaus gewinnt der Marktanteil auch als Bezugs- und Orientierungsgröße für instrumentelle Ziele im Marketing an Bedeutung. Als Heuristik finden sich in der Praxis Kennziffern, z.B. formuliert als **Share of Voice/Share of Market.** Der Share of Voice gibt den Anteil der Werbeausgaben eines Unternehmens an den Ausgaben der gesamten Branche an. Zum Erhalt des Marktanteils sollte ein dementsprechender Anteil an den Werbeausgaben der Branche durch ein Unternehmen getätigt werden. Die Ausführungen zeigen, daß der Marktanteil eine zentrale Zielgröße im Marketing bildet.

Von besonderer Bedeutung als ökonomische Zielgröße ist der **Deckungsbeitrag** oder Bruttoerfolg einer Unternehmung, der eine Schnittstelle zwischen den generellen Unternehmens- und Marketingzielen bildet. Die Deckungsspanne läßt sich als Differenz zwischen dem Erlös und den variablen Herstellungskosten definieren, während sich der Deckungsbeitrag durch Multiplikation der Deckungsspanne mit der Absatzmenge ergibt. Im Rahmen einer marktbezogenen Betrachtung kann der Deckungsbeitrag als marktspezifischer Erfolgsbeitrag ermittelt bzw. als Soll-Deckungsbeitrag geplant werden, d.h. mit Hilfe der Vertriebserfolgsrechnung werden von den Erlösen die direkt den Verkaufsgebieten, Artikelgruppen, Kundengruppen usw. zurechenbaren Kosten stufenweise abgezogen, um zu differenzierten Erfolgsanalysen zu gelangen.

Eine zentrale Determinante des Gewinns stellen weiterhin die **Kosten** dar. Als Voraussetzung zur Beeinflussung des Kaufverhaltens sind marketingpolitische Instrumente einzusetzen, die spezifische Kosten der Marktbearbeitung verursachen. Insbesondere in der Vertriebserfolgsrechnung werden verschiedene Vertriebskostenarten präsent und einer differenzierten Kontrolle zugänglich gemacht. Vor dem Hintergrund des zunehmenden Kostendrucks in den Märkten und der Implementierung von sog. Lean-Management-Konzepten, die u.a. eine erhebliche Kostenreduzierung im Unternehmen bewirken sollen, erlangen Kostensenkungsziele eine besondere Relevanz. Weiterhin wird die Bedeutung der Kosten als Zielgröße im Marketing auch durch Konzepte des marktorientierten Zielkostenmanagement unterstrichen. Hierbei werden Zielkosten direkt aus den am Markt erzielbaren Preisen und der Gewinnplanung abgeleitet (Marktpreis – geplanter Gewinn = vom Markt erlaubte Kosten). Bei der Planung von Kostenzielen steht somit die ausschließliche Orientierung an den Kundenwünschen und den „vom Markt her erlaubten Kosten" im Vordergrund, während technologische Überlegungen zunächst eine sekundäre Rolle spielen. Dieser marktorientierte Ansatz der Festlegung von Kostenzielen stellt erhöhte Anforderungen an die Marketingplanung und Marktforschung, da die Marktpreisfestlegung und die damit einhergehende Bestimmung der Marktreaktionsfunktion der Käufer den Ausgangspunkt der Zielplanung bilden.

Aus der definitorischen Beziehung heraus lassen sich aus den Kosten- und Umsatzzielen die **Gewinnziele** ableiten, die eine direkte Beziehung zu den Unternehmenszielen aufweisen. Unter Berücksichtigung des Kapitaleinsatzes (Eigenkapital und Fremdkapital) kann sowohl für ein strategisches Geschäftsfeld als auch für das gesamte Unternehmen die **Rendite** ermittelt werden. Vielfach werden in den als Profit Center geführten Geschäftsfeldern Mindestziele für die Rendite formuliert, an denen sich die Unternehmens- und Marketingentscheidungen (z.B. Investitionsentscheidungen zum Ausbau der unternehmenseigenen Absatzkanäle) zu orientieren haben.

Im Zusammenhang mit der Bewertung alternativer Strategien oder ganzer Geschäftsfelder findet eine weitere Ziel- und Kontrollgröße in der Praxis zunehmend Anwendung, der **abgezinste Cash-Flow**. Der durch eine spezifische Strategie erwirtschaftete und abgezinste Cash-Flow dient als Indikator für den Strategie- bzw. Unternehmenswert. Eine einheitliche Definition des Cash-Flow existiert nicht. Generell gibt der Cash-Flow die Höhe der Einzahlungsüberschüsse an, die aus der Geschäftstätigkeit bzw. einer bestimmten Strategie resultieren. Als Abzinsungsfaktor werden i.d.R. Opportunitätszinsen in Form der Kapitalkosten als erwartete Mindestrendite der Kapitalgeber zugrundegelegt (Bühner 1992). Eine Strategie kann somit zu einer Unternehmenswertsteigerung beitragen, wenn die erforderlichen Investitionen zu Cash-Flows führen, deren Barwert über dem Betrag der Anfangsauszahlungen liegt. Durch Vorgabe von Cash-Flow-Sollwerten kann im Rahmen der Zielplanung der Erhalt oder die Steigerung des Unternehmenswertes operationalisiert werden. Auch im Zusammenhang mit Unternehmensakquisitionen und Übernahmen erfolgt vielfach eine Bestimmung des Unternehmenswertes anhand des abgezinsten Cash-Flows, den das zu übernehmende Unternehmen zu erwirtschaften in der Lage ist.

Zur Erreichung der aufgezeigten generellen psychographischen und ökonomischen Marketingziele sind für die einzelnen Bereiche des Marketing-Mix weitere Subziele zu formulieren. Die Abbildung 9 gibt einen Überblick über mögliche Zielinhalte in einzelnen Instrumentebereichen.

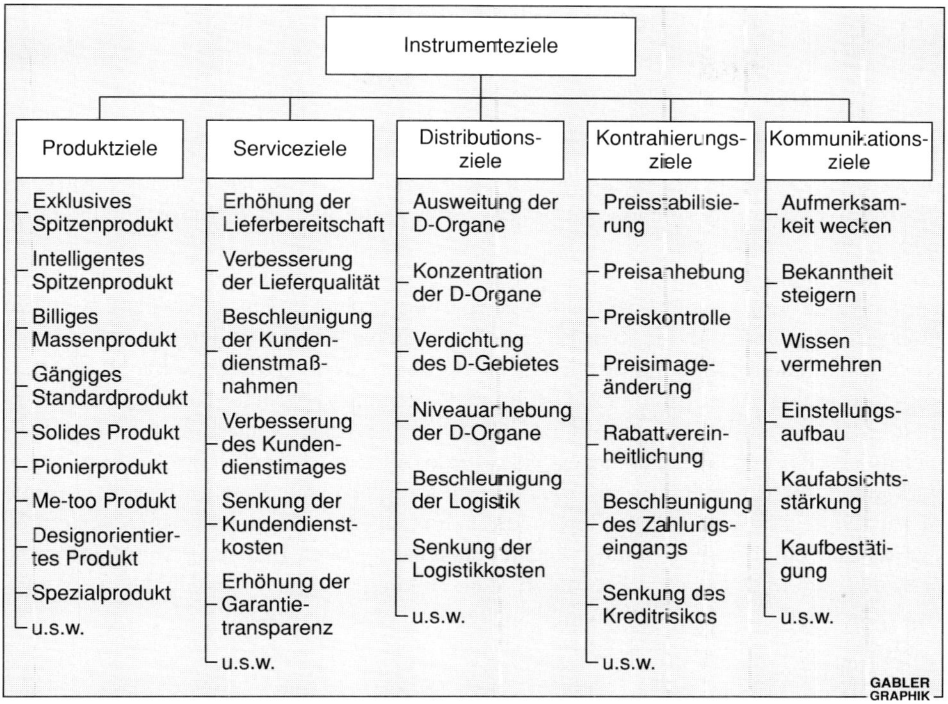

Abbildung 9: Beispiele für Instrumenteziele im Marketing
(Quelle: Koppelmann 1993)

Neben der Festlegung der Inhalte von Marketingzielen ist der **zeitliche Bezug** zu bestimmen. Hierbei ist der Zeitpunkt oder Zeitraum zu fixieren, in dem die Marketingziele erreicht werden sollen. Je nach der zugrundeliegenden Planperiode können kurz-, mittel- und langfristige Zielformulierungen vorliegen. Darüber hinaus können die Ziele komparativ-statisch oder dynamisch formuliert werden. Eine dynamische Zielformulierung bedeutet z.B. die Formulierung von Wachstumszielen unter Bezugnahme auf die Zielerreichung bestimmter Vorperioden. Das Ausmaß der anzustrebenden Unternehmens- und Marketingziele ist insbesondere bei veränderten situativen Rahmenbedingungen im Zeitablauf anzupassen. Hierbei kann es auch eine Verschiebung der Prioritäten von verschiedenen Zielinhalten geben (z.B. Marktanteilserhaltung hat Vorrang vor Umsatzsteigerung). Die Zielprioritäten können sich in Abhängigkeit der jeweiligen Unternehmens-, Branchen- und Konjunktursituation verändern. Darüber hinaus ist auch eine dynamische Anpassung von Zielen z.B. im Lebenszyklus eines Produktes vorzunehmen.

Zusätzlich zur Präzisierung der Marketingziele nach Inhalt, Ausmaß und Zeitbezug wird auch noch der **Marktsegmentbezug** gefordert. Marketingziele müssen auf eine jeweils sich homogen verhaltende Zielgruppe abgestellt werden, die nach geographischen, sozioökonomischen oder psychographischen Merkmalen abzugrenzen ist (Meffert 1992, S. 76 ff.).

3.33 Zielbeziehungen und strategische Zielsysteme im Marketing

Unter den aufgezeigten Marketingzielen und zwischen Marketing- und Unternehmensszielen bestehen vielfältige Beziehungen. Einerseits können sich Ziele gegenseitig positiv beeinflussen, andererseits kann die Erreichung eines Zieles mit der Beeinträchtigung eines anderen Zieles einhergehen.

Eine Reihe von empirischen Untersuchungen hat einen positiven Zusammenhang zwischen **Marktanteilszielen und der Rendite** eines Unternehmens bestätigt. Dieser wird auf den, mit der Marktanteilserhöhung verbundenen Erfahrungskurveneffekt zurückgeführt. Allerdings hat die von Porter postulierte U-förmige Beziehung zwischen Marktanteil und Rendite die Diskussion um eine konfliktäre Beziehung zwischen diesen beiden Zielgrößen intensiviert (Porter 1992). Durch Beispiele wurde bestätigt, daß selbst bei einem geringen Marktanteil die Konzentration auf lukrative Marktnischen hohe Renditechancen eröffnet. Im Einzelfall ist zu prüfen, inwieweit die Erhöhung des Marktanteils in umkämpften Märkten nur durch Intensivierung des Außendienstes, durch Erhöhung der Werbe- und Verkaufsförderungsbudgets oder durch Preissenkungen erzielt werden kann, woraus letztendlich auch Gewinn- und Renditeeinbußen resultieren können.

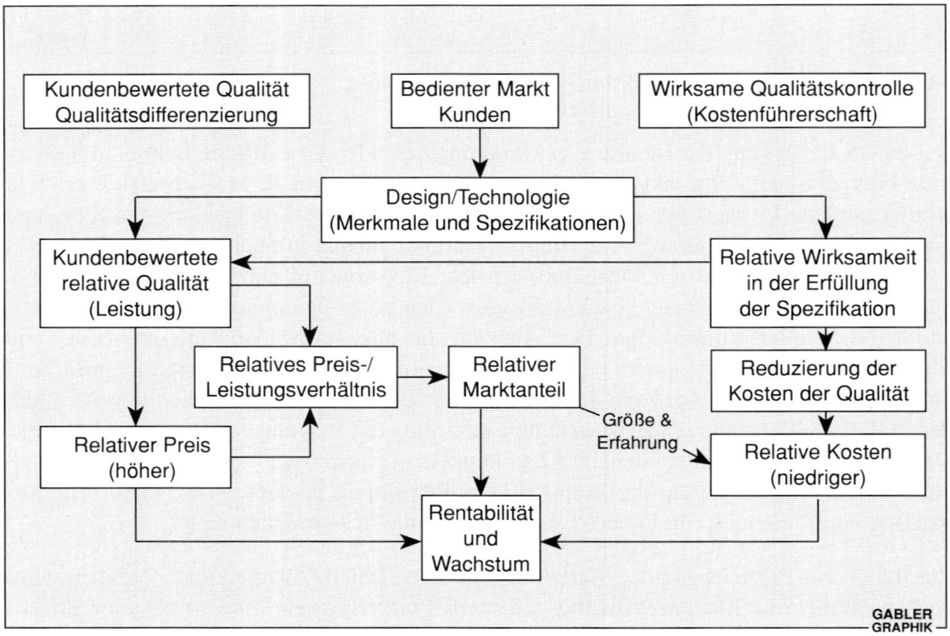

Abbildung 10: Einfluß der Qualität auf Rentabilität und Wachstum
(Quelle: Mayer 1992)

Zwischen den dargestellten pychographischen und den ökonomischen Marketingzielen sind **positive wie auch negative Zielbeziehungen** möglich. Während bei der Einführung eines neuen Produktes die Erzielung eines Bekanntheitsgrades von z.B. 70% zur Markterschließung besonders wichtig ist und die Gewinnziele positiv beeinflußt, kann die weitere Erhöhung des Bekanntheitsgrades aufgrund der hiermit verbundenen überproportionalen Kostensteigerungen (z.B. sind Konsumenten anzusprechen, die klassischen Werbemedien keine Beachtung schenken) negative Auswirkungen auf die Gewinnziele haben. Zwischen der **Produktqualität und den Renditezielen** wurde auch im Rahmen der PIMS-Analysen ein positiver Zusammenhang ermittelt. Hieraus wurde die Erkenntnis abgeleitet, daß nicht die auf Erfahrungskurveneffekten basierenden Kostenvorteile den zentralen Ansatzpunkt zur Sicherung der Marktposition bilden, sondern die im Vergleich zum Wettbewerber verbesserte Produktqualität. Die Abbildung 10 zeigt, welchen Einfluß Qualitätsziele auf Umsatz- und Rentabilitätsziele ausüben können.

Nicht zuletzt diese Erkenntnisse haben einen Beitrag zu der Verbreitung von Total-Quality-Konzepten geleistet. Allerdings sind auch bei der Verfolgung von Qualitätszielen negative Zielbeziehungen zu den ökonomischen Zielgrößen möglich. Während die Erzielung einer gewissen Mindestqualität überhaupt eine Voraussetzung für den Absatz eines Produktes bildet, so kann einer mit hohen Grenzkosten erzielten Top-Qualität nur ein geringer Grenznutzen in Form von Umsatzerlösen gegenüberstehen, so daß die Verfolgung von Qualitätszielen auch mit der Verringerung von Gewinn- und Renditezielen einhergehen kann.

Im Zusammenhang mit der verstärkten Diskussion von Umweltproblemen erlangt die Beziehung zwischen **Umweltschutzzielen** der Unternehmung und den ökonomischen Marketingzielen eine besondere Bedeutung. Die bis Mitte der 80er Jahre vertretene These, daß die Erreichung von Umweltschutzzielen nur mit Kostenerhöhungen und keiner Verbesserung der Erlössituation eines Unternehmens verbunden ist, muß heute vielfach revidiert werden. Empirische Untersuchungen bestätigen, daß z.B. durch Reduzierung des Verpackungsmaterials, Wiedereinsatz von Sekundärrohstoffen oder Energiesparmaßnahmen die Verfolgung von Umweltschutzzielen mit Kostensenkungen und sogar mit Erlössteigerungen auf einzelnen Absatzmärkten einhergehen kann. Andererseits kann die Erreichung besonders hoher Umweltstandards mit einem überproportionalen Anstieg von Kosten verbunden sein, die nicht durch entsprechende Erlöswirkungen kompensiert werden können.

Bevor strategische Zielsysteme im Marketing entworfen werden können, ist es deshalb notwendig, die Marketingziele auf **potentielle Zielbeziehungen** zu untersuchen. Dabei sind Zielkomplementarität (die Zielerreichung eines Zieles bedeutet zugleich eine bessere Erfüllung des anderen Zieles), Zielneutralität (die Zielerreichung eines Zieles hat keine Auswirkung auf die Erreichung des anderen Zieles) und Zielkonflikte (die Erreichung eines Zieles schließt die Erfüllung des anderen Zieles aus) denkbar. Bei komplementären Zielen ist es möglich, das jeweils operationalere Ziel zur Entscheidungsfindung heranzuziehen. Im Rahmen neutraler Zielbeziehungen treten keine Auswahlprobleme auf. Schwierigkeiten bereiten dagegen konfliktäre Ziele. Bei widersprüchlichen Zielen liegt ein Konzeptionsfehler des Management vor. Konkurrieren die Ziele nur in bestimmten Bereichen, so muß zur Entscheidungsfindung ein bestimmtes Entscheidungskriterium herangezogen werden.

Die empirische Zielforschung hat bei der Analyse von Zielbeziehungen erhebliche Fortschritte erreicht. Dies ist insbesondere auf kausalanalytische Untersuchungen zurückzuführen. So konnten Fritz, Förster, Wiedmann und Raffée (1988, S. 573 ff.) in einem kausalanalytischen Modell Zielbeziehungen zwischen Wettbewerbs-, Markt-, Leistungs- und Ertragszielen empirisch belegen. Dabei zeigt sich, daß zwischen wettbewerbs- und marktgerichteten Zielen die stärksten positiven Effekte bestehen. Auch konfliktäre Zielbeziehungen konnten inzwischen mittels kausalanalytischer Modelle nachgewiesen werden (Meffert, Kirchgeorg 1989, S. 129 f.).

Sind die Beziehungen unter den Marketingzielen und zwischen Marketing- und Unternehmenszielen hinreichend bekannt, so müssen die unterschiedlichen Zielsetzungen geordnet werden. Speziell bei konfliktären Zielsetzungen sind klare Prioritäten zu setzen und eine spezifische Rangordnung der Marktziele aufzustellen.

Literaturhinweise

Aaker, D.A. (1984): Strategic Market Management, New York u.a. 1984.

Antonoff, R. (1984): Corporate Identity, o.O. 1984.

Assael, H. (1990): Marketing. Principles and Strategy, Chicago u.a. 1990.

Becker, J. (1992): Marketing-Konzeption. Grundlagen des strategischen Marketing-Management, 4. Aufl., München 1992.

Birkigt, K., Stadler, M., Funck, H.J. (Hrsg.) (1988): Corporate Identity, Landsberg a.L. 1988.

Bleicher, K. (1992): Leitbilder – Orientierungsrahmen für eine integrative Management-Philosophie, Stuttgart 1992.

Bühner, R. (1992): Das Management-Wert-Konzept: Finanzwirtschaftliche Performance strategischer Maßnahmen im Turnaround-Management, in: Coenenberg, A.G., Fischer, T.M. (Hrsg.): Turnaround-Management, Stuttgart 1992, S. 13-25.

Buzzell, R.D., Gale, B.T. (1989): Das PIMS-Programm – Strategien und Unternehmenserfolg, Wiesbaden 1989.

Cravens, D.W. (1987): Strategic Marketing, 2. Aufl., Homewood 1987.

Fritz, W. u.a. (1988): Unternehmensziele in Industrie und Handel, in: Die Betriebswirtschaft, Heft 4, 1988, S. 375-394.

Gabele, E. (1981): Unternehmensgrundsätze. Ein Spiegelbild innerbetrieblicher und gesellschaftlicher Entwicklungen, in: Zeitschrift für Organisation, 1981, Nr. 5, S. 245-252.

Gabele, E., Kretschmer, H. (1986): Unternehmensgrundsätze, Zürich 1986.

Grimm, U. (1983): Analyse strategischer Faktoren, Wiesbaden 1983.

Grünig, R. (1988): Unternehmensleitbilder – Grundzüge eines Verfahrens zur Bearbeitung und Revision, in: Zeitschrift für Organisation, 1988, S. 254-260.

Hauschildt, J. (1982): Zielsysteme, in: Handwörterbuch der Organisation, Bd. 2, Stuttgart 1982, Sp. 2419-2430.

Heinen, E. (1976): Grundlagen betriebswirtschaftlicher Entscheidungen. Das Zielsystem der Unternehmung, 3. Aufl., Wiesbaden 1976.

Heinen, E. (1986): Einführung in die Betriebswirtschaftslehre, 9. Aufl., Wiesbaden 1986.

Hinterhuber, H.H. (1992): Strategische Unternehmungsführung, II. Strategisches Denken, Berlin, New York 1992.

Hoffmann, F. (1989): Unternehmungs- und Führungsgrundsätze – Ergebnisse einer empirischen Untersuchung, in: Zeitschrift für betriebswirtschaftliche Forschung, Nr. 3, 1989, S. 167-185.

Keller, J. (1990): Das CI-Dilemma: Abschied von falschen Illusionen, Wiesbaden 1990.

Kirchgeorg, M. (1990): Ökologieorientiertes Unternehmensverhalten, Wiesbaden 1990.

Koppelmann, U. (1993): Produktmarketing, 4. Aufl., Berlin 1993.

Kotler, Ph., Armstrong, G. (1988): Marketing, Wien 1988.

Kotler, Ph., Bliemel, F. (1992): Marketing-Management, 7. Aufl., Stuttgart 1992.

Kreilkamp, E. (1987): Strategisches Management und Marketing, Berlin, New York 1987.

Kubicek, H. (1984): Führungsgrundsätze – Lösungen von gestern für die Probleme von morgen?, in: Zeitschrift für Organisation, Heft 3, 1984, S. 182-188.

Mayer, H. (1990): Werbewirkung und Kaufverhalten, Stuttgart 1990.

Meffert, H. (1971): Unternehmensziele, in: Schöttle, K.M. (Hrsg.): Jahrbuch des Marketing, Essen 1971, S. 22-34.

Meffert, H. (1986): Marketing, 7. Aufl., Wiesbaden 1986.

Meffert, H. (1991): Corporate Identity, in: Die Betriebswirtschaft, Heft 6, 1991, S. 817-819.

Meffert, H. (1992): Marketingforschung und Käuferverhalten, 2. Aufl., Wiesbaden 1992.

Meffert, H., Kirchgeorg, M. (1989): Umweltschutz als Unternehmensziel, in: Specht, G., Silberer, G., Engelhardt, W.H. (Hrsg.): Marketing-Schnittstellen, Stuttgart 1989, S. 179-199.

Meffert, H., Kirchgeorg, M. (1993): Marktorientiertes Umweltmanagement, 2. Aufl., Stuttgart 1993.

Porter, M.E. (1992): Wettbewerbsstrategie, Frankfurt/Main 1992.

Raffée, H. (1984): Strategisches Marketing, in: Gaugler, E., Jacobs, O.H., Kieser, A. (Hrsg.): Strategische Unternehmensführung und Rechnungslegung, Stuttgart 1984, S. 61-81.
Reichheld, F.F., Sasser, W.E. (1990): Zero Defections: Quality comes to service, in: Harvard Business Review, Sept./Okt. 1990.
Rudolph, C. (1985): Corporate Identity als Integrationselement der Marketing-Kommunikation, in: Birkigt, K., Stadtler, M. (Hrsg.): Corporate Identity, 2. Aufl., Landsberg a.L. 1985, S. 201-216.
Schneider, F. (1991): Corporate-Identity-orientierte Unternehmenspolitik, Heidelberg 1991.
Steffenhagen, H. (1978): Wirkungen absatzpolitischer Instrumente, Stuttgart 1978.
Steiner, G.A. (1971): Top Management Planning, München 1971.
Trux, W. (1985): Unternehmensidentität, Unternehmenspolitik und öffentliche Meinung, in: Birkigt, K., Stadler, M. (Hrsg.): Corporate Identity, 2. Aufl., Landsberg a.L. 1985, S. 61-72.
Ulrich, P., Fluri, E. (1986): Management, 4. Aufl., Bern, Stuttgart 1986.

Kapitelübersicht

Drittes Kapitel

Generische Marketingstrategien

Erstes Kapitel
Einführung und

1. Herausforderu
Unternehmens
2. Entwicklung d
3. Planung des st

Zweites Kapitel
Informationsgr

1. Definition des
2. Das PIMS-Programm
3. Strategische Marktingziele

Drittes Kapitel
Generische Marketingstrategien

1. Überblick: Zur Systematisierung von Marketinstrategien
2. Abnehmergerichtete Wettbewerbsstrategien
3. Konkurrenzgerichtete Strategien
4. Absatzmittlergerichtete Strategien
5. Anspruchsgruppengerichtete Strategien

Viertes Kapitel
Marketingstrategien in unterschiedlichen situativen Kontexten

1. Strategien in jungen Märkten
2. Strategien in stagnierenden und schrumpfenden Märkten
3. Strategien in rezessiven Märkten
4. Strategien auf globalen Märkten
5. Strategien auf Dienstleistungsmärkten
6. Marktorientierte Umweltschutzstrategien

Fünftes Kapitel
Implementierung von Marketingstrategien

1. Grundlagen der Strategieimplementierung
2. Computergestützte Systeme in der strategischen Marktetingplanung
3. Controlling im Marketing
4. Unternehmens- und Marketingkultur
5. Flexibilität als Erfolgsfaktor der Unternehmung

Sechstes Kapitel
Zukunftsperspektiven des Marketing

Zehn abschließende Thesen

1. Überblick: Zur Systematisierung von Marketingstrategien

1.1 Einleitung

Ausgehend von der Aufgabe der strategischen Marketingplanung, Entscheidungen hinsichtlich Marktwahl und -abdeckung zu treffen, das Verhalten gegenüber den Marktteilnehmern zu bestimmen sowie die Schwerpunkte im Einsatz der Marketinginstrumente festzulegen, werden in der Literatur vielfältige **Strategiekonzepte** diskutiert. Dabei kann zwischen Partialansätzen und integrativen Ansätzen unterschieden werden. Partialansätze behandeln i. d. R. nur einen Ausschnitt des strategischen Entscheidungsproblems wie etwa den Aspekt der wettbewerbsorientierten Marketingstrategie oder Strategien der Produkt-Markt-Entwicklung. Integrative Ansätze versuchen, das gesamte Entscheidungsspektrum grundsätzlicher Marketingstrategien abzudecken und zu systematisieren, welches sich aus den Aufgaben der strategischen Marketingplanung ergibt. Um einen Überblick über die unterschiedlichen Ansätze zu erhalten, werden im folgenden die in der Literatur am häufigsten aufgeführten Strategieansätze dargestellt und kritisch diskutiert.

1.2 Partialansätze in der Literatur

Da Partialansätze die Grundlage der meisten integrativen Ansätze bilden, soll zunächst auf die Konzepte von Ansoff (1966), Kotler (1988), Porter (1983) sowie Gilbert und Strebel (1985) eingegangen werden.

1.21 Ansoff (1966)

Kann die Erreichung der Unternehmens- und Marketingziele nicht mit den bisher verfolgten Strategien sichergestellt werden, d. h. treten Ziellücken auf, ist nach strategischen Alternativen zu suchen. Für eine Strukturierung dieser Suche kann die sog. **Produkt-Markt-Matrix** (Ansoff 1966, S. 132 ff.) herangezogen werden, die erste Hinweise für die strategischen Stoßrichtungen der Unternehmung liefert (vgl. Abbildung 1).

Die **Strategie der Marktdurchdringung** („Marktpenetration“) beinhaltet die Ausschöpfung des Marktpotentials vorhandener Produkte in bestehenden Märkten. Die Markt-

Produkte \ Märkte	Gegenwärtig	Neu
Gegenwärtig	Marktdurchdringung	Marktentwicklung
Neu	Produktentwicklung	Diversifikation

GABLER GRAPHIK

Abbildung 1: Produkt-Markt-Matrix

durchdringungsstrategie besteht im wesentlichen in einer Verstärkung der Marketinganstrengungen und stellt quasi die Plattform dar, von der aus alle anderen strategischen Handlungen ihren Ausgangspunkt nehmen. Bei dieser Strategie sind grundsätzlich drei Ansatzpunkte möglich, die u. U. auch kombiniert verfolgt werden können:

- Erhöhung (Intensivierung) der Produktverwendung bei bestehenden Kunden (z. B. Schaffung neuer Anwendungsbereiche, Beschleunigung des Ersatzbedarfs durch künstliche Obsoleszenz).
- Gewinnung von Kunden, die bisher bei der Konkurrenz gekauft haben, für das bestehende Produkt (z. B. durch Preisreduktion, Verkaufsförderungsaktionen, Produktverbesserung).
- Gewinnung bisheriger Nichtverwender des Produkts (z. B. durch Warenprobenverteilung, Einschaltung neuer Distributionskanäle).

Bei der **Strategie der Marktentwicklung** wird angestrebt, für die gegenwärtigen Produkte einen oder mehrere neue Märkte zu finden. Der Versuch, neue Marktchancen für ein bestehendes Produkt aufzudecken, umfaßt folgende Ansatzpunkte:

- Erschließung zusätzlicher Absatzmärkte durch regionale, nationale oder internationale Ausdehnung.
- Gewinnung neuer Marktsegmente (z. B. durch speziell auf bestimmte Zielgruppen abgestimmte Produktversionen oder „psychologische" Produktdifferenzierung durch Werbemaßnahmen).

Die **Strategie der Produktentwicklung** basiert auf der Überlegung, für bestehende Märkte neue Produkte zu entwickeln. Als grundlegende Alternativen bieten sich an:

- Schaffung von Innovationen im Sinne echter Marktneuheiten.
- Programmerweiterung durch Entwicklung zusätzlicher Produktversionen.

Die **Diversifikationsstrategie** ist durch die Ausrichtung der Unternehmensaktivitäten auf neue Produkte für neue Märkte charakterisiert. Je nach Grad der mit dieser Strategie verfolgten Risikostreuung lassen sich folgende Diversifikationsformen unterscheiden (Ansoff 1966, S. 152 ff.; Agthe 1978, S. 188 ff.; Yip 1982, S. 129 ff.; Aaker 1984, S. 251 ff.):

- Die **horizontale Diversifikation** kennzeichnet die Erweiterung des bestehenden Produktprogramms um Erzeugnisse, die mit diesem in sachlichem Zusammenhang stehen, indem z. B. gleiche Werkstoffe und verwandte Technologien eingesetzt, vorhandene Vertriebssysteme genutzt oder verwandte Teilmärkte beliefert werden (Beispiel: Ein Büromaschinenhersteller erweitert sein Programm um Personal-Computer).

- Die **vertikale Diversifikation** entspricht der Vergrößerung der Tiefe eines Programms sowohl in Richtung Absatz der bisherigen Erzeugnisse als auch in Richtung Herkunft der Rohstoffe und Produktionsmittel (Beispiel: Der Büromaschinenhersteller engagiert sich in der Herstellung von Mikrochips und/oder eröffnet eine Kette von Computershops).

- Die **laterale (bzw. konzentrische) Diversifikation** bedeutet den Vorstoß in völlig neue Produkt- und Marktgebiete, wobei die Unternehmung aus dem Rahmen ihrer traditionellen Branche in weitabliegende Aktivitätenfelder ausbricht. Da ein sachlicher Zusammenhang zum bisherigen Geschäft nicht mehr besteht, ist dies auch die risikoreichste der drei Diversifikationsarten (Beispiel: Der Büromaschinenhersteller betätigt sich in der Weltraumtechnik).

Als wesentliches Entscheidungskriterium für die Auswahl der zu verfolgenden Strategien der Ansoff'schen Produkt-Markt-Matrix kann der **Grad der Synergienutzung** angesehen werden. Während die Marktdurchdringungsstrategie das höchste Synergiepotential aufweist, lassen sich im Falle der Diversifikation kaum noch Synergien zum bestehenden Geschäft nutzen. Häufig wird auch von einer Z-Strategie gesprochen, da sich die unter Synergiegesichtspunkten günstige Strategiereihenfolge als Z in der Produkt-Markt-Matrix darstellen läßt.

Kritisch ist anzumerken, daß es sich ausschließlich um Wachstumsstrategien handelt. Die Typologie ist zumindest um die Strategiealternativen der Abschöpfung und des Rückzugs zu ergänzen. Darüber hinaus werden weder die Endabnehmer- noch die Wettbewerbsorientierung explizit herausgestellt. Die strategischen Stoßrichtungen schließlich sind zu allgemein, als daß konkrete Vorgaben zur Ausgestaltung der Strategiealternativen hieraus abgeleitet werden können.

1.22 Kotler (1988)

Kotler (1988) grenzt vier Typen von Strategien ab, wobei er die angestrebte Marktposition des Unternehmens, bestimmt durch den Marktanteil, als Ausgangspunkt für die Systematisierung wählt. Dabei kann das Unternehmen im Modellfall zwischen einer Marktführerstrategie, einer Marktherausfordererstrategie, einer Strategie des Marktmitläufers oder einer Marktnischenstrategie wählen.

Marktführerstrategien stehen zumeist im Zeichen der Marktpositionserhaltung. Dabei sind die Unternehmen mit drei Aufgaben konfrontiert: Der Vergrößerung des Gesamtmarktes, der Erhaltung des Marktanteils innerhalb des konstanten Gesamtmarktes und u. U. einer Steigerung des Marktanteils. Eine Gesamtmarktvergrößerung läßt sich dabei sowohl durch die Gewinnung neuer Verwendergruppen erreichen als auch durch die Umsetzung neuer Verwendungszwecke und gesteigerter Verwendungsarten. Zweifellos zeigen sich hier Berührungspunkte zur bekannten Wachstumsstrategie der Produkt-Markt-Matrix nach Ansoff. Eine Marktanteilserhaltung kann sowohl durch eine ausgeprägte innovative Orientierung des Unternehmens gewährleistet sein als auch durch eine Festigung der Marktstellung mittels eines konstanten Preis-Leistungs-Verhältnisses und einer konsequenten Produkt-Markenpolitik, um die Loyalität und Präferenzen der angesprochenen Käuferschicht sicherzustellen.

Eine Strategie der **Marktherausforderung** beinhaltet eine offensiv geplante Erhöhung des Marktanteils durch Angriffe auf den Marktführer oder auf kleinere Unternehmen der Branche. Übliche, mit dieser Strategie einhergehende Maßnahmen sind einerseits die Politik der niedrigen Preise und geringen Qualität, andererseits das Angebot von Spitzenprodukten, Produktinnovationen, verbesserter Serviceleistungen, Distributionsinnovationen sowie eine intensive Werbung.

Die Strategie des **Marktmitläufers** impliziert eine Erhaltung des Branchengleichgewichts. Dies bedeutet, daß das Unternehmen die Spielregeln des Wettbewerbs anerkennt und sich in wesentlichen Punkten den größeren Unternehmen, insbesondere dem Marktführer, anpaßt. Erfolgreiche Strategien von Marktmitläufern sind häufig durch eine bewußte Marktsegmentierung und eine Fokussierung auf Rentabilität statt auf Marktanteile gekennzeichnet.

Die Strategie der **Marktnischenbearbeitung** bietet sich für kleinere Unternehmen an, die jenen Teil des Marktes bearbeiten, der spezielle Fähigkeiten erfordert und für die größeren Unternehmen weniger attraktiv ist. Dabei kann eine Spezialisierung nach Märkten, Kundengruppen, Produkten oder etwa bestimmten Technologien vorgenommen werden, um in Teilbereichen des Gesamtmarktes Wettbewerbsvorteile aufzubauen.

Eine kritische Würdigung der Strategietypen nach Kotler konzentriert sich vor allem auf die Frage, ob mit den Strategien nicht eher **angestrebte Rollen** von Unternehmen im Markt angesprochen sind. Da die Strategien für sich genommen keine Konkretisierung mit Blick auf bestimmte Verhaltensweisen beinhalten, kann konstatiert werden, daß es sich bei den Strategien eher um Ziel- als um Verhaltensalternativen handelt. Darüber hinaus weisen die einzelnen Strategien unterschiedliche inhaltliche Bezüge auf (z. B. ein starker Wettbewerbsbezug der Marktherausforderungs- und Marktmitläuferstrategie vs. einer überwiegenden Abnehmerorientierung der Marktnischenstrategie) und sind hinsichtlich der Maßnahmen nicht immer überschneidungsfrei (z. B. gleiche Markterhaltungsmaßnahmen sowohl bei der Marktführer- als auch bei der Herausforderstrategie).

Ein weiteres Partialkonzept, welches intensiv diskutiert wird und Eingang in zahlreiche Lehrbücher gefunden hat, ist der wettbewerbsstrategische Ansatz von Porter (1983). Aufgrund der großen Resonanz dieses Ansatzes sowohl in der Wissenschaft als auch in der Praxis soll dieser im folgenden ausführlicher dargestellt werden.

1.23 Porter (1983)

Ein Defizit in der marktorientierten Unternehmensstrategie vieler Unternehmungen liegt darin, daß sie die Bedrohung ihrer Marktpositionen durch in- und ausländische Wettbewerber nicht ernst genug genommen haben (z. B. Hersteller von Uhren und Photokameras). Neben der Befriedigung von Kundenbedürfnissen muß es – so Porter – daher Ziel jeder Unternehmens- und Marketingstrategie sein, für das Unternehmen oder das strategische Geschäftsfeld eine Position zu finden, die es ermöglicht, die Gewinnaussichten gegenüber den Wettbewerbern zu erhalten oder zu verbessern bzw. neue Gewinnquellen aufzubauen (Rothschild 1984; Müller 1986).

Auf der Basis einer Untersuchung der zentralen Wettbewerbsfaktoren entwickelte Porter die in Abbildung 2 dargestellten **strategischen Grundkonzeptionen**, die den Rahmen für spezifische Unternehmens- und Marketingstrategien abstecken.

Zum einen besteht die Möglichkeit der Profilierung auf dem Gesamtmarkt durch Leistungs- und Kostenvorteile. Es ist also entweder eine Kosten- bzw. Preisführerschaft anzustreben oder eine Differenzierungsstrategie zu verfolgen. Letztere wird in der Literatur häufig auch als Qualitätsführerschaftsstrategie bezeichnet. Zum anderen vermag eine Konzentration auf tragfähige Marktnischen eine klare strategische Erfolgsposition zu begründen (Meffert, Walters 1984, S. 7 f.; Meffert 1985, S. 15 ff.; Porter 1992a, S. 62 ff.).

Diese **Wettbewerbsstrategien** korrespondieren direkt mit den noch zu diskutierenden abnehmergerichteten Strategien oder den Marktstimulierungsstrategien nach Becker (1992). So liegen die Erfolgsvoraussetzungen der Preis-Mengen-Strategie in Preis- und Kostenvorteilen gegenüber den Wettbewerbern. Sie ist deshalb auch als konkurrenzorien-

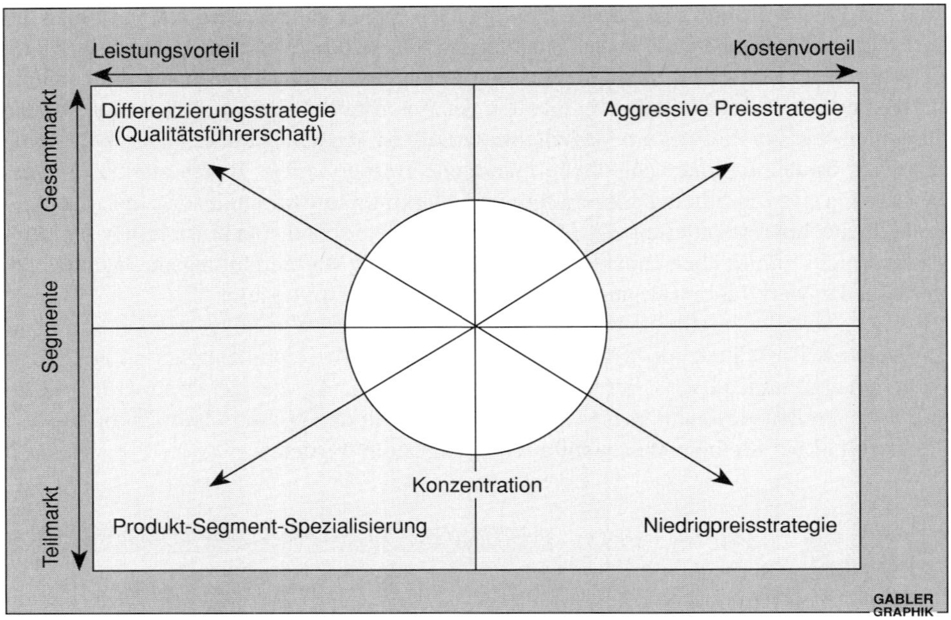

Abbildung 2: Wettbewerbsstrategien nach Porter

tierte Kostenführerschaftsstrategie im Sinne Porters zu interpretieren. Im Gegensatz dazu strebt die Präferenzstrategie Leistungsvorteile gegenüber den Wettbewerbern an und korrespondiert deshalb mit der Differenzierungsstrategie nach Porter.

Bei der **Kosten- oder Preisführerschaft** – gelegentlich auch nicht ganz zutreffend als Kampfstrategie bezeichnet – wird mit Hilfe von hochqualifizierten Mitarbeitern, produktivitätssteigernden Verfahrensinnovationen und Technologien sowie Standardisierung versucht, die Stückkosten unter das Niveau der wichtigsten Konkurrenten zu senken, um dann durch eine Politik relativ niedriger Preise Wettbewerbsvorteile zu realisieren.

Damit die Kostenführerschaft zum Ziel führt, sind eine Reihe von Voraussetzungen zu erfüllen. So benötigt das Unternehmen z. B. relativ große Marktanteile, um Degressions- und Erfahrungskurveneffekte nutzen zu können. Zudem verlangt diese Strategie im Marketingbereich neben einer Sortimentsbeschränkung zumeist den aggressiven Einsatz des absatzpolitischen Instrumentariums, günstige Finanzierungsmöglichkeiten und ein effizientes Controlling. Erfolgversprechend ist diese Strategie des weiteren nur dann, wenn die Abnehmer den Preis und nicht die Qualität oder den Service als dominantes Kaufkriterium betrachten.

Die **Differenzierungsstrategie** beruht vornehmlich auf Flexibilität bzw. Anpassungsfähigkeit. Sie besteht in der Differenzierung der Produkte und/oder Dienstleistungen. Ihr Ziel ist es, durch Schaffung von Produkt- oder Leistungsvorteilen (z. B. Produktqualität, Kundendienst, Garantieleistungen) den differenzierten Ansprüchen der Abnehmer gerecht zu werden. Folglich finden vorwiegend Maßnahmen Anwendung, die den Produktnutzen erhöhen. Die Differenzierungsstrategie gegenüber der Konkurrenz steht damit in engem Zusammenhang mit der differenzierten Marktbearbeitung auf der Abnehmerebene.

Als unabdingbare Voraussetzungen für die Verwirklichung dieser strategischen Grundkonzeption sind zu nennen (Dess, Davis 1984)

- starke Qualitätsorientierung der Abnehmer,
- hohe Marketingeffektivität,
- höchste Produktqualität,
- hohes Produktimage,
- Innovationsorientierung und
- kontinuierliche Selbstanalyse, Marktbeobachtung und Konkurrenzanalyse.

Die dritte strategische Grundkonzeption besteht in der **Konzentration auf eine Marktnische**. Sie versucht, durch konsequente Selektion von Marktsegmenten bzw. durch Spezialisierung auf spezifische Zielgruppen Wettbewerbsvorteile gegenüber denjenigen Konkurrenten zu erzielen, deren Wettbewerbsausrichtung eine breitere Marktabdeckung umfaßt. Die Nischenstrategie entspricht häufig der Produkt-/Markt-Konzentration im Rahmen von Marktabdeckungsstrategien und kann sowohl auf Leistungs- als auch auf Kostenvorteilen beruhen.

Will sich ein Unternehmen aktiv gegenüber den Konkurrenten behaupten, bildet die bewußte Entscheidung für eine dieser Wettbewerbsstrategien eine notwendige Voraussetzung für die langfristige Erreichung der Unternehmensziele. Wird dagegen keine dieser strategischen Grundkonzeptionen auf konsequente Weise verfolgt, kann dem Unternehmen die vielfach beobachtete U-förmige Beziehung zwischen Marktanteil und Rentabilität zum Verhängnis werden (vgl. Abbildung 3). In dem kritischen Bereich, in dem das Unternehmen „zwischen den Stühlen sitzt" („stuck in the middle"), entstehen – so Porter – nicht selten hohe Verluste (Porter 1992a, S. 71 ff.).

In einer kritischen Würdigung des Ansatzes nach Porter lassen sich folgende Aspekte herausstellen:

- Die Strategiekonzeption beinhaltet im Kern an Wettbewerbsvorteilen orientierte abnehmergerichtete Strategien.
- Der Strategiebegriff der Differenzierung greift mit Blick auf die Vielzahl anstrebbarer Wettbewerbsvorteile zu kurz.

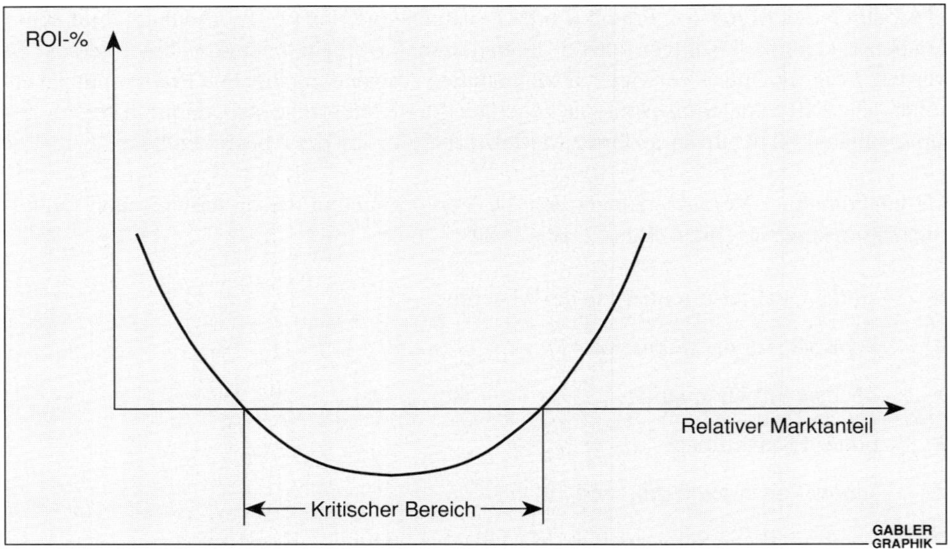

Abbildung 3: Zusammenhang von Rentabilität und Marktanteil
(Quelle: Porter 1992a, S. 73)

- Unternehmen können sowohl kosten- als auch differenzierungsorientiert vorgehen, ohne damit „zwischen den Stühlen" zu sitzen.

- Dynamische Aspekte der Strategieanpassung werden nicht diskutiert, obwohl in der Praxis zu beobachtende Wettbewerbsstrategien, z. B. der Japaner, die Verknüpfung von Preis- und Qualitätsführerschaft vornehmen.

1.24 Gilbert und Strebel (1985)

Die Eindimensionalität der von Porter vorgestellten generischen Wettbewerbsstrategien wird inzwischen durchaus kontrovers diskutiert. Dies ist insbesondere darauf zurückzuführen, daß beim Übergang einer Branche in eine neue Lebenszyklusphase eine besondere Wettbewerbsdynamik auftritt, die jene durch die generischen Wettbewerbsstrategien aufgebauten Wettbewerbsvorteile aufhebt. Diese Herausforderung ist um so gravierender, weil zahlreiche Diskontinuitäten die Marktlebenszyklen wesentlich beeinflussen, wodurch die wenigsten Märkte dem idealtypischen Lebenszyklusverlauf folgen. Einige bleiben über Jahrzehnte in der Reifephase, andere altern schnell, manche Branchen kommen nie über die Entstehungsphase hinaus. Darüber hinaus sind auch Fälle wie der Uhren- oder der Fahrradmarkt beobachtbar, in denen Branchen eine Verjüngung ihrer Lebenszyklusphase erleben.

Jede dieser Entwicklungen hat letztlich zur Folge, daß sich die relevanten Wettbewerbsparameter verändern und deshalb auch die zentralen Dimensionen der Wettbewerbsstrategie überprüft werden müssen. Damit gewinnen **dynamische Aspekte der konkurrenzorientierten Strategieplanung** eine besondere Bedeutung. Vor diesem Hintergrund reicht es nicht aus, Wettbewerbsstrategien im dynamischen Umfeld eindimensional zu planen. In Weiterentwicklung der Qualitäts- und Kostenführerschaft werden deshalb sog. **Outpacing-Strategien** diskutiert (Gilbert, Strebel 1985; Meffert 1986, S. 676 ff.). Sie zeichnen sich dadurch aus, daß Unternehmungen in Abhängigkeit von den spezifischen Wettbewerbsparametern zwischen Qualitäts- und Kostenführerschaft wechseln, um dadurch nachhaltige Wettbewerbsvorteile zu erzielen. Damit verschmelzen während der Branchenentwicklung die klassischen eindimensionalen Wettbewerbsstrategien zu einer ganzheitlichen Strategie. Die grundlegenden Zyklen dieser Strategiesymbiose verdeutlicht Abbildung 4.

Typischerweise verfolgt eine Unternehmung, die frühzeitig in einen **jungen Markt** eintritt, eine qualitätsorientierte Wettbewerbsstrategie, um das eigene Produkt bzw. die zugrunde liegende Technologie möglichst kurzfristig zum Branchenstandard zu entwickeln. Dies ist

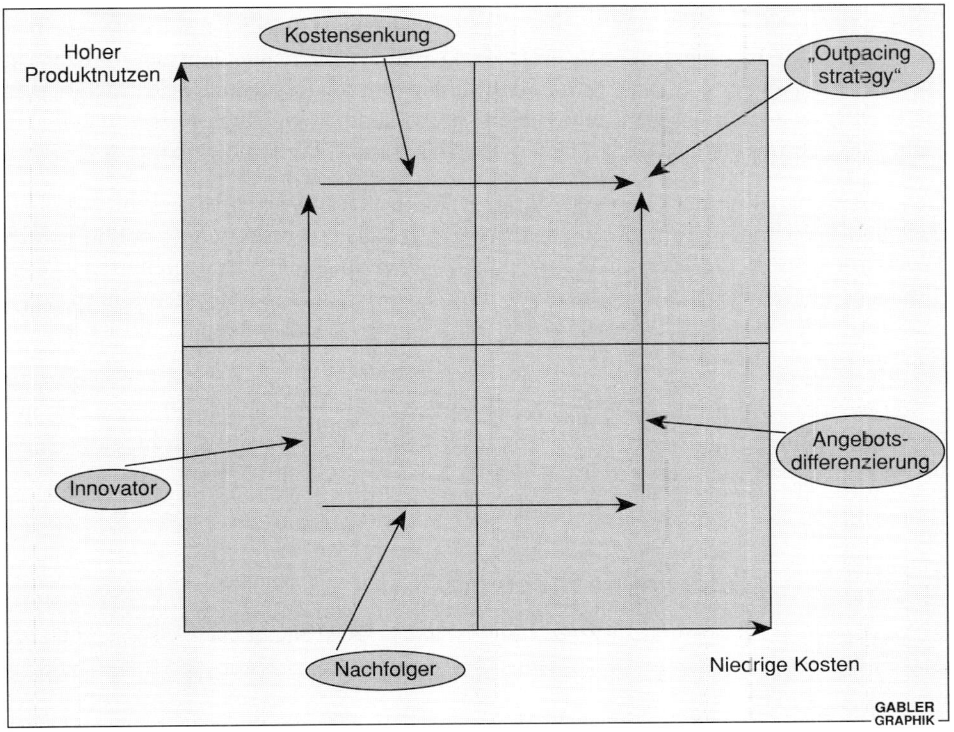

Abbildung 4: Der Outpacing-Strategieansatz nach Gilbert und Strebel (Quelle: Kleinaltenkamp 1987, S. 33)

regelmäßig eine wirksame Markteintrittsbarriere für potentielle Wettbewerber und erhöht darüber hinaus die Akzeptanz beim Kunden. Im Folgezeitraum müssen die Qualitätsführer – nicht zuletzt ermöglicht durch Erfahrungskurveneffekte – Rationalisierungs- und Kostendegressionspotentiale realisieren, um Preisspielräume aufzubauen. Gelingt ihnen dies nicht, treten kostenorientierte Wettbewerber über preisaggressive Strategien in den Markt ein. Auch sie wechseln jedoch, nachdem sie eine gefestigte Marktposition und damit einhergehend eine günstige Kostensituation erreicht haben, zu qualitätsorientierten Wettbewerbsstrategien über, um möglichst frühzeitig den Outpacing-Quadranten zu erreichen.

Insgesamt verdeutlicht die Konzeption der Outpacing-Strategie, daß sich nur jene Anbieter langfristig am Markt behaupten können, die, ausgehend von der Qualitäts- oder der Kostenführerschaft, den Nachfragern einen hohen Produktnutzen bei gleichzeitig niedrigen Kosten gewährleisten. Gestützt wird dieser Zusammenhang auch durch die Untersuchungen von Abernathy und Utterback, die im Verlauf der Wettbewerbsprozesse innerhalb einer Branche zunächst hohe Produktinnovationsraten, danach aber hohe Prozeßinnovationsraten nachweisen (Abernathy, Utterback 1978; Kleinaltenkamp 1987, S. 42 f.).

Aber auch das Erreichen des Outpacing-Quadranten darf nicht dazu führen, daß die etablierten Anbieter ihre Wettbewerbsposition als gesichert ansehen. Denn Diskontinuitäten, speziell im Technologiebereich, können dazu führen, daß sich neue Kostensenkungs- oder auch Qualitätssteigerungspotentiale eröffnen. Damit setzt ein neuer Outpacing-Prozeß ein. Wenn es jedoch gelingt, diesen Prozeß der Marktevolution erfolgreich mitzugestalten, ist die Wettbewerbsposition der Unternehmen außerordentlich gefestigt. Dies verdeutlichen nicht zuletzt Beispiele japanischer Unternehmen im Markt für Mikrochips.

Geht die Konzeption der Outpacing-Strategie noch von einer zeitlichen Abfolge qualitäts- und kostenorientierter Wettbewerbsstrategien aus, so diskutiert Porter in seinem **Wertkettenansatz** sie bereits als gleichzeitig zu verfolgendes Strategiemuster (Porter 1992b, S. 93 ff.). Dabei sollen innerhalb der Wertkette solche Tätigkeiten, die zu einem Qualitätsvorsprung führen, ebenso identifiziert werden wie Tätigkeiten, die Kostensenkungspotentiale aufweisen.

Beide Stoßrichtungen sind zu einer „Wettbewerbsstrategie" zusammenzuführen. Dadurch lassen sich gleichzeitig langfristig absicherbare Wettbewerbsvorteile sowohl in der Qualität der angebotenen Leistungen als auch in der Kostenstruktur realisieren.

1.3 Integrative Strategieansätze in der Literatur

Verschiedene Autoren haben versucht, die Gesamtheit aller möglichen Strategieentscheidungen möglichst vollständig im Rahmen von sog. Grundsatzstrategien abzubilden. Diese Ansätze können als integrative Strategiekonzepte bezeichnet werden, da sie mehrere Dimensionen bei der Strategieformulierung berücksichtigen. Im folgenden soll auf die Konzepte von Becker (1992), Backhaus (1992) sowie Haedrich und Tomczak (1990) eingegangen werden.

1.31 Becker (1992)

Becker unterscheidet zwischen vier grundsätzlichen Strategietypen. Es handelt sich dabei um

- **Marktfeldstrategien**: Festlegung der Produkt-Markt-Kombinationen,
- **Marktstimulierungsstrategien**: Bestimmung der Art und Weise der Einwirkung auf den Markt,
- **Marktparzellierungsstrategien**: Festlegung von Art bzw. Grad der Differenzierung bei der „Marktstimulierung" und
- **Marktarealstrategien**: Fixierung der „gebietspolitischen" Alternativen bzw. Stufen.

Jede dieser Strategiedimensionen beinhaltet verschiedene Strategieausgestaltungsalternativen, so daß sich ein Strategieraster von aufeinander abgestimmten Strategien ergibt (vgl. Abbildung 5).

In einer Würdigung läßt sich zunächst anführen, daß ausschließlich konsumentengerichtete Strategien berücksichtigt werden. Die Notwendigkeit der Wettbewerbsorientierung findet sich ebensowenig in den Strategien wieder wie eine Einbeziehung des Handels oder gesellschaftlicher Anspruchsgruppen.

Becker betrachtet darüber hinaus die Marktarealentscheidung als eigenständige Strategiedimension. Die Wahl des Absatzgebietes kann aber ebenso als eine Geschäftsfeldentscheidung aufgefaßt werden, wobei geographische Kriterien neben den Dimensionen Produkt, Abnehmergruppe und Technologie bei der Marktsegmentierung berücksichtigt werden sollten (Haedrich, Tomczak 1990, S. 101). Dies gilt insbesondere deshalb, weil bei der in der Systematik von Becker implizit unterstellten Reihenfolge die geographische Festlegung der Marktaktivitäten auf der Grundlage vorgelagerter Entscheidungen (z. B. Marktbeeinflussung oder Marktparzellierung) erfolgt.

Strategieebenen	Strategiealternativen						
1. Marktfeld-strategien	Marktdurch-dringungs-strategie	Markt-entwicklungs-strategie	Produkt-entwicklungs-strategie	Diversifika-tions-strategie			
2. Marktstimulie-rungsstrategien	Präferenz-strategie	Preis-Mengen-Strategie					
3. Marktparzellie-rungsstrategien	Massenmarktstrategie (Totale)	Massenmarktstrategie (Partiale)	Segmentierungsstrategie (Totale)	Segmentierungsstrategie (Partiale)			
4. Marktareal-strategien	Lokale Strategie	Regionale Strategie	Über-regionale Strategie	Nationale Strategie	Multi-nationale Strategie	Inter-nationale Strategie	Welt-markt-Strategie

Abbildung 5: Strategiesystematik nach Becker
(Quelle: Becker 1992, S. 291)

1.32 Backhaus (1992)

Backhaus (1992) führt an, daß sich die richtungsweisenden Leitmaximen einer strategischen Marketingplanung im wesentlichen auf fünf grundlegende Dimensionen zurückführen lassen (Backhaus 1992, S. 148 ff.). Am Anfang der Überlegungen steht die Beantwortung der Frage nach dem **eigenen Geschäftsverständnis** („Defining the Business"). Hierbei wird festgelegt, welche Märkte oder welche Marktsegmente der Anbieter als seine Geschäftsfelder ansieht. In einem weiteren Schritt soll dann eine Entscheidung hinsichtlich der **„Marktstimulierung"** getroffen werden. Eine Stimulierung kann in diesem Zusammenhang über die Schaffung von Zusatznutzen oder durch günstige Preise erfolgen. Diese Strategien zur Erreichung eines „komparativen Konkurrenzvorteils" lehnen sich an den „Wettbewerbsstrategien" von Porter und deren Weiterentwicklung an. Ob das Unternehmen als Pionier oder als Folger im Markt agiert bzw. wann es das Geschäftsgebiet aufgibt, wird im Rahmen der **Strategien des Marktein- und -austritts** festgelegt. In einem vierten Schritt erfolgt dann die Bestimmung des **Marktareals**, d.h. des geographischen Ortes, an dem das Unternehmen tätig sein will. Alternativ bieten sich die Ausprägungen der internationalen, multinationalen oder globalen Strategie an. Schließlich folgt als letzte Entscheidung, mit welchem **Marketing-Partner** das Geschäft zu betreiben ist, da es in vielen Märkten notwendig ist, mit anderen Unternehmen zu kooperieren.

In einer Zusammenfassung läßt sich herausstellen, daß einzig das integrative Konzept von Backhaus den Aspekt des Timing, d. h. die Frage nach dem „wann“ des Markteintritts und -austritts, berücksichtigt. Kritisch zu hinterfragen ist dagegen die Trennung der Geschäftsfeldwahl von der Marktarealentscheidung. Darüber hinaus fällt auf, daß eine vollständige Berücksichtigung von Marktteilnehmern (insbesondere Handel und Anspruchsgruppen) kaum erfolgt. Dies erklärt sich jedoch vor allem aus dem Anspruch der Strategiesystematik, ein System von strategischen Entscheidungen für Investitionsgüterunternehmen aufzuzeigen. Aspekte des Handels spielen hier eine deutlich geringere Rolle als beim Konsumgütermarketing.

1.33 Haedrich und Tomczak (1990)

Haedrich und Tomczak (1990) unterscheiden zwischen vier, in einer hierarchischen Beziehung zueinander stehenden grundsatzstrategischen Ebenen. Bei der Festlegung der **Strategie-Position** geht es im wesentlichen um die Fixierung der angestrebten Marktposition. Im Mittelpunkt steht die Frage, ob die bisherige Marketingstrategie weiter verfolgt werden soll oder ob Änderungen vorgenommen werden müssen. In Abhängigkeit von den Dimensionen Zielgruppe und Marketingstrategie unterscheiden die Autoren die Grundsatzstrategien „Beibehaltung der Marktposition“, „Umpositionierung“ und „Neupositionierung“.

Die Beantwortung der Frage nach dem **Strategie-Stil** gibt Hinweise auf die vom Unternehmen angestrebte Rolle im Markt. In Anlehnung an das rollenorientierte Konzept von Kotler (1988) wird versucht, wettbewerbsstrategische Verhaltensweisen anhand der Ausprägung auf den Dimensionen „aggressives/defensives Verhalten“ und „aktives/passives Verhalten“ zu erklären.

Im Rahmen der dritten strategischen Grundsatzentscheidung wird festgelegt, welcher Art der im Markt angestrebte strategische Vorteil (**„Strategie-Substanz“**) sein soll. Hierbei stellen die Autoren die „wettbewerbsstrategischen“ Alternativen der Kostenführung und Differenzierung in den Vordergrund.

Die vierte Dimension umfaßt schließlich die Form der Präsenzsicherung im Markt (**„Strategie-Absicherung“**). Diese auf den Handel ausgerichteten Strategiealternativen umfassen die Umgehung, Kooperation, den Konflikt sowie die Anpassung.

Mit Blick auf die in die Systematik einbezogenen Marktpartner ist zunächst anzumerken, daß zwar konsumenten-, wettbewerbs- und handelsbezogene Aspekte in die Überlegungen einbezogen werden, zumindest aber weiterführende, umweltbezogene (z. B. Anspruchsgruppen) Strategietypen nicht berücksichtigt werden. Des weiteren fehlen geschäftsfeld- bzw. marktwahlbezogene Strategiedimensionen. Damit verbunden ist folglich auch der fehlende Bezug zu der Wahl der Internationalisierungsstrategie des Unternehmens.

Die Strategiesystematik von Haedrich und Tomczak ist zudem in einigen Punkten kritisch zu hinterfragen. So ist zu diskutieren, ob die Entscheidung hinsichtlich der „Beibehaltung der bisherigen Marketingstrategie“ eine Strategie für sich darstellt oder ob es sich hierbei um eine Entscheidung im Rahmen des Prozesses der Marketingplanung handelt, daß mit der verfolgten Strategie die gesetzten Ziele erreicht werden können. Auch ist nicht ersichtlich, warum eine Veränderung der Marketingstrategie mit veränderten Zielgruppen einhergehen muß.

Hinsichtlich des Strategie-Stils bleibt festzuhalten, daß die Autoren eine Zuordnung des Rollenkonzepts von Kotler, welcher vorrangig die Marktposition der Unternehmung zur Beschreibung von Rollen im Markt verwendet, zu allgemeinen wettbewerbsorientierten Verhaltenstypen vornehmen. Darüber hinaus ist anzuführen, daß die Dimensionen der Ebenen „Strategie-Stil“ und „Markt-Präsenz“ Redundanzen aufweisen, so daß die abgeleiteten Strategietypen ähnliche Verhaltensweisen beinhalten.

1.4 Anforderungen und Konzept einer Strategiesystematik

1.41 Anforderungen an eine Strategiesystematik

Mit Blick auf eine möglichst allgemeingültige Strategiesystematik lassen sich unter Berücksichtigung der dargestellten Partial- und integrativen Strategieansätze folgende Anforderungen nennen:

- Die Strategiedimensionen sollten vollständig aus den Aufgaben der strategischen Marketingplanung ableitbar sein. Damit ergibt sich zwangsläufig ein Bezug zur Geschäftsfeldebene.
- Die Strategiedimensionen müssen für unterschiedliche Unternehmenssituationen (z. B. wachsende vs. stagnierende Märkte) grundsätzliche Gültigkeit besitzen.
- Dem Selbstverständnis des Marketing entsprechend muß der Konsument im Mittelpunkt der Strategieentscheidungen stehen.
- Die Komplexität der Strategiedimensionen sollte möglichst gering gehalten werden. Dies erfordert eine Ableitung beispielsweise marktteilnehmerbezogener Strategien auf ähnlichen oder gleichen Verhaltensdimensionen.

- Die Strategiedimensionen müssen hinsichtlich ihrer Position innerhalb einer Strategiehierarchie gekennzeichnet sein.

1.42 Konzept einer Strategiesystematik

Ausgangspunkt einer Systematisierung von Marketingstrategien ist der Bezug der darin enthaltenen Strategien zum definierten Geschäftsfeld (vgl. Abbildung 6). Damit sind zunächst die Strategien der Geschäftsfeldwahl und -abdeckung angesprochen. Geschäftsfelder werden dabei – unter Berücksichtigung der Vorgaben auf der Ebene der Unternehmensplanung – nach Produkten und Abnehmergruppen bzw. Produkten, Abnehmergruppen und Technologien sowie Regionen abgegrenzt. Darüber hinaus ist über das Ausmaß der Abdeckung des Geschäftsfelds sowie – unter Berücksichtigung der Geschäftsfeldziele – deren zeitliche Entwicklung zu entscheiden. Dabei sind nicht nur die von Ansoff vorgegebenen Wachstumsalternativen, sondern auch Strategien des Rückzugs zu berücksichtigen. Wird die Bearbeitung neuer Märkte angestrebt, so ist zusätzlich der Zeitpunkt des Markteintritts zu bestimmen. Darüber hinaus ist festzulegen, welche Wettbewerbsvorteile angestrebt werden sollen.

Im Rahmen der Marktteilnehmerstrategien ist zuerst darüber zu entscheiden, ob die Marktbearbeitung jeweils einheitlich oder differenziert erfolgen soll und ob eine proaktiv-offensive oder reaktiv-defensive Haltung in bezug auf Markt- und Umweltentwicklungen eingenommen werden soll. Im Mittelpunkt der marktteilnehmergerichteten Strategien stehen die abnehmergerichteten Strategien, deren Ausgestaltung sich an den anzustrebenden Wettbewerbsvorteilen orientieren muß. Neben den abnehmergerichteten Strategien sind die Verhaltensweisen gegenüber Wettbewerbern, Absatzmittlern und Anspruchsgruppen festzulegen. Auf Basis dieser Entscheidungen wird der Marketinginstrumente-Einsatz gestaltet. Hier stehen zunächst längerfristige Konzepte im Vordergrund (z. B. Produktentwicklung, Kommunikationskonzept, Preisposition etc.). Diese Rahmenentscheidungen werden daher auch als „Instrumentestrategien" bezeichnet.

Die hier aufgeführte Strategiesystematik wird in den folgenden Beiträgen aufgegriffen und in ihren Ausprägungen ausführlich dargestellt.

Geschäftsfeldstrategien					
(1) In einem wie definierten Markt (SGF) (Marktabgrenzung/-wahl)	– Funktionen	– Technologien	– Kundengruppen	– Regionen	
(2) Soll das Unternehmen mit welcher Marktfeldstrategie, welcher	– Intensivierung	– Produktentwicklung – Marktentwicklung	– Rückzug	– Diversifikation	
(3) Marktabdeckung und welcher	– Gesamtmarkt	←———	———→	– Nische	
(4) Timingstrategie welchen	– Pionier	←———	———→	– Folger	
(5) Wettbewerbsvorteil anstreben?	– Kostenvorteil	– Qualitätsvorteil	– Innovationsvorteil	– Markierungsvorteil	– Programmbreitenvorteil
Marktteilnehmerstrategien					
(6) Welche marktteilnehmerübergreifende Marktbearbeitungs- und	– Differenziert	←———	———→	– Undifferenziert	
(7) Verhaltensstrategie soll angewandt werden und welche langfristigen, globalen Verhaltenspläne sollen gegenüber	– Proaktiv-offensiv	←———	———→	– Reaktiv-defensiv	
(8) Abnehmern	– Präferenzstrategie	←———	———→	– Preis-/Mengenstrategie	
(9) Konkurrenten	– Ausweichen	– Kooperation	– Konflikt	– Anpassung	
(10) Absatzmittlern und	– Umgehung/Ausweichen	– Kooperation	– Konflikt	– Anpassung	
(11) Sonstigen Anspruchsgruppen	– Ausweichen	– Innovation	– Widerstand	– Anpassung	
(12) Mit welchen Marketinginstrumentestrategien realisiert werden?	– Produktstrategie	– Preisstrategie	– Vertriebsstrategie	– Kommunikationsstrategie	

GABLER GRAPHIK

Abbildung 6: Systematisierung der Strategiedimensionen im Rahmen des strategischen Marketing

Literaturhinweise

Aaker, D. A. (1984): Strategic Marketing Management, New York u. a. 1984.
Abernathy, W. J., Utterback, J. M. (1987): Patterns of Industrial Innovation, in: Technology Review, No. 1, 1978, S. 40–47.
Agthe, K. (1978): Strategie und Wachstum der Unternehmung, Baden Baden 1978.
Ansoff, H. I. (1966): Management Strategie, München 1966.
Backhaus, K. (1992): Investitionsgütermarketing, 3. Aufl., München 1992.
Becker, J. (1992): Marketing-Konzeption, 4. Aufl., München 1992.
Dess, G. G., Davis, P. S. (1984): Porters Generic Strategies as Determinants of Group Membership and Organisational Performance, in: Academy of Management Journal, No. 3, 1984, S. 467–488.
Gilbert, X., Strebel, P. J. (1985): Outpacing Strategies, in: IMEDE, Perspectives for Managers, No. 2, 1985.
Haedrich, G., Tomczak, T. (1990): Strategische Markenführung, Bern 1990.
Kleinaltenkamp, M. (1987): Die Dynamisierung strategischer Marketingkonzepte, in: Zeitschrift für betriebswirtschaftliche Forschung, Heft 1, 1987, S. 31–52.
Kotler, H. (1988): Marketing Management. Analysis, Planning, Implementation and Control, 6. Aufl., Englewood Cliffs 1988.
Meffert, H. (1985): Zur Bedeutung von Konkurrenzstrategien im Marketing, in: Marketing ZFP, 1985, Heft 1, S. 13–19.
Meffert, H. (1986): Marketing und strategische Unternehmensführung – ein wettbewerbsorientierter Kontingenzansatz, in: Hahn, D., Taylor, B. (Hrsg.): Strategische Unternehmensplanung, 4. Aufl., Heidelberg, Wien 1986, S. 660–684.
Meffert, H., Walters, M. (1984): Anpassung des absatzpolitischen Instrumentariums in stagnierenden und schrumpfenden Märkten, Arbeitspapier Nr. 16 der Wissenschaftlichen Gesellschaft für Marketing und Unternehmensführung e.V., Hrsg.: H. Meffert und H. Wagner, Münster 1984.
Müller, G. (1986): Strategische Suchfeldanalyse, Wiesbaden 1986.
Porter, M. E. (1983): Competitive Strategy, Englewood Cliffs 1983.
Porter, M. E. (1992a): Wettbewerbsstrategie, Frankfurt 1992.
Porter, M. E. (1992b): Wettbewerbsvorteile, Frankfurt 1992.
Rothschild, W. E. (1984): How to Gain (and Maintain) the Competitive Advantage in Business, New York 1984.
Yip, G. S. (1982): Barriers to Entry, Toronto 1982.

2. Abnehmergerichtete Wettbewerbsstrategien

2.1 Dimensionen abnehmergerichteter Wettbewerbsstrategien

Die vielfältigen Änderungen in der Aufgabenumwelt der Unternehmungen haben die Dominanz der Kundenorientierung im Marketing zum Teil in Frage gestellt. Nicht zuletzt vor dem Hintergrund einer inzwischen eingetretenen „Ernüchterung" über die Folgen einer einseitigen Wettbewerbsorientierung ergibt sich jedoch die Notwendigkeit einer verstärkten und differenzierten Betrachtung abnehmergerichteter Wettbewerbsstrategien.

Ein Blick in die Literatur verdeutlicht die zahlreichen konzeptionellen und empirischen Versuche, konkrete Inhalte dieser Strategien näher zu erfassen (Galbraith, Schendel 1983; White 1986; Kim, Lim 1988; Morrison 1990, S. 69). Unterzieht man diese Studien einer umfassenden Würdigung, so wird einerseits deutlich, daß die Unterscheidung zwischen einer Qualitäts- und Kostendimension zu undifferenziert ist. Andererseits kann festgestellt werden, daß viele der vorliegenden Untersuchungen Übereinstimmungen hinsichtlich der angestrebten Wettbewerbsvorteile im Rahmen abnehmergerichteter Strategien aufweisen. Daher ist von einer insgesamt begrenzten Zahl **strategischer Grunddimensionen** auszugehen. Diese sind:

- Innovationsorientierung,
- Qualitätsorientierung,
- Markierungsorientierung,
- Programmbreite sowie
- Kostenorientierung (Bolz 1991, S. 43 ff.; Benkenstein 1992, S. 71 ff.).

Die ersten vier Grundorientierungen stellen Dimensionen einer **Präferenzstrategie** dar, während die Kostenorientierung allgemein als Voraussetzung für eine **Preis-Mengen-Strategie** betrachtet wird. Hierbei zeigt sich der enge Zusammenhang zwischen dem Strategiekonzept Porters und dem „Preis-Mengen-Präferenz-Ansatz".

Wenn auch die Realisierung von Vorteilen gegenüber der Konkurrenz im Mittelpunkt des Konzeptes von Porter steht, handelt es sich bei den Strategiealternativen doch um abnehmergerichtete Marketingstrategien. Diese unscharfe begriffliche Abgrenzung erklärt auch die vielfach wenig überzeugenden Versuche, Unterschiede zwischen den Wettbewerbsstrategien der Differenzierung und der Kostenführerschaft und den in der Literatur diskutierten Alternativen der Preis-Mengen- und Präferenzstrategien hervorzuheben. Letztlich besteht der Hauptunterschied darin, daß die jeweiligen mit den Strategien verfolgten

Wettbewerbsvorteile bei Porter immer in Relation zur Konkurrenz verstanden werden. Darüber hinaus ließe sich anführen, daß dessen Wettbewerbsstrategien einen stärkeren funktionsübergreifenden Bezug als die vor allem auf das Marketing bezogenen Preis-Mengen- und Präferenzstrategien aufweisen.

Unter Berücksichtigung der grundlegenden Strategiedimensionen soll im folgenden die abnehmergerichtete Wettbewerbsstrategie definiert werden als ein **langfristiger Verhaltensplan, der die Realisierung eines oder mehrerer Wettbewerbsvorteile im relevanten Markt** (d. h. auf Geschäftsfeldebene) zum Inhalt hat. Dabei ist zu beachten, daß auf jeder strategischen Grunddimension ein Wettbewerbsvorteil erst dann vorliegt, wenn dieser

- ein für den Kunden wichtiges Leistungsmerkmal betrifft,
- vom Kunden wahrgenommen wird und
- von der Konkurrenz kurzfristig nicht einholbar ist (Ghemawat 1985, S. 53 ff.; Simon 1988, S. 4).

Im folgenden sollen die einzelnen strategischen Grunddimensionen näher betrachtet werden. Als Instrument zur Systematisierung der Strategieinhalte sowie zur Analyse von Umsetzungssvoraussetzungen einzelner Strategiedimensionen bietet sich dabei der Wertkettenansatz an.

2.2 Ausgestaltung und Erfolgsvoraussetzungen abnehmergerichteter Wettbewerbsstrategien

2.21 Innovationsorientierung

Eine ausgeprägte Innovationsorientierung ist vor allem durch in Relation zum Umsatz hohe F & E-Budgets, durch einen hohen Anteil neuer Produkte am Produktprogramm sowie durch eine Pionierposition am Markt gekennzeichnet. Sie konnte in der Mehrzahl der vorliegenden empirischen Untersuchungen als eine – vor allem im Vergleich zur Qualität – eigenständige Differenzierungsdimension nachgewiesen werden (Bolz 1991).

In jüngster Zeit wird verstärkt die Rolle der **Zeit als strategischer Wettbewerbsvorteil** herausgestellt. Zwei Komponenten des Zeitvorteils sind dabei zu unterscheiden. Zum einen werden Zeitvorteile unter Gesichtspunkten des frühzeitigen Markteintritts diskutiert (sog. Pioniervorteile). Zum anderen wird die Zeitkomponente bei der unmittelbaren Befriedigung aktueller Kundenwünsche behandelt. Dieser – auch unter dem Schlagwort „Turbo-Marketing“ (Stalk, Hout 1990; Kotler, Bliemel 1992, S. 468 ff.) bekannt gewordene –

Aspekt stellt eine von mehreren Qualitätsdimensionen dar und soll daher auch dort diskutiert werden.

Als wesentlicher Vorteil einer **Pionierorientierung** ist die Möglichkeit des frühzeitigen Entwickelns von Markt-Know-how und des Aufbaus eines progressiven technologischen Image zu werten, wie dies vielfach den japanischen Automobil- und Hifi-Unternehmen zugeschrieben wird.

Dies hängt zweifellos mit der japanischen Innovationsphilosophie zusammen. Im Gegensatz zu europäischen oder amerikanischen Unternehmen, die über einen relativ langen Zeitraum Neuprodukte bis zur Marktreife entwickeln, bringen japanische Unternehmen frühzeitig mehrere Neuproduktvarianten auf den Markt und lassen dann den Nachfrager entscheiden, welche Variante langfristig weiterentwickelt und -geführt werden soll (Bolz 1991, S. 200).

Es ist davon auszugehen, daß Erfahrungs- und Degressionsvorteile in erster Linie Marktpionieren, weniger aber Folgern zugute kommen. Diese Wirkung verstärkt sich, wenn es gelingt, **Industriestandards** zu setzen. In diesem Zusammenhang konnte gezeigt werden, daß innovationsorientierte Unternehmen durch ein hohes Maß an Produktstandardisierung bei ihren internationalen Aktivitäten gekennzeichnet sind (Bolz 1991, S. 207). Dies führt oftmals zu sog. de-facto-Standards innerhalb einzelner Industrien und sichert so die einmal gewonnene Pionierposition ab (z. B. in der Unterhaltungselektronikbranche).

Die Realisierung von Innovationsvorteilen im Rahmen abnehmergerichteter Strategien knüpft an einige zentrale **Erfolgsvoraussetzungen** an (Perlitz 1988, S. 61 ff.; Albach 1990, S. 777):

- Innovationsfähigkeit setzt das gezielte **Management von Wissen** voraus. Dies umfaßt sowohl die Schaffung einer für Innovationen notwendigen Wissensbasis als auch die Steuerung des Zugriffs auf vorhandenes Know-how. In diesem Zusammenhang zeigt sich, daß die Innovationskraft vieler japanischer Unternehmen zum einen aus einer effizienteren Steuerung der Wissensbasis als auch aus einer höheren Akzeptanz gegenüber extern beschafften Basisinnovationen resultiert.

- Neben der Notwendigkeit eines langfristigen, d. h. an Innovationen orientierten Denkens im Management sind explizit **Innovationsziele** zu setzen (z. B. Neuproduktanteile).

- Als zentrale Voraussetzung erweist sich weiterhin eine verstärkte Integration technischer und absatzmarktbezogener Aktivitäten im Sinne eines **innovationsgerichteten Schnittstellenmanagements**.

- Weiterhin ist ein innovationsgerichtetes Engagement der Mitarbeiter zu fördern. Dies beinhaltet sowohl die **Akzeptanz von Innovationsmißerfolgen** als „part of the game“ als auch die Errichtung von am Innovationsgrad ausgerichteten Entlohnungssystemen. Schließlich zeichnen sich besonders erfolgreiche innovative Unternehmen dadurch aus, daß sie ihren Mitarbeitern einen gewissen zeitlichen Spielraum für die Verfolgung eigener Forschungs- und Entwicklungsaktivitäten einräumen.

- Schließlich ist dafür Sorge zu tragen, daß **Innovationserträge möglichst vollständig einbehalten** werden können. Dazu tragen Patente, strikte Geheimhaltung, zeitliche Vorsprünge, Lernkurveneffekte, Skalenerträge, hohe Imitationskosten sowie ein hohes Niveau an Serviceleistungen bei (Lewin 1984, S. 33; Leder 1989, S. 5).

2.22 Qualitätsorientierung

Die meisten Untersuchungen zur inhaltlichen Ausgestaltung von Wettbewerbsstrategien konnten die Qualitätsorientierung als zentrale Strategiedimension identifizieren. Da mit einer hohen relativen Produktqualität in der Regel ein hoher relativer Preis einhergeht, wird in empirischen Untersuchungen die Produkt- und Servicequalität auch durch den (relativen) Preis dargestellt.

Es besteht – trotz einer uneinheitlichen Verwendung des Qualitätsbegriffs – in der Literatur Einigkeit darüber, daß „Qualität“ aus objektiven und subjektiven Komponenten besteht. Dabei stellt die **objektive oder technische Qualität** vor allem auf anbieterbezogene Aspekte wie Qualitätskontrolle, Übereinstimmung mit bestimmten Spezifikationen, Ausschußquoten etc. ab. Demgegenüber ist die **subjektive, abnehmerbezogene Qualität** als Ergebnis eines Bewertungsvorgangs auf Kundenseite anzusehen. Qualität ergibt sich damit grundsätzlich aus den Produkteigenschaften im Hinblick auf die individuelle Nutzenerfüllung in bestimmten Verwendungssituationen. Daher wird auch in der neueren Marketinglehre der Qualitätsbegriff in einer erweiterten Fassung gesehen: **Qualität als Erfüllungsgrad eines Abnehmerbedürfnisses**. Damit verlagert sich die traditionelle Sichtweise von effizienteren Produktionsabläufen auf die Beurteilung der gesamten Unternehmensleistung und schließt somit ein, wie der Abnehmer Qualität empfindet. Da die Qualitätsbeurteilung neben der Erwartungshaltung, der tatsächlich erlebten Leistung und bestimmten situativen Faktoren auch vom Vergleich mit Konkurrenzprodukten beeinflußt wird, kann auch von einer relativen Qualität gesprochen werden.

Um einen bestimmten Qualitätsstandard anzustreben, muß dem Unternehmen vor allem bekannt sein, welche Teileigenschaften die relative wahrgenommene Qualität umfaßt. Diese bilden dann mögliche Komponenten einer Qualitätsorientierung im Sinne eines strategischen Wettbewerbsvorteils. Dabei kann zwischen den folgenden **Qualitätsdimensionen** unterschieden werden (Garvin 1988; Kotler, Bliemel 1992, S. 459 ff.) :

- Mit dem **Gebrauchsnutzen** werden die wichtigsten Funktionsmerkmale eines Produktes beschrieben. In der Automobilindustrie handelt es sich hierbei z. B. um Eigenschaften wie Beschleunigungsvermögen, Fahrverhalten und Komfort. Weil diese Qualitätsdimension meßbare Kennzeichen aufweist, lassen sich die Produkte in eine objektive Rangordnung überführen. Eine globale Gesamteinschätzung fällt hingegen schwerer, insbesondere dann, wenn sie Nutzenaspekte umfaßt, die nicht für jeden Nachfrager die gleiche Relevanz besitzen.

- Die **Haltbarkeit** ist ein Maß für die Lebensdauer eines Produktes. Damit hängen sowohl ökonomische als auch technische Komponenten zusammen. Unter technischen Aspekten bedeutet die Produkthaltbarkeit die Häufigkeit des Gebrauchs bis zu dem Zeitpunkt, an dem das Produkt seine Funktionstüchtigkeit verliert. In diesem Fall muß der Nachfrager die zu erwartenden Kosten für eine oder mehrere Reparaturen gegen die Ausgabe für ein neues Produkt abwägen. Diese Überlegung betrifft die ökonomische Seite der Qualitätsdimension „Haltbarkeit“.

- Die **Zuverlässigkeit** eines Produktes sagt etwas über die Wahrscheinlichkeit aus, daß es über einen bestimmten Zeitraum hinweg nicht versagt. Meist wird dabei zunächst die Zeit bis zur ersten Störung gemessen, dann die Zeitabstände zwischen den weiteren Pannen. Die Zuverlässigkeit gewinnt eine umso höhere Bedeutung, je teurer sich Ausfall- und Wartungszeiten auswirken. Tandy Computer entwickelte daher ein Konzept mehrerer Computer, die im „Tandem“ arbeiten, so daß beim Ausfall eines Gerätes lediglich die weniger wichtigen Aufgaben verlangsamt werden. Tandy hatte damit ein einzigartiges Produkt, vor allem weil z. B. IBM auf ein Betriebssystem eingestellt war, das keine Adaptionen auf das Tandem-Konzept zuließ. Tandys Marktbearbeitung konzentrierte sich daher auf Großanwender, für die ein Systemstillstand besonders unangenehm wäre, wie z. B. on-line arbeitende Banken, Börsen oder Einzelhandelsunternehmen.

- Die **Ausstattung** wird oft als ein Sekundäraspekt der Qualitätsdimension „Gebrauchsnutzen“ angesehen. Ausstattung umfaßt alle jene Aspekte, die den Grundnutzen um bestimmte Zusatzvorzüge ergänzen (z. B. kostenlose Getränke bei Flugreisen etc.).

- Die **Normgerechtigkeit** betrifft die Frage, inwieweit Konstruktion und Gebrauchseigenschaften mit etablierten Gütenormen (z. B. DIN-Normen) übereinstimmen. Diese Dimension entspricht traditionellen Vorstellungen der Qualitätssicherung. In japanischen Unternehmen wurde in diesem Zusammenhang die sog. „Schadensfunktion“ entwickelt. Sie ist ein Maßstab für die Verluste, die von dem Zeitpunkt an auftreten, zu dem das Produkt ausgeliefert wird.

- Eine weitere Qualitätsdimension, **Ästhetik**, umfaßt vor allem das Styling und Produktdesign und betrifft einen sehr subjektiv zu beurteilenden Qualitätsaspekt. So ist die Ästhetik des Produktaussehens, -geschmacks oder -geruchs eindeutig von persönlichen Einstellungen und Vorlieben geprägt. Dennoch zeichnen sich auch hier einige Muster ab, wie Abnehmer Produkte nach ihrem persönlichen Geschmack beurteilen. So ergab eine Untersuchung im Lebensmittelbereich, daß hohe Qualität überwiegend mit Begriffen wie „voller Würze", „schmeckt natürlich", „frisch", „gutes Aroma" und „sieht appetitanregend aus" einherging.

Die **Qualität von Serviceleistungen** bzw. des Kundendienstes stellt eine weitere zentrale Qualitätsdimension dar. Die Besonderheiten von Serviceleistungen, die sich aus den Spezifika von Dienstleistungen ergeben (Immaterialität der Leistung, Bereitstellung von Leistungsfähigkeiten und Integration des externen Faktors) (Büker 1991, S. 30 f.), resultieren darin, daß die Qualität von Kundendienstleistungen anhand spezifischer Kriterien erfaßt werden muß (Parasuraman, Zeithaml, Berry 1985, S. 48; Büker 1991, S. 147; Kotler, Bliemel 1992, S. 466 ff.). Dazu zählen

- die sachliche und personelle **Ausstattung**,
- die **Verläßlichkeit**, mit der versprochene Serviceleistungen ausgeführt werden,
- die generelle **Bereitschaft**, den Abnehmer bei der Problemlösung zu unterstützen,
- die **Glaubwürdigkeit**, die vor allem die eigentliche Kompetenz, die Höflichkeit und die Vertrauenswürdigkeit der Mitarbeiter umfaßt (Fulmer, Goodwin 1988, S. 58) sowie
- das **Kundenverständnis,** d. h. das Einfühlungsvermögen und die Bereitschaft, auch auf individuelle Wünsche der Abnehmer einzugehen (Albers, Eggert 1988, S. 11).

Als besonders bedeutsam hat sich in der Praxis zusätzlich die **Zeitkomponente** vor allem bei der Ausführung von Kundendienstaktivitäten erwiesen. So interessiert oftmals nicht alleine die Schadensanfälligkeit eines Produktes, sondern auch der Aufwand und die Zeit zur Behebung des Schadens. Das amerikanische Unternehmen Caterpillar war beispielsweise in der Lage, durch einen weltweiten 24-Stunden-Ersatzteilservice einen deutlichen Qualitätsvorteil gegenüber seinen Konkurrenten zu realisieren.

Zu dem Aspekt der Qualität von Serviceleistungen zählt schließlich auch die Behandlung von Reklamationen, denen oftmals Unternehmen nicht nachgehen oder auf den Rechtsweg verweisen, um unzufriedene Kunden abzuwehren. Demgegenüber haben viele Unternehmen gebührenfreie Telefonnummern eingerichtet, über die sich unzufriedene Kunden direkt an die Serviceabteilung wenden können (z. B. Unilever, Daimler-Benz).

Die zentrale Bedeutung von Beschwerden wird im Rahmen der Garantiepolitik des amerikanischen Herstellers Pitney-Bowes deutlich. Neben einer verbindlichen Garantie für das Produkt, die zugesagten Leistungsmerkmale und den rechtzeitigen Kundendienst nach der Lieferung verspricht das Unternehmen die Unterstützung durch die Geschäftsleitung, falls der Kunde unzufrieden sein sollte. Die Erfahrung mit dieser Kundengarantie hat dabei belegt, daß mit ihr keine erheblichen Mehraufwendungen verbunden sind. Bei über

100.000 Verkäufen lag die Zahl der Anrufe bei der Geschäftsleitung unter 100 Reklamationen (Altschul 1991, S. 252).

Angesichts der Unterscheidung zwischen technischer und wahrgenommener Qualität lassen sich unter dynamischen Gesichtspunkten verschiedene **Strategien der Qualitätsorientierung** identifizieren. Im Rahmen von Qualitätsverbesserungsstrategien werden die aus Konsumentensicht wichtigsten Qualitätsdimensionen technisch und wirtschaftlich verbessert. Darüber hinaus kann versucht werden, über eine Veränderung des Qualitätsbewußtseins die Wahrnehmung und Wichtigkeit von Leistungsmerkmalen zu beeinflussen. Eine „dynamische Qualität" ist schließlich der Kern von sog. **expansiven Qualitätsstrategien,** die inhaltlich dem Ansatz des Outpacing entsprechen.

Expansive Qualitätsstrategien werden oftmals als der Schlüsselfaktor für den Erfolg japanischer Unternehmen auf dem amerikanischen und europäischen Markt angesehen (sog. upgrading). Diese realisierten zunächst den Marktzugang durch das Angebot preiswerter Standardprodukte mit geringem Qualitätsniveau und erweiterten ihre Aktivitäten nach und nach auf die höherpreisigen Segmente, in denen die Europäer oder Amerikaner tätig waren. Wurde erst einmal ein derartiger „Brückenkopf" aufgebaut, folgte die zweite oder dritte Produktgeneration mit einer erheblich besseren Qualität (Kotler, Fahey, Jatusripitak 1985, S. 107).

In Wissenschaft und Praxis besteht Einigkeit darüber, daß Qualitätsstrategien durch die Etablierung eines **Total Quality Management** (TQM) umgesetzt werden müssen. Grundüberlegung des Total Quality Management ist, in allen Bereichen der Unternehmung ein hohes Qualitätsbewußtsein zu entwickeln und umzusetzen. Gerade in den „traditionellen internen Verwaltungsbereichen" der Unternehmung bestehen zahlreiche Möglichkeiten der Qualitätsbeeinflussung. So entscheiden z. B. die Abteilungen Einkauf, Auftragsbearbeitung, Produktionsplanung oder interne Logistik in erheblichem Maße über die Durchlaufzeit, in der ein Auftrag erfüllt wird, und damit über die Zufriedenheit und den Nutzen des Abnehmers.

Albach (1990) berichtet in diesem Zusammenhang von einem Haushaltsgerätehersteller, der einen Auftrag mit der Begründung des Kunden verlor, daß „wer Rechnungen nicht perfekt schreiben kann (der Briefkopf war fehlerhaft), kann auch keine perfekte Küche herstellen" (Albach 1990, S. 782).

Unterscheidet man die drei Bereiche Qualitätsplanung, -steuerung und -durchführung, so lassen sich in Abgrenzung zu traditionellen Konzepten der Qualitätskontrolle folgende Besonderheiten herausstellen (Scharrer 1991, S. 711 ff.):

- Zentrales Element der **Qualitätsplanung** stellt die Qualitätsphilosophie dar, die ihren Ausdruck in qualitätsorientierten Firmengrundsätzen findet. Derartige, schriftlich niedergelegte Firmengrundsätze müssen unternehmensweit kommuniziert werden (z. B. durch Informationsbroschüren, Betriebsversammlungen etc.).

- Die **Qualitätssteuerung** umfaßt die Instrumente der Information, Kommunikation, Normen und Standards sowie die Methoden zur Überprüfung der Erfüllung der Standards. Ausgangspunkt ist die Überlegung, daß mit gezielten Informationen der Total-Quality-Gedanke aktiviert und vertieft wird. Dies setzt die Kommunikation mit unternehmensinternen und -externen (Kunden und Lieferanten) Gesprächspartnern voraus. Qualitätshandbücher umfassen alle Normen und Standards (funktionelle Vorschriften, DIN-Normen und internationale Standards) zur Erfüllung der Abnehmeranforderungen. Die Kontrolle der in den Qualitätshandbüchern erfaßten Normen und Standards erfolgt schließlich im Rahmen von Qualitätsaudits. Diese umfassen neben dem Materialaudit die Überwachung der Meßverfahren sowie die Festlegung der verwendeten statistischen Verfahren.

  Die Etablierung von Qualitätsstandards sowie die Qualitätsmessung stehen bei **Qualitätssicherungssystemen** im Vordergrund (Shetty 1987, S. 51 f.; Fulmer, Goodwin 1988, S. 51). Dabei ist es sinnvoll, sog. Qualitätskosten zu ermitteln. Diese liegen in den Bereichen

  - Fehlervermeidung (Qualitätsplanung, Training, Schulung der Zulieferer),
  - Fehlerbewertung (Überwachung und Überprüfung),
  - interne Mängel (Überarbeitung und Ausschuß) sowie
  - externe Mängel (Garantiefälle und Haftung).

  Insbesondere die Unternehmen Polaroid und Hewlett Packard nutzen explizit Bewertungsmaßstäbe zur Erfassung mangelhafter Qualitäten, um ihren Mitarbeitern die Zusammenhänge zwischen Qualität, Produktivität und Rentabilität zu verdeutlichen. In den 80er Jahren verringerten sich nach der Einführung eines TQM-Konzeptes bei der Herstellung und Vertrieb von Bildröhren bei Philips die Qualitätskosten um mehr als die Hälfte des Ausgangswertes (von 22% auf 9,5% des Produktionswertes), wobei der größte Rückgang bei den internen Fehlerkosten zu verzeichnen war (Scharrer 1991, S. 706).

- Die **Qualitätsdurchführung** muß in erster Linie durch eine angepaßte Organisation gewährleistet werden. Dabei wird angenommen, daß eine dezentrale Struktur kleiner und mittelgroßer Unternehmenseinheiten sinnvoll ist, da hierdurch hinreichend flexibel auf Veränderungen reagiert werden kann. Arbeiten in Projektteams (Verbesserungsprojektgruppen, Quality Circles) wirken unterstützend. Oberstes Organ der Qualitätsdurchführung ist die Qualitätslenkungsgruppe, deren Vorsitzender ein leitendes Mitglied des Unternehmens sein muß (Scharrer 1991, S. 712).

2.23 Markierungsorientierung

Die Markierungsorientierung stellt eine weitere zentrale Differenzierungsdimension dar. Sie wird vornehmlich durch das Produktimage, aber auch durch den Werbedruck bzw. die Werbeintensität sowie die Stellung im Absatzkanal bestimmt (Benkenstein 1992, S. 74).

Insbesondere bei Produkten, die aus Abnehmersicht im Wettbewerbsumfeld durch eine vergleichsweise starke Homogenität (z. B. commodity goods) gekennzeichnet sind, kommt es darauf an, eine quasi differenzierende Wirkung über die **Markierung** bzw. über das **Image** zu realisieren. Auch in Fällen, in denen Nachfrager nicht hinreichend über das Produkt informiert sind, kann eine derartige „psychologische Differenzierung" Kaufpräferenzen zugunsten des eigenen Unternehmens beeinflussen. Daß eine derartige psychologische Differenzierung mittlerweile auch für weniger homogene Güter angestrebt wird, zeigt das Beispiel des Hausgeräteherstellers Krups. Dieser positioniert sich als „zeitgemäße, erlebnisorientierte Qualitätsmarke" mit den Profilierungsdimensionen „Qualität", „Design" und „Lifestyle" (Tiemann 1991, S. 106).

Wenn sich objektive Kriterien zur Bewertung von Produkten nicht nachvollziehen lassen, müssen andere Attribute bzw. das Produkt-, Marken- oder Firmenimage herangezogen werden. Ein derartiges Image muß dabei drei zentrale Anforderungen erfüllen. Es muß zunächst eine **einmalige Botschaft** über die Eigenschaften des Produktes zum Ausdruck bringen. Diese Botschaft muß **auf unverwechselbare Art vermittelt** werden und eine emotionale Unterstützung für den Nachfrager liefern. Schließlich muß dieses Image **kommunikativ intensiv umgesetzt** und durch andere flankierende Maßnahmen (angepaßte Distribution und Preispolitik, z. B. durch Selektivvertrieb und eine Hochpreisstrategie) unterstützt werden.

2.24 Programmbreite

Eine weitere Dimension stellt die Programmbreite dar. Sie spiegelt eine ausgeprägte Nachfragerorientierung innerhalb der Angebotspolitik wider und wird vornehmlich durch die **Flexibilität, spezifische Produktvarianten anzubieten** sowie durch die Flexibilität im Bereich der Kundendienstleistungen bestimmt. Dieser – oft unter dem Stichwort „Kundennähe" diskutierte – Aspekt (Albers, Eggert 1988, S. 11) beschreibt das Potential zur differenzierten Marktbearbeitung, das sich vor allem in einer Produktdifferenzierung durch ein breites und tiefes Programm sowie durch das Angebot flankierender Dienstleistungen auszeichnet (Meyer 1985).

Stärker als eine konsequente Qualitätsorientierung ist eine derartige Angebotsdifferenzierung mit einem hohen Ressourceneinsatz verbunden. Es besteht daher die Gefahr, daß

Unternehmen mit einem differenzierten Programm gegenüber Spezialanbietern im Kostennachteil sind. Daher liegt die zentrale Herausforderung bei breiten Programmen in einer Kostenreduktion durch das **Management von Synergien**.

Synergien entstehen in diesem Zusammenhang, wenn zur Erstellung unterschiedlicher Produkte auf gemeinsames Know-how, Ressourcen (z. B. Maschinen) oder Abnehmergruppen zurückgegriffen werden kann. Darüber hinaus ist es möglich, auf der Basis sog. modularer Konzepte (Baukastenprinzip) große Stückzahlen bei einzelnen Komponenten zu realisieren, die dann in unterschiedlichen Konfigurationen zusammengesetzt werden können.

Durch eine Fokussierung der Produktlinie auf wenige Produkte ist es demgegenüber möglich, besondere Fertigungsfähigkeiten und Effizienzvorteile zu realisieren. Daher können auch kleinere Anbieter im Markt Kostenvorteile realisieren, wenn sie sich auf bestimmte Produktsegmente beschränken.

2.25 Kostenorientierung

Die Dimension Kostenorientierung weist in allen empirischen Studien einen strategietyptrennenden Charakter auf. Gekennzeichnet ist eine ausgeprägte Kostenorientierung vor allem durch niedrige direkte Kosten, die durch die Realisierung von Größendegressions- und Erfahrungskurveneffekten sowie die Nutzung von Prozeßinnovationen entstehen.

Größeneffekte geben die mit einer größeren Ausbringungsmenge verbundene Effizienzerhöhung wieder. Diese Effizienz resultiert aus **Economies-of-Scale- und Fixkostendegressionseffekten**. Economies-of-Scale (Skaleneffekte) geben die Kostenersparnis wieder, die durch wachsende Ausbringungsmengen entstehen, während sich die Fixkostendegression auf sinkende durchschnittliche Kosten bezieht. Im letzteren Fall werden fixe Kosten für Produktionsanlagen, Verwaltung oder die Werbung auf eine größere Zahl abgesetzter Produkte verteilt. Voraussetzung für die Realisierung von Degressionseffekten ist neben einem hohen Absatzpotential je Fertigungsstätte die weitgehende Standardisierung der zu produzierenden Güter (Bolz 1991, S. 165).

Beispiele für die Skalensensitivität verschiedener Prozesse bei der Automobilproduktion gibt die Abbildung 1 wieder. Es zeigt sich, daß insbesondere die Herstellung von Karosserieteilen, Motoren und Kupplungen besonders hohe Degressionspotentiale aufweist. Konsequenterweise wird gerade in der Automobilindustrie versucht, z. B. im Rahmen von Joint Ventures oder Abkommen über den Tausch bzw. die Teilung von Komponenten und Technologien die ansonsten nicht realisierbaren Größenvorteile zu erreichen. So verwenden beispielsweise Renault und Volvo identische Sechszylinderaggregate („Euro-Motor"), und die Mittelklasse-Automobile Alfa 164, Fiat Croma, Lancia Thema und Saab 9000 sind mit einer gemeinsamen Bodengruppe ausgestattet.

Produktionsprozesse	Kosten (in % der variablen Kosten)	Degressionspotentiale der Kosten bei Verdoppelung der Jahresproduktionsmenge
Motoren	15 %	– 15 %
Kupplung	7 %	– 15 %
Achsen	10 %	– 10 %
Andere mechanische Teile	12 %	– 12 %
Karosseriepresse	8 %	– 30 %
Karosseriemontage	10 %	– 5 %
Ausstattung und Sitze	11 %	0
Gesamtmontage und Lackierung	27 %	0

GABLER GRAPHIK

Abbildung 1: Degressionspotentiale ausgewählter Prozesse bei der Automobilproduktion (Quelle: Doz 1986, S. 63)

Neuere Entwicklungen im Rahmen **flexibler Fertigungstechnologien** könnten jedoch schon in naher Zukunft potentielle Degressionseffekte relativieren (Zahn 1987). Erfahrungen aus der Maschinenbau- und Automobilindustrie zeigen, daß der Kostenaufwand solcher Technologien z.T. erheblich durch die gewonnenen **Flexibilitätsvorteile** kompensiert werden kann. So werden bestimmte Modulkomponenten nach wie vor standardisiert produziert, die Produktion von kundenspezifischen Teilen bzw. die Endmontage wird hingegen in hochflexiblen, automatisierten Fertigungsbereichen vorgenommen (**„Fertigungssegmentierung“**) (Wildemann 1987, S. 25). In diesem Zusammenhang wird in letzter Zeit vermehrt darauf verwiesen, daß aufgrund flexiblerer Produktionstechnologien Produktmodifikationen möglich sind und daher Economies-of-Scale-Potentiale aufgrund geringerer Losgrößenzwänge reduziert werden (Meffert 1989, S. 450). Darüber hinaus wird argumentiert, daß in zahlreichen Produktkategorien die reinen Materialkosten einen immer geringeren Teil der Gesamtkosten darstellen, so daß Skaleneffekte nur noch beschränkt zum Tragen kommen können (Bolz 1991, S. 168). So wird angeführt, daß selbst in der sehr skalensensitiven Fernseherindustrie sich Kostenvorteile in der Fertigung als erheblich weniger stabil gezeigt haben als Wettbewerbsvorteile durch integrierte Logistik- und Vertriebssysteme (z. B. bei Philips) (Hamel, Prahalad 1986).

Derartige Größenvorteile lassen sich auch in der F & E realisieren. In diesem Bereich sind Tendenzen erkennbar, durch die Zusammenarbeit von Wettbewerbern hohe Outputmengen anzustreben, um hierdurch eine Realisierung von Degressionsvorteilen zu ermöglichen. So haben sich zahlreiche europäische Computerhersteller aktiv an Gemeinschaftsprojekten im Forschungsbereich beteiligt. Siemens und ICL unterhalten Verbindungen zu Fujitsu; gleichzeitig wurde von Siemens, ICL und Bull in der Bundesrepublik ein gemeinsames Forschungsinstitut eingerichtet, um dort kooperative Grundlagenforschung zu betreiben (Porter, Fuller 1989).

Das **Potential zur Realisierung von Degressions- und Erfahrungskurveneffekten** hängt von einer Reihe unternehmensinterner Faktoren ab. Zunächst ist davon auszugehen, daß kostenorientierte Strategien vor allem mit einer zentralgesteuerten, funktional ausgerichteten, straffen Organisationsstruktur, in der Verantwortung und Kompetenzbereiche eindeutig zugeordnet sind, umgesetzt werden können (Stein 1988, S. 406; Meffert 1991, S. 411; Porter 1992, S. 69). Der Einsatz hierarchischer, eindimensionaler Koordinationskonzepte erlaubt dabei eine effiziente Kostenplanung und -kontrolle.

Im Rahmen der **Beschaffung** können Kostenvorteile durch Zentralisierung und ein **Global Sourcing** realisiert werden. **Just-in-Time-Konzepte** verringern in diesem Zusammenhang die ressourcenbezogene Kapitalbindung. Darüber hinaus ist eine optimale innerbetriebliche Abstimmung der Materialwirtschaft und Logistik (logistisches Schnittstellenmanagement) erforderlich, da hier oftmals ein hoher Anteil der Kosten verursacht wird.

Eine Orientierung an **innovativen Prozeßtechnologien** stellt eine weitere Herausforderung von Kostenstrategien dar. Neueste Verfahren und Anwendungstechniken sowie der Alleinbesitz von Know-how und Patenten sind dabei als zentrale Erfolgsfaktoren zu nennen (Ghemawat 1985, S. 146). Die Standardisierung von Produktionsprozessen zur Realisierung von Spezialisierungsvorteilen sowie die Auslagerung von Produktionsstandorten in sog. Billiglohnländer sind dabei speziell im Produktionsbereich umzusetzen (Hinterhuber 1982, S. 95; Stein 1988, S. 406).

In diesem Zusammenhang wird deutlich, daß die Diskussion kostenorientierter Strategien vor allem anhand innengerichteter Aspekte erfolgt. Aus diesem Grund wird die Kostenführerschaft oftmals auch – im Gegensatz zur „marktgerichteten" Differenzierungsstrategie – als primär „wettbewerbsorientiert" gekennzeichnet (Meffert 1986, S. 30), weil die unternehmensspezifischen Kostenvorteile in Relation zum Wettbewerb im Vordergrund stehen. Eine marktgerichtete Bedeutung erlangt die kostenorientierte Strategie erst durch die Weitergabe der Kostenvorteile an die Abnehmer in Form von Preisvorteilen. Die **Preis-Mengen-Strategie** folgt jedoch nicht zwangsläufig aus der Kostenorientierung. Es ist ebenso denkbar, daß Kostenvorteile zunächst nicht an die Abnehmer weitergegeben werden, sondern die zusätzlichen Deckungsbeiträge z. B. zur Qualitätsverbesserung oder Stärkung der F & E-Aktivitäten eingesetzt werden. Da sich in der Literatur jedoch der Begriff der „Kostenführerschaft" durchgesetzt hat und dieser überwiegend synonym zur Preis-Mengen-Strategie verwendet wird, soll auch hier davon ausgegangen werden, daß sich die Kostenvorteile direkt als Preisvorteile in der abnehmergerichteten Wettbewerbsstrategie widerspiegeln.

2.3 Ausblick

In der Vergangenheit konzentrierten sich Unternehmen bei der Schaffung von Wettbewerbsvorteilen häufig auf jeweils eine strategische Grunddimension der Abnehmerorientierung. Spätestens jedoch mit der Entwicklung des Outpacing-Ansatzes (Gilbert, Strebel, 1987) wurde deutlich, daß der langfristige Erfolg eine mehrdimensionale Orientierung erfordert. Weder eine einseitige Qualitäts- noch eine Kostenorientierung erscheint ausreichend, um auf Dauer am Markt bestehen zu können. Abnehmer fordern zunehmend hohe Qualität bei gleichzeitig niedrigem Preis. Die Markierungsorientierung stellt insbesondere bei stark homogenen Produkten eine Voraussetzung des Markterfolges dar und nur ein breites Programm erlaubt die Befriedigung der zunehmend differenzierten Konsumentenwünsche. Darüber hinaus gewinnt aufgrund der Marktdynamik mit immer kürzeren Lebenszyklen die Innovationsorientierung an Bedeutung. In welchem Ausmaß es möglich ist, auf allen Dimensionen Wettbewerbsfähigkeit zu beweisen, verdeutlichen japanische Unternehmen. Mit einem Angebot innovativer, qualitativ hochwertiger Produkte zu niedrigen Preisen dominieren sie heute eine Vielzahl von Märkten wie z. B. den Bereich der Unterhaltungselektronik.

Literaturhinweise

Albach, H. (1990): Das Management der Differenzierung, in: Zeitschrift für Betriebswirtschaft, Heft 8, 1990, S. 773–788.
Albers, S., Eggert, K. (1988): Kundennähe – Strategie oder Schlagwort?, in: Marketing ZFP, Heft 1, 1988, S. 5–16.
Altschul, K. (1991): Ein roter Teppich für den Kundendienst, in: Absatzwirtschaft, Sonderheft Oktober 1991, S. 238–252.
Becker, J. (1992): Marketing-Konzeption, 4. Aufl., München 1992.
Benkenstein, M. (1992): Die Reduktion der Fertigungstiefe als betriebswirtschaftliches Entscheidungsproblem, unveröffentlichte Habilitationsschrift, Münster 1992.
Bolz, J. (1991): Standardisierungspotentiale der internationalen Marktbearbeitung, Münster 1991.
Büker, B. (1991): Qualitätsbeurteilung investiver Dienstleistungen, Frankfurt/Main 1991.
Doz, Y. (1986): Strategic Management in Multinational Companies, Oxford u. a. 1986.
Fulmer, W. E., Goodwin, J. (1988): Differentiation: Begin with the Consumer, in: Business Horizons, September/October 1988, S. 55–63.
Galbraith, C., Schendel, D. (1983): An Empirical Analysis of Strategy Types, in: Strategic Management Journal, 1983, No. 2, S. 153–173.
Garvin, D. A. (1988): Die acht Dimensionen der Produktqualität, in: Harvard Manager, Nr. 3, 1988, S. 66–74.
Ghemawat, P. (1985): Building Strategy on the Experience Curve, in: Harvard Business Review, No. 2, 1985, S. 143–149.
Ghemawat, P. (1986): Sustainable Advantage, in: Harvard Business Review, No. 1, 1986, S. 53 ff.
Gilbert, X., Strebel, P. (1987): Strategies to Outpace the Competition, in: Journal of Business Strategy, No. 1, 1987, S. 28–36.
Görgen, W., van Kerkom, K. (1991): Der Wechsel der Wettbewerbsstrategie. Eine kritische Analyse der Bestimmungsfaktoren und Maßnahmen, Arbeitspapier Nr. 20 des Instituts für Markt- und Distributionsforschung, Hrsg.: Köhler, R., Köln 1991.
Hamel, G., Prahalad, C. K. (1986): Haben Sie wirklich eine globale Strategie?, in: Harvard Manager, Nr. 1, 1986, S. 90–97.
Hinterhuber, H. H. (1982): Wettbewerbsstrategie, Berlin, New York 1982.
Kim, L., Lim, Y. (1988): Environment, Generic Strategies and Performance in a Rapidly Developing Country: A Taxonomic Approach, in: Academy of Management Journal, No. 4, 1988, S. 802–827.
Kotler, Ph., Bliemel, F. (1992); Marketing-Management, Stuttgart 1992.
Kotler, Ph., Fahey, L., Jatusripitak, S. (1985): The New Competition, Englewood Cliffs 1985.
Leder, M. (1989): Innovationsmanagement – Ein Überblick, in: Zeitschrift für Betriebswirtschaft-Ergänzungsheft, Heft 1, 1989, S. 1–54.
Lewin et al. (1984): Survey Research on R&D Approbability and Technological Opportunity, New Haven 1984.
Meffert, H. (1986): Marketing und strategische Unternehmensführung – ein wettbewerbsorientierter Kontingenzansatz, Arbeitspapier Nr. 32 der Wissenschaftlichen Gesellschaft für Marketing und Unternehmensführung e.V., Hrsg.: Meffert, H. Wagner, H., Münster 1986.
Meffert, H. (1989): Globalisierungsstrategien und ihre Umsetzung im internationalen Wettbewerb, in: Die Betriebswirtschaft, Heft 4, 1989, S. 445–463.
Meffert, H. (1991): Wettbewerbsstrategien auf globalen Märkten, in: Betriebswirtschaftliche Forschung und Praxis, Heft 5, 1991, S. 399–415.
Meyer, A. (1985): Produktdifferenzierung durch Dienstleistungen, in: Marketing ZFP, Heft 2, 1985, S. 99–107.
Morrison, A. J. (1990): Strategies in Global Industries, New York 1990.
Parasuraman, A., Zeithaml, V. A., Berry, L. L. (1985): A Conceptual Model of Service Quality and its Implications for Future Research, in: Journal of Marketing, No. 2, 1985, S. 41–50.

Perlitz, M. (1988): Wettbewerbsvorteile durch Innovation, in: Simon, H. (Hrsg.): Wettbewerbsvorteile und Wettbewerbsfähigkeit, Stuttgart 1988, S. 47–65.

Peters, Th. J., Waterman, R. H. (1982): In Search for Excellence, New York 1982.

Porter, M. E., Fuller, M. B. (1989): Koalitionen und globale Strategie, in: Porter, M. E. (Hrsg.): Globaler Wettbewerb, Wiesbaden 1989, S. 363–399.

Porter, M. E. (1992): Wettbewerbsstrategie, Frankfurt/Main, New York 1992.

Scharrer, E. (1991): Qualität – ein betriebswirtschaftlicher Faktor, in: Zeitschrift für Betriebswirtschaft, Heft 7, 1991, S. 695–720.

Shetty, Y. K. (1987): Product Quality and Competitive Strategy, in: Business Horizons, No. 3, 1987, S. 46–52.

Simon, H. (1988): Management strategischer Wettbewerbsvorteile, in: Simon, H. (Hrsg.): Wettbewerbsvorteile und Wettbewerbsfähigkeit, Stuttgart 1988, S. 1–17.

Stalk, G., Hout, Th. (1990): Competing against Time, New York 1990.

Stein, H. G. (1988): Kostenführerschaft als strategische Erfolgsposition, in: Henzler, H. (Hrsg.): Handbuch Strategische Führung, Wiesbaden 1988, S. 397–426.

Tiemann, K. (1991): Der Freiraum einer deutschen Edelmarke unter französischer Regie, in: Absatzwirtschaft, Sonderheft Oktober 1991, S. 104–109.

Trummer, A. (1990): Strategien für strategische Geschäftseinheiten in stagnierenden und schrumpfenden Märkten, Frankfurt 1990.

White, R. E. (1986): Generic Business Strategies, Organizational Context and Performance: An Empirical Investigation, in: Strategic Management Journal, No. 3, 1986, S. 217–231.

Wildemann, H. (1987): Strategische Investitionsplanung – Methoden zur Bewertung neuer Produktionstechnologien, Wiesbaden 1987.

Wright, P. A. (1987): Refinement of Porter's Strategies, in: Strategic Management Journal, No. 1, 1987, S. 93 ff.

Zahn, E. (1987): Produktionstechnologien als Element internationaler Wettbewerbsstrategien, in: Dichtl, E., Gehrke, W., Kieser, A. (Hrsg.): Innovation und Wettbewerbsfähigkeit, Wiesbaden 1987, S. 153 ff.

3. Konkurrenzgerichtete Strategien

3.1 Bestimmungsfaktoren des Wettbewerbs

Stellt man den Konkurrenzaspekt in den Vordergrund der strategischen Überlegungen, so geht es darum, die künftige Stellung der Unternehmung im Wettbewerbsumfeld festzulegen, d. h. für die längerfristigen Verhaltensweisen gegenüber den Wettbewerbern Akzente zu setzen. Eine solche Politik wird wesentlich von den strukturellen und unternehmensbezogenen Parametern geprägt, die den Wettbewerb bestimmen. Unter Analysegesichtspunkten wird in diesem Zusammenhang auch zwischen der sog. **„Wettbewerbs-“** und der **„Konkurrentenanalyse“** unterschieden (Joas 1990, S. 69).

3.11 Strukturelle Determinanten der Wettbewerbsintensität

Die Analyse struktureller Merkmale des Wettbewerbs findet ihre Wurzeln in der Forschungstradition der Industrial Organization (Porter 1981, S. 609). Deren Untersuchungsziel ist die Erforschung jener Ursachen, die zu Unterschieden in den Rentabilitäten verschiedener Branchen führen. Unter strukturellen Aspekten sind dabei die Triebkräfte des Wettbewerbs, die Marktform, das Marktstadium sowie das Wettbewerbsgleichgewicht zu analysieren.

3.111 Triebkräfte des Wettbewerbs

Aus der Vielzahl der strukturellen Faktoren, welche die Wettbewerbsintensität determinieren, werden in der Literatur vor allem die aus der Industrieökonomik hervorgegangenen und auch empirisch überprüften Bestimmungsfaktoren hervorgehoben (Fronhoff 1986, S. 166 ff.). Dem Begriff des damit zusammenhängenden **„erweiterten Wettbewerbs“** (Joas 1990, S. 96 ff.; Porter 1992, S. 25 ff.) liegt der Gedanke zugrunde, daß das Verhalten einer Unternehmung nicht nur von den aktuellen Konkurrenten, sondern ebenfalls vom Verhalten der Nachfrager und Zulieferer sowie von Substitutionsgütern und potentiellen neuen Wettbewerbern determiniert wird. Während die drei erstgenannten Faktoren die Unternehmung im Hinblick auf den Wettbewerb direkt beeinflussen, stellen Substitutionsgüter und neue Konkurrenten eine potentielle Bedrohung der Unternehmensposition dar (vgl. Abbildung 1).

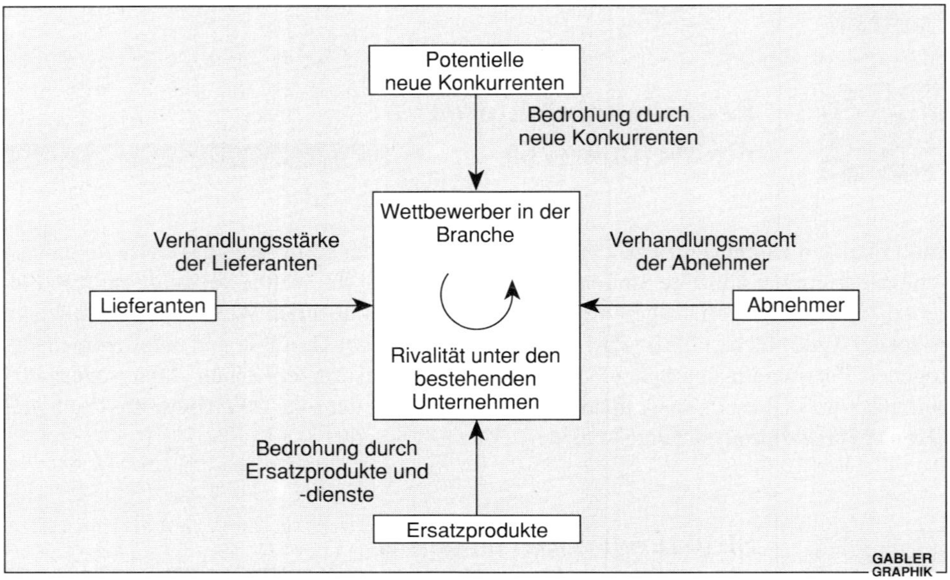

Abbildung 1: Triebkräfte des Wettbewerbs
(Quelle: Porter 1992, S. 26)

Die **Abnehmer** einer Unternehmung besitzen in bestimmten Situationen eine gewisse Verhandlungsmacht, deren Höhe die Rentabilität der unternehmerischen Aktivitäten beeinflußt. Beispielsweise können Forderungen nach einer höheren Produktqualität, einem besseren Service oder individuellen Lieferbedingungen gestellt werden. Eine hohe **Nachfragemacht** hängt dabei vor allem von folgenden Faktoren ab:

- Hoher Konzentrationsgrad auf der Abnehmerseite,
- hoher Umsatz bei einzelnen Abnehmern,
- geringe Produktdifferenzierung,
- geringe Transferkosten bei einem Anbieterwechsel,
- hohe Informationstransparenz und
- Möglichkeiten der vertikalen Rückwärtsintegration.

Eine wachsende Bedeutung besitzt die Nachfragemacht von Abnehmern im **Handel.** Insbesondere im Bereich der Nahrungs- und Genußmittel hat ein Konzentrationsprozeß auf seiten des Handels stattgefunden, der es dem Handel erlaubt, starken Einfluß auf die Konditionenpolitik der Hersteller zu nehmen. Neben der nationalen Konzentration von Handelsunternehmen zeichnen sich darüber hinaus internationale Expansionsbestrebungen und die Entwicklung europaweiter Einkaufskooperationen ab. Hierdurch sehen sich die Hersteller der Forderung des Handels ausgesetzt, die jeweils günstigsten Konditionen auf alle anderen europäischen Länder zu übertragen (Tietz 1990, S. 94 ff.).

Die **Verhandlungsmacht der Zulieferer** gegenüber der Unternehmung kann sich dahingehend auswirken, daß die Preise der gelieferten Produkte erhöht, die Qualität verringert oder die Liefermenge begrenzt werden kann. Vor dem Hintergrund einer vielfach zu beobachtenden neuen Rollen- und Aufgabenverteilung im Verhältnis Hersteller-Zulieferer wie z. B. in der Automobilindustrie muß die Verhandlungsstärke der Lieferanten allerdings differenziert beurteilt werden.

Einerseits ergibt sich aus der üblicherweise hohen Zahl an Zulieferbetrieben tendenziell eine relativ stärkere Position der Hersteller. Andererseits bewirkt gerade diese Aufgaben- und Rollenverteilung bei einer geringen Zahl von Zulieferern eine Verstärkung deren Verhandlungsmacht. Rationalisierungsanstrengungen seitens der Hersteller, eine vor allem in der Automobilindustrie zu beobachtende Tendenz zum „single sourcing“ sowie die Auslagerung von High-Tech-Wertschöpfungsaktivitäten an die Zulieferbetriebe bedeuten bei einer Inanspruchnahme nur eines oder weniger Zulieferer – nicht zuletzt durch die technologische Abhängigkeit – eine Erhöhung deren Verhandlungsmacht (o. V. 1992, S. 113). Darüber hinaus ist es mit Blick auf die weiter wachsende Technologiedynamik sowie aufgrund der zunehmenden Größe vieler Zulieferbetriebe nicht ausgeschlossen, daß durch vertikale Vorwärtsintegration neue Wettbewerber geschaffen werden. So werden z. B. von Intel, der als Komponentenhersteller ursprünglich nur Mikroprozessoren produzierte, mittlerweile als Endgeräteanbieter auch tragbare Computer vertrieben.

Die Voraussetzungen, die den Zulieferern eine größere Verhandlungsmacht einräumen, lassen sich analog zu den Bedingungen ableiten, die für die Verhandlungsmacht der Abnehmer ausschlaggebend sind:

- Hoher Konzentrationsgrad auf der Zuliefererseite,
- das Unternehmen ist für den Zulieferer kein wichtiger Kunde,
- das Produkt besitzt für die Unternehmung einen hohen Stellenwert,
- die Zulieferprodukte sind stark differenziert und damit die Transferkosten hoch und
- es besteht die Gefahr der vertikalen Vorwärtsintegration.

Unter **Substitutionsgütern** sind Produkte zu verstehen, welche für eine bestimmte Abnehmergruppe dieselbe Funktion besitzen, jedoch auf anderen Technologien basieren (Kreilkamp 1987, S. 95; Thomas 1989, S. 9 ff.). Die Stärke der Substitutionsbedrohung hängt dabei vor allem vom technologischen Wandel, dem Preis-Leistungsverhältnis des Substitutionsgutes, aber auch von den Auswirkungen der Veränderung rechtlicher Bestimmungen (z. B. Normen und Standards) ab.

So ist beispielsweise durch die Liberalisierung technischer Normen im europäischen Binnenmarkt ein potentieller Wettbewerb durch Produkte gegeben, welche denselben Zweck bzw. Nutzen mit anderen bisher nicht zugelassenen Inhaltsstoffen oder Technologien erfüllen. Zu nennen sind in diesem Zusammenhang die Einführung neuer künstlicher Süßstoffe, sojahaltiger Wurstwaren oder neuer Biersorten in bestimmten Ländern der EG.

Ein vierter Faktor, der für die Unternehmung zusätzlichen Wettbewerb schafft, ist die Bedrohung durch **neue Konkurrenten.** Neben der Substitutionskonkurrenz sind bei einem möglichen Marktzutritt von außen vor allem die Art und Höhe von Markteintrittsbarrieren von Interesse sowie die auf einen Eintritt möglichen Reaktionen seitens der etablierten Unternehmen.

Potentielle neue Wettbewerber lassen sich vor allem bei folgenden Unternehmensgruppen identifizieren (Lambin 1987, S. 172; Porter 1992, S. 55):

- Unternehmen, die nicht zum Produktmarkt gehören, die jedoch Markteintrittsbarrieren ohne Probleme überwinden können (z. B. durch Kapitalausstattung, hohe Handlungs- oder Strukturflexibilität),
- Unternehmen, für die ein Marktzutritt deutliche Synergien bedeuten würde,
- Unternehmen, für die ein Marktzutritt die logische Konsequenz ihrer Strategie ist (z. B. durch vergangenes Verhalten oder bekundete Diversifikationsvorhaben) und
- Abnehmer oder Lieferanten, die eine vertikale Vorwärts- bzw. Rückwärtsintegration betreiben können.

Die Stärke einer solchen Bedrohung hängt von der Höhe der **Markteintrittsbarrieren** ab. Dabei werden unter Eintrittsbarrieren diejenigen nicht-institutionellen Faktoren verstanden, welche den Eintritt in eine Branche oder in einen Markt erschweren bzw. verhindern (Berg 1978; Simon 1989; Kolbe 1991). Der Umfang dieser Eintrittsbarrieren hängt – in Anknüpfung an das von Bain und Porter diskutierte Paradigma – vor allem von der Ausprägung der folgenden Faktoren ab (Bain 1968, S. 53 ff.; Porter 1992, S. 29; Coves, Ghemawat 1992, S. 10):

- Produktdifferenzierungsvorteile,
- Kostenvorteile,
- Investitionsvolumina und
- Markteintrittsrisiken.

Je höher die durch diese Faktoren bestimmten Eintrittsbarrieren sind, desto höher ist das Preisniveau, das die etablierten Unternehmungen für ihre Produkte realisieren können, ohne durch „zu hohe" Renditen Neueintritte in die Branche herauszufordern (Bain 1968, S. 252 ff.).

Produktdifferenzierungsvorteile – etwa durch eine intensive Absatzwerbung, hohes Serviceniveau, innovative Produkte etc. – sind Ursachen für die von den Abnehmern gebildeten Kaufpräferenzen. Potentielle Neuanbieter können diesen von etablierten Unternehmen gehaltenen Vorteil nur durch intensive Marketinganstrengungen ausgleichen, um bestehende Kaufwiderstände abzubauen. Empirische Untersuchungen belegen in diesem Zusammenhang, daß der Produktdifferenzierung eine stark eintrittshemmende Wirkung zukommt. Dies betrifft insbesondere intensive Werbeanstrengungen, die zu starken Kundenpräferenzen in Form einer hohen Markentreue führen (Yip 1982, S. 53; Minderlein 1989, S. 179 ff.).

Kostenvorteile können auf unterschiedlichen Ursachen beruhen. Von **Betriebsgrößenvorteilen** wird gesprochen, wenn aufgrund einer wachsenden Unternehmensgröße Kostendegressionseffekte realisiert werden. Eine eintrittshemmende Wirkung resultiert vor allem daraus, daß Neuanbieter gezwungen sind, eine den etablierten Unternehmen ähnliche Ausbringungsmenge zu produzieren oder sich von vornherein mit einer Beschneidung ihrer strategischen Optionen (z. B. Zwang zur Nischenstrategie) abzufinden. Insbesondere in Branchen mit geringen Wachstumsraten kann jedoch die vom Neuanbieter zusätzlich produzierte Menge nur zu Lasten der etablierten Unternehmen abgesetzt werden. Dies erhöht in erheblichem Maße die Wettbewerbsintensität.

Es gilt jedoch zu beachten, daß Kostendegressionsvorteile aus Spezialisierung und Massenfertigung dann hinfällig werden, wenn Neuanbieter mit effizienteren Technologien (z. B. CIM, CAM) eine geringere Ausbringungsmenge zu ähnlichen Kosten wie die etablierten Anbieter realisieren können. Zweifellos liegt hierin auch die primäre Ursache für den uneinheitlichen empirischen Befund zum Zusammenhang zwischen Betriebsgrößenvorteilen und der Höhe von Markteintrittsbarrieren (Caves 1977, S. 26; Harrigan 1981, S. 410; Bolz 1992, S. 116).

Neben der Betriebsgrößendegression und anderen Kostenvorteilen, die auf einem günstigen Zugang zu Resscurcen, Standortvorteilen etc. beruhen, sind vor allem **Erfahrungskurveneffekte** bedeutsam (Henderson 1974, S. 19; Kreilkamp 1987, S. 334 ff.). Diese kennzeichnen den empirisch ermittelten Zusammenhang, daß die inflationsbereinigten Kosten bei Verdoppelung der kumulierten Absatzmenge um einen konstanten Prozentsatz sinken. Wie die Untersuchungen zeigen, ist die auf Erfahrungskurveneffekten beruhende Kostenreduktion dabei abhängig von der betrachteten Branche. So beträgt der Erfahrungskurveneffekt in der Automobilbranche 12 %, bei Fernsehern etwa 20 % und in der Halbleiterbranche 40–50 % (Lambin 1987). Dabei wird deutlich, daß erfahrungsbedingte Kostenrückgänge insbesondere in Branchen mit einem hohen Automatisierungsgrad oder einem hohen Anteil qualifizierter Arbeitsvorgänge entstehen, in der Fertigung stärker auftreten als z. B. im Absatz und bei Vor- und Zwischenprodukten eher als bei Fertigprodukten zu finden sind (Fronhoff 1986; Simon 1992).

Das erforderliche **Investitionsvolumen** engt den Kreis der Unternehmungen, für die ein Markteintritt überhaupt möglich ist, stark ein. Beim Markteintritt werden zum einen Investitionen in den F&E- und den Produktionsbereich erforderlich, zum anderen kann das Marketing einen erheblichen Kapitalbedarf verursachen.

Der Bedarf an **Vorarbeiten im Bereich der F&E** führt zu fixen Markteintrittskosten, die einen hohen Einfluß auf das Eintrittsrisiko haben, da ein Erfolg hier kaum prognostizierbar ist (Knauth 1992, S. 76 ff.). So sind in der Mineralölindustrie die Explorationskosten sehr hoch, der Erfolg jedoch äußerst ungewiß. Ebenso hat die Notwendigkeit der Nutzung von Patentrechten und Konzessionen einen nicht zu unterschätzenden Einfluß auf die Markteintrittskosten.

Das für die **Produktion notwendige Finanzierungsvolumen** hängt im wesentlichen davon ab, in welchem Maße aufwendige Produktionsanlagen, Gebäude und Grundstücke angeschafft werden müssen. Der Investitionsbedarf steigt bei Produktionen, in denen erhebliche Kostendegressionseffekte durch Fertigung großer Serien (Economies of Scale) zu erzielen sind, da hier von vornherein relativ hohe Kapazitäten aufzubauen sind, um Nachteile in der Kostenstruktur zu vermeiden (Harrigan 1981, S. 410).

Der **Kapitalbedarf für das Marketing** wird vor allem in den Markenartikelmärkten zu einem bedeutenden Faktor. Die Praxis hat in diesem Zusammenhang gezeigt, daß die Einführung einer neuen Zigarettenmarke im Durchschnitt mit einem notwendigen Investitionsvolumen von 15 Mio. DM verbunden ist. Ähnliche Dimensionen werden auch von der Waschmittelbranche berichtet. Die Kosten hängen wesentlich von der Aufgeschlossenheit des Handels und der Endabnehmer sowie vom Verhalten der bisher im Markt tätigen Unternehmen gegenüber neuen Anbietern ab.

Die Diversifikation eines Unternehmens in einen neuen Markt bedingt in der Regel eine Reihe von **unternehmensinternen Umstellungen.** So ist das Informationssystem an die neuen Erfordernisse anzupassen, die betroffenen Mitarbeiter müssen geschult werden, Umstellungen in der Organisationsstruktur können erforderlich werden etc. Im Rahmen dieser Anpassung des Unternehmens an die Erweiterung seiner Aufgaben muß auch mit einer vorübergehenden Effizienzsenkung gerechnet werden.

Die Höhe der für die Markterschließung aufgewendeten Mittel hat dabei einen direkten Einfluß auf das monetäre Verlustrisiko und die Mißerfolgswahrscheinlichkeit. So ist bei hohem Mitteleinsatz die Wahrscheinlichkeit eines Mißerfolges gering (aufgrund einer fundierten Markteintrittsplanung und -durchführung), das quantitative Verlustrisiko jedoch hoch. Bei geringem Mitteleinsatz verhält es sich umgekehrt.

Inwieweit die **Risiken des Markteintritts** als Barrieren wirken, hängt von der Risikobereitschaft des Management und seiner subjektiven Bewertung der im Markt wahrgenommenen Chancen ab. In einer Zeit gesamtwirtschaftlicher Probleme, erhöhter Unsicherheit und gedämpfter Stimmung in den Unternehmen wächst die Bedeutung des Risikoaspekts.

Das Markteintrittsrisiko läßt sich in zwei Komponenten gliedern:

- **Die Höhe des bei Mißerfolg zu erwartenden Verlustes**
  Das Verlustrisiko ist abhängig von der Art und Höhe der für den Markteintritt notwendigen Aufwendungen. So ist davon auszugehen, daß die Fixkosten des Markteintritts und die Investitionen in das Marketing weitgehend verloren sind.

- **Die Wahrscheinlichkeit eines Mißerfolgs**
  Über das Mißerfolgsrisiko beim Eintritt in einen neuen Markt herrscht in der Regel Unsicherheit, da es von einer Reihe nicht vorhersehbarer Entwicklungen und Reaktionen der Marktteilnehmer abhängt. Dabei sind hier nur Tendenzaussagen möglich. Von Bedeutung dürften in diesem Zusammenhang die Marktform, das Marktwachstum und die Bindung der Nachfrager an die bisherigen Anbieter sein. Das höchste Risiko würde etwa in einem schrumpfenden Oligopolmarkt für Markenartikel, wie z. B. dem Zigaretten- oder dem Kaffeemarkt, bestehen.

3.112 Marktform

Die Marktform stellt eine wesentliche Größe dar, welche die Konkurrenzsituation in einem Markt widerspiegelt. Jede Marktform ist durch einen bestimmten Grad an Interdependenz zwischen den am Markt befindlichen Wettbewerbern gekennzeichnet und hat damit Einfluß auf die Ausgestaltung der Strategien. In Abhängigkeit von der Zahl der Anbieter und Nachfrager werden üblicherweise die Marktformen der vollständigen Konkurrenz, das Oligopol und das Monopol unterschieden.

Die **vollständige Konkurrenz** ist durch die Existenz einer großen Zahl von Nachfragern und Anbietern gekennzeichnet. Dies führt dazu, daß keine einzelne Unternehmung bzw. kein einzelner Nachfrager genügend große Macht besitzt, um das Preisniveau zu beeinflussen. Unter Berücksichtigung der anderen Definitionsmerkmale dieses Markttyps (homogene Produkte etc.) ist der einzige Aktionsparameter der Unternehmung die Menge der zum gegebenen Marktpreis angebotenen Produkte. Den Markttyp der vollständigen Konkurrenz findet man insbesondere auf den „soft-commodity"-Märkten wie etwa im Bereich der Grundnahrungsmittel und auf den „hard-commodity"-Märkten wie z. B. bei Erzen und Metallen.

Da die Unternehmung ausschließlich darauf beschränkt ist, ihre Marktbelieferung zu modifizieren oder ihre Produktionskapazität entsprechend der Attraktivität der Marktpreise anzupassen, wird sie daran interessiert sein, aus der Anonymität der vollständigen Konkurrenz herauszubrechen und eine Differenzierung des Angebotsprogramms vorzunehmen. Durch eine Erhöhung der Transferkosten für den Käufer und insbesondere durch den Aufbau von Präferenzen kann der Substitutionsgrad reduziert werden.

Das (Angebots-)**Oligopol** ist durch eine geringe Zahl dominierender Unternehmen und eine relativ hohe Zahl von Nachfragern gekennzeichnet. Die geringe Zahl der Wettbewerber führt dazu, daß die Abhängigkeit der Unternehmen untereinander verhältnismäßig hoch ausfällt. Jede unternehmerische Aktivität wird dabei von den Konkurrenten sorgsam beobachtet, die sich ihrerseits für zukünftige Reaktionen vorbereiten. Dabei ist die Abhängigkeit der Konkurrenten untereinander umso größer, je weniger differenziert die Produkte sind. Beispielhaft für ein derartiges undifferenziertes Oligopol steht die Zigarettenindustrie. Demgegenüber beruht der Wettbewerb in einem differenzierten Oligopol auch auf Leistungsvorteilen wie etwa Kundendienstleistungen. Charakteristisch für Oligopole sind Preiswettbewerbe, die insbesondere bei stagnierender Gesamtnachfrage rentabilitätsmindernd wirken. Derartige Wettbewerbsauseinandersetzungen werden auch als „Nullsummenspiel" bezeichnet, da eine Unternehmung einen Vorteil nur auf Kosten eines anderen Unternehmens erreichen kann. Die aus der Spieltheorie abgeleitete Handlungsempfehlung bezieht sich daher auch in den meisten Fällen auf die Strategie des geringsten Verlustrisikos. Tatsächlich ist in Oligopolen oftmals ein kooperatives Verhalten zu beobachten, sei es durch offene oder durch stillschweigende Absprachen. So wurde in einer empirischen Untersuchung festgestellt, daß über verschiedene Branchen hinweg das höchste Ausmaß illegaler Preisabsprachen besteht, wenn die Branche nur vier bis acht Unternehmen umfaßt (Oster 1990, S. 212).

Ebenso wie die vollständige Konkurrenz erweist sich das (Angebots-)**Monopol** als ein Grenzfall, da der Markt nur von einem einzigen Hersteller dominiert wird, während es eine große Zahl von Nachfragern gibt. Üblicherweise lassen sich Monopole in der Einführungsphase des Produkt- bzw. Branchenlebenszyklus beobachten. Durch neue Wettbewerber, die durch Produktinnovationen oder -imitationen auf den Markt treten, wird jedoch häufig die Monopolstellung einer Unternehmung außer Kraft gesetzt. Häufig anzutreffen sind Monopole bei staatlichen Unternehmen wie etwa der Deutschen Bundespost oder den regionalen Energieversorgungsunternehmen. Vorrangiges Argument für eine solche Monopolstellung ist dabei weniger die Gewinnerzielung als vielmehr die Sicherstellung von im öffentlichen Interesse stehenden Gütern und Dienstleistungen.

3.113 Marktstadium

Veränderungen im Lebenszyklus beeinflussen die Strukturmerkmale von Märkten und Branchen und sind daher bei der Formulierung der Strategien zu beachten. Kennzeichnendes Element der **Einführungsphase** eines Marktes ist vor allem das Fehlen jeglicher Wettbewerbsregeln (Porter 1992, S. 274 ff.). Damit ergibt sich für die Unternehmung konsequenterweise die Aufgabe, diese Regeln so festzulegen, daß sie eine entsprechend günstige Marktposition einnehmen und erfolgreich operieren kann.

Bis zum sog. „take-off" gibt es auf jedem Markt relativ wenige Pioniere, anschließend häufen sich jedoch die Markteintritte von Unternehmen, die mit ähnlichen oder geringfügig verbesserten Produkten die gleichen Bedürfnisse der Konsumenten befriedigen. Während Pionierunternehmen anfänglich noch vergleichsweise unabhängig von den Wettbewerbern am Markt operieren, besteht nach einer gewissen Zeit die Notwendigkeit, die einmal erreichte Position zu verteidigen. Zentrales Instrument ist hier der Aufbau von Markteintrittsbarrieren.

Kennzeichen der **Wachstumsphase** eines Marktes ist die anfangs hohe Zahl an Markteintritten, die jedoch rasch abnimmt, da etablierte Unternehmen möglichst schnell versuchen, Markteintrittsbarrieren aufzubauen. Aufgrund der relativ großen Zahl an Wettbewerbern ergibt sich eine vergleichsweise hohe Wettbewerbsintensität. Diese kann durch Produkt- oder Verfahrensinnovationen verringert werden. Wenn die Unternehmen nicht mehr in der Lage sind, ihre bisherigen Wachstumsraten durch die Marktausdehnung beizubehalten, intensiviert sich der Kampf um Marktanteile.

Stagnierende Märkte sind durch den ausgeprägtesten Verdrängungswettbewerb gekennzeichnet. Dieser resultiert vor allem aus Überkapazitäten, die zur Rationalisierung zwingen. Der Kampf um Marktanteile im Verdrängungswettbewerb mündet oft in aggressive Preisauseinandersetzungen. Gelingt es den Unternehmen jedoch nicht, größere Marktanteilsgewinne zu realisieren, führt die geringe Preiselastizität der Nachfrage zu einem erheblichen Gewinnrückgang. Da deutliche Vorteile gegenüber Konkurrenzprodukten in dieser Phase kaum noch zu realisieren sind, ist die Reifephase eher durch Marketing- als durch Produktinnovationen gekennzeichnet. Deutliche Veränderungen zeigen sich in den Phasen der Stagnation und der Schrumpfung in den Zielsetzungen der Unternehmen. Die Unternehmensphilosophie sowie das Wertesystem der Manager orientieren sich immer weniger an Umsatz- und Marktanteilszielen, sondern zunehmend an guten Unternehmensergebnissen (Rendite) (Meffert, Ohlsen 1985, S. 106 ff.). Anstelle von Wachstum streben Unternehmen die Absicherung, Verteidigung und Konsolidierung der betroffenen Geschäftsfelder an.

Die **Schrumpfungsphase** des Marktes ist durch eine vergleichsweise hohe Zahl von Marktaustritten gekennzeichnet, so daß die Zahl der Wettbewerber abnimmt. Der entscheidende Faktor in dieser Phase ist die Höhe der **Marktaustrittsbarrieren** (Harrigan 1980, S. 382 ff.; Meffert, Katz 1983, S. 35 ff.). Diese sind vor allem für jene Unternehmen von Bedeutung, die auf lange Sicht nicht in der Lage sind, ihre Kapazitäten wirtschaftlich auszulasten und daher bereit sind, sich aus dem Markt zurückzuziehen. Von der Höhe der Marktaustrittsbarrieren hängt es ab, in welchem Maße die Unternehmen gezwungen sind, sich im Wettbewerb weiter zu behaupten. So bestimmt die Art des gebundenen Produktionsvermögens ihren Liquidationswert. Hochspezialisierte Anlagen, die nicht für die Produktion anderer Güter genutzt werden können, lassen sich in der Regel nur schwer zu einem annehmbaren Preis veräußern (Oster 1990, S. 214 ff.).

Gibt ein Unternehmen seine Aktivitäten in einem Markt auf, werden Marktaustrittskosten verursacht:

- Für das freizusetzende Personal müssen Sozialpläne erstellt werden.
- Restläger von Fertigprodukten und Halbfertigteilen müssen weitgehend abgeschrieben werden.
- In der Phase nach dem Bekanntwerden der beabsichtigten Produktionseinstellung sinkt in der Regel die Produktivität.
- Die Lösung vertraglicher Bindungen mit Lieferanten und Kunden kann Vertragsstrafen nach sich ziehen.
- Der Marktaustritt erfordert erheblichen Verwaltungsaufwand, Anwaltsgebühren etc.

Der Rückzug aus einem Markt kann darüber hinaus die Aufgabe positiver und die Erzeugung negativer Verbundwirkungen mit sich bringen. So kann die Effizienz der Kundendienst- und Absatzorganisation sowie der Verwaltung vermindert werden. Ebenso können sich Kredit- und Einkaufskonditionen verschlechtern oder der Handel kann mit der Auslistung anderer Sortimentsteile reagieren. Häufig sind es auch emotionale und soziale Vorbehalte des Management, die den Marktaustritt verhindern. Insbesondere die Geschäftsführung alteingesessener Firmen tendiert dazu, die Situation auf langfristig stagnierenden Märkten fälschlicherweise als vorübergehende Durststrecke zu interpretieren.

3.114 Wettbewerbsgleichgewicht

Abhängig von den strukturellen Wettbewerbsdeterminanten sind einige Branchen von einem eher wirtschaftsfriedlichen Verhalten der Unternehmen geprägt, während in anderen Zweigen ein höchst aggressiver Wettbewerb herrscht. Vielfach wird argumentiert, daß das Wettbewerbsverhalten vom **Wettbewerbsgleichgewicht** innerhalb einer Branche abhängt (Henderson 1983, S. 7 ff.; Oster 1990, S. 203 ff.). Dabei bestimmt sich dieser durch stabile Konkurrenzverhältnisse geprägte Zustand vor allem aus folgenden Faktoren:

- Ähnlichkeiten zwischen den Wettbewerbern,
- Zahl der kritischen Wettbewerbsfaktoren in einer Branche und
- Marktanteilsverhältnisse zwischen den Wettbewerbern.

Sind sich die Unternehmen innerhalb einer Branche sehr ähnlich und verfolgen gleichartige Strategien, so ist das Wettbewerbsgleichgewicht instabil. Tendenziell besteht ein fortwährender latenter Konflikt in Branchen, in denen die Wettbewerbsfähigkeiten relativ gleich verteilt sind. Dies ist insbesondere in commodity-Industrien der Fall, in denen es wenig Möglichkeiten zur Differenzierung der Leistungen oder Preise gibt. So wird das Wettbewerbsgleichgewicht immer dann gestört, wenn ein Unternehmen den Preis seiner Produkte senkt. Vor allem Betriebe, die regelmäßig Überkapazitäten aufweisen, tendieren zu einem solchen Vorgehen, welches regelmäßig zu intensiven Konkurrenzauseinandersetzungen führt.

Gibt es in einer Branche nur einen einzigen kritischen Faktor, über den sich der Wettbewerb abspielt, ist das Wettbewerbsgleichgewicht instabil. Dies ist beispielsweise in Industrien der Fall, in denen lediglich Möglichkeiten der Realisierung von Kostenvorteilen aufgrund von Economies of Scale, Erfahrungskurveneffekten oder fortgeschrittenen Prozeßtechnologien bestehen. Sobald ein Unternehmen in der Lage ist, einen Kostenvorteil zu realisieren, wird es seine Preise senken und zu Lasten der Wettbewerber Marktanteile hinzugewinnen. Diese können ihrerseits nur unter großer Mühe und hohen finanziellen Aufwendungen ihre Marktanteilsposition verteidigen.

Gibt es in einer Branche hingegen mehrere kritische Wettbewerbsfaktoren, ist es möglich, daß jeder einen relativen Vorteil gegenüber den anderen Unternehmen realisieren und sich damit aus Konsumentensicht differenzieren kann. Je größer die Anzahl dieser kritischen Faktoren („wettbewerbskritische Masse"), desto größer ist die wettbewerbsstabile Zahl der Unternehmen in einer Branche.

Schließlich ist das Wettbewerbsgleichgewicht abhängig von der Verteilung der relativen Marktanteile. Henderson führt an, daß ein Marktanteilsverhältnis von 2:1 zwischen zwei Unternehmen einer Branche ein stabiles Wettbewerbsgleichgewicht gewährleistet, bei dem es für keine Unternehmung vorteilhaft oder praktikabel wäre, ihren Marktanteil auszuweiten oder zu verringern (Henderson 1983). Empirische Untersuchungen konnten diese Zusammenhänge bestätigen (Hatten, Hatten 1988, S. 96; Oster 1990, S. 212 f.).

3.12 Unternehmensbezogene Determinanten der Wettbewerbsintensität

Die Analyse der unternehmensbezogenen Determinanten stellt das Kernstück der **Konkurrentenanalyse** dar. Ihr Zweck liegt in der Charakterisierung und Beurteilung der wichtigsten Wettbewerber im Hinblick auf Gemeinsamkeiten und Unterschiede in der Marktposition und dem Verhalten sowie in den Zielen, Voraussetzungen und Fähigkeiten (Rieser 1989, S. 303). In diesem Zusammenhang hat sich in der Literatur durchgesetzt, daß insbesondere die

- Ressourcen und Fähigkeiten,
- Annahmen und Ziele sowie das
- Verhalten der Wettbewerber

relevante Untersuchungsbereiche der Konkurrentenanalyse darstellen (Grahammer 1984, S. 63 ff.; Hoffmann 1986, S. 202 ff.; Link 1988, S. 87 f.; Joas 1990, S. 116 ff.). Als erweiterte Form der Konkurrentenanalyse ist das **Benchmarking** anzusehen. Im Rahmen des Benchmarking werden die Ausprägungen der Produkt- und Prozeßparameter des jeweils besten Wettbewerbers mit dem eigenen Unternehmen verglichen und als Ziel- und Orientierungsgröße genutzt. Die Besonderheit dieser Analysemethode liegt in der Betrachtung der gesamten Wettbewerbsaktivitäten innerhalb des Wertschöpfungsprozesses und der individuellen Untersuchung der Aktionsparameter des jeweils besten Wettbewerbers (Watson 1992, S. 5 ff.; Leibfried, McNair 1992, S. 17 ff., Pieske 1992, S. 149 ff.).

3.121 Ressourcen und Fähigkeiten der Wettbewerber

Während die Marktposition einer Unternehmung die Stärken und Schwächen der in der Vergangenheit verfolgten Wettbewerbsstrategie widerspiegelt, erlaubt die Analyse der Erfolgsfaktoren einer Branche vor allem eine Abschätzung der Potentiale, welche eine Unternehmung bei einem strategisch „richtigen" Vorgehen erreichen kann. Dafür bedarf es weiterhin einer Bestimmung jener Leistungsreserven, welche es ihr ermöglichen, bestimmte Erfolgspotentiale zu realisieren. Konsequenterweise muß die Analyse der unternehmensbezogenen Einflußfaktoren der Wettbewerbsintensität auch die Identifizierung der **Ressourcen und Fähigkeiten** einer Unternehmung umfassen. Die Analyse der Ressourcen und Fähigkeiten ist vor allem deshalb notwendig, weil sie die Stärken und Schwächen bestimmt, mit denen die Unternehmung im Wettbewerbsumfeld zukünftig konkurriert.

Bei dieser, zumeist mit Hilfe von Checklisten durchgeführten Analyse, ist das Augenmerk vor allem auf folgende Aspekte zu legen, welche die Ressourcen der Unternehmung erst wettbewerbsstrategisch bedeutsam werden lassen. Es handelt sich dabei um (Porter 1992, S. 97 ff.):

- Wachstumsfähigkeiten,
- Reaktionsschnelligkeit,
- Anpassungsfähigkeit und
- Durchhaltevermögen.

Mit Blick auf die **Wachstumsfähigkeit** einer Unternehmung ist die Frage zu stellen, inwieweit und auf welchen Gebieten die Kompetenzen des Wettbewerbers im Zuge seiner Expansionsbestrebungen zu- oder abnehmen. Besondere Bedeutung hat dabei die Expansionsfähigkeit der Bereiche Personal, Fertigungs-Know-how und Betriebskapazität sowie das Ausmaß, mit dem ein solches Wachstum finanziell abgesichert werden kann.

Oftmals ist es entscheidend, ob ein Unternehmen in der Lage ist, schnell auf Konkurrenzmaßnahmen zu reagieren bzw. selbst schnell eine offensive Maßnahme im Markt umzusetzen. Die **Reaktionsschnelligkeit** hängt dabei u. a. von freien Liquiditätsreserven und

Managementkapazitäten, offenen Kreditlinien, überschüssigen Produktionskapazitäten und noch nicht im Markt eingeführten, aber schnell offerierbaren Produkten ab.

Neben der Fähigkeit zur schnellen Reaktion ist das Ausmaß der **Anpassungsfähigkeit** der Konkurrenten an eine neue Wettbewerbssituation wichtig. Ein bestimmender Faktor ist dabei das Ausmaß des gebundenen Kapitals. Sind z. B. Fixkosten kaum abbaubar, so ist der Wettbewerber gezwungen, diese auf ein möglichst großes Produktionsvolumen zu verteilen. Dies führt oftmals dazu, daß nur geringe Möglichkeiten zur Anpassung an veränderte Nachfragebedingungen bestehen. Darüber hinaus stellt sich die Frage der Anpassungsfähigkeit in Bereichen wie z. B. der Bewältigung komplexer Produktlinien, bei Neuprodukteinführungen, im Servicewettbewerb oder bei einer starken Ausweitung der Marketinganstrengungen. Des weiteren ist relevant, inwieweit sich der Wettbewerber an Veränderungen in der generellen Unternehmensumwelt anpassen kann wie beispielsweise an eine Rezession, hohe Inflationsraten oder Technologiediskontinuitäten.

Gerade vor dem Hintergrund eines zunehmenden Verdrängungswettbewerbs und damit zusammenhängender Preis- und „Werbeschlachten" ist schließlich zu analysieren, ob ein Konkurrent in der Lage ist, umfangreiche Wettbewerbsauseinandersetzungen zu führen, bei denen Umsätze, Gewinne oder der Cash-Flow langfristig unter Druck geraten können. Das notwendige **Durchhaltevermögen** hängt dabei vor allem von der Höhe der Liquiditätsreserven, Einigkeit im Management oder dem vorherrschenden Börsendruck ab.

3.122 Ziele und Verhalten der Wettbewerber

Sowohl explizite Unternehmensziele als auch eher implizite Annahmen der Wettbewerber beeinflussen das geplante Vorgehen am Markt. Insbesondere **Annahmen** über sich selbst als auch über die Branche sind wesentliche Determinanten der wahrscheinlichen Verhaltensweise in der Zukunft (Armid, Domowitz, Fershtman 1988, S. 432).

Eine besondere Bedeutung erfährt diese Analyse in den Fällen, in denen Wettbewerber von falschen Annahmen ausgehen. Hier bietet sich der Unternehmung ein sehr wirksamer strategischer Ansatzpunkt, den Wettbewerber unbemerkt anzugreifen. Glaubt ein Konkurrent z. B. fälschlicherweise, er besitze die größte Kundenloyalität im Markt, so kann eine provokative Preissenkung geeignet sein, Positionsgewinne zu erzielen. In der Annahme, diese Preissenkung habe wenig Einfluß auf den eigenen Marktanteil, wird der betreffende Wettbewerber wenig geneigt sein, auf die Preissenkung zu reagieren.

Darüber hinaus sind folgende Aspekte bei der Analyse von Annahmen der Wettbewerber relevant (Porter 1992, S. 92 f.):

- Annahmen über die eigene relative Position in bezug auf das Kostenniveau, die Produktqualität und das technologische Niveau.

- Starke historische und emotionale Bindungen an bestimmte Produkte oder Instrumente wie z. B. Produktdesign, Vertriebsform oder Produktionsstandorte.
- Kulturelle, regionale oder nationale Unterschiede, welche Einfluß auf die Wahrnehmung wettbewerbsrelevanter Ereignisse nehmen.
- Institutionalisierte organisationale Werte und Regeln.
- Einschätzung der zukünftigen Nachfrage und der generellen Marktentwicklung.
- Annahmen über Ziele und Verhalten der relevanten Wettbewerber.
- Festhalten an „konventionellen Branchenweisheiten".

Neben den generellen Annahmen über die Unternehmen selbst und über die Branche bestimmen vor allem die **Ziele der Konkurrenten** das künftige wettbewerbsstrategische Vorgehen. So reagiert beispielsweise ein Unternehmen, welches vorrangig Renditeziele verfolgt, ganz anders auf Bestrebungen der Wettbewerber, Marktanteile zu erlangen, als eine Unternehmung, welche ein kontinuierliches Umsatzwachstum verfolgt. Systematisiert man die vom Wettbewerb potentiell verfolgten Ziele, so kann zunächst zwischen quantitativen und qualitativen Zielen unterschieden werden. Neben Gewinn- und Marktanteilszielen können z. B. auch Ziele wie „Marktführerschaft" oder „Erlangung einer bestimmten technologischen Position" das wettbewerbsstrategische Vorgehen beeinflussen. Weiterhin ist zwischen Unternehmens- und Geschäftsfeldzielen zu differenzieren. Zwar sind auch Ziele der Gesamtunternehmung in eine Konkurrenzanalyse einzubeziehen, direkten Einfluß haben jedoch die verfolgten Ziele des jeweiligen Geschäftsfeldes.

Die folgenden **Einflußfaktoren auf das Zielsystem** der Konkurrenten sind dabei in die Analyse der Wettbewerbsintensität und des Wettbewerbsverhaltens einzubeziehen:

- Explizite oder implizite finanzielle Ziele der Wettbewerber,
- Risikoeinstellung,
- Einfluß ökonomischer oder außerökonomischer Werte und Überzeugungen auf die Ziele,
- Organisationsstruktur,
- Kontroll-, Rechnungs- und Anreizsysteme,
- Hintergrund und Erfahrung des Management,
- Einigkeit im Management,
- Zusammensetzung des Aufsichtsrates sowie
- vertragliche Verpflichtungen, die bestimmte Zielerreichungen begrenzen.

Neben der Analyse der Ziele, welche der Wettbewerber in der Vergangenheit verfolgt hat, müssen weiterhin Inhalt und Erfolg gegenwärtiger und zukünftiger Strategien identifiziert werden. Ausgangspunkt dafür sind die Ergebnisse der Analyse von Ressourcen, Fähigkeiten, Annahmen und Zielen der jeweiligen Konkurrenten.

Im Vordergrund der Analyse gegenwärtiger Strategien steht dabei die Frage, welche strategische Ausrichtung die Wettbewerber verfolgen und auf welche Erfolgsfaktoren sich diese Strategie stützt. Im Hinblick auf die zukünftige Entwicklung der Strategien ist zu untersuchen, welchen Veränderungen die Bedeutung dieser Erfolgsfaktoren in der Zukunft ausgesetzt sein wird und wie die Konkurrenten hierauf reagieren. Des weiteren ist zu analysieren, wie effektiv und effizient die Umsetzung der Strategie erfolgt. Nicht immer stimmen beispielsweise die verfolgte Strategie und die konkreten Marketing-Maßnahmen überein. Schließlich ist der Erfolg der Strategie vom Konkurrenten abzuschätzen, wobei das Hauptaugenmerk wegen der leichteren Ermittelbarkeit auf der Entwicklung von Umsatz, Marktanteil, ROI und Cash-Flow liegen sollte.

3.2 Unternehmensverhalten im Wettbewerb

Die Bestimmungsfaktoren des Wettbewerbs bilden die Grundlage für Entscheidungen des Unternehmens über das Verhalten gegenüber den Konkurrenten. Bei einer Typologisierung dieser konkurrenzgerichteten Strategien ist dabei zunächst eine Unterscheidung zwischen aktivem und passivem Wettbewerbsverhalten zu treffen.

3.21 Typologisierung des Unternehmensverhaltens

Ein **passives Verhalten** zeigt sich, wenn die Aktivitäten der Konkurrenten weder implizit noch explizit in die Unternehmensentscheidungen mit einbezogen werden. So entwickeln passive Unternehmen keine konkurrenzgerichtete Strategie im Sinne eines längerfristigen Verhaltensplans und realisieren auch keine auf den Wettbewerber gerichteten operativen Aktivitäten. Diese Verhaltensausprägung trifft insbesondere auf große Unternehmen zu, die über eine dominierende Marktposition verfügen („wettbewerbsautonomes Verhalten") oder die Bedeutung einer Konkurrenzorientierung nicht erkennen („wettbewerbsignorantes Verhalten").

Aktives Verhalten setzt demgegenüber eine Einbeziehung kompetitiver Maßnahmen in die Planung voraus. Konkurrenzgerichtete Strategien werden daher nur von Unternehmen realisiert, die dem Wettbewerbsgeschehen aktiv gegenüberstehen.

Generell kann eine Typologisierung des aktiven konkurrenzgerichteten Verhaltens anhand unterschiedlicher **Typologisierungsdimensionen** erfolgen. Unterzieht man die in der Literatur diskutierten Ausprägungen einer Verdichtung, so ergeben sich die grundlegenden Dimensionen:

- Innovativ vs. imitativ (konservativ) sowie
- wettbewerbsvermeidend vs. wettbewerbsstellend.

Insbesondere in der Tradition der Wettbewerbstheorie und in der amerikanischen Industrial Organization hat die Unterscheidung zwischen **innovativem und imitativem** Verhalten von Konkurrenten einen tragenden Charakter. Wettbewerb in diesem Sinne wird als „Prozeß der schöpferischen Zerstörung" (Schumpeter 1950, S. 137 f.) angesehen und als „Suchprozeß und Entdeckungsverfahren" (Hayek 1968, S. 249 ff.) gedeutet. Überkommene Verfahren, Produkte oder Marketingkonzeptionen werden durch inhaltliche und prozessuale Innovationen in Frage gestellt und von diesen verdrängt. Der Wettbewerbsprozeß kann dabei – in Abhängigkeit vom Verhalten der Konkurrenten – bei Anpassung an das langfristige Gleichgewicht ein „Imitationsverfahren" und bei technischem Fortschritt ein „Entdeckungsverfahren" sein. In der neueren Managementliteratur wird in Anlehnung daran zwischen **innovativem bzw. entrepreneurorientiertem** und **konservativem Verhalten** unterschieden (Miller, Frisen 1982; Murray 1984; Magyar, Magyar 1987). Diese Differenzierung findet ihren Niederschlag in einigen Strategiesystematiken, wie z. B. der „prospector-" und „defender-" Strategien im Rahmen der Typologie von Miles und Snow (Miles, Snow 1978; Mintzberg 1979; Miller, Friesen 1982; Lawless, Finch 1989).

In der Dimension **„wettbewerbsvermeidend vs. wettbewerbsstellend"** kommen vor allem jene Kriterien zum Tragen, die in der Literatur oftmals unter Aspekten des offensiven und defensiven bzw. proaktiven und reaktiven Verhaltens diskutiert werden (Easton 1987).

Wettbewerbsvermeidendes und wettbewerbsstellendes Verhalten unterscheidet sich vor allem in bezug auf den Zeitpunkt der eingeleiteten Maßnahmen im Wettbewerbsumfeld. Ein **wettbewerbsvermeidendes Verhalten** beruht dabei auf der Anpassung der eigenen unternehmerischen Entscheidungen an die Handlungen der Konkurrenten. Es ist dadurch gekennzeichnet, daß Konkurrenzmaßnahmen erst aufgrund einer aktuellen Wettbewerbssituation, in der sich die Unternehmung durch ein offensives Vorgehen eines oder mehrerer Anbieter befindet, erfolgen.

Wettbewerbsstellendes Verhalten ist im Gegensatz hierzu dadurch gekennzeichnet, daß Unternehmen bereits auf erste „schwache Signale" (Ansoff 1976, S. 129) im Vorfeld wettbewerblicher Anstrengungen der Konkurrenten reagieren und deren mögliche Vorgehensweisen explizit in die eigene Planung einbeziehen. Unternehmen, die sich durch ein wettbewerbsstellendes Verhalten auszeichnen, sind oft in der Lage, aufgrund frühzeitig erkannter Konsumentenbedürfnisse gegenüber reagierenden Konkurrenten einen Zeitvorteil zu realisieren. Die Zeitvorteile können in Image- und Ertragsvorteile umgesetzt werden, wenn es dem Unternehmen gelingt, sich z. B. durch die proaktive Entwicklung und Umsetzung von innovativen Produkt- und Prozeßtechnologien im Markt als Technologieführer zu profilieren.

Ein gutes Beispiel für eine solche Situation liefert das offensive Wettbewerbsverhalten der Adam Opel AG. Mitte 1989 lancierte Opel eine Kommunikationskampagne mit der Kernaussage, daß künftig sämtliche Modelle serienmäßig und ohne Aufpreis nur noch mit Katalysator geliefert werden würden. Trotz der Tatsache, daß die Katalysator-Technologie zu diesem Zeitpunkt allen Automobilunternehmen zugänglich war, konnten die Konkurrenten von Opel nur mit einer zeitlichen Verzögerung nachziehen. Bis Ende 1989 hatten lediglich Fiat und Renault ihr gesamtes Produktprogramm auf Katalysatorausrüstung umgestellt und entsprechend kommunikativ umgesetzt (Meffert 1990).

3.22 Konkurrenzgerichtetes Verhalten

Typologisiert man das konkurrenzgerichtete Verhalten von Unternehmen anhand der diskutierten Dimensionen, so lassen sich die folgenden vier Basisstrategien identifizieren (vgl. Abbildung 2).

Verhaltens-dimensionen	Innovativ	Imitativ
Wettbewerbs-vermeidend	Ausweichen	Anpassung
Wettbewerbs-stellend	Konflikt	Kooperation

GABLER GRAPHIK

Abbildung 2: Typologisierung konkurrenzgerichteten Verhaltens

3.221 Kooperationsstrategien

Strategien der Kooperation werden vor allem von Unternehmen angestrebt, die über keinen deutlichen Wettbewerbsvorteil bzw. nicht über die Ressourcen verfügen, langfristige Konkurrenzauseinandersetzungen zu führen. Der Konfrontation wird das offene oder stillschweigende Einverständnis bezüglich bestimmter Geschäftspolitiken vorgezogen. Zumeist ist dieses Verhalten durch die Einsicht bestimmt, daß durch ein Entgegenkommen aller Wettbewerber eine höhere Rendite erwirtschaftet werden kann als bei einem intensiven Wettbewerb. Insbesondere auf Oligopolmärkten herrscht daher häufig ein mehr oder weniger ausdrückliches Einverständnis über das Wettbewerbsgebaren **(informale Kooperation)** (Lambin 1987, S. 180).

Die weitestgehende Form des kooperativen Verhaltens stellt zweifellos die Zusammenarbeit dar **(formale Kooperation)**. Formen und Ausprägungen derartiger Kooperationen sind dabei durch einen unterschiedlichen Grad der Zusammenarbeit und unterschiedliche Bindungsarten gekennzeichnet.

Beschränkt man sich auf vertraglich abgesicherte Kooperationen, so sind vor allem

- Lizenzverträge,
- Vertragsfertigungen,
- Managementverträge und
- Joint Ventures

von vorrangigem Interesse bei der Analyse von Unternehmenskooperationen (Gahl 1991).

Lizenzverträge sind allgemein dadurch gekennzeichnet, daß ein Lizenznehmer von einem Lizenzgeber das Recht erwirbt, gewerbliche Schutzrechte oder nicht schutzrechtsfähige Kenntnisse und Erfahrungen zu nutzen. Überträgt man die Lizenznahme und -vergabe auf den Wertschöpfungsgedanken, so wird durch die Lizenznahme versucht, einen Schlüsselfaktor in der Wertkette zu erlangen. So kann in der Annahme einer Lizenz das Bestreben, eine innovative Technologie zu erlangen, von Bedeutung sein. Des weiteren kann durch Lizenznahme die Produktpalette um ein geschütztes Produkt erweitert werden. Durch die Vergabe einer Lizenz versucht man an strategisch wichtigen Teilen der Wertkette teilzuhaben. Nimmt ein Partner mit vorhandenem Distributionssystem die Lizenz an, kann er für die Herstellung und den Vertrieb des Produktes sorgen. So ist es möglich, durch Lizenzvergabe Zugang zu neuen Märkten zu erlangen.

In der **Vertragsfertigung** erfolgt im Gegensatz zur Lizenzvergabe die Produktion unter genaueren Anweisungen und Vorstellungen des Auftraggebers. Darüber hinaus übernimmt der Auftraggeber in der Regel Abnahmegarantien und den Vertrieb der Produkte. Im Rahmen von Kooperationen ist die Vertragsproduktion immer dort bedeutsam, wo mit einem Partner zusammengearbeitet wird, der über strategisch wichtige Faktoren wie z. B. Zugang zu Rohstoffen oder kostengünstige Einsatzfaktoren verfügt.

Unter einem **Managementvertrag** wird eine Form der Zusammenarbeit verstanden, in der ein Kapitalgeber die Errichtung und/oder Führung einer Unternehmung vergibt. Bei der rein vertraglichen Form dieser Zusammenarbeit erfolgt keine kapitalmäßige Beteiligung der Unternehmung, die die Managementleistung erbringt. Ihre Tätigkeit wird vom Kapitalgeber vergütet. Im Gegensatz zu Managementverträgen als Bestandteil eines Joint-Venture-Vertrages, bei dem die Partner gemeinsam an der Entscheidungsfindung beteiligt sind, übernimmt bei der rein vertraglichen Zusammenarbeit die kapitalgebende Unternehmung die Kontrolle der Unternehmensführung. Die Partnerschaftsunternehmung stellt lediglich ausführendes Personal sowie die erforderlichen Einrichtungen. Häufig anzutreffen sind Managementverträge im Dienstleistungsbereich (z. B. Hilton-Hotels).

Eine besondere Bedeutung erhalten Managementverträge dadurch, daß sie die Teilnahme an eventuell risikoreichen, aber durchaus attraktiven Vorhaben ermöglichen. Das fehlende finanzielle Risiko ermöglicht den Zugang zu Märkten, die ansonsten nicht bearbeitet werden würden. Eine Unternehmung, deren Stärken im Management liegen, kann durch Besetzung von Schlüsselmärkten mit Hilfe von Managementverträgen ihre Stellung im Wettbewerb verbessern.

Eine herausragende Rolle haben in jüngster Zeit funktionsspezifische **Joint Ventures** erlangt. Gab es in den Ländern der Triade Ende der 70er Jahre gerade 20 dieser Kooperationen, waren es Mitte der 80er Jahre bereits annähernd 250, die meisten davon zwischen amerikanischen und europäischen Unternehmen (Hergert, Morris 1987, S. 15 ff.). Funktionsspezifische Kooperationen sind dadurch gekennzeichnet, daß die Zusammenarbeit innerhalb einer (sog. „Y-Koalition") oder mehrerer (sog. „X-Koalition") funktionaler Bereiche von Unternehmen erfolgt (Porter, Fuller 1989, S. 389), insbesondere in der F & E (38 %), Produktion (23 %) und im Marketing (8 %), wobei die meisten Kooperationen in High-Tech-Branchen wie Computer, Telekommunikation, Raum- und Luftfahrt sowie Automobile realisiert werden.

3.222 Konfliktstrategien

Konfliktstrategien sind zumeist mit der Zielsetzung verbunden, durch ein im Vergleich zum Wettbewerber innovatives Verhalten Marktanteile zu gewinnen und möglicherweise die Marktführerschaft zu realisieren. Eine Konfrontation mit dem Wettbewerber wird dabei bewußt in Kauf genommen.

In ihrer aggressivsten Form verfolgen Konfliktstrategien das Ziel, den Wettbewerber durch frontale Angriffe möglichst stark zu schwächen bzw. ihn aus dem Markt zu drängen. Oft werden dabei auch wettbewerbsrechtliche Verstöße in Kauf genommen. Üblicherweise läßt sich aggressives Verhalten auf Märkten beobachten, die sich in der Stagnations- oder Schrumpfungsphase befinden, da eine Positionsverbesserung nur noch auf Kosten der Marktstellung anderer Anbieter möglich ist (sog. Nullsummenspiel). Auch oligopolistische Märkte sind oft durch aggressives Wettbewerbsverhalten charakterisiert.

Insbesondere das offensive Vorgehen von Wettbewerbern wird in der Literatur häufig in militärischen Kategorien beschrieben (Kotler, Single 1981, S. 30 ff.; Reese, Trout 1985;

Cohen 1986; Durö, Sandström 1987). Dabei werden u. a. folgende Angriffsstrategien unterschieden:

- Ein **Direktangriff** zielt auf Haupt- und Kernproduktbereiche des anvisierten Konkurrenten ab, indem z. B. mit neuen oder verbesserten eigenen Produkten oder mit einer Preisreduzierung die Marktstellung des etablierten Wettbewerbers erschüttert werden soll.

- Eine **Umzingelung** beinhaltet, die Marktstellung des Konkurrenten von mehreren Seiten aus aufzuweichen. Dabei wird dem Konkurrenzprodukt z. B. nicht nur ein direktes Angebot gegenübergestellt, sondern zusätzlich wird unter einer zweiten Marke eine preiswerte Produktalternative oder ein Premiumprodukt eingeführt.

- Der **Flankenangriff** hat zum Ziel, daß schwache bzw. ungeschützte Stellen des Konkurrenten aufgedeckt und angegriffen werden. Ein solchermaßen ablaufender Versuch, in das Marktfeld des Wettbewerbers einzudringen, könnte beispielsweise durch den Eintritt in einen vollkommen anderen Markt geschehen.

3.223 Ausweich- und Anpassungsstrategien

Ausweichstrategien sind dadurch gekennzeichnet, daß Unternehmen versuchen, einem erhöhten Wettbewerbsdruck durch im Vergleich zur Konkurrenz innovative Aktivitäten zu entgehen. Im Einzelfall kann dies durch abgeschirmte Marktsegmente, innovative Produkt- bzw. Prozeßtechnologien oder ausgeprägte Marketinganstrengungen erfolgen. Als zentrale Voraussetzungen für Ausweichstrategien sind die Möglichkeit des frühzeitigen Aufbaus von Markteintrittsbarrieren und die Realisierung von Spezialisierungs- und Erfahrungseffekten zu nennen.

Anpassungsstrategien zielen auf eine Erhaltung der einmal realisierten Produkt-Markt-Position ab. Das eigene Verhalten wird auf die Reaktion der Wettbewerber abgestimmt. Diese wettbewerbsvermeidende, defensive Ausrichtung wird häufig nur so lange beibehalten, wie keine Schwächung der eigenen Position durch Vorstöße der Wettbewerber erfolgt.

Die Frage nach dem unter Wettbewerbsaspekten „richtigen" Vorgehen gewinnt zusätzlich an Komplexität, wenn man berücksichtigt, daß Unternehmen oftmals auf mehreren Märkten miteinander konkurrieren (**Mehrpunktwettbewerb**). In dem Fall, in dem ein Unternehmen von einem Wettbewerber auf einem bestimmten Markt angegriffen wird, bestehen verschiedene Möglichkeiten zu reagieren. Zum einen kann das betroffene Unternehmen auf demselben Markt den Vorstoß des Konkurrenten parieren, zum anderen kann auf einem anderen Markt eine Gegenmaßnahme gestartet werden und schließlich besteht die Möglichkeit, auf allen gemeinsamen Märkten zu reagieren.

Ein vielfach zitiertes Beispiel stellt das Eindringen von Michelin in den nordamerikanischen Reifenmarkt Anfang der 70er Jahre dar. Goodyear, dessen Position von Michelins Vorstoß am stärksten bedroht war, reagierte nicht mit einem Gegenschlag auf dem Heimatmarkt, sondern baute seine eher schwache Position im europäischen Stammarkt von Michelin aus (Watson 1982, S. 40 ff.).

Literaturhinweise

Ansoff, H. I. (1976): Managing Surprise and Discontinuity – Strategic Response to Weak Signals, in: Zeitschrift für betriebswirtschaftliche Forschung, 1976, S. 129–152.
Armid, R., Domowitz, I., Fershtman, C. (1988): Thinking one Step Ahead. The Use of Conjecters in Competitive Analysis, in: Strategic Management Journal, No. 5, 1988, S. 431–442.
Bain, J. S. (1968): Industrial Organisation, 2. Aufl., New York u. a. 1968.
Berg, H. (1978): Markteintrittsbarrieren, potentielle Konkurrenz und wirksamer Wettbewerb, in: Wirtschaftsstudium, Heft 3, 1978, S. 282–287.
Bolz, J. (1992): Wettbewerbsorientierte Standardisierung der internationalen Marktbearbeitung, Darmstadt 1992.
Caves, R. E. (1977): American Industry, Structure, Conduct, Performance, New York 1977.
Caves, R. E., Ghemawat, P. (1992): Identifying mobility barriers, in: Strategic Management Journal, No. 1, 1992, S. 1–12.
Cohen, W. A. (1986): War in the Market Place, in: Business Horizons, March/April 1986, S. 10–20.
Durö, R., Sandström, B. (1987): Marketing Warfare, Chickester u. a. 1987.
Easton, G. (1987): Competition and Marketing Strategy, in: European Journal of Marketing, No. 2, 1987, S. 31–49.
Fronhoff, B. (1986): Die Gestaltung von Marketingstrategien, Bergisch-Gladbach 1986.
Gahl, A. (1991): Die Konzeption strategischer Allianzen, Berlin 1991.
Grahammer, D. (1984): Anleitung und Checklisten zur Konkurrenz-Beobachtung und Konkurrenz-Analyse, Berlin 1984.
Harrigan, K. R. (1980): Strategies for Declining Businesses, Toronto 1980.
Harrigan, K. R. (1981): Barriers to Entry and Competitive Strategy, in: Strategic Management Journal, No. 4, 1981, S. 395–412.
Hatten, K. J., Hatten, M. L. (1988): Effective Strategic Management, Englewood Cliffs 1988.
Hayek, F. A. von (1968): Der Wettbewerb als Entdeckungsverfahren, in: Kieler Vorträge (neue Folge 56), Kiel 1968, S. 249–265.
Henderson, B. D. (1974): Die Erfahrungskurve in der Unternehmensstrategie, Frankfurt/Main, New York 1974.
Henderson, B. D. (1983): The Anatomy of Competition, in: Journal of Marketing, Spring 1983, S. 7–11.
Hergert, M., Morris, D. (1987): Trends in International Collaborated Agreements, in: Columbia Journal of World Business, Summer 1987, S. 15–22.
Hoffmann, J. (1986): Die Konkurrenz – Erkenntnisse für die strategische Führung und Planung, in: Wieselhuber, N., Töpfer, A. (Hrsg.): Praxis der Strategischen Unternehmensplanung, Landsberg 1986, S. 183–205.
Joas, A. (1990): Konkurrenzforschung als Erfolgspotential im strategischen Marketing, Augsburg 1990.
Karnani, A., Wernerfelt, B. (1985): Multiple Point Competition, in: Strategic Management Journal, No. 1, 1985, S. 87–96.
Knauth, P. (1992): Sunk Costs, in: Wirtschaftswissenschaftliches Studium, Heft 2, 1992, S. 76–78.
Kolbe, C. (1991): Eintrittsbarrieren und Eintrittsfähigkeit potentieller Konkurrenten, Göttingen 1991.
Kotler, Ph., Single, R. (1981): Marketing Warfare in the 1980s, in: Journal of International Business, Winter 1981, S. 30–41.
Kreilkamp, E. (1987): Strategisches Management und Marketing, Berlin 1987.
Lambin, J. J. (1987): Strategisches Marketing, Hamburg, New York 1987.
Lawless, M. W., Finch, L. K. (1989): Choice and determinism, in: Strategic Management Journal, No. 4, 1989, S. 351–365.
Leibfried, K., McNair, C. J. (1992): Benchmarking, New York 1992.

Link, U. (1988): Strategische Konkurrenzanalyse im Konsumgütermarketing, Idstein 1988.
Magyar, K. M., Magyar, P. K. (1987): Marketingpioniere und Pioniermanagement, Landsberg am Lech 1987.
Meffert, H. (1990): Ökologieorientierte Marketing- und Werbestrategie der Marke Opel, Hamburg 1990.
Meffert, H., Katz, R. (1983): Unternehmensverhalten in stagnierenden und schrumpfenden Märkten. Ergebnis einer empirischen Untersuchung in der Bundesrepublik Deutschland, Arbeitspapier Nr. 12 der Wissenschaftlichen Gesellschaft für Marketing und Unternehmensführung e. V., Hrsg.: Meffert, H., Wagner, H., Münster 1983.
Meffert, H., Ohlsen, G. (1985): Welche Strategie in stagnierender Branche, in: Absatzwirtschaft, Sonderausgabe 10, 1985, S. 104–115.
Miles, R., Snow, C. (1978): Organizational Strategy, Structure and Process, New York 1978.
Miller, D., Friesen, D. H. (1982): Innovation in Conservative and Entrepreneurial Firms: Two Models of Strategic Momentum, in: Strategic Management Journal, No. 1, 1982, S. 1–25.
Minderlein, N. (1989): Markteintrittsbarrieren und Unternehmensstrategie, Wiesbaden 1989.
Minzberg, H. (1979): The Structuring of Organizations, Englewood Cliffs 1979.
Murray, J. A. (1984): A Concept of Entrepreneurial Strategy, in: Strategic Management Journal, 1984, S. 1–13.
o. V. (1992): Lean Production, in: Handelsblatt, 17. 2. 1992, S. 113.
Oster, S. A. (1990): Modern Competitive Analysis, New York 1990.
Pieske, R. (1992): Am Klassenbesten orientieren. Quellen für Wettbewerbsvorteile, in: Absatzwirtschaft, Sondernummer Oktober 1992, S. 149 ff.
Porter, M. E., Fuller, M. B. (1989): Koalitionen und globale Strategien, in: Porter, M. E. (Hrsg.): Globaler Wettbewerb, Wiesbaden 1989, S. 363–399.
Porter, M. E. (1981): The Contributions of Industrial Organisation to Strategic Management, in: Academy of Management Review, No. 4, 1981, S. 609–620.
Porter, M. E. (1992): Wettbewerbsstrategie, Frankfurt/Main 1992.
Reese, A., Trout, J. (1985): Marketing Warfare, New York 1985.
Rieser, I. (1989): Konkurrenzanalyse. Wettbewerbs- und Konkurrentenanalyse im Marketing, in: Die Unternehmung, Nr. 4, 1989, S. 293–309.
Schumpeter, J. A. (1950): Kapitalismus, Sozialismus und Demokratie, 2. Aufl., München 1950.
Simon, H. (1989): Markteintrittsbarrieren, in: Macharzina, K., Welge, M. K. (Hrsg.): Handwörterbuch Export und internationale Unternehmung, Stuttgart 1989, Sp. 1441–1453.
Simon, H. (1992): Preismanagement, 2. Aufl., Wiesbaden 1992.
Thomas, U. (1989): Die Substitutionskonkurrenz als Herausforderung für das Marketing, Berlin 1989.
Tietz, B. (1990): Herausforderungen an den Handel im europäischen Binnenmarkt, in: Meffert, H., Kirchgeorg, M. (Hrsg.): Marktorientierte Unternehmensführung im europäischen Binnenmarkt, Stuttgart 1990, S. 81–116.
Watson, C. M. (1982): Counter Competition Abroad to Protect Home Markets, in: Harvard Business Review, No. 1, 1982, S. 40–42.
Watson, G. H. (1992): The Benchmarking Workbook, Cambridge Norwalk 1992.
Yip, G. S. (1982): Barriers to Entry, Lexington 1982.

4. Absatzmittlergerichtete Strategien

4.1 Strategische Problemfelder im Verhältnis „Hersteller-Handel“

Spätestens seit Beginn der 80er Jahre kündigte sich in vielen Märkten eine Situation an, in der aus Herstellersicht nicht mehr nur die Akzeptanz auf der Endverbraucherstufe, sondern bereits auf der zwischengelagerten Stufe des Handels über den Markterfolg entscheidet. Vier Entwicklungstendenzen sind hierfür maßgeblich (vgl. Abbildung 1):

- Sowohl auf Einzel- als auch auf Großhandelsstufe ist eine fortschreitende **Konzentration** zu beobachten. In ihrer Folge gerät der Hersteller in eine Abhängigkeit von wenigen Einkaufsentscheidern (Nachfragemacht). Zunehmend größere und professionell betriebene Handelsunternehmen emanzipieren sich gleichzeitig sukzessive von der Einflußnahme der Hersteller und entwickeln ein **eigenständiges Handelsmarketing**. Hierdurch wird der Aktionsraum des klassischen Herstellermarketing eingeschränkt.

- Gleichzeitig bewirken eine **Ausdifferenzierung zahlreicher Märkte** und das Eindringen neuer nationaler und internationaler Anbieter eine wachsende Zahl von Neuprodukten. Für sie steht bei konstanter bzw. sinkender Verkaufsfläche relativ weniger Regalplatz zur Verfügung.

- Veränderungen im Konsumentenverhalten wirken sich – nicht zuletzt durch das vielzitierte **„hybride“ Einkaufsverhalten** – auf die Absatzkanalwahl der Hersteller aus. Die Realisierung langfristiger Konzepte wird dabei angesichts zunehmend instabiler Käufergewohnheiten (sinkende Marken- als auch Einkaufsstättentreue) erschwert.

- Schließlich begleiten **politisch-rechtliche Maßnahmen** den handelsgerichteten Gestaltungsbereich der Hersteller. International führt vor allem die Ausgestaltung des EG-Binnenmarktes zu einer Strukturveränderung in zahlreichen Absatzsystemen. National müssen ökologische Anforderungen des Gesetzgebers (Duales System, Rücknahmeverpflichtungen des Handels etc.) zwangsläufig zu einer Neudefinition der Arbeitsteilung im Absatzkanal führen.

Die aufgezeigten Entwicklungstendenzen müssen die Hersteller um so mehr herausfordern, da ein in seinem Marktbewußtsein erwachter Handel seine Rolle als „Gatekeeper“ (Ahlert 1991) oder „Filter“ im Vermarktungsprozeß von Gütern und Dienstleistungen realisiert hat.

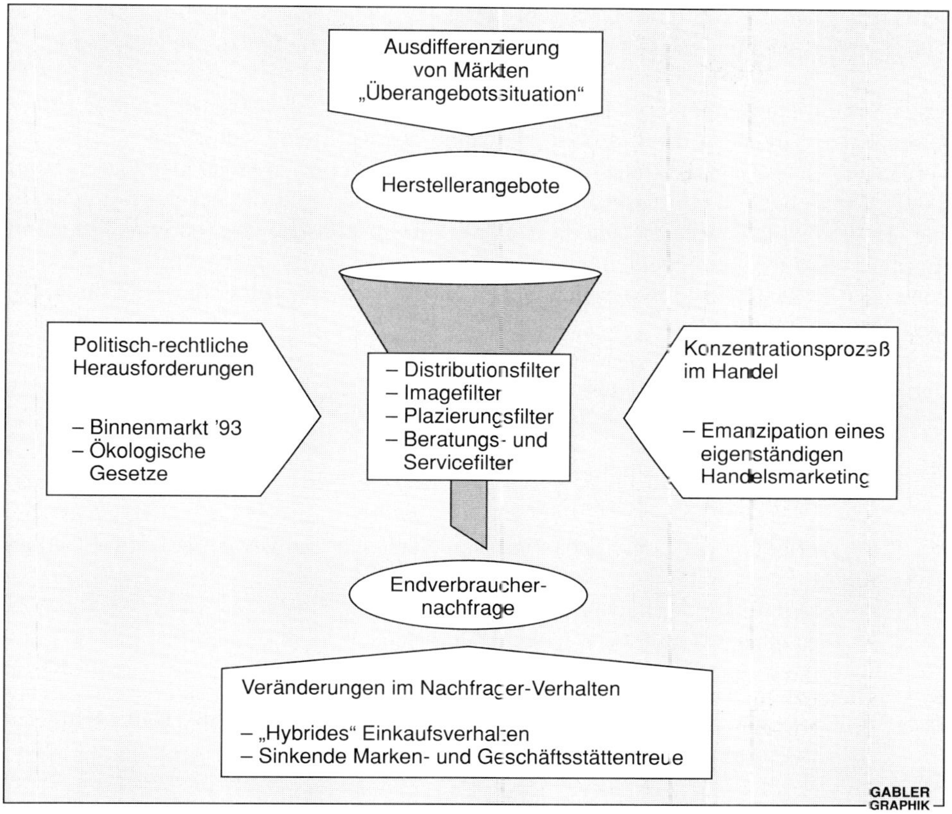

Abbildung 1: Herausforderungen an das absatzmittlergerichtete Marketing in den 90er Jahren

Nach Thies (1976, S. 63 ff.) lassen sich aus Herstellersicht vier **Filterfunktionen des Handels** lokalisieren. Demnach entscheidet der Handel,

- ob ein Produkt überhaupt distribuiert wird (**„Distributionsfilter"**),
- ob ein Herstellerangebot „image-adäquat" vertrieben wird (**„Imagefilter"**),
- welche quantitative und qualitative Regalplatzfläche vom Handel für das Produkt bereitgestellt wird (**„Plazierungsfilter"**) und
- welche verkaufs- und after-sales-bezogenen Beratungs- und Serviceleistungen handelsseitig das Herstellerangebot komplettieren (**„Beratungs- und Servicefilter"**).

In diesem Zusammenhang bedarf es kaum mehr einer Erläuterung, daß sich Hersteller und Handel zwar um den gleichen Konsumenten bemühen, in ihren **Zielsystemen** aber systemimmanente Zielkonflikte austragen. Hersteller verfolgen primär produktbezogene Zielsetzungen, während der Händler geschäftsstättenorientierte Sollzustände anstrebt.

Als zentrales Konfliktpotential kristallisiert sich dabei im Absatzkanalsystem der handelsbezogene Anteil an der Distributionsspanne heraus. Stellte sich dieser aber in der Vergangenheit als Gegenleistung für die Übernahme mehr oder weniger klar abgrenzbarer Handelsfunktionen im Absatzprozeß dar, so stellen neuerdings die zunehmend „marketing-aktiven" Absatzmittler gerade diese **Funktionsverteilung zwischen Hersteller und Handel in Frage**. Mittlerweile umgesetzte Forderungen nachfragemächtiger Handelssysteme an die Hersteller, Preisauszeichnungen am Point of Sale selber durchzuführen, belegen dies eindrucksvoll.

Generell können folgende Möglichkeiten der Funktionsverteilung in Absatzkanalsystemen abgegrenzt werden (Irrgang 1989; Irrgang 1993):

- Die Integration aller absatzwirtschaftlichen Funktionen durch den Hersteller (Vorwärtsintegration der Industrie),
- die Aufteilung der Funktionen zwischen Hersteller und Handel auf dem Kontinuum
  - „Führerschaft der Industrie"
  - „Gleichberechtigung von Industrie und Handel"
  - „Führerschaft des Handels" und
- die Delegation aller absatzwirtschaftlichen Funktionen auf die Handelsstufe(n) (Rückwärtsintegration des Handels).

Zur Stabilisierung einer der oben gegebenen Funktionsverteilungen oder aber zu einer gewollten Funktionsverlagerung durch den Hersteller bedarf es einer sorgfältigen absatzmittlergerichteten Strategiewahl i. S. eines globalen Verhaltensplans gegenüber dem Handel.

4.2 Grundtypen absatzmittlergerichteter Strategien

Einen ersten „klassischen" Ansatz für globale Verhaltenspläne zwischen Hersteller und Handel stellt die Differenzierung in Push- und Pullstrategien dar. Die **Push-Strategie** beschreibt dabei eine Vorgehensweise des Herstellers, bei der dieser seine Produkte mittels entsprechender Anreize über die Absatzkanäle in den Markt „hineindrückt". Demgegenüber ist die **Pull-Strategie** so angelegt, daß ein effektives endverbrauchergerichtetes Marketing einen Nachfragesog auf den Handel ausübt, dieser also über indirekten Herstellerdruck zur Listung gezwungen wird.

Beide Strategien unterstellen damit ein ungleichgewichtiges Machtverhältnis zugunsten des Herstellers. Geht man jedoch von der in vielen Märkten „realitätsnahen" Situation aus, daß ein Hersteller seine Produkte bei derzeit noch gleichberechtigter Macht- und Funktionsaufteilung im Absatzkanal vertreibt, so ergeben sich vier grundsätzliche absatzmittlergerichtete Strategieansätze, auf die wachsende Macht des Händlers zu reagieren (vgl. Abbildung 2).

Marketing des Herstellers	Passiv in der Gestaltung der Absatzwege	Aktiv in der Gestaltung der Absatzwege
Passiv in der Reaktion auf Marketingaktivitäten des Handels	Anpassung (Machtduldung)	Konflikt (Machtkampf)
Aktiv in der Reaktion auf Marketingaktivitäten des Handels	Kooperation (Machterwerb)	Umgehung/Ausweichen (Machtumgehung)

GABLER GRAPHIK

Abbildung 2: Strategien im vertikalen Marketing

Erkennt der Hersteller die Nachfragemacht des Handels an, so stehen ihm die Verhaltensalternativen Machtumgehung (**Umgehungsstrategie**) und Machtduldung (**Anpassungsstrategie**) zur Verfügung. Falls der Hersteller die Machtposition des Handels nicht akzeptiert, kann er sich für einen offensiven Machtkampf (**Konfliktstrategie**) oder einen eher defensiven Machterwerb (**Kooperationsstrategie**) entscheiden.

4.21 Anpassungsstrategien

Betrachtet man zunächst die **Anpassungstrategie**, so zeichnet sich diese Art des Vorgehens durch eine passive Haltung des Herstellers in bezug auf seine Aktivitäten zur Gestaltung seiner Absatzwege aus. Dieses kann sich z. B. darin äußern, daß „branchenübliche" oder „bewährte" Wege zum Vertrieb der eigenen Erzeugnisse gewählt werden. Eigene Initiativen sind kaum anzutreffen, und der Hersteller ist bemüht, sich den Vorstellungen des nachfragemächtigen Handels anzupassen. Im Prinzip akzeptiert der Hersteller bei dem unterstellten Ausgangsfall einen Machtzuwachs durch den Handel und ggf. eine Funktionsverlagerung zugunsten des Absatzmittlers. Einzuordnen sind hierbei aber auch die Fälle, in denen der Hersteller zur kostenneutralen Übernahme ehemals vom Absatzmittler ausgeübter Funktionen der Regalplatzpflege (Warenauszeichnungspflicht etc.) gezwungen wird.

Dieses anpassungsorientierte Verhalten wird dabei sowohl den herkömmlichen Absatzwegen als auch möglichen neuen Vertriebsformen entgegengebracht. Im letzteren Fall entspricht es z. B. eher der „Mentalität" einer Anpassungsstrategie, einen neuen Absatzweg oder eine neue Vertriebsform erst nach hinreichender „Bewährung“ durch andere Unternehmen zu akzeptieren.

Es bedarf keiner Begründung, daß ein derartiges Verhalten eigentlich dem Grundgedanken einer marktorientierten Unternehmensführung nicht entspricht. Damit dieses Verhalten auf längere Sicht nicht zu einer Überlebensfrage für den Hersteller führt, ist bei einer solchen Vorgehensweise zumindest eine konsequente Beobachtung des Absatzkanals unerläßlich, um auf erfolgsbeeinträchtigende Veränderungen (z. B. Umsatzrückgang, Verschiebungen im Sortiment, Veränderungen der Plazierung) rechtzeitig reagieren zu können.

4.22 Konfliktstrategien

Eine aktive Gestaltung der Absatzwege führt dagegen für den Hersteller zu einer **Konfliktstrategie**, wenn er dabei die Verhaltensweisen und die Nachfragemacht des Handels nicht beachtet oder bewußt ignoriert.

In der beschriebenen Ausgangslage strebt der Hersteller eine Funktionsaufteilung an, die der **Marketingführerschaft** im Absatzkanalsystem entspricht. Voraussetzung für eine solche Vorgehensweise ist offensichtlich, daß der Hersteller eine größere Machtbasis als die Absatzmittler besitzt. Verfügen hingegen die verschiedenen Absatzstufen über das größere Machtpotential, so kann der Hersteller in seinen Aktivitäten zurückgedrängt und damit zur Anpassung gezwungen werden. Hat dagegen der Hersteller die vergleichsweise größere Machtbasis, so kann er bei aktiver Reaktion auf die Marketingaktivitäten des Handels versuchen, seine Zielvorstellungen durch eine Umgehungsstrategie oder durch eine Kooperationsstrategie durchzusetzen.

Der Übergang von einer Konflikt- zu einer Kooperationsstrategie ist dabei fließend und kann im Zeitablauf sogar wechseln. Für die jeweilige situative Auswahl haben sowohl situations- und unternehmensbezogene Merkmale, die Einbindung in Verbünde sowie finanzielle und personelle Ressourcen einen unmittelbaren Einfluß.

4.23 Kooperationsstrategien

Die zunehmende machtbezogene Pattsituation in zahlreichen Absatzkanalsystemen hat sowohl auf Hersteller- als auch Handelsseite zu der Erkenntnis geführt, daß eine **Kooperationsstrategie** am ehesten geeignet ist, divergente Zielvorstellungen mit einem Systemgewinn für beide Partner zu realisieren. Ein umfassendes Konzept zur Ausgestaltung von herstellerinitiierten Kooperationsstrategien wird in der Literatur unter dem Begriff des **vertikalen Marketing** als aktive Beeinflussung der unmittelbaren Abnehmer mit dem

Bemühen um eine weitgehende Koordination der Marketingaktivitäten und der von den Beteiligten erbrachten Teilleistungen verstanden (Kunkel 1977; Florenz 1991).

Hauptansatzpunkte – und damit auch zugleich Problem- bzw. Konfliktursachen – ergeben sich bei diesem Strategietyp aus der Divergenz zwischen der produktorientierten Sichtweise der Anbieter und der sortimentsbezogenen Denkweise des Handels. Anpassungen an ein bestehendes Handelssortiment bei Durchsetzung der Marketingvorstellungen des Herstellers (z. B. Positionierung beim Konsumenten, Plazierung im Regal) spannen somit den Rahmen auf, innerhalb dessen ein Hersteller durch kooperative Strategien seine Zielvorstellungen zu erreichen versucht.

Inwieweit sich das Verfolgen einer Kooperationsstrategie auf die Funktionsverteilung im Absatzkanalsystem auswirkt, kann nur tendenziell beschrieben werden. Generell ist zu vermuten, daß Kooperationsstrategien zunächst verteilungsneutral sind. Herstellerseitig initiierte Kooperationsstrategien verfolgen aber oftmals das Ziel, die anbieterseitige Kontrolle über den Absatzkanal zu erhöhen, womit eine Funktionsverlagerung zugunsten des Herstellers verbunden ist.

4.24 Umgehungs- und Ausweichstrategien

Bei der **Umgehungsstrategie** wird bewußt auf kooperative Verhaltensabstimmungen verzichtet. Als mögliche Ausprägungen dieses Strategietyps lassen sich der stationäre, der mobile und der Direktvertrieb aufführen (Boy 1986):

- Stationärer Vertrieb
  - Filialverkauf
  - Fabrikverkauf
  - Show Rooms
  - Automatenverkauf
  - etc.
- **Mobiler Vertrieb**
  - Fahrbare Verkaufsstellen
  - Messeverkauf
  - Hotelverkauf
  - etc.
- **Direktvertrieb**
  - Telefonverkauf
  - Btx-Verkauf
  - Katalogverkauf
  - Direct-Mail-Verkauf
  - etc.

Ohne Zweifel ergeben sich wegen der fehlenden Reibungsverluste mit dem Handel zahlreiche Chancen für den Hersteller, insbesondere aus der uneingeschränkten Kontrolle aller Marketinginstrumente über den gesamten Absatzweg. Diesen Chancen stehen dabei jedoch die entsprechenden Kosten und Risiken gegenüber (z. B. höhere eigene finanzielle und personelle Aufwendungen aufgrund der Übernahme von Aufgaben, die andernfalls der Handel übernimmt; Verlust von Sortiments- und Verbundeffekten).

Während die Umgehungsstrategie einen Totalverzicht auf Geschäftsbeziehungen mit dem Handel impliziert, stellt die **Ausweichstrategie** eine partielle Umgehungsstrategie dar. Diese Strategiealternative beinhaltet die Aufgabe der Geschäftsbeziehungen zu Handelsunternehmen, die der Hersteller als besonders nachfragemächtig einschätzt. Damit ist gleichzeitig die Neuselektion und -akquisition von Absatzmittlern mit einem aus der Sicht des Herstellers niedrigeren Machtpotential verbunden. Zentrale Zielsetzungen der Ausweichstrategie sind die Verminderung der Abhängigkeit von bestimmten Handelsunternehmen sowie die Erhöhung der Deckungsbeiträge durch die Realisierung höherer Handelsabgabepreise. Hinsichtlich der Art des Ausweichens konzentriert sich der Hersteller entweder auf neue Betriebsformen (z. B. Off-Price-Stores, Factory Outlets) oder traditionelle Angebotsformen (z. B. Fachhandel), wobei die Wahl zwischen den Alternativen Versorgungs- und Erlebnishandel sowie die Option einer stärkeren Internationalisierung als weitere Gestaltungsparameter der Ausweichstrategie anzusehen sind.

Der Zusammenhang zwischen den absatzmittlergerichteten Verhaltensstrategien und den globalen Funktionsverteilungen im Absatzkanalsystem ist in Abbildung 3 zusammenfassend wiedergegeben.

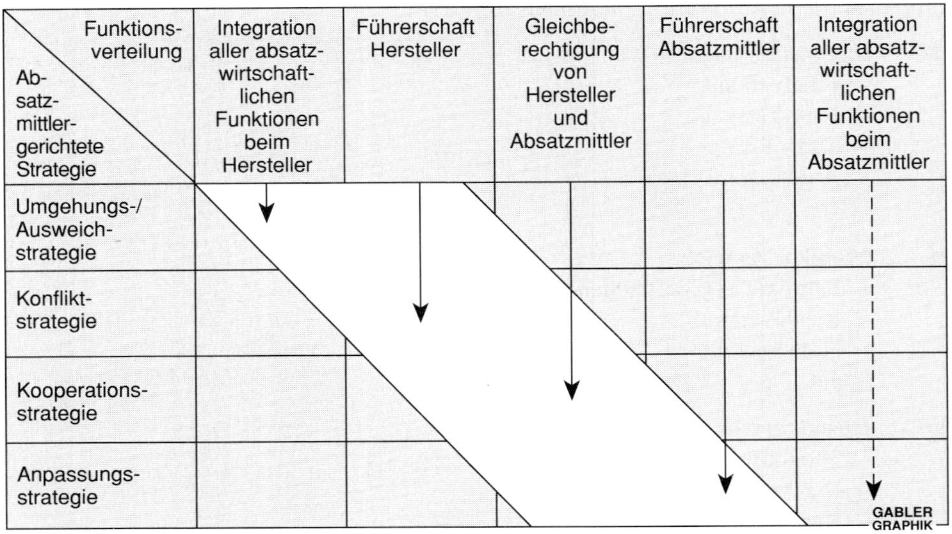

Abbildung 3: Beziehungskorridor von Funktionsverteilung und absatzmittlergerichteter Strategie

4.3 Umsetzungskonzepte absatzmittlergerichteter Strategien

4.31 Entscheidungstatbestände absatzmittlergerichteter Strategieumsetzungen

Unabhängig von der gewählten absatzmittlergerichteten Grundstrategie sind durch den Hersteller drei Entscheidungstatbestände umfassend zu beurteilen. Im Rahmen des **Selektionskonzepts** muß er darüber befinden, welche Händler die Herstellerangebote an den Endverbraucher absetzen sollen. Die für deren Verhaltensbeeinflussung anzuwendenden Anreize sind im **Stimulierungskonzept** festzuschreiben. Schließlich hat der Hersteller bei solchen Absatzmittlern, mit denen er rechtliche Vereinbarungen trifft, sein **Kontraktkonzept** zu formulieren (vgl. Abbildung 4).

4.311 Selektionskonzept

Bei der Entscheidung des absatzmittlergerichteten Selektionskonzeptes sind drei zentrale Fragenkomplexe aufzuarbeiten:

- Erstens ist durch den Hersteller zu beantworten, welche und ggf. wie viele **Vertriebsstufen** (Groß-, Einzelhandel, Mischformen) und welche **Betriebsformen** (auf der Einzelhandelsstufe) er für den Absatz seiner Angebote auswählen will.
- Zweitens ist der **angestrebte Distributionsgrad** innerhalb der selektierten Betriebsformen zu bestimmen.
- Drittens sind mittels geeigneter Kriterien und Auswahltechniken die **konkreten Absatzmittlerunternehmen auszuwählen** und zu betreuen.

Die Entscheidung zwischen einem **ein- oder mehrstufigen Vertrieb** stellt eine klassische absatzmittlergerichtete Basisentscheidung dar. Ausschlaggebend für eine Auswahl können Produkt-, Markt- und Anbieterspezifika sein. Bei den Produktspezifika können insbesondere im Lebensmittelhandel Frischeaspekte (Molkereiprodukte, Gemüse etc.) das Einschalten der Großhandelsstufe notwendig erscheinen lassen. Marktcharakteristika lassen dann den mehrstufigen Vertrieb favorisieren, wenn kleinere, weit verbreitete Geschäfte zu bedienen sind oder sich die Einzelhändler zu Kooperationen mit Einkaufsgemeinschaften oder freiwilligen Ketten zusammengeschlossen haben. In diesem Fall sind höhere Distributionsdichten ohne die Belieferung ihrer Großhandelsorgane nicht zu erreichen.

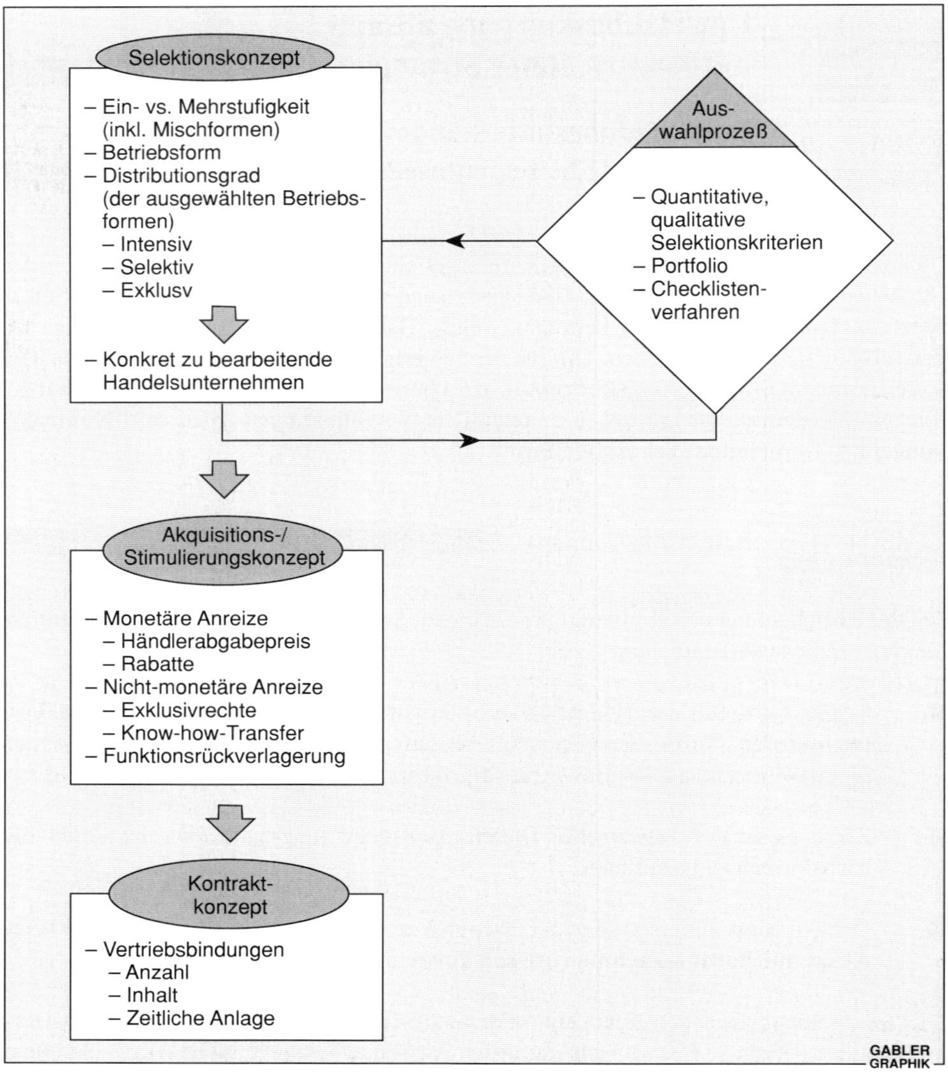

Abbildung 4: Entscheidungstatbestände bei der Umsetzung absatzmittlergerichteter Strategien

Bei der Auswahl der **Betriebsformen** auf der Einzelhandelsstufe kann der Hersteller alle Betriebsformen berücksichtigen (Universalvertrieb) oder einzelne bevorzugen. Als Selektionskriterien kommen Einstellungen und das Käuferverhalten der Endverbraucher (Image- und Servicefit zum Herstellerangebot), die Marktstellung und die Marketingpolitiken der jeweiligen Betriebsformen als auch Wettbewerbsaspekte (Verdrängungs- versus nischenorientierter Vertrieb) in Betracht (Ahlert 1991).

Zusätzlich hat der Hersteller anhand des **Distributionsgrades** zu definieren, wie viele Geschäftsstätten innerhalb einer Betriebsform zu bedienen sind. Die Alternativen reichen auf einem Kontinuum von intensivem Vertrieb (Ansprache aller Unternehmen einer Betriebsform) über den selektiven bis hin zum exklusiven Vertrieb, der eine mehr oder weniger starke Selektion und entsprechend hohe bzw. geringe Distributionsdichte vorsieht. Bei der Auswahl der konkret zu bearbeitenden einzelnen Handelsunternehmen kommen neben den o.g. Sekundärkriterien vor allem absatzmittlerbezogene Aspekte zum Tragen (Ertragskraft, Image, Kooperationsverhalten etc.). Verfahrenstechnisch eignen sich zur Selektion vor allem Checklisten und Portfolio-Verfahren.

Hat sich der Hersteller für eine Umgehungsstrategie entschieden, so entfallen diese Selektionsprozesse. Demgegenüber sind bei einer Kooperationsstrategie höchste Anforderungen an die Selektionskriterien zu stellen. Sie müßten insbesondere sicherstellen, daß die selektierten Partner die Fähigkeit und die Bereitschaft zur Zusammenarbeit mit dem Hersteller aufbringen. Die Negativ-Selektion einzelner Absatzmittler kann darüber hinaus in bestimmten Marktsituationen Auftakt für das Verfolgen einer Konfliktstrategie sein.

4.312 Stimulierungskonzept

Im Rahmen des **Stimulierungskonzeptes** ist festzuschreiben, wie die selektierten und als Absatzmittler akquirierten Händler zu einem vom Hersteller gewünschten Verhalten zu veranlassen sind. Theoretischer Hintergrund ist dabei die **Anreiz-Beitrags-Theorie**, nach der Systemmitglieder in diesem so lange verbleiben, wie die von ihnen geleisteten Beiträge (Funktionsübernahmen) durch Anreize (Distributionsspannenanteile) ausgeglichen werden (Steffenhagen 1975).

Instrumentell stehen dem Hersteller zur zieladäquaten Verhaltensbeeinflussung der Händler (Listung der Produkte, marketingkonforme Werbung am POS) monetäre und nicht-monetäre Anreize zur Verfügung. Bei den **monetären Anreizen** stellt der Händlerabgabepreis in Verbindung mit der unverbindlichen Preisempfehlung offensichtlich einen zentralen Stimulus dar. Daneben bieten sich dem Hersteller die Möglichkeiten, Händlerrabatte für den Abverkauf bestimmter Absatzmengen bzw. das Erzielen von Umsatzgrößen oder die Übernahme von spezifischen Funktionen im Absatzprozeß zu gewähren. Das insgesamt vom Hersteller zur Verfügung gestellte Rabattbudget und die eingesetzten Rabattarten sind dabei in ein Rabattsystem zu integrieren.

Neben den monetären Stimuli bieten sich für den Hersteller aber auch **nicht-monetäre Anreize**, den ausgewählten Händler in seinem Verhalten zu beeinflussen. Hier kann zunächst die Vergabe von exklusiven Distributionsrechten eine Listung durch Absatzmittler ermöglichen. Weiterhin ergeben sich Möglichkeiten eines Know-how-Transfers, etwa in Gestalt von Beratungsleistungen vom Hersteller zum Händler.

Schließlich beinhaltet das Aushandeln von zu **übernehmenden Handelsfunktionen** ein zentrales Stimulierungsinstrument für den Hersteller. Hier ist vor allem die Funktionsübernahme durch den Hersteller mit dem Ziel anzuführen, Absatzmittler von distributionsspezifischen Kosten zu entlasten. Nicht zuletzt die wachsende Nachfragemacht des Handels hat dabei auf Herstellerseite zu einer Situation geführt, in der Hersteller durch Übernahme von ursprünglichen Handelsfunktionen im Rahmen der Regalplatzpflege (Warenauszeichnung etc.) nicht-monetäre Anreize für eine Listung anbieten.

4.313 Kontraktkonzept

Im Rahmen des Kontraktkonzeptes befindet der Hersteller darüber, wie intensiv er die Beziehungen mit den Absatzmittlern ausgestalten will und welche rechtlichen Absicherungen ggfs. in Erwägung zu ziehen sind. Entsprechend ist zwischen Hersteller (meistens als Initiator) und Handel über die Intensität (Umfang, Art und Detailliertheitsniveau rechtlicher Absicherungen) und den Zeithorizont der vertraglichen Zusammenarbeit zu befinden (Ahlert, Schröder 1989, S. 419 ff.).

Nach Grossekettler (1981) lassen sich die verschiedenen **Koordinationsformen** zwischen Hersteller und Handel in einem zweidimensionalen Raum über einen zu definierenden Zentralitäts- und Bindungsgrad definieren (vgl. Abbildung 5). Während der **Zentralisationsgrad** bemißt, ob ein Partner Weisungsrecht hat und damit die oben beschriebene Funktionsaufteilung reflektiert, drückt der **Bindungsgrad** das Maß der vorab programmierten Entscheidungen aus. Entsprechend nimmt die Intensität rechtlicher Beziehungen zwischen Hersteller und Handel mit steigendem Bindungsgrad zu.

Zentrales Instrument des Kontraktkonzeptes sind **Vertriebsbindungen**, die zeitlich (für welchen Zeithorizont?), quantitativ (wie viele?) und qualitativ (welche Inhalte und Anforderungen?) kombiniert werden können.

Mit steigender rechtlicher Bindung kann dabei zwischen Hersteller-Handelsbeziehungen mit vertraglichen Einzelbindungen wie dem Kommissionsvertrieb über umfassende Vertriebsbindungssysteme bis hin zu Vertragshändler- und Franchisesystemen unterschieden werden. Die zunächst für die Umsetzung der Kooperationsstrategie angelegten Konzepte finden ihren fließenden Übergang zu Anweisungsvertriebssystemen ausschließlich herstellereigener Verkaufsorgane, welche die rechtliche Umsetzung einer Umgehungsstrategie beinhalten. Ahlert (1982) hat in einer Befragung von Konsumgüterherstellern ermitteln können, daß 22 Prozent der Anbieter Vertriebsbindungssysteme mit den Händlern installiert haben und weitere 21 Prozent mit Alleinvertriebssystemen arbeiten.

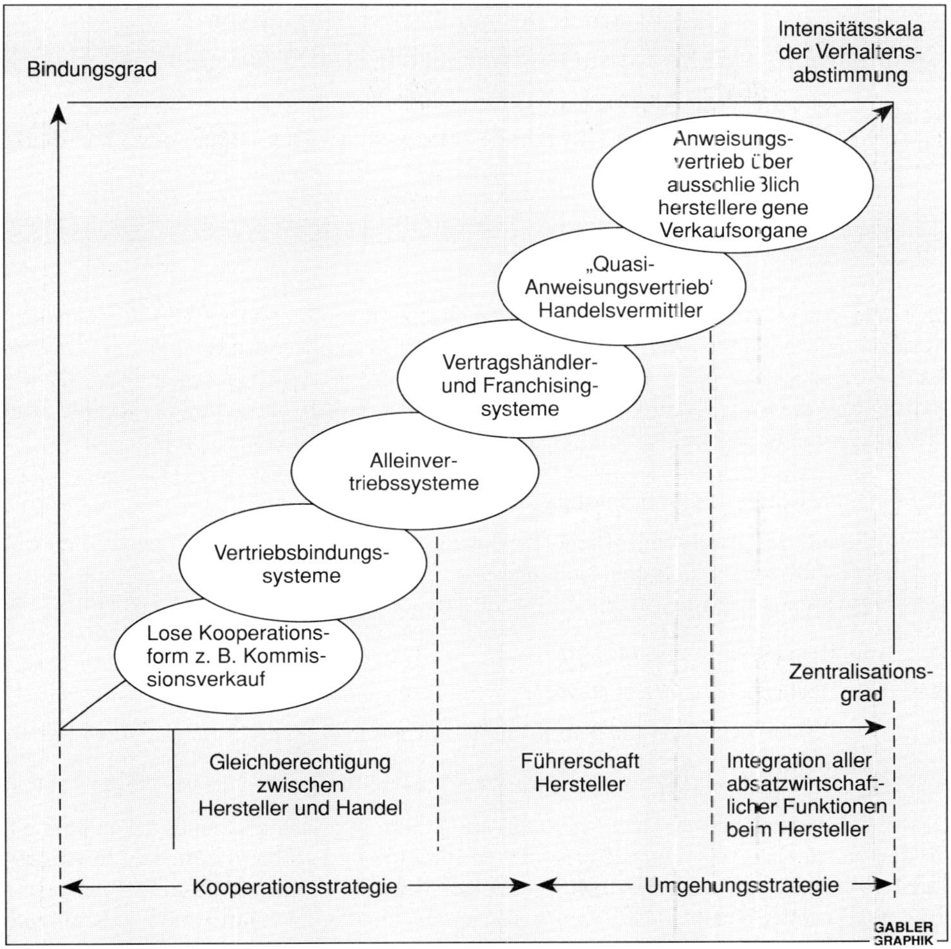

Abbildung 5: Intensitätsskala der rechtlichen Umsetzung von absatzmittlergerichteten Strategien (in Anlehnung an Grossekettler, in: Ahlert 1981, S. 75)

4.32 Vertriebskonzepte zur Umsetzung ausgewählter absatzmittlergerichteter Strategien

4.321 Umsetzung von Kooperationsstrategien

4.3211 Kommissionsvertrieb

Eine der klassischen Formen der rechtlichen Umsetzung eines kooperativen Vorgehens im Absatzkanal stellt der Kommissionsvertrieb dar. Die grundlegenden Rechte und Pflichten der Vertragsparteien beim Kommissionsvertrieb sind gesetzlich geregelt (§§ 383–406 HGB). Aus diesen gesetzlichen Bestimmungen leiten sich die zentralen **Rechte und Pflichten von Hersteller** (Kommittent) **und Handel** (Kommissionär) unmittelbar ab:

- Die Ausführungs- und Sorgfaltspflicht des Kommissionärs,
- die Interessenwahrungspflicht (Konkurrenzausschluß oder Verkauf nach dem Prioritätsprinzip bei mehreren Herstellern),
- die Pflicht, den Weisungen des Kommittenten zu folgen,
- die Benachrichtigungspflicht,
- die Rechenschaftspflicht sowie
- die Pflicht, den Erlös aus dem Kommissionsgeschäft an den Kommittenten weiterzuleiten.

Das Weisungsrecht begründet ein zentrales absatzmittlergerichtetes Steuerungsinstrument für den Hersteller. Aufgrund der erheblichen Einwirkung auf das Geschehen im Absatzkanal (insbes. die Preisvorgabe) stellt das Weisungsrecht gleichzeitig die umfassendste und für den Hersteller bedeutendste, wettbewerbspolitisch aber auch umstrittenste Schutzposition dar. Die mit dem Kommissionsvertrieb verbundene De-facto-Wiedereinführung der vertikalen Preisbindung wird aber bei Herstellern mit monopolartiger Marktstellung wettbewerbspolitisch anders zu beurteilen sein als dies bei Märkten mit einer Vielzahl von Anbietern der Fall ist.

Die Durchsetzung eines Kommissionsvertriebs hat weiterhin Einfluß auf das gesamte **Marketinginstrumentarium**. Die folgenden absatzpolitischen **Chancen und Risiken** lassen sich beispielhaft aufführen:

- **Distributionspolitische Auswirkungen**
  - Chancen zur Akquisition kleinerer und mittlerer Einzelhandelsunternehmen, da Finanzierungs- und Umsatzrisiken beim Hersteller liegen.
  - Verlust preisaggressiver und anderer nachfragemächtiger Betriebstypen, da die

Umschlagsgeschwindigkeit für Kommissionsware rapide sinkt – womit Verluste an Umsatz und Distributionsgrad möglich sind.
- Verlagerung von Aufgaben des Händlers auf den Hersteller (Mengen, Sortimente).
- Umfangreiche Überwachungs- und Kontrollaktivitäten zur Sicherstellung eines lückenlosen Vertriebssystems erforderlich (Preisüberwachung, Mengenkontrolle, Verhinderung von Querlieferungen und Reimporten).
- Eher geringe Bedeutung (u. U. sogar Ausschaltung) des Großhandels, es sei denn, Großhändler werden als Agenturen mit in die Vertriebskonzeption einbezogen.

■ **Preispolitische Auswirkungen**
- Probleme in der Festlegung eines optimalen Wettbewerbspreises. Die damit verbundene Tendenz zu einer „Mittellage" kann zu Umsatzverlusten sowohl im aggressiven Konkurrenzumfeld (Kommissionsware zu teuer) als auch in Geschäften mit hohem Preisniveau führen (nicht ausgeschöpfte, aber realisierbare Spannen).
- In der Bestimmungsmöglichkeit über die Provisionshöhe für den Händler gewinnt der Hersteller ein zusätzliches Instrument, das zur Händlerakquisition und zur Steuerung eines gewünschten Distributionsgrades eingesetzt werden kann. Nachteile hoher Provisionen zur Erreichung eines hohen Distributionsgrades sind:
  - Förderung von Preisunterbietungen bei Händlern mit besonders guten Kostenstrukturen.
  - Entstehung „schwarzer und grauer" Märkte.
  - Hohe Provisionen sind u. U. nicht über den Preis finanzierbar, d. h. Gewinnschmälerungen für den Hersteller sind möglich.

■ **Kommunikationspolitische Auswirkungen**
Kommunikationsvorteile entstehen wie bei einer eigenen Verkaufsorganisation:
- Einheitliches Erscheinungsbild.
- Zeitgleiche Erscheinungsweise (z. B. bei Produkteinführungen wichtig).
- Flexible Anpassung an die gesamte Werbestrategie ist möglich.
- Einbeziehung von Preisangaben ist möglich.

■ **Produkt- und sortimentspolitische Auswirkungen**
- Schneller Informationsfluß begünstigt Entscheidungen über Produktinnovation, -variation und -eliminierung.
- Verzicht auf Export oder getrennte Produktion für In- und Ausland, insbesondere bei reimportgefährdeten Produkten, ist erforderlich.

4.3212 Vertriebsbindungs- und Alleinvertriebssysteme

In dem Bestreben, dem wachsenden Wettbewerbsdruck im Absatzkanal wirksam zu begegnen sowie die eigenen marketingstrategischen Vorstellungen in allen Instrumentebereichen des Herstellers bis zum Endabnehmer durchzusetzen, hat sich in der vertriebspolitischen Realität eine Vielzahl von vertraglichen Vereinbarungen etabliert.

Zielsetzung **vertraglicher Vertriebsbindungen** ist es generell, nur solche Absatzmittler (z. B. Händler) in den Vertriebsweg des Herstellers aufzunehmen, die bestimmte Anforderungen entsprechend der zugrunde liegenden kooperativen Absatzmittlerstrategie erfüllen. Einen Überblick, worauf sich derartige Bindungen erstrecken können, sowie konkrete Beispiele vermittelt Abbildung 6.

Werden im Rahmen einer derartigen Bindung den Absatzmittlern (also z. B. Groß- und Einzelhändlern) bestimmte Gebiete oder Kundengruppen ausdrücklich vorbehalten, spricht man vom **Alleinvertriebssystem**. Hauptsächlich Anwendung finden diese

- bei der Neueinführung risikobehafteter Produkte mit hohen Einführungsaufwendungen der Händler,
- zur Sicherstellung der Amortisation von Investitionen, die für eine dauerhafte und intensive Marktbearbeitung – auch durch den Handel – erforderlich sind,
- zur besseren Motivation und damit Verstärkung der Verkaufsbemühungen,
- zur Konzentration der Verkaufstätigkeit auf wenige dauerhafte und enge Geschäftsverbindungen und
- zur Marktabgrenzung bei regionaler Preisdifferenzierung (und damit indirekt als Preisbindungsersatz).

Der früher vor allem in der Kfz-Branche anzutreffende Alleinvertrieb mit Gebietsschutz hat vergleichsweise an Bedeutung verloren. Ausschlaggebend waren hierfür insbesondere die Nachteile:

- Erfolgsabhängigkeit von einem Händler im geschützten Gebiet,
- Verlust von Kunden, die mit dem Händler unzufrieden waren, und eine
- unzureichende Marktausweitung (z. B. bei zu geringen Händlerinvestitionen).

Zur Vermeidung derartiger Schwachpunkte und um letztlich die distributionspolitischen Zielvorstellungen besser realisieren zu können, haben vertragliche Bindungen in Form von Vertragshändler- und Franchisesystemen zunehmend an praktischer Bedeutung gewonnen.

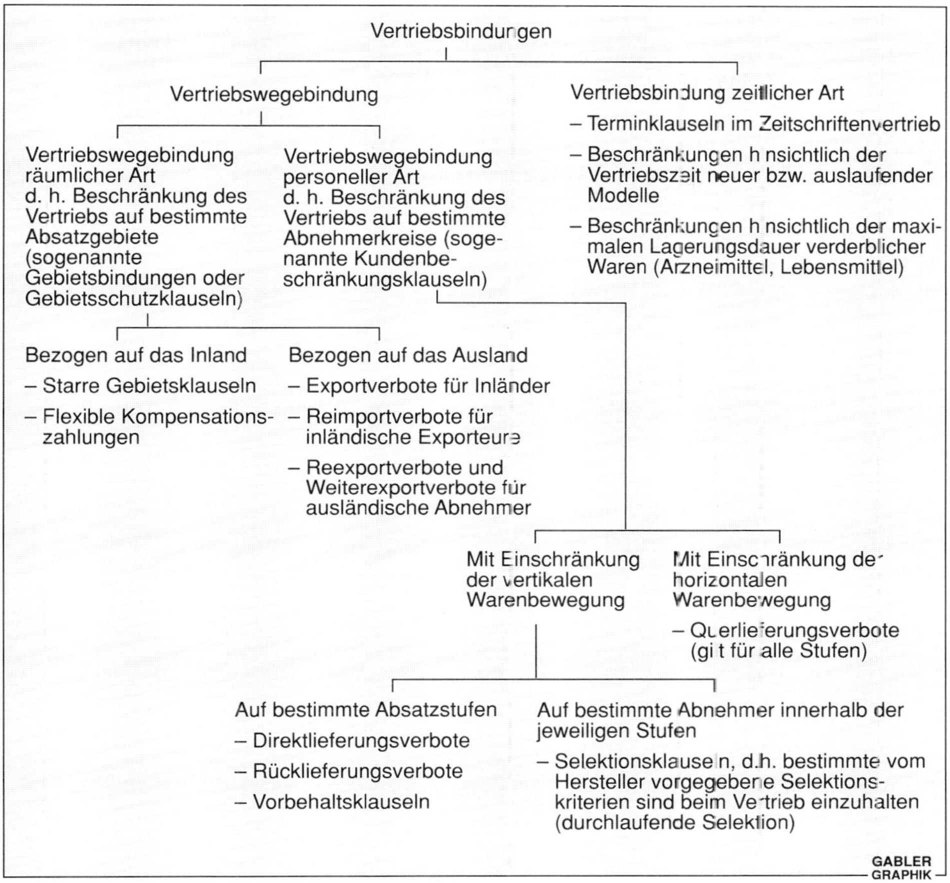

Abbildung 6: Vertriebsbindungssysteme im Überblick
(Quelle: Ahlert 1981, S. 79)

4.3213 Vertragshändlersysteme

Wie beim Alleinvertrieb liegt auch beim Vertragshändlersystem eine auf Dauer ausgerichtete Kooperation vor. Dabei wird der Vertragshändler in der Weise für den Hersteller tätig, daß er Kauf bzw. Verkauf der Vertragsware im eigenen Namen und auf eigene Rechnung durchführt. Häufig ist mit der Vertragshändlerschaft eine weitergehende Beeinflussung aller absatzpolitischen Instrumente des Händlers durch den Hersteller verbunden (z. B. Sortimentsgestaltung, Lagerhaltung, Personalschulung, Konkurrenzklauseln, Werbeaktionen, Verwendung von (Hersteller-)Markenzeichen, Handelsspannen und Rabatte).

Die jeweilige absatzmittlergerichtete Strategie des Herstellers kann dabei eine mehr oder weniger starke Anbindung der Marktpartner zur Folge haben. Auch hier wird die Entscheidung über eine konkrete Form der vertraglichen Bindung nur unter den situativen Bedingungen jedes Einzelfalls vorgenommen werden können. Erfolgreich in der Vergangenheit und erfolgversprechend für die Zukunft waren bzw. sind dabei in erster Linie solche Vertriebssysteme, die bei sorgfältiger Abwägung aller Chancen und Risiken für beide Vertragspartner gleichermaßen akzeptabel und damit letztendlich auch profitabel sind. Dies reflektiert ihre ausgesprochene Eignung zur Umsetzung einer partnerschaftlich angelegten Kooperationsstrategie.

4.3214 Franchisesysteme

Eine noch engere Form vertraglicher Bindungen im Vertrieb bilden Franchisesysteme. Die kooperativen Beziehungen zwischen einem Hersteller (oder auch einer Dienstleistungszentrale) als Franchise-Geber und Händlern (Groß- und/oder Einzelhandelsstufe) als Franchise-Nehmern sind dabei zumeist in genau festgelegten Leistungs- und Pflichtkatalogen vertraglich fixiert (vgl. Abbildung 7).

Leistungen/Pflichten des Franchise-Gebers	Leistungen/Pflichten des Franchise-Nehmers
– Bereitstellung von Produkt-, Firmen- und Markenzeichen – Überlassung des System-Know-how – Gewährung von Nutzungsrechten am Systemimage – Hilfe beim Betriebsaufbau – Werbung, Verkaufsförderung, Aktionen, Sortimentsplanung – Laufende Beratung auf allen Unternehmensgebieten – Betriebswirtschaftliche Dienstleistungen, Organisationsmittel – Laufende Aus- und Weiterbildung der Franchise-Nehmer – Erfahrungsaustausch – Belieferung bzw. Nachweis von Einkaufsgelegenheiten zu festgelegten Konditionen – Erhaltung der Wettbewerbsfähigkeit des Systems – Gewährung von Gebietsschutzrechten	– Führung des Geschäftes nach vorgegebenen Richtlinien – Verwendung von Marken und Zeichen des Franchise-Gebers – Vorbehaltloser Einsatz für das System – Wahrung der Betriebs- und Geschäftsgeheimnisse – Periodische Daten- und Ergebnismeldung – Ausschließlicher Bezug beim Franchise-Geber oder bei vorgegebenen Bezugsquellen – Duldung von Kontrollen und Inspektionen – Anerkennung des Weisungsrechts des Franchise-Gebers – Sortimentsbildung und Einhaltung des Systemstandards – Inanspruchnahme der Dienstleistungen des Franchise-Gebers

GABLER GRAPHIK

Abbildung 7: Typische Leistungen und Pflichten beim Franchising

Die Zusammenarbeit auf der Basis eines Franchisevertrages kann zwischen Unternehmen verschiedener Ebenen erfolgen. Einige ausgewählte Beispiele für die Bundesrepublik Deutschland sind

- Hersteller/Einzelhandel (Möbel: VOKO, Asko),
- Hersteller/Großhandel (Getränke: Coca-Cola) sowie
- Franchisezentrale/Handel oder Dienstleistungen (Hotels, Gaststätten: Holiday Inn, McDonald's; Nahrungsmittel: Nordsee; Drogerien: Ihr Platz).

Ausschlaggebend für die zahlreichen Initiativen zur Errichtung von Franchise-Systemen sind neben den vertraglich fixierten Rechten zur Beeinflussung aller absatzpolitischen Instrumente vor allem folgende Vorteile aus der Sicht des Herstellers bzw. **Franchise-Gebers:**

- Geringe personelle und finanzielle Ressourcen (z. B. gegenüber einem eigenen Filialnetz mit hoher Fixkostenbelastung),
- Verlagerung von Risiken (Absatzrisiko, Lagerhaltung, Verminderung von Absatzschwankungen) sowie
- leichtere Führung und Motivation.

Aus der Sicht des **Franchise-Nehmers** hat diese Vertriebsform – unbeschadet der Einengung des wirtschaftlichen Handlungsspielraums in vielen Bereichen – folgende positive Aspekte:

- Risikoabsicherung (Unterstützung und Beratung durch Franchise-Geber, spezielle Ausbildung, Einkaufsvorteile, nationale Werbung etc.),
- günstige Wachstumschancen und
- Ermöglichung einer Existenzgründung bzw. Existenzsicherung kleinerer und mittlerer Unternehmen.

Diese insgesamt recht positive Bilanz wird durch die Ergebnisse einer früheren empirischen Studie getrübt, wo aus Sicht der **Franchise-Nehmer** folgende Kritikpunkte vermerkt wurden (o.V. 1982):

- Managementfehler des Franchise-Gebers gehen zu Lasten der Franchise-Nehmer,
- schlechte Kommunikation zwischen den Marktpartnern, da z. B. Beiräte für Werbung oder Einkauf kaum vorgesehen sind,
- mangelnde Unterstützung bei regionalen Aktionen,
- unzureichende Beratung gerade in der Startphase,
- Versprechen unrealistischer Gewinnerwartungen,

- sinkende Produktqualität und zu späte Sortimentsbereinigungen sowie
- Untergrabung des Gebietsschutzes und damit Steigerung des Wettbewerbsdrucks im System.

Diese Vor- und Nachteile des Franchising sind daher bei der Erreichung bzw. Übernahme eines solchen Systems im Rahmen einer kooperativen Marktbearbeitung zwischen Hersteller und Handel sorgfältig gegeneinander abzuwägen. Gleichzeitig ist deutlich geworden, daß Franchiseverträge Umsetzungskonzepte an der Schnittstelle einer gleichberechtigten Funktionsverteilung zwischen Industrie und Handel und einer Hersteller-Führerschaft darstellen. Ein „Patentrezept" für die Auswahl kann nicht gegeben werden, denn auch hier gilt, daß eine Kooperation im Absatzkanal auf längere Sicht nur dann erfolgreich ist, wenn beide Marktpartner langfristig davon profitieren können.

4.322 Direktvertriebskonzepte zur Umsetzung der Umgehungsstrategien

Einen völlig anderen Weg zur Durchsetzung unternehmenspolitischer Zielvorstellungen kann ein Hersteller beschreiten, indem er die bislang beschriebenen Wege einer kooperativen Zusammenarbeit mit den verschiedenen Absatzstufen verläßt, den Handel umgeht und dabei die Vertriebsaktivitäten in eigener Regie übernimmt. Durch eine solche Umgehung anderer Absatzstufen gewinnt ein Hersteller damit einerseits die vollständige Kontrolle über den Vertrieb seiner Produkte, andererseits muß er dafür alle bei kooperativen Vertriebsformen von anderen Marktpartnern übernommenen Aufgaben und Risiken nunmehr selbst tragen. Somit kommen die bereits bei den einzelnen Formen eines kooperativen Vertriebs diskutierten Vor- und Nachteile auch für den Direktvertrieb entsprechend zur Geltung.

Die wesentlichen Grundformen des Direktvertriebs werden bei einer Unterteilung nach einzelnen Phasen des Verkaufsprozesses (insbesondere Anbahnung und Abschluß des Geschäftes) sowie Art der Kontaktform (persönlich, schriftlich, telefonisch) deutlich. Die sich aus diesen Kriterien ergebenden Kombinationen möglicher Formen des Direktvertriebs zeigt Abbildung 8 an einigen Beispielen.

Hervorzuheben sind für zukünftige strategische Überlegungen im Konsumgütermarketing vor allem die Möglichkeiten der neuen elektronischen Medien (z. B. Bildschirmtext, Kabelfernsehen). Die Bandbreite möglicher Anwendungen im Direktvertrieb reicht von einem Informationssystem für die Außendienstmitarbeiter über die generelle Kommunikationspolitik oder auch gezielte regionale Aktionen bis hin zur Aufgabe von Bestellungen durch die Konsumenten. Zum gegenwärtigen Zeitpunkt noch nicht überschaubare Chancen und Risiken dieses neuen Vertriebsweges ergeben sich vor allem aus dem Verhalten der Konsumenten bzw. möglichen Akzeptanzproblemen dieser neuen Dienste.

Abschluß / Anbahnung	Persönlich		Schriftlich	Telefonisch	Elektronische Medien
	Aktiv	Passiv			
Persönlich	Haus-zu-Haus-Verkauf Partyverkauf Fahrverkauf	Verkaufsfilialen	Buchclubs Sammel-besteller	Telefonverkauf	Kabelfernsehen Bildschirmtext
Schriftlich	Haus-zu-Haus-Verkauf Partyverkauf Fahrverkauf	Verkaufsfilialen	Katalog Buchclubs	Telefonverkauf	Kabelfernsehen Bildschirmtext
Telefonisch	Keine Neukundenakquisition durch Anruf				
Elektronische Medien	Haus-zu-Haus-Verkauf	Verkaufsfilialen	Katalog	Telefonverkauf	Kabelfernsehen Bildschirmtext
Sonstige (z. B. Schaufensterauslage)		Verkaufsfilialen	Katalog		Kabelfernsehen Bildschirmtext

GABLER GRAPHIK

Abbildung 8: Formen des Direktvertriebs

4.4 Bewertung und Perspektiven absatzmittlergerichteter Strategien

Es bedarf kaum einer Begründung, daß Auswahl und Durchsetzung strategischer Vorgehensweisen im absatzmittlergerichteten Marketing einer sorgfältigen Überprüfung der möglichen Alternativen bedürfen. Die skizzierten absatzmittlergerichteten Verhaltensstrategien kooperativer Art, aber auch Umgehungsstrategien können nur unter Beachtung einer Reihe von Beurteilungskriterien für die langfristige Unternehmenspolitik richtig eingeschätzt werden. Zentrale Kriterien, die in diesem Zusammenhang die Entscheidung für eine bestimmte strategische Vorgehensweise beeinflussen, zeigt Abbildung 9 in einem Überblick.

Diese Zusammenstellung bildet ein **Bewertungsraster** für den Entscheidungsträger über die grundsätzliche vertriebspolitische Vorgehensweise. In der Abbildung sind zugleich beispielhaft die Beurteilungsprofile der beschriebenen Vertriebssystemalternativen aufgeführt. Die Bewertung macht unmittelbar deutlich, daß die genannten Kriterien nur erste Anhaltspunkte liefern können; je nach den spezifischen Bedingungen des Einzelfalls müssen die Kriterien weiter verfeinert werden. Wie diese Verfeinerung im Detail erfolgt, wird dabei in hohem Maße durch die jeweiligen situativen Faktoren beeinflußt. Hier sind u. a. der technologische Stand, der Lebenszyklus von Produkten oder ganzen Produktlinien sowie vor allem das Ausmaß der Marktsättigung die entscheidenden Einflußgrößen.

Strategietyp / Beurteilungskriterien	Kooperationsstrategien			Umgehungs-strategien
	z. B. Vertrags-händlersystem	z. B. Kommissions-vertrieb	z. B. Franchise-system	z. B. Direktvertrieb
– Erreichung der Marketingziele (z. B. Produktpositionierung, Distributionsgrad)	Gut	Nur teilweise gut	Sehr gut	Sehr gut
– Kosten/Finanzbedarf	Eher gering	Sehr hoch	Mittel	Sehr hoch
– Koordinations- und Kontrollaufwand	Mittel	Eher hoch	Hoch	Sehr hoch
– Beeinflußbarkeit absatzpolitischer Instrumente nachgelagerter Absatzstufen	Mittel	Teilweise sehr hoch	Sehr hoch	Unmittelbar gegeben
– Stabilitität des Vertriebssystems (Konfliktpotential, wechselseitige Ziel- und Interessenlage, Anreiz-Beitrags-Gleichgewicht)	Stabil	Eher weniger stabil	Eher stabil	Sehr stabil
– Wachstumspotential/Überlebensfähigkeit auf längere Sicht	Gegeben	Gering	Hoch	Hoch
– Anpassungsfähigkeit (z. B. gegenüber neuen Vertriebsformen durch elektronische Medien)	Schwierig	Schwierig	Eher schwierig	Sehr hoch
– Durchsetzbarkeit strategischer Veränderungen gegenüber bisherigen Marktpartnern	Mittel	Eher leicht	Schwierig	Unmittelbar gegeben

GABLER GRAPHIK

Abbildung 9: Kriterien der Strategiewahl im vertikalen Marketing

Von den Bedingungen des Einzelfalls wird es zumeist auch abhängen, wie die genannten Kriterien relativ zueinander zu gewichten sind, d. h. welche Kriterien möglicherweise andere dominieren können. In Abhängigkeit von unternehmenspolitischen Leitlinien oder der Risikobereitschaft können sich – auch bei vergleichbaren Rahmenbedingungen – unterschiedliche strategische Stoßrichtungen ergeben.

Vor dem Hintergrund dieser Diskussion kann man in einem Szenario folgende **Perspektiven** für Vertriebssysteme im vertikalen Marketing aufzeigen:

- Kooperationsformen auf der Grundlage **kommissionsvertraglicher Vereinbarungen** werden zukünftig kaum an Bedeutung gewinnen, die Risiken dieser Vertriebsform überwiegen die Chancen.

- Andere Kooperationsformen auf der Basis **vertraglicher Bindungen und Vertragshändlersysteme** werden auch weiterhin das Bild des vertikalen Marketing prägen. Diese „klassischen" Vertriebsformen werden jedoch neben anderen Kooperationsformen (u. a. Franchising) durch Umgehungsstrategien sowie neue Vertriebswege bedrängt.

- Kooperationen zwischen den Marktpartnern auf der Basis von **Alleinvertriebsverträgen** wird es auch weiterhin nur unter den beschriebenen Bedingungen (insbesondere für komplexe Produkte mit weiterem Dienstleistungsbedarf) geben. Diese Form des Vertriebs tendiert eher zu reinen Franchisesystemen.

- **Franchising** wird sich als Vertriebsalternative vor allem bei komplizierteren Produkten weiter durchsetzen. Diese Vertriebsform bietet auch in stagnierenden Märkten noch gute Wachstumschancen. Voraussetzung für eine langfristige Stabilität solcher Systeme ist dabei eine beiderseits sorgfältige Beachtung der vereinbarten Pflichten und Leistungen.

- Die Bedeutung des **Direktvertriebs** wird auf längere Sicht zunehmen. Insbesondere die fortschreitende Zielgruppenorientierung auf Herstellerseite sowie die Entstehung neuer Vertriebswege begünstigen diese Entwicklung. Erhebliche Wachstumsschübe konnte der Versandhandel darüber hinaus im Rahmen der Wiedervereinigung erzielen (o.V. 1992). Hier hat sich der Direktvertrieb angesichts fehlender Distributionsstrukturen für den Markteintritt bewährt.

- **Neue Vertriebswege** werden an Bedeutung gewinnen. Diese Entwicklung wird überwiegend getragen durch die neuen elektronischen Medien. Nach gegenwärtiger Sachlage spricht vieles dafür, daß über derartige Vertriebswege in erster Linie weniger beratungsintensive bzw. nicht erklärungsbedürftige Produkte gekauft werden.

Literaturhinweise

Ahlert, D. (Hrsg.) (1981): Vertragliche Vertriebssysteme zwischen Industrie und Handel, Wiesbaden 1981.

Ahlert, D. (1982): Vertikale Kooperationsstrategien im Vertrieb, in: Zeitschrift für Betriebswirtschaft, Heft 1, 1982, S. 62 ff.

Ahlert, D. (1991): Distributionspolitik. Das Management des Absatzkanals, 2. Aufl., Düsseldorf 1991.

Ahlert, D., Schröder, H. (1989): Rechtliche Grundlagen des Marketing, Stuttgart 1989.

Boy, F. E. (1986): Alternative Marketingstrategien von Herstellern mit schwacher Marktposition in Märkten mit hoher Nachfragemacht, unveröffentl. Diplomarbeit, Münster 1986.

Bruhn, M. (1985): Ertragssicherung im Spannungsfeld zwischen Markenstrategien und Niedrig-Preis-Strategien, in: Markenartikel, 1985, S. 482–488.

Dallmer, H., Thedens, R. (Hrsg.) (1991): Handbuch des Direct Marketing, 6. Aufl., Wiesbaden 1991.

Dietze, R. R. (1984): Vertriebsstrategien, in: Wieselhuber, N., Töpfer, A. (Hrsg.): Handbuch Strategisches Marketing, Landsberg am Lech 1984.

Engelhardt, W. H., Kleinaltenkamp, M., Rieger, S. (1984): Der Direktvertrieb im Konsumgüterbereich, Stuttgart u. a. 1984.

Florenz, P. J. (1991): Konzept des vertikalen Marketing: Entwicklungen und Darstellung am Beispiel der deutschen Automobilwirtschaft, Bergisch Gladbach 1991.

Friedrich, R. (1984): Marketingstrategien in Märkten mit hoher Nachfragemacht, in: Wieselhuber, N., Töpfer, A. (Hrsg.): Handbuch Strategisches Marketing, Landsberg am Lech 1984, S. 359–372.

Grossekettler, H. (1981): Die gesamtwirtschaftliche Problematik vertraglicher Vertriebssysteme, in: Ahlert, D. (Hrsg.): Vertragliche Vertriebssysteme zwischen Industrie und Handel, Wiesbaden 1981, S. 255 ff.

Irrgang, W. (1989): Strategien im vertikalen Marketing: handelsorientierte Konzeptionen der Industrie, München 1989.

Irrgang, W. (Hrsg.) (1993): Vertikales Marketing im Wandel: Aktuelle Strategien und Operationalisierungsansätze zwischen Hersteller und Handel, München 1993

Kunkel, R. (1977): Vertikales Marketing im Herstellerbereich: Bestimmungsfaktoren und Gestaltungselemente stufenübergreifender Marketing-Konzeptionen, München 1977.

Meffert, H. (1981): Verhaltenswissenschaftliche Aspekte vertraglicher Vertriebssysteme, in: Ahlert, D. (Hrsg.): Vertragliche Vertriebssysteme zwischen Industrie und Handel, Wiesbaden 1981, S. 99 ff.

Meffert, H. (1983): Bildschirmtext als Kommunikationsinstrument – Einsatzmöglichkeiten im Marketing, Stuttgart 1983.

Meffert, H. (1986): Marketing. Einführung in die Absatzpolitik, 7. Aufl., Wiesbaden 1986.

Müller, G., Schmid, M. (1985): Umbruch im Handel, in: Harvard Manager, Nr. 4, 1985, S. 104–107.

o.V. (1982): Franchising, in: Impulse, Nr. 11, 1982, S. 17–22.

o.V. (1992): Versandhandel wächst weiter, in: Werben&Verkaufen vom 20. November 1992, S. 58–60.

Rüschen, R. (1984): Wie stellt sich die Markenartikelindustrie auf die Handelskonzentration ein?, in: Markenartikel, 1984, S. 108–116.

Sommer, H. (1985): Handelskonzentration und Markenpolitik: Programmierter Konflikt oder Chance zum gemeinsamen Erfolg?, in: Markenartikel, 1985, S. 2–6.

Steffenhagen, H. (1974): Vertikales Marketing, in: Marketing Enzyklopädie, Bd. 2, München 1974, S. 675 ff.

Steffenhagen, H. (1975): Konflikt und Kooperation in Absatzkanälen, Wiesbaden 1975.
Thies, G. (1976): Vertikales Marketing, Berlin, New York 1976.
Thiesing, E.-O., Schmidt, E. (1983): Der Kommissionsvertrieb als alternative Vertriebsstrategie im Konsumgüterbereich, in: Die Betriebswirtschaft, Heft 1, 1983.
Tietz, B., Mathieu, G. (1979): Das Kontraktmarketing als Kooperationsmodell, Köln 1979.

5. Anspruchsgruppengerichtete Strategien

5.1 Die Bedeutung gesellschaftlicher Anspruchsgruppen für den Unternehmenserfolg

Tiefgreifende sozio-politische Veränderungen haben in den vergangenen Jahren zu einer Legitimations- und Vertrauenskrise der Wirtschaft geführt. Mit Zunahme des Bewußtseins der Bevölkerung für gesellschaftspolitische Probleme verstärkte sich das Interesse einer breiten Öffentlichkeit am Verhalten von Unternehmen. Auswirkungen der Unternehmenstätigkeit auf Bereiche wie Ökologie oder Gesundheit werden seitdem einer kritischen Betrachtung unterzogen. Damit gewinnt neben der Schaffung von Wettbewerbsvorteilen am Markt die gesellschaftliche Akzeptanz des Unternehmensverhaltens an Bedeutung (Hoff, Strümpel 1982, S. 36 f.).

Unternehmen, die potentielle Bedrohungen ihrer Akzeptanz nicht rechtzeitig erkennen und mit entsprechenden Gegenmaßnahmen beantworten, gefährden langfristig die Ziele und den Bestand des Unternehmens. Beispiele wie Nestlé und Birkel oder Skandale um Fisch und Wein belegen dies nachhaltig. In all diesen Fällen sahen sich die betroffenen Unternehmen neben Imageverlusten mit erheblichen finanziellen Einbußen konfrontiert.

5.2 Entstehung und Artikulation gesellschaftlicher Ansprüche

5.21 Kennzeichnung gesellschaftlicher Anspruchsgruppen

Mit der Ausweitung der öffentlichen Aufmerksamkeit auf das Verhalten von Unternehmen vollzog sich gleichzeitig ein Prozeß der „Institutionalisierung gesellschaftlicher Kontroll- und Kritikfunktionen“ (Wiedmann 1989, S. 231 f.) in Form von Anspruchsgruppen.

Allgemein können Anspruchsgruppen als Interessengruppen gekennzeichnet werden, die aus gesellschaftlichen oder marktbezogenen Ansprüchen mehr oder weniger konkrete Erwartungen an die Unternehmung ableiten und entweder selbst oder durch Dritte auf die Unternehmensziele Einfluß nehmen (Achleitner 1985; Dyllick 1989a, S. 42 ff.; Meffert, Kirchgeorg 1993, S. 25 ff.). Abbildung 1 gibt einen Überblick über die Vielzahl der für ein Unternehmen relevanten Anspruchsgruppen.

Anspruchsgruppen		
Unternehmensintern	Unternehmensextern	
	Nicht-Marktbezogen	Marktbezogen
■ Unternehmenseinheiten – Abteilungen – Tochterunternehmen – Unternehmenszweige – Geschäftsführung etc. ■ Eigenkapitalgeber – Aktionäre – Gesellschafter – Einzelunternehmer etc. ■ Mitarbeiter (unterschieden nach:) – Hierarchieebenen – Tätigkeitsfeld – Demographika	■ Gesellschaft – Verbraucherorganisationen – Medien – Bürgerinitiativen – Kirche – Bildungswesen – Kulturelle Institutionen – Umweltorganisationen ■ Zukünftige Generationen ■ Staat (im Bereich:) – Legislative – Exekutive – Jurisdiktion	■ Kunden – Großhandel – Einzelhandel – Konsument etc. ■ Lieferanten – Direkte – Indirekte ■ Konkurrenten ■ Fremdkapitalgeber ■ Sonstige Dienstleister des Unternehmens – Berater – Caterer – Support Services – Selbständige ■ Kooperationspartner

GABLER GRAPHIK

Abbildung 1: Anspruchsgruppen der Unternehmung

Zu den wichtigsten gesellschaftlichen Anspruchsgruppen zählen Verbraucherorganisationen, Bürgerinitiativen und Umweltorganisationen.

Eine besondere Bedeutung kommt **Verbraucherorganisationen** zu. Ausgehend von der Konsumerismusbewegung Ende der 50er Jahre, in denen negative Erscheinungsformen des Marketing kritisiert und verstärkt Verbraucherrechte gefordert wurden, haben sich Verbraucherorganisationen etabliert, um eine Verstärkungs-, Ergänzungs- und Kontrollfunktion von individuellen Verbraucherinteressen zu übernehmen. Ihr Tätigkeitsfeld reicht von der Bereitstellung von Informationen über die Beratung von Konsumenten bis zur gesetzlichen Vertretung bei Rechtsstreitigkeiten. Verbraucherorganisationen stellen in der Wahrnehmung von Konsumenten unabhängige, objektive Instanzen zur Beurteilung von Unternehmensleistungen dar. Empfehlungen für oder gegen ein Unternehmen bzw. dessen Produkte wirken häufig unmittelbar auf das Kaufverhalten und beeinflussen somit direkt die Zielerreichung des Unternehmens.

Bei **Bürgerinitiativen** handelt es sich zumeist um einen losen Zusammenschluß von Personen, die sich von einem Ereignis in ihrer unmittelbaren Nähe direkt betroffen fühlen (z. B. durch das von einem Chemieunternehmen auf die angrenzende Nachbarschaft vermutete Gesundheitsrisiko) (Dyllick 1989a, S. 50). Die von Bürgerinitiativen auf das Unternehmen ausgehende Gefährdung ist zumindest bei Unternehmen mit mehreren Standorten und überregionalen Absatzmärkten zunächst begrenzt. Eine ernstzunehmende Bedrohung kann jedoch eintreten, wenn eine breitere Öffentlichkeit Interesse am Anliegen der Bürgerinitiativen findet.

Umweltorganisationen entstehen aus einer wachsenden ökologischen Betroffenheit der Gesellschaft heraus. Es existiert eine nahezu unüberschaubare Zahl dieser Interessensverbände, die sich speziell mit Umweltfragen auseinandersetzen. Besondere Beachtung verdienen darüber hinaus Umweltforschungsinstitute sowie Medien, die ihre Aufgabe in der Umweltaufklärung der Bürger sehen (Wiedmann 1989). Im Gegensatz zu regional orientierten Bürgerinitiativen sind Umweltorganisationen häufig national oder sogar international tätig (Bode 1992). Ihre Größe und der hohe Organisationsgrad ermöglichen es ihnen, zunehmend Einfluß auf Politik, Gesellschaft und Wirtschaft zu nehmen.

Allgemein können für das Verhalten von Anspruchsgruppen auf nationaler wie auf internationaler Ebene folgende Entwicklungstendenzen festgestellt werden:

- Eine stärkere Vernetzung und Zusammenarbeit von Anspruchsgruppen,
- die zunehmende Verknüpfung von Ansprüchen einer Anspruchsgruppe mit solchen anderer Gruppen sowie
- ein fortschrittskritisches Bewußtsein der Gruppen.

Abhängig von der Reichweite unternehmerischer Aktivitäten müssen Unternehmen dabei unter Umständen komplexe und weltweit handlungsfähige Anspruchsgruppennetze berücksichtigen. Diese greifen zur Durchsetzung ihrer Ansprüche auf unterschiedliche Strategien zurück, wie z. B. (Dyllick 1990, S. 53 ff.)

- Mobilisierung des öffentlichen Drucks,
- Mobilisierung des politischen Drucks,
- Aktivierung der Marktkräfte (Konsumentenboykott),
- Aktivierung der Gesellschafter der Unternehmung sowie
- direkte Verhandlungen mit dem Unternehmen.

Vielfach findet eine Verknüpfung dieser Strategien statt, die den Einfluß der Anspruchsgruppen erhöhen und den Gestaltungsspielraum der Unternehmen einengen.

Eine besondere Stellung im Zusammenhang mit Anspruchsgruppen nehmen die **Medien** ein, die als „Kanalisator" öffentlicher Anliegen und Träger der öffentlichen Meinung betrachtet werden (Kirchgeorg 1990, S. 70 f. u. 181 ff.). Medien tragen dazu bei, die Diskussion gesellschaftlich-politischer Fragestellungen einer breiten Öffentlichkeit zugänglich zu machen. In ihrer Berichterstattung wird ihnen häufig eine eigenständige Lösungskompetenz zugesprochen, die aus dem Expertenwissen und dem beträchtlichen Informationsvorsprung von Journalisten resultiert. Die Bereitstellung von Informationen durch die Medien erfolgt dabei nicht unabhängig von eigenen Interessen, sondern ist durch Ansichten und Zielvorstellung der Medienvertreter geprägt. Die Beeinflussung der öffentlichen Meinung geschieht nicht nur durch die Form der Berichterstattung, sondern bereits durch die Tatsache, daß eine Thematik von den Medien aufgegriffen wird. Medien besitzen somit einen entscheidenden Einfluß auf das Ausmaß und die Entwicklung, die ein gesellschaftliches Anliegen nimmt (Thorbietz 1980; Dyllick 1989a, S. 76 ff.).

5.22 Lebenszyklusmodell gesellschaftlicher Ansprüche

Die Entstehung von Ansprüchen und deren Entwicklung kann auf Grundlage von **„Lebenszyklusmodellen gesellschaftlicher Anliegen"** näher untersucht werden. In Anlehnung an den Grundgedanken der klassischen Produkt- und Marktlebenszyklusmodelle gehen die Lebenszyklusmodelle gesellschaftlicher Anliegen von der Interaktion einzelner Anspruchsgruppen aus, die Entwicklungen in gesellschaftlich relevanten Bereichen zum Gegenstand einer öffentlichen und politisch-rechtlichen Diskussion machen. Dabei können folgende Phasen voneinander unterschieden werden (Dyllick 1989a, S. 241 ff.) (vgl. Abbildung 2):

- Latenzphase
- Emergenzphase
- Aufschwungphase
- Reifephase
- Abschwungsphase

In der **Latenzphase** werden Anliegen, die das gesellschaftliche Interesse betreffen (z. B. Zerstörung der Ozonschicht, Genforschung etc.) von einzelnen Personen erkannt und zum Ausdruck gebracht. Die **Emergenzphase** zeichnet sich dadurch aus, daß Experten dem Anliegen verstärkt Aufmerksamkeit schenken. Es entwickelt sich eine Problemdiskussion, die vornehmlich auf Fachtagungen und in Fachzeitschriften geführt wird. Durch die wissenschaftliche Diskussion werden gesellschaftliche Gruppen auf das Anliegen aufmerksam. Sie beginnen sich zunehmend für das Problem zu interessieren und bilden erste Erwartungen hinsichtlich dessen Handhabung.

Ausgelöst durch Aktionen der Anspruchsgruppen tragen Massenmedien die Diskussion in der **Aufschwungphase** in eine breite Öffentlichkeit. Die Ansprüche werden konkretisiert und der Problemlösungsdruck erhöht sich. Erreicht das Anliegen einen hohen gesellschaftlichen Stellenwert, greifen politische Gruppen in die Diskussion ein, um sich gegenüber ihren Wählern als deren Interessensvertreter zu profilieren. Hierdurch steigt die

Wahrscheinlichkeit, daß administrative Regelungen zur Handhabung des Anliegens gefordert werden.

Während der **Reifephase** steht die Frage der Lösungsfindung im Mittelpunkt. Die Diskussion verlagert sich zurück zu den Experten, die verstärkt Lösungsvorschläge unterbreiten. Das Interesse der Massenmedien dagegen wendet sich anderen Themenbereichen zu. Die **Abschwungphase** schließlich konzentriert sich auf die Umsetzung der gefundenen Problemlösungen. Notwendige administrative Maßnahmen werden durchgeführt und auf ihre Einhaltung hin überprüft.

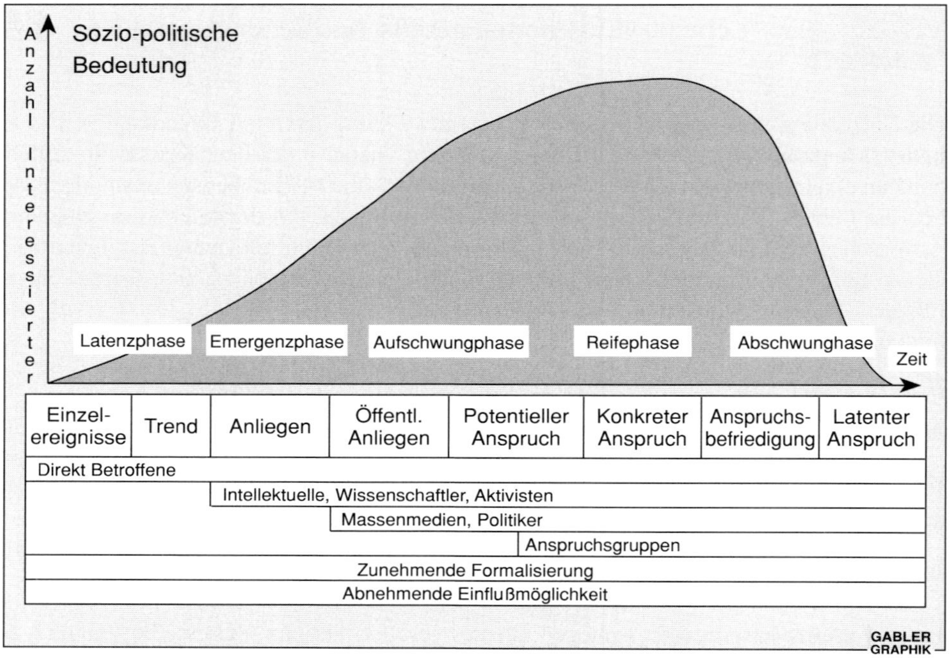

Abbildung 2: Lebenszyklusmodell gesellschaftlicher Ansprüche
(Quelle: Meffert, Kirchgeorg 1993, S. 78)

Das Lebenszyklusmodell verdeutlicht, daß mit fortschreitender Zeit ein zunehmender Druck auf die Unternehmen ausgeübt wird. Je früher ein Unternehmen auf gesellschaftliche Anliegen reagiert, umso geringer ist das Ausmaß des öffentlichen Drucks und umso größer der Gestaltungsspielraum des Unternehmens. Eine fehlende oder falsche Reaktion dagegen führt häufig zu einer Eskalation des Problems und verstärkt das bestehende Spannungsfeld zwischen Unternehmen und Öffentlichkeit.

5.23 Spannungsfeld zwischen Unternehmen und Öffentlichkeit

Das Spannungsfeld zwischen Unternehmen und Öffentlichkeit geht weit über die konkreten Anliegen der Anspruchsgruppen hinaus und beruht auf unterschiedlichen Ansichten hinsichtlich der Aufgaben und Ziele von Unternehmen.

Im Hinblick auf die von Unternehmen verfolgten Zielsetzungen können nicht-gewinnorientierte und gewinnorientierte Unternehmen unterschieden werden. Das Ziel **nicht-gewinnorientierter** Unternehmen wie z. B. öffentlicher Institutionen oder caritativer Vereine besteht in der bedarfsgerechten Versorgung der Allgemeinheit. Die Erstellung und Verteilung von materiellen und immateriellen Gütern beschränkt sich auf die Befriedigung der von der Gesellschaft artikulierten Bedürfnisse. Während diese Bedürfnisbefriedigung bei nicht-gewinnorientierten Unternehmen die eigentliche unternehmerische Zielsetzung darstellt, dient sie bei **gewinnorientierten** Unternehmen als Mittel zur Gewinnerzielung. Gewinnorientierung und Bedürfnisbefriedigung stehen dabei insofern in einem engen Zusammenhang, als daß Unternehmen langfristig nur dann erfolgreich sein können, wenn sie sich an den Bedürfnissen der Gesellschaft orientieren (Staehle 1985, S. 225 f.).

Das Gewinnstreben ist mit einer Reihe von Konsequenzen für das **Verhalten von Unternehmen** verbunden, die sich sowohl auf die Innen- als auch auf die Außenbeziehungen auswirken. In der **Innenbeziehung** betrifft dies das Verhältnis zwischen Unternehmen und Mitarbeitern. Letztere stellen für das Unternehmen in erster Linie „human resources" dar, die ihre Fähigkeiten und ihr Engagement zum Nutzen des Unternehmens einsetzen. Im Falle eines Zielkonflikts werden Unternehmen dem Gewinnziel eine höhere Priorität einräumen als den Interessen ihrer Mitarbeiter. In den **Außenbeziehungen** werden Unternehmen bestrebt sein, eine hohe Autonomie in bezug auf andere Marktteilnehmer zu erreichen. Eine marktberrschende Stellung ermöglicht es, Preise und Mengen relativ unabhängig zu gestalten, Konsumentenwünsche durch den verstärkten Einsatz von Werbung zu beeinflussen, Lieferantenverträge zum Vorteil des Unternehmens abzuschließen und durch Lobbyismus Einfluß auf das politische System zu nehmen (Staehle 1985, S. 227).

Das Ziel des Gewinnstrebens führt überdies zu einer **selektiven Auswahl** der bearbeiteten Märkte. Gewinnversprechende Bedürfnisse finden das besondere Interesse von Unternehmen und werden dementsprechend schnell befriedigt. Andere Bereiche wie z.B. das Bildungs- und Gesundheitswesen, denen zwar ein hoher gesellschaftlicher Nutzen zukommt, die aber nur begrenzt Möglichkeiten der Gewinnerzielung bieten, werden vielfach vernachlässigt und fallen dem Aufgabenbereich staatlicher Institutionen zu (Staehle 1985, S. 227).

Die im Blickpunkt des öffentlichen Interesses stehenden Unternehmen werden nicht mehr nur anhand ihrer Produkte und Dienstleistungen, sondern ebenso hinsichtlich ihres gesellschaftlichen Beitrags beurteilt (Stitzel 1976; Fessler 1989). Gewinnorientierte Unternehmen geraten hierdurch in die Situation, ihr Verhalten gegenüber einer kritischen Öffentlichkeit legitimieren zu müssen. Diese Legitimation ist insofern schwierig, als daß zur Beurteilung des Verhaltens gewinnorientierter Unternehmen häufig die gleichen Kriterien herangezogen werden wie sie bei nicht-gewinnorientierten Unternehmen Anwendung finden (Dyllick 1989b, S. 276). Nach Ansicht der Öffentlichkeit sind Unternehmen demnach aufgefordert, zumindest teilweise auf Unternehmensgewinne zugunsten „gesellschaftlicher Investitionen" (z. B. dem Einbau von Filteranlagen zur Reduktion von Schadstoffemissionen) zu verzichten. In bezug auf das Verhalten gegenüber Mitarbeitern wird das Unternehmen eher als soziales System mit entsprechender Verantwortung gesehen und weniger als Organisation, die durch den Einsatz menschlicher Arbeitskraft Gewinne erwirtschaftet.

Letztendlich ergibt sich hieraus eine Diskussion über die Gewinnorientierung als Voraussetzung für die Funktionsfähigkeit einer Volkswirtschaft und der darüber hinaus bestehenden gesellschaftlichen Verantwortung von Unternehmen. Für das strategische Management der einzelnen Unternehmung ist es jedoch entscheidend, aufgrund der gewonnenen Erkenntnisse über die Erwartungshaltung der Öffentlichkeit geeignete Maßnahmen zu ergreifen, durch die eine langfristige Akzeptanz des Unternehmens aus Sicht der einzelnen Anspruchsgruppen gesichert werden kann.

5.3 Unternehmensverhalten gegenüber Anspruchsgruppen

5.31 Grundtypen anspruchsgruppengerichteter Strategien

Die Gestaltung der Beziehungen zu den gesellschaftlichen Anspruchsgruppen besitzt den Stellenwert eines strategischen Erfolgsfaktors. Maßnahmen auf rein operativer Ebene sind nicht mehr ausreichend, um der besonderen Bedeutung dieser Beziehungen gerecht zu werden. Vielmehr sind Entscheidungen über das grundsätzliche Verhalten der Unternehmen gegenüber den Anspruchsgruppen als strategische Entscheidungen zu betrachten und auf Ebene der Unternehmensführung zu verankern. Die im folgenden diskutierten Strategien geben Anhaltspunkte, welche grundlegenden Optionen den Unternehmen in diesem Zusammenhang offenstehen (Krüger 1974; Stitzel 1976; Kirchgeorg 1990).

Die Strategie der **Innovation** zeichnet sich durch eine proaktive Haltung des Unternehmens aus. Gesellschaftlichen Ansprüchen wird bereits in einem sehr frühen Stadium mit innovativen Lösungen begegnet. Diese Strategie ist besonders dazu geeignet, Wettbewerbsvorteile zu schaffen, da sie nicht nur die Akzeptanz von seiten der Anspruchsgruppen erhöht, sondern zu einem Zeit- und Erfahrungsvorteil gegenüber den Wettbewerbern führt. Allerdings ist die proaktive Ausrichtung der Innovationsstrategie mit nicht unerheblichen Risiken verbunden. Nachteile können sich ergeben, wenn es den Wettbewerbern gelingt, die Innovation relativ kurzfristig und mit geringem eigenen Einsatz nachzuahmen. Voraussetzung für die Innovationsstrategie ist eine aktive Gestaltung der Beziehungen zwischen Unternehmen und Anspruchsgruppen. Das Unternehmen wird hierdurch zum einen frühzeitig auf Entwicklungen aufmerksam und ist zum anderen in der Lage, seine proaktiven Leistungen öffentlichkeitswirksam darzustellen.

Im Rahmen der **Anpassungsstrategie** nimmt das Unternehmen eine abwartende Haltung ein. Das Unternehmen reagiert erst, wenn sich die Ansprüche konkretisiert haben und z. B. durch Forderungen von Bürgerinitiativen artikuliert werden. In seiner Reaktion auf die Forderungen beschränkt sich das Unternehmen auf die nicht zu umgehenden Anpassungen. Selbst wenn in dieser Situation innovative Lösungen angestrebt werden, verbleibt aufgrund des erhöhten öffentlichen Drucks und der dadurch fortgeschrittenen Dringlichkeit des Problems häufig keine Zeit zur Entwicklung und Umsetzung entsprechender Konzepte. Der Dialog zwischen Unternehmen und Öffentlichkeit ist schwach ausgeprägt, da dieses Kontakte zu kritisch eingestellten Gruppen eher vermeidet.

Die **Widerstandstrategie** ist auf die Beibehaltung des gegenwärtigen Zustands ausgerichtet. Sie kann sowohl proaktiv als auch reaktiv eingesetzt werden, erbringt aber im Hinblick auf das zugrundeliegende Anliegen in keinem Fall ein Beitrag zur Problemlösung. Proaktiv dient sie dazu, vor der Manifestierung von Ansprüchen, z. B. in Form von Umweltgesetzen, die Diskussion im Sinne des Unternehmens zu beeinflussen. Häufig kommt es dabei zu einem Zusammenschluß aller betroffenen Unternehmen, die gemeinsam den entstehenden Ansprüchen entgegentreten. Reaktiv versucht das Unternehmen, trotz konkreter Forderungen der Anspruchsgruppen den status quo zu erhalten. Dabei bezieht das Unternehmen deutlich Stellung gegenüber den Anspruchsgruppen und verteidigt seine Position auch in der öffentlichen Diskussion.

Grundsätzlich ist die Widerstandsstrategie mit erheblichen Gefahren für das Unternehmen verbunden. Kurzfristig können Kostenvorteile im Vergleich zu denjenigen Unternehmen entstehen, die sich den gesellschaftlichen Ansprüchen gegenüber offen zeigen. Der Widerstand des Unternehmens führt jedoch zwangsläufig zu einer Konfrontation mit den Anspruchsgruppen und im Ergebnis häufig zu einer Verringerung der gesellschaftlichen Akzeptanz. Wird die Widerstandsstrategie im Kollektiv aller Unternehmen einer Branche eingesetzt, kann sich der Konflikt zu einer Gefährdung der Legitimation der gesamten Branche ausweiten.

Mit Hilfe der **Ausweichstrategie** verfolgen Unternehmen das Ziel, sich den Forderungen von Anspruchsgruppen möglichst zu entziehen und Konflikte zu umgehen. Diese Strategie kommt überwiegend reaktiv zum Einsatz. Es lassen sich zwei grundlegende Ausprägungen voneinander unterscheiden, die Problemverlagerung und der Rückzug. Bei der **Problemverlagerung** wird den Forderungen insoweit nachgegeben, als daß Probleme in einen Bereich außerhalb der Wahrnehmung der Anspruchsgruppen verlegt werden. So wurde beispielsweise die Genforschung deutscher Unternehmen ins Ausland verlagert, da dort weniger restriktive Gesetze und eine höhere öffentliche Akzeptanz dieser Technologie vorzufinden sind. Bei den im Inland bestehenden Anspruchsgruppen kann diese Strategie unter Umständen zur Sicherung der Akzeptanz des Unternehmens beitragen (Brenken 1988, S. 273 ff.). Die zunehmende Internationalität und weltweite Verflechtung von Anspruchsgruppen birgt jedoch das Risiko, daß Ausweichmanöver der Unternehmen als Täuschungsversuch interpretiert und deshalb nicht akzeptiert werden. Der hieraus resultierende Akzeptanzverlust kann weit höher sein, als aufgrund des ursprünglichen Anliegens zu erwarten war.

Der **Rückzug** aus Bereichen, die in der Kritik von Anspruchsgruppen stehen, stellt die weitreichendste Konsequenz der Ausweichstrategie dar. Mit dem Rückzug überläßt das Unternehmen seinen Wettbewerbern die Chance, den Forderungen der Anspruchsgruppen mit innovativen Lösungen zu begegnen und begibt sich damit in die Gefahr, komparative Wettbewerbsnachteile zu erleiden. Gleichzeitig besteht die Möglichkeit, daß der Ausstieg aus einem kritischen Bereich in der Wahrnehmung von Anspruchsgruppen als gesellschaftlicher Beitrag des Unternehmens gesehen wird. Die hierdurch erreichte Erhöhung der Akzeptanz stellt gleichermaßen ein Wettbewerbsvorteil dar, der im Idealfall auf alle Tätigkeitsbereiche des Unternehmens ausstrahlt.

Die Strategie der **Passivität** schließlich ist durch ein „Nicht-Verhalten“ und die Ignoranz gegenüber den Forderungen der Anspruchsgruppen gekennzeichnet. Das Unternehmen unterstellt, daß von seiten der Anspruchsgruppen keine substantielle Bedrohung seiner Legitimität besteht. Den Beziehungen zu diesen Gruppen wird dementsprechend ein geringer Stellenwert eingeräumt.

5.32 Der Einfluß situativer Faktoren auf die Strategiewahl

Der Erfolg einer Strategie ist maßgeblich vom situativen Kontext abhängig, in dem diese zum Einsatz kommt. Im folgenden soll daher versucht werden, die beschriebenen Strategien unterschiedlichen Situationen zuzuordnen. Die Vielzahl der zu berücksichtigen Einflußgrößen werden hierzu auf die Faktoren: „Einfluß gesellschaftlicher Anspruchsgruppen“ und „Unternehmensstärke“ verdichtet (vgl. Abbildung 3).

Der **Einfluß gesellschaftlicher Anspruchsgruppen** auf den Unternehmenserfolg ist abhängig vom Stellenwert der Gruppe in der Gesellschaft und der Bedeutung, die ihren Ansprüchen in der aktuellen öffentlichen Diskussion zugemessen wird. Die **Stärke eines Unternehmens** resultiert aus seiner Wettbewerbsposition sowie den ihm zur Verfügung

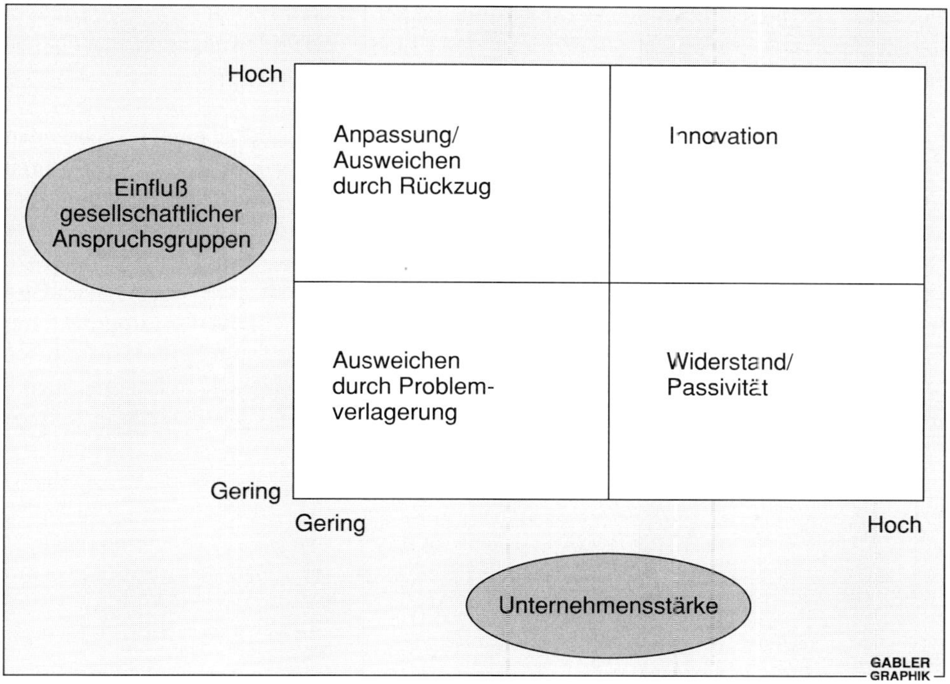

Abbildung 3: Anspruchsgruppengerichtete Strategien im situativen Kontext

stehenden finanziellen, personellen und organisatorischen Ressourcen. Sie dient damit zum einen als Indikator für das Potential eines Unternehmens zur Schaffung innovativer Problemlösungen und zeigt zum anderen inwieweit das Unternehmen in der Lage ist, seine angestrebte Position auch entgegen den Forderungen der Anspruchsgruppen durchzusetzen.

Starke Unternehmen besitzen den größten Gestaltungsspielraum in ihrem Verhalten gegenüber Anspruchsgruppen. Grundsätzlich stehen ihnen alle der beschriebenen strategischen Optionen zur Verfügung. Gegenüber wenig einflußreichen Anspruchsgruppen kann erfolgreich eine Strategie des Widerstands oder der Passivität eingesetzt werden, da der Akzeptanzverlust in seiner Wirkung begrenzt ist. Die Erfolgswahrscheinlichkeit einer Widerstandsstrategie sinkt mit zunehmendem Einfluß der Anspruchsgruppen. Da das Unternehmen über genügend Potential zur Entwicklung und Durchsetzung von Innovationen verfügt, sollte es dieses nutzen und Forderungen proaktiv mit eigenen Problemlösungen begegnen.

Schwachen Unternehmen verbleibt aufgrund fehlender Ressourcen und einer fehlenden Wettbewerbsstärke oftmals nur die Möglichkeit der Anpassungs- oder der Ausweichstrategie. Ist der Einfluß der Anspruchsgruppen gering, wird das Unternehmen bestrebt sein, sich den Forderungen durch die Ausweichstrategie der Problemverlagerung zu entziehen. Starken Anspruchsgruppen gegenüber wird das Unternehmen gezwungen sein, sich entweder den Forderungen anzupassen oder den Rückzug anzutreten.

Zusammenfassend bleibt festzuhalten, daß Unternehmen sich heute in einem wachsenden Umfang gesellschaftlichen Ansprüchen gegenüber sehen, die in zunehmenden Maße durch institutionalisierte Interessensgruppen an sie herangetragen werden. Die Gestaltung der Beziehung zwischen Unternehmen und Interessensgruppen wird zu einem Schlüsselfaktor für den langfristigen Unternehmenserfolg. Die „klassische" Ausrichtung des strategischen Marketing auf die Marktpartner Handel, Wettbewerber und Kunde erweitert sich damit um den Bereich der gesellschaftlichen Anspruchsgruppen. Die beschriebenen Grundsatzstrategien zeigen Möglichkeiten auf, den entstehenden oder bereits formulierten Ansprüchen zu begegnen. Sie sind unter Bezugnahme auf situative Bedingungen weiter zu präzisieren und in strategiekonforme Maßnahmen umzusetzen.

Literaturhinweise

Achleitner, P. M. (1985): Sozio-politische Strategien multinationaler Unternehmungen, Schriftenreihe Betriebswirtschaft der Hochschule St. Gallen, Bd. 13, Bern, Stuttgart 1985.

Bode, T. (1992): Zur Strategie von Umweltinitiativen - das Beispiel Greenpeace, in: Steger, U. (Hrsg.): Handbuch des Umweltmanagements, München 1992, S. 207-216.

Brenken, D. (1988): Strategische Unternehmensführung und Ökologie, in: Szyperski, N., u. a. (Hrsg.): Schriftenreihe Planung, Information und Unternehmensführung, Bd. 21, Bergisch Gladbach, Köln 1988.

Dyllick, Th. (1989a): Management der Umweltbeziehungen, Wiesbaden 1989.

Dyllick, Th. (1989b): Die Sicherung der gesellschaftlichen Akzeptanz als Aufgabe der unternehmerischen Zukunftssicherung, in: Wirtschaftsstudium, Heft 5, 1989, S. 276-277.

Dyllick, Th. (1990): Ökologisch bewußtes Management. Die Orientierung. Nr. 96, Schweizerische Volksbank, Bern 1990.

Fessler, E. (1989): Gesellschaftsorientiertes Marketing, Bern, Stuttgart 1989.

Hoff, A., Strümpel, B. (1982): Öffentlichkeitsarbeit als Unternehmerfunktion, in : Haedrich, G., Barthenheier, G., Kleinert, H. (Hrsg.): Öffentlichkeitsarbeit. Dialog zwischen Institutionen und Gesellschaft, Berlin, New York 1982, S. 35-52.

Kirchgeorg, M. (1990): Ökologieorientiertes Unternehmensverhalten, Wiesbaden 1990.

Krüger, W. (1974): Umweltwandel und Unternehmungsverhalten, in: Zeitschrift für Organisation, Nr. 2, 1974, S. 62-70.

Meffert, H., Kirchgeorg, M. (1993): Marktorientiertes Umweltmanagement, 2. Aufl., Stuttgart 1993.

Staehle, H. W. (1985): Strategien des Managements aus gesamtgesellschaftlicher Sicht, in: Wirtschaftswissenschaftliches Studium, Heft 5, 1985, S. 225-229.

Stitzel, M. (1976): Das Verhalten der Unternehmer gegenüber gesellschaftspolitischem Wandel, München 1976.

Thorbrietz, P. (1980): Vernetztes Denken im Journalismus - Journalistische Vermittlungsdefizite am Beispiel Ökologie und Umweltschutz, Schriftenreihe Medien in Forschung und Unterricht, Hrsg.: Baacke, D., Gast, W., Straßner, E., Bd. 21, Tübingen 1980

Wiedmann, K. P. (1989): Gesellschaft und Marketing - Neuorientierung der Marketingkonzeption im Zeichen des gesellschaftlichen Wandels, in : Specht, G., Silberer, G., Engelhardt, H.: (Hrsg.): Marketing Schnittstellen, Stuttgart 1989, S. 227-246.

Kapitelübersicht

Viertes Kapitel

Marketingstrategien in unterschiedlichen situativen Kontexten

Erstes Kapitel
Einführung und

1. Herausforder
Unternehmen
2. Entwicklung
3. Planung des s

Zweites Kapitel
Informationsgr

1. Definition de
2. Das PIMS-Pr
3. Strategische

Drittes Kapitel
Generische Ma

1. Überblick: Zu
2. Abnehmerger
3. Konkurrenzge
4. Absatzmittler
5. Anspruchsgru

Viertes Kapite
Marketingstra

1. Strategien in j
2. Strategien in s
3. Strategien auf
4. Strategien auf
5. Strategien auf
6. Marktorientierte Umweltschutzstrategien

Fünftes Kapitel
Implementierung von Marketingstrategien

1. Grundlagen der Strategieimplementierung
2. Computergestützte Systeme in der strategischen Marktetingplanung
3. Controlling im Marketing
4. Unternehmens- und Marketingkultur
5. Flexibilität als Erfolgsfaktor der Unternehmung

Sechstes Kapitel
Zukunftsperspektiven des Marketing und der Unternehmensführung

Zehn abschließende Thesen

1. Strategien in jungen Märkten*

1.1 Kennzeichnung der Marktsituation

Märkte, die sich in der Einführungsphase sowie der schnellen Wachstumsphase ihres Lebenszyklus befinden, werden als **junge Märkte** bezeichnet. Sie sind bis zu dem sog. „take-off" (Levitt 1965, S. 82) durch langsames, danach durch rasantes Umsatzwachstum gekennzeichnet. Unabhängig von branchenspezifischen Unterschieden besteht die wesentliche Eigenschaft dieser Märkte aus strategischer Perspektive darin, daß noch keine auf speziellen Erfahrungen begründete Spielregeln existieren (Porter 1992). Darüber hinaus sind junge Märkte in der Regel durch eine erhebliche „technologische Turbulenz" (Porter 1992) bzw. Unsicherheit gekennzeichnet. Häufig konkurrieren mehrere alternative Technologien um die Anerkennung als Industriestandard. Hand in Hand mit der technologischen geht vielfach eine strategische Unsicherheit einher. Noch keine der von Wettbewerbern verfolgten Strategien hat sich als richtig herausgestellt. Die Unternehmungen tasten vielmehr unterschiedliche Strategien ab. Schließlich sind die für das Marketing gravierenden Verunsicherungen auf der Kundenseite hervorzuheben, die u. a. aus der Vielzahl alternativer Produktkonzepte, technologischer Varianten und sich widersprechender Behauptungen einer Vielzahl oftmals kleiner Wettbewerber resultieren (Walters 1984).

In besonderem Maße treffen diese Erscheinungen auf die sog. **„High-Tech"-Märkte** zu. Zur Abgrenzung von High-Tech-Märkten werden verschiedene Konzepte diskutiert (Moriarty, Kosnik 1989). Hier sollen als solche wachsende Märkte bezeichnet werden, in denen der prozentuale F&E-Aufwand das Doppelte des Industriedurchschnitts eines Landes beträgt. Beispiele von Branchen, auf die dieses definitorische Merkmal zutrifft, sind etwa Büro-, Datenverarbeitungs- und Kommunikationstechnik, Medizintechnik, Pharma (speziell Biotechnologie) sowie Luft- und Raumfahrt. Hier stehen Unternehmungen dem **„Paradoxon des High-Tech-Managements"** (Maidique, Hayes 1984) gegenüber: Den trotz der hohen Innovationsrate in diesen Branchen immer länger werdenden Entstehungszyklen von Produkten aufgrund des Innovationsgrades und der erhöhten Komplexität der Technologie auf der einen Seite („Entstehungszyklusexpansion") und den immer kürzer werdenden Produkt- bzw. Marktlebenszyklen auf der anderen Seite („Marktzykluskontraktion") (Pfeiffer 1985; Popper, Burkirk 1992). Hieraus resultiert ein weiterer typischer struktureller Faktor von High-Tech-Märkten, die Verschmelzung des Zeitfaktors mit dem Kostenfaktor (Kawakatsu 1985; Backhaus 1991). Die kurze Präsenz der Produkte am Markt ist mit hohen Investitionen bei meist gleichzeitig rapidem Preisverfall verbunden.

---

* Dieser Beitrag wurde in ähnlicher Form in der Zeitschrift Die Betriebswirtschaft, Heft 3, 1988 veröffentlicht.

1.2 Die Bedeutung der Technologie als strategischer Erfolgsfaktor in jungen Märkten

Lange Zeit wurde die Bedeutung der **Technologie** – verstanden als die Summe des technischen Wissens, das für Produkt- und/oder Prozeßinnovationen genutzt werden kann (Michel 1990) – als ein maßgeblicher Faktor, der das Erfolgs- bzw. Mißerfolgspotential von Unternehmungen entscheidend bestimmt, nicht hinreichend analysiert. Dagegen zeigt die skizzierte Struktur junger Märkte, daß häufig die Technologie die dominante strukturprägende Variable darstellt. Sie beschleunigt durch Verbesserung des Kosten-Leistungs-Verhältnisses der offerierten Produkte die Wachstumsrate von Industrien. Auch können Branchen- und Wettbewerbsstrukturen verändert werden, indem neue Technologien den Eintritt neuer Wettbewerber zur Folge haben oder neue Produktstrukturen initiieren, die neue Anwendungsgebiete erschließen. Daneben beeinflußt die Technologie die Wettbewerbssituation, indem sie z. B. die Fertigungsbedingungen mit ihren Kostenstrukturen verändert oder auf andere Erfolgsfaktoren wie Vertriebsbedingungen und Serviceanforderungen einwirkt (Sommerlatte, Deschamps 1985).

Als für die Strategieplanung in jungen Märkten **zentrale Auswirkungen von Technologien** gelten die folgenden (Remmerbach 1988; Benkenstein 1992; Kodoma 1993):

- Stetige Verkürzung von Produktlebenszyklen.
- Hohe Produktinnovationsrate.
- Rapider Produktionskosten- und Preisverfall bei häufig gleichzeitig steigender Produktleistung.
- Hohe technologiebedingte Kaufbarrieren.
- Zunehmender Zwang zur Globalisierung aufgrund der Notwendigkeit der Amortisation von Investitionen in kurzen Zeiträumen.
- Verschmelzung traditionell abgegrenzter Technologiedisziplinen wie z. B. die Integration von Computertechnik mit der klassischen Nachrichtentechnik in die Telekommunikation bzw. deren Verschmelzen mit der Datenverarbeitung zu einem gemeinsamen Markt der Informations- und Kommunikationstechnologie.
- Ständige Ausweitung der Nutzungs- bzw. der Produktfunktionen. So sind z. B. Schreibmaschinen speicherfähig oder Fernsehgeräte als Terminal und interaktives Kommunikationssystem nutzbar.
- Schließlich als Konsequenz dieser Entwicklungen das Verschwimmen traditioneller Marktgrenzen mit gravierenden Auswirkungen auf die Abgrenzung des relevanten Absatzmarktes. So wachsen bislang voneinander getrennte Märkte zusammen, wie gegenwärtig aufgrund der Anwendungspotentiale der Informationstechnologie der

Banken- und Versicherungsmarkt zu einem gemeinsamen Markt der Finanzdienstleistungen.

Aufgrund der hohen Technologiebetroffenheit von Anbietern in jungen Märkten ergibt sich somit die Notwendigkeit zu einem auf die Marketingstrategie abgestimmten Technologiemanagement (Wolfrum 1992).

1.3 Planung von Marketingstrategien in jungen Märkten

Junge Märkte weisen ein Marktvolumen auf, das erst einen geringen Anteil des Marktpotentials umfaßt. Sie sind daher trotz ihrer beschriebenen strukturellen Risiken für Unternehmungen attraktiv. Im Rahmen der Planung von Marketingstrategien kommt der Fragestellung des Markteintritts eine herausragende Bedeutung zu, insbesondere da die Art und Weise der Marktbehauptung von dem Ziel, der Form und dem Zeitpunkt des Markteintritts abhängig ist.

1.31 Zielplanung des Markteintritts

Die Beantwortung der Frage, warum die Unternehmung in einen Markt eintritt, ist in den Gesamtrahmen der Markteintrittsplanung einzubetten, dessen Elemente die Abbildung 1 veranschaulicht (Remmerbach 1988). Dabei leiten sich **Markteintrittsziele** als Teilziele aus den Oberzielen der Unternehmung wie Rendite (ROI) und Sicherheit (Liquidität, Kapital- und Substanzerhaltung) ab.

Auslöser für ein Engagement in jungen Märkten ist i. d. R. das Wachstums- oder Sicherheitsstreben der Unternehmung. Dieses kann je nach Unternehmenssituation unterschiedlich begründet sein. Für Unternehmensneugründungen (start-ups) und interne Diversifikationen (eigenständige Produktneuentwicklung) wird die Vermarktung der aus dem unternehmerischen Innovationsprozeß resultierenden Neuprodukte im Vordergrund stehen. Daneben sind als Begründungen des Wachstumsstrebens insbesondere für diversifizierende Unternehmungen u. a. zu nennen:

- Erschließung neuer Wachstumsquellen vor dem Hintergrund von Strukturveränderungen in den angestammten Absatzmärkten,
- Sicherung der Zukunft der Unternehmung,
- Prestige- und Machtstreben,

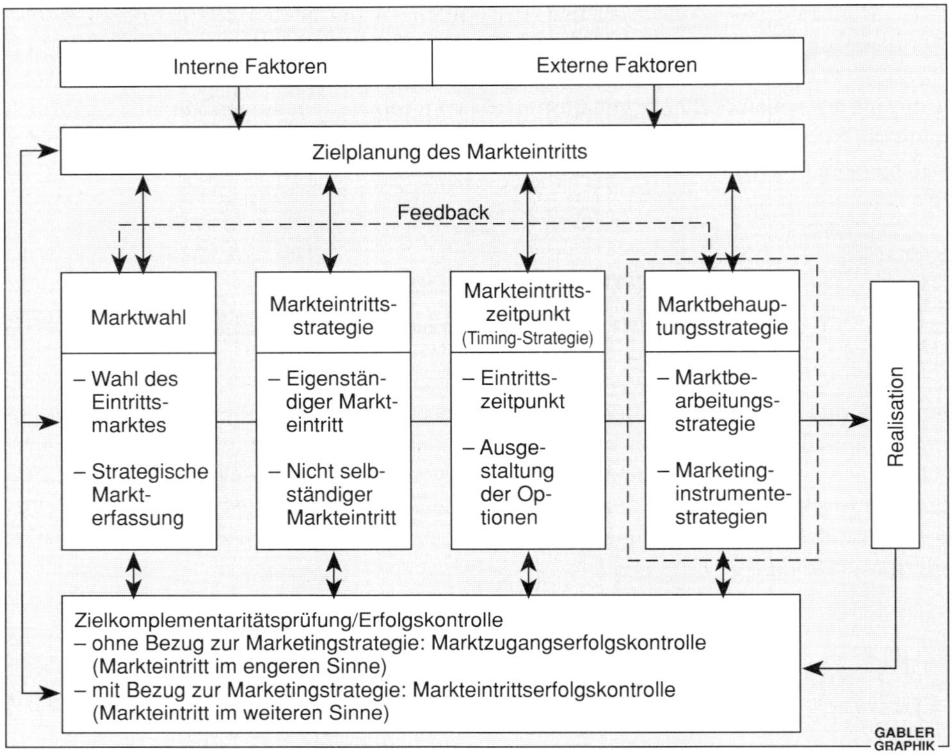

Abbildung 1: Interdependenzen der Markteintrittsplanung (Regelkreis)

- Notwendigkeit der Marktbesetzung aufgrund strategischer Kalküle und Kundenerwartungen,
- Notwendigkeit des Eintritts aufgrund der Verschmelzung von Märkten (z. B. im Bereich der Telekommunikation) sowie
- Synergien zu anderen Geschäftsfeldern.

Aufgrund der wachstumsorientierten Ausrichtung von Zielprioritäten bei Markteintritten in wachsenden Märkten geben Unternehmungen **Marktanteilszielen** tendenziell den Vorzug.

1.32 Planung von Markteintrittsstrategien

Markteintrittsstrategien stellen eine von mehreren alternativen Wachstumsstrategien der Unternehmung dar. Sofern die Unternehmung zu dem Ergebnis gelangt, daß nicht z. B. eine

Marktpenetrations- oder Produktentwicklungsstrategie, sondern der Eintritt in neue Märkte ihre Zielsetzung am besten erfüllt, muß die geeignete Markteintrittsstrategie bestimmt werden. Aus der umfangreichen Literatur kann hierzu die in Abbildung 2 dargestellte Systematisierung entwickelt werden (Remmerbach 1988).

Wie deutlich wird, kann zunächst der eigenständige vom nichtselbständigen Markteintritt unterschieden werden. In beiden Fällen wird zielsetzungsabhängig und auf Basis von Situationsanalysen zwischen mehreren Alternativen die geeignete Eintrittsstrategie ausgewählt. In jedem Fall realisiert sich der Markteintritt in einer von drei Formen: Dem selbständigen Eintritt liegt stets die unternehmerische Innovationstätigkeit zugrunde, wodurch sich sowohl beim start-up als auch bei der internen Diversifikation der Markteintritt in der Neuprodukteinführungsstrategie (aus Unternehmenssicht) realisiert. Demgegenüber realisiert sich die externe Diversifikation entweder über die Akquisition von Produkten bzw. Unternehmungen oder über Kooperationsstrategien.

Obwohl die Festlegung der Eintrittsstrategie eine wichtige Entscheidung darstellt, ist die Untersuchung des Eintrittszeitpunktes für die Ableitung der Strategiealternativen von größerer Bedeutung, da in jungen Märkten die Zeit der zentrale strategische Erfolgsfaktor ist (Stalk 1988; Simon 1989).

1.33 Planung des Markteintrittszeitpunktes (Timing-Strategie)

Die **Timing-Strategie** kennzeichnet die Planung und Realisation des Markteintrittszeitpunktes. Sie dient daher zur Koordination zwischen der Unternehmens- und Marktdimension einer Innovation (Dalrymple, Parsons 1980). In diesem Sinne wird in der Literatur in Anlehnung an Abells Konzept des strategischen Fensters treffenderweise von einem „strategic entry window“ (Mattson 1985) bzw. „window of opportunity“ (Sommerlatte, Layng, v. Oene 1986) gesprochen. Es soll damit die Bedeutung des Timing als „strategische Klammer“ unternehmerischer Verhaltensweisen zum Ausdruck gebracht werden.

Neben dieser eher theoretischen Interpretation resultiert die Bewertung des Timing als **strategischer Schlüsselfaktor** aus der Struktur der Vielzahl junger Märkte, in die eingetreten wird. Es ist dies das Phänomen der sog. „Zeitfalle“. Denn die kurze Präsenz der Produkte am Markt ist zumeist mit hohen Investitionen und längeren Entwicklungszeiten bei meist gleichzeitig rapidem Preisverfall verbunden. Die in der Literatur anzutreffende Beachtung des Faktors Zeit wird vor diesem Hintergrund verständlich (Pfeiffer 1985).

Im allgemeinen werden als Grundtypen von Timing-Strategien die Pionierstrategie sowie die frühe bzw. späte Folgerstrategie voneinander unterschieden. Eine Abgrenzung der Grundtypen kann unter Bezugnahme auf die Lebenszyklusphase des Eintrittsmarktes und

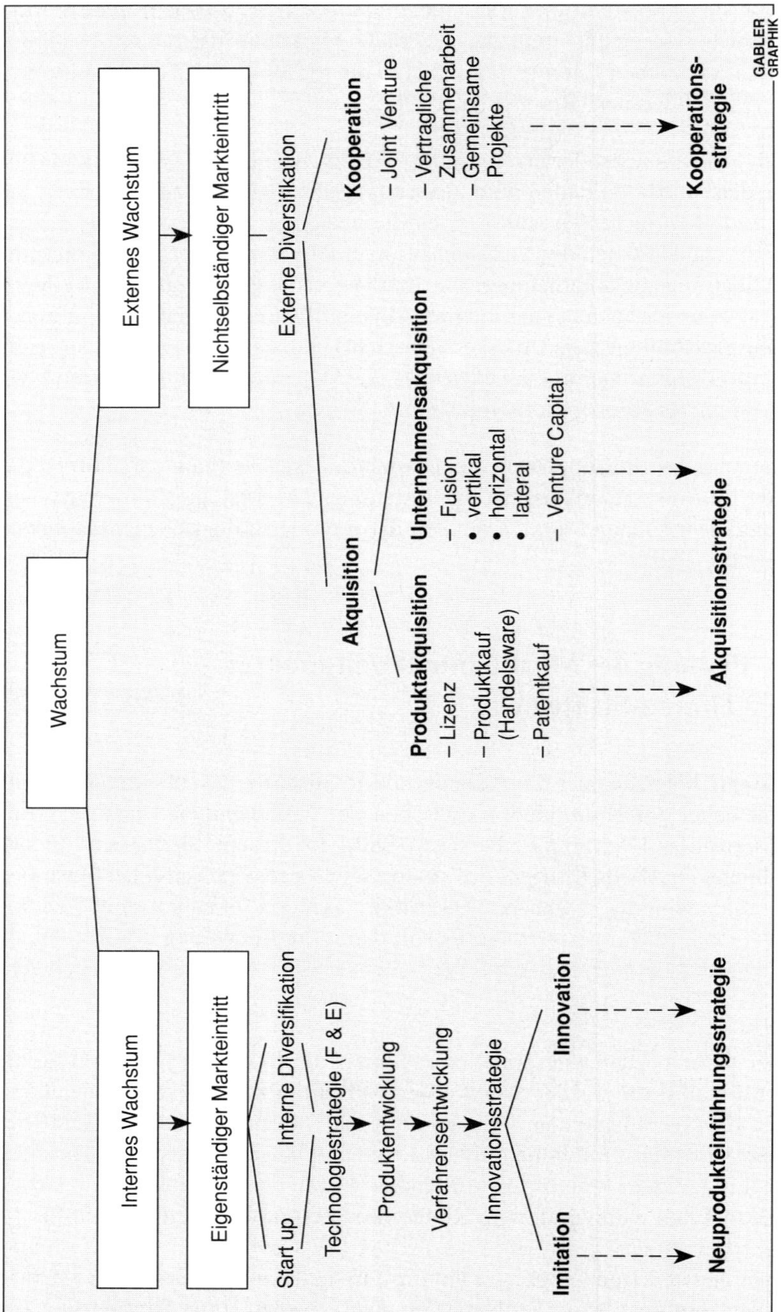

Abbildung 2: Systematisierung alternativer Markteintrittsstrategien

den Strategieschwerpunkt zum Zeitpunkt des Markteintritts vorgenommen werden (vgl. Abbildung 3) (Remmerbach 1988).

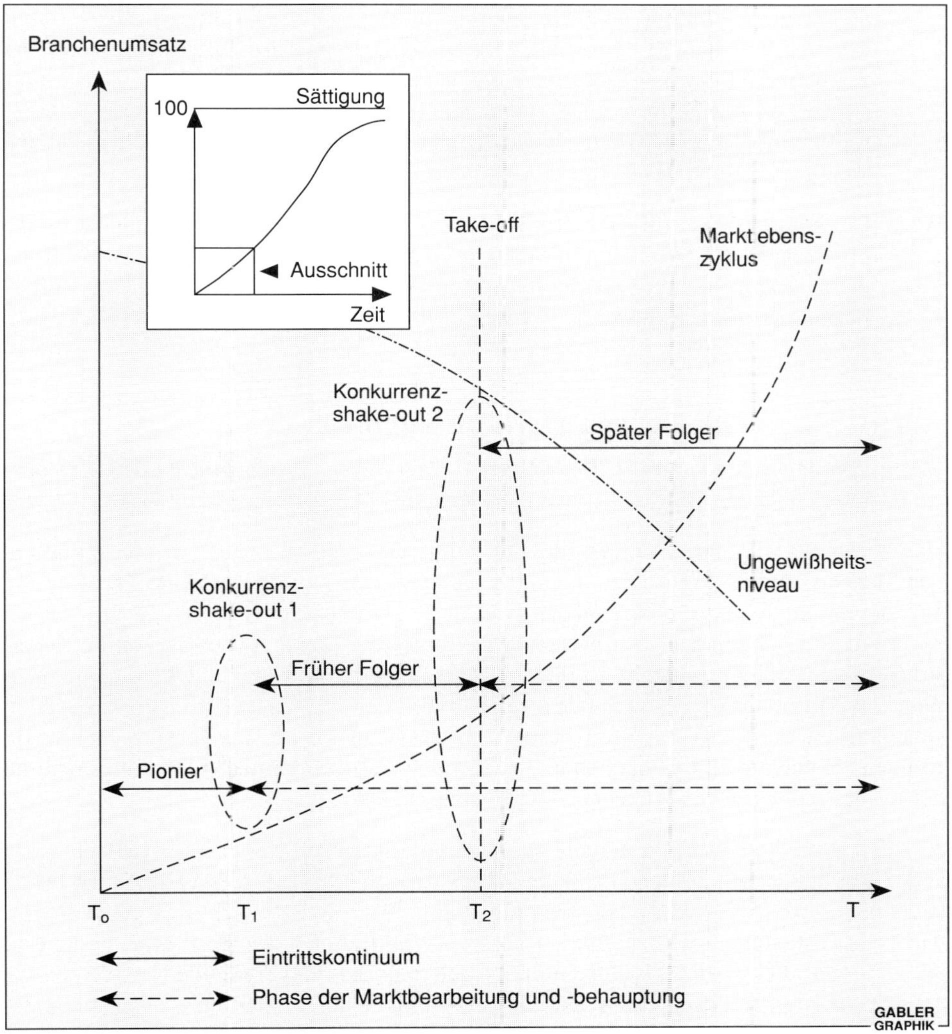

Abbildung 3: Abgrenzung von Timing-Strategien

- Der **Pionier** tritt als erstes Unternehmen in einen entstehenden Markt ein. Da der Markt durch ihn erst geschaffen wird, liegt der Strategieschwerpunkt zum Zeitpunkt des Eintritts im Marktaufbau. Zudem läßt sich allein beim Pionier der Eintrittszeitpunkt absolut bestimmen, d. h. ohne Bezug zu anderen Timing-Strategien. Das Entstehen des Marktes ist mit dem Eintreten des Pioniers identisch.

- Der **frühe Folger** tritt nach dem Pionier ebenfalls in einen entstehenden Markt ein. Die take-off-Phase des Marktes bestimmt die Grenze des theoretisch möglichen Eintrittskontinuums. Damit stehen frühen Folgern alternative Eintrittspunkte in einem begrenzten Zeitraum (Kontinuum) zur Verfügung. Der Strategieschwerpunkt des frühen Folgers bestimmt zugleich den Neustrukturierungs(shake-out)-Zeitpunkt auf der Anbieterseite. Dabei ist es unerheblich, ob sich die Neustrukturierung der Konkurrenzsituation in einem friedlichen Tolerieren, Kooperieren oder im Extrem in einem scharfen Verdrängungswettbewerb vollzieht. In jedem Fall tritt eine Veränderung der Konkurrenzsituation ein.
- Der **späte Folger** tritt nach dem frühen Folger frühestens nach Erreichen der take-off-Phase in den Markt ein. In Analogie zu den obigen Ausführungen bestimmt sich der Eintrittszeitpunkt bzw. die Abgrenzung zum frühen Folger aus der Neustrukturierung des Wettbewerbs.

1.34 Planung von Marktbehauptungsstrategien in jungen Märkten

Die Wahl des Markteintrittszeitpunktes bestimmt, wie bereits dargelegt, die Ausgestaltung von Marktbehauptungsstrategien in jungen Märkten. Das Timing des Markteintritts eröffnet folglich strategische Optionen, die von der Unternehmung genutzt werden. Da die Zielsetzung des Timing im Aufbau einer wettbewerbsfähigen Ausgangsposition für das strategische Marketing besteht, ist dieses Ziel dann erreicht, wenn die Unternehmung am Ende des Eintrittsprozesses zumindest einen qualifizierten, absicherbaren („sustainable“) strategischen Wettbewerbsvorteil besitzt. Hiernach ist sie bei mindestens einem vom Kunden als wichtig eingeschätzten und tatsächlich wahrgenommenen Leistungsmerkmal der Konkurrenz überlegen (Coyne 1986; Backhaus 1992).

Aus den strategischen Fragestellungen zur Erzielung dieser Wettbewerbsvorteile lassen sich die strategischen Optionen ableiten (Remmerbach 1988). Aus den relevanten Fragestellungen, „Welchen?“ Vorteil die Unternehmung „Wo?“ und „Wie?“ erreichen will, folgt daher die Festlegung des strategischen Vorgehens im Rahmen der Marktbehauptung (vgl. Abbildung 4). Diese strategischen Optionen gelten grundsätzlich für alle Grundtypen von Timing-Strategien. Sie weichen lediglich hinsichtlich ihrer inhaltlichen Ausgestaltung voneinander ab.

Bei einer prozessualen Betrachtung des strategischen Vorgehens wird die Unternehmung zuerst die Frage klären, **„Wo?“** Wettbewerbsvorteile realisiert werden können. Dabei wird je nach dem Grad der strategischen Markterfassung eine gesamtmarktorientierte bzw. segmentspezifische Ausrichtung des strategischen Vorgehens festgelegt (Meffert 1986a).

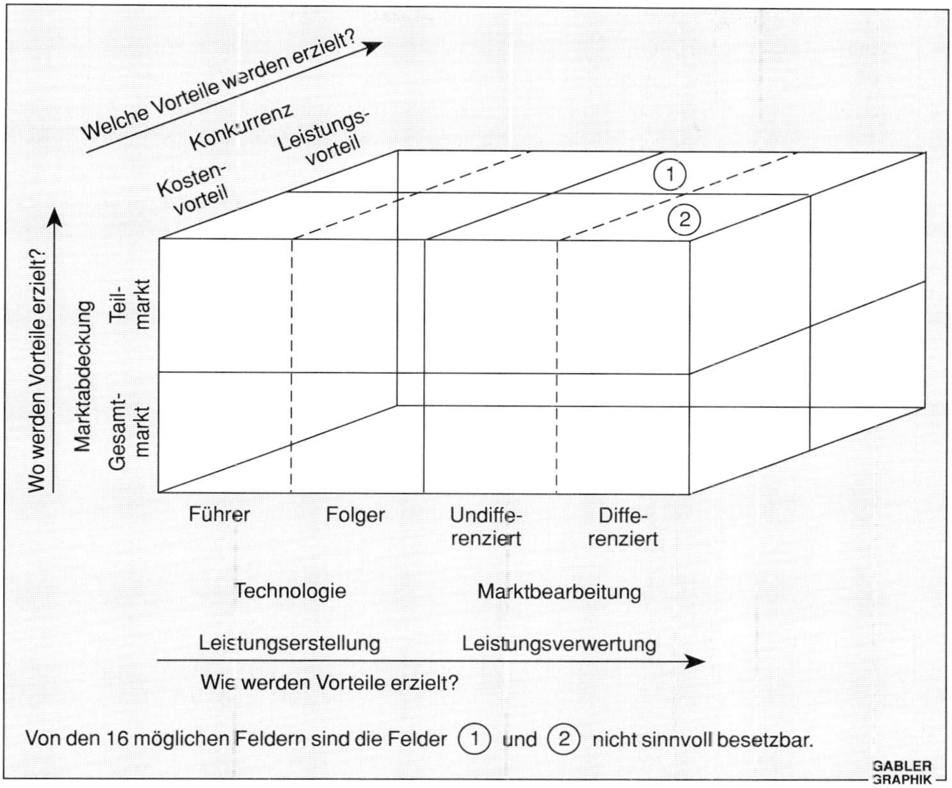

Abbildung 4: Systematisierung strategischer Optionen der Marktbehauptungsstrategien

Die Beantwortung der Frage nach der Vorteilsart, d. h. „**Welcher?**" Wettbewerbsvorteil realisiert werden soll, determiniert die Festlegung **wettbewerbsstrategischer Optionen.** Diesen kommt aufgrund der hohen Eintrittsintensität in wachsenden Märkten eine maßgebliche Bedeutung zu. Die Unternehmung wird in diesem Zusammenhang die Entscheidung fällen, ob sie beispielsweise beim Eintritt einen Kosten- oder einen Leistungsvorteil realisieren soll. Beide Vorteilsarten können auf dem Gesamtmarkt oder durch Konzentration auf Teilmärkte angestrebt werden (Porter 1992).

Die Frage, „**Wie?**" die Unternehmung den Wettbewerbsvorteil erzielen kann, betrifft die Analyse der Leistungserstellung und -verwertung. Im Rahmen der Leistungserstellung sind **technologiestrategische Optionen** festzulegen, denn aufgrund der bereits dargestellten Bedeutung technologischer Aspekte in jungen Märkten werden insbesondere mittels der Technologiestrategie Ansatzpunkte zur Vorteilsschaffung aufgebaut. Die Unternehmung wird sich hierbei zwischen einer technologischen Führer- und Folgerstrategie entscheiden (Perrillieux 1987).

Aus der Analyse der Leistungsverwertung folgt die Konkretisierung **marktbearbeitungsstrategischer Optionen.** Es geht hierbei im Rahmen der abnehmerorientierten Schwerpunktsetzung der Leistungsverwertung um die Frage, ob eine undifferenzierte Marktbearbeitung i. S. einer weitgehenden Standardisierung absatzpolitischer Aktivitäten gewählt werden sollte oder im Gegensatz hierzu ein differenziertes Vorgehen erfolgversprechender erscheint (Meffert 1986a). Unmittelbar verbunden mit den marktbearbeitungsstrategischen Optionen ist die Festlegung der **Marketinginstrumentestrategien.** Denn einerseits bestimmt der Schwerpunkt der Marktbearbeitung die jeweilige Instrumentestrategie, andererseits werden die Marktbearbeitungsstrategien durch den Einsatz der Marketinginstrumente inhaltlich ausgefüllt.

1.341 Marktbehauptungsstrategien des Pioniers

Als ein wesentlicher **Vorteil** der Pionier-Strategie muß die Möglichkeit des frühzeitigen Entwickelns von Markt-Know-how und des frühzeitigen Aufbaus von Marktpositionen angesehen werden. Die Unternehmung hat die Möglichkeit, mit dem sich entwickelnden Markt zu wachsen. Da auch die Kunden zunächst Erfahrung sammeln müssen, und zwar zunächst allein über das Angebot der Pionierunternehmung, können diese Erfahrungen systematisch für Produktoptimierungen und für den Aufbau von Marken- oder Firmentreue genutzt werden (Carpenter, Nakamoto 1989). Damit gelingt dem Pionier zugleich der Aufbau eines progressiven technologischen Image. Dies ist aufgrund der Dominanz technologischer Faktoren in der Situation junger Märkte häufig ein wertvoller flankierender Erfolgsfaktor. Die Wirkung verstärkt sich, wenn es dem Pionier gelingt, frei von Konkurrenzangriffen die Chancen zur Etablierung eines produkt- bzw. technologiebezogenen Industriestandards zu nutzen.

Dies ist wiederum in vielen Fällen eine sehr wirksame Markteintrittsbarriere, zu deren Aufbau der Pionier grundsätzlich die besten Möglichkeiten besitzt. Da die Pionier-Strategie außerdem eine technologische Führerschaft mit den dazu erforderlichen hohen Investitionen im Innovationsbereich impliziert, muß die Möglichkeit des frühzeitigen Ausnutzens von Erfahrungskurveneffekten als sehr wettbewerbswirksam beurteilt werden. In diesem Zusammenhang kann der Vorreiter seine technologische Position durch Patente sichern und gegen Nachahmung schützen lassen. Gleichzeitig kann er zu seinen Vorlieferanten und Absatzmittlern eine frühzeitige Bindung aufbauen. Schließlich besitzt der Pionier grundsätzlich einen „maximalen Spielraum bei der Planung des Instrumenteeinsatzes" (Werner 1977, S. 182), da er sich zeitweilig außerhalb des Wettbewerbs bewegt.

Als besondere **Risiken** bzw. Nachteile und Gefahren müssen zunächst die i. d. R. hohen Kosten der Markterschließung angeführt werden, die ausschließlich der Pionier zu tragen hat. Daneben geht der Vorreiter grundsätzlich das Risiko ein, daß der Nutzen der Markterschließung auch den nach ihm eintretenden Unternehmungen zugute kommt. Ferner trägt er das Risiko der ungewissen Nachfrageentwicklung wie z. B. Veränderungen der Abnehmerbedürfnisse. Auch technologische Sprünge wirken gegen den Vorreiter, da seine Investitionen obsolet werden. Schließlich hat der Pionier nur dann Erfolg, wenn er die latenten Bedürfnisse in reale Nachfrage umwandelt. Dabei steht er vor der schwierigen Aufgabe, einen Kompromiß zu finden zwischen Sinnvollem und Machbarem. Er darf weder der Versuchung einer „technologischen Hypnose" erliegen noch unausgereifte Produktkonzepte in den Markt einführen.

Vor dem Hintergrund dieses Chancen- bzw. Risikenpotentials wird von Pionieren hinsichtlich der **Marktwahl** aufgrund der Intransparenz des Marktes und der sich aus der Kurzlebigkeit der Produktlebenszyklen ergebenden notwendigen frühen Realisation von Erfahrungskurveneffekten zumeist eine **Gesamtmarktstrategie** gewählt. Dabei wird sich der Pionier für eine industrieweite Marktabdeckung insbesondere dann entscheiden, wenn

- die Innovation voraussichtlich einen kurzen Lebenszyklus aufweist und die Investitionen schnell amortisiert werden müssen,
- das Risiko der schnellen Imitation besteht, so daß frühe Folger nicht bearbeitete Segmente besetzen können und
- die Struktur der Nachfrage eine breite Verfügbarkeit des Leistungsangebotes (einschließlich Service) erfordert.

Diese Strategie des „entering big" wird vornehmlich von Großunternehmungen mit entsprechendem Ressourcenpotential angewendet. Demgegenüber verzichten Kleinunternehmungen häufig bewußt auf eine Ausschöpfung des Gesamtmarktpotentials und konzentrieren sich von vornherein auf **Nischen**. Unter der Voraussetzung, daß Segmente bereits bestimmbar sind und sich deren spätere Bearbeitung aufgrund genügend großer Nachfragepotentiale wirtschaftlich rechtfertigt, wird der Pionier insbesondere dann eine Segmentierung wählen, wenn

- das Produkt bzw. das Leistungsangebot bereits in der Ursprungsform ein ausgeprägtes Nutzungspotential liefert,
- mit den auf technologische Innovationen folgenden Produkteinführungen nur begrenzte Nutzeninnovationen verbunden sind,
- die Verwendungsrisiken und Produktversagensquoten niedrig sind und
- die in den Segmenten vorhandenen Marktwiderstände schnell abbaubar sind, also letztlich relativ niedrige Einführungskosten anfallen.

Das Beispiel des Marktes für Personal-Computer-Software verdeutlicht, wie (anfängliche) Klein- und Kleinstpioniere wie Microsoft aufgrund hochspezialisierten Know-hows erfolgreich in Märkte einsteigen können sofern für diese eine aktuelle oder potentielle Nachfrage bereits vorhanden bzw. abschätzbar ist.

Die Schwerpunktsetzung der Strategiewahl stellt den Pionier vor besondere Herausforderungen. Einerseits folgt aus der Notwendigkeit der Markterschließung eine starke Kundenorientierung (Leistungsvorteil), was insbesondere bei der Ausgestaltung der Marktbearbeitungs- bzw. Instrumentalstrategien zum Ausdruck kommt. Andererseits zwingen die hohen Investitionen, die der Pionier zu tragen hat, und die dynamische Marktentwicklung zu einer kostenorientierten Sichtweise, da die rasche Amortisation der Investitionen erfolgsentscheidend für die folgende Konfrontation mit den Folgern ist.

Von der kostenorientierten Schwerpunktsetzung gehen die zentralen **Implikationen auf den Technologiebereich** aus. Hier werden die Grundlagen zur Realisierung der erforderlichen Erfahrungskurveneffekte in der Fertigung bzw. Produktion gelegt. Dabei ist jedoch zu berücksichtigen, daß Kostenführerschaftsstrategien prinzipiell gegenüber dynamischen und mehr noch diskontinuierlichen Entwicklungen anfällig sind und häufig die eigene Innovationsfähigkeit des Pioniers behindern. Sie mindern folglich die Flexibilität zur raschen Anpassung an neue Entscheidungssituationen.

Um die kostenorientierte Strategie dennoch realisieren zu können, wird der Pionier im Technologiebereich die Schwerpunkte primär auf die Ausnutzung der Flexibilitätspotentiale legen und sein Produktionssystem so ausrichten, daß es sich aktuellen Entwicklungen anpaßt. Er wird deshalb z. B. nach dem Konzept der Fertigungssegmentierung verfahren (Wildemann 1986). In den Bereichen, in denen nur ein geringes Flexibilitätsniveau erforderlich ist, werden standardisierte Teile gefertigt, die ihm eine Kostenführerschaftsstrategie ermöglichen. Kundenspezifische Problemlösungen werden demgegenüber in Technologiebereichen gefertigt, die durch flexible Automatisierung eine schnelle Anpassung an Kundenbedürfnisse erlauben.

Die Ausgestaltung der **Marketinginstrumentestrategien** wird von der Kundenorientierung des Pioniers geprägt. In der **Produktpolitik** wird im Rahmen einer Gesamtmarktstrategie eine hohe Standardisierung angestrebt. Hierdurch können die Widerstände und Akzeptanzrisiken begrenzt und die Chancen der Etablierung eines Industriestandards genutzt werden. Dabei wird die Unternehmung vorerst wenige Produktvarianten anbieten, um die Abnehmer nicht schon anfänglich zu verunsichern (wie dies etwa im Videobereich der Fall gewesen ist oder im Personal-Computer-Markt mit phasenweise über 350 verschiedenen Herstellern). Stetige Produktverbesserungen werden vor allem mit den Abnehmern gemeinsam erarbeitet, wodurch die Kundenloyalität erhöht wird. Der ständige Dialog mit den Kunden wird schließlich dazu genutzt, möglichst umfassende Systemlösungen zu erarbeiten. Hierdurch läßt sich der Nutzen für den Abnehmer maximieren. Zugleich entstehen hohe Umstellungskosten bei einem Anbieterwechsel.

Im Rahmen der **Preispolitik** wird sich der Pionier für ein Skimming-Pricing, also für eine Strategie der hohen Einführungspreise, insbesondere bei einer differenzierten Marktbearbeitung, entscheiden. Er wird dann jene Marktsegmente ansprechen, für die die Innovation einen hohen Produktnutzen aufweist. Gegenüber dem Preisschirm eines Skimming-Pricing hat eine Penetrations-Strategie, also die Marktbearbeitung mittels niedriger Preise, abwehrende oder abschreckende Wirkung auf später eintretende Unternehmungen. Dies gilt um so mehr, wenn der Pionier unter den für den Eintritt kritischen Preis des frühen Folgers geht. Der kritische Preis bestimmt sich dabei aus den Ertragschancen des Eintritts und aus den erwarteten Kosten, inklusive denen der Überwindung der Markteintrittsbarrieren und drohender Gegenmaßnahmen (Porter 1992).

Die **Kommunikationspolitik** wird offensiv gestaltet und ist in jungen Märkten generell trotz der Gefahr hoher Streuverluste von großer Bedeutung. Im Mittelpunkt steht die Information über den Produktnutzen und die Überzeugung der Zielgruppen von den Produktvorteilen. Aufgrund des Investitionsrisikos, der Bedeutung der Servicekomponente sowie der vielfach auftretenden Notwendigkeit einer Anwenderschulung wird der Pionier den Schwerpunkt auf den persönlichen Verkauf legen. Der Abbau von Kaufwiderständen bei Pilotkunden und das sachliche Argumentieren anhand von Kosten-/Nutzen-Relationen stehen dabei im Vordergrund. Bei der Ansprache breiter Abnehmersegmente (wie bei Videosystemen oder der Compact Disc) werden primär die klassiche Werbung sowie Verkaufsförderungsmaßnahmen eingesetzt. Kostenlose Produkttests, „Geld-zurück-Garantien" (gekoppelt mit Niedrigpreisen) sowie Preisausschreiben und Gewinnspiele haben sich dabei vielfach als geeignete Ansatzpunkte zur Initiierung von Erstkäufen erwiesen.

In der **Distributionspolitik** liegt der Schwerpunkt im Aufbau eines flexiblen Distributionssystems. Für industrielle Anwender wird dabei der Direktvertrieb überwiegen (z. B. Bildplatte). Bei privaten Anwendern muß der Fachhandel aufgrund der spezifischen Risiken junger Märkte über eine Kooperationsstrategie zum Verkauf der Innovation motiviert werden (z. B. Video).

Der **zu erwartende Markteintritt der Folger** zwingt den Pionier bereits in dieser temporär monopolistischen Situation, seine Verhaltensweise gegenüber neuen Konkurrenten zu definieren. Hierzu hat er durch die konsequente Ausgestaltung seiner strategischen Optionen bereits wesentliche Grundlagen gelegt. So wirken beispielsweise die Form des massiven Markteintritts, ständige Produktverbesserungen hin zu Systemlösungen und Penetrations-Preis-Strategien durchaus verunsichernd, ggf. sogar abschreckend auf Folger.

Mittels dreier Maßnahmen kann die Unternehmung **Abschreckungsstrategien** realisieren (Porter 1992):

- Mit der Erhöhung von Markteintrittsbarrieren sollen die Verteidigungsbereitschaft der Unternehmung signalisiert und gleichzeitig präventive Gegenmaßnahmen ergriffen werden.

- Die Steigerung der Vergeltungserwartung soll ebenfalls die Entschlossenheit zur Verteidigung dokumentieren und kann häufig wirkungsvoll vermittelt werden, indem an schwachen und ungefährlichen Konkurrenten Exempel statuiert werden.

- Mit Hilfe der Verringerung von Angriffsanreizen sollen nicht die Kosten eines Angriffes erhöht, sondern die Motivation zur Herausforderung verringert werden. Da

Angriffe häufig durch die Gewinnsituation von im Markt befindlichen Unternehmungen motiviert werden, können z. B. bewußt kurzfristige Gewinnverzichte in Kauf genommen und auf die Probleme der Marktbehauptung hingewiesen werden.

Gelingt es der Unternehmung nicht, neue Konkurrenten von einem Angriff abzuhalten oder reagiert die Unternehmung erst zum Zeitpunkt des Konkurrenzeintrittes, soll mit Hilfe von Gegenmaßnahmen Widerstand geleistet und die Angriffswirksamkeit reduziert werden. In diesem Fall wird defensiv durch eine Erhöhung von Markteintrittsbarrieren oder offensiv durch eigene Angriffe auf gezielte Schwachpunkte des Konkurrenten die eigene Position zu behaupten versucht.

Schließlich kann nach erfolgtem Konkurrenzeintritt versucht werden, mittels **Vergeltungsstrategien** den Konkurrenten beim Aufbau einer wettbewerbsfähigen Marktposition für die Nacheintrittsphase zu stören. In diesem Fall werden durchweg Offensiv- bzw. Angriffsstrategien eingesetzt, deren konkrete Ausgestaltung sich an der zugrunde liegenden Marktsituation orientiert.

1.342 Marktbehauptungsstrategien des frühen Folgers

Die **Marktsituation** beim Eintritt des frühen Folgers ist der des Pioniers strukturell ähnlich. Der Markt ist zwar nicht mehr unbearbeitet, einzelne Marktspielregeln beginnen sich abzuzeichnen und auch die Widerstände sind ansatzweise reduziert. Die strategischen Erfolgsfaktoren haben sich jedoch nicht grundlegend gewandelt. Insofern spielt die Technologie nach wie vor eine dominante Rolle. Die entscheidende Frage zur Beurteilung der Marktposition des Pioniers zielt darauf ab, ob dieser bereits einen Industriestandard entwickeln konnte oder nicht. In der Mehrzahl der Fälle muß davon ausgegangen werden, daß dies dem Pionier nicht gelingt (so z. B. Apple im Personal-Computer-Markt). Dies gilt insbesondere für Investitionsgüterbranchen. Denn einerseits besitzen die start-ups, die häufig als Pionier in Märkte eintreten, nicht die erforderlichen Ressourcen, andererseits fordert die Technologiedynamik bzw. -diskontinuität geradezu alternative Problemlösungsansätze. Dies gilt um so mehr, als der frühe Folger noch vor dem take-off der Branche eintritt. Diese Phase ist i. d. R. durch eine hohe Produktinnovationsrate gekennzeichnet, was wiederum ein Indiz dafür ist, daß sich ein dominantes Design noch nicht entwickelt hat.

Im besonderen stellen die **Markteintrittsbarrieren** des Pioniers eine gewichtige Gefahren- bzw. Risikoquelle für den frühen Folger dar (Karakaya, Stahl 1989). Sie charakterisieren die Nachteile, die neu eintretende Unternehmungen im Vergleich zu etablierten Marktanbietern hinzunehmen haben und resultieren aus dem Wettbewerbsverhalten und dem Verhalten der übrigen Marktteilnehmer. Die einzelnen Barrieren sind getrennt nach ihren strategischen Implikationen für den Pionier und für Folger in der Abbildung 5 dargestellt.

Markteintrittsbarrieren	Ausnutzung durch Pioniere	Wirkung auf frühe und späte Folger
Skaleneffekte/ Economies of Scale	– Aufbau von Preissenkungspotentialen – Mengenmäßige Abdeckung des Gesamtmarkts möglich	– Kostennachteile – Ausgleich durch andere Wettbewerbsinstrumente oder Investitionen in Economies of Scale erforderlich
Produktdifferenzierung	– Profilierung der angebotenen Produkte aus Abnehmersicht, dadurch Aufbau von Bekanntheit, Firmen- und Produktimage, Hersteller- bzw. Produkttreue möglich – Bei Wirksamkeit hohe Freiheitsgrade bei übrigen Marketingparametern (z. B. Preis)	– Marketingstrategische Nachteile – Hohe Marktinvestitionen und Anlaufverluste
Kapitalbedarf	– Reduzierung (z. B. durch Kooperation) bzw. Sicherung der investierten Mittel (z. B. durch Patentrechte) – Künstliche Kapitalbedarfserhöhung (z. B. Vermietung statt Verkauf von Kopiergeräten)	– Häufig verzögerter Wirkungseffekt – Hohe Verlustrisiken
Umstellungskosten	– Aufbau von Kosten auf Abnehmerseite bei Lieferantenwechsel (z. B. durch Inkompatibilität von Datenverarbeitungsanlagen) – Produktbezogene Personalausbildungs- und Serviceleistungen	– Notwendigkeit der Gewährung von Risikorabatten bei Lieferantenwechsel – Optimierungen im Kosten-/Leistungsbereich mit den dazu erforderlichen Investitionen
Zugang zu Distributionskanälen	– Sicherung des Absatzsystems z. B. durch langfristige Lieferkontrakte, leistungsfähigen Kundendienst, vertragliche Vertriebssysteme usw.	– Notwendigkeit des Aufbaus eigener Distributionswege bzw. Zugangssicherung z. B. durch niedrigere Preise und Servicezugeständnisse
Eingriffe des Staates	– Massive Bevorteilung einzelner durch Zuschüsse für F & E, billige Kredite usw. – Rechtliche Regelungen (Kontingentierungen, Kontrollbestimmungen, z. B. Umweltschutz) – Lange Test- und Genehmigungsverfahren Politische Interessen (ausschließliche Betätigung einzelner Unternehmungen, z. B. Rüstungsindustrie)	

GABLER GRAPHIK

Abbildung 5: Markteintrittsbarrieren und Markteintrittszeitpunkt

Der frühe Folger wird von Beginn an seine **Eintrittsstoßrichtung** gezielt planen. Unter Beachtung seiner Ressourcen ergeben sich insgesamt vier Stoßrichtungen (vgl. Abbildung 6). Beim Frontalangriff sucht er die direkte Konkurrenz aufgrund seiner starken Position. Besitzt er weniger Ressourcen als der Pionier, bleibt zumeist nur das Einschleichen in Märkte übrig. Stehen dem Folger neue Strategieansätze zur Verfügung („new games"), kann er mit Hilfe eines Flankenangriffs bzw. „Blitzkrieges" seine Marktposition aufbauen.

Der Schwerpunkt der Optionsausgestaltung des frühen Folgers liegt vor diesem Hintergrund in der Realisierung eines Leistungsvorteils durch primär technologische Innovationsfähigkeit. Die Barrieren sollen durch eine erhöhte Funktionsfähigkeit und gewissermaßen „Einzigartigkeit" der Produkte überwunden werden. In die Produktinnovationen sind dabei im Falle der kreativen bzw. innovativen Imitation eine oder mehrere neue Technologien integriert. Sie können aber auch auf grundsätzlich neuen Technologien basieren. In diesem Falle wird der frühe Folger den Produktwert durch ein niedrigeres Preisniveau, durch eine Steigerung der Produktleistung oder durch eine Kombination der beiden Maßnahmen erhöhen. Dies erlaubt ihm eine weitgehende Vermeidung bzw. Umgehung der Markteintrittsbarrieren des Pioniers. Er benutzt insofern eine „new game strategy" und kann z. B. die Produktdifferenzierungsbarrieren durch neue Problemlösungen (Produktinnovationen) gezielt umgehen. Der Einsatz vollständig neuer Technologien erlaubt die Umgehung der Skalenbarriere, da die Erfahrungskurve des Pioniers außer Kraft gesetzt wird. Zudem sind häufig bereits aufgrund des schnellen Produktwechsels neue Anwendungsfelder bestimmbar. Dies erbringt dem frühen Folger in der Umsetzung zu einer innovativen Marktsegmentierung weitere Handlungsspielräume zur Vermeidung direkter Konfrontation mit dem Pionier. Letzteres liefert vor allem Unternehmungen mit begrenzten Ressourcen Chancen zur erfolgreichen Marktbehauptung.

Der frühe Folger wird sich grundsätzlich die „Vorleistungen" des Pioniers zunutze machen, die nicht unternehmensspezifisch zu schützen sind. Dies muß sogleich als ein zentraler „Wettbewerbsvorteil" angesehen werden. Im besonderen ist dies die Transparenz des allgemeinen Absatzrisikos (z. B. Anwendungsbarrieren) und die allen Folgern zugearbeitete Markterschließung. Da der Markt sich jedoch noch vor dem take-off befindet, wird der frühe Folger auf dieser Basis eine dem Pionier im Grundsatz vergleichbare Ausgestaltung der Timing-Strategie vornehmen, wie dies in vielen jungen Märkten beobachtet werden kann.

Im Rahmen der **Marketinginstrumentestrategien** des frühen Folgers liegt der Schwerpunkt im Bereich der **Produktpolitik.** Die zunehmende Kundenerfahrung bei gleichzeitigem Fehlen eines Industriestandards erfordert die flexible Anpassung an sich wandelnde Kundenansprüche. Häufige Produktmodifikationen sollen den Aufbau einer Produktlinie mit dem Ziel einer späteren Produktstandardisierung ermöglichen.

Die **Preispolitik** wird an der des Pioniers ausgerichtet. Durch Vermeidung einer direkten Konfrontation soll Preiskämpfen möglichst aus dem Weg gegangen werden. Wirksamere Service-, Garantie- und Schulungsangebote sollen hierzu beitragen. Sofern jedoch Rationalisierungspotentiale aus der Erfahrungskurve frühzeitig realisiert und durch ein preisaggressives Penetrations-Pricing an die Abnehmer weitergegeben werden, kann der Pionier überdies von preisorientierten Gegenmaßnahmen abgehalten werden.

Im Bereich der **Kommunikationspolitik** steht die Produktinformation und das Verdeutlichen der Produktvorteile im Vordergrund (z. B. geringe Ausfallquoten, schnelle Realisierung neuer Ideen). Hierbei können durch die steigende Markttransparenz Streuverluste begrenzt werden, die im Gegensatz hierzu eine „Aufklärungskampagne" des Pioniers notwendigerweise zur Folge hat. Daneben ist der frühe Folger in der Lage, die Potentiale des Direct-Marketing gezielt zu nutzen und sich hierbei auf spezifische Abnehmerbedürfnisse und -zielgruppen zu konzentrieren.

Die Schwerpunkte der **Distributionspolitik** unterscheiden sich nicht wesentlich von der des Pioniers. Der häufige Produktwechsel verlangt einen leistungsstarken Vertrieb. Von daher muß neben der Alternative des Direktvertriebs der Handel aufgrund des immer noch vergleichsweise hohen Absatzrisikos mittels Kooperationsmaßnahmen zur Mitarbeit motiviert werden. Vor besonderen Problemen steht der frühe Folger allerdings, wenn der Pionier die wichtigsten Absatzkanäle z. B. durch Exklusivrechte bereits belegt hat.

1.343 Marktbehauptungsstrategien des späten Folgers

Die Eintrittsphase des späten Folgers ist durch einen starken Wachstumstrend im Markt gekennzeichnet. Mit dem Überschreiten des take-off ist ein erheblicher Teil der Kaufwiderstände überwunden. Durch das Eintreten der späten Folger gewinnt der Markt nunmehr erheblich an Wettbewerbsdynamik. Im nun stark ausgeprägten Wettbewerb werden die Grundlagen für die Spielregeln späterer Marktlebenszyklusphasen geschaffen. Deshalb ist es in dieser Phase entscheidend, eine langfristig zu sichernde Marktposition aufzubauen. Hiernach bestimmt sich die Wettbewerbsfähigkeit in späteren Marktstadien.

Der **späte Folger** hat den **Vorteil**, am längsten beobachtet und gelernt zu haben und die Aufnahmebereitschaft des Marktes voll ausnutzen zu können. Demgegenüber wird er mit etablierten Marktanbietern konfrontiert, die ihrerseits ihre Vorteile ausspielen und den Marktzugang erschweren. An dieser Ausgangssituation muß sich der späte Folger orientieren.

Hinsichtlich des Stellenwertes strategischer Erfolgsfaktoren hat mit der Überwindung des take-off ein gravierender Wandel stattgefunden, der sich in der Schwerpunktsetzung der Eintrittsstrategie des späten Folgers niederschlägt. Er wird daher grundsätzlich **kundenorientiert** in den Markt eintreten. Damit löst das Marketing die Technologie als dominierende strategische Option ab.

Einer **Imitationsstrategie** liegt im allgemeinen das Realisieren eines Kostenvorteils zugrunde. Dadurch, daß sich der späte Folger in diesem Fall am Industriestandard orientiert,

Konfrontationsschwerpunkt / Ressourcen	Direkte Konfrontation Reduzierung, Überwindung von Markteintrittsbarrieren	Indirekte Konfrontation Umgehung von Markteintrittsbarrieren
Stärker als Konkurrenz	Frontalangriff – Überwindung von Markteintrittsbarrieren durch Nutzung des Wettbewerbsvorsprungs	Flankenangriff – Umgehung von Markteintrittsbarrieren durch Veränderung der Marktstruktur, z. B. mittels Technologie- und Marketinginnovationen
Niedriger als Konkurrenz	Einschleichen – Sukzessive Reduktion von Markteintrittsbarrieren	„Blitzkrieg“ – Umgehung von Markteintrittsbarrieren in möglichst kurzer Zeit

Abbildung 6: Systematisierung von Konfrontationsstrategien des frühen bzw. späten Folgers (Quelle: Wieselhuber 1985, S. 438)

ist eine direkte Auseinandersetzung mit den etablierten Anbietern unumgänglich. Er muß daher die errichteten Markteintrittsbarrieren überwinden. Ferner muß der späte Folger die Kosten der Reduzierung bzw. Überwindung der Markteintrittsbarrieren berücksichtigen. Dies gilt um so mehr, als er selbst einen kostenorientierten Ansatz wählt. Hierbei zeigen die Erfahrungen in High-Tech-Märkten, daß Folger in der beschriebenen Situation im allgemeinen noch etwa 70 % der Aufwendungen der bereits etablierten Unternehmungen aufbringen müssen (Davidow 1986). Die Imitationsstrategie zielt zumeist auf den Gesamtmarkt ab und setzt im Technologiebereich das konsequente Ausnutzen von Erfahrungskurveneffekten voraus. Da insofern eine bestimmte Betriebsgröße bereits zum Markteintrittszeitpunkt erforderlich ist, wird diese Strategie häufig von diversifizierenden Großunternehmungen gewählt.

Die Überwindung von Markteintrittsbarrieren wird im Falle reiner „Me-Too“-Imitationen meist auf aggressive Niedrigpreise und starke Erhöhung des Werbedrucks konzentriert. Oftmals kommt es zu regelrechten „Marketingschlachten“, die ein regelmäßig zu beobachtendes Kennzeichen dieses Marktstadiums sind. Die relative Überlegenheit in dieser Auseinandersetzung ist dabei vielfach ein Indiz für die spätere Marktführerschaft. Eine „Me-too“-Strategie vollzieht sich stets in Form eines **Frontalangriffs**. Da zudem auf innovative Elemente verzichtet wird, vielmehr über das reine Investieren ein Teil des Marktes gekauft werden soll, muß der späte Folger mindestens über so viele Ressourcen verfügen wie die Verteidiger.

Die Kommunikation ist i. d. R. die zweite zentrale Angriffsstütze des Imitators. Speziell in Konsumgütermärkten wird diese z. B. von Procter & Gamble in massiver Form eingesetzt. Allerdings müssen insbesondere bei technologieinnovativen Produkten die nicht selten dysfunktionalen Auswirkungen massiver Kommunikationsoffensiven berücksichtigt werden. Die Konsumenten werden durch die Informationsflut verunsichert und beginnen, den Werbeaussagen zu mißtrauen. Massive und aggressive Kommunikation weist deshalb oftmals einen sog. „built-in-discount-Factor" (McKenna 1985, S. 83) auf.

Die zweite zentrale Angriffsstrategie neben der gesamtmarktorientierten Imitation ist die **Nischenstrategie**. Hierbei bestimmt der späte Folger marktwahlstrategisch seinen Eintrittsschwerpunkt. Im Personal-Computer-Markt sind beispielsweise die zumeist lokal und regional tätigen Kleinstanbieter mit spezifischen Systemlösungen für ausgewählte Berufsgruppen wie Notare und Zahnärzte als Nischenanbieter zu betrachten. Der späte Folger vermeidet hierdurch die direkte Konfrontation und kann daher die Markteintrittsbarrieren umgehen. Die Segmente können dabei sowohl kosten- als auch leistungsorientiert bearbeitet werden.

In jedem Falle wird eine differenzierte Marktbearbeitung gewählt. In der Produktpolitik steht der Markenaufbau und die Entwicklung sog. „value-added"-services im Vordergrund, was zugleich einen gewissen Preisschutz gewährt (Biltner 1992). Die Kommunikationspolitik soll zur klaren Profilierung und Positionierung beitragen und wird den Service und die Lieferzuverlässigkeit in den Vordergrund stellen. Konsequenterweise wird in der Distribution der Schwerpunkt auf dem Aufbau einer flexiblen und leistungsfähigen Absatzorganisation liegen, die leicht steuerbar ist und zur Abwehr der Gegenmaßnahmen der Verteidiger eingesetzt werden kann. Koppelt der späte Folger diese Strategie mit echten Produktinnovationen, kann er seinen Zielgruppen einen differenzierenden Vorteil gegenüber den im Markt befindlichen Unternehmungen präsentieren. In diesen Fällen ist die Erfolgswahrscheinlichkeit des Eintritts am höchsten.

Segment- bzw. Nischenstrategien sind ein Kennzeichen für die Heterogenisierung des Abnehmerbedarfs. So entstehen traditionell nicht bearbeitete oder erkannte Marktsegmente immer dann, wenn die Konsumenten Erfahrungen sammeln und sich ihr Bedarf konkretisiert. Spezialisten haben daher mit einer innovativen Abnehmer- oder Produktsegmentierung meist eine gute Eintrittschance. Die Gefahr für die bisherigen Anbieter besteht vor allem darin, daß die anfänglichen Spezialisten strategische „Brückenköpfe" errichten und in Form eines stufenweisen Eintritts zu einer Gefahr in den Kernsegmenten werden. Dabei können die Herausforderer von gefestigten Marktpositionen aus operieren.

Die dritte Form des Eintritts später Folger besteht in einer **Innovationsstrategie**. Sie stellt für alle etablierten Unternehmungen zugleich die gefährlichste Art der Konfrontation dar, weil sie darauf abzielt, die Marktspielregeln und damit letztlich die Erfolgsfaktoren zu ändern. Mit Hilfe eines „new game" sollen die errichteten Barrieren umgangen werden. Da der Schwerpunkt dieser Strategien in der Kreativität liegt, können potentielle Marketingstrategien nur sehr schwer von den Verteidigern vorhergesagt und hinsichtlich ihrer Realisierungswahrscheinlichkeit eingeschätzt werden. Für den späten Folger reduziert sich folglich die Wahrscheinlichkeit einer intensiven Reaktion der etablierten Marktanbieter.

Innovative Angriffsstrategien basieren zum einen auf der Realisierung technologischer Innovationen. Dies ist klassischerweise die Domäne der zahlreichen start-ups und spin-offs, die häufig eine sehr innovationsorientierte Unternehmenskultur aufweisen. Aufgrund begrenzter Ressourcen ist diese Strategie fast immer mit einer innovativen Marktsegmentierung verbunden. Dieser zumeist als **„Blitzkrieg“** durchgeführten Konfrontation muß dabei ein wesentlicher Anteil der Innovationsdynamik wachsender Märkte zuerkannt werden.

Am gravierendsten sind die Auswirkungen, wenn der späte Folger in der Lage ist, einen neuen Industriestandard zu etablieren wie dies z. B. IBM 1981 bei dem Einstieg in das Personal-Computer-Geschäft gelungen ist. Diese Form der Konfrontation erschüttert die Fundamente der Verteidiger, da die errichteten Markteintrittsbarrieren nicht nur obsolet werden, sondern sich nunmehr gegen diese selbst richten. Dies betrifft insbesondere die Betriebsgrößenbarriere, die völlig außer Kraft gesetzt wird.

Es bedarf keiner Begründung, daß diese vermutlich wirksamste Form der Konfrontation nur sehr ressourcenstarken Unternehmungen zur Verfügung steht. In der Realität ist daher diese Eintrittsstoßrichtung, die sich stets als **Flankenangriff** vollzieht, von massiven Marketinganstrengungen begleitet. Aggressive Preispolitik, intensive Kommunikation und hohe Handelsspannen verschärfen deshalb zumeist noch den Konkurrenzdruck.

Die zweite Stoßrichtung innovativer Angriffsstrategien basiert auf **Marketinginnovationen**. In diesen Fällen beruht die Neustrukturierung nicht auf einer Optimierung des bislang üblichen, sondern auf der Ausnutzung externer Veränderungen. „Marketingpioniere“ führen hierbei eine oder mehrere Veränderungen im Marketingbereich durch.

Timex hatte beispielsweise in den 50er Jahren als erster Drogerien und Massenabsatzkanäle als neuen Vertriebskanal für Uhren erschlossen. In ähnlicher Weise ist der Erfolg von bofrost im Tiefkühlmarkt im wesentlichen auf den neuen Vertriebsweg des mobilen Heimservices zurückzuführen. Nike stieß bei Laufschuhen als erster in Höchstpreissegmente ein, die bis dahin als unbearbeitbar galten. Perrier ist es gelungen, Tafelwasser als „social drink“ zu positionieren. Auch Premium-Segmente im deutschen Biermarkt müssen weitgehend als marketinginduziert betrachtet werden, da das deutsche Reinheitsgebot keine substantielle Enthomogenisierung des Bieres gestattet. Schließlich liefert die zunehmend zu beobachtende Installation von On-line-Bestellsystemen bei Kunden, die gleichzeitig eine externe Kontrolle der Lagerbestände ermöglicht, ein weiteres Beispiel für intelligente und kreative Differenzierung von Konkurrenten.

Wie die ausgewählten Beispiele verdeutlicht haben, mündet die Marketinginnovation im wesentlichen in einer Neu- bzw. Umpositionierung existierender Branchenangebote. Sie ist von daher bei konsequenter Realisierung auch besonders wirksam, weil die Produkt- bzw. Unternehmenspositionierung einen der zentralen Schlüsselfaktoren langfristigen Unternehmenserfolges darstellt.

1.4 Implikationen für das Technologie-Marketing

Die bisherigen Ausführungen haben die Besonderheiten des Marketing in jungen Märkten verdeutlicht und die Notwendigkeit einer situationsbezogenen Generierung von Marketingstrategien (Meffert 1986b) aufgezeigt. Aufgrund der zentralen Bedeutung der Technologie in jungen Märkten wird vor diesem Hintergrund häufig von einem Technologie- oder High-Tech Marketing gesprochen. Die Ableitung von Marketingstrategien hat sich in diesem Zusammenhang als ein komplexer Entscheidungsprozeß dargestellt und zugleich die situationsspezifischen Besonderheiten eines High-Tech Marketing dokumentiert. Denn die Ausgestaltung der „klassischen“ Marktbehauptungsstrategien (Meffert 1986a) kann in jungen Märkten sinnvollerweise nur unter der besonderen Berücksichtigung der gewählten Markteintrittsstrategie und insbesondere des Markteintrittszeitpunktes erfolgen.

Unter Berücksichtigung der aufgezeigten Besonderheiten folgt hieraus für Hersteller, sich in vielen Fällen neuer innovativer Formen des Marketing zu bedienen. Dies impliziert ein Umdenken auf der strategischen und operativen Ebene des Marketing. Unabhängig von den herausgearbeiteten Implikationen unterschiedlicher Eintritt-Timings verdeutlicht zusammenfassend Abbildung 7, wie sich innovatives High-Tech Marketing vom traditionellen Produktmarketing unterscheidet (Baaken 1987; Backhaus, Weiber 1987; Schaible, Hönig 1991).

Unterscheidungs-merkmale	Traditionelles Produktmarketing	High-Tech Marketing
Situationsunterschiede	Business as usual	innovative Marktöffnung
Wettbewerb	Zwischen gleichartigen Produkten zu unterschiedlichen Konditionen, Verfügbarkeit	Lösungen mit Systemcharakter, Substitutionsprozesse, Einsatzbereitschaft
Märkte	„Eingeschwungen", hohe Transparenz, geringe Geschäftsrisiken für Marktteilnehmer	keine Markttransparenz und hohes Risiko bei Anbieter und Anwender
Risiko	Gering durch Erfahrung	Hoch durch erstmaligen Einsatz
Hauptstoßrichtung	Marktabdeckung für angestammte Geschäftsfelder	Nachfrageschöpfung anhand neuer Technologieoptionen
Zielsetzungsunterschiede	Ergebnisorientierung, Marktanteil, Wachstum kurzfristig	Wissensentwicklung, Transparenz, Marktwachstum langfristig
Organisationsunter-schiede	Straffe, zentralistisch geführte, hierarchisch strukturierte Organisation, auf Durchsatz optimiert	Kleine, dezentrale Geschäftseinheiten, hohe unternehmerische Selbständigkeit, starke horizontale u. vertikale Verknüpfung, auf Innovationsstrukturierung optimiert
Erfolgsmessung	Rationalisierung, Wertanalyse usw., Kostenvergleichsrechnung	Einzelfallerfolge beim Austesten kleiner Marktsegmente, Analyse der Anwenderwünsche, technologische und betriebswirtschaftliche Innovationsanalyse, Substitutionsanalyse
Zielgruppe	Beschaffungsmanager, Einkäufer	Entwickler, Anwendungsingenieure, Techniker
Entscheidungsprozesse	Kurz, wenige Entscheider	Sehr lang, viele Entscheider, Buying Center
Prognose	Große Sicherheit, Transparenz	Unsicherheit durch viele komplexe Einflußgrößen
Marketinginstrumentarium	Bekanntes Instrumentarium	Kooperation, Offenheit, Integrations- und Funktionspolitik, Beratung und Qualifizierung, User Groups
Preispolitik	Kostenreduktion, konkurrenzorientierte Preise	Preisdurchsetzungspotential durch Beratung, Kundenbetreuung, technischen Vorsprung
Produktpolitik	Existenz von Standards, hohe funktionale Qualität, geringe Erklärungsbedürftigkeit und geringer after-sales-service	Entwicklung von Industriestandards, hohe integrale Qualität, sehr hohe Erklärungsbedürftigkeit, „Converting Technologies into Services"
Kommunikationspolitik	Image, Kundentreue	Aufklärung, Information
Distributionspolitik	Mehrstufig	Primat der „kurzen" Absatzwege
Koordination	Horizontal und vertikal gering	Hoch, enge Kooperation zwischen F & E und Marketing

GABLER GRAPHIK

Abbildung 7: Besonderheiten des High-Tech Marketing

Literaturhinweise

Baaken, T. (1987): Besonderheiten des Technologie-Marketing – Veränderungen im Marketing durch technologische Entwicklungen, in: Abnehmerqualifizierung als Instrument des Technologie-Marketing, Berlin 1987.

Backhaus, K. (1992): Investitionsgüter-Marketing, 3. Aufl., München 1992.

Backhaus, K. (1991): Auswirkungen kurzer Lebenszyklen bei High-Tech-Produkten, in: Thexis, Heft 6, 1991, S. 11–13.

Backhaus, K., Weiber, R. (1987): Systemtechnologien – Herausforderung des Investitionsgütermarketing, in: Harvard manager, Nr. 4, 1987, S. 70–82.

Benkenstein, M. (1992): Strategisches Marketing-Management in High-Tech-Branchen, in: Thexis, Heft 1, 1992, S. 8–14.

Biltner, L. (1992): Ursachen und Folgen der steigenden Bedeutung des DV-Service, in: Wimmer, F., Biltner, L. (Hrsg.): Software-Marketing, Wiesbaden 1992, S. 159–189.

Carpenter, G. S., Nakamoto, K. (1989): Consumer Preference Formation and Pioneering Advantage, in: Journal of Marketing Research, August 1989, S. 285–298.

Coyne, K. P. (1986): Sustainable Competitive Advantage – what it is, what it isn't, in: Business Horizons, Jan.–Febr. 1986, S. 54–61.

Dalrymple, D. J., Parsons, L. J. (1980): Marketing Mangement, New York u. a. 1980.

Davidow, W. H. (1986): Marketing High Technology, New York, London 1986.

Gilbert, X., Strebel, P. J. (1985): Outpacing Strategies, in: IMEDE – Perspectives for Managers, No. 2, September 1985, S. 4–16.

Karakaya, F., Stahl, M. J. (1989): Barriers to Entry and Market Entry Decisions in Consumer and Industrial Goods Markets, in: Journal of Marketing, April 1989, S. 80–91.

Kawakatsu, S. (1985): Marketingstrategien in High-Tech-Märkten, dargestellt am Beispiel des Marktes für Unterhaltungselektronik, vom operativen zum strategischen Marketing, Dokumentation des Workshops vom 13. Juni 1985, Arbeitspapier Nr. 24 der Wissenschaftlichen Gesellschaft für Marketing und Unternehmensführung e. V., Hrsg.: Meffert, H., Wagner, H., Münster 1985.

Kodoma, F. (1993): Technologiefusion – der Weg zum Erfolg auf Zukunftsmärkten, in: Harvard Business Manager, Heft 1, 1993, S. 41–48.

Levitt, Th. (1965): Exploit the Product Life Cycle, in: Harvard Business Review, Nr. 6, 1965, S. 81–94.

Maidique, M. A., Hayes, R. M. (1984): The Art of High Technology Management, in: Sloan Management Review, Winter 1984, S. 17–31.

Mattson, B. E. (1985): Spotting a Market Gap for a New Product, in: Long Range Planning, No. 1, 1985, S. 173–181.

McKenna, R. (1985): Market Positioning in High Technology, in: California Management Review, Spring 1985, S. 82–108.

Meffert, H. (1986a): Marketing. Grundlagen der Absatzpolitik, 7. Aufl., Wiesbaden 1986.

Meffert, H. (1986b): Marketing und strategische Unternehmensführung – ein wettbewerbsorientierter Kontingenzansatz, in: Hahn, D., Tylor, B. (Hrsg.): Strategische Unternehmungsplanung, 4. Aufl., Heidelberg, Wien 1986, S. 660–684.

Michel, K. (1990): Technologie im strategischen Management: ein Portfolio-Ansatz zur integrierten Technologie- und Marktplanung, 2. Aufl. Berlin 1990.

Moriarty, R. T., Kosnik, T. J. (1989): High-Tech Marketing: Concepts, Continuity, and Change, in: Sloan Management Review, Summer 1989, S. 7–17.

Perrillieux, R. (1987): Der Zeitfaktor im strategischen Technologiemanagement, Berlin 1987.

Pfeiffer, W. (1985): Zur Notwendigkeit strategischer Vorsteuerung von Innovationsprozessen, in: Franke, J. (Hrsg.): Betriebliche Innovation als interdisziplinäres Problem, Stuttgart 1985, S. 124–134.

Popper, E. T., Buskirk, B. D. (1992): Technology life cycles in industrial markets, in: Industrial Marketing Management, 21, 1992, S. 23–31.
Porter, M. (1992): Wettbewerbsstrategie, Frankfurt/Main 1992.
Porter, M. (1992): Wettbewerbsvorteile, Frankfurt/Main 1992.
Remmerbach, K.-U. (1988): Markteintrittsentscheidungen, Schriftenreihe Unternehmensführung und Marketing, Hrsg.: Meffert, H., Steffenhagen, H., Freter, H., Bd. 21, Wiesbaden 1988.
Schaible, J., Hönig, A. (1991): High-Tech-Marketing in der Praxis, München 1991.
Simon, H. (1989): Die Zeit als strategischer Erfolgsfaktor, in: Zeitschrift für Betriebswirtschaft, Heft 1, 1989, S. 70–93.
Sommerlatte, T., Deschamps, J.-P. (1985): Der strategische Einsatz von Technologien, in: Management im Zeitalter der strategische Führung, Hrsg.: A. D. Little International, Wiesbaden 1985, S. 39–80.
Sommerlatte, T., Layng, B. J., Oene, van, F. (1986): Innovationsmanagement – Schaffen einer innovativen Unternehmenskultur, in: Management der Geschäfte von morgen, Hrsg.: A. D. Little International, Wiesbaden 1986, S. 35–75.
Stalk, G. jr. (1988): Time – The Next Source of Competitive Advantage, in: Harvard Business Review, July–August 1988, S. 41–51.
Walters, M. (1984): Marktwiderstände und Marketingplanung, Schriftenreihe Unternehmensführung und Marketing, Hrsg.: Meffert, H., Steffenhagen, H., Freter, H., Bd. 19, Wiesbaden 1984.
Werner, E. (1977): Die Planung von Marketing-Strategien auf der Grundlage des Modells des Produktlebenszyklus, Berlin 1977.
Wieselhuber, N. (1985): Erschließung von neuen Wachstumsquellen durch Diversifikation, in: Wieselhuber, N., Töpfer, A. (Hrsg.): Handbuch Strategisches Marketing, Landsberg/Lech 1985, S. 426–440.
Wildemann, A. (1986): Technologieplanung als strategische Aufgabe, in: Harvard manager, Nr. 3, 1986, S. 86–104.
Wolfrum, B. (1992): Technologiestrategien im strategischen Management, in: Marketing ZFP, Heft 1, 1992, S. 23–36.

2. Strategien in stagnierenden und schrumpfenden Märkten*

2.1 Merkmale und Ursachen der Marktschrumpfung und Marktstagnation

Nach einer Zeit jahrzehntelangen Wachstums, in der Unternehmen weitgehend darauf bedacht waren, neue Märkte und Entwicklungen zu erkennen und durch frühzeitige Gewinnung von Marktanteilen die Unternehmensposition zu stärken, sieht sich die Unternehmensführung in den letzten Jahren verstärkt der Problematik stagnierender und schrumpfender Märkte gegenüber.

Stagnierende und **schrumpfende Märkte** sind kein neues Phänomen, sondern existierten in jeder Phase der volkswirtschaftlichen Entwicklung. Die Thematik gewinnt jedoch an Bedeutung, da die Zahl der Märkte ohne Wachstum ein zuvor nicht bekanntes Ausmaß erreicht haben. Schätzungen zufolge weisen 50 %–75 % aller Branchen in Westeuropa, Japan und den USA nur noch geringe, keine oder negative Wachstumsraten auf (Bauer 1988, S. 1052; Harrigan 1989, S. 23; Schaaff 1990, S. 123). Auch wenn die Genauigkeit derartiger Schätzungen aufgrund von Problemen bei der Abgrenzung von Branchen und Märkten, der Wahl geeigneter Indikatoren für die Messung der Wachstumsraten und unterschiedlicher Definitionen der Begriffe Stagnation und Schrumpfung eher vorsichtig zu betrachten sind, so wird doch deutlich, daß eine stark zunehmende Anzahl von Branchen und Märkten von dieser Entwicklung betroffen ist. Darüber hinaus wird die aktuelle Situation durch die Globalisierung der Märkte verschärft. Während in früheren Jahren bei Stagnation der Inlandsnachfrage Ausweichmöglichkeiten auf ausländischen Märkten bestanden, so ist heute für eine Reihe von Branchen die gleichzeitige Abnahme von Wachstumsraten in unterschiedlichen Industrieregionen festzustellen (Harrigan 1989, S. 29).

Der Betriebswirtschaftslehre wurde im Zusammenhang mit der Zunahme stagnierender und schrumpfender Märkte vorgeworfen, sie sei im wesentlichen auf wirtschaftliches Wachstum ausgerichtet und vernachlässige die Situation sich verringernder Wachstumsraten (Pack, Börner 1984; Bauer 1988, S. 1052). Tatsächlich erweisen sich die aus den „klassischen" Analyseinstrumenten der strategischen Planung wie der Erfahrungskurve, der Portfolioanalyse oder dem PIMS-Ansatz abgeleiteten Strategien als wenig geeignete Lösungsansätze für Unternehmen in Märkten, deren Wachstum beendet ist (Meffert 1983, S. 195 ff.; Hinder 1986, S. 22 ff.; Romer 1988, S. 328).

* Dieser Beitrag wurde in ähnlicher Form unter dem Titel „Wettbewerbsorientiertes Marketing im Zeichen schrumpfender und stagnierender Märkte" in dem Reader „Strategisches Marketing", Hrsg.: Raffée, Wiedmann, K.-P., Stuttgart 1985, S. 475–491, veröffentlicht.

Aus diesem Grund werden im folgenden **alternative Strategieansätze** für Unternehmen in stagnierenden und schrumpfenden Märkten aufgezeigt und deren Erfolgschancen anhand einer empirischen Untersuchung des Marktes für Haushaltgroßgeräte überprüft. Als stagnierende bzw. schrumpfende Märkte gelten dabei solche Märkte, deren inflationsbereinigtes, in Geldeinheiten ausgedrücktes Marktvolumen in der Zukunft mit hoher Wahrscheinlichkeit keine nennenswerten Wachstumsraten aufweisen wird bzw. deren Wachstumsraten negativ sind (Ohlson 1985, S. 14).

Wesentliche **Gründe für eine Stagnation bzw. Schrumpfung** des Marktvolumens liegen in der Marktsättigung, in der Entwicklung kostengünstiger und technologisch überlegener Substitutionsprodukte, in demographischen und gesellschaftlichen Veränderungen sowie in geänderten staatlichen Rahmenbedingungen. Als die zentrale Ursache einer strukturellen Marktstagnation steht häufig die Marktsättigung im Vordergrund. Marktsättigungstendenzen beruhen auf der abnehmenden Zahl der Konsumenten und/oder einer Verringerung der durchschnittlichen Verbrauchs- bzw. Verwendungsintensität (Gordon, Clantone, di Benedetto 1991, S. 42). Neben der mengenmäßigen Betrachtung des Absatzpotentials ist die Preisbereitschaft der Konsumenten zu berücksichtigen. Obwohl in vielen industriellen Ländern die mengenmäßige Nachfrage bereits befriedigt ist, wird durch die Schaffung von Zusatznutzen wie Prestige, Beratung oder Service und der damit einhergehenden Steigerung der Preisbereitschaft ein monetäres Wachstum des Marktvolumens erreicht (Ohlsen 1985, S. 126).

Unabhängig von den konkreten, im Einzelfall zu untersuchenden Ursachen der Stagnation bzw. Schrumpfung eines Marktes kommt es zu einer Reihe von **Veränderungen im Wettbewerb** der Unternehmen. Während Unternehmen in wachsenden Märkten Umsatzsteigerungen bereits durch Halten ihrer Marktposition erzielen können, nimmt der Wettbewerb bei sinkenden Wachstumsraten immer mehr die Form eines sogenannten Konstant-Nullsummenspiels an. Umsatzsteigerungen sind nur noch durch Marktanteilssteigerungen möglich, mit denen ein gleichzeitiger Marktanteilsverlust der Wettbewerber einhergeht. Der Verdrängungswettbewerb wird verstärkt durch in der Wachstumseuphorie geschaffene Überkapazitäten, die sich in den Phasen der Stagnation und Schrumpfung negativ auf die Kostenstruktur der Unternehmen auswirken. Der steigende Kostendruck führt häufig zu starken Reaktionen der Unternehmen, die sich beispielsweise in Preiskämpfen oder einem Überangebot an Serviceleistungen niederschlagen (Hinder, Bartosch 1987, S. 11).

Auch die **Beziehungen zum Handel und zu Konsumenten** werden durch abnehmende Wachstumsraten beeinflußt. Der Anteil produkterfahrener Konsumenten steigt und das Produktangebot wird in zunehmendem Maße transparenter. Ein verstärktes Preisbewußtsein sowohl beim Konsumenten als auch beim Handel verringert die Marken- und Lieferantentreue. Sinkende Handelsspannen und eine tendenziell wachsende Handelsmacht, verbunden mit dem Einsatz eigener Handelsmarken, führen darüber hinaus zu einer verringerten Kooperationsbereitschaft des Handels und einem intensivierten Preisdruck auf den Hersteller (Meffert 1984b, S. 39; Erfmann 1988, S. 108).

Als Folge dieser Entwicklungen ist eine Verringerung der Branchenrendite zu beobachten, die letztlich zu einem Zwangsausstieg derjenigen Unternehmen führt, die nicht frühzeitig Anpassungen im Zielsystem vornehmen, geeignete Strategien entwickeln und entsprechende Maßnahmen zur Sicherung der Wettbewerbsposition ergreifen.

2.2 Anpassung der Zielsysteme

Der erste wichtige und häufig schwierigste Schritt in Richtung eines strategischen Marketing ist das Erkennen und die **Akzeptanz einer strukturellen Marktstagnation oder -schrumpfung**. Dies erfordert zunächst eine sorgfältige Analyse der langfristigen Aussichten der Branche und die Bereitschaft, den Problemen ins Auge zu sehen, die ein harter Konkurrenzkampf mit sich bringt (Hamermesh, Silk 1980, S. 75 und 79). Die Unternehmensphilosophie sowie das Wertsystem der Manager sollte sich in diesen Situationen deshalb weniger an „reiner Größe" (z. B. Umsatz, Marktanteil) orientieren, sondern vielmehr an guten Unternehmensergebnissen bei minimaler oder angemessener Größe. Gefragt ist nicht eine Intensivierung bisheriger Verhaltensweisen, sondern die Fähigkeit, kreative, neue, andere Wege zu gehen. Eine **auf Rentabilität ausgerichtete Sicherungs- und Stabilisierungspolitik** sowie das Streben der Unternehmungen auf Absicherung, Verteidigung und Konsolidierung der betroffenen Geschäftsbereiche muß deshalb die besondere Aufgabe des strategischen Marketing sein. Empirische Untersuchungen auf dem stagnierenden Haushaltsgroßgerätemarkt belegen diesen Sachverhalt. Demzufolge arbeiten Unternehmungen, die ihre Marketingstrategien konsequent an Sicherungs- und Konsolidierungszielen (Rendite, Liquidität) orientieren, wesentlich erfolgreicher als solche, die mit einer Wachstumsmentalität (Umsatz, Marktanteil) operieren (Ohlsen 1985; Welge, Hüttemann 1993, S. 73 ff.).

2.3 Grundtypen von Wettbewerbsstrategien in stagnierenden und schrumpfenden Märkten

Geht man davon aus, daß die Unternehmung zunächst nach der Erhaltung oder dem Ausbau ihrer Geschäftsfelder trachtet, wird sie nach einer eingehenden Situationsanalyse mit der Generierung der denkbaren und relevanten **Marktbehauptungsstrategien** beginnen. Dabei wird der Entscheidungsprozeß zum einen durch unternehmensinterne Faktoren wie die Situation der Gesamtunternehmen und des betreffenden Geschäftsfeldes eingegrenzt. Zusätzlich wird der Spielraum der möglichen Behauptungsstrategien durch unternehmensexterne (marktbezogene) Faktoren verengt. Findet sich keine erfolgversprechende Strategie der langfristigen Marktbehauptung, so ist zu prüfen, ob der Marktaustritt anzustreben ist. Kommt man zu dem Ergebnis, daß eine Aufgabe des Geschäftsbereichs nicht wünschenswert ist, wird man die relativ günstigste Marktbehauptungsstrategie wählen.

Im anderen Fall muß sich die Prüfung anschließen, ob bzw. welche **Marktaustrittsstrategien** realisierbar sind. Dabei ist insbesondere zu prüfen, welche Risiken und Kosten mit dem Austritt verbunden sind bzw. welche Möglichkeiten der Überwindung der Austrittsbarrieren offenstehen. Sind mit der Aufgabe des betreffenden Geschäftsfeldes unüberschaubare Risiken für die Gesamtunternehmung verbunden, wird die Auswahl der verlustminimalen Behauptungsstrategie erfolgen. Andernfalls wird man – unter ständigem Kosten- und Risikovergleich mit der besten Behauptungsstrategie – zu der geeignetsten Austrittsstrategie übergehen. Unter bestimmten Voraussetzungen kann es sich als sinnvoll erweisen, die Unterlassensalternative (Abwarten auf veränderte Bedingungen) zu wählen. Zusätzlich sind kooperative Lösungen als flankierende Maßnahmen zur Durchsetzung bzw. Absicherung der Strategien stets in das Kalkül miteinzubeziehen.

Diese Überlegungen machen deutlich, daß der Entscheidungsprozeß in stagnierenden und schrumpfenden Märkten unter Einbeziehung der spezifischen Situationsdeterminanten als mehrfach rückgekoppelter Ziel- und Mittelentscheidungsprozeß konzipiert werden muß.

2.31 Marktbehauptungsstrategien

Die für die Führung einer in Märkten ohne Wachstum operierenden Geschäftseinheit erfolgversprechenden strategischen Stoßrichtungen lassen sich anhand der Dimensionen „Leistungsprogramm“ und „Marktposition“ charakterisieren (Meffert 1984b, S. 56 ff.).

Eine mittlere Marktposition („stuck in the middle position“) ist nahezu ausnahmslos mit einer stark unterdurchschnittlichen Ertragssituation verbunden. Auf der einen Seite ist der Marktanteil zu niedrig, um sich im Preiswettbewerb gegenüber den Mengeneffekten realisierenden Marktführern behaupten zu können. Auf der anderen Seite fehlt die Spezialisierung auf profitable Nischen („pockets of remaining demand“), die das langfristige Erfolgspotential eines Geschäftsfeldes absichern könnten (Porter 1992).

Sollen für eine strategische Geschäftseinheit die langfristigen Ertragsperspektiven in ihrem Markt gesichert werden, so muß die Strategie darauf ausgerichtet sein, eine **spezifische Kompetenz** zu erreichen und damit Barrieren gegen Wettbewerber zu errichten, deren Überwindung für einen Angreifer signifikant teurer ist, als für den Verteidiger sie zu halten.

Solche Barrieren können begründet sein in

- einem größeren Maß an subjektivem Nutzen der Angebotsleistung für die Kunden (Beratung, Lieferservice, Prestigewert etc.),
- einer besonders starken Imageposition,

- besonderen – eventuell geschützten – Technologien, die zu Kosten- und/oder Qualitätsvorteilen führen oder
- einer besonders rationellen Großserienfertigung, die eine aggressive Preispolitik gestattet.

Daraus folgt, daß eine Geschäftseinheit, welche sich erfolgreich in einem schrumpfenden und stagnierenden Markt behaupten will, die Position des Spezialisten in der Nische oder die des Marktführers anstreben muß.

Auf der **Ebene des Leistungsprogramms** lassen sich ähnliche Aussagen ableiten. Auch hier erweist sich die Position des „stuck in the middle" als überlebensgefährdend. Analog kann begründet werden, daß eine klare Focussierung auf ausgewählte Kernbereiche oder eine stark segmentspezifische Differenzierung im Absatzprogramm kennzeichnend für strategische Geschäftsfelder ist, die erfolgreich in stagnierenden und schrumpfenden Märkten operieren. Während die Programmfocussierung mit der Verfolgung einer „Minimalkostenstrategie" (niedrigste Produktionskosten im Vergleich zur Konkurrenz) verbunden ist, konzentriert sich die Differenzierungsstrategie mehr auf die Marktseite. Durch konsequente Forschung und Entwicklung, Qualitätssicherung und segmentspezifische Programmdifferenzierung wird angestrebt, die Preisbereitschaft der Kunden so zu erhöhen, daß eine angemessene Rendite erzielt wird (Harrigan 1989). Diese Überlegungen führen zu der in Abbildung 1 wiedergegebenen Typologisierung von Behauptungsstrategien.

Leistungsprogramm-strategie / Angestrebte Marktposition	Focussierung	Differenzierung
Marktführer	Focussierte Marktführerschafts-strategie	Differenzierte Marktführerschafts-strategie
Nischenanbieter	Focussierte Nischenstrategie	Differenzierte Nischenstrategie

GABLER GRAPHIK

Abbildung 1: Typologisierung von Marktbehauptungsstrategien

Ziel der **focussierten Marktführerschaftsstrategie** ist es, durch konsequente Nutzung von Erfahrungskurven- und Kostendegressionseffekten (economies of scale) eine Position der Kostenführerschaft zu erreichen, wobei durch eine mit der Verdrängung von Wettbewerbern verbundene Marktanteilsausweitung die angestrebte Marktposition unangreifbar gemacht werden soll.

Die Verfolgung dieser Strategie beinhaltet folgende Maßnahmen:

- Erhebliche Forschungs- und Entwicklungsanstrengungen sowie Investitionen zur Fertigungsrationalisierung.
- Straffung des Leistungsprogramms, um die Fertigung großer Serien zu ermöglichen.
- Aggressives Verdrängungsmarketing verbunden mit hoher Kommunikationsintensität, aggressiver Preispolitik und breiter Distribution.

Die **differenzierte Marktführerschaftsstrategie** zielt darauf ab, durch intensive Bearbeitung der einzelnen Marktsegmente eine führende Position im Gesamtmarkt zu erreichen. Voraussetzung für den Erfolg sind segmentspezifische Leistungsprogramme, welche an bestehende unterschiedliche Anforderungen in bezug auf Technologie, Design, Qualität und Service angepaßt sind.

Die strategiebedingte Typenvielfalt und das heterogene Produktionsprogramm führen zur Fertigung relativ kleiner Serien. Eine aggressive Preispolitik wird wegen der darin begründeten vergleichsweise ungünstigen Kostenstruktur weitgehend ausgeschlossen. Sollen trotzdem dominierende Marktanteile erreicht werden, müssen die Endabnehmer erhebliche Produkt- und Nutzenvorteile wahrnehmen. Diese Erfolgsvoraussetzungen bedingen hohe Investitionen in die Technologie- und Qualitätsforschung und in ein kreatives Marketing. Insbesondere gilt es, die spezifischen Kompetenzvorsprünge deutlich zu kommunizieren und emotionale Markenbindungen zu erzeugen bzw. zu vestärken. Eine ausgeprägte Markenpolitik (u. U. in Form einer Multimarkenstrategie) soll zu einer erhöhten Preisbereitschaft und Kaufwilligkeit beim Verbraucher führen und so den Geschäftsfelderfolg langfristig sichern helfen. Die differenzierte Marktführerschaftsstrategie wird nicht selten durch vertragliche Vertriebssysteme und andere Maßnahmen der vertikalen Integration der Distributionskanäle unterstützt.

Die **focussierte Nischenstrategie** hat zum Ziel, eine starke Wettbewerbsposition in einem speziellen Marktsegment mit einem straffen Leistungsprogramm zu erreichen und sich gleichzeitig durch die Errichtung von Barrieren gegen den Wettbewerb abzusichern. Diese Strategie beinhaltet die Schaffung eines besonders spezialisierten – möglichst durch Patente abgesicherten – Know-hows und/oder eine hoch spezialisierte Produktion, die eine Kostenführerschaft in der Nische ermöglicht. Sowohl in die Produktentwicklung als auch in die Fertigungstechnologie sind deshalb erhebliche Investitionen vorzunehmen. Der Produktentwicklung kommt dabei die Aufgabe zu, ein standardisiertes Leistungsprogramm zu schaffen, welches geeignet ist, den gesamten Segmentbedarf weitgehend abzudecken. Eine rationelle Fertigungstechnologie soll den Spielraum in der Preissetzung erhöhen.

Die **differenzierte Nischenstrategie** ist demgegenüber auf die Bearbeitung eines spezifischen Marktsegments mit einem breiteren Leistungsprogramm ausgerichtet. Die wesentlichen Elemente dieser Strategie sind eine hochflexible Fertigung und ein breitgefächertes

Beratungs- und Serviceprogramm. Voraussetzung für ihren erfolgreichen Einsatz ist die Fähigkeit, eine optimale Befriedigung der Abnehmerbedürfnisse zu erreichen, damit die durch eine Kleinserienproduktion oder Individualanfertigung entstehenden hohen Kosten über die Hochpreispolitik kompensiert werden können. Wegen des im Vergleich zur focussierten Nischenstrategie geringeren Bedarfs an teuren, hochspezialisierten Produktionsanlagen sind bei der differenzierten Nischenstrategie in aller Regel geringere Investitionen erforderlich.

Die Entscheidung für eine erfolgreiche Behauptungsstrategie muß sich an der situativ bedingten Einschätzung des langfristigen Zielerreichungsgrades der einzelnen Alternativen ausrichten. Dabei erweist es sich als notwendig, die Vielzahl der Situationsfaktoren auf einige wenige besonders relevante Variablen (Situationscluster) zu verdichten. Die relevanten Situationsvariablen lassen sich zum einen in die Gruppe der Marktbedingungen und zum anderen in die Gruppe der die Wettbewerbsstärke kennzeichnenden Faktoren aufteilen. Die **Marktbedingungen** sind dabei insofern relevant, als sie die langfristige Entwicklung des Gewinnpotentials eines Marktes determinieren. Die **Wettbewerbsstärke** dagegen gibt an, in welchem Maße eine Unternehmung in der Lage ist, sich im Wettbewerb durchzusetzen und an dem Gewinnpotential zu partizipieren.

Die bereits erwähnte empirische Analyse über das Verhalten von Unternehmungen im stagnierenden Markt der Haushaltsgroßgerätebranche führt zu den in der Abbildung 2 dargestellten Ergebnissen (Ohlsen 1985; Meffert 1989). Dabei wurden der Marktsituation und der Wettbewerbsstärke je zwei Ausprägungen zugeordnet, so daß sich die vier in der Matrix skizzierten entscheidungsrelevanten Situationscluster ergaben.

Besonders auffallend ist, daß die bisherigen Überlegungen wie etwa die der Portfolio-Analysen oder die Empfehlungen der aus der PIMS-Datenbank abgeleiteten Theorien, mit

Marktsituation / Geschäftsbereiche	Relativ günstige Marktbedingungen	Relativ ungünstige Marktbedingungen
Relativ hohe Wettbewerbsstärke	Qualitätsführerschaft bei starker Segmentorientierung ①	Differenzierte Marktführerschaftsstrategie ②
Relativ geringe Wettbewerbsstärke	Herausragendes Preis-Leistungsverhältnis bei hoher Qualität ③	Kundennähe durch starke Serviceorientierung bei günstigem Preis-Leistungsverhältnis ④

GABLER GRAPHIK

Abbildung 2: Normstrategien in den Situationsclustern

den für den speziellen Markt der Hausgeräte gefundenen Erfolgsstrategien kaum in Übereinstimmung zu bringen sind (Meffert 1984b, S. 59 ff.; Meffert, Walters 1984, S. 157 ff.). Weder für eine Abschöpfungsstrategie noch für eine Strategie hoher Marktanteile und besonders niedriger Produktionskosten (wie die focussierte Marktführerschaftsstrategie) konnten besondere Erfolge nachgewiesen werden.

2.311 Strategien im Erfolgscluster

In den vergleichsweise erfolgsträchtigeren Märkten waren alle Geschäftsbereiche, die zu der Gruppe mit der relativ höheren Wettbewerbsstärke gehörten, gleichzeitig überdurchschnittlich erfolgreich. Ein direkter Vergleich der Strategien erfolgreicher und weniger erfolgreicher Divisionen ist in diesem „Erfolgscluster" deshalb nicht möglich. Ersatzweise soll die strategische Ausrichtung der Geschäftsfelder im Cluster 1 deshalb mit den Strategien im Cluster 3 verglichen werden.

Als Ergebnis des Strategievergleiches läßt sich die Erfolgsstrategie im Situationscluster 1 folgendermaßen kennzeichnen:

- Eine erhöhte Preisbereitschaft und Kaufwilligkeit der Verbraucher soll vor allem über klare Produkt- und Nutzenvorteile in bezug auf Technologie, Design, Qualität und Service erreicht werden. Um in diesen Bereichen die notwendigen Vorsprünge zu erreichen und zu sichern, werden erhebliche Investitionen in die Bereiche Forschung, Entwicklung und Qualitätssicherung getätigt. Gleichzeitig gilt es, die erreichten Kompetenzvorsprünge deutlich zu kommunizieren und Markenbindungen zu erzeugen. Der im Cluster 1 beobachtete Strategietyp geht deshalb vielfach mit einer ausgeprägten Markenpolitik einher.

- Mit dem Ziel der Eroberung einer führenden Marktposition wird eine differenzierte Bearbeitung der einzelnen Marktsegmente betrieben, in deren Folge eine breit gefächerte Programmpalette angeboten wird.

- Die Mehraufwendungen für das aus der segmentspezifischen Marktbearbeitung resultierende heterogene Produktionsprogramm sollen zum einen durch ein vergleichsweise hohes Preisniveau, zum anderen durch starke Rationalisierungsanstrengungen und ein intensives Kostenmanagement kompensiert werden.

Insgesamt läßt sich die im „Erfolgscluster" typische Strategie wohl am treffendsten als eine **„Strategie der segmentorientierten Qualitätsführerschaft"** charakterisieren.

2.312 Strategien starker Geschäftsbereiche in problematischen Märkten

Während die überdurchschnittlich erfolgreichen Divisionen im Cluster 2 die Gruppe mit den am stärksten wachsenden Marktanteilen überhaupt bildeten, sahen sich die weniger erfolgreichen Anbieter in den letzten Jahren eher sinkenden Anteilen gegenüber. Dennoch weiteten alle befragten Unternehmen – vermutlich infolge der starken Rationalisierungsanstrengungen und des sehr intensiven Kostenmanagement – ihre Produktionskapazität ganz erheblich aus. Als Ergebnis dieser Entwicklung sehen sich die weniger erfolgreichen Geschäftsbereiche einer stetig sinkenden Kapazitätsauslastung und entsprechenden Ertragseinbrüchen gegenüber. Die befragten Manager dieser Gruppe fühlten sich zusätzlich durch die Probleme wachsender Handelsmacht und zu hoher Lagerbestände in besonders starkem Ausmaß belastet.

Während sich die Strategien der beiden Erfolgsgruppen hinsichtlich der F&E-Bemühungen und der Anstrengungen zur Qualitätssicherung nur unwesentlich unterschieden, lieferte die Analyse der Gründe der Markenbevorzugung aus Endnutzersicht wesentliche Anhaltspunkte für die besonderen Kennzeichen der Erfolgsstrategie in der Situation des Clusters 2. Bei der Gruppe der erfolgreicheren Divisionen standen in insgesamt überdurchschnittlichem Maße die folgenden Kaufmotive im Vordergrund:

- Die Bekanntheit von Marke und Firmennamen,
- das Vertrauen in die Marke,
- das ansprechende Gerätedesign,
- die Qualität des Services sowie
- die moderne Technologie der Produkte.

Demgegenüber hatte die Preiswürdigkeit als Grund der Markenbevorzugung nur ein unterdurchschnittliches Gewicht.

Im Gegensatz hierzu können die weniger erfolgreichen Geschäftsbereiche als Inhaber weniger profilierter Marken gelten. Sowohl im Bereich der Markenbekanntheit als auch in den Imagedimensionen „Design" und „Gerätetechnologie" zeigten sich klare Abstände zu den Erfolgsdivisionen.

Will man die Erfolgsstrategie im Cluster 2 zusammenfassend kennzeichnen, so bieten sich vor allem die folgenden Charakteristika an:

- Intensive Anstrengungen in den Bereichen Forschung, Entwicklung und Qualitätssicherung werden durch ein endnutzergerichtetes Marketing unterstützt, in dessen Vordergrund eine besonders starke Betonung des Markengedankens steht.
- Eine stark segmentspezifische Marktbearbeitung in Verbindung mit der hierfür erforderlichen Typenvielfalt stellt den Fachhandel – entsprechend seiner dominie-

renden Rolle in den Märkten für „Weiße Waren" – in besonderer Weise in den Mittelpunkt des Absatzkanalsystems. Gleichzeitig werden Maßnahmen im Bereich der Vertriebskooperation – etwa mit Küchenmöbelherstellern – überdurchschnittlich eingesetzt.

- Trotz rasant steigender Marktanteile wird die Produktionskapazität im Vergleich mit den weniger erfolgreichen Wettbewerbern eher vorsichtig ausgeweitet. Rigide Rationalisierungsanstrengungen und ein ausgeprägtes Kostenmanagement begleiten die Strategie dabei auf der Produktionsseite.
- Die starke Markenposition wird vielfach durch eine ausgesprochene Hochpreispolitik genutzt.

Zusammenfassend läßt sich die Erfolgsstrategie im Cluster 2 als „Strategie der segmentorientierten Imageführerschaft" bezeichnen. Dabei zeigen sich deutliche Überschneidungen mit der im Erfolgscluster 1 gefundenen Strategie. Jedoch steht hier – wohl auch wegen der stärkeren Wettbewerbsintensität – vor allem das Erreichen einer besonderen Imagekompetenz im Vordergrund, die die Preissensibilität der Marke verringern soll. Zugleich werden die für das Cluster 1 typischen strategischen Maßnahmen mit noch erhöhter Intensität und größerer Konsequenz durchgeführt.

2.313 Strategien schwacher Geschäftsbereiche in Erfolgsmärkten

Obgleich sie sich gegen die starke Konkurrenz der Geschäftsbereiche im Erfolgscluster 1 behaupten mußten, konnten immerhin 43,7 Prozent der Mitglieder des Clusters 3 zur Gruppe der überdurchschnittlich Erfolgreichen gezählt werden. Dabei fanden sich sowohl hinsichtlich des Ergebnisbeitrages als auch bezüglich der Marktanteilsentwicklung deutliche Unterschiede zwischen den verschiedenen erfolgreichen Gruppen innerhalb des Clusters.

Die im Situationscluster 3 beobachtete Erfolgsstrategie läßt sich weitgehend wie folgt kennzeichnen:

- Ein besonders günstiges Preis-Leistungs-Verhältnis soll neben dem Gewinn vor allem das Umsatz- und Marktanteilswachstum sichern. Dabei hebt sich das Angebot gegenüber den Produkten der Wettbewerber aus dem Cluster 1 insbesondere durch ein erheblich niedrigeres Preisniveau ab.
- Bei einer nur wenig differenzierten Marktbearbeitung wird ein relativ enges Produktionsprogramm geführt, was die Fertigung größerer Serien ermöglicht.
- Insbesondere gegenüber ausländischen Billiganbietern wird ein deutlicher Qualitätsabstand geschaffen. Die Positionierung in der mittleren Qualitätsstufe ermöglicht die besondere Betonung der Preiswürdigkeit. Daneben wird die Marke durch die Betonung der modernen Technologie und des Designs profiliert.

- Intensive Forschungs- und Entwicklungsanstrengungen und starke Bemühungen zur Sicherung des Qualitätsstandards sollen Barrieren gegen potentielle Wettbewerber aus den unteren Preissegmenten erzeugen.

Zusammenfassend läßt sich der erfolgreichere Strategietyp im Cluster 3 als **„Strategie der focussierten Preisführerschaft"** in der mittleren Qualitätsstufe bezeichnen.

2.314 Strategien schwacher Unternehmensbereiche in Problemmärkten

In dem Problemcluster 4 finden sich die ungünstigsten Voraussetzungen für eine erfolgreiche Marktbehauptung. So sind in diesem Bereich auch nur 38,9 Prozent der befragten Divisionen als erfolgreich zu bezeichnen. Die Strategie dieser auch im Gesamtvergleich überdurchschnittlich erfolgreichen Geschäftsbereiche läßt sich vor allem mit Hilfe der folgenden Schwerpunkte charakterisieren:

- Bei eher durchschnittlichem Preisniveau soll ein attraktives Preis-Leistungs-Verhältnis in erster Linie für Umsatzwachstum und Liquiditätssicherung sorgen. Besondere Stärken werden vor allem über eine herausragende Servicequalität geschaffen. Zur Sicherstellung einer aktuellen Gerätetechnologie wird intensive Entwicklungsarbeit sowohl in eigener Regie als auch in Kooperation mit unternehmensfremden Organen betrieben.
- Ausgeprägte Anstrengungen im Bereich der Fertigungsrationalisierung bei einem dem gemäßigten Marktanteilswachstum entsprechenden vorsichtigen Kapazitätsausbau werden von einem straffen Kostenmanagement begleitet.
- Besondere Kundennähe soll durch eine stark segmentorientierte, vor allem auch attraktive Nischen berücksichtigende Marktbearbeitung angestrebt werden. Das Angebot ist eher breit gefächert.

Insgesamt läßt sich die Strategie der erfolgreicheren Divisionen im Problemcluster als **„Strategie der differenzierten Serviceführerschaft"** kennzeichnen.

Es muß allerdings betont werden, daß die für die Situation im Cluster 4 gefundene Erfolgsstrategie nicht ohne Risiken ist. Einerseits ist eine Hochpreisstrategie wegen der Überlegenheit der Wettbewerber aus dem Bereich des Situationsclusters 2 kaum durchsetzbar. Andererseits führt die strategiebedingte Typenvielfalt zu relativ hohen Fertigungs- und Lagerhaltungskosten, so daß auch eine aggressive Preispolitik weitgehend ausgeschlossen sein dürfte.

Nicht zuletzt in der hohen Mißerfolgsquote finden diese Risiken der offensichtlich notwendigen Gratwanderung zwischen den Extremen ihren Ausdruck. Gleichzeitig fühlten sich selbst die überdurchschnittlich erfolgreichen Clustermitglieder durch die Probleme einer mangelnden Kapazitätsauslastung und Liquiditätsengpässe stark belastet. Insofern drängt sich die Frage auf, ob die Geschäftsbereiche in der Situation des Clusters 4 überhaupt eine auf langfristige Marktbehauptung ausgerichtete Strategie planen sollten. Zumindest ein steter Vergleich mit den als Alternativen zur Verfügung stehenden Marktaustrittsstrategien erscheint für die betreffenden Divisionen angebracht.

2.32 Ausweich- oder Rückzugsstrategie

Die Prüfung der Behauptungsstrategien kann ergeben, daß die Unternehmung nicht über die zur Realisierung einer erfolgreichen Marktposition notwendigen Stärken verfügt. In diesem Fall ist zu überprüfen, ob die Aktivitäten in dem schrumpfenden oder stagnierenden Markt langfristig einzustellen sind. Damit verbunden ist in der Regel die Auflösung oder grundlegende Neudefinition des Tätigkeitsbereichs der betreffenden strategischen Geschäftseinheit. Dies verdeutlicht, warum die sog. **„Stay-or-Exit-Entscheidung“**, also die Frage, ob und gegebenenfalls wie die Unternehmung aus dem Markt austreten soll, ein strategisches Schlüsselproblem ist.

Als zentrale Situationsdeterminanten der Exit-Entscheidung sind dabei die Marktaustrittsbarrieren näher zu analysieren. Dabei ist der Frage nachzugehen, wovon die Höhe der Barrieren, die den Austritt der Unternehmung erschweren, abhängt.

Die erste Gruppe von Faktoren, die das Austreten aus einem Markt erschweren, resultiert aus der **Unternehmensstruktur** und dem **Verhalten des Management**.

- Die Art des gebundenen Produktionsvermögens bestimmt ihren Liquidationswert. Hochspezialisierte Anlagen, die nicht für andere Produktionen genutzt werden können, lassen sich in der Regel nur schwer zu einem annehmbaren Preis verkaufen. Je höher ihr Anschaffungspreis, je geringer ihr Alter und ihre Restnutzungsdauer ist, desto größer ist die durch die Notwendigkeit ihrer weitgehenden Abschreibung beim Verkauf verursachte Marktaustrittsbarriere.
- Gibt ein Unternehmen seine Aktivitäten in einem Markt auf, so werden fixe Marktaustrittskosten verursacht:
  - Für das freizusetzende Personal müssen Sozialpläne erstellt werden.
  - Restläger von Fertigprodukten und Halbfertigteilen müssen weitgehend abgeschrieben werden.
  - In der Phase nach dem Bekanntwerden der beabsichtigten Produktionseinstellung sinkt in der Regel die Produktivität.
  - Die Lösung vertraglicher Bindungen mit Lieferanten und Kunden kann Vertragsstrafen nach sich ziehen.

- Der Marktaustritt erfordert erheblichen Verwaltungsaufwand (z. B. Anwaltsgebühren etc.).

■ Der Rückzug aus einem Markt kann die Aufgabe positiver und die Erzeugung negativer Verbundwirkungen mit sich bringen. So kann der Auslastungsgrad für Anlagen in anderen Unternehmensteilen, die Halbfertigteile produzieren, sinken und die Effizienz der Kundendienst- und Absatzorganisation sowie der Verwaltung vermindert werden.

■ Bestehen Dachmarken, so kann ihr Image beim Verbraucher durch die Aufgabe von Sortimentsteilen negativ beeinflußt werden. Auch der mögliche Vertrauensschwund bei Lieferanten, Handel und Banken kann negative Auswirkungen auf die verbleibenden Unternehmensteile haben. Etwa können sich die Kredit- und Einkaufskonditionen verschlechtern oder der Handel kann mit der Auslistung anderer Sortimentsteile reagieren.

■ Häufig sind es auch emotionale und soziale Vorbehalte des Management, die den Marktaustritt verhindern. Insbesondere die Geschäftsführung alteingesessener Firmen hat die Tendenz, die Situation auf langfristig stagnierenden Märkten als vorübergehende Durststrecke fehlzuinterpretieren. Die emotionalen und sozialen Bindungen des Management an einen Geschäftszweig mögen zum einen Teil in der langen Tradition dieses Zweiges, zum anderen in der Sorge um die eigene Karriere und das persönliche Image begründet sein.

Das Verhalten der Marktteilnehmer kann den Marktaustritt erschweren, aber auch erleichtern. Letzteres ist zum Beispiel der Fall, wenn Wettbewerber bereit sind, Produktionsanlagen oder Personal von dem ausscheidenden Unternehmen zu übernehmen. Risiken bestehen in der Unsicherheit über das Verhalten des Handels und der Verbraucher. Etwa kann der Absatz von Restmengen durch das vorzeitige Nachlassen der Kaufbereitschaft der Verbraucher und Händler gefährdet werden. Schlimmstenfalls führen die entstehenden Unsicherheiten und der durch den Austritt verursachte Imageverlust auch zu einem Absatzrückgang in Bereichen, die von dem Rückzug überhaupt nicht betroffen sind.

Das **Verhalten des Staates und der Gewerkschaften** kann – je nach der Bedeutung der betroffenen Unternehmung (oder Division) für den Arbeitsmarkt, die Region, die Volkswirtschaft oder die Versorgung mit wichtigen Gütern – zu mehr oder minder ausgeprägten Austrittshemmnissen führen (z. B. Stahlkrise im Ruhrgebiet).

Insbesondere bei divisionalisierten Großunternehmen versuchen Staat und Gewerkschaften nicht selten, die Aufgabe einzelner Unternehmensteile durch Druck auf den Konzern zu verhindern. Dieser Druck kann von seiten der Gewerkschaften in „Solidaritätsstreiks" in profitablen Unternehmensteilen, von seiten des Staates in der Androhung der Aufkündigung wichtiger staatlicher Aufträge, Subventionen oder sonstiger Unterstützungen bestehen.

Zusammenfassend läßt sich sagen, daß die Marktaustrittsbarrieren den Rückzug aus einem Markt zu einem erheblichen Risiko für die Gesamtunternehmung machen können. Bezieht sich der Austritt auf das ganze Unternehmen, so muß mit der Gefahr eines totalen Substanzverlustes für die Eigentümer gerechnet werden.

Sind jedoch mit dem Austritt keine unübersehbaren Risiken und Kosten verbunden, wird man im folgenden zu der Wahl der am besten geeigneten Austrittsstrategien übergehen.

Die Alternative des **Verkaufs der Geschäftseinheit** setzt in der Regel voraus, daß der betreffende Unternehmensteil nicht zu stark mit anderen Bereichen der Unternehmung verbunden ist. Daher ist diese Möglichkeit vor allem für relativ autarke Geschäftsfelder bzw. Tochterunternehmen breit divisionalisierter Konzerne und für mittelständische Unternehmungen, deren Kerngeschäft betroffen ist, in Betracht zu ziehen.

Die Strategie der sofortigen **Beendigung der Geschäftsfeldaktivitäten** erscheint sinnvoll, wenn zum einen der Verkauf des Geschäftsbereiches nicht möglich ist und zum anderen die durch die Weiterführung des Geschäftes entstehenden Verluste höher sind als die Kosten des Marktaustritts. Dabei ist zu untersuchen, ob durch die Schließung eines Geschäftsbereiches moderne Anlagen zur Nutzung in anderen Unternehmensteilen freiwerden und inwieweit durch diese Anlagenmodernisierung deren Wettbewerbsfähigkeit und Ertragskraft gestärkt wird. Die Erträge aus einer solchen Modernisierung anderer Geschäftsbereiche müssen von den Austrittskosten abgesetzt und in das Kalkül einbezogen werden.

Die Strategie **„Senkung von Marktaustrittsbarrieren“** basiert auf der Zielsetzung, die Marktaustrittsschwierigkeiten und -kosten soweit zu senken, daß eine Aufgabe der Aktivitäten in dem stagnierenden oder schrumpfenden Bereich zu einem späteren Zeitpunkt reibungslos möglich wird. Die Aktivitäten werden also nicht auf eine Maximierung des Cash-Flows oder auf kurzfristige Gewinne ausgerichtet, sondern auf eine Erhöhung der strategischen Entscheidungsspielräume. Die Nachteile und Risiken dieser Austrittsstrategie liegen unter anderem in einer möglicherweise zu starken Vernachlässigung von Kosteneinsparungspotentialen und Gewinnchancen. Außerdem kann der fortlaufende Personalabbau- und Schumpfungsprozeß negative Auswirkungen auf die Mitarbeitermotivation haben und zu einer Verringerung der Produktivität und Effizienz führen.

Die **Abschöpfungsstrategie** zielt darauf ab, den Cash-Flow in schrumpfenden und stagnierenden Geschäftsfeldern zu maximieren und in andere Geschäftsfelder, die in wachsenden Märkten operieren, zu investieren, um das langfristige Wachstum und Erfolgspotential der Gesamtunternehmung sicherzustellen. Als Cash-Flow-maximierende Maßnahmen werden vor allem rigide Budgetkürzungen vorgeschlagen. Diese Strategie führt zu einer Schwächung der Marktposition und macht die Geschäftseinheit sehr anfällig für Angriffe der Wettbewerber. Mit einer Entscheidung für eine Abschöpfungsstrategie wird daher in aller Regel der bewußte Marktaustritt langfristig vorprogrammiert.

2.33 Kooperationsstrategie

Die Planung einer der beschriebenen Behauptungs- und Austrittsstrategien kann aus unterschiedlichen Gründen unterbleiben (Meffert 1984b, S. 67). Dies führt dazu, daß der Handlungsspielraum, über den eine Unternehmung bei der Festlegung einer Strategie verfügt, begrenzt wird. Dadurch geraten Unternehmungen oftmals in Situationen, in denen häufig nur Strategien des „flexiblen Reagierens" bleiben. Es ist dann Aufgabe interner und externer Flexibilitätsmaßnahmen, die Reaktionszeit der Unternehmungen zu reduzieren und damit die Voraussetzung für die Wahrnehmung erfolgreicher Marktbehauptungs- oder -rückzugsstrategien zu schaffen (Meffert 1985b; Brixle, Haag 1993, S. 26 ff.). Darüber hinaus sind Unternehmungen in der Lage, von vornherein flexibilitätserhöhende Maßnahmen zur flankierenden Unterstützung bzw. Absicherung der Strategien in stagnierenden Märkten einzusetzen.

Dies trifft insbesondere auf **Kooperationen** zu. Dabei soll die freiwillige Zusammenarbeit selbständiger Unternehmungen zur Erreichung von Kooperationszielen und zur Reduzierung von Risiken beitragen. Letztlich zielen solche Maßnahmen auf eine Verminderung der Wettbewerbsintensität und die Ausnutzung von Synergiepotentialen ab. Meistens erstrecken sich solche Kooperationen auf Teilfunktionen der Produktion oder des Marketing. Kooperationsmodelle können dabei als vertikaler oder horizontaler Firmenverbund vielseitig ausgestaltet werden. Im Marketingbereich erweisen sich derartige Kooperationen auf dem Gebiet der Gemeinschaftswerbung, bestimmter Verkaufsfunktionen und der Informationsbeschaffung vor allem bei mittleren und kleineren Unternehmungen als relativ erfolgreich. Demgegenüber ist die Zusammenarbeit auf dem Gebiet der Produktpolitik und im Verkauf wegen der latenten Interessenkonflikte bei allen Firmengrößen meist problembehaftet.

Zweifellos sind kooperative Lösungen als flankierende Maßnahmen zur Durchsetzung von Behauptungs- oder Rückzugsstrategien unterschiedlich zu beurteilen. Sie können bei differenzierten Strategien den Markteintritt in bestimmte Segmente erleichtern und zum Abbau von Marktaustrittsbarrieren beitragen. Die Erfolgschancen von Kooperationen hängen in stagnierenden und schrumpfenden Märkten vor allem von der Konkurrenzintensität, der Größenstruktur der Wettbewerber und den vom Management subjektiv wahrgenommenen Möglichkeiten ab, sich allein am Markt durchzusetzen. Empirische Untersuchungen in der Bundesrepublik zeigen, daß Kooperationsstrategien zur Lösung der Probleme in stagnierenden Märkten kein sehr hoher Stellenwert eingeräumt wird (Meffert, Katz 1983).

2.4 Implikationen für den Einsatz der Marketinginstrumente in stagnierenden und schrumpfenden Märkten

Ebenso wichtig wie die Auswahl der „richtigen" Wettbewerbsstrategie ist ihre Umsetzung in ein geschlossenes Konzept, in dem die funktionalen Teilstrategien (z. B. F&E, Marketing, Produktion) synergetisch zusammenwirken (Meffert, Walters 1984; Lettow 1993, S. 341). Bezogen auf den Absatzbereich stellt sich die Frage, welche konkreten Marketingaktivitäten geeignet sind, die unterschiedlichen strategischen Stoßrichtungen in stagnierenden oder schrumpfenden Märkten konsequent umzusetzen.

Letztlich kann die konkrete **Ausgestaltung des Marketing-Mix** nur dann fundiert erfolgen, wenn die jeweiligen Kontextbedingungen (z. B. Produkttyp, Technologiedynamik) in schrumpfenden und stagnierenden Märkten hinreichend konkretisiert sind (Wangen 1993, S. 175 ff.). Daher kann in der konkreten Markt- und Unternehmenssituation der Einsatz des absatzpolitischen Instrumentariums unterschiedlich ausgeprägt sein. Wichtig für den Erfolg in stagnierenden und schrumpfenden Märkten ist vor allem, daß sich die Einzelmaßnahmen im Sinne der gewählten Marktbehauptungsstrategie synergetisch verstärken.

Sicher gibt es Anpassungsmaßnahmen, die sich für sämtliche Marktbehauptungsstrategien als zweckmäßig erweisen (z. B. Forcierung von Systemkonzepten, Stärkung des persönlichen Verkaufs, Schaffung eines starken Markenimages sowie einer ausgeprägten Corporate Identity). Andere Maßnahmen unterscheiden sich allerdings deutlich in Abhängigkeit vom jeweiligen Strategieschwerpunkt. Abbildung 3 zeigt auf, welche Maßnahmen zur Umsetzung der zentralen Strategien der Kostenführerschaft sowie der Differenzierung (entweder auf dem Gesamtmarkt oder in der Nische) sinnvoll erscheinen. Insgesamt ist zu beachten, daß es sich hierbei lediglich um Tendenzaussagen handelt, die einer empirischen Absicherung bedürfen.

Marketinginstrumente / Strategieschwerpunkt		Kostenführerschaft (auf dem Gesamtmarkt oder in der Nische)	Differenzierung (Qualitätsführerschaft auf dem Gesamtmarkt oder in der Nische)
Produkt- und Sortimentspolitik	Sortiment	Produktrationalisierung durch Wertanalyse; Programmbereinigung durch Produkteliminierung	Produktdifferenzierung und Sortimentsabrundung
	Innovation	Vorwiegend Prozeßinnovationen	Vorwiegend Produktinnovationen; Schaffung von Angebotsinnovationen
	Kundendienst	Minimierung von Kundendienstleistungen durch Entwicklung von Produkten mit geringem oder keinem Servicebedarf (z.B. Wegwerfprodukte)	Verstärkung der kundendienstpolitischen Aktivitäten
	Markierung	Konzentration auf eine oder wenige starke Einzelmarken	Verwendung von Dachmarkenstrategien
Preispolitik		Preisreduzierung entsprechend den mengen- und rationalisierungsbedingten Kostensenkungen	Ausnutzung der Preisbereitschaft der Konsumenten durch eine Hochpreispolitik sowie durch Preisdifferenzierung
Kommunikationspolitik		Umsetzung des Strategieschwerpunkts „Preisgünstigkeit" durch standardisierte Zielgruppenansprache über Massenmedien	Umsetzung des Strategieschwerpunkts „Qualität" durch differenzierte Zielgruppenansprache über zielgruppenadäquate Medien sowie über Direktwerbung
Distributionspolitik	Distributionskonzept	Intensive und selektive Distribution (Selektionskriterium: Abnahmemenge)	Exklusive oder selektive Distribution (Selektionskriterium: Einkaufsstättenimage)
	Kooperation mit dem Handel	In erster Linie zur Reduzierung von Distributionskosten	Enge, umfassende Kooperation auf der Basis vertraglicher Vertriebssysteme; insbesondere über Franchisesysteme
	Direktvertrieb	Wegen der Notwendigkeit einer breiten Distribution durch eigene Verkaufsstellen der Hersteller kaum finanzierbar. Vertrieb über Versandaktivitäten erwägenswert	Bei exklusiven und erklärungsbedürftigen Produkten durch eigene Verkaufs- und Beratungsstellen der Hersteller zweckmäßig

GABLER GRAPHIK

Abbildung 3: Einsatz der Marketinginstrumente in stagnierenden und schrumpfenden Märkten bei unterschiedlichen Schwerpunkten der Wettbewerbsstrategie

Literaturhinweise

Bauer, H. H. (1988): Marktstagnation als Herausforderung für das Marketing, in: Zeitschrift für Betriebswirtschaft, Heft 10, 1988, S. 1052–1071.

Belz, Ch. (1989): Marketing-Dilettantismus in stagnierenden und umkämpften Märkten, in: Verkauf & Marketing, Heft 2, 1989, S. 4–7.

Brixle, M., Heeg, T. (1993): Strategische Früherkennung als Beitrag zur Erschließung neuer Märkte, in: Marktforschung und Management, Nr. 1, 1993, S. 26–30.

Erfmann, M. (1988): Wettbewerbsstrategien in reifen Märkten, Diss., Frankfurt/Main 1988.

Gordon, G. L., Calantone, R. J., di Benedetto, C. A. (1991): Mature Markets and Revitalization Strategies: An American Fable, in: Business Horizons, May–June 1991, S. 39–49.

Hamermesh, R. G., Silk, S. B. (1980): In der Stagnation erfolgreich konkurrieren, in: Harvard Manager, Nr. 3, 1980, S. 74–82.

Harrigan, K. R. (1980): Strategies for Declining Businesses, Lexington, Toronto 1980.

Harrigan, K. R. (1989): Unternehmensstrategien für reife und rückläufige Märkte, Frankfurt, New York 1989.

Hinder, W. (1986): Strategische Unternehmensführung in der Stagnation, München 1986.

Hinder, W., Bartosch, S. (1987), Strategisches Wettbewerbsverhalten in stagnierenden Märkten, Frankfurt/Main 1987.

Lettau, H.-G. (1993): Marketing und Vertrieb in schwierigen Zeiten, in: Marketing Journal, Nr. 4, 1993, S. 340–347.

Meffert, H. (1983): Strategische Planungskonzepte in stagnierenden und gesättigten Märkten, in: Die Betriebswirtschaft, Nr. 2, 1983, S. 193–209.

Meffert, H. (1984a): Thesen zur marktorientierten Führung in stagnierenden und gesättigten Märkten, in: Marketing ZFP, Heft 3, 1984, S. 215–220.

Meffert, H. (1984b): Marketingstrategien in stagnierenden und schrumpfenden Märkten, in: Betriebswirtschaftliche Entscheidungen bei Stagnation, Edmund Heinen zum 65. Geburtstag, Hrsg.: Pack, L., Börner, D., Wiesbaden 1984, S. 37–72.

Meffert, H. (1985a): Zur Bedeutung von Konkurrenzstrategien im Marketing, in: Marketing ZFP, Heft 1, 1985 S. 13–19.

Meffert, H. (1985b): Größere Flexibilität als Unternehmenskonzept, in: Zeitschrift für betriebswirtschaftliche Forschung, Heft 2, 1985, S. 121–137.

Meffert, H. (1989): Marketingstrategien in unterschiedlichen Marktsituationen, in: Handbuch des Marketing, Hrsg.: Bruhn, M., München 1989, S. 277–306.

Meffert, H., Katz, R. (1983): Unternehmensverhalten in stagnierenden und schrumpfenden Märkten, Arbeitspapier Nr. 12 der Wissenschaftlichen Gesellschaft für Marketing und Unternehmensführung e. V., Hrsg.: Meffert, H., Wagner, H., Münster 1983.

Meffert, H., Walters, M. (1984): Anpassung des absatzpolitischen Instrumentariums in stagnierenden und schrumpfenden Märkten, in: Betriebswirtschaftliche Beiträge zur Bewältigung der ökonomischen Krise, Hrsg.: Staehle, W. H., Stoll, E., Wiesbaden 1984, S. 141–160.

Ohlsen, G. (1985): Marketing-Strategien in stagnierenden Märkten. Eine empirische Untersuchung des Verhaltens von Unternehmen im deutschen Markt für elektrische Haushaltsgroßgeräte, Bd. 3 der Schriften der Wissenschaftlichen Gesellschaft für Marketing und Unternehmensführung e. V., Hrsg.: Meffert, H., Wagner, H., Münster 1985.

Pack, L., Börner, D. (Hrsg.) (1984): Betriebswirtschaftliche Entscheidung bei Stagnation, Wiesbaden 1984.

Porter, M. (1992): Wettbewerbsstrategie, Frankfurt/Main 1992.

Romer, K. H. (1988): Strategische Unternehmensplanung in gesättigten Märkten, Diss., München 1988.

Schaaff, H. (1990): Sättigung und Stagnation aus betriebs- und volkswirtschaftlicher Sicht, in: Wirtschaftswissenschaftliches Studium, Heft 3, März 1990, S. 123–128.

Wangen, E. (1993): Marketingstrategien in einem gesättigten Markt – am Beispiel des deutschen Biermarktes, in: Zeitschrift für betriebswirtschaftliche Forschung, Heft 2, 1993, S. 175–186.

Welge, M. K., Hüttemann, H. H. (1993): Erfolgreiche Unternehmensführung in schrumpfenden Branchen, Stuttgart 1993.

3. Strategien in rezessiven Märkten

3.1 Rezession als Herausforderung an die marktorientierte Unternehmensführung

Die Sicherung von Wettbewerbsvorteilen in rezessiven Märkten, die von einer temporären konjunkturellen Abnahme des Marktvolumens betroffen sind, stellt gegenwärtig hohe Anforderungen an die strategische und operative Anpassungsfähigkeit der Unternehmen (Leibfritz, Nierhaus 1992, S. 3 ff.). Als **Ursachen** für die rezessiven Entwicklungen sind neben objektiven Faktoren wie dem Rückgang der Inlands- und Auslandsnachfrage, auch subjektive Einflußgrößen wie die schlechte Einschätzung der Wirtschaftslage seitens der Unternehmen und der Konsumenten zu nennen.

Einen zentralen Indikator für die schwache **Inlandsnachfrage** stellt zum einen der gesunkene private Verbrauch dar, der vor allem durch eine Abnahme der Nachfragerzahl, eine Verringerung der durchschnittlichen Verbrauchsintensität, einen Rückgang der Kaufkraft und eine Erhöhung der Sparquote verursacht wird. Zum anderen wird die inländische Nachfrage durch den stagnierenden öffentlichen Verbrauch, die zurückgehenden Ausrüstungsinvestitionen und die sinkende Zahl der Erwerbstätigen negativ beeinflußt (o.V. 1993b, S. 5). Wesentliche Gründe für die schlechte **Auslandsnachfrage** sind die Konjunkturflaute bei den zentralen Handelspartnern, die Aufwertung der DM, die hohen und kontinuierlich steigenden Arbeitskosten sowie der zunehmende Protektionismus (Julitz 1993, S. 1).

Der gesamtwirtschaftliche Nachfragerückgang wird zudem durch die schlechte **Konjunkturstimmung** bei Unternehmen und Konsumenten beeinflußt. So wird die aktuelle Wirtschaftssituation von fast 3/4 der westdeutschen Manager als „schlecht“ bzw. „sehr schlecht“ eingeschätzt (o.V. 1993a, S. 15). Die persönliche Einschätzung der Wirtschaftslage durch 2000 befragte Personen zeigt außerdem, daß das Konsumklima (GfK-Index) 1993 im Vergleich zum Vorjahr drastisch gesunken ist (o.V. 1993c, S. 19).

Als Folge der aktuellen rezessiven Entwicklungen ist eine Veränderung des **Marktteilnehmerverhaltens** festzustellen. Das Verhalten der Konsumenten ist durch ein zunehmendes Preisbewußtsein, eine stärkere Kaufzurückhaltung und einen selektiven Kaufverzicht geprägt. Aufgrund sinkender Erträge und rückläufiger Handelsspannen nimmt die Kooperationsbereitschaft der Absatzmittler gegenüber den Herstellerunternehmen häufig ab. Die produzierenden Unternehmen werden oft mit schrumpfenden Auftragseingängen, einer sinkenden Kapazitätsauslastung und steigenden Lagerbeständen konfrontiert. Die z.T. drastischen Umsatzrückgänge bei gleichzeitiger Verschlechterung der Kostenstruktur führen bei vielen Unternehmen zu erheblichen Gewinneinbrüchen.

Auf diese Probleme können die Unternehmen in Abhängigkeit von der wahrgenommenen Intensität und zeitlichen Dauer der Rezession vor allem mit prozyklischen oder antizyklischen Verhaltensweisen reagieren (vgl. Abbildung 1) (Rohlmann 1977, S. 37 f.). Aufgrund der dargestellten Wirtschaftsindikatoren läßt sich die aktuelle Situation tendenziell als starke, mittel- bis langfristig anhaltende konjunkturelle Abschwungphase beschreiben.

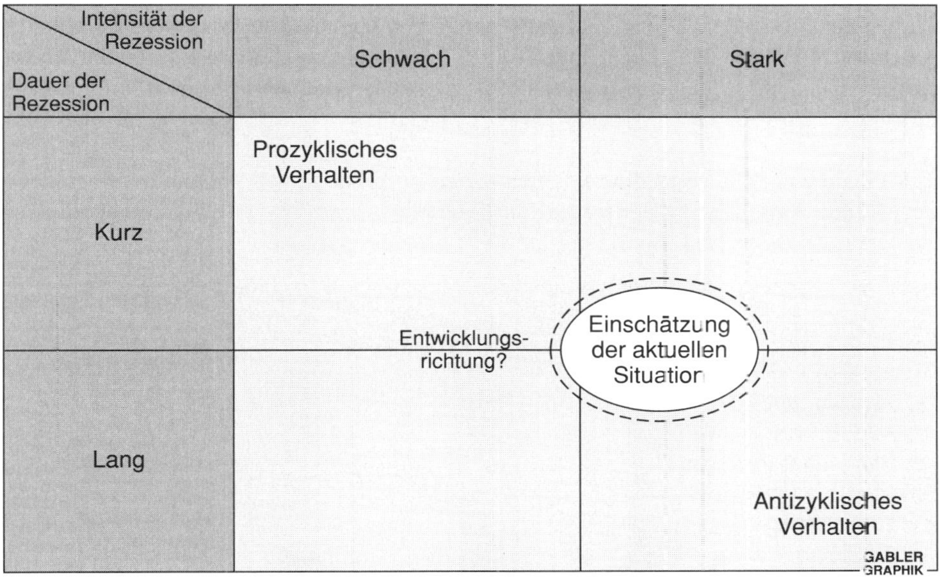

Abbildung 1: Typisches Reaktionsmuster in Abhängigkeit von der wahrgenommenen Dauer und Intensität der rezessiven Entwicklungen

Unternehmen, die die rezessiven Entwicklungen eher als schwach ausgeprägt und von kurzer Dauer einschätzen, ergreifen oftmals **prozyklische Strategien** i.S. defensiver oder aggressiver Verhaltensmuster. Eine **defensive Unternehmenspolitik** zeigt sich insbesondere im Abbau von Produktions- und Personalkapazitäten und in der Rücknahme von Investitionsvorhaben. Es mündet nicht selten in einer Stagnationsspirale, bei der die Unternehmen aufgrund der Wirkungsbeziehung von Investitions-, Produktivitäts- und Rentabilitätsabnahme letztlich in eine akute Finanzkrise geraten (Ericson 1980, S. 7 ff.; Ghemawat 1993, S. 51 ff.) Wenig erfolgversprechend ist gegenwärtig auch ein übermäßig hektischer und kurzfristig ausgerichteter „Aktionismus" innerhalb einer **aggressiven Unternehmenspolitik.** Sonderpreisaktionen, die Gewährung günstiger Konditionen sowie ein starker Verdrängungswettbewerb führen meist zu einem schnellen und nachhaltigen Verfall der Branchenrendite (Meffert 1983, S. 194 f.; Cool, Dierickx 1993, S. 49 ff.).

Für die von der aktuellen Rezession betroffenen Unternehmen ergibt sich vielmehr die Aufgabe, durch **antizyklische Strategien** i.S. eines **offensiven, strategischen Rezes-**

sionsmarketing die Umsatz- und Gewinnsituation der Unternehmen möglichst schnell bei einer gleichzeitigen Sicherung dauerhafter Wettbewerbsvorteile zu verbessern (Meffert 1983, S. 194 f.; Scholz 1984, S. 19 ff.).

Vor diesem Hintergrund wurde im Frühjahr 1993 eine Befragung bei 375 westdeutschen Unternehmen durchgeführt (Meffert, Müller 1993, S. 4 f.) Die generelle Zielsetzung der **empirischen Studie** bestand darin, die unterschiedlichen Verhaltensweisen der Unternehmen zur Bewältigung der aktuellen Rezession zu untersuchen. In diesem Zusammenhang wurden auf der Grundlage einer Situationseinschätzung das strategische und operative Unternehmensverhalten sowie die Probleme bei der Maßnahmendurchführung analysiert.

Im Rahmen einer Clusteranalyse konnten hierzu in Abhängigkeit von der unternehmensspezifischen Einschätzung der **Rezessionsprobleme** vier homogene Betroffenheitsgruppen gebildet werden (vgl. Abbildung 2).

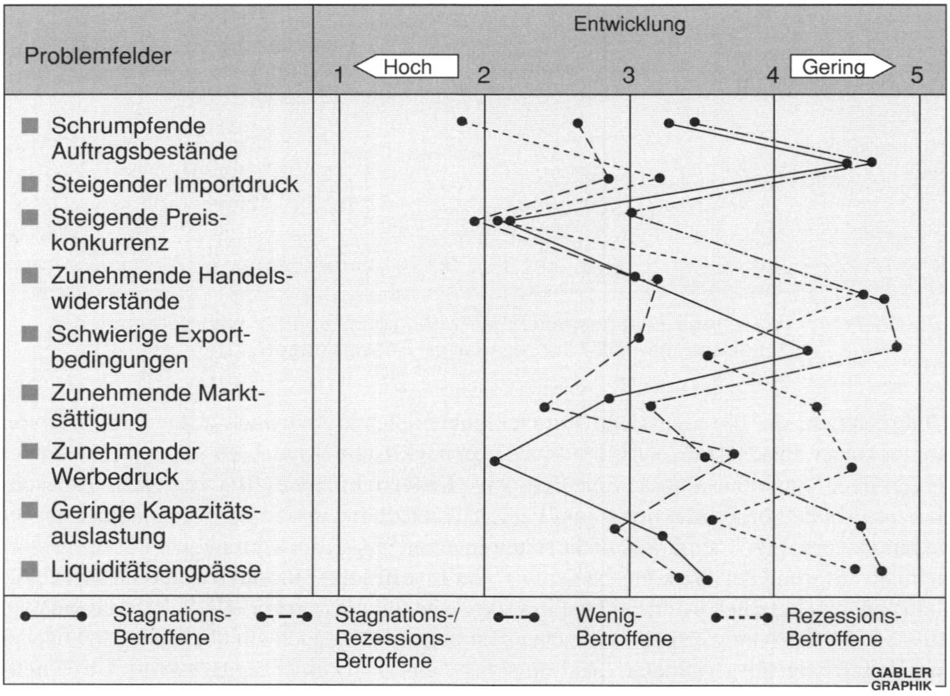

Abbildung 2: Problemfelder der Betroffenheitscluster in der Rezession

Von den **„Rezessions-Betroffenen"** werden der deutliche Rückgang der Auftragsbestände und der daraus resultierende Anstieg der Preiskonkurrenz als zentrale Herausforderungen der aktuellen Wirtschaftslage eingeschätzt. Zahlreiche Unternehmen dieses Clusters stellen Investitionsgüterhersteller mittlerer Größe dar, die 1992 einen Jahresumsatz von

10–100 Mio. DM realisierten und aus den Bereichen Kunststoff, Gummi, Asbest bzw. Stahl-, Maschinen- und Fahrzeugbau sowie Metallerzeugung und -verarbeitung stammen.

Im Vergleich zu den „Rezessions-Betroffenen" werden die **„Stagnations-Betroffenen"** primär mit einer zunehmenden Marktsättigung, wachsenden Handelswiderständen und einem erheblich gestiegenen Werbedruck konfrontiert. Dies bewirkt eine Intensivierung des Preiswettbewerbs vor allem zwischen Konsumgüterherstellern aus dem Nahrungs- und Genußmittelbereich einerseits und zwischen Dienstleistungsanbietern andererseits. In dieser Betroffenheitsgruppe sind eher Großunternehmen vertreten, die einen Gesamtumsatz von über 100 Mio. DM im Jahr 1992 erzielen.

Für die **„Stagnations-/Rezessions-Betroffenen"** treffen fast alle Probleme der aktuellen Wirtschaftssituation zu. So werden die Auftragslage, die Kapazitätsauslastung und das Marktpotential besonders negativ beurteilt und die steigende Preiskonkurrenz sowie der wachsende Importdruck durch ausländische Wettbewerber als intensive Bedrohung wahrgenommen. Bei den „Stagnations-/Rezessions-Betroffenen" handelt es sich überwiegend um mittelgroße Unternehmen, die im Stahl-, Maschinen- und Fahrzeugbau, in der Elektrotechnik-, Feinmechanikbranche, im Bereich Holz, Papier, Druck oder Leder, Textil, Bekleidung tätig sind.

Dem letzten Cluster gehören Unternehmen an, die von der gegenwärtigen Konjunkturlage am geringsten negativ beeinflußt sind. Als Hauptproblem der aktuellen Rezession wird der zunehmende Preiswettbewerb eingeschätzt, wenn auch im Vergleich zu den übrigen Betroffenheitsgruppen in deutlich schwächerem Maße. Die Mehrzahl der **„Wenig-Betroffenen"** umfaßt Unternehmen aus dem Dienstleistungssektor, dem Handelsbereich sowie dem Baugewerbe.

3.2 Strategisches Unternehmensverhalten in der Rezession

Bei einem Vergleich der von den Unternehmen vor bzw. in der Rezession verfolgten Marketingstrategien ist zu erkennen, daß grundsätzlich kein Strategiewechsel erfolgt, dafür aber Strategieanpassungen vorgenommen werden. Eine nähere Untersuchung der einzelnen Betroffenheitscluster macht einige Unterschiede in der rezessionsbedingten Anpassung der Marketingstrategien deutlich.

Die **„Rezessions-Betroffenen"** reagieren auf die schwache konjukturelle Wirtschaftslage mit der stärkeren Verfolgung einer Niedrigpreisstrategie, einer auf bestimmte Geschäftsbereiche ausgerichteten Schrumpfungsstrategie und einer Kooperationsstrategie (vgl. Abbildung 3). Hierbei ist eine ausgeprägte Preisorientierung darauf ausgerichtet, die Nachfrage nach den angebotenen Produktleistungen kurzfristig zu beleben. Bei der Schrumpfungsstrategie wird von den „Rezessions-Betroffenen“ ein Austritt aus den Absatzmärkten vollzogen, in denen eine geringe Wettbewerbsfähigkeit besteht. Darüber hinaus versuchen vor allem Stahl-, Maschinen- und Fahrzeugbauer sowie Unternehmen der Metallerzeugung und -verarbeitung ihre Wettbewerbsposition durch die Bildung strategischer F&E-, Produktions- und Vertriebskooperationen langfristig zu stärken.

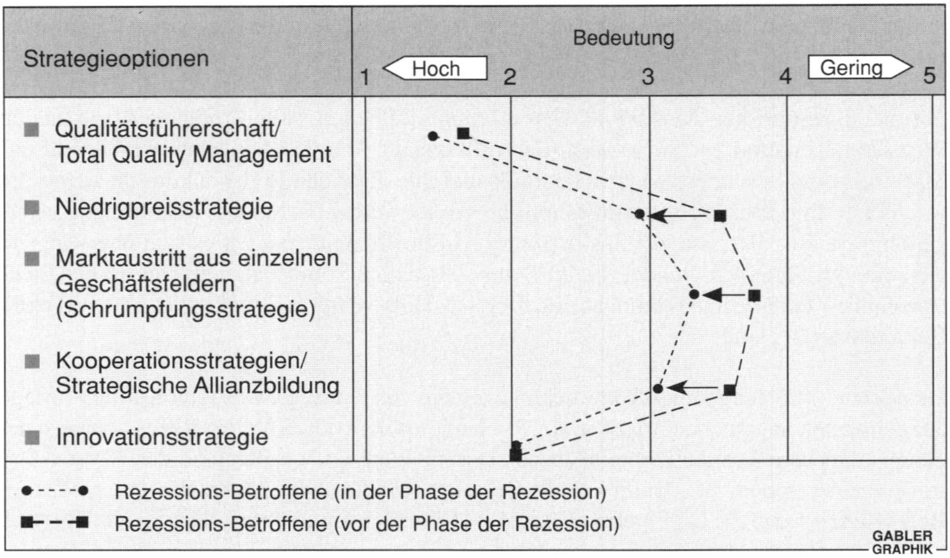

Abbildung 3: Strategieanpassung bei den „Rezessions-Betroffenen“ in der Rezession

In der Gruppe der **„Stagnations-Betroffenen“** richten sich die Strategieanpassungen bei den Nahrungs- und Genußmittelherstellern primär auf die Intensivierung von Kooperationen mit dem Handel und den Aufbau von strategischen Allianzen im Vertrieb (vgl. Abbildung 4). Hierdurch sollen die Handelswiderstände verringert und die Position am Point of Sale gestärkt werden, um die bestehenden Absatzmärkte effizienter bearbeiten zu können. Die zu dieser Betroffenheitsgruppe gehörenden Dienstleistungsanbieter beabsichtigen, mit der Bildung von strategischen Allianzen die Cross-Selling-Potentiale bei den vorhandenen Kundengruppen besser auszuschöpfen. Darüber hinaus kann ein selektiver Marktaustritt aus einzelnen Geschäftsfeldern vor allem von Dienstleistern aufgrund der in diesem Bereich vergleichsweise geringen Kapitalbindung relativ leicht durchgeführt werden.

In der aktuellen Rezession legen die **„Stagnations-/Rezessions-Betroffenen“** einen besonderen Stellenwert auf die Forcierung von Niedrigpreis- und Schrumpfungsstrategien (vgl. Abbildung 5). Im ersten Fall versuchen insbesondere Unternehmen aus den Bereichen Elektrotechnik und Feinmechanik sowie Leder, Textil und Bekleidung ihre Stellung im Markt zu behaupten, indem die von den ausländischen Konkurrenten aufgebauten Preis-

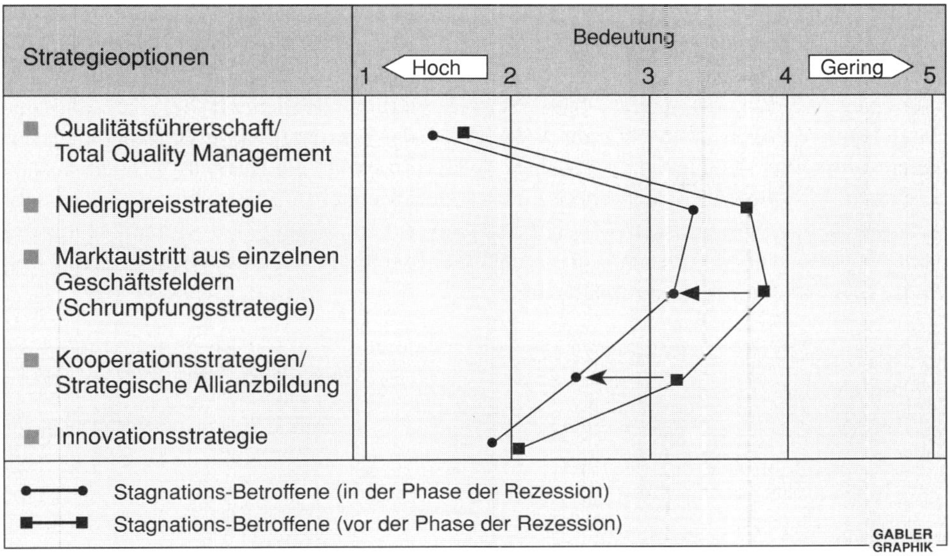

Abbildung 4: Strategieanpassung bei den „Stagnations-Betroffenen" in der Rezession

vorteile verringert werden. Bei einer schwachen Markt- bzw. Wettbewerbsposition werden im zweiten Fall die strategischen Konsequenzen gezogen und ein selektiver Marktaustritt durchgeführt.

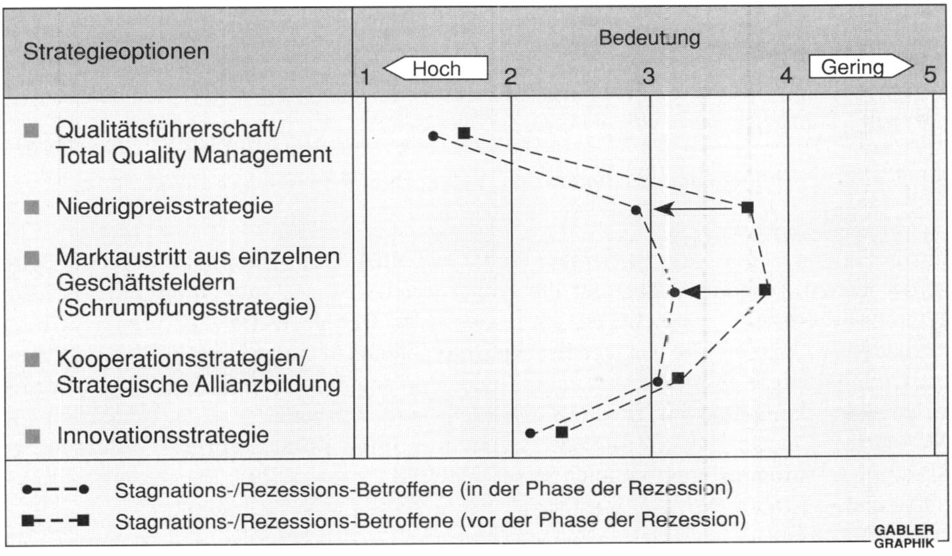

Abbildung 5: Strategieanpassung bei den „Stagnations-/Rezessions-Betroffenen" in der Rezession

Für die **„Wenig-Betroffenen"** gewinnen Marketingstrategien zur Qualitätverbesserung der Produktleistungen, Niedrigpreis- und Schrumpfungsstrategien sowie Unternehmensstrategien zur Intensivierung von Kooperationen gleichermaßen an Bedeutung (vgl. Abbildung 6). Die stärkere Qualitäts- bzw. Preisorientierung vor allem von Service-, Bau- und Handelsunternehmen ist hierbei als Antwort auf das preisaggressive Unternehmensverhalten zahlreicher Konkurrenten zu sehen. Weiterhin erfolgt ein Rückzug aus den Absatzbereichen, in denen die Unternehmen dieses Betroffenheitsclusters über eine schwache Wettbewerbsposition verfügen. Zudem werden von den „Wenig-Betroffenen" Unternehmenskooperationen favorisiert, um vorhandene Synergien oder bestehende Verbundeffekte zwischen den Kundengruppen zu nutzen.

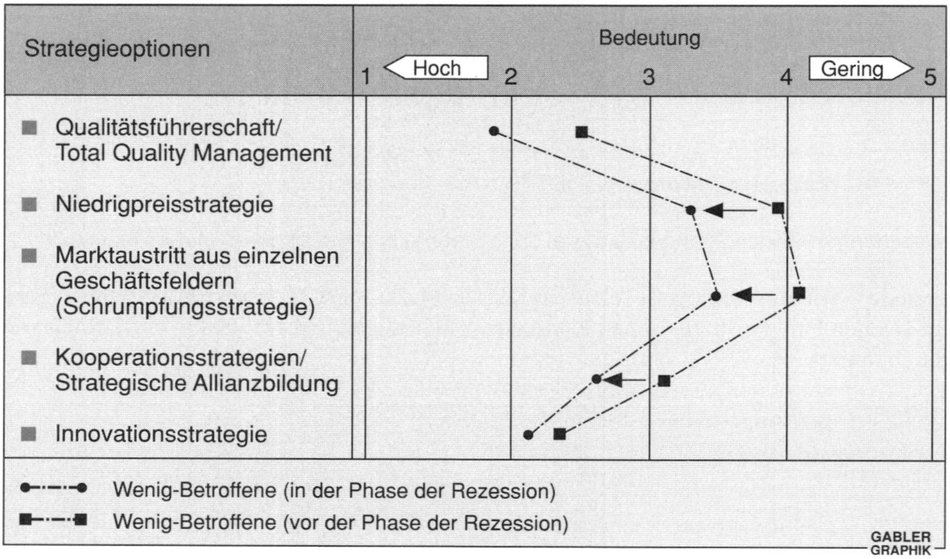

Abbildung 6: Strategieanpassung bei den „Wenig-Betroffenen" in der Rezession

Im Zusammenhang mit der Festlegung der strategischen Stoßrichtung im Marketing wird in der letzten Zeit immer häufiger die Frage gestellt, ob der Aufbau eindimensionaler Wettbewerbsvorteile ausreicht, um eine dauerhafte Erfolgsposition im Wettbewerb sicherstellen zu können. Die von japanischen Unternehmen in vielen Produktbereichen, z. B. der Unterhaltungselektronik-, Automobil- und Werkzeugmaschinenindustrie, gleichzeitig aufgebauten komparativen Qualitäts-, Kosten- und Zeitvorteile zeigen, daß sich die Markterfolge in der Zukunft nur noch durch eine **Integration mehrerer strategischer Wettbewerbsdimensionen** erzielen lassen (Meffert 1991a, S. 29 f.; Berger, Hirschbach 1993, S. 130 ff.).

Bei einer Untersuchung der in den unterschiedlichen Betroffenheitsgruppen gewählten **Strategiekombinationen** fällt auf, daß die **„Rezessions-Betroffenen"** primär auf der Basis von Unternehmenskooperationen versuchen, die Qualität bestehender Produkte zu verbessern und innovative Produktleistungen zu entwickeln.

Unternehmen, die als **„Stagnations-Betroffene"** zu kennzeichnen sind, führen einen selektiven Austritt aus wenig attraktiven Absatzmärkten durch und intensivieren parallel produkt- bzw. prozeßbezogene Innovationsvorhaben in den restlichen Geschäftsfeldern.

Im Vergleich zu den „Rezessions-Betroffenen" werden von den **„Stagnations-/ Rezessions-Betroffenen"** Kooperationsstrategien mit einem Total Quality Management und einer innovationsorientierten Strategieausrichtung in deutlich stärkerem Ausmaß miteinander verbunden. Darüber hinaus streben die Unternehmen dieses Betroffenheitsclusters nach einer gleichzeitigen Erreichung von Qualitäts- und Innovationsvorteilen.

Bei den **„Wenig-Betroffenen"** werden vergleichsweise häufig preisaggressive Marketingstrategien mit einer qualitäts- und innovationsorientierten strategischen Stoßrichtung i.S. eines „Time-Cost-Quality Leadership" kombiniert, da diese Strategiedimensionen hohe Differenzierungspotentiale im Wettbewerb aufweisen.

3.3 Operatives Unternehmensverhalten in der Rezession

Die Analyse des operativen Unternehmensverhaltens zeigt die in der Abbildung 7 dargestellten **Anpassungsmaßnahmen** in der Rezession.

92 % der von der schlechten Wirtschaftslage betroffenen Unternehmen versprechen sich von Kostensenkungs- bzw. Rationalisierungsmaßnahmen den größten Erfolg. Dahinter steht der Gedanke, daß ein konsequentes **Ausschöpfen der Kostensenkungspotentiale** im Beschaffungs-, Produktions- und Absatzbereich zu einer schnellen Verbesserung der Gewinnsituation führt. Deshalb werden auch bei 65 % aller Unternehmen Hierarchiestufen und Stabsabteilungen im Management abgebaut („Lean-Organization") und bei 60 % der Unternehmen die vorhandenen Produktsortimente bereinigt. In diesem Zusammenhang ist jedoch vor ad hoc durchgeführten Kostensenkungsprogrammen zu warnen, die zwar kurzfristig die Unternehmensliquidität erhöhen, dafür aber langfristig zu einer Produktivitäts- und Rentabilitätsabnahme (Stagnationsspirale) und zu einem Verlust von Differenzierungspotentialen führen können.

Darüber hinaus wird deutlich, daß vor allem eine Qualitätsverbesserung, eine Intensivierung der Innovationstätigkeit, eine Verbesserung des Kundenservice sowie Kundenbindungsaktivitäten als wirksame Maßnahmen zur Bewältigung der aktuellen Rezession gesehen werden. Diese **markt- bzw. kundenorientierten Unternehmensaktivitäten** zielen primär darauf ab, den langfristigen Markterfolg durch eine verbesserte Bedürfnisbefriedigung und eine stärkere Differenzierung gegenüber den Wettbewerbern zu sichern.

Abbildung 7: Durchgeführte Anpassungsmaßnahmen von den Unternehmen in der Rezession

Der Notwendigkeit einer **Langfristorientierung** der Geschäftspolitik in der Rezession wird von einem Großteil der befragten Unternehmen durch die starke Qualitäts-, Service- und Innovationsorientierung in den Marketingmaßnahmen und den Aufbau neuer Absatzwege Rechnung getragen. Dennoch läßt die überwiegend hohe Bedeutung von **kurzfristigen, aggressiven Marketingaktivitäten**, wie die Intensivierung des operativen Marketing, die Verstärkung der Direktkommunikation, die Schaffung zusätzlicher „Incentives" und die Forcierung preispolitischer Maßnahmen sowie ein straffeer Führungsstil darauf schließen, daß viele Unternehmen noch über keine „echten" strategischen Lösungskonzepte in der Rezession verfügen. Für die Unternehmen ergibt sich hierbei die Gefahr, daß das aggressive Unternehmensverhalten nur vorübergehend zu einer Marktanteilsstabilisierung führt, langfristig jedoch eine dauerhafte Abnahme der Branchenrendite einsetzt. Anstelle einer „try harder the same"-Mentalität der Unternehmen ist deshalb eher eine strategische Umorientierung in den rezessionsbetroffenen Geschäftsfeldern i.S. eines „try something different" erforderlich.

Bei einer Betrachtung der in der Rezession eingesetzten Marketingmaßnahmen fällt weiterhin auf, daß nur relativ **wenige Unternehmen** mit dem Handel kooperieren, auf andere Märkte ausweichen, Allianzen mit Wettbewerbern bilden oder bestehende Produktionsprozesse durch „Outsourcing" auslagern. Als ein Grund hierfür läßt sich anführen, daß die genannten Aktivitäten bei Unternehmen, die in diesen Gebieten bisher über wenig Erfahrung verfügen, i.d.R. nicht innerhalb weniger Monate erfolgreich geplant und durchgeführt werden können. Darüber hinaus stehen manche Unternehmen einer engen vertikalen bzw. horizontalen Zusammenarbeit mit anderen Firmen und einem intensiven „Outsourcing" aus der Sorge, unternehmensspezifische Kernkompetenzen und wichtige Differenzierungspotentiale verlieren zu können, noch skeptisch gegenüber. Lediglich 34 % der befragten Unternehmen halten die Einbeziehung von Unternehmensberatungen für wichtig, was ein Indiz dafür ist, daß die aktuellen wirtschaftlichen Probleme eher als unternehmensextern bedingt gesehen werden. Letztlich weist die Mehrheit der Unternehmen einer Erhöhung der Kommunikationsaufwendungen, einer verstärkten informativen Werbung und einer Intensivierung der Absatzfinanzierung eine relativ geringe Bedeutung zu.

Eine differenzierte Untersuchung der von den einzelnen Betroffenheitsgruppen in der Rezession durchgeführten Aktivitäten zeigt, daß deutliche Unterschiede in der Gestaltung der Anpassungsmaßnahmen bestehen (vgl. Abbildung 8).

Im Cluster der **„Rezessions-Betroffenen"** kommt die starke Qualitäts- und Innovationsorientierung der Marketingstrategien auch im operativen Unternehmensverhalten zum Ausdruck. So werden von diesen Unternehmen insbesondere Maßnahmen zur Verbesserung der Produktqualität und Intensivierung der Innovationstätigkeit ergriffen. Zudem versuchen die „Rezessions-Betroffenen" ihre angespannte Gewinnsituation mit der Realisierung von Kostensenkungsmaßnahmen und ertragssteigernden Kundenbindungsaktivitäten zu entlasten.

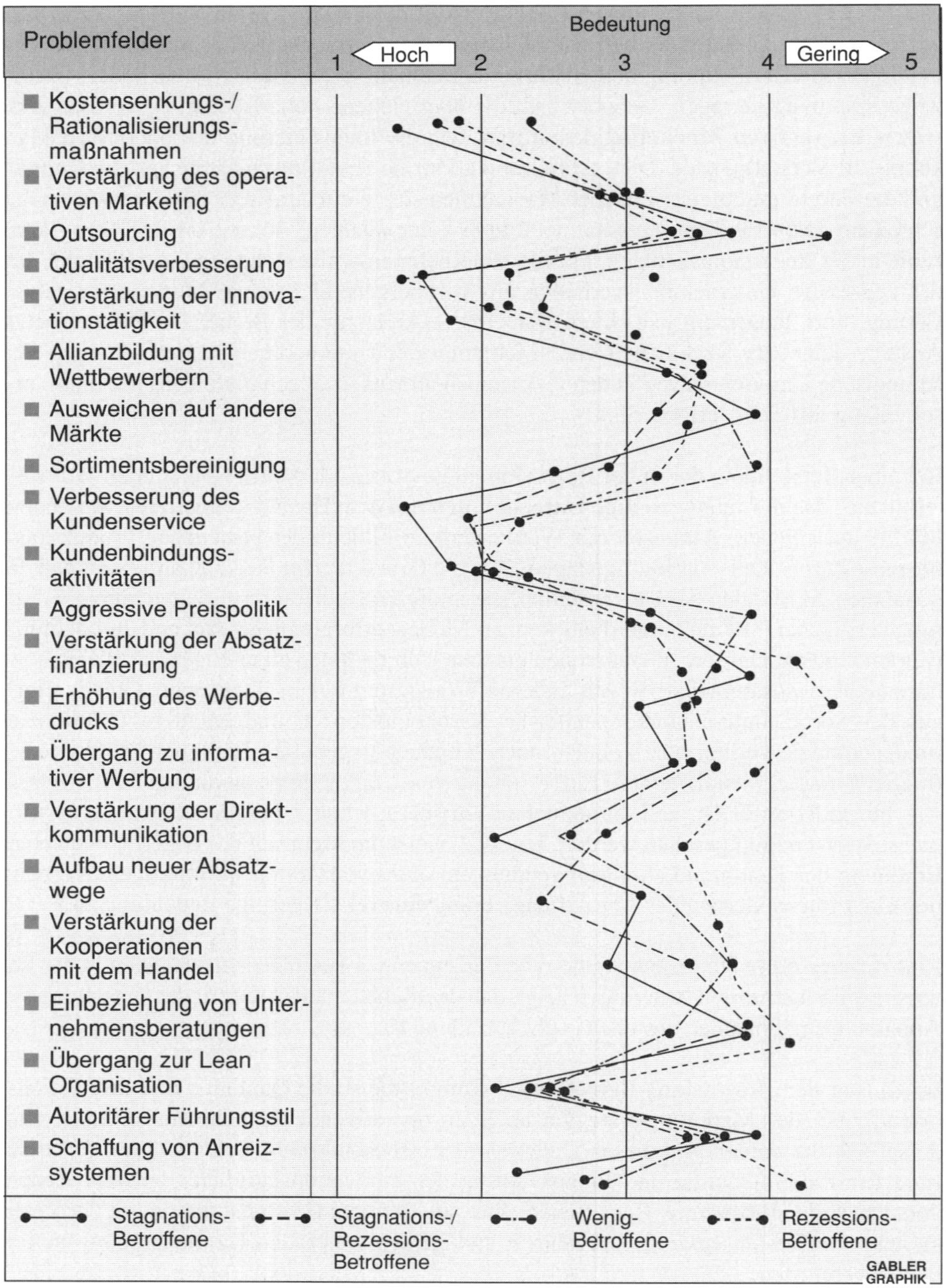

Abbildung 8: Bedeutung der Anpassungsmaßnahmen für die Betroffenheitscluster in der Rezession

Bei den **„Stagnations-Betroffenen“** bilden produkt-, prozeß- und strukturbezogene Kosteneinsparungsprogramme, die sich in Rationalisierungsanstrengungen, der Bereinigung bestehender Produktsortimente und der Implementierung von „Lean Organization“-Konzepten niederschlagen, einen wesentlichen Verhaltensschwerpunkt. Von den Unternehmen dieser Betroffenheitsgruppe werden außerdem qualitäts- bzw innovationsspezifische Anpassungsmaßnahmen vorgenommen. Darüber hinaus legen vor allem Konsumgüterhersteller aus dem Nahrungs- und Genußmittelbereich einen hohen Stellenwert auf die Bildung von Handelskooperationen, die Steigerung des Werbedrucks und die Gewährung zusätzlicher „Incentives“ im Vertrieb. Demgegenüber konzentrieren sich die Dienstleistungsanbieter aus diesem Cluster eher auf die Erhöhung des Kundenservice sowie den verstärkten Einsatz von Kundenbindungsmaßnahmen und Kommunikationsformen der direkten Kundenansprache.

Von den **„Stagnations-/Rezessions-Betroffenen“** werden primär Unternehmensaktivitäten zur Kostensenkung und Serviceverbesserung als erfolgversprechend eingeschätzt. Im Vergleich zu den übrigen Unternehmensgruppen favorisieren die „Stagnations-/Rezessions-Betroffenen“ in stärkerem Maße ein operatives Marketing, verbunden mit einer aggressiven Preispolitik und Maßnahmen der Absatzfinanzierung. Hierdurch sollen in den vorhandenen Absatzmärkten rezessionsbedingte Kaufwiderstände abgebaut und die Kundennachfrage positiv stimuliert werden. Mit der Zielsetzung einer stärkeren Risikostreuung versuchen Unternehmen dieses Betroffenheitsclusters vergleichsweise häufig auf weniger wettbewerbsintensive Absatzbereiche auszuweichen und neue Absatzwege zu erschließen.

Unternehmen, die der Gruppe der **„Wenig-Betroffenen“** angehören, stellen abnehmergerichtete Marketingmaßnahmen in den Vordergrund. Hierbei werden vor allem Aktivitäten zur Steigerung des Kundenservice, Verstärkung der Direktkommunikation und Kundenbindungsmaßnahmen durchgeführt.

3.4 Barrieren bei der Maßnahmenumsetzung in der Rezession

In den empirischen Auswertungen wurde außerdem untersucht, welche **Probleme der Maßnahmendurchführung** in der Rezession entgegenstehen. In diesem Zusammenhang war festzustellen, daß die Mehrzahl der befragten Unternehmen die Wettbewerbsintensität in den Absatzmärkten als primäres Hindernis wahrnimmt. Bei näherer Betrachtung wird eine unterschiedliche Einschätzung zwischen den Betroffenheitsgruppen im Hinblick auf die relevanten Barrieren bei der Durchführung von Marketingaktivitäten in der Rezession deutlich (vgl. Abbildung 9).

Von den **„Rezessions-Betroffenen“** wird die Reaktion der Konkurrenten auf das Unternehmensverhalten in den Absatzmärkten als zentrales Problem bei der Implementierung von Maßnahmen eingeschätzt.

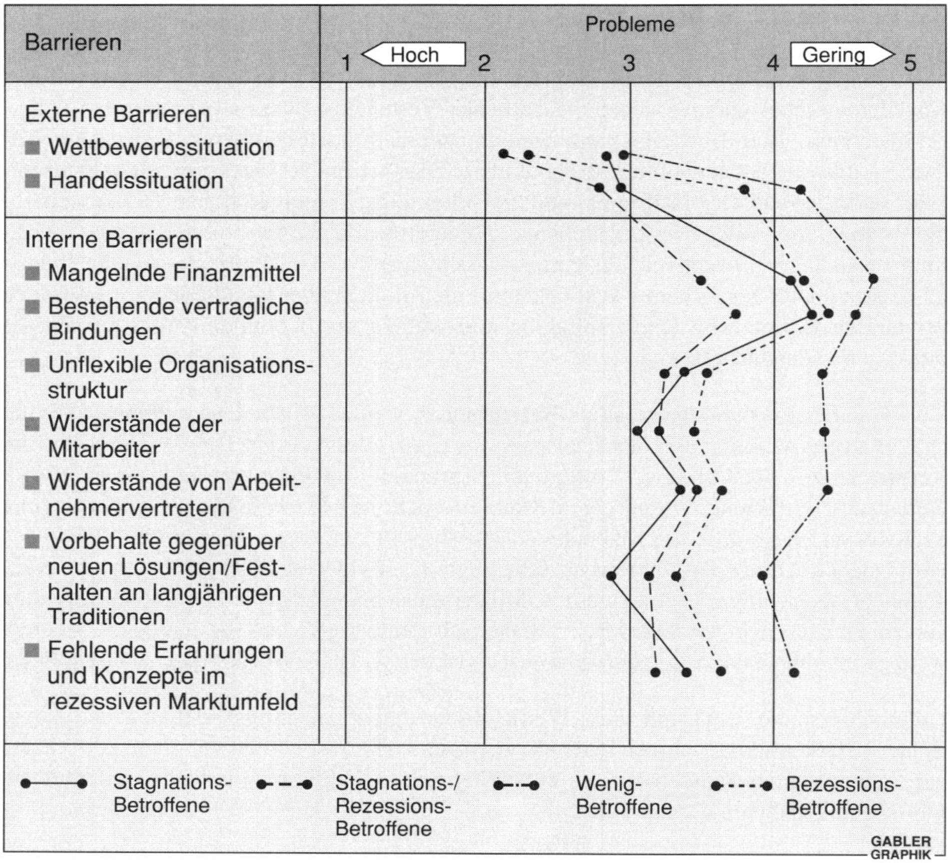

Abbildung 9: Barrieren der Maßnahmenumsetzung für die Betroffenheitscluster in der Rezession

Für die **„Stagnations-Betroffenen"** stellen insbesondere die Wettbewerbs- und Handelssituation, unternehmensinterne Vorbehalte gegenüber neuen Lösungswegen, fehlende Erfahrungen in der Rezession sowie Widerstände von Mitarbeitern und Gewerkschaften wesentliche Hindernisse dar.

Die **„Stagnations-/Rezessions-Betroffenen"** sehen vor allem in den Aktivitäten der Wettbewerber, den bestehenden vertraglichen Bindungen, den begrenzten Finanzmitteln und den mangelnden Unternehmenserfahrungen starke Hemmnisse der Maßnahmenumsetzung in rezessiven Märkten.

Unternehmen aus der Gruppe der **„Wenig-Betroffenen"** sehen lediglich die hohe Wettbewerbsintensität als wichtige Barriere bei der Durchführung von Anpassungsmaßnahmen in der Rezession an.

3.5 Implikationen für die marktorientierte Unternehmensführung in der Rezession

Auf Grundlage der vorliegenden Untersuchungsergebnisse und Erkenntnissen aus empirischen Forschungen zum Unternehmensverhalten in rezessiven Märkten lassen sich weiterhin einige Implikationen für die **Gestaltung des strategischen und operativen Marketing** ableiten (Meffert, Walters 1984, S. 148 ff.; Bühner 1993, S. 21 ff.; Lettau 1993, S. 340 ff.).

Im Rahmen der **Produktpolitik** ist die Intensivierung und Beschleunigung antizyklischer Innovationen i.S. echter Produktneuheiten zur Sicherung von langfristigen Wettbewerbsvorteilen notwendig (o.V. 1993d, S. 12 ff.). Hierbei sind rezessionsbedingte Veränderungen der Konsumentenerwartungen, z.B. bezüglich der Langlebigkeit und Wirtschaftlichkeit von Produktleistungen, zu antizipieren. Darüber hinaus können kurzfristige Produktvariationen zu einer Senkung des Preisdrucks und zu einer Absatzstabilisierung beitragen. Einsparungspotentiale ergeben sich insbesondere durch eine umfassende Überprüfung des Produktprogramms hinsichtlich unrentabler, eliminierungsverdächtiger Produkte.

Durch das Angebot zusätzlicher, in Umfang und Intensität auf das Produktkonzept abgestimmter Serviceleistungen kann die Preis- und Kaufbereitschaft der Konsumenten erhöht werden. Der Einsatz von **Servicemaßnahmen** dient hierbei ebenfalls einer Steigerung der Kundenkontakte und einer Verstärkung der Kundenbindung, wodurch die Wiederkaufrate erhöht und damit die Gewinnsituation der Unternehmen nachhaltig verbessert werden kann.

Eine kontinuierliche **Markenführung** trägt auch in der Rezession maßgeblich zur Profilierung der angebotenen Produktleistungen auf der Konsumenten- und Handelsseite sowie zur Differenzierung des Angebots im Wettbewerb bei. In diesem Zusammenhang sind vor allem handelsgerichtete Kooperationsmaßnahmen i.S. individueller Vermarktungskonzepte zur vertikalen Markenstärkung durchzuführen. Durch die gezielte Reduktion von Verpackungsmaterialien lassen sich zudem Kosteneinsparungen und ggf. „Öko-Vorteile" realisieren. Darüber hinaus ist zu prüfen, ob mit der Produktion von Handelsmarken eine bessere Auslastung der Produktionskapazitäten erreicht werden kann und hierdurch die Stellung der Herstellermarken im vertikalen System nicht gefährdet wird (Meffert 1991b, S. 264 f.).

Im Hinblick auf die **Kontrahierungspolitik** ist hervorzuheben, daß zu schnell vorgenommene Preissenkungen keinen Ausweg aus der Rezession darstellen, da sie häufig zu einem nicht mehr revidierbaren Preis- und Renditeverfall in den Absatzmärkten führen. Vielmehr sollten konditionen- und absatzkreditpolitische Maßnahmen eingesetzt werden, um den zeitlich begrenzten, rezessionsbedingten Kaufkraftverlust zu überbrücken und die Kaufzurückhaltung der Konsumenten zu verringern (Marn, Rosiello 1993, S. 46 ff.).

Innerhalb der **Distributionspolitik** ist das operative Unternehmensverhalten primär auf die Gestaltung der Absatzlogistik und des Vertriebssystems gerichtet. Die Entscheidungen in der Logistik bewegen sich im Spannungsfeld zwischen einer hohen Zentralisation durch Integration von logistischen Teilfunktionen und einer verstärkten Dezentralisation durch ein „Outsourcing" z. B. von Lagerhaltungs- und Speditionsleistungen (Hanser 1993, S. 35 ff.). Die Eignung der Anpassungsmaßnahmen in der Absatzlogistik hängt dabei aufgrund ihres Langzeitcharakters von der Dauer der Rezession ab. Für eine kurzfristige Verbesserung der Unternehmenssituation können deshalb eher vertriebspolitische Maßnahmen wie die Beschränkung von Reise-, Schulungs- und Trainingskosten, die Senkung administrativer Aufwendungen im Vertrieb sowie Anpassungen in den Vergütungs- und Anreizsystemen durchgeführt werden (Münzberg 1992, S. 42 ff.).

In der **Kommunikationspolitik** ist gerade in rezessiven Zeiten ein antizyklisches Verhalten der Unternehmen notwendig, das sich in einem gleichbleibenden oder sogar steigenden Kommunikationsbudget niederschlagen sollte (Wever 1993, S. 41 ff.). Der Schwerpunkt der Kommunikationsmaßnahmen liegt hierbei auf dem Einsatz klassischer Werbeinstrumente bei gleichzeitiger Verstärkung von Kommunikationsformen der direkten Kundenansprache. Im Verlauf der Rezession sollten die Kommunikationsausgaben für die Verkaufsförderung, den persönlichen Verkauf und die Direktkommunikation zunehmen, während bei der Öffentlichkeitsarbeit und dem Sponsoring eher Etatkürzungen naheliegen. In diesem Zusammenhang bieten eine verstärkte zeitliche Integration der Kommunikationsinstrumente und der Einsatz integrierter Budgetierungsmethoden die Möglichkeit, Synergien zu nutzen und die Effizienz in der Kommunikation zu steigern (Bruhn 1992).

Darüber hinaus verlangt die schwache gesamtwirtschaftliche Konjunktur eine Anpassung der **Werbeinhalte.** Im Gegensatz zur Botschaftsgestaltung Ende der 80er und zu Beginn der 90er Jahre, in der noch eine deutliche Image- und Life-Style-Orientierung vorherrschte, werden zukünftig stärker Werbeaussagen in den Vordergrund treten, die den konkreten produktbezogenen, funktionalen und ökologischen Grund- und Zusatznutzen i.S. eines „the product is the hero" hervorheben (Schmid-Preissler 1993, S. 7). Durch den Aufbau klarer innerer Bilder, die Konzentration auf eher rationale, die spezifische Kompetenz des Unternehmens betonende Argumente, den weitgehenden Verzicht auf Luxus sowie eine starke Qualitäts- statt Preisorientierung gilt es hierbei, die Kommunikation „auf den Punkt zu bringen".

Zusammenfassend bleibt festzuhalten, daß die Probleme in rezessionsbedingt engen Märkten nicht durch defensive oder aggressive Verhaltensweisen im Marketing gelöst werden können. Vielmehr sind die Unternehmen in der Rezession aufgefordert, sich im Rahmen eines **offensiven, strategischen Rezessionsmarketing** auf ihre ureigenen marktbezogenen Kompetenzbereiche zu konzentrieren und gegenüber den Konkurrenten zu verteidigen. Insbesondere der Aufbau komparativer Qualitäts- und Innovationsvorteile, ein strategisches Kundenbindungsmanagement und die Erhöhung des Serviceanteils am Gesamtgeschäft tragen zur Sicherung eines dauerhaften Markterfolges bei (Bösenberg 1992, S. 135 ff.; Berger, Hirschbach 1993, S. 130 ff.; Seghezzi 1993, S. 130 ff.).

Neben der Forderung nach einer stärker langfristigen Orientierung im Marketing besteht die Notwendigkeit, die **Handlungsflexiblität** in den Unternehmen zu erhöhen. Hierzu bieten sich vor allem der Einsatz von Frühwarnsystemen, die Implementierung flexibler Fertigungssysteme, die Schaffung kleiner, reaktionsschneller Organisationseinheiten sowie der Abbau von Formalisierung und Zentralisierung an (Stock 1993, S. 14 ff.; Brixle, Haag 1993, S. 26 ff.; Dernbach 1993, S. 11 ff.). Letztlich ist die Rezession auch als Chance zu verstehen, sich verstärkt mit neuen, unkonventionellen Ideen zur Steigerung der Effizienz im Unternehmen zu beschäftigen.

Literaturhinweise

Berger, R., Hirschbach, O. (1993): „Time-Cost-Quality Leadership“, in: Qualitätsstrategien: Anforderungen an das Management der Zukunft, Hrsg.: Seghezzi, H.D., Hansen, J.R., München 1993, S. 129-147.

Bösenberg, D., Metzen, H. (1992): Lean Management, Vorsprung durch schlanke Konzepte, Landsberg a.L. 1992.

Bühner, R. (1993): Das Management-Wert-Konzept: Finanzwirtschaftliche Performance strategischer Maßnahmen im Turnaround-Management, in: Turnaround-Management: Finanzielle und strategische Werkzeuge der Restrukturierung, Hrsg.: Coenenberg, A.D., Fischer, Th.M., Stuttgart 1993, S. 13-25.

Bruhn, M. (1992): Integrierte Unternehmenskommunikation, Stuttgart 1992.

Brixle, M., Haag, T. (1993): Strategische Früherkennung als Beitrag zur Erschließung neuer Märkte, in: Marktforschung und Management, Nr. 1, 1993, S. 26-30.

Cool, K., Dierickx I. (1993): Rivalry, strategic groups and firm profitability, in: Strategic Management Journal, Vol. 14, 1993, S. 47-59.

Dernbach, W. (1993): Warum Sie die Rezession für eine grundlegende Restrukturierung ihrer Informatik nutzen sollten, in: Kompetenz, Nr. 21, 1993, S. 11-20.

Ericson, A. (1980): Stagnation, Crisis, and Development. Strategies and Development Process in Swedish Textile and Clothing Firms, Working Paper, Gothenburg 1980.

Ghemawat, P. (1993): The risk of not investing in a recession, in: Sloan Management Review, Winter 1993, S. 51-58.

Hanser, P. (1993): Marketing-Outsourcing, Schlankheitskur mit Risiko, in: Absatzwirtschaft, Nr. 8, 1993, S. 34-39.

Julitz, L. (1993): Hoffnungswert Export, in: FAZ vom 06.05.1993, S. 1.

Leibfritz, W., Nierhaus, W. (1992), Ist die westdeutsche Wirtschaft in einer Rezession?, in: ifo-Schnelldienst, Nr. 6, 1992, S. 3 ff.

Lettau, H.-G. (1993): Marketing und Vertrieb in schwierigen Zeiten, in: Marketing Journal, Nr. 4, 1993, S. 340-347.

Marn, M.V., Rosiello, R.L. (1993): Balanceakt auf der Preistreppe, in: Harvard Business manager, Nr. 2, 1993, S. 46-56.

Meffert, H. (1983): Strategische Planungskonzepte in stagnierenden und gesättigten Märkten, in: Die Betriebswirtschaft, Nr. 2, 1983, S. 193-209.

Meffert, H. (1991a): Erfolgreiches Marketing in den neunziger Jahren, in: Marketing im Umbruch – Chancen und Gefahren für den Unternehmer, Referate anläßlich der Dolder-Tagung vom 23. Mai 1991, Zürich 1991, S. 7-43.

Meffert, H. (1991b): Herausforderungen an die Markenführung in den 90er Jahren, in: Markenartikel, Nr. 6, 1991, S. 264-265 f.

Meffert, H., Walters, M. (1984): Anpassung des absatzwirtschaftlichen Instrumentariums in stagnierenden und schrumpfenden Märkten, in: Betriebswirtschaftslehre und ökonomische Krise, Hrsg.: Staehle, W.H., Stoll, E., Wiesbaden 1984, S. 141-160.

Meffert, H., Müller, N. (1993): Marktorientierte Unternehmensführung in der Rezession – Ergebnisse einer empirischen Untersuchung, Arbeitspapier Nr. 81 der Wissenschaftlichen Gesellschaft für Marketing und Unternehmensführung e.V., Hrsg.: Meffert, H., Wagner, H., Backhaus, K., Münster 1993.

Münzberg, H. (1992): Same procedure as every year?, in: Absatzwirtschaft, Nr. 10, 1992, S. 42-49.

o.V. (1993a), Manager: Unternehmenslage gut, in: FAZ vom 07.06.1993, S. 15.

o.V. (1993b), IFO: Der Arbeitsmarkt wird sich trotz wirtschaftlicher Erholung auch 1994 verschlechtern, in: Handelsblatt vom 05.08.1993, S. 5.

o.V. (1993c), Konsumklima: GfK-Index im Juli wieder gesunken. Sparbeschlüsse trüben die Kauflaune der Verbraucher, in: Handelsblatt vom 30.08.1993, S. 19.

o.V. (1993d): Mit schnellen Neuerungen durch die Rezession spurten, in: Werben & Verkaufen, Nr. 21, 1993, S. 12-15.

Rohlmann, P. (1977): Marketing in der Rezession, Wiesbaden 1977.

Seghezzi, H.D. (1993): Konzepte, Strategien und Systeme qualitätsorientierter Unternehmen, in: Qualitätsstrategien: Anforderungen an das Management der Zukunft, Hrsg.: Seghezzi, H.D., Hansen, J.R., München 1993, S. 130 ff.

Schmid-Preissler, F.M. (1993): Abschied vom Lifestyle, „Innere Werte" prägen Käufer der Zukunft, in: Blick durch die Wirtschaft vom 25.06.1993, S. 7.

Scholz, Chr. (1984): Strategisches Rezessionsmanagement, in: Harvard manager, Nr. 1, 1984, S. 16-28.

Stock, K. (1993): Quantitative Frühindikatoren für die betriebliche Absatzentwicklung, in: ifo-Schnelldienst, Nr. 22, 1993, S. 14-19.

Wever, U.A. (1993): Rezession – Chance für die Kommunikation, in: Werben & Verkaufen, Nr. 10, 1993, S. 41-44.

4. Strategien auf globalen Märkten

4.1 Einführung in die Problemstellung

Seit Beginn der 80er Jahre läßt sich eine zunehmende Dynamik im internationalen Wettbewerb beobachten, die mit dem Stichwort „Globalisierung“ umschrieben wird. Dabei hat insbesondere der 1983 erschienene Beitrag von Levitt zur „Globalisierung der Märkte“ kontroverse Diskussionen über die zweckmäßige Internationalisierung von Unternehmen ausgelöst. Im Mittelpunkt dieser Debatte standen zunächst vor allem die Extremtypen des globalen bzw. lokalen Management. Inzwischen wird die Frage nach der Globalisierung der Unternehmenstätigkeit in Wissenschaft und Praxis differenzierter beurteilt. Dabei treten folgende Problemstellungen zutage:

- Der zentrale Problembereich betrifft den Objektbezug von Globalisierungsstrategien. Während einige Autoren ihre Argumente auf die Aspekte des globalen Marketing konzentrieren, setzen sich andere mit der Strategie der globalen Unternehmung auseinander. Es bedarf keiner Begründung, daß eine funktionsübergreifend geführte Diskussion zu anderen Ergebnissen gelangt als eine funktionsspezifische Argumentation.

- Zahlreiche Autoren, so auch Levitt, sprechen zwar von der „Globalisierung“, behandeln aber vorrangig die „Standardisierung“. Einigkeit besteht jedoch darüber, daß Globalisierung über die (Marketing)-Standardisierung hinausgeht. Globales Marketing strebt – ausgehend von einer geozentrischen Orientierung der Geschäftstätigkeit – Wettbewerbsvorteile auf dem Weltmarkt an, wobei diese durch ein hohes Maß an länderübergreifender Integration bzw. Koordination sichergestellt werden sollen.

- Obwohl die Standardisierungsproblematik zumeist im Vordergrund der Globalisierungsdiskussion steht, wird sie vielfach unvollständig behandelt. Der Großteil der zahlreichen Analysen beschränkt sich zumeist nur auf produkt- oder kommunikationspolitische Aktivitäten. Unter Bezugnahme auf die verfolgte Wettbewerbsstrategie sind jedoch alle Marketinginstrumente in die Untersuchung einzubeziehen.

- Nur wenige Autoren setzen sich mit dem Globalisierungsproblem aus einer wettbewerbsstrategischen Gesamtsicht auseinander, sondern argumentieren auf einer instrumentebezogenen Ebene. Daher findet keine systematische Verknüpfung zwischen den Wirkungen der globalen Integration und dem wettbewerbsstrategischen Vorgehen von Unternehmen statt. Vielmehr herrschen undifferenzierte Empfehlungen vor, die auf „globale Kostenführerstrategien" oder „multinationale Qualitätsstrategien" hinauslaufen.

- Schließlich stellt sich für viele Unternehmen nicht länger die Frage „ob" ihre Geschäftstätigkeit globalisiert werden soll, sondern „wie" eine Globalisierungsstrategie im Unternehmen implementiert werden kann.

Vor diesem Hintergrund soll im Rahmen einer **marktorientierten und funktionsübergreifenden** Sichtweise aufgezeigt werden,

- welche Globalisierungskräfte auf das Unternehmen einwirken,
- welche Ziele mit einer globalen Integration verfolgt werden können,
- mit welchen Internationalisierungsformen und Wettbewerbsstrategien ein „Global Marketing" ausgestaltet werden kann,
- mit welchen konkreten Maßnahmen Globalisierungskonzepte umgesetzt werden und
- wie eine Globalisierungsstrategie erfolgreich implementiert werden kann.

4.2 Wettbewerbsvorteile durch Globalisierungsstrategien

4.21 Globalisierungs-Pull und Globalisierungs-Push

Eine differenzierte Auseinandersetzung mit den Entwicklungen in der internationalen Unternehmensführung verdeutlicht, daß drei Globalisierungkräfte unterschieden werden können, denen sich internationale Anbieter auf unterschiedliche Weise stellen müssen. Dabei handelt es sich um die Globalisierung von Märkten, Branchen und des Wettbewerbs (Meffert, Bolz 1991).

Eine zunehmende **Homogenisierung von Bedürfnissen** und die steigende Zahl weltweit auftretender Nachfrager und Absatzmittler führt dabei zu einer Globalisierung der Märkte (Levitt 1983, S. 92; Douglas, Wind 1987, S. 21). Auch sind weltweit tätige Industriekunden durch ein stark koordiniertes und zentralisiertes Nachfrageverhalten gekennzeichnet. Vielfach reagieren Hersteller auf solche globalen Nachfrager mit einem Global Key-Account-Management, um das „Ausspielen" einzelner Landesgesellschaften untereinander zu verhindern. Darüber hinaus zwingt die zunehmende Globalisierung des Einkaufs größerer Handelsketten bzw. Einkaufskooperationen vor allem in Europa zu einem einheitlicheren und standardisierteren Produktprogramm.

Durch die Homogenisierung der Nachfrage und das Auftreten weltweit operierender Abnehmer wird insgesamt ein Nachfragesog nach globalisierten Produkten und Dienstleistungen ausgelöst. Deshalb kann hier von einem **„Globalisierung-Pull"** gesprochen werden.

Die **Globalisierung von Branchen** stellt das angebotsbezogene Pendant der Markthomogenisierung dar. Es ist dadurch gekennzeichnet, daß viele Industrieunternehmen in ihren national angestammten Märkten nicht mehr ausreichende Erfahrungs- und Degressionseffekte realisieren können (Hamel, Prahalad 1986, S. 90; Porter 1989, S. 20; Meffert 1991, S. 18). Viele Branchen (z. B. Computer-, Pharma- und Automobilindustrie) sind durch hohe Forschungs- und Entwicklungskosten gekennzeichnet, die nur durch den weltweiten Absatz identischer Produkte in hohen Stückzahlen amortisiert werden können.

Wenn Unternehmen die Planung aller Aktivitäten zunehmend auf weltweiter Ebene vornehmen und dabei eine Profilierung vornehmlich gegenüber anderen globalen Wettbewerbern suchen, kann von einer **Globalisierung des Wettbewerbs** gesprochen werden (Sheth 1986, S. 10; Halliburton, Hünerberg 1987, S. 244; Toyne, Walters 1989, S. 307). Unter bewußter Inkaufnahme national suboptimaler Lösungen wird durch eine weltweit integrierte Planung und Abstimmung ein global optimiertes Ergebnis angestrebt. Einzelne Landesgesellschaften operieren daher nicht mehr als eigenständige Profit-Center. Vielmehr wird versucht, ein globales Portfolio zu realisieren, innerhalb dessen Konkurrenzauseinandersetzungen auf weltweiter Ebene durch einen Ländermarktausgleich („cross-subsidization") geplant werden.

Da sowohl die Globalisierung der Branchen als auch die des Wettbewerbs primär angebotsbezogene Effekte beinhalten, kann in diesem Zusammenhang auch von einem **„Globalisierungs-Push"** gesprochen werden.

Unternehmen können diesen Triebkräften der Globalisierung auf verschiedene Weise begegnen. Oberstes Ziel einer Neuorientierung im globalen Wettbewerb ist dabei stets die Sicherung der Wettbewerbsfähigkeit durch eine weltweite Planung, Koordination und Durchführung aller Unternehmensaktivitäten im Rahmen eines integrierten Gesamtsystems. Porter führt in diesem Zusammenhang an, daß eine globale Integration Entscheidungen hinsichtlich der „Konfiguration" und der „Koordination" von Aktivitäten erfordert (Porter 1989, S. 25).

Mit der Frage, „wo" eine bestimmte Tätigkeit ausgeführt werden soll, wird die **Konfiguration** der internationalen Aktivitäten beschrieben. Diese beinhaltet primär die Entscheidung über den für die spezifische Globalisierung optimalen Zentralisierungsgrad. Demgegenüber wird im Rahmen der **Koordination** der weltweiten Aktivitäten festgelegt, inwieweit ähnliche Aktivitäten länderübergreifend aufeinander abgestimmt werden. Dies umfaßt neben der Standardisierung von Programmen die Koordination i.e.S., d. h. den länderübergreifenden Einsatz von Steuerungsinstrumenten und standardisierten Prozessen (Porter 1989, S. 28).

Hierbei wird deutlich, daß die einzelnen Unternehmensfunktionen einen durchaus unterschiedlichen **Globalisierungsgrad** aufweisen können (Goshal 1987, S. 429; Meffert 1989, S. 449). Differenziert man zwischen den unterschiedlichen Graden der Konfiguration und Koordination von Aktivitäten, so lassen sich verschiedene Mischtypen der Globalisierung ableiten. Dabei kann grundsätzlich zwischen einer defensiven und einer offensiven Globalisierung unterschieden werden. Eine offensive Globalisierung ist grundsätzlich durch eine proaktive, einheitliche Integration aller Unternehmensfunktionen gekennzeichnet. Demgegenüber werden bei einer defensiven Globalisierung in Reaktion auf den Wettbewerb die Unternehmensbereiche nur teilweise integriert. Meist bezieht sich die Globalisierung zunächst auf Wertaktivitäten, die durch eine vergleichsweise geringe Marktnähe sowie hohe Degressions- und Erfahrungseffekte gekennzeichnet sind. Dabei handelt es sich in erster Linie um F&E und um Fertigungsaktivitäten, während z. B. die Marketing-Funktionen aufgrund einer geringeren Skalensensitivität und höherer Marktrisiken erst mit zeitlicher Verzögerung – und dann auch nur partiell – globalisiert werden.

4.22 Ziele von Globalisierungsstrategien

Unternehmen verfolgen mit der globalen Integration verschiedene Effizienz- und Effektivitätsziele. **Marktbezogene Wirkungsziele** liegen dabei in erster Linie in einer standardisierungsbedingten Erhöhung des Kundennutzens. Dazu trägt vor allem ein weltweit einheitliches Qualitätsimage bei. Besondere Bedeutung hat der globalisierungsbedingte Kundennutzen darüber hinaus hinsichtlich technischer Standards, z. B. in der Computerbranche. Neben einer Kompatibilität von Hard- und Sofware verschiedener Hersteller ermöglichen Standards vor allem eine Vereinfachung der weltweiten Produktvergleichbarkeit durch anerkannte „benchmarks". In der Automobilindustrie bildet der – in nur wenigen Ländern vorgeschriebene – Katalysator nach U.S.-Norm mittlerweile einen Standard, nach dem die Schadstoffreduktion anderer Katalysatoren beurteilt wird.

Weitere **Effektivitätsziele** liegen in einem einheitlichen Marktauftritt und damit einer identischen Wettbewerbsprofilierung. Dies schafft nicht nur marktbezogene Effekte wie einen hohen Bekanntheitsgrad, sondern fördert zudem eine einheitliche innengerichtete Corporate Identity, die dazu beiträgt, daß alle Landesgesellschaften „an einem Strang ziehen". Somit weisen ein einheitlicher Marktauftritt und die standardisierte Positionierung einen „disziplinierenden" Charakter bei der Umsetzung globaler Wettbewerbsstrategien auf.

Interne Wirkungsziele der globalen Integration umfassen insbesondere die Realisierung sog. Economies-of-Scope. Hierdurch soll das unternehmerische Innovationspotential durch Lerneffekte sowie Pooling von Ressourcen und Know-how erhöht werden und die Erfolgswahrscheinlichkeiten herausragender Produkte und Konzepte gesteigert werden.

Weiterhin werden mit einer globalen Integration auch **Koordinations- und Kontrollziele** verfolgt. Dies trifft insbesondere bei Unternehmen zu, die durch einen vergleichsweise geringen Zentralisierungsgrad gekennzeichnet sind. Eine Standardisierung von Prozessen ermöglicht in diesem Zusammenhang einen vereinfachten Informationsaustausch vor allem über dezentral geplante und/oder ausgeführte Aktivitäten. Damit wird wiederum die länderübergreifende Planung erleichtert und zugleich deren Ergebnisqualität entscheidend verbessert.

Unter **Kontroll- und Steuerungsgesichtspunkten** vereinfacht ein hoher Integrationsgrad die länderübergreifende Vergleichbarkeit der jeweiligen Aktivitäten insbesondere mit Blick auf deren Zielerreichung. Darüber hinaus ist es möglich, die Gesamtheit der Landesgesellschaften als ein Portfolio zu betrachten, deren konsolidierter Beitrag zum Unternehmenserfolg entscheidend ist. Eine Steuerung der einzelnen Ländermärkte als Portfolio-Objekte ermöglicht einen vergrößerten Handlungsspielraum gegenüber internationalen Wettbewerbern („competitive leverage“) (Yip 1989, S. 32). So reagierte Goodyear auf einen Markteintritt von Michelin in Nordamerika nicht mit verlustreichen Gegenaktivitäten auf dem Heimatmarkt, sondern auf dem für Michelin wichtigen europäischen Markt.

Unter **Effizienzgesichtspunkten** sind hinsichtlich einer verstärkten Integration vor allem Kostenreduktionsziele durch Nutzung von Größendegressions- und Erfahrungseffekten zu nennen. Dabei greifen Degressionseffekte vor allem bei Aktivitäten wie F&E, Produktion und Beschaffung. Insbesondere in arbeitsintensiven Branchen lassen sich komparative Kostenvorteile realisieren, indem Lohngefälle – trotz oftmals damit verbundener Produktivitätsunterschiede – genutzt werden. Komparative Vorteile durch eine Konzentration von Aktivitäten auf einen oder wenige Standorte ergeben sich allerdings nicht ausschließlich aufgrund von Kosteneffekten in der Produktion. Vielmehr eignen sich Länder mit einem relativ hohen Ausbildungsniveau und damit einem großen „intellektuellen Potential“ zur konzentrierten Ansiedlung beispielsweise der F&E-Aktivitäten (Goshal 1987, S. 433).

Eine verstärkte Koordination der Aktivitäten führt auch bei ihrer dezentralen Ausführung zu Effizienzvorteilen. Eine intensive Koordination länderübergreifend dezentraler Fertigungsaktivitäten ermöglicht z. B. eine Spezialisierung der einzelnen Landesgesellschaften, so daß ähnlich hohe Degressionseffekte wie bei einer zentralen Produktion genutzt werden können (Davidson 1982, S. 200 ff.; Doz 1986, S. 12 ff.).

Weitere **Effizienzziele** setzen beim Zeitvorteil an. Zum einen sind Hersteller in der Lage, ihre Konzeptentwicklungsaktivitäten viel effizienter zu gestalten, wenn Planungs-Know-how gepoolt eingesetzt werden kann. Zum anderen wirken Degressions- und Erfahrungseffekte nicht nur bei der Zentralisierung von Produktion, F&E oder Marketing, sondern auch bei der Standardisierung von Managementprozesssen und entsprechenden Planungsinstrumenten. Daher wird im Rahmen der Globalisierung versucht, Synergievorteile und einen übergreifenden Know-how-Transfer durch eine Integration aller Landesgesellschaften zu realisieren (Landwehr 1988, S. 15; Douglas, Craig 1989, S. 159).

4.23 Einflußfaktoren und Barrieren von Globalisierungsstrategien

Ausgangspunkt der Auseinandersetzung mit den Einflußfaktoren einer Globalisierung des Marketing bildet die Überlegung, daß der „richtige“ Globalisierungsgrad von bestimmten situativen Gegebenheiten bestimmt wird. Die **Kontextabhängigkeit des Globalen Marketing** gewinnt dabei schon deshalb an Bedeutung, da mit der Zahl der bearbeiteten Ländermärkte die Zahl der relevanten Situationsfaktoren sehr schnell ansteigt (Jain 1989, S. 71).

Vor allem **externe Einflußfaktoren** standen in der Vergangenheit im Mittelpunkt der Globalisierungsdebatte, wobei der Schwerpunkt der Analysen zumeist auf der länderübergreifenden Homogenität dieser Faktoren lag. So wird einerseits argumentiert, daß vor allem in den sog. Triade-Märkten aufgrund einer sich **angleichenden wirtschaftlichen Entwicklung** das Nachfrageverhalten homogener und damit ein hohes Maß an Vereinheitlichung möglich wird. Andererseits mehren sich gerade in jüngster Zeit Stimmen, die darauf hinweisen, daß mit steigender Bildung und zunehmendem Wohlstand das Kaufverhalten immer heterogener wird (Levitt 1983, S. 94; Ohmae 1985, S. 147; Huszagh et al. 1986, S. 42; Reichel 1989, S. 626). Zahlreiche Autoren führen an, daß selbst in Westeuropa starke Einkommens- und Verhaltensunterschiede bestehen, die eine Marketing-Standardisierung erschweren (Douglas, Wind 1987, S. 27).

Zahlreiche **politisch-rechtliche Faktoren** begrenzen zudem die Möglichkeiten eines integrierten Vorgehens am Weltmarkt, wobei dies insbesondere für die Standardisierung preis- und kommunikationspolitischer Aktivitäten (z. B. Richtpreise, Werbeverbote etc.) und die Zentralisierung von Entscheidungskompetenzen (z. B. Einbindung des lokalen Management oder Reglementierung von Transferpreisen) gilt (Prahalad, Doz 1987, S. 67).

Verschiedene Entwicklungen in der **technologischen Umwelt** können u. U. zu einer Relativierung vermeintlicher Globalisierungsvorteile führen. So erfordern flexible Produktionstechnologien (CIM, CAM) bekanntlich geringere Losgrößen zur Realisierung von Kostenvorteilen. Andererseits verbessern neue Kommunikations- und Informationstechnologien in erheblichem Umfang die Potentiale zur weltweiten Integration von Informations-, Planungs- und Kontrollsystemen (Meffert 1989, S. 447).

Kulturelle und kaufverhaltensbezogene Einflußfaktoren stellen – so die bislang einhellige Literaturauffassung – die stärksten Hemmnisse einer Marketingstandardisierung dar. So erschweren unterschiedliche affektive und kognitive Einstellungen ebenso die Vereinheitlichungsbestrebungen wie länderspezifisch unterschiedliche Produktwahrnehmungen. Besondere Bedeutung kommt darüber hinaus den Sprachbarrieren zu (Schiffmann et al. 1981, S. 137; Friedmann 1986, S. 97; Ricks 1986, S. 107).

Absatzmittlerbezogene Faktoren werden insbesondere vor dem Hintergrund der Binnenmarktharmonisierung immer wieder als Begrenzung eines integrierten und standardisierten Vorgehens genannt. Eine insgesamt heterogene Handelsstruktur mit fehlenden bzw. nicht ausreichend ausgebauten Absatzwegen, differenzierende Konditionenstrukturen innerhalb der Vertriebswege und ein Verbot des Aufbaus eigener Distributionskanäle (z. B. für Pharmaprodukte) setzen den Globalisierungsbestrebungen relativ enge Grenzen (Meffert 1990, S. 27). Vermeintliche Kompetenzverluste und das vielzitierte „Not-Invented-Here-Syndrom" stellen dabei wesentliche Ursachen dar (Raffée, Kreutzer 1986, S. 13; Prahalad, Doz 1987, S. 217).

4.3 Strategische Optionen auf globalen Märkten

4.31 Internationalisierungsstrategien

Internationalisierungsstrategien – verstanden als längerfristige, bedingte Verhaltenspläne zur Erreichung unternehmerischer Zielsetzungen auf Auslandsmärkten – werden in der wissenschaftlichen Literatur recht unterschiedlich gekennzeichnet. Dabei steht meist die Frage im Mittelpunkt, welche Auslandsmärkte mit welchen Produkten wie bearbeitet werden sollen. Im folgenden sollen hierzu internationale, multinationale und globale Marketingstrategien unterschieden werden. Vereinfacht lassen sich diese als Entwicklungsprozeß der internationalen Geschäftstätigkeit deuten.

4.311 Internationale Marketingstrategie

Im Anfangsstadium der Internationalisierung eines Unternehmens sind die Marketingaktivitäten schwerpunktartig auf den Heimatmarkt konzentriert. Ziel des **internationalen Marketing** ist die Sicherung des inländischen Unternehmensbestandes durch Wahrnehmung lukrativer Auslandsgeschäfte. Typisch für diese Stufe ist die begrenzte Fähigkeit der Unternehmen, sich auf länderspezifische Besonderheiten einzustellen (**ethnozentrische Orientierung**). Als Hauptkonkurrent gilt der stärkste inländische Wettbewerber. Die

Konzentration auf Nischen setzt eine Selektion von Ländern und Segmenten voraus und kann entweder auf Produktdifferenzierung oder Kostenvorteilen aufgebaut sein. Das internationale Geschäft wird dabei überwiegend als Exportgeschäft über die internationale Division (Exportabteilung) einer primär inlandsorientierten Organisation abgewickelt.

4.312 Multinationale Marketingstrategie

Mit dem Aufkommen **multinationaler Unternehmen** rückt das Ziel der Sicherung des internationalen Unternehmenserfolges auf einer Vielzahl nationaler Märkte in den Mittelpunkt strategischer Überlegungen. Tochtergesellschaften erhalten einen so großen Entscheidungsspielraum, daß sie ihre nationale Strategie primär an den Besonderheiten bzw. an den Erfordernissen des jeweiligen Auslandsmarktes orientieren und als quasi autonomes nationales Unternehmen auftreten (**polyzentrische Orientierung**). Eine Profilierung gegenüber dem jeweils stärksten lokalen Wettbewerber wird vor allem durch eine Qualitätsführerschaft angestrebt, wozu eine Segmentierung und differenzierte Bearbeitung der Auslandsmärkte erforderlich ist.

Die internationale Betätigung erfolgt dabei hauptsächlich in der Form internationaler Produktionsstätten und Tochtergesellschaften. Darüber hinaus ermöglichen Joint Ventures z.T. erst den Markteintritt, erleichtern den Aufbau eines nationalen Image und erhöhen die Akzeptanz multinationaler Unternehmen durch die Gastland-Regierung. Untrennbar mit dem multinationalen Marketing verbunden ist eine weitgehend länderorientierte Dezentralisierung der Entscheidungskompetenzen.

4.313 Globale Marketingstrategie

Der Übergang vom multinationalen zum globalen Marketing beruht auf einer Neuorientierung des Wettbewerbs. Unbelastet von langer internationaler Tradition haben sich japanische Unternehmen (z. B. Honda, Komatsu) in diesem Sinne als Weltmarktpioniere hervorgetan (**geozentrische Orientierung**). Ziel des **globalen Marketing** ist die Verbesserung der internationalen Wettbewerbsfähigkeit durch Integration aller Unternehmensaktivitäten in ein zusammenhängendes Gesamtsystem. Marktanteilsziele werden am Weltmarkt grundsätzlich ohne besondere Berücksichtigung nationaler Wünsche und Bedürfnisse formuliert. Dieses erfordert die konsequente Ausnutzung von Kostenvorteilen durch standardisierte Massenproduktion mit der Konsequenz, daß die einzelnen Tochtergesellschaften nicht mehr unabhängig auf nationaler Ebene operieren, sondern weltweit zur Arbeitsteilung und Spezialisierung verpflichtet sind. Unter bewußter Inkaufnahme national suboptimaler Strategien wird eine weltweit-optimale Strategie zu realisieren versucht.

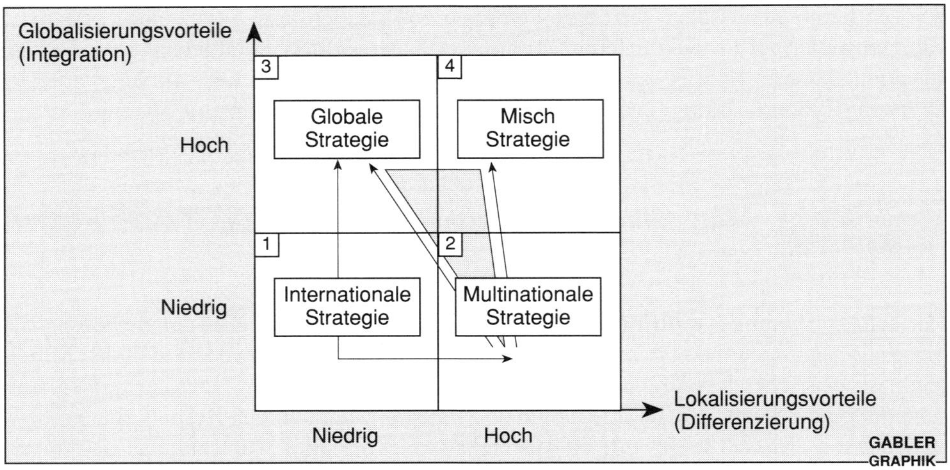

Abbildung 1: Grundtypen von Internationalisierungsstrategien

Primär zielt diese Internationalisierungskonzeption darauf ab, die Stückkosten unter das Niveau des weltweit stärksten Wettbewerbers zu senken, um so eine globale Kostenführerschaft zu erobern. Darüber hinaus können aber auch spezifische Fähigkeiten des Unternehmens (z. B. Datenbankmanagement, Vertriebskonzepte, noch nicht kopierbare Produkte) und in konsumnahen Bereichen die Nutzung von Prestigemarken Ausgangspunkt der Globalisierung sein. Der Zwang zur Integration bewirkt, daß grundsätzlich alle wesentlichen strategischen Entscheidungen zentral in der Muttergesellschaft gefällt werden.

Stark vereinfacht lassen sich das multinationale und globale Marketing als gegensätzliche Pole im Spannungsfeld zwischen globalem Wettbewerbsdruck und nationalen Bedürfnissen in einer Matrix positionieren (vgl. Abbildung 1). Globale Strategien sind bei grundsätzlich geozentrischer Unternehmensphilosophie durch ein hohes Maß an länderübergreifender Integration zur Wahrnehmung von Globalisierungsvorteilen gekennzeichnet. Indikatoren für Globalisierungsvorteile sind z. B. der Weltmarktanteil und die damit verbundenen Kostenvorteile. Demgegenüber suchen multinationale Strategien den Erfordernissen einer länderspezifischen Anpassung (z. B. heterogene Bedürfnisse, Normen bzw. gesetzliche Regelungen) durch Differenzierung besonders Rechnung zu tragen. Bei vergleichsweise geringer Integration der internationalen Aktivitäten wird die Ausnutzung von Lokalisierungsvorteilen angestrebt. Als Indikatoren für Lokalisierungsvorteile können länderspezifische Marktanteile, Marktausschöpfungsgrade oder Umsatzvolumina herangezogen werden. Neben dem internationalen, dem multinationalen und dem globalen Marketing ist das **duale Marketing** als gemischte Strategie (**opportunistische Orientierung**) von besonderem Interesse. Streng genommen handelt es sich bei dieser – gelegentlich auch als „administrative Koordination" bezeichneten – Verhaltensweise nicht um ein konsistentes Strategiemuster, sondern um das flexible Aushandeln von Transaktionen unter begrenzten, konfliktären Bedingungen (teilblockierte bzw. blockierte Märkte).

4.314 Entwicklungspfade der Internationalisierung

Der Übergang vom „frühen Stadium der Internationalisierung“ zum globalen Marketing kann sich auf unterschiedliche Weise vollziehen. International tätige Unternehmen in Europa entwickelten sich in der Vergangenheit häufig zu multinationalen Unternehmen (z. B. Siemens, BBC, Bayer, Henkel), bevor sie in den letzten Jahren zunehmend globaler operierten. Im Gegensatz dazu verfolgen japanische Unternehmen meist die Strategie einer direkten, offensiven Globalisierung, indem sie unter weitgehender Vernachlässigung länderspezifischer Unterschiede weltweit Wettbewerbsvorteile anstreben (z. B. Matsushita, Honda). Eine Mittelstellung in dieser Entwicklung nehmen US-amerikanische Firmen ein (z. B. General Electric, Caterpillar, Coca-Cola).

Freilich sind dies vereinfachte Tendenzaussagen, die branchen- und produktabhängig, vor allem aber firmenspezifisch analysiert werden müssen. In der Abbildung 2 sind den Internationalisierungsstrategien ausgewählte Produkte und Branchen zugeordnet. Dabei stellen z. B. Unterhaltungselektronik und Foto typische Branchen für hohe Globalisierungsvorteile, Nahrungsmittel und Verlage Bereiche für hohe Differenzierungserfordernisse bzw. -vorteile dar. Die Automobilindustrie nimmt bei zunehmenden Tendenzen zur Globalisierung (z. B. Weltauto) eine gewisse Mittelstellung ein. Innerhalb einzelner Branchen sind

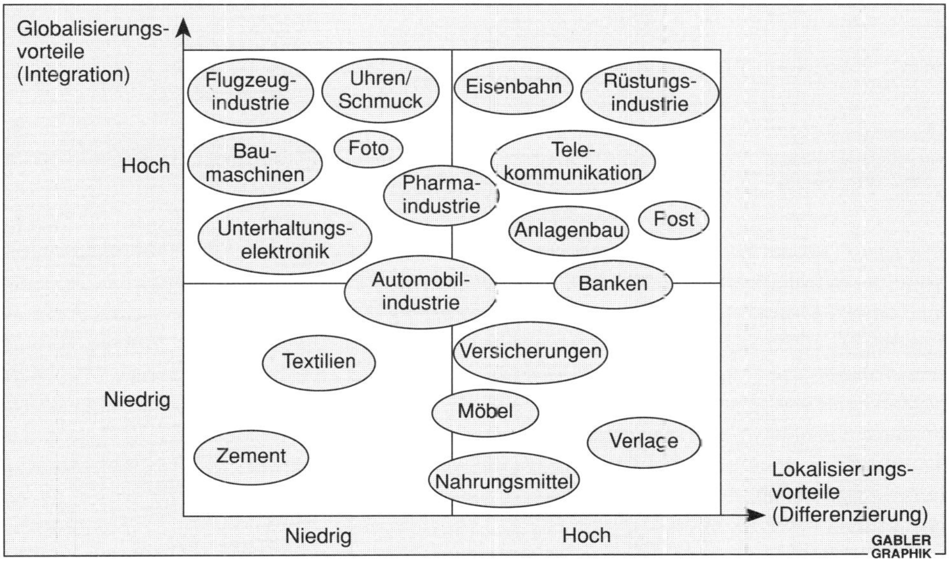

Abbildung 2: Internationalisierungsstrategien ausgewählter Produkte und Branchen

jedoch die Internationalisierungsstrategien sehr unterschiedlich ausgeprägt. So verfolgt z. B. in der Fotobranche FUJI bereits seit Beginn der 70er Jahre eine Globalstrategie, KODAK hat Anfang der 80er Jahre einen Strategiewechsel vom multinationalen zum globalen Marketing vollzogen, AGFA trägt den internationalen Wettbewerb mit eher multinationalen Konzepten aus.

Diese Beispiele belegen, daß in den Entwicklungsstufen bzw. Strategiealternativen nicht nur fundamentale Unterschiede in den Managementphilosophien zum Ausdruck kommen, sondern sich auch Veränderungen in den internationalen Nachfrage- und Angebotsstrukturen sowie den wirtschaftlichen Rahmenbedingungen auf die Wahl und den Wechsel der Internationalisierungsstrategie auswirken.

4.32 Wettbewerbsstrategische Ausrichtung

Im Rahmen der strategischen Grundsatzentscheidungen werden im folgenden die zentralen Strategiedimensionen bzw. -ausprägungen näher betrachtet, die bezüglich ihrer Auswirkungen hinsichtlich der globalen Integration von besonderem Interesse sind (Bolz 1991; Porter 1992). Hierzu zählen Entscheidungen über

- Marktabdeckung,
- Kostenorientierung,
- Qualitätsorientierung und
- Innovationsorientierung.

4.321 Marktabdeckung

Die Frage, ob ein Unternehmen als weltweiter Marktführer auftritt oder seine Aktivitäten auf eine globale Nische beschränkt, hängt entscheidend von den verfügbaren Ressourcen ab. Die Vergangenheit hat in diesem Zusammenhang gezeigt, daß sich häufig auch mittelständische Unternehmen im Zuge einer Spezialisierung auf bestimmte globale Abnehmergruppen eine attraktive Position sichern konnten (z. B. „professionelle Nutzer" bei dem Motorsägenhersteller Stihl), wobei die wettbewerbsstrategische Positionierung sowohl kosten- als auch differenzierungsorientiert erfolgen kann. Entscheidend ist in diesem Zusammenhang, länderübergreifend eine weitgehend übereinstimmende Wettbewerbsprofilierung zu realisieren, um den Erfolg der internationalen Marktbearbeitung positiv zu beeinflussen (Bolz 1991).

Globale Nischenstrategien wurden insbesondere von japanischen Automobil- und Audio/Video-Herstellern verfolgt. Diese konzentrierten sich zu Beginn ihrer Auslandstätigkeit ausschließlich auf die kosten- bzw. preissensitiven Segmente der Auslandsmärkte und boten einfache Standardprodukte an (Kotler et al. 1985, S. 86 ff.; Henzler und Rall 1985, S. 168). Nachdem viele japanische Unternehmen ihre Aktivitäten auf mehrere Segmente ausgedehnt haben und nicht mehr über den Preis konkurrieren, versuchen heute vor allem die südostasiatischen Schwellenländer, diese offensichtlich sehr erfolgreiche Markteintrittsstrategie zu kopieren (Voß 1989, S. 210).

Die Vorzüge globaler Nischenstrategien liegen zum einen in der Realisierung von Kostendegressionseffekten. Darüber hinaus ermöglicht die Begrenzung der Aktivitäten auf wenige Segmente in der Regel auch eine Ressourcenkonzentration und eine intensivere Beschäftigung mit den spezifischen Bedürfnissen und Anforderungen der jeweiligen Abnehmergruppen. Dies vereinfacht wiederum eine globale Integration und Koordination der länderübergreifenden Aktivitäten. Problematisch erscheinen weltweite Segmentstrategien allerdings angesichts der vielfach zu beobachtenden Bestrebungen globaler Marktführer, in die bislang nicht bearbeiteten Teile ihres Marktes einzudringen, wie dies beispielsweise in Teilsegmenten der internationalen Automobil- und Motorradbranche durch japanische Anbieter geschehen ist (Hout et al. 1982, S. 103; Kotler et al. 1985, S. 107; Voß 1989, S. 213).

Eine Strategie der **globalen Gesamtmarktabdeckung** kann zumeist nur von den größten Unternehmen einer Branche verfolgt werden, wobei sich zahlreiche Ansätze zur Realisierung von Economies-of-Scope-Effekten ergeben, die durch die Nutzung gemeinsamer Ressourcen beispielsweise bei mehreren Produktlinien entstehen. Zweifellos erfordert dabei eine dezentrale Entwicklung und Fertigung verschiedener Produkte im Rahmen des Leistungsprogramms eine verstärkte Koordination der länderübergreifenden Aktivitäten.

4.322 Kostenorientierung

Im Rahmen einer kostenorientierten Strategie wird versucht, mittels produktivitätssteigernder Verfahrensinnovationen die Stückkosten unter das Niveau anderer weltweit agierender Anbieter zu senken. Um ein Angebot kostengünstig hergestellter Standardprodukte sicherzustellen, sind dabei gerade im Rahmen von **globalen Kostenstrategien** mengen- und integrationsbezogene Kosteneffekte zu nutzen. Mengeneffekte resultieren dabei vor allem aus Degressions- und Erfahrungseffekten. Integrationsbezogene Kosteneffekte resultieren schließlich aus einer Interdependenz des Kostenverhaltens zweier Geschäftsaktivitäten, die bei entsprechender Integration eine Optimierung ermöglicht.

Die Ausgestaltung einer globalen Kostenführung setzt an verschiedenen Funktionsbereichen des Unternehmens an. Von besonderer Relevanz sind dabei die Aktivitäten bei der Beschaffung, Produktion und im Marketing, wobei die aufgezeigten Kosteneffekte im Rahmen einer weltweiten Kostenstrategie möglichst in jeder Funktion zu realisieren sind.

Für globale Unternehmen ergeben sich bei einem hohen Anteil der Kosten zugekaufter Inputs an den Gesamtkosten zahlreiche Ansatzpunkte für **länderübergreifend integrierte und koordinierte Beschaffungsaktivitäten** („global sourcing"). Die Senkung der Stückkosten stellt aber keineswegs den einzigen in diesem Zusammenhang zu berücksichtigenden Faktor dar. Die Reduzierung der Fertigungstiefe im Rahmen einer „globalen Rationalisierung" (Welge 1990, S. 3) führt vielmehr bei zahlreichen Unternehmen dazu, daß von den Zulieferern zusätzliche Leistungspotentiale gefordert werden. Von besonderer Bedeutung sind dabei vor allem Just-in-Time-Konzepte, die Abstimmung der Fertigungssteuerung mit den Leistungsprozessen der Zulieferer sowie eine produktbezogene Systemfähigkeit und fertigungsablaufbezogene Integrationsfähigkeit durch Zulieferung vollständiger Baugruppen und Aggregate (Arnold 1990, S. 61). Hier erweisen sich Koordinations- und Integrationsmechanismen zur Abstimmung von Landesgesellschaften, Unternehmenszentrale und Zuliefererunternehmen als kritische Erfolgsfaktoren.

Die besondere Bedeutung derartiger Koordinations- und Integrationskonzepte zeigt sich dabei in der Automobilindustrie. Der von den Japanern realisierte Kostenvorteil beruht nicht zuletzt auf dem hohen Zulieferanteil von 70 %, während dieser Anteil bei europäischen Herstellern nur bei 40–50 % und bei amerikanischen Produzenten noch darunter liegt (Arnold 1990, S. 64). Eine erfolgreiche Umsetzung dieses Kostenvorteils gelang den Japanern insbesondere aufgrund der ausgeprägten internationalen Verflechtungen in Beschaffung, Produktion und Vertrieb.

Kostenvorteile werden in der Literatur klassischerweise mit einer **weltweit integrierten und koordinierten Produktion** verbunden. Dennoch mehren sich in jüngster Zeit Stimmen, die darauf verweisen, daß aufgrund flexiblerer Produktionstechnologien (CIM, CAM) Produktionsmodifikationen möglich sind und daher Economies-of-Scale-Potentiale aufgrund geringerer Losgrößenzwänge reduziert werden (Meffert 1989, S. 448). Weiterhin ist gerade im Rahmen einer Globalstrategie von einem Trade-Off zwischen Degressionsvorteilen und erhöhten Transport-, Gemein- und Koordinationskosten auszugehen (Douglas, Wind 1987, S. 22). Darüber hinaus wird argumentiert, daß in zahlreichen Produktkategorien die reinen Materialkosten einen immer geringeren Teil der Gesamtkosten ausmachen, so daß Skaleneffekte nur beschränkt zum Tragen kommen können. Hamel und Prahalad führen in diesem Zusammenhang an, daß selbst in der skalensensitiven Fernseherindustrie sich Kostenvorteile in der Fertigung als erheblich weniger stabil gezeigt haben als Wettbewerbsvorteile durch ein globales Logistik- und Vertriebssystem (Hamel, Prahalad 1986, S. 94). Toshiba und Hitachi haben die Erfahrung machen müssen, daß in Niedriglohnländern die Kostenvorteile aufgrund notwendiger Ausbildungsmaßnahmen geringer ausfallen als erwartet, mit steigendem Ausbildungsniveau aber das Lohnkostenniveau nicht zu halten ist (Ohmae 1985, S. 17).

Vielfach werden deshalb **synergiebezogene Kosteneffekte** verstärkt in den Vordergrund der Überlegungen gestellt. Eine Verknüpfung von Skalen- und Scope-Effekten läßt sich in der Automobilindustrie beobachten. Noch 1985 wurden für neun Millionen in Europa produzierte Fahrzeuge in sechs Größenklassen 30 völlig verschiedene Bodengruppen verwendet. So verfügen mittlerweile die Mittelklasse-Pkw Alfa 164, Fiat Croma, Lancia Thema und Saab 9000 über identische Bodengruppen (Meffert 1990, S. 30).

Zur Umsetzung einer globalen Kostenstrategie bedarf es eines strikten Kostenmanagement. Neben einer regelmäßigen operativen Kostenkontrolle in den einzelnen Landesgesellschaften verlangt dies ein zentral gesteuertes Controlling. Dieses muß durch länderübergreifend standardisierte und formalisierte Planungs- und Controllingsysteme unterstützt werden (Meissner 1988, S. 218). Parallel dazu ist es notwendig, die unternehmensspezifischen Anreiz- und Sanktionssysteme (z. B. Leistungsbewertung) auf die kostenorientierte Strategie auszurichten. Insgesamt erfordert eine derartige Strategie hochstandardisierte Prozesse zur Sicherstellung einer weltweiten Koordination. Darüber hinaus ist es notwendig, die länderübergreifenden Aktivitäten nach funktions- und produktbezogenen Kriterien zu gestalten, um eine eindeutige Zuordnung von Kosten und Erlösen zu gewährleisten. Erfolgreiche Kostenstrategien sind daher durch hierarchische und eindimensionale Strukturen gekennzeichnet (Görgen, van Kerkom 1991, S. 51).

4.323 Qualitätsorientierung

Die Qualitätsorientierung ist durch eine Schaffung von Leistungsvorteilen gekennzeichnet, die den differenzierten Ansprüchen der Konsumenten gerecht werden sollen. Als zentrale Voraussetzung dieser strategischen Grundorientierung ist eine hohe Produktqualität und eine entsprechend starke Imageposition anzusehen, wodurch die Preissensitivität der Nachfrager verringert werden soll.

Während die Kostenführung ausschließlich auf den internen betriebswirtschaftlichen Kostenvorteil abstellt, setzt die Qualitätsführung stärker auf der Ebene der Abnehmerpräferenzen an. Dabei ist zwischen zwei Qualitätsauffassungen zu unterscheiden. Bei der **objektiven, anbieterbezogenen Qualität** sind Aspekte der Qualitätskontrolle, Übereinstimmung mit den Spezifikationen und Ausschußquoten relevant. Demgegenüber steht die externe Qualitätsauffassung, die sich auf die vom Konsumenten bewertete **relative Qualität** bezieht. Wenn auch Übereinstimmung darüber herrscht, daß für den Unternehmenserfolg die wahrgenommene Qualität von entscheidender Bedeutung ist, so darf dennoch die technische Sichtweise gerade im internationalen Wettbewerb nicht vernachlässigt werden, da eine weltweite Qualitätsführung hinsichtlich der technisch-objektiven und der subjektiv wahrgenommenen Qualität unterschiedliche Auswirkungen auf die globale Integration hat.

In der Literatur werden hinsichtlich der subjektiv wahrgenommenen Qualität vielfältige Ansätze zu ihrer Konkretisierung vorgelegt. So kann z. B. „Qualität“ den Gebrauchsnutzen, die Haltbarkeit, die Zuverlässigkeit, Ästhetik oder das Qualitätsimage beschreiben (Garvin 1988, S. 69). Waltermann zeigte jedoch in diesem Zusammenhang am Beispiel der Automobilindustrie, daß schon in Europa die Wahrnehmung und relative Bedeutung dieser Merkmale stark divergieren (Waltermann 1989, S. 78). Dies läßt den Schluß zu, daß gewisse Qualitätsmodifikationen für einen länderübergreifenden Einsatz im Rahmen einer qualitätsorientierten Wettbewerbsstrategie geboten erscheinen; zwingend notwendig sind sie jedoch beispielsweise im kommunikativen Bereich der Marketingstrategie (Bolz 1991). Dies gilt insbesondere deshalb, da Qualitätsstrategien immer mit einer ausgeprägten Marktsegmentierung und länderübergreifend differenzierten Bedürfnissen verbunden sind.

Wesentlicher Bestandteil einer globalen Qualitätsführung ist ein weltweit ausgerichtetes Qualitätssicherungssystem. Neben der Kontrolle des Rohmaterials, der Halb- und Fertigfabrikate steht die Kontrolle der Fertigungsvorgänge im Mittelpunkt von **Qualitätssicherungssystemen**. Um eine weltweit einheitliche Qualität sicherzustellen, ist neben einem Qualitätscontrolling auch von Bedeutung, daß den Landesgesellschaften Prozeduren vorgegeben werden, die auf bestimmte Qualitätsspezifikationen abstellen. So hat z. B. McDonalds standardisierte Vorgaben für die Speisenzubereitung sowie für die operative Führung der Restaurants entwickelt, die einen einheitlichen Qualitätsstandard gewährleisten sollen (Douglas, Craig 1986, S. 166). Insgesamt ist davon auszugehen, daß eine globale Qualitätsführung durch ein hohes Maß an prozessualer Standardisierung und Koordination gekennzeichnet ist.

Hinsichtlich einer Ausgestaltung und Umsetzung einer globalen Qualitätsstrategie bietet sich im Gegensatz zu einer Kostenführung eine dezentrale Organisationsstruktur kleiner und mittelgroßer Unternehmenseinheiten an, die jederzeit flexibel auf veränderte Nachfrageentwicklungen reagieren können (Görgen, van Kerkom 1991, S. 16). Eine starke interfunktionale Kooperation zwischen F&E, Produktion und Marketing sollte zudem durch eine teamorientierte, mehrdimensionale Koordination und Kommunikation gefördert werden. Dies unterstreicht wiederum die Bedeutung einer länderübergreifenden Koordination bei dezentralisierter Führung für qualitätsorientierte Strategien.

4.324 Innovationsorientierung

Gerade im globalen Wettbewerb wird seit einiger Zeit der Innovationsorientierung ein besonderer Stellenwert zugewiesen (Bartlett, Goshal 1990, S. 216). Grundlage dieser Einschätzung ist die Überzeugung, daß globale Unternehmen vielfach mit anderen weltweit tätigen Konkurrenten konfrontiert werden, die ein vergleichbares Niveau hinsichtlich Größe und geographischer Ausbreitung aufweisen. In solchen Fällen reicht es nicht, eine Wettbewerbsposition anzustreben, die auf globale Economies-of-Scale, internationalen Ressourcenzugang und weltweiter Marktpräsenz aufbaut. Vielmehr gewinnt eine ausgeprägte Innovationsorientierung der Wettbewerbsstrategie eine außerordentliche Bedeutung bei der Sicherung und beim Ausbau der globalen Wettbewerbsposition (Segler 1986, S. 238 ff.).

Steigende Kosten für **Neuproduktentwicklungen** – Schätzungen zufolge liegen diese bei ca. einer Mrd. US$ für Automobile und ca. zwei Mrd. US$ für Flugzeugturbinen (Kreutzer 1989, S. 231) – lassen eine globale Integration der Innovationsstrategie als eine notwendige Erfolgsbedingung erscheinen. Daher sollte neben einer „indirekten“ Koordination über eine Strategiestandardisierung die Konzeptionierung von Neuprodukten direkt für den weltweiten Einsatz erfolgen (z. B. Canon-Kameras, Toyota Corolla), um damit ein hohes Maß an Standardisierung auch im Produkt- und Marketingbereich zu ermöglichen. Angesichts stetig kürzer werdender Produktlebenszyklen bei gleichzeitig konvergierenden Marktzyklen ist eine innovative Ausrichtung der Wettbewerbsstrategie dabei zumeist mit einer Vorreiterrolle im Markt verbunden. Wettbewerbsvorteile können regelmäßig nur bei einer schnellen und möglichst zeitgleichen Umsetzung von Innovationen bei den Ländermärkten realisiert werden (Kawakatsu 1985, S. 34; Benkenstein 1987, S. 124). Insgesamt wird die Ansicht vertreten, daß eine globale Integration eine schnellere Diffusion neuer Produkte und Konzepte in den Ländermärkten forciert (Henzler, Rall 1986, S. 153). So verwundert es auch nicht, daß eine standardisierte Neuprodukteinführung und ein einheitliches Timing vergleichsweise erfolgreicher sind als ein ländermäßig differenziertes Vorgehen (Bolz 1991).

Als wesentlicher Vorteil einer Innovationsstrategie auf globalen Märkten muß daher die Möglichkeit des frühzeitigen Entwickelns von Markt-Know-how und des Aufbaus von Marktpositionen angesehen werden. Damit gelingt dem Pionier zugleich der Aufbau eines progressiven technologischen Image, wie dies vielfach den japanischen Automobil- und HiFi-Unternehmen zugeschrieben wird. Diese Wirkung verstärkt sich, wenn es gelingt, Industriestandards zu setzen. Schließlich ist davon auszugehen, daß Erfahrungs- und Degressionsvorteile in erster Linie Marktpionieren, weniger aber Folgern zugute kommen. Daher läßt sich bei vielen innovativen Unternehmen eine hohe länderübergreifende Integration der Aktivitäten beobachten. So sind z. B. bei Beiersdorf Forschung und Entwicklung sowie die Neuproduktplanung vergleichsweise stark zentralisiert, um eine gezielte und schnelle Produktadoption länderübergreifend sicherzustellen (Kreutzer 1989, S. 236). Insbesondere aber in den dynamischen High-Tech-Märkten kommt einer standardisierten weltweiten Vermarktung eine zentrale Bedeutung zu, da nur wenig Zeit für länderspezifische Modifikationen bleibt (Quelch, Hoff 1986, S. 109).

4.33 Standardisierung des Marketing

4.331 Standardisierung von Marketing-Programmen

Instrumentebezogene Bemühungen um eine Globalisierung des Marketing richteten sich in der Vergangenheit vor allem auf die Produktpolitik, die sich im Vergleich zu anderen Marketinginstrumenten durch die höchste Skalensensitivität auszeichnet (Jain 1989, S. 71).

In diesem Zusammenhang sind die Vereinheitlichung des Produktkerns und die Standardisierung markenpolitischer Aktivitäten von Bedeutung (Walters, Toyne 1989, S. 38).

Mit Blick auf die physischen Eigenschaften eines Produktes kann zwischen uniformen, modifizierten und angepaßten Produkten unterschieden werden. Eine **vollständige Standardisierung des physischen Produktes** kann dabei sowohl durch die Ausweitung der nationalen Produktlinie auf andere Märkte als auch durch die Entwicklung eines Produktes erfolgen, das auf weltweit ähnliche Nachfragersegmente zugeschnitten ist (z. B. Luxusartikel im Parfüm- oder Kleidungszubehörbereich). Die weitestgehende Standardisierung des Produktes liegt dann vor, wenn ganze Produkte weltweit in identischer Form vermarktet werden wie dies beispielsweise bei Uhren oder Produkten aus dem Audio/Video-Bereich der Fall ist. Eine **Produktmodifizierung** erfolgt hingegen zumeist über ein modulares Vorgehen innerhalb der Produktpolitik („modulares Design"). Eine Reihe von Produktkomponenten wird hierbei in großen Stückzahlen produziert und in verschiedenen Konfigurationen zusammengesetzt. Durch diese Vorgehensweise können sowohl die Vorteile der Massenproduktion genutzt als auch länderspezifische Besonderheiten berücksichtigt werden. Bei der Umsetzung einer **„built-in-flexibility" -Politik** wird schließlich das Produkt von vornherein auf verschiedene Einsatzmöglichkeiten ausgelegt (z. B. verschiedene Stromspannungen bei Haushaltskleingeräten).

Neben der Vereinheitlichung des physischen Produktes nimmt auch die Frage nach der **Standardisierung der Markenpolitik** im Rahmen der Globalisierungsdiskussion einen sehr breiten Raum ein (Rüschen 1988, S. 240). Versteht man unter der Markenpolitik alle Maßnahmen, die mit der Markierung von Produkten (Name, Symbole, Zeichen) verbunden sind, so stellt sich die Frage bezüglich der länderübergreifenden Vereinheitlichung des Markennamens, der Verpackung und der Markenpositionierung.

In Abhängigkeit vom Ausmaß der Anpassung an nationale Gegebenheiten lassen sich prinzipiell zwei Grundformen der internationalen Markenpolitik unterscheiden. Ausgehend von einer geozentrischen Orientierung des Management basieren **Weltmarken (global brands)** auf einem länderübergreifend einheitlichen Marktauftritt wie dies z. B. bei Coca-Cola, Marlboro oder Pampers weitgehend der Fall ist. Eine Weltmarke ist in ihrer idealen Ausprägung ein weltweit einheitliches Produkt hinsichtlich Markierung, Qualität sowie Verpackung im Rahmen eines integrierten, einheitlichen Preis-, Werbe- und Distributionskonzeptes (Keegan 1988, S. 370). Demgegenüber werden **lokale Marken** im Hinblick auf einzelne Länder konzipiert, wie dies z. B. Nestlé mit den Marken Sarotti und Alete praktiziert (Rüschen 1984, S. 47).

Im einzelnen lassen sich für die markenpolitischen Instrumente folgende Standardisierungspotentiale aufzeigen:

Ein **einheitlicher Markenname und identische Markenzeichen** bilden als zentrale Elemente einer internationalen Markenidentität den Kern der markenpolitischen Standardisierung. Als Voraussetzung für eine einheitliche Markierung sind die leichte Aussprechbarkeit eines kurzen, einfach zu erlernenden Markennamens sowie die Möglichkeit eines international rechtlichen Schutzes anzuführen.

Hinsichtlich des **Produktdesigns** und der **Verpackungsgestaltung** kann für die Praxis kein einheitlicher Standardisierungsgrad festgestellt werden. Zweifelschne trägt aber eine einheitliche Verpackung in erheblichem Maße zu einer länderübergreifenden Markenidentität bei. Dies gilt insbesondere für Marken, die auf einer originellen Designidee beruhen. Hier ist eine Verpackungsstandardisierung zur Umsetzung der angestrebten wettbewerbsrechtlichen Profilierung oft unumgänglich. Andererseits sind auch bei der Verpackung Landesbesonderheiten zu beachten (z. B. zylindrische Verpackung von Bettwäsche in Frankreich) (Whitelock 1987, S. 40).

Eine **einheitliche Markenpositionierung** bildet eine weitere wesentliche Voraussetzung für die Markenstandardisierung (Waltermann 1989, S. 66). Ein für alle Märkte uneingeschränkt geltender Positionierungsansatz soll sicherstellen, daß der für jedes Land erfolgreiche produktpolitische Adaptionsgrad ohne Gefahr für das Kernimage festgelegt werden kann. Eine länderübergreifende Positionierung kann dabei grundsätzlich auf einer oder mehreren der folgenden Positionierungsdimensionen beruhen:

- spezifischer Produktnutzen,
- bestimmte Produktmerkmale,
- besondere Gebrauchsbedingungen und
- bestimmte Verwenderkategorien.

Erfahrungen in der Praxis zeigen jedoch, daß hinsichtlich dieser Dimensionen sogar innerhalb der EG noch erhebliche Unterschiede bestehen, welche die Möglichkeiten einer standardisierten Positionierung limitieren. Konsequenterweise richtet sich die Aufmerksamkeit zunehmend auf Mischformen der Positionierung, die ihren Ausdruck in sog. **modularen Positionierungsstrategien** oder einer Strategie der **konzeptionellen Bündelung** finden (Waltermann 1989, S. 78).

Standardisierungsüberlegungen in der **Kommunikationspolitik** beziehen sich auf die länderübergreifende Vereinheitlichung der Kommunikationsinstrumente, die der systematischen Beeinflussung der Käufer dienen soll. Die klassische Werbung, Verkaufsförderung und die Public Relations stehen dabei im Vordergrund der Standardisierungsüberlegungen.

Durch die **Vereinheitlichung der klassischen Werbung** können Synergievorteile genutzt werden, etwa durch das „Overlapping" internationaler Medien. Auch der Aufbau eines länderübergreifenden Image ist mit einer Standardisierung der Werbung realisierbar. Dies führt in erster Linie zu einer weltweit konsistenten Produkt- bzw. Unternehmensprofilierung und zu einer einheitlichen Abgrenzung gegenüber Wettbewerbern. Allerdings wird die Werbestandardisierung häufig durch rechtliche Regelungen limitiert. Um die nationale Sprache frei von ausländischen Einflüssen zu halten, wird z. B. in Frankreich die Verwendung ausländischer Sprachen in der Werbung beschränkt. Darüber hinaus finden sich Einschränkungen hinsichtlich des kreativen Gestaltungsspielraums. So ist die vergleichende Werbung in der Bundesrepublik verboten und in einigen Ländern dürfen keine „...besser als...“ – Aussagen gemacht werden. Neben dem grundsätzlichen Werbeverbot für verschiedene Produktgruppen (z. B. Zigaretten und Alkohol) haben einige Länder Werbemittel-Importverbote erlassen, so z. B. Australien für im Ausland erstellte Werbekampagnen (Kreutzer 1989, S. 311). Schließlich muß die Verfügbarkeit und der Stellenwert einzelner Medien in den verschiedenen Ländern als äußerst unterschiedlich angesehen werden (Hensmann 1989, S. 59; Meffert 1990, S. 33), so daß die Werbeträgerauswahl im Vergleich zur Botschaftsgestaltung als noch weniger standardisierbar eingeschätzt werden muß.

Die **länderübergreifende Public Relations** richtet sich an eine Vielzahl unternehmensinterner und -externer Zielgruppen, die sich in der Regel durch ein hohes Maß an Heterogenität auszeichnen (Jefkins 1988, S. 192). Diese Heterogenität ist vor allem auf die unterschiedlichen Ausprägungen soziokultureller, gesellschaftlicher und vor allem auch politischer Faktoren zurückzuführen, durch die die PR-Arbeit in besonders starkem Maße beeinflußt wird. Die Chancen einer länderübergreifend einheitlichen Gestaltung von PR-Aktivitäten sind daher als eher gering zu bezeichnen (Meffert et al. 1986, S. 14).

Die internationale Herausforderung an die **Verkaufsförderung** liegt in den länderspezifisch unterschiedlichen Möglichkeiten und Einstellungen des Handels zur kooperativen Förderung des Abverkaufs. Die Durchführbarkeit der einzelnen Maßnahmen wird dabei maßgeblich von den nationalen und internationalen Handelsstrukturen sowie von wettbewerbsrechtlichen Bestimmungen in den Auslandsmärkten (z. B. Verbot von Coupons in Deutschland) determiniert. Im Zusammenhang mit dem zumeist kurzfristigen Charakter der Verkaufsförderungsmaßnahmen ist eine Standardisierung nur in seltenen Fällen möglich und sinnvoll. Aufgrund der starken Abhängigkeit der Verkaufsförderung von der Art der Distributionskanäle erscheint eine Standardisierung am ehesten bei internationalen Unternehmen mit einem eigenen, vollständig kontrollierbaren Distributionssystem denkbar (z. B. McDonalds und Ikea).

Die **Standardisierung der Distributionspolitik** betrifft in erster Linie die einheitliche Wahl und Ausgestaltung der Absatzkanäle und identische Maßnahmen der physischen Distribution (Meffert, Althans 1982, S. 155; Hamel, Prahalad 1986, S. 90 ff.).

Hinsichtlich der Standardisierung von Absatzkanalaktivitäten ist eine Unterscheidung zwischen horizontalen und vertikalen Absatzkanalentscheidungen zu treffen (Specht 1988, S. 223). Bei der Festlegung der vertikalen Absatzkanalstruktur trifft das Unternehmen eine Auswahl zwischen den Absatzstufen, während die horizontale Struktur die Auswahl der Absatzmittler innerhalb der einzelnen Absatzstufen betrifft. Auf die Vertriebsalternativen bezogene Standardisierungsentscheidungen setzen in diesem Zusammenhang vorrangig an Parametern der horizontalen Absatzkanalstruktur an, während die **vertikale Struktur** vor allem die Möglichkeiten der **Durchsetzung von Standardisierungsmaßnahmen** in der Distributionspolitik beeinflußt.

Die größten Potentiale zur Umsetzung standardisierter Marketingkonzepte bestehen – wegen der Steuerungs- und Kontrollmöglichkeiten – beim direkten Vertrieb bzw. beim indirekten Vertrieb mit eigenen Verkaufsorganen (z. B. Filialen). Bei einem Vorliegen fremder Vertriebsorgane bieten sich für eine Durchsetzung standardisierter Konzepte vor allem **vertragliche Vertriebssysteme** an. Neben Vertragshändlersystemen (z. B. in der Automobilbranche) spielt dabei das Franchising eine große Rolle, da es dem Hersteller eine risikoverminderte, breite, länderübergreifende Distribution ermöglicht. Im Rahmen von **Franchisekonzepten** wird an den Absatzmittler (Franchisenehmer) gegen Gebühr spezifisches Dienstleistungs- und Technologie-Know-how sowie Unterstützung bei Betriebsaufbau und -abwicklung zur Verfügung gestellt. Franchiseverträge stellen ein länderübergreifend einheitliches Erscheinungsbild sowie eine (zumindest im Kern) standardisierte Produkt- und Preispolitik sicher. Deshalb nehmen sie als Standardisierungsinstrument im internationalen Marketing einen hohen Stellenwert ein (Kriependorf 1989, S. 714).

Der Vorteil des Franchisesystems besteht vor allem in der Flexibilität, ein standardisiertes Marketingkonzept mit länderspezifisch adaptierten Komponenten des gesamten Distributionssystems zu vereinbaren. So ist die Wahl eines einheitlichen Vertriebsweges für eine integrierte Markenpolitik bei Coca-Cola durch die Rahmenstandardisierung des Franchisesystems nicht mehr als notwendige Voraussetzung eines Global Marketing zu sehen (Quelch, Hoff 1986). Um die Einhaltung der Franchise-Absprachen zu überwachen, sichern sich Franchisegeber wie Coca-Cola und McDonald's allerdings in der Regel umfangreiche Kontrollrechte bei den ansonsten selbständigen Franchisenehmern.

Im Gegensatz zur vertikalen Struktur bieten sich bei Entscheidungen über die **horizontale Absatzkanalstruktur** weitergehende Standardisierungsmöglichkeiten. Dabei sind die Entscheidungen über die Tiefe und Breite der Absatzkanalstruktur auf das engste verknüpft. Insbesondere bei der Wahl der Einzelhandels-Betriebsformen können Vereinheitlichungsbemühungen eine Rolle spielen, um einen standardisierten Marktauftritt des Unternehmens im Rahmen seiner abgestimmten Marketingpolitik auch beim indirekten Vertrieb zu gewährleisten. So kann z. B. festgelegt werden, daß in allen Ländern nur Fachgeschäfte und -märkte beliefert werden, um ein standardisiertes Markenkonzept auch vertriebspolitisch zu stützen. Dies setzt an einem einheitlichen Kriterienset an, welches die in Betracht kommenden Absatzmittler hinsichtlich Erscheinungsbild, Image und Leistungserbringung etc. erfüllen müssen. Eng verknüpft ist damit die Frage nach einer Vereinheitlichung der Selektionsstrategie, d. h. ob länderübergreifend eine intensive, selektive oder exklusive Distribution verfolgt werden soll.

Die Standardisierungskomponente der **Distributionslogistik** bezieht sich auf die Vereinheitlichung des **Lieferserviceniveaus** (Stock, Lambert 1988, S. 279). Der Lieferservice wird von vier Parametern bestimmt, über die im einzelnen Entscheidungen hinsichtlich der länderübergreifenden Vereinheitlichung zu treffen sind. Neben der Lieferzeit sind dies vor allem die Lieferbereitschaft, die Lieferqualität und die Lieferflexibilität.

Gegenstand der **preispolitischen Standardisierung** ist die Vereinheitlichung preis- und konditionengerichteter Marketingentscheidungen. Bei der Bestimmung des preisstrategischen Standardisierungsgrades ist zunächst zu entscheiden, welche Bedeutung die Preispolitik im Rahmen der globalen Marketingstrategie grundsätzlich haben soll. Die Beantwortung dieser Frage hängt weitgehend von den Produkteigenschaften und der Konkurrenzsituation ab und hat unmittelbare Auswirkungen auf die Höhe des preispolitischen Standardisierungsgrades. Sofern nicht vorrangig Preis-, sondern Leistungsvorteile als akquisitorische Instrumente eingesetzt werden, kann der länderspezifische Preisspielraum größer bleiben, ohne daß z. B. nachhaltige Imageschäden befürchtet werden müssen (Diller 1989, Sp. 1688).

Hinsichtlich der **Vereinheitlichung von Preisabfolgen** im Zeitablauf können die Strategieoptionen Skimming- und Penetration-Pricing sowie die dauerhafte Hoch- bzw. Niedrigpreispolitik unterschieden werden (Meffert, Althans 1982, S. 174; Segler 1986, S. 229). Die eher nutzenorientierte Skimmingstrategie geht von einem relativ hohen Ausgangspreis aus, der schrittweise gesenkt wird. Immer häufiger anzutreffen sind jedoch **globale Penetrationsstrategien,** die eine schnelle Realisierung von Degressions- und Erfahrungseffekten ermöglichen.

4.332 Standardisierung von Marketing-Prozessen

Standardisierte Prozesse können in vielen Bereichen einen Beitrag zum Erfolg des länderübergreifenden Marketing leisten. Dabei wird im allgemeinen zwischen der Standardisierung von Informations-, Planungs- und Kontrollprozessen unterschieden (Meffert 1989, S. 451).

Unter allen Dimensionen der Prozeßstandardisierung kommt der **informatorischen Vereinheitlichung** eine besondere Bedeutung zu, da diese z. B. im Rahmen von Situationsanalysen sowohl die Grundlage für die länderspezifische Planung der Tochtergesellschaften als auch der länderübergreifenden Planung der Zentrale bildet. Die zeit- und sachgerechte Verfügung über Informationen spielt daher für den Erfolg des länderübergreifend tätigen Unternehmens immer stärker eine ganz besondere Schlüsselrolle. Somit ist der Aufbau eines umfassenden und integrierten Marketing-Informationssystems anzustreben, das die Unternehmenszentrale und die Landesgesellschaften bzw. Verkaufsniederlassungen miteinander verbindet (Kreutzer 1989, S. 109). Eine wesentliche Voraussetzung für eine effektive und effiziente **informatorische Vernetzung** stellt die Prozeßstandardisierung dar (Bartlett 1989, S. 435). Hierbei muß zwischen der Standardisierung interner und externer Informationsprozesse unterschieden werden.

Von der Standardisierung externer Informationsprozesse ist in erster Linie die Marktforschung berührt, während sich die **Standardisierung interner Informationsprozesse** auf das Informationssystem bezieht. Ausgangspunkt und zentraler Baustein der Vereinheitlichung des Informationssystems ist der Aufbau einer einheitlichen Firmensprache zur Erleichterung der unternehmensinternen Kommunikation. Weiterhin ist es erforderlich, Informationsbedarfsfelder zu identifizieren, Informationsinstrumente vorzugeben und neben der Festlegung von Informationsrechten und -pflichten die Formen der Informationsvermittlung zu bestimmen. Die Formen der Informationsvermittlung reichen dabei von regelmäßigen Informationsbriefen über Videokonferenzen bis zu computergestützten Informationssystemen.

Gegenstand einer informatorischen Vereinheitlichung ist vor allem auch die **Standardisierung der externen Informationserhebung**. Dabei erweist sich gerade die standardisierte Marktforschung als kritischer Erfolgsfaktor sowohl für die länderübergreifende als auch landesspezifische Planung (z. B. für Nachfrageschätzungen, Segmentierungsentscheidungen und die Strategieentwicklung) (Douglas, Craig 1988, S. 5.5).

Das zentrale Problem auf internationaler Ebene, das vor allem die Primärforschung, aber auch die Sekundärforschung berührt, ist die **Vergleichbarkeit der Informationen** aus den einzelnen Landesgesellschaften. Die prozessuale Standardisierung knüpft hier deshalb an den Erhebungsmethoden und Auswertungsverfahren an. Eine weitestgehende Vergleichbarkeit von Daten aus dem internationalen Kontext ist dann gegeben, wenn eine Übereinstimmung in der Bedeutung und Interpretation der Daten, dem Grad der Genauigkeit und Zuverlässigkeit der Messung in allen betroffenen Landesgesellschaften vorliegt (Douglas, Craig 1983, S. 131; Holzmüller 1986, S. 51).

Bei der Analyse von Ansatzpunkten der **prozessualen Standardisierung der Marketingplanung** ist es zunächst notwendig, zwischen der länderübergreifenden und der länderspezifischen Planung zu unterscheiden. Dabei korrespondieren diese Bereiche – insbesondere bei stärker zentralisierten Unternehmen – oftmals mit der strategischen und der operativen Planung (Kreikebaum 1989, Sp. 1652), wobei sich unterschiedliche Koordinationsmechanismen für die strategische und operative Planung ergeben. Die Standardisierung der Marketingplanung betrifft hauptsächlich die zumeist operativen Planungsaktivitäten der Landesgesellschaften mit dem Ziel, die Prozeßphasen hinsichtlich inhaltlicher Ausgestaltung und zeitlicher Abfolge zu vereinheitlichen. Demgegenüber wird die strategische Marketingplanung primär durch eine Standardisierung interner und externer Informationssysteme sowie des Marketing-Controlling gefördert. Daher ist vor allem die operative, auf die Landesgesellschaften bezogene Marketingplanung Gegenstand einer prozessualen Standardisierung.

Im Rahmen der **Instrumenteplanung** können vor allem die Prozesse der Zielfestlegung, der Maßnahmenformulierung und der Budgetierung standardisiert werden. Neben der Frage, ob **Instrumenteziele länderübergreifend vereinheitlicht** werden (inhaltliche Standardisierung), ist für die prozessuale Standardisierung die Frage nach der einheitlichen

Messung der Zielerreichung von Relevanz. Darüber hinaus können Verfahren und Kriterien zur Abgrenzung von Zielgruppen standardisiert werden. Neben einheitlichen Segmentierungsmethoden können standardisierte, vom Marketing-Zielsystem des Gesamtunternehmens abgeleitete Segmentbewertungskriterien vorgegeben werden, so daß die Segmentauswahl und die Prioritätenbestimmung länderübergreifend gleichen Zielen dient.

Die **Standardisierung der Maßnahmengenerierung** beinhaltet Verfahren, die eine einheitliche Bewertung alternativer Maßnahmen in den einzelnen Ländern ermöglichen.

Im Rahmen der **Maßnahmenplanung** geht es im einzelnen darum, die zur Zielerreichung erforderlichen Mittel und Aktivitäten in dem durch die Strategie vorgegebenen Rahmen detailliert festzulegen. Ansatzpunkte für eine prozessuale Standardisierung ergeben sich hier in einer Vorgabe von Prozeduren zur Auswahl, Gewichtung und Ausgestaltung der absatzpolitischen Instrumente, der Festlegung der Aktivitätenniveaus der einzelnen Entscheidungen, der Kombination zu einem möglichst optimalen Marketing-Mix und der Bereitstellung der notwendigen finanziellen Mittel im Rahmen der Budgetierung. Erhebliches Standardisierungspotential weisen dabei Methoden zur Alternativengenerierung, Alternativenbewertung bzw. -auswahl und Budgetierung auf.

Bei der **Standardisierung der Instrumentebudgetierung** steht das Unternehmen vor dem zentralen Problem, ob die Höhe und ländermäßige Verteilung der Aufwendungen international vereinheitlicht werden soll. Länderspezifisch divergierende Entscheidungsprozesse und Budgetierungsmethoden leisten stark einer Prozeßvarietät Vorschub, welche die durch die Budgetierung bezweckte Planung, Koordination und Kontrolle der Instrumentestrategien zwischen Zentrale und Landesgesellschaften zeitlich ausdehnt, erheblich erschwert oder gänzlich unterbinden kann (Landwehr 1988, S. 49). Konkret können im Rahmen der Budgetierung sowohl Leistungs- als auch Kostenvorgabeentscheidungen vereinheitlicht werden. Dabei kommt neben einer Formulierung des Entscheidungsprozesses – einschließlich der Festlegung aller an der Entscheidung Beteiligten – der Standardisierung von Verfahren zur Budgetierung eine zentrale Bedeutung zu.

Die **Standardisierung von Kontrollprozessen** zielt auf eine Vereinheitlichung von Kontrollmethoden und -abläufen ab. Dazu ist es zunächst erforderlich, Erfolgskriterien wie Kosten- und Leistungsgrößen sowie Bewertungsstandards einheitlich zu definieren, um zu gewährleisten, daß alle Unternehmenseinheiten die „gleiche Sprache sprechen“ (Meissner 1988, S. 218). Ein „Definitions-Manual“ ist somit integraler Bestandteil eines standardisierten Kontrollsystems. Weiterhin sind die Kontrollinstrumente wie z. B. Kennzahlensysteme und Ergebnisrechnungen zu standardisieren. Durch den Einsatz identischer Methoden wird die internationale Vergleichbarkeit von Kontrolldaten gewährleistet, und es werden Konsolidierungs- und Bewertungsprobleme verringert. Dies erleichtert nicht zuletzt auch den länderübergreifenden Erfahrungsaustausch über die Erfolgsträchtigkeit der Marketing-Maßnahmen (Kreutzer 1989, S. 103).

4.4 Implementierung von Globalisierungsstrategien

Der Erfolg globaler Strategiekonzepte ist auf das engste mit der Effizienz ihrer organisatorischen Verankerung, der Neuorientierung der Entscheidungs- und Kontrollprozesse sowie der Anpassung der Rollen und Einstellungen des Management verbunden. In diesem Sinne läßt sich der Grundgedanke „Structure follows strategy" (Chandler 1962; Bühner 1985) auch auf die Systeme und Unternehmenskulturen übertragen.

4.41 Wahl geeigneter Organisationsstrukturen

Auffallend an der Diskussion um strategiegerechte Organisationstypen ist, daß häufig idealtypische Strukturen in polarisierter Form gegenübergestellt werden. Im Gegensatz zur dezentralen, meist nach Ländern oder Regionen strukturierten **multinationalen Organisation** wird beim globalen Management unter Verweis auf die Integrations- und Koordinationserfordernisse eine weltweite **produktorientierte Aufbauorganisation** gefordert (vgl. Abbildung 3).

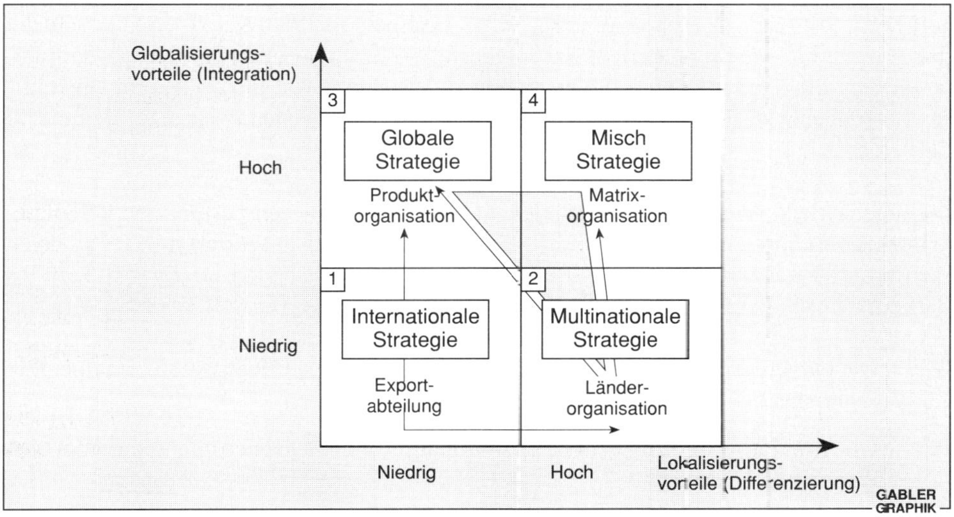

Abbildung 3: Grundtypen internationaler Organisationsformen

Erfahrungen in der Praxis belegen, daß die für den Übergang vom multinationalen zum globalen Management mitunter vorgeschlagenen **Matrixstrukturen**, die eine gleichzeitige Berücksichtigung von Produkt- und Regionenerfordernissen sicherstellen sollen, aufgrund der Komplexität der Abstimmungsprozesse sowie der geringen Flexibilität oft keine echte Problemlösung darstellen.

Ein Blick in die Realität zeigt auch, daß die wenigsten Unternehmen im Zuge eines Globalisierungsprozesses zur postulierten, rein produktorientierten Aufbauorganisation übergegangen sind. In der Tat weisen empirische Untersuchungen großer US-amerikanischer und europäischer multinationaler Unternehmen nach, daß die Organisationsstrukturen nur mit einer großen zeitlichen Verzögerung den Strategien angepaßt werden (Egelhoff 1982, S. 435 ff.; Daniels et al. 1985, S. 223 ff.). So dominiert bei vielen multinationalen Unternehmen immer noch die internationale Division, in der das gesamte Auslandsgeschäft zusammengefaßt ist. Sie ist eigentlich typisch für das Übergangsstadium von einem eher inlandsorientierten zu einem weltweit tätigen Unternehmen. Es folgen dann die produktorientierte, die regional orientierte und relativ selten die Matrixorganisation als Kombinationsform von Produkt- und Ländererfordernissen.

Eine Vielzahl von **Situationsfaktoren** trägt darüber hinaus dazu bei, daß sich eine eindeutige Zuordnung von Internationalisierungsstrategie und Organisationsstruktur nicht vornehmen läßt (Galbraith, Nathanson 1978; Kieser, Kubicek 1983, S. 243 ff.; Welge 1984, S. 369 ff.). Studien belegen, daß beispielsweise die vorherrschende Umweltdynamik sowie der jeweilige Diversifikationsgrad, aber auch der Umfang des Auslandsgeschäftes, die Zahl der Auslandsniederlassungen und die Besitzverhältnisse ausländischer Tochterunternehmen Einfluß auf die Unternehmensstruktur nehmen (Stopford, Wells 1972; Egelhoff 1982, S. 435 ff.; Daniels et al. 1985, S. 233 ff.; Egelhoff 1988, S. 1 ff.). So herrscht die stärker zentralisierte produktorientierte Organisation (Sparten- bzw. Geschäftsfeldorganisation) vor allem bei solchen weltweit tätigen Unternehmen vor, die bei hohem Diversifikationsgrad eine geringe ländermäßige Streuung der Produktion aufweisen (z. B. General Electric).

Die unterschiedlichen Situationsvariablen sind auf das engste mit bestimmten **Effizienzkriterien** verknüpft, die zur Beurteilung der Eignung von Organisationstypen im globalen Wettbewerb heranzuziehen sind (Bartlett 1983, S. 138 ff.; Kreutzer, Raffée 1986, S. 10 ff.; Bartlett, Ghoshall 1987, S. 49 ff.; Walker, Ruekert 1987, S. 15 ff.; Bolt 1988, S. 34 ff.):

- Die Organisation muß dem unterschiedlichen Globalisierungsniveau einzelner Geschäftsbereiche Rechnung tragen.
- Die Struktur sollte zu einer hohen Koordination und Integration aller internationalen Aktivitäten beitragen.
- Sie muß andererseits über eine Partizipation der Landesgesellschaften an den Entscheidungsprozessen die Motivation und Identifikation des lokalen Management sicherstellen und die Nutzung des Know-how vor Ort ermöglichen.
- Schließlich ist zu fordern, daß die Organisationsstruktur – nicht zuletzt über kurze Kommunikationswege – eine ausreichende Flexibilität im Sinne der schnellen An-

passung an veränderte Umweltbedingungen zuläßt (Prahalad, Doz 1981, S. 5 ff.; Fannin, Rodriguez 1986, S. 84 ff.).

Der Forderung nach einer schnellen und wirksamen Reaktion auf Umweltveränderungen wird die zentralisierte produktorientierte Aufbauorganisation kaum gerecht. In jenen Branchen, die sich durch eine hohe Umweltdynamik auszeichnen, setzen sich deshalb in verstärktem Maße sog. **„hybride" Organisationsformen** durch. In Abhängigkeit bestimmter Funktionen und Geschäftsbereiche werden länder- und produktspezifische Dimensionen integriert, ohne komplexe Matrixstrukturen zu entwickeln. Auf diese Weise kann unter Berücksichtigung der spezifischen situativen Gegebenheiten sowie des erreichten Globalisierungsgrades eine sukzessive Anpassung der Organisation erfolgen, die eher dem Grundgedanken einer „Evolution" als dem einer „Revolution" entspricht. Praktische Beispiele belegen überdies, daß die Zentralisation der Entscheidungen im Headquarter nicht zwingend mit der Globalisierung verbunden ist. Es bedarf keiner Begründung, daß die Zentralisation von F&E wesentlich größere Vorteile bringt als die weltweite Steuerung der Verkaufs- oder Serviceaktivitäten.

Mit Blick auf den Integrationsaspekt als bestimmendes Kennzeichen einer Globalisierungsstrategie darf die globale Geschäftstätigkeit solcher Unternehmen nicht länger auf einseitigen Abhängigkeiten im Sinne einer Produktgruppenverantwortung oder völliger Unabhängigkeit bei regionenorientierten Strukturtypen beruhen. Vielmehr muß nach dem Prinzip „Koordination und Partizipation" eine enge Verflechtung der Zentrale sowie aller Tochtergesellschaften auf der Grundlage eines **globalen Netzwerks** sichergestellt werden (Bartlett 1986, S. 368 ff.). Eine entsprechende, auf der Basis gegenseitiger Abhängigkeiten (Prahalad, Doz 1981, S. 7) beruhende Organisationsstruktur sichert einerseits die aus der Marktnähe des lokalen Management entstehenden Vorteile und fördert andererseits die für eine globale Strategie notwendige Koordination zwischen Landesgesellschaften untereinander und der Zentrale.

Zur Einbindung der Länderniederlassungen in die Entscheidungsprozesse werden in der Praxis in solchen Netzwerken verschiedene strukturelle Koordinationskonzepte eingesetzt (Wollnik, Kubicek 1976, S. 502 ff.; Welge 1980, S. 222 ff.). Es sind dies vor allem

- das Lead-Country-Konzept,
- regelmäßige Gesprächskreise und
- globale Koordinationsgruppen.

Beim **Lead-Country-Konzept** übernimmt eine Landesgesellschaft – unter Umständen aber auch die Zentrale – für ein Produkt oder eine Produktgruppe weltweit oder für eine bestimmte Region die Koordinations- und Führungsfunktion (Kreutzer, Raffée 1986, S. 16). Die von der betreffenden Niederlassung erarbeiteten Konzepte sind jeweils Grundlage für die Marktbearbeitung in den anderen Ländern (z. B. Eurobrand-Teams bei Procter & Gamble) (Bartlett, Ghoshal 1986, S. 91; Kreutzer, Raffée 1986, S. 16). Die Vorteile dieses relativ einfachen, aber effizienten Systems liegen neben den niedrigen Kosten in der besonderen Motivation für die Aktivitäten, auf die sich die Lead-Funktion bezieht.

Regelmäßige Gesprächskreise zwischen Vertretern der Zentrale und der Landesgesellschaften sind keineswegs als Routinesitzungen zur Motivation des lokalen Management zu verstehen. Viermehr ist im Rahmen dieser Gespräche die erforderliche dezentrale Koordination der internationalen Aktivitäten sicherzustellen. Dies kann beispielsweise dadurch geschehen, daß vor Ort länderspezifische Freiräume innerhalb der Globalisierungsstrategie definiert werden. Darüber hinaus besteht die Möglichkeit, bereits frühzeitig, d. h. während der Strategieformulierung, das Know-how des lokalen Management in die Konzeption einfließen zu lassen.

Globale Koordinationsgruppen sollten je nach Aufgabenbereich aus Vertretern bestimmter Niederlassungen und der Zentrale zusammengesetzt sein und tragfähige, standardisierte Konzepte für eine internationale Betätigung erarbeiten. So werden beispielsweise Marktforschungsgruppen institutionalisiert, die sich mit der Bestimmung strategischer Schlüsselmärkte oder der Identifizierung länderübergreifender Zielgruppen auseinandersetzen.

4.42 Anpassung der Systeme im globalen Wettbewerb

Die weitgehende Autonomie von Tochtergesellschaften mit ihrer Orientierung an länderspezifischen Erfolgsmaßstäben hat häufig zur Folge, daß in multinationalen Unternehmen ein breites Spektrum unterschiedlicher, relativ unabhängiger Informations-, Planungs- und Kontrollsysteme eingesetzt wird. Die angestrebte Integration der weltweiten Geschäftstätigkeit macht es in diesem Fall nicht nur erforderlich, die einzelnen Systeme auf neue Erfolgsdimensionen auszurichten. Vielmehr sind diese auch kompatibel zu gestalten, um zu einer weltweiten Abstimmung zu gelangen (Kreutzer, Raffée 1986, S. 16; Bartlett, Ghoshal 1986, S. 91). Mit Bezug auf den strategischen Korridor sind interaktive bzw. vernetzte Systeme zu entwickeln (Bonoma, Crittenden 1988, S. 8; Jaeger, Baliga 1985, S. 115 ff.). Nur letztere stellen im Zuge einer globalen Steuerung auch die Berücksichtigung länderspezifischer Besonderheiten sicher.

Letztlich ist damit das Erfordernis einer länderübergreifenden Formalisierung und Standardisierung der Entscheidungsprozesse und Management-Informationssysteme angesprochen. Die Bedeutung einer solchen Prozeßstandardisierung für die Implementierung einer Globalisierungsstrategie wird in zahlreichen Untersuchungen immer wieder hervorgehoben. Einheitliche Informations-, Planungs- und Kontrollprozesse prägen im wesentlichen die inhaltliche Standardisierung der Marktbearbeitung und damit das Globalisierungsniveau.

Mit der **Formalisierung und Standardisierung der Management-Informationssysteme** werden die Voraussetzungen geschaffen, daß im internationalen Geschäft die richtigen Informationen zum richtigen Zeitpunkt an den richtigen Ort gelangen (Landwehr 1988, S. 15 ff.). Mit Blick auf die starken Wechselkursschwankungen ist beispielsweise der Finanzbereich eines international operierenden Unternehmens mehr denn je auf einen raschen Informationsfluß zwischen den einzelnen Ländergesellschaften angewiesen. Das gleiche gilt auch für die Rationalisierung des Beschaffungswesens bei Umstrukturierung in internationale Produktionszentren. Die Anstrengungen der multinational operierenden Unternehmen gehen heute dahin, zur optimalen Steuerung logistischer Prozesse im Rahmen eines weltweiten Sourcing von Produkten und Komponenten ausgefeilte computergestützte Informationssysteme und Koordinationsmechanismen zu entwickeln.

Freilich verlangen diese **Anpassungsprozesse** eine sorgfältige Analyse der Standardisierungsvoraussetzungen von Aufgaben in den verschiedenen Funktionsbereichen und Managementebenen. Allgemein liegt der Schwerpunkt der Prozeßstandardisierung – z. B. in Form von Planungshandbüchern (Kreutzer 1986, S. 74) – bei den wiederholbaren Routineaufgaben der mittleren und unteren Managementebene. Versuche, auch die strategische Planung über eine zentrale Steuerung in diese Formalisierung einzubeziehen, sind nicht immer erfolgreich verlaufen. Dies lehren jedenfalls Erfahrungen von multinationalen Unternehmen, die auf Märkten mit hoher Umweltdynamik operieren (z. B. Philips). Flexible Handhabung strategischer Informationen erweist sich hier als besonderer Wettbewerbsvorteil.

Allgemein gilt, daß die mit einer **Angleichung der Managementsysteme** verbundene Informationstransparenz den Umfang der strukturellen Koordination verringert. Die Einheiten der globalen Unternehmung wachsen aufgrund verbindlich definierter Orientierungspunkte einer gleichartigen Informationsbasis gewissermaßen zusammen (Kreutzer, Raffée 1986, S. 74). Je umfassender die Ausstattung einzelner Auslandsniederlassungen mit länderübergreifend relevanten Informationen ist, desto eher können auch dezentral konzipierte Aktivitäten bereits in einem frühen Planungsstadium aufeinander abgestimmt werden. Die Prozeßstandardisierung übernimmt durch diese Integrationsleistung quasi eine „Katalysatorfunktion" für die Globalisierung.

Ein leistungsfähiges **Controlling** setzt voraus, daß unter Verwendung einheitlicher Planungsprozeduren die Ausrichtung der Unternehmenszentrale sowie der Landesgesellschaften auf ein klar definiertes, identisches Set international relevanter Planungs- und Kontrollgrößen erfolgt (Landwehr 1988, S. 12). Andernfalls sind Reibungsverluste bei der Umsetzung globaler Strategien geradezu vorprogrammiert.

Die Anpassung der Systeme im internationalen Wettbewerb ist im wesentlichen ein **Problem der Komplexitätshandhabung**. Sprachliche Barrieren, abweichende Rechnungslegungsvorschriften, unterschiedliche Managementfähigkeiten und nicht zuletzt abweichende Firmenkulturen erschweren die Neuorientierung der bei großen multinationalen Unternehmen anzutreffenden regelmäßigen Berichtssysteme. So hat der Controllingbereich eines großen deutschen Chemie-Konzerns mit 62 weltweit tätigen Tochtergesellschaften mehr als 1.500 Berichte jährlich auszuwerten. Es kann daher nicht verwundern, daß in der Einfachheit der Systeme eine wichtige Erfolgsvoraussetzung liegt. Als Beispiel hierfür sei das berühmte Ein-Seiten-Memorandum von Procter & Gamble angeführt.

Ebenso wie bei der Strukturveränderung sind mit der Anpassung der Systeme oft eine Reihe **technischer, organisatorischer und personaler Widerstände** verbunden. Am schwierigsten dürfte sich dabei die Antizipation und der Abbau personaler Widerstandspotentiale gestalten, die sich nach meist langer Entscheidungsautonomie gegen standardisierte Problemlösungskonzepte richten (Kreutzer, Raffée 1986, S. 13 ff.). So verwundert es nicht, daß sich die angestrebte Prozeßstandardisierung derzeit bei einem großen, weltweit tätigen Automobilunternehmen als äußerst langwieriger Anpassungsprozeß erweist. Die Durchsetzung einer länderübergreifend einheitlichen Vorgehensweise im Rahmen der Werbebudgetierung wurde dabei nicht nur aufgrund von Widerständen gegen einen Abbau der lokalen Planungsautonomie verzögert. Als zentrale Probleme erwiesen sich in diesem Fall vielmehr die unterschiedlichen Mediaszenen in den einzelnen Ländern und die mangelnde Verfügbarkeit international vergleichbarer Marktforschungsdaten (z. B. Imageanalysen). Hinzu kam der Zwang, auf die wechselnde Werbeintensität und Werbekonzeption der Wettbewerber in einzelnen Ländern flexibel reagieren zu müssen.

Dieses Beispiel macht die begrenzte Leistungsfähigkeit formaler Strukturen und Systeme im Globalisierungsprozeß besonders deutlich. Zahlreiche empirische Untersuchungen verweisen in diesem Zusammenhang auf den hohen Stellenwert **informaler Kommunikationskanäle und nicht-struktureller Koordinationsmechanismen**. Damit ist letztlich die Frage angesprochen, wie in einer weltweit tätigen Organisation ein gemeinsames Aufgabenverständnis, die Identifikation mit den übergeordneten Globalisierungszielen bzw. -strategien sichergestellt werden kann.

4.43 Ausrichtung der Unternehmenskultur auf eine globale Geschäftstätigkeit

In jüngerer Zeit wird dem Faktor „Unternehmenskultur“ auch im internationalen Kontext eine zunehmende Bedeutung zugemessen. Versteht man unter Unternehmenskultur die Summe von Wertvorstellungen, Denkweisen und Normen, von denen sich die Mitarbeiter leiten lassen und die das Erscheinungsbild des Unternehmens nach innen und außen prägen, so ist der Zusammenhang zwischen Unternehmenskultur und Nationalität bereits evident (Meffert, Hafner 1988, S. 4). Wertvorstellungen und Verhaltensnormen von Menschen werden neben vielen anderen Faktoren ganz entscheidend von der jeweiligen nationalen Kultur geprägt. Dies gilt nicht nur für die bekannten Unterschiede japanischer und amerikanischer Wertbegriffe des Management. Allein in Europa ist etwa der Begriff Mitbestimmung mit sehr unterschiedlichen Wertvorstellungen verbunden.

In neueren Untersuchungen findet sich der interessante Ansatz, den Internationalisierungsstrategien entsprechend ihrer ethnozentrischen, polyzentrischen oder geozentrischen Orientierung bestimmte **Unternehmenskulturtypen** zuzuordnen (vgl. Abbildung 4). Mit Blick auf den „Strategiekorridor“ interessiert hier besonders die Anpassung einer polyzentrisch ausgeprägten Kultur multinational operierender Firmen. Typisch für die Ausgangssituation ist der hohe Einfluß, der von der jeweiligen Länderkultur auf die Firmenkultur der betreffenden Auslandsniederlassung ausgeht. Die Kultur erfolgreicher, globaler Unternehmen ist hingegen dadurch gekennzeichnet, daß die Firmenkulturen der Auslandsniederlassungen von den sie umgebenden Länderkulturen weitgehend unbeeinflußt bleiben. Die Werte des Herkunftslandes spielen bei einer solchen Einheitskultur eine untergeordnete Rolle, entscheidender ist die weltweite Firmenidentität bzw. -kompetenz. Als Beispiele hierfür werden häufig prominente Beratungsgesellschaften genannt (Reinecke 1988, S. 7).

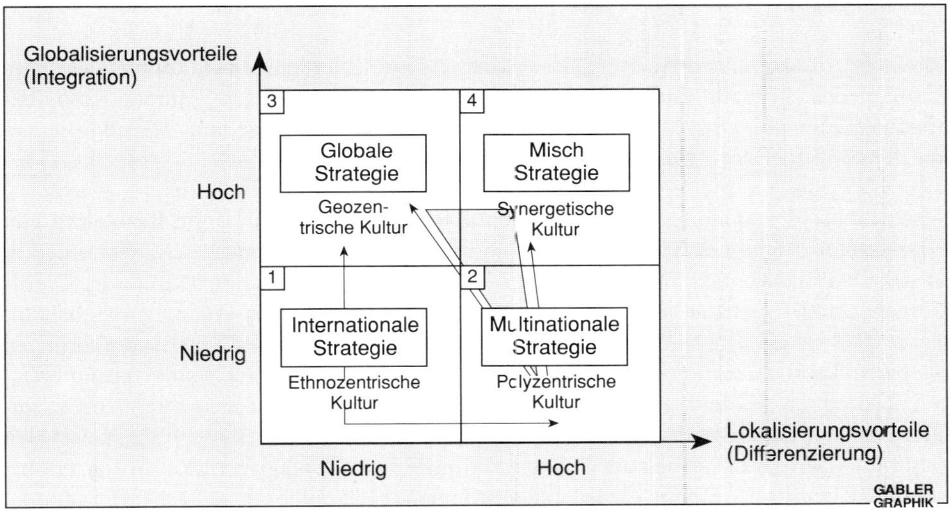

Abbildung 4: Internationale Unternehmenskultur-Grundtypen

Es versteht sich von selbst, daß eine solche Kulturanpassung nur in engen Grenzen gestaltet und allenfalls langfristig vollzogen werden kann. Auch muß man sich der Gefahren bewußt sein, die mit einem Verlust von Werten und Verhaltensnormen des Gastlandes verbunden sind. Nicht nur das von vielen weltweit operierenden Unternehmen gefürchtete „Multi-Image“ wäre die unausweichliche Folge. Vielmehr degenerieren auch die Firmenmitglieder eines solchen „globalen Clans“ leicht zu sog. „Firmensöldnern“ (Schneider 1988, S. 28 f.). Vieles spricht deshalb dafür, daß der Weg zu **synergetischen Unternehmenskulturen** sinnvoller ist. Hier werden kulturelle Unterschiede der Tochtergesellschaften, z. B. bedingt durch unterschiedliche Prägungen von Stammhaus-Delegierten und einheimischen Führungskräften, bewußt als Ressource begriffen. Nach dem Motto „Das Ganze ist mehr als die Summe der Teile" wird nach innovativen Lösungen gesucht (z. B. Erfahrungen bei Akzo/Enka bei der Schaffung einer binationalen Unternehmenskultur).

Ausgangspunkt und wichtiger Bestandteil eines im Einzelfall wie immer gearteten globalen „Kultur-Management" muß die Schaffung einer gemeinsamen **Corporate Identity** als strategisches Orientierungskonzept sein. Die Beantwortung der Fragen „Wer sind wir?", „Was ist unsere Mission im internationalen Wettbewerb?" schafft erst für den Identitätswandel nach innen das notwendige „Wir-Bewußtsein" und trägt im internationalen Wettbewerb zur notwendigen Profilierung bei. Dabei sind personalpolitische Maßnahmen der Identitätsvermittlung mindestens ebenso wichtig wie der Einsatz einheitlicher Gestaltungsmittel (z. B. Logo, Firmenbild) (Henzler, Rall 1985, S. 174). Dies bestätigen die Bemühungen eines deutschen Computerherstellers, bei dem das Top-Management in der Muttergesellschaft und in den Ländergesellschaften in regelmäßigen Gesprächskreisen und Koordinationsgruppen erhebliche Zeit zur Schaffung eines gemeinsamen Kulturverständnisses aufbrachte.

Direktere Ansatzpunkte zur aktiven Beeinflussung der Unternehmenskultur bieten sich im Bereich der **internationalen Personalpolitik**. Durch gezieltes Human-Resource-Management sind Anpassungen insbesondere der Personalplanung und -rekrutierung sowie der Gratifikations- und Ausbildungsprogramme vorzunehmen.

Wesentlicher Bestandteil einer global orientierten Personalpolitik ist die **Besetzung von Führungspositionen** auf der Grundlage einheitlicher Auswahlverfahren, die sich stärker an der Qualifikation als an der nationalen Herkunft der Mitarbeiter orientieren. Dieses Vorgehen bietet auch den im Ausland akquirierten Führungskräften Aufstiegsmöglichkeiten in der Zentrale. Durch Etablierung von Karrierepfaden, die internationale Erfahrungen erfordern, kann ein weiterer unternehmensinterner, weltweiter Know-how-Transfer erfolgen. Zum einen erhöht dies die Einsicht in die Notwendigkeit zur abgestimmten Zusammenarbeit der Landesgesellschaften, und zum anderen wird ein intensiver Ideenaustausch gefördert. Der daraus erzielbare Nutzen hat unter dem Schlagwort „Return on Global Learning" bereits Eingang in die Literatur gefunden (Light 1985, S. 56 f.).

Eine echte Motivation des Management für ein am Weltmarkt orientiertes, integriertes Vorgehen kann eigentlich nur dann erzeugt werden, wenn sich die **Leistungsbeurteilung** und die entsprechende **Leistungshonorierung** auch an Maßstäben des internationalen Unternehmenserfolges ausrichtet (Lessard, Sharp 1984, S. 18 ff.). So sollte im Falle einer Globalisierungsstrategie der Beitrag der Landesgesellschaft zum konsolidierten, weltweiten Unternehmensgewinn die Basis der Gratifikation bilden.

Schließlich sind auch **internationale Management-Trainings-Programme** den Erfordernissen eines globalen Wettbewerbs anzupassen (Bartlett 1983, S. 142 ff.; Murray, Murray 1986, S. 75 ff.). Ziel dieser Aktivitäten sollte es in erster Linie sein, den Mitarbeitern ein Denken in Länderzusammenhängen und ein übergreifendes Kulturverständnis zu vermitteln. Ebenso wie ein systematisches **„Job Rotation"** tragen solche Ausbildungsprogramme dazu bei, daß sich die Aktivitäten vor Ort im Rahmen der globalen Stoßrichtung bewegen.

Der Anpassungsprozeß im Bereich der Unternehmenskultur gestaltet sich naturgemäß besonders schwierig, wenn die Globalisierung mit dem Eintritt in eine **strategische Allianz** verbunden ist. Aktuelle Untersuchungen belegen den zentralen Stellenwert einer Konsistenz der Kulturen bei internationalen Kooperationen (Murray, Murray 1986, S. 77). Demnach ist der Mißerfolg strategischer Allianzen im internationalen Wettbewerb während der letzten Jahre in erheblichem Maße auf unterschiedliche Wertvorstellungen und Verhaltensnormen der beteiligten Firmen zurückzuführen. Offensichtlich ist die Gefahr eines „Kulturschocks“ dann besonders groß, wenn die jeweiligen Länderkulturen der Partnerfirmen stark voneinander abweichen (z. B. bei japanischen und US-amerikanischen Unternehmen). Aber auch bei geringerer räumlicher Distanz sind die Anpassungsprobleme oft gewaltig. So blickt die Fachwelt gespannt auf die europäische „Elephanten-Ehe“ Asea-Brown Boveri. Das Manager Magazin stellte bereits die Frage: „Passen die hemdsärmligen und energiegeladenen Nordländer mit den eher behäbigen Schweizern und ihrer aufmüpfigen deutschen Tochter zusammen? Wie lassen sich die marketingorientierten Verkäufertypen aus Schweden und die eher technik-vernarrten BBC'ler unter ein Dach bringen?“ (Hirn 1988, S. 212).

Bei aller Euphorie, mit der derzeit Fragen der Unternehmenskultur diskutiert werden, darf nicht vergessen werden, daß ein „Kultur-Management“ – gerade im internationalen Rahmen – vom Top-Management getragen werden muß. Wie auch im Bereich der Struktur und Systeme sollte sich die Anpassung der Kultur in umsichtigen Schritten eines geplanten Wandels vollziehen.

4.44 Management des geplanten Wandels

Vor dem Hintergrund der außerordentlich hohen Komplexität des Globalisierungsprozesses erscheint es zweckmäßig, die **Strategieimplementierung** im Rahmen eines zeitlich und ländermäßig differenzierten Stufenkonzepts vorzunehmen, um so potentiellen Widerständen zu begegnen (Landwehr 1988, S. 12). Die folgenden Aspekte sind dabei besonders bedeutsam:

- Persönliches Involvement des Top-Management und Einbeziehung der betroffenen Ländermanager,
- Präzisierung des Unternehmensleitbildes und Sicherstellung einer situationsgerechten Strategiewahl,
- Formulierung länderübergreifender Umsetzungsziele nach strategischen Geschäftsfeldern, Ländern und Funktionen,

- Entwicklung situationsgerechter und integrierter Maßnahmenkataloge zur Struktur-, System- und Kulturanpassung sowie
- Festlegung der Verantwortlichen und Steuerung des Anpassungsprozesses.

Von Interesse sind hierbei die Führungsaufgaben im Rahmen dieses Stufenkonzepts, insbesondere aber die Frage, welche Rolle die Zentrale und die Ländergesellschaften in diesem Anpassungsprozeß übernehmen können.

Es bedarf keiner ausführlichen Begründung, daß weder eine „Bombenwurfstrategie" (Kirsch et al. 1979, S. 279 f.) der Muttergesellschaft, noch die Bottom-up-Planung von Tochtergesellschaften geeignete Lösungswege darstellen. Ausgehend vom Prinzip der „Kooperation und Partizipation" erscheint vielmehr das **Gegenstrom-Planungsverfahren** das einzig erfolgversprechende Konzept zu sein, um den geplanten Wandel zu initiieren. Durch die Beteiligung des lokalen Management an der Entwicklung und Realisierung der Globalisierungsstrategie wird eine stärkere Identifikation der Betroffenen mit den Zielen des geplanten Wandels bewirkt und damit die Akzeptanz der Lösung erhöht. Zwar können in Projektteams externe Berater als „Change Agents" (Kirsch et al. 1979, S. 279 f.) den Prozeß initiieren und stabilisieren. Die Gefahr liegt hierbei allerdings in einer Dominanz struktureller Globalisierungskonzepte.

Damit ist die Frage nach dem „richtigen" **Mix der Struktur-, System- und Kulturanpassung** aufgeworfen. Externe Faktoren – z. B. Technologieabhängigkeit, Marktreife und Länderhomogenität – nehmen dabei ebenso Einfluß wie Alter, Größe und die Leistungsstruktur der Tochtergesellschaften. Zusätzlich gewinnen der Zeitbedarf und die Beeinflußbarkeit bzw. die zu erwartenden Widerstände bei der Umsetzung an Gewicht.

Unter Zeitaspekten spricht vieles dafür, daß Anpassungen im Bereich der Struktur schneller vorgenommen werden können als Änderungen in den Systemen, während eine Umgestaltung der Unternehmenskultur am längsten dauert. Stellt man den Anteil dieser Parameter am Globalisierungserfolg in den Mittelpunkt, so zeigt das Ergebnis einer Expertenbefragung ein interessantes Bild (vgl. Abbildung 5). Deutsche und US-amerikanische Unternehmen messen der Unternehmenskultur die größte Bedeutung für die Umsetzung von Globalisierungsstrategien bei. Strukturen und Systeme besitzen bei japanischen Firmen dagegen einen weitaus größeren Stellenwert in der Umsetzung als die Kulturanpassung. Diese Einschätzung mag darin begründet liegen, daß japanische Unternehmen im Bereich ihrer traditionell sehr stark ausgeprägten Unternehmenskultur die vergleichsweise geringsten Anpassungserfordernisse sehen.

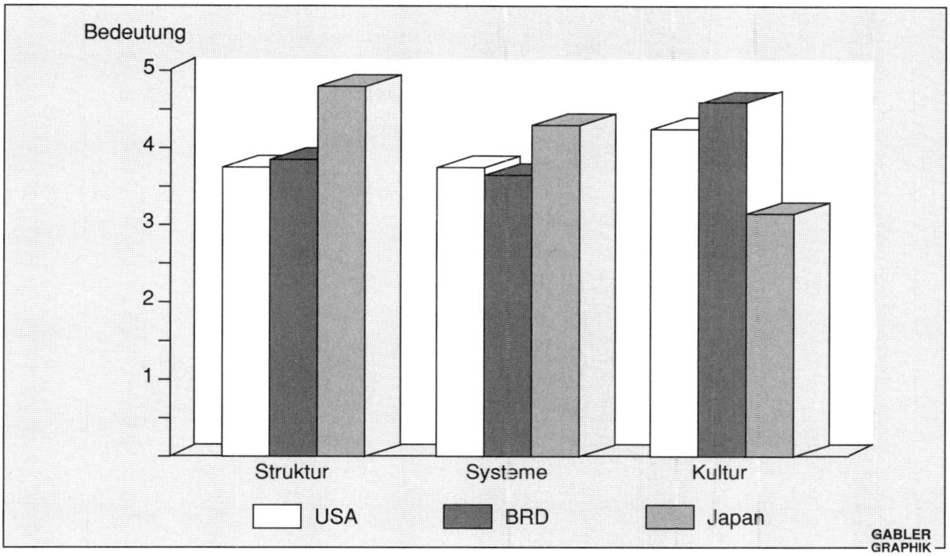

Abbildung 5: Bedeutung von Struktur, Systemen und Kultur bei der Durchsetzung von Globalisierungsstrategien in ausgewählten Ländern

Darüber hinaus zeigte sich, daß in der Einführungsphase der Globalisierung der Struktur- und Kulturanpassung die größte Bedeutung zukommt, während in der Adaptions- und Stabilisierungsphase Systeme zur globalen Steuerung den relativ größten Effizienzbeitrag leisten. Freilich ist diese Tendenzaussage wiederum stark situationsabhängig. Immerhin scheint die These plausibel, daß die Struktur- und Kulturanpassung, insbesondere in Form des Human Resource-Management, in gewissen Grenzen substituierbar sind (vgl. Abbildung 6).

Hier zeigt sich einmal mehr, daß der Erfolg der Strategieumsetzung letztendlich immer stark von den fachlichen, insbesondere aber auch menschlichen Fähigkeiten abhängt. Gerade dies aber macht das Problemfeld so komplex, denn der „Faktor Mensch" erfordert eine umsichtige Beeinflussung und langfristige Entwicklung. Dies ist möglicherweise ein Grund dafür, daß Beratungskonzepte, die stark auf Struktur- und Systemveränderungen abstellen, von vielen Unternehmen so dankbar aufgenommen werden.

Wie aufgezeigt wurde, ist das Spektrum der Instrumente des geplanten Wandels sehr breit. Es reicht von der Information und Überzeugung über die formale Koordination bis zur Genehmigung und Anweisung. Die Tatsache, daß diese Steuermechanismen kontext- bzw. firmenspezifisch einzusetzen sind, belegt sehr anschaulich aus dem Konsumgüterbereich das Beispiel von Nestlé und Coca-Cola (vgl. Abbildung 7). Offensichtlich spielt Coca-Cola in dieser globalen Planungsmatrix stärker auf dem „Klavier" der autoritären und zentral gesteuerten Führung (Quelch, Hoff 1986, S. 113 ff.).

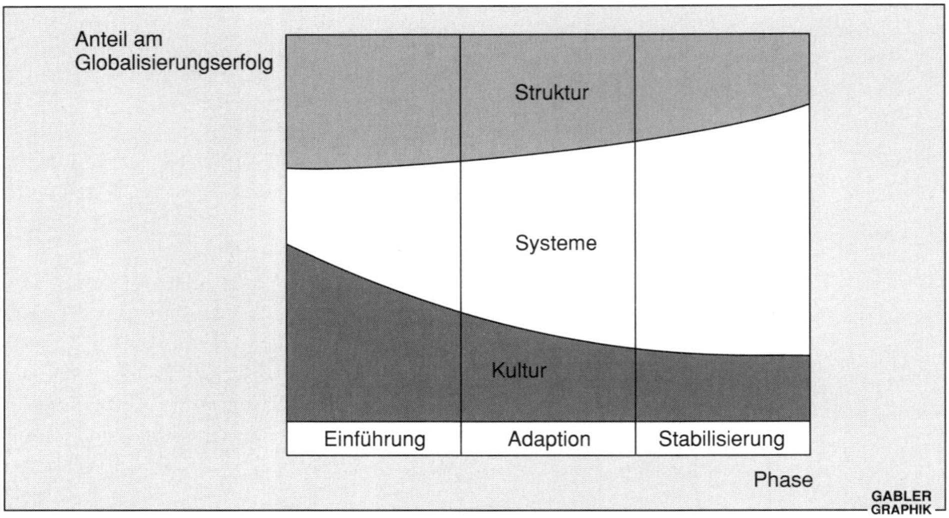

Abbildung 6: Anteil von Struktur-, System- und Kultursteuerung am Globalisierungserfolg im Zeitablauf

Selbstverständlich sind in diese Betrachtungen auch die Rollen einzubeziehen, welche die Tochtergesellschaften bei der Umsetzung globaler Strategien arbeitsteilig übernehmen können (Bartlett, Ghoshal 1987, S. 49 ff.). Bei hoher strategischer Bedeutung des Auslandsmarktes und entsprechender Kompetenz der Landesgesellschaften können diese als Lead Country wesentlich zum Gelingen des Wandels beitragen. Ein gutes Beispiel hierfür ist die britische Philips-Tochter, die beim Aufbau des Btx-Geschäftes eine starke Führungsposition im holländischen Elektrokonzern übernahm.

In kleinen oder strategisch bedeutungslosen Märkten verfügen gelegentlich Tochtergesellschaften über ein besonderes Know-how. Sie können Co-Lead-Funktionen ausüben und so die Rolle der strategischen Unterstützung vor allem bei strukturellen Maßnahmen und der Durchsetzung innovativer Konzepte übernehmen. Ein Beispiel hierfür ist die österreichische Landesgesellschaft der Henkel-Gruppe, die in Spezialmärkten eine besondere Kompetenz ausspielen konnte.

Landesgesellschaften in Märkten mit niedriger strategischer Bedeutung und geringer Kompetenz bleibt nur die Aufgabe der „passiven“ strategischen Umsetzung. Eine solche Landesgesellschaft fordert deshalb eher klare Anweisungen und Vorgaben. Frustration und Motivationsverlust halten sich jedoch in Grenzen, wenn ersichtlich wird, daß die Globalisierung nicht ausschließlich durch die Zentrale getragen wird, sondern auch durch Schwestergesellschaften, die als Promotoren des geplanten Wandels fungieren. Die Effizienz dieser Landesgesellschaften ist für die Globalisierung deshalb besonders wichtig, weil deren Märkte die notwendigen Skalenpotentiale liefern. Vorrangiges Koordinationsinstrument ist deshalb die Standardisierung.

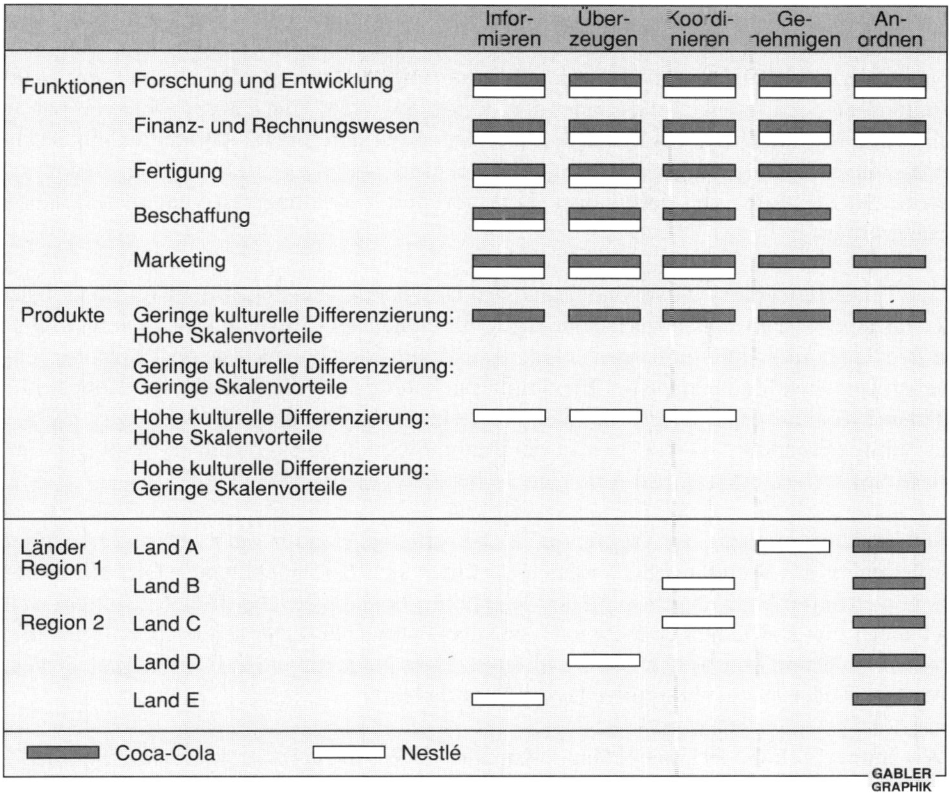

Abbildung 7: Steuerungsmechanismen bei ausgewählten Unternehmungen (in Anlehnung an Quelch 1986, S. 112)

Als kritisch für eine Globalisierungsstrategie erweisen sich solche Landesgesellschaften, die zwar in wichtigen Märkten operieren, denen es aber an Kompetenz oder sogar Motivation zur Übernahme globaler Konzepte fehlt. Oft wird in Japan oder in südostasiatischen Ländern von europäischen Konzernen eine derartige Situation beklagt. In solchen „schwarzen Löchern“ bleibt der Konzernleitung häufig nur die Möglichkeit, diesen Zustand durch Maßnahmen der Personalpolitik zu ändern.

Versucht man abschließend eine Gesamtbewertung der Globalisierungsdiskussion, so bleibt zunächst festzuhalten, daß die bisherige „Schwarz-Weiß-Malerei“ einer differenzierten Betrachtung der Handlungsspielräume im Spannungsfeld von globaler Integration und lokaler Anpassung weichen muß. Im Sinne einer Synthese spricht vieles für ein situationsgerechtes, abgestuftes Vorgehen. Dabei muß die Vorteilhaftigkeit einer globalen Unternehmens- und Marketingstrategie für einzelne Branchen und Produkte letztlich für jedes Unternehmen differenziert beurteilt werden.

Einige Anzeichen deuten darauf hin, daß sich in einer Reihe von Märkten ein Trend zu eher globalen Strategien abzeichnet. Dabei werden vor allem die sich verändernden Rahmenbedingungen künftig eher die Koordination von Entscheidungen erleichtern als eine Verringerung des Differenzierungsgrades der Märkte bewirken. Man denke dabei vor allem an sinkende Kommunikations- und Koordinationskosten durch neue Kommunikationstechnologien (z. B. Telekonferenzen) sowie den Einsatz computergestützter Informationssysteme zur Steuerung von Fertigungs-, Transport und Verwaltungsaktivitäten (z. B. Computerverbund).

Den Tendenzen einer weltweiten Produktstandardisierung und der Bildung transnationaler Zielgruppen stehen jedoch wachsende Diskontinuitäten der Umwelt und die pluralistischen Interessen der Länderregierungen entgegen. Dies erfordert bei wachsender Globalisierung neben gezielten Maßnahmen der Flexibilitätssicherung auch die Bildung von Kooperationen und Koalitionen. Häufig lassen sich Markteintrittsbarrieren und die Rolle des „Insiders in Schlüsselmärkten" – wie etwa in der Automobilindustrie – nur über weltweite Verflechtungen, sog. strategische Allianzen, sicherstellen.

Solche Anpassungsprozesse führen in den betroffenen Märkten nicht nur zu veränderten Spielregeln des Wettbewerbs. Vielmehr eröffnen sich bei zunehmender Globalisierung, d. h. weltweiter Vereinheitlichung des Angebots, vor allem Nischenanbietern interessante Chancen zur Befriedigung mehr oder weniger vernachlässigter länderspezifischer Bedürfnisse. Damit könnte letztlich ein differenziertes Marketing dem internationalen Wettbewerb wiederum eine besondere Dynamik verleihen.

Wie immer sich die Rahmenbedingungen und die Wettbewerbsstrukturen auf internationalen Märkten auch entwickeln mögen, es bleibt festzuhalten, daß Levitt mit seinen provokativen Thesen zur Globalisierung das Bewußtsein für Herausforderungen und Anpassungsmaßnahmen geschärft hat. In diesem Sinne wird die Praxis des Marketing künftig mehr über Gemeinsamkeiten als über Unterschiede einzelner Länder nachdenken müssen. Für die Wissenschaft ergibt sich die Aufforderung, intensiver die Weiterentwicklung einer Theorie der internationalen Unternehmung zu betreiben.

Literaturhinweise

Arnold, U. (1990): „Global Sourcing" – Ein Konzept zur Neuorientierung des Supply Management von Unternehmen, in: Welge, M. K. (Hrsg.): Globales Management, Stuttgart 1990, S. 49 f.

Bartlett, C. A. (1983): MNC's. Get off the Reorganization Merry-Go-Round, in: Harvard Business Review, March/April, 1983, S. 136–146.

Bartlett, C. A. (1986): Building and Managing the Transnational: The New Organizational Challenge, in: Porter, M. E. (Hrsg.): Competition in Global Industries, Boston 1986, S. 367–401.

Bartlett, Ch. A. (1989): Aufbau und Management der transnationalen Organisationsstruktur: Eine neue Herausforderung, in: Porter, M. E. (Hrsg.): Globaler Wettbewerb, Wiesbaden 1989, S. 425 ff.

Bartlett, C. A., Ghoshal, S. (1986): Tap Your Subsidiaries for Global Reach, in: Harvard Business Review, November/December, 1986, S. 87–94.

Bartlett, C. A., Ghoshal, S. (1987): Managing Across Borders: New Strategic Requirements, in: Strategic Management Review, Spring, 1987, S. 7–17.

Bartlett, Ch. A., Goshal, S. (1987): Arbeitsteilung bei der Globalisierung, in: Harvard Manager, Nr. 2, 1987, S. 49 ff.

Bartlett, Ch. A., Goshal, S. (1990): Internationale Unternehmensführung, Frankfurt/Main, New York 1990.

Benkenstein, M. (1987): Koordination von Forschung & Entwicklung und Marketing, in: Marketing ZFP, Heft 2, 1987, S. 123 ff.

Bolt, I.-M. (1988): Global Competitors: Some Criteria for Success, in: Business Horizons, No. 1, 1988, S. 34 ff.

Bolz, J. (1991): Wettbewerbsorientierte Standardisierungsentscheidungen, Diss., Münster 1991.

Bonoma, Th. V., Crittenden, V.L. (1988): Managing Marketing Implementation, in: Strategic Management Review, Winter 1988.

Bühner, R. (1985): Strategie und Organisation, Wiesbaden 1985.

Chandler, A. D. (1962): Strategy and Structure, Cambridge 1962.

Chuck, F. (1983): Global Competition in the 1990s. in: JoBS, Spring 1983, S. 22 ff.

Daniels, F. D., Pitts, R. A., Tretter, M. A. (1985): Organizing for Dual Strategies for Product Diversity and International Expansion, in: Strategic Management Journal, No. 3, 1985, S. 223–237.

Davidson, W. H. (1982): Global Strategic Management, New York 1982.

Diller, H. (1989): Preispolitik, in: Macharzina, K., Welge, M. K. (Hrsg.): Handwörterbuch Export und Internationale Unternehmung, Stuttgart 1989, Sp. 1682 ff.

Douglas, S. P., Craig, S. C. (1983): International Marketing Research, Englewood Cliffs 1983.

Douglas, S. P., Craig, S. C. (1986): Global Marketing Myopia, in: Journal of Marketing Management, Winter 1986, S. 155 ff.

Douglas, S. P., Craig, S. C. (1988): Marketing Research in the International Environment, in: Walter, I., Murray, T. (Hrsg.): Handbook of International Management, New York u. a. 1988, S. 5.1 ff.

Douglas, S. P., Craig, S.C. (1989): Evolution of Global Marketing Strategy: Scale, Scope and Synergy, in: Coumbia Journal of World Business, Fall 1989, S. 47 ff.

Douglas, S. P., Rhee, D.K. (1989): Examining Generic Competitive Strategy Types in U.S. and European Markets, in: Journal of International Business Studies, No. 3, 1989, S. 437 ff.

Douglas, S. P., Wind, Y. (1987): The Myth of Globalization, in: Columbia Journal of World Business, Winter 1987, S. 19 ff.

Doz, Y. L. (1986): Strategic Management in Multinational Companies, Oxford u. a. 1986.

Egelhoff, W. G. (1982): Strategy and Structure in Multinational Corporations: An Information-Processing Approach, in: Administrative Science Quarterly, No. 3, 1982, S. 435–458.

Egelhoff, W. G. (1988): Strategy and Structure in Multinational Corporations: A Revision of the Stopford and Wells Model, in: Strategic Management Journal, No. 9, 1988, S. 1–14.

Fannin, W. R., Rodriguez, A.F. (1986): National or Global? – Control vs. Flexibility, in: Long Range Planning, No. 5, 1986, S. 84–88.

Friedmann, R (1986): Psychological Meaning of Products: A Simplification of the Standardization vs. Adaptation Debate, in: Columbia Journal of World Business, Summer 1986, S. 97 ff.
Galbraith, J. R., Nathanson, D. A. (1978): Strategy Implementation: The Role of Structure and Process, St. Paul 1978.
Garvin, D. A. (1988): Die acht Dimensionen der Produktqualität, in: Harvard Manager, Nr. 3, 1988, S. 66 ff.
Görgen, W., van Kerkom, K. (1991): Der Wechsel der Wettbewerbsstrategie – Eine kritische Analyse der Bestimmungsfaktoren und Maßnahmen, Arbeitspapier des Instituts für Markt- und Distributionsforschung, Hrsg.: R. Köhler, Köln 1991.
Goshal, S. (1987): Global Strategy: An Organizing Framework, in: Strategic Management Journal, Fall 1987, S. 425 ff.
Grey (Hrsg.) (1984): Global Vision with Local Touch, Grey's Perspective on Global Marketing, New York 1984.
Halliburton, Ch., Hünerberg, R. (1987): The Globalization Dispute in Marketing, in: European Management Journal, No. 4, 1987, S. 243 ff.
Hamel, G., Prahalad, C. K. (1986): Haben Sie wirklich eine globale Strategie?, in: Harvard Manager, Nr. 1, 1986, S. 90 ff.
Hensmann, J. (1989): Kommunikationspolitik im Europäischen Binnenmarkt, in: Bruhn, M., Wehrle, F. (Hrsg.): Europa 1992 – Chancen und Risiken für das Marketing, Münster 1989, S. 55 ff.
Henzler, H., Rall, W. (1985): Aufbruch in den Weltmarkt III, in: Manager Magazin, Nr. 11, 1985, S. 166 ff.
Henzler, H., Rall, W. (1986): Facing Up to the Globalization Challenge, in: McKinsey Quarterly, Winter 1986, S. 52 ff.
Hirn, W. (1988): Schnelle Brüter, in: Manager Magazin, Nr. 18, 1988, S. 212–218.
Holzmüller, H. H. (1986): Zur Strukturierung der grenzüberschreitenden Konsumentenforschung und spezifischen Methodenproblemen in der Datengewinnung, in: Jahrbuch für Absatz- und Verbrauchsforschung, Nr. 1, 1986, S. 42 ff.
Hout, T., Porter, M. E., Rudden, E. (1982): How Global Companies Win Out, in: Harvard Business Review, No. 5, 1982, S. 98 ff.
Huszagh, S. M., Fox, R. J., Day, E. (1986): Global Marketing: An Empirical Investigation, in: Columbia Journal of World Business, Twentieth Anniversary Issue, 1986, S. 31 ff.
Jaeger, A. M., Baliga, B. R. (1985): Control Systems and Strategic Adaption: Lessons from the Japanese Experience, in: Strategic Management Journal, 1985, S. 115-134.
Jain, S. C. (1989): Standardization of International Marketing Strategy: Some Research Hypotheses, in: Journal of Marketing, January 1989, S. 70 ff.
Jefkins, J. (1988): Public Relations, 3rd ed., London 1988.
Kawakatsu, S. (1985): Marketingstrategien in High-Tech-Märkten – dargestellt am Beispiel des Marktes für Unterhaltungselektronik, in: Vom operativen zum strategischen Marketing, Arbeitspapier Nr. 24 der Wissenschaftlichen Gesellschaft für Marketing und Unternehmensführung e.V., Hrsg.: H. Meffert und H. Wagner, Münster 1985, S. 34 ff.
Keegan, W. (1988): Global Marketing Management, Englewood Cliffs 1988.
Keegan, W. J., MacMaster, N. A. (1983): Global Strategic Marketing, in: Kirpalani, V.H. (Hrsg.): International Marketing. Management Issues, Research and Opportunities, Cambridge 1983, S. 94–105.
Kieser, A., Kubicek, H. (1983): Organisation, 2. Aufl., Berlin, New York 1983.
Kirsch, W., Esser, W.-M., Gabele, E. (1979): Das Management des geplanten Wandels von Organisationen, Stuttgart 1979.
Kotler, Ph., Fahey, L., Jatusripitak, S. (1985): The New Competition, Englewood Cliffs 1985.
Kreikebaum, H. (1989): Internationale Planung, in: Macharzina, K., Welge, M. (Hrsg.): Handwörterbuch Export und Internationale Unternehmung, Stuttgart 1989, Sp. 1650 ff.
Kreutzer, R. (1986): Standardisierte Prozesse für globale Erfolge, in: Absatzwirtschaft, Nr. 10, 1986, S. 72–76.

Kreutzer, R. (1989): Global Marketing – Konzeption eines länderübergreifenden Marketing, Wiesbaden 1989.
Kreutzer, R., Raffée, H. (1986): Organisatorische Verankerung als Erfolgsbedingung eines Global Marketing, in: Thexis, Heft 2, 1986, S. 10–21.
Kriependorf, P. (1989): Internationales Franchising, in: Macharzina, K., Welge, M. (Hrsg.): Handwörterbuch Export und Internationale Unternehmung, Stuttgart 1989, S. 711 ff.
Kux, B., Rall, W. (1990): Marketing im globalen Wettbewerb, in: Welge, M. K. (Hrsg.): Globales Management, Stuttgart 1990, S. 73 ff.
Landwehr, R. (1988): Standardisierung der internationalen Werbeplanung, Frankfurt, Bern 1988.
Lessard, D. R., Sharp, D. (1984): Measuring the Performance of Operations Subject to Fluctuating Exchange Rates, Fall 1984.
Levitt, Th. (1983): The Globalization of Markets, in: Harvard Business Review, No. 3, 1983, S. 92 ff.
Light, L. (1985): Think Global, Act Local, in: Werbeforschung und Praxis, Nr. 2, 1985.
Meffert, H. (1989): Globalisierungsstrategien und ihre Umsetzung im internationalen Wettbewerb, in: Die Betriebswirtschaft, Heft 4, 1989, S. 445 ff.
Meffert, H. (1990): Euro-Marketing im Spannungsfeld zwischen nationalen Bedürfnissen und globalem Wettbewerb, in: Meffert, H., Kirchgeorg, M. (Hrsg.): Marktorientierte Unternehmensführung im Europäischen Binnenmarkt, Stuttgart 1990, S. 21 ff.
Meffert, H. (Hrsg.) (1991): High-Tech Marketing. Branchenspezifische Trends und Strategien für die 90er Jahre, Düsseldorf 1991.
Meffert, H., Althans, J. (1982): Internationales Marketing, Stuttgart 1982.
Meffert, H., Bolz, J. (1991): Globalisierung des Marketing bei internationaler Unternehmenstätigkeit, in: Kumar, N., Haussmann, H. (Hrsg.): Handbuch der internationalen Unternehmenstätigkeit, München 1991.
Meffert, H., Hafner, K. (1988): Unternehmenskultur und marktorientierte Unternehmensführung – Bestandsaufnahme und Wirkungsanalyse, Arbeitspapier Nr. 35 der Wissenschaftlichen Gesellschaft für Marketing und Unternehmensführung e.V., Hrsg. H. Meffert, H. Wagner, Münster 1988.
Meffert, H., Landwehr, R., Gass, C., Waltermann, B. (1986): Globale oder nationale Marktkommunikation? – Eine empirische Analyse aus der Sicht weltweit tätiger Werbeagenturen, Arbeitspapier Nr. 29 der Wissenschaftlichen Gesellschaft für Marketing und Unternehmensführung e.V., Hrsg.: H. Meffert und H. Wagner, Münster 1986.
Meissner, H. G. (1988): Marketing-Controlling für Multinationale Unternehmen, in: Reichmann, T. (Hrsg.): Controlling-Praxis: Erfolgsorientierte Unternehmenssteuerung München 1988, S. 215 ff.
Miller, D. (1988): Relating Porter's Business Strategies to Environment and Structure: Analysis and Performance Implications, in: Academy of Management Journal, No. 2, 1988, S. 280 ff.
Murray, F. T., Murray, A. H. (1986): Global Managers for Global Business, in: Strategic Management Review, Winter 1986, S. 75–80.
Ohmae, K. (1985): Triad Power: The Coming Shape of Global Competition, New York 1985.
Porter, M. E. (1986): Competition in Global Industries: A Conceptual Framework, in: Porter, M.E. (Hrsg.): Competition in Global Industries, Boston 1986
Porter, M. E. (1989): Wettbewerb in globalen Branchen: Ein Rahmenkonzept, in: Porter M.E. (Hrsg.): Globaler Wettbewerb, Wiesbaden 1989, S. 17 ff.
Porter, M. E. (1992): Wettbewerbsstrategie, Frankfurt/Main 1992.
Prahalad, C. K., Doz, Y. L. (1981): An Approach to Strategic Control in NMCs, in: Strategic Management Review, No. 4, 1981, S. 5–13.
Prahalad, C. K., Doz, Y. L (1987): The Multinational Mission, New York, 1987.
Quelch, J. A., Hoff, E. J. (1986): Globales Marketing – nach Maß, in: Harvard Manager, Nr. 4, 1986, S. 107 ff.
Raffée, H., Kreutzer, R. (1986): Organisatorische Verankerung eines Global Marketing, in: Thexis, Heft 2, 1986, S. 11 ff.

Reichel, J. (1989): How Can Marketing Be Successfully Standardized for the European Market, in: European Journal of Marketing, No. 7, 1989, S. 60 ff.

Reineke, R. D. (1988): Unternehmenskultur und Auslandsakquisition. Arbeitspapier Nr. 46 der Wissenschaftlichen Gesellschaft für Marketing und Unternehmensführung e.V., Hrsg. H. Meffert, H. Wagner, Münster 1988.

Ricks, D. A. (1986): How to Avoid Business Blunders Abroad, in: Jain, S. C., Tucker, L. R. (Hrsg.): International Marketing: Managerial Perspectives, Boston 1986, S. 107 ff.

Roth, K., Morrison, A.J. (1990): An Empirical Analysis of the Integration – Responsiveness Framework in Global Industries, in: Journal of International Business Studies, No. 4, 1990, S. 541 ff.

Rüschen, G. (1984): Internationale Nestlé-Strategie und -Organisation, in: Internationales Management – Erfahrungen im Auslandsgeschäft, Arbeitspapier Nr. 17 der Wissenschaftlichen Gesellschaft für Marketing und Unternehmensführung e.V., Hrsg.: H. Meffert und H. Wagner, Münster 1984, S. 47 ff.

Rüschen, G. (1988): Der europäische Markt – eine Herausforderung für den Markenartikel, in: Markenartikel, Nr. 6, 1988, S. 234 ff.

Schiffmann, L. G., Dillon, W. R., Ngumah, F. E. (1981): The Influence of Subcultural and Personality Factors on Consumer Acculturation, in: Journal of International Business Studies, Fall 1981, S. 137 ff.

Schneider, S. (1988): Nation vs. Corporate Culture: Implications for Human Resource Management, Insead Working Paper, Fontainebleau 1988.

Segler, K. (1986): Basisstrategien im internationalen Marketing, Frankfurt/Main 1986.

Sheth, J. (1986): Global Markets or Global Competition?, in: The Journal of Consumer Marketing, No. 2, 1986, S. 9 ff.

Specht, G. (1988): Distributionsmanagement, Stuttgart u. a. 1988.

Stock, J. R., Lambert, D. M. (1988): Physical Distribution Management in International Marketing, in: Andrus, D. M., Norvell, D. W., Gogumalla, S. V. (Hrsg.): International Marketing Management, Bessemer 1988, S. 278 ff.

Stopford, I. M., Wells, L. T. (1972): Managing the Multinational Enterprise, New York 1972.

Takeuchi, H., Porter, M. E. (1989): Die drei Aufgaben des internationalen Marketing im Rahmen einer globalen Unternehmensstrategie, in: Porter, M. E. (Hrsg.): Globaler Wettbewerb, Wiesbaden 1989, S. 127 ff.

Toyne, B., Walters, P. G. P. (1989): Global Marketing Management: A Strategic Perspective, Boston u. a. 1989.

Voß, H. (1989): Internationale Wettbewerbsstrategien, Bayreuth 1989.

Walker, O. C., Ruekert, R. W. (1987): Marketing's Role in the Implementation of Business Strategies: A Critical Review and Conceptual Framework, in: Journal of Marketing, No. 7, 1987, S. 15–33.

Waltermann, B. (1989): Internationale Markenpolitik und Produktpositionierung, Wien 1989.

Walters, P. G. P., Toyne, B. (1989): Product Modification and Standardization in International Markets: Strategic Options and Facilitating Policies, in: Columbia Journal of World Business, Winter 1989, S. 37 ff.

Welge, M. K. (1980): Management in deutschen multinationalen Unternehmungen, Stuttgart 1980.

Welge, M. K. (1984): Die Führung von Betriebseinheiten im Ausland aus organisatorischer Sicht, in: Dichtl, E., Issing, O. (Hrsg.): Exporte als Herausforderung für die deutsche Wirtschaft, Köln 1984, S. 369–395.

Welge, M. K. (1990): Globales Management, in: Welge, M. K. (Hrsg.): Globales Management, Stuttgart 1990, S. 1 ff.

Whitelock, J. M. (1987): Global Marketing and the Case for International Product Standardization, in: European Journal of Marketing, No. 9, 1987, S. 32 ff.

Wollnik, M., Kubicek, H. (1976): Einflußfaktoren der Koordination in Unternehmen, in: Zeitschrift für betriebswirtschaftliche Forschung, 1976, S. 502–524

Yip, G. S. (1989): Global Strategy – In a World of Nations?, in: Sloan Management Review, Fall 1989, S. 29 ff.

5. Strategien auf Dienstleistungsmärkten

5.1 Stellenwert des Dienstleistungsmarketing in Theorie und Praxis

Die Bedeutung des Dienstleistungssektors innerhalb hochentwickelter Volkswirtschaften ist zu Beginn der neunziger Jahre unbestritten. Internationale Statistiken weisen den Anteil von Dienstleistungen am Bruttoinlandsprodukt von Industrienationen mit durchschnittlich 60 Prozent aus (Dahringer 1991, S. 5). Zudem schreitet die Internationalisierung zahlreicher Dienstleistungsbranchen stetig voran. Dies wird gleichermaßen durch den deutlich gestiegenen Anteil des grenzüberschreitenden Dienstleistungshandels in internationalen Handelsstatistiken wie auch durch die intensive Direktinvestitionstätigkeit von Dienstleistungsunternehmen im Ausland belegt (Heskett 1988, S. 150; Köhler 1991, S. 64 ff.; Roach 1991, S. 86 ff.).

Wenngleich sich mittlerweile auch Dienstleistungsunternehmen mit dem Phänomen stagnierender und gesättigter Märkte auseinandersetzen müssen (Büker 1991, S. 1), deuten die Prognosen zumindest für den europäischen Bereich auf eine dynamische Entwicklung der meisten Dienstleistungsbranchen hin. Dabei lassen sich **drei zentrale Gestaltungskräfte** identifizieren, von denen Veränderungen der Marktstrukturen und Wachstumsimpulse für die nationalen und internationalen Dienstleistungsmärkte ausgehen. Es sind dies

- weitreichende technologische Innovationsprozesse,
- verstärkte Deregulierungs- und Harmonisierungstendenzen sowie
- die steigende Bedeutung von Dienstleistungen beim Absatz von Investitions- und langlebigen Konsumgütern (Heskett 1988, S. 169 ff.; Benölken, Greipel 1990, S. 42 f.; Dahringer, Mühlbacher 1991, S. 401 ff.; Engelhardt, Kleinaltenkamp, Reckenfelderbäumer 1992, S. 4 ff.)

Entwicklungen auf dem Gebiet der **Kommunikationstechnik und Informationsverarbeitung** führen zu grenzüberschreitenden Wettbewerbsformen und einer Erosion ursprünglicher Branchengrenzen. Beispielhaft sei hier das Zusammenwachsen der geographisch und hinsichtlich des Leistungsangebots lange Zeit fragmentierten Finanzdienstleistungsmärkte angeführt. Mit dem Vordringen neuer Technologien entstehen komplexere Marktstrukturen, die Unternehmen zu einer Neupositionierung in einem veränderten Wettbewerbsumfeld zwingen.

Gleichzeitig beseitigt die **Deregulierung** bislang staatlich reglementierter Märkte die Monopolstellung öffentlicher Unternehmen und ermöglicht den Marktzugang für private

Anbieter. Zudem begünstigen multilaterale Deregulierungs- und Harmonisierungsmaßnahmen eine Integration nationaler Wirtschaftsräume. So wird erwartet, daß mit der Vollendung des EG-Binnenmarktes die größten Wachstums- und Beschäftigungseffekte durch die Liberalisierung des Dienstleistungssektors entstehen (Bundesministerium für Wirtschaft 1991, S. 33).

Parallel zur steigenden wirtschaftlichen Bedeutung von Dienstleistungen setzt sich auch in Deutschland die **betriebswirtschaftliche Forschung** seit Beginn der achtziger Jahre intensiver mit dem Dienstleistungssektor auseinander. Zuvor waren bereits in den USA, aber auch in den skandinavischen Staaten, grundlegende Veröffentlichungen zum Dienstleistungsmarketing erschienen. Starke Impulse erhielt die Dienstleistungsforschung auch aus Arbeiten über artverwandte betriebswirtschaftliche Erkenntnisobjekte. Hier waren es vor allem Forschungsarbeiten im Bereich des Kundendienstmanagement und des traditionell durch ein höheres Maß an Interaktion zwischen Anbieter und Nachfragerorganisation gekennzeichneten Investitionsgütermarketing, deren Transfer neue Erkenntnisse auf dem Gebiet des Dienstleistungsmarketing hervorbrachte.

Nachdem in den siebziger und achtziger Jahren dieser Transfer im wesentlichen nur in eine Richtung – nämlich von den verwandten Disziplinen hin zur Dienstleistungsforschung – verlief, läßt sich mittlerweile auch eine Impulsgebung in umgekehrter Richtung feststellen: So sind etwa die zur Zeit in der allgemeinen wissenschaftlichen Diskussion breiten Raum einnehmende **Zufriedenheitsforschung** und die damit zusammenhängende Problematik des **Beschwerdemanagement** seit Mitte der achtziger Jahre vor allem im Zusammenhang mit Dienstleistungen immer wieder aufgegriffen worden. Einen breiten, über die Führung von Dienstleistungsunternehmen hinausgehenden Anspruch erhebt auch die spezifische **Führungskonzeption** des Dienstleistungsmarketing. Dabei wird unabhängig von einer Unternehmenszugehörigkeit zum Sachgüter- oder Dienstleistungssektor die Herausbildung einer spezifischen Dienstleistungskultur gefordert (Upah, Berry, Shostack 1983; Jugel, Zerr 1989; Lehmann 1989; Quinn, Doorley, Paquette 1990; Lehmann 1992). Dienstleistungsmarketing wird dabei als integrierend wirkendes Leitkonzept des Management i. S. eines gelebten Unternehmenswertes oder „Shared Value“ interpretiert. In dessen Mittelpunkt steht eine, sämtliche Primär- und Sekundäraktivitäten der betrieblichen Wertkette umfassende Kundenorientierung, die als **Philosophieaspekt** des Dienstleistungsmarketing bezeichnet werden kann.

Wenngleich angesichts der recht zahlreichen Arbeiten zum Dienstleistungsmarketing ein generelles Forschungsdefizit mittlerweile nicht mehr besteht, so kann dennoch der **aktuelle Stand der wissenschaftlichen Diskussion** insgesamt nicht als zufriedenstellend bezeichnet werden. Es fehlt nach wie vor an einer umfassenden Theorie der marktorientierten Führung von Dienstleistungsunternehmen. Dieses Defizit ist nicht zuletzt auf die hohe Komplexität und Heterogenität des Untersuchungsgegenstandes „Dienstleistung“ zurückzuführen. So werden etwa automatisierte Bankleistungen ebenso den Dienstleistungen zugerechnet wie in engem persönlichen Kundenkontakt erbrachte Leistungen einer Unternehmensberatung.

Die methodisch nur schwer faßbare Komplexität hat aber in der jüngsten Vergangenheit über die Forderung nach einem geschlossenen Theoriegebäude hinaus auch grundsätzliche Fragestellungen aufgeworfen. Im Mittelpunkt steht dabei ohne Zweifel der von Engelhardt vorgeschlagene Verzicht auf die ursprüngliche Trennung der Begriffe Sach- und Dienstleistung zugunsten einer allgemeinen Typologie von Absatzobjekten (Engelhardt, Kleinaltenkamp, Reckenfelderbäumer 1992, S. 37).

Die dynamische Entwicklung der Dienstleistungsmärkte sowie die noch bestehenden Forschungsdefizite eröffnen eine Fülle interessanter Problemfelder. Zwei dieser Problemfelder sollen nachfolgend näher analysiert werden. Die noch vergleichsweise wenig diskutierten Besonderheiten des strategischen Dienstleistungsmarketing und die im Dienstleistungsbereich aufgrund der Integration eines externen Faktors wesentlich schwierigere Durchsetzung und Implementierung von Strategien. Um beide Bereiche in ihrer ganzen Komplexität zu erfassen, bedarf es jedoch zuvor einer kritischen Auseinandersetzung mit dem Absatzobjekt Dienstleistung.

5.2 Zur Abgrenzung und Systematisierung des Absatzobjektes Dienstleistung

Bei dem Bestreben, eine Abgrenzung und Systematisierung von Dienstleistungen vorzunehmen, werden in der betriebswirtschaftlichen Literatur zwei unterschiedliche Wege beschritten. Eine Gruppe von Autoren bemüht sich um die Ableitung einer **allgemeingültigen Dienstleistungsdefinition** (Bowen 1990, S. 43 ff.; Rosada 1990, S. 9 ff.; Köhler 1991, S. 8 ff.). Demgegenüber richten andere ihr Interesse auf die Bildung einer **Typologie von Dienstleistungen** (Lovelock 1988, S. 44 ff.; Staffelbach 1988, S. 279 f.; Meyer 1991, S. 207). Beide Wege sind nicht als gleichwertige Alternativen zu verstehen. Vielmehr liegen ihnen verschiedene Prämissen und Zielsetzungen zugrunde.

5.21 Problematik einer allgemeingültigen Dienstleistungsdefinition

Dienstleistungsdefinitionen basieren zumeist auf der **Identifikation konstitutiver Merkmale** des Absatzobjektes. Zwei Anforderungen sind an derartige Merkmale zu stellen:

- Ein zur Ableitung von Definitionen geeignetes Merkmal muß für jede Dienstleistung gleichermaßen Gültigkeit besitzen, d. h. jedes Absatzobjekt, das dieses Merkmal nicht aufweist, ist damit zwingend auch keine Dienstleistung.

- Darüber hinaus sollten Definitionsmerkmale so beschaffen sein, daß sie zwischen verschiedenen Typen von Absatzobjekten eindeutig trennen, d. h. die Existenz eines bestimmten Merkmals sollte ein Absatzobjekt eindeutig einem Leistungstyp zuordnen und es gegenüber anderen möglichen Leistungstypen abgrenzen.

Eine wesentliche Zielsetzung bei der Ableitung von Dienstleistungsdefinitionen besteht in einer Abgrenzung von Dienstleistungen gegenüber Sach- und Nominalgütern (Engelhardt, Kleinaltenkamp, Reckenfelderbäumer 1992, S. 8 ff.). Anknüpfend an die phasenbezogene Betrachtung der Dienstleistungserstellung können Dienstleistungsdefinitionen aus einer **Kombination von drei Leistungsdimensionen** – der Potential-, der Prozeß- und der Ergebnisdimension – mit den jeweils für **konstitutiv erachteten Merkmalen** von Dienstleistungen abgeleitet und systematisiert werden (Engelhardt, Kleinaltenkamp, Reckenfelderbäumer 1992, S. 10 f.). Die wichtigsten, in der Literatur diskutierten Merkmale sind

- die Integration eines externen Faktors,
- die Immaterialität der Leistung,
- die Notwendigkeit eines synchronen Kontakts zwischen Kunde und Dienstleistungsanbieter sowie
- die Bereitstellung von Leistungsfähigkeiten in Form personeller, sachlicher oder immaterieller Ressourcen durch den Dienstleistungsanbieter.

Von diesen Merkmalen erweist sich letztlich aber nur die Integration eines externen Faktors in den Leistungserstellungsprozeß als unabhängige und allen Dienstleistungen gemeinsame Eigenschaft (Engelhardt 1990, S. 280 f.; Rosada 1990, S. 14 f.; Engelhardt, Kleinaltenkamp, Reckenfelderbäumer 1992, S. 16 f.). So scheitert das Kriterium der Immaterialität des Leistungsergebnisses an der Existenz von Trägermedien der Leistung wie etwa Disketten eines Software-Hauses oder Berichtsbänden einer Unternehmensberatung (Rosada 1990, S. 12; Köhler 1991, S. 14 f.). Zwar ist die eigentliche Beratungsleistung einer Unternehmensberatung zweifellos immaterieller Natur; gleichwohl kann bei Betrachtung des gesamten Leistungsbündels die Immaterialität nicht als allgemeingültiges Merkmal angesehen werden, wenn das Leistungsergebnis auch bestimmte materielle Komponenten aufweist.

Die weiterhin diskutierten Merkmale sind ebenfalls nicht für eine Dienstleistungsdefinition geeignet. Sie sind entweder aus den unabhängigen Merkmalen „externer Faktor“ bzw. „Immaterialität“ abgeleitet und somit keine eigenständigen, unabhängigen Leistungsmerkmale, oder sie führen zu unzweckmäßigen Abgrenzungen des Dienstleistungsbegriffs gegenüber Sachleistungen.

Der Versuch, eine allgemeingültige Dienstleistungsdefinition abzuleiten, offenbart also ein **Dilemma**: Entweder werden Merkmale herangezogen, die nicht konstitutiv für eine Dienstleistung sind, oder aber es entsteht eine eindimensionale Definition, die ausschließlich auf das einzige wirklich allgemeingültige Leistungsmerkmal, die Integration eines externen Faktors, abstellt. Eine solche eindimensionale Definition ist aber nicht zweckmäßig. Der Grund dafür liegt im Merkmal der „Immaterialität", das – wenngleich es kein allgemeingültiges Merkmal ist – doch notwendigerweise zur Identifikation realer Absatzobjekte als Dienstleistung herangezogen werden muß, sofern man offensichtlich unsinnige Zuordnungen vermeiden möchte. So sind Aufträge im industriellen Anlagenbau oftmals mit einer ausgeprägten Integration externer Faktoren verbunden. Aufgrund dessen aber die Auftragsfertigung eines Kraftwerks als Dienstleistung zu bezeichnen, erscheint nicht plausibel (Engelhardt, Kleinaltenkamp, Reckenfelderbäumer 1992, S. 15 ff.).

5.22 Konzeption einer umfassenden Dienstleistungstypologie

Der sich hier andeutende Zirkelschluß bietet den Ansatzpunkt für die zweite Möglichkeit der Abgrenzung und Systematisierung von Dienstleistungen: die **Bildung einer Dienstleistungstypologie**. Deren Ziel besteht in der Identifikation von Leistungs-Typen, die typenübergreifend differenzierte, innerhalb eines Typs aber einheitliche Implikationen für das Marketing besitzen. Der zentrale Vorteil einer Typologie gegenüber definitorischen Ansätzen ist darin zu sehen, daß als relevant erachtete Merkmale als Kontinuum zwischen ihren Extremausprägungen dargestellt werden können. Typologien verwenden somit also nicht konstitutive Leistungsmerkmale, sondern greifen vielmehr auf solche Kriterien zurück, die für den jeweiligen Zweck der Typologiebildung den höchsten Aussagewert besitzen.

Damit aber sind Typologien in besonderem Maße geeignet, das Abgrenzungsproblem zwischen Dienst- und Sachleistungen transparent zu machen. Denn Typologien vermögen das Problem von Unschärfenbereichen zwischen den „Reinformen" bestimmter Absatzobjekte abzubilden, ohne gleichzeitig zu dessen Lösung – im Sinne einer eindeutigen Zuordungsvorschrift – beitragen zu müssen.

In einem jüngst veröffentlichten Arbeitspapier hat Engelhardt eine in ihrer **methodischen Fundierung überzeugende Leistungstypologie** vorgelegt (Engelhardt, Kleinaltenkamp, Reckenfelderbäumer 1992, S. 34 ff.). Diese beruht auf zwei Dimensionen: dem Immaterialitätsgrad des Leistungsergebnisses sowie dem Integrationsgrad der betrieblichen Leistungsprozesse, wobei letzterer implizit in die Teildimensionen „Eingriffstiefe" und „Eingriffsintensität" zerlegt wird (vgl. Abbildung 1). Die Kombination der jeweiligen Extremausprägungen führt zu vier Grundtypen von Leistungen, für die konkrete Marketingimplikationen abgeleitet werden können. Der erste Leistungstyp ist durch ein immaterielles Leistungsergebnis sowie eine starke Integration des externen Faktors in den Prozeß der Leistungserstellung gekennzeichnet. Typisches Beispiel sind hier die Leistungen klassischer Unternehmensberatungen, die Problemlösungen im engen Kontakt mit ihren Kunden erarbeiten. Demgegenüber weist der zweite Leistungstyp bei ebenfalls hohem Integra-

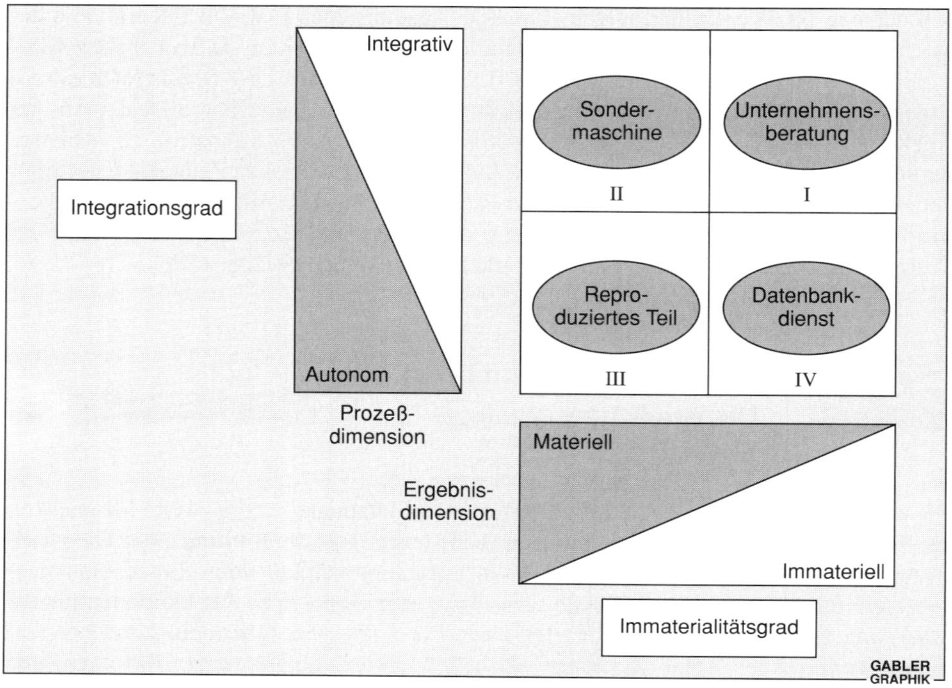

Abbildung 1: Leistungstypologie nach Engelhardt

tionsgrad ein materielles Leistungsergebnis auf, was etwa bei im Kundenauftrag individuell angefertigten Sondermaschinen regelmäßig beobachtet werden kann.

Beim dritten Leistungstyp handelt es sich um typische, industriell gefertigte Massenprodukte. Sie sind durch ein materielles Leistungsergebnis bei gleichzeitig autonom gestalteten Leistungserstellungsprozessen gekennzeichnet. Autonome Prozesse bei der Leistungserstellung sind auch für den vierten Leistungstyp charakteristisch, wobei das Leistungsergebnis jedoch immaterieller Natur ist. Datenbankdienste etwa zeichnen sich durch eine derartige Ausprägung der Leistungs- und Prozeßmerkmale aus.

Eine intensive Auseinandersetzung mit dieser Leistungstypologie und ihrem Aussagewert für die Führung von Dienstleistungsunternehmen offenbart Ansatzpunkte zu ihrer Ergänzung. Diese liegen in einer **Zerlegung der Integrationsdimension** in solche Teildimensionen, die weiterführende Aussagen zur Leistungserstellung, vor allem aber zur Gestaltung von Struktur, Systemen und Kultur eines Dienstleistungsunternehmens besitzen. Solche relevanten Teildimensionen sind (Maister, Lovelock 1988, S. 67)

- der **Interaktionsgrad**, der zu einer Differenzierung zwischen quasi-industriellem und interaktionsorientiertem Management führt (Klaus 1991, S. 253) sowie

- der **Individualisierungsgrad**, der ein Kontinuum zwischen der Standardisierung von Leistungen und der individuellen Kundenorientierung im Sinne einer Customization aufspannt (Wohlgemuth 1989, S. 339 f.; Corsten 1990, S. 172; Meffert, Birkelbach 1992, S. 18 f.).

Diese Unterscheidung ermöglicht eine eindeutige und für die Ableitung von Implikationen für die marktorientierte Unternehmensführung wertvolle Trennung zwischen

- der **Ausrichtung von Wertaktivitäten** auf die Kundenbedürfnisse im Sinne des Individualisierungsgrades und

- der Integration des externen Faktors **in den Leistungserstellungsprozeß** im Sinne des Interaktionsgrades.

Der Interaktionsgrad bezieht sich damit also auf jegliche Form einer Einbindung des externen Faktors in den Leistungserstellungsprozeß. Dabei können dem externen Faktor Unterstützungs-, aber auch Vollzugsfunktionen im Rahmen der Leistungserstellung zukommen. Demgegenüber kennzeichnet der Individualisierungsgrad die kundenbezogene Spezifität der Bereitstellungsleistung und des sich anschließenden Leistungserstellungsprozesses, ohne daß hiermit – mit Ausnahme von kundenbezogenen Informationen – gleichzeitig eine Einbindung des externen Faktors in die betriebliche Wertkette verbunden ist.

An dieser Stelle mag der schwerwiegende Einwand der **fehlenden Unabhängigkeit** beider Teildimensionen erhoben werden. Mit anderen Worten: Ist nicht jede Individualisierung von Leistungen zumindest mit einer informationsbedingten Integration des externen Faktors, also z. B. der Mitteilung individueller Körpermaße zur Herstellung eines Maßanzuges, verbunden? Diesem Einwand kann auf zweifache Weise begegnet werden. Zum einen bedarf es in **längerfristigen Kundenbeziehungen** auch bei einem hohen Individualisierungsgrad der Leistung nicht mit jedem Kaufakt einer erneuten informationsbedingten Integration. In diesem Fall ist also eine individuelle Leistungserstellung nicht gleichzeitig auch an eine Integration des externen Faktors im Sinne seiner Einbindung in den Leistungserstellungsprozeß geknüpft.

Zum anderen ist es an dieser Stelle sinnvoll, neben dem bislang in der Literatur dominierenden objektiven einen **subjektiven Integrationsbegriff** einzuführen. Inwieweit ein Konsument sich in den Leistungserstellungsprozeß eingebunden fühlt, hängt nicht direkt mit der Individualität der Leistung zusammen. Insbesondere neue Kommunikationstechnologien ermöglichen kundenindividuelle Leistungen bei einer von seiten der Nachfrager nur als gering empfundenen Integration in den Leistungserstellungsprozeß. Aus einem solchen subjektiven Integrationsbegriff ergeben sich zudem überaus interessante Implikationen für die **Marktsegmentierung**. So können Nachfrager nach der erwarteten Integrationsintensität und -dauer homogenen Segmenten zugeordnet werden, um auf dieser Basis eine differenzierte Marktbearbeitung vorzunehmen.

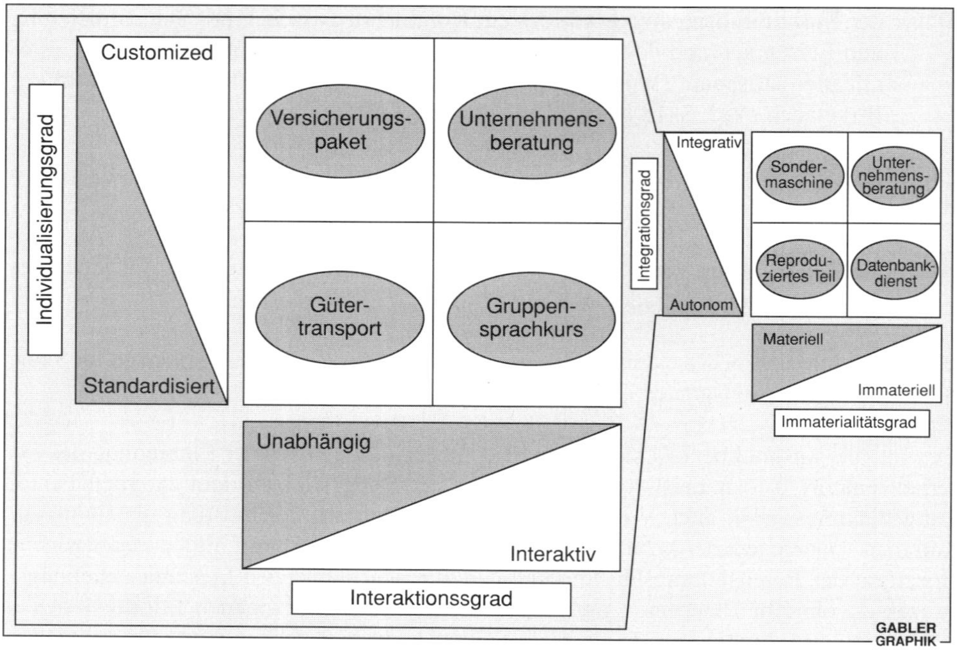

Abbildung 2: Erweiterte Leistungstypologie

Im Ergebnis entsteht aus der dargelegten Zerlegung der Integrationsdimension eine **drei-dimensionale Leistungstypologie** mit den folgenden Dimensionen (vgl. Abbildung 2):

- Immaterialitätsgrad,
- Interaktionsgrad und
- Individualisierungsgrad.

Dabei bezieht sich der Immaterialitätsgrad auf das Leistungsergebnis. Demgegenüber bildet der Interaktionsgrad im wesentlichen die Phase der Leistungserstellung ab, weist aber auch – im Sinne einer Ausrichtung von Leistungspotentialen auf Interaktionserfordernisse – gewisse Bezüge zur Bereitstellungsleistung auf. Der Individualisierungsgrad schließlich steht in Beziehung zu allen drei Phasen der Leistungserstellung. Er besitzt Implikationen für die Bereitstellungsleistung und den sich anschließenden Leistungserstellungsprozeß und kennzeichnet die Ausprägung des Leistungsergebnisses.

Innerhalb dieser Typologie ist eine eindeutige Abgrenzung zwischen Dienst- und Sachleistungen für die überwiegende Mehrzahl von Absatzobjekten allerdings nicht möglich. Trotz der Logik der Argumentation scheint aber der von Engelhardt vorgeschlagene Verzicht auf das Begriffspaar Dienst- und Sachleistung als zu weitreichend (Engelhardt,

Kleinaltenkamp, Reckenfelderbäumer 1992, S. 37). Vielmehr können beide Begriffe als **Extremausprägungen von Kontinuen** aufgefaßt und somit auch zukünftig in der wissenschaftlichen Diskussion beibehalten werden. Damit bleibt der Marketingwissenschaft ein Orientierungsrahmen erhalten, der die ansonsten nicht zu verhindernde Zersplitterung in eine Vielzahl typenspezifischer Partialtheorien aufzuhalten vermag.

Daß aber jede der drei Dimensionen – der Immaterialitätsgrad, der Interaktionsgrad und der Individualisierungsgrad – tiefgreifende Implikationen für die Gestaltung der betrieblichen Wertaktivitäten besitzt, wird im weiteren Verlauf immer wieder deutlich werden.

5.3 Besonderheiten des strategischen Marketing von Dienstleistungsunternehmen

Aus der Integration eines externen Faktors und der weitgehenden Immaterialität des Leistungsergebnisses ergibt sich der **Vertrauensgutcharakter** von Dienstleistungen. Da der Kunde selbst Teil des Leistungserstellungsprozesses ist, vermag er die Qualität der Leistung vor dem Kauf nicht zu beurteilen. Dies führt zu einer Erhöhung des wahrgenommenen Risikos. Der Vertrauensgutcharakter und die veränderte Risikowahrnehmung führen zu vielfältigen Konsequenzen für das strategische und operative Dienstleistungsmarketing.

5.31 Anpassungen im Zielsystem

Innerhalb des **Zielsystems** von Dienstleistungsunternehmen erklären beide Faktoren die überragende Bedeutung psychographischer Zielgrößen wie Image und Kompetenz. In jüngster Zeit erweist sich dabei die Erhöhung der **Kundenbindung** als das zentrale psychographische Ziel (Lehmann 1989, S. 47 f.; Grönroos 1990, S. 5; Reichheld, Sasser 1991, S. 108 ff.; Schlesinger, Heskett 1991, S. 75 f.; Lehmann 1992, S. 21). Im Finanzdienstleistungsbereich äußert sich dieser Trend etwa in der zunehmenden Verbreitung von „relationship banking"-Konzepten auch im Privatkundengeschäft (o.V. 1992c, S. 16). Empirische Untersuchungen in den Vereinigten Staaten führten zu dem eindrucksvollen Ergebnis, daß eine fünfprozentige Senkung der Abwanderungsrate von Dienstleistungskunden Gewinnsteigerungen von bis zu 85 Prozent erbringt (Reichheld, Sasser 1991, S. 113). Der Grund hierfür liegt in den vielfältigen Einflüssen einer erhöhten Kundenbindung auf **ökonomische Zielgrößen** (vgl. Abbildung 3) (Reichheld, Sasser 1991, S. 108 ff.).

So wird die Mengenkomponente des Umsatzes durch im Zeitablauf steigende Kauffrequenzen und größere Absatzmengen positiv beeinflußt. Beide Wirkungen sind auf die wachsende Vertrautheit mit der Leistung sowie die Nutzung von Cross-Selling-Potentialen

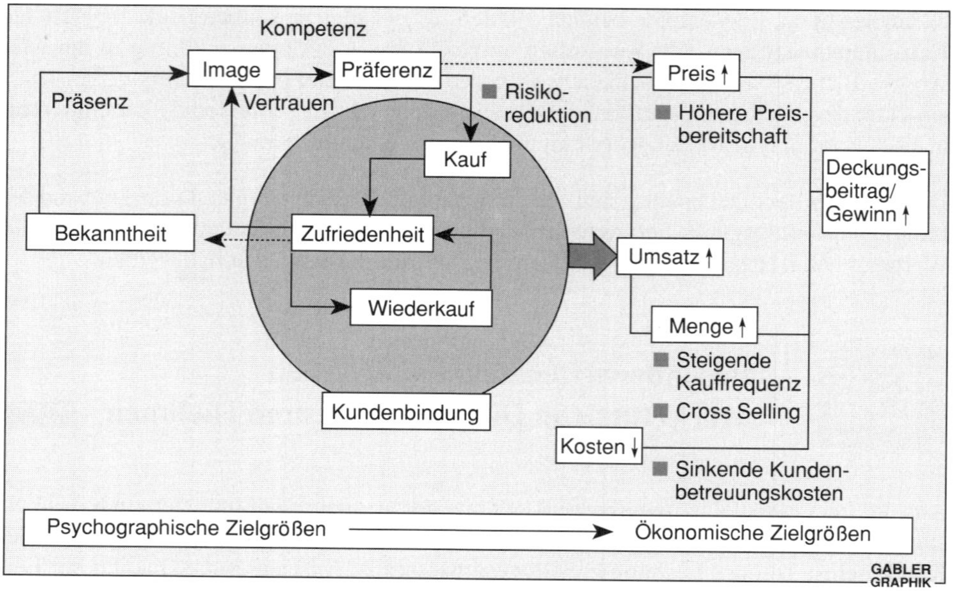

Abbildung 3: Kundenbindung im Zielsystem der Unternehmung

durch den Anbieter zurückzuführen. Zudem können im Zeitablauf höhere Preise durchgesetzt werden, denn die von Kunden bei langjährigen Beziehungen zu Dienstleistern empfundene Risikoreduktion führt zu einer sinkenden Preiselastizität der Nachfrage. Schließlich wirken langfristige Kundenbeziehungen auch kostenreduzierend. Denn es stellen sich Lerneffekte bei der Interaktion zwischen Kunden und dem Kontaktpersonal ein, die positiv – im Sinne einer Reduktion – auf die Kosten der Kundenbetreuung wirken.

Eine weitere Besonderheit im Zielsystem erfolgreicher Dienstleistungsunternehmen besteht in der ungleich höheren Bedeutung **innengerichteter Ziele**. Diese resultiert aus der Interaktivität von Kunde und Dienstleister und dem daraus folgenden Zusammenhang zwischen Personalmotivation, Leistungsqualität, Kundenzufriedenheit und ökonomischem Erfolg (Heskett 1986, S. 117 ff.). Angesichts arbeitsmarktpolitischer Entwicklungen gewinnen Personalziele derzeit aber noch zusätzlich an Wichtigkeit. So erweist sich die Rekrutierung ausreichend motivierter und qualifizierter Arbeitskräfte in vielen Dienstleistungsbranchen als immer schwieriger. Insbesondere bei Tätigkeiten, die nur geringe Entwicklungsmöglichkeiten bieten, wird das Personal immer mehr zu einem betrieblichen Engpaßfaktor (Wohlgemuth 1989, S. 344; Schlesinger, Heskett 1991, S. 71 ff.; Beckmann 1992, S. 118; Fryar 1992, S. 53 ff.; Lehmann 1992, S. 23). Die Erhöhung der Mitarbeiterzufriedenheit und die damit unmittelbar zusammenhängende Senkung der Fluktuationsrate stehen daher häufig gleichberechtigt neben absatzmarktgerichteten Zielen.

Die Anpassungen im Zielsystem offenbaren die zentrale Bedeutung einer innen- und außengerichteten **Kontinuität** im Dienstleistungsmarketing. Gefordert ist die Abkehr von einem **kurzfristig-transaktionsorientierten** hin zu einem **langfristig-beziehungsorientierten** Marketing (Schneider 1989, S. 316; Grönroos 1990, S. 5 f.). Denn anders als die Mehrzahl von Industrieunternehmen leisten Dienstleister **Investitionen in Menschen**. Deren Amortisation ist aber nur dann gewährleistet, wenn eine ausreichend lange Verweildauer – sei es nun als Kunde oder aber als Mitarbeiter – gewährleistet ist.

5.32 Realisierung von Wettbewerbsvorteilen

Die allgemeine betriebswirtschaftliche Diskussion um mögliche Wettbewerbsvorteile hat sich im wesentlichen am Grundmodell der Sachleistung orientiert. Den Besonderheiten im Dienstleistungsmarketing wurde in diesem Zusammenhang vergleichsweise wenig Aufmerksamkeit gewidmet. Im folgenden werden daher Art und Struktur möglicher Wettbewerbsvorteile unter dem Aspekt des strategischen Marketing von Dienstleistungsunternehmen näher untersucht.

5.321 Differenzierungsvorteile

Eine Differenzierung im Wettbewerbsumfeld kann in Form von

- Qualitätsvorteilen,
- Innovationsvorteilen,
- Leistungsprogrammvorteilen sowie
- Markierungsvorteilen

realisiert werden. Die Erlangung einer aus Kundensicht überlegenen **Qualitätsposition** erweist sich im Dienstleistungsmarketing als ein **komplexes, mehrdimensionales Optimierungsproblem**. Die Mehrdimensionalität resultiert aus der Existenz verschiedener Dimensionen der subjektiv wahrgenommenen Dienstleistungsqualität. So gelangen Parasuraman, Zeithaml und Berry zu fünf faktoranalytisch verdichteten Qualitätsdimensionen (Berry, Zeithaml, Parasuraman 1990, S. 29 ff.):

- Die sachliche und personelle Ausstattung („tangibility"),
- der Verläßlichkeit, mit der versprochene Serviceleistungen ausgeführt werden („reliability"),
- die generelle Bereitschaft, den Abnehmer bei der Problemlösung zu unterstützen („responsiveness"),

- die Glaubwürdigkeit, die Kompetenz, Höflichkeit und Vertrauenswürdigkeit der Mitarbeiter umfaßt („assurance“) sowie
- die Flexibilität, d.h. die Bereitschaft, auch auf individuelle Wünsche der Abnehmer einzugehen („empathy“).

Eine Analyse des Zusammenhangs zwischen diesen Qualitätsdimensionen und den zu ihrer Beeinflussung geeigneten Wertaktivitäten verdeutlicht, wie komplex die Realisierung von Qualitätsvorteilen im Dienstleistungsmarketing ist. Jede primäre und unterstützende Aktivität in der spezifischen Wertkette von Dienstleistern bietet Ansatzpunkte zur Einwirkung auf die Dienstleistungsqualität (vgl. Abbildung 4). So kann etwa durch die unterstützende Wertaktivität „Beschaffung sachlicher Ressourcen“ auf die drei Qualitätsdimensionen „tangibility“, „responsiveness“ und „assurance“ eingewirkt werden. Demgegenüber ist die Primäraktivität „Interaktive Operationen“ mit Ausnahme der Gestaltung des tangiblen Umfelds zu einer Beeinflussung sämtlicher Qualitätsdimensionen geeignet. Da zwischen diesen Einwirkungsmöglichkeiten zum Teil komplementäre, zum Teil substitutionale Beziehungen bestehen, steigt die Komplexität zusätzlich.

Qualitätsbezogene Zeitvorteile basieren auf der Integration des externen Faktors in den Dienstleistungserstellungsprozeß. Daraus resultiert eine bestimmte Zeiterwartung des

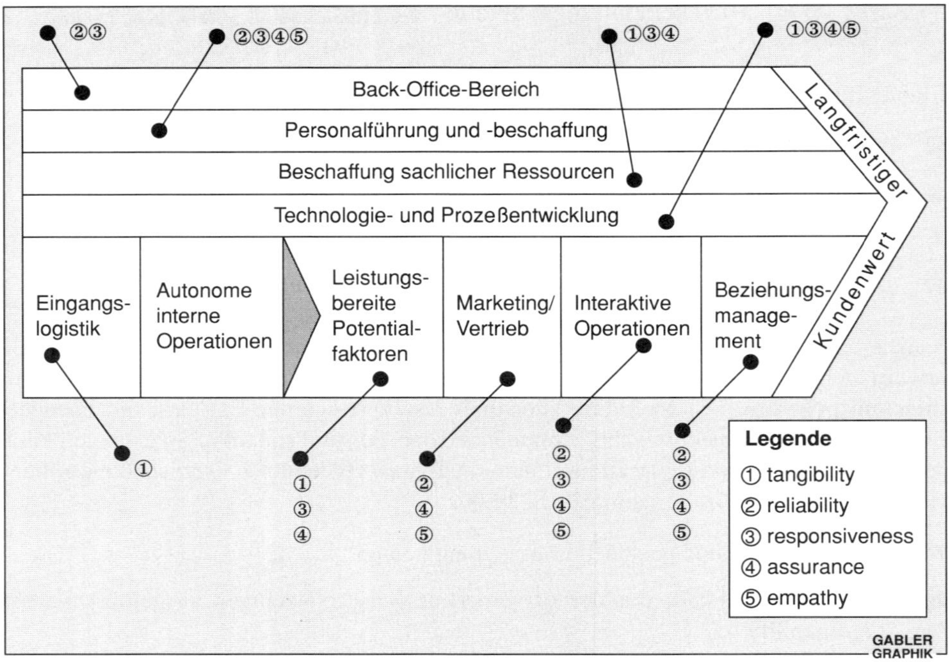

Abbildung 4: Qualitätsdimensionen von Dienstleistungen und Möglichkeiten ihrer Beeinflussung

Kunden an die Dauer der Dienstleistungserstellung. Durch eine Optimierung des Erstellungsprozesses im Hinblick auf die jeweilige Zeiterwartung läßt sich eine nachhaltige Verbesserung der relativen Wettbewerbsposition erreichen (Stauss 1991, S. 81 ff.). Die besondere Problematik liegt nun darin begründet, daß kein einheitlicher funktionaler Zusammenhang zwischen der Zufriedenheit und der Dauer des Erstellungsprozesses besteht. Wirkt bei einem Tankstellenbesuch eine kurze Prozeßdauer zufriedenheitssteigernd, so verhält es sich bei Pflege- oder Beratungsleistungen tendenziell umgekehrt.

Besondere Herausforderungen weist auch das **Innovationsmanagement** von Dienstleistungsunternehmen auf, das aber in der betriebswirtschaftlichen Literatur bislang keine entsprechende Würdigung gefunden hat. Im Vergleich zum Sachgüterbereich bestehen zumeist größere Innovationspotentiale, denn Innovationen können im Dienstleistungsbereich an alle drei Phasen der Dienstleistungserstellung – die wahrnehmbare Bereitstellungsleistung, den Leistungserstellungsprozeß und das eigentliche Leistungsergebnis – anknüpfen. Als überaus innovationsträchtig erweist sich derzeit der Ökologiebereich. Beispielhaft sei hier nur der Einstieg von Versicherungsunternehmen wie etwa des Gerling-Konzerns in den Bereich des Umwelt-Consulting genannt.

Neben der Entwicklung und Einführung echter Marktinnovationen können Innovationsvorteile durch spezielle Leistungsverbünde verwirklicht werden. Bei derartigen **Bundling-Innovationen** werden bereits bestehende Dienstleistungen in neuartiger Weise miteinander kombiniert. Dabei kommt der subjektiven Affinitätswahrnehmung des Kunden in bezug auf die kombinierten Teilleistungen wesentliche Bedeutung für den Markterfolg neuer Leistungsverbünde zu. Die bereits geschilderte Erosion von Branchengrenzen, wie sie vor allem im Finanzdienstleistungsbereich festzustellen ist, kann im wesentlichen auf diese Art des Innovationswettbewerbs zurückgeführt werden.

Zudem entwickeln in jüngster Zeit viele Unternehmen **intern erbrachte Dienstleistungen** zu marktfähigen Dienstleistungskonzepten weiter. So bündelte der Daimler-Benz-Konzern einen Großteil seiner intern erbrachten Dienstleistungen auf dem Gebiet der Informationstechnologie im Tochterunternehmen Debis, das das gesamte Leistungsprogramm nun auch an Nicht-Konzernunternehmen vertreibt (Heller 1992, S. 13.).

Eine in engem Zusammenhang mit den Verbundvorteilen stehende Differenzierungsmöglichkeit basiert auf der Erlangung von **Leistungsprogrammvorteilen**. Derartige Vorteile können sowohl an der Breite als auch der Tiefe des angebotenen Leistungsprogramms anknüpfen. Substitutionale Beziehungen zwischen verschiedenen Dienstleistungsangeboten bedeuten eine Erweiterung der Wahlmöglichkeiten für den Konsumenten. Demgegenüber führen komplementäre Beziehungen wiederum zu Verbundvorteilen. Das wesentliche Risiko einer derartigen Strategie besteht in einer **Abkehr von den Kernkompetenzen**. Dies beweist das Beispiel der Deutschen Lufthansa, die sich im Jahre 1992 vergeblich von ihrer defizitären Hotelkette Penta zu trennen versuchte (Pfund 1992, S.17).

Eine Differenzierung gegenüber den Wettbewerbern ist schließlich auch in Form von **Markierungsvorteilen** möglich. Einerseits ist die Markierung von Dienstleistungen aufgrund des hohen wahrgenommenen Risikos als Kompetenznachweis von großer Bedeutung, andererseits erweist sich die Identifikation geeigneter Markenträger (Gesamtunternehmen, Leistungsbündel, Einzelleistungen) und die damit verbundene Festlegung einer geeigneten Markenstrategie als sehr schwierig. Grundsätzlich muß mit zunehmender Immaterialität der Leistung die produktbezogene Markenidentität durch die Unternehmensidentität ersetzt werden (Peters 1991, S. 53).

Hieraus ergeben sich besondere Anforderungen an alle Instrumente einer Corporate-Identity-Politik, insbesondere aber an das Verhalten der Mitarbeiter sowie an die Gestaltung aller für Kunden zugänglichen Unternehmenseinrichtungen. Dabei erweist sich die Sicherstellung eines konsistenten Markenbildes um so schwieriger, je höher der Interaktionsgrad ausgeprägt ist. Denn mit zunehmender Interaktion zwischen dem Kontaktpersonal und dem Kunden wird die wahrgenommene Unternehmensidentität immer stärker durch die individuellen und nur eingeschränkt steuerbaren Verhaltensweisen der Mitarbeiter bestimmt.

5.322 Kostenvorteile

Die eigenständige Bedeutung und Durchsetzbarkeit von **Strategien der Kostenführerschaft** im Dienstleistungsmarketing wird mittlerweile kontrovers diskutiert (Reichheld, Sasser 1991, S. 111; Reiss 1992, S. 62). Die Autoren stellen isolierte Kostensenkungsstrategien insbesondere vor dem Hintergrund der Vorteile von Kundenbindungsstrategien in Frage, da letztere sowohl Kosten- als auch Erlösbestandteile positiv beeinflussen. Im Mittelpunkt steht dabei die Frage nach möglichen negativen Konsequenzen einer fortschreitenden Automatisierung und Standardisierung von Dienstleistungen.

In der Theorie des Dienstleistungsmarketing sind die kostensenkenden und produktivitätsfördernden Effekte einer Automation und Standardisierung vor allem bei objektbezogenen Dienstleistungen unbestritten (Meyer 1987, S. 30 ff.). Es lassen sich jedoch absatzmarktbezogene Entwicklungen identifizieren, die darauf hinweisen, daß Versuche einer Industrialisierung und Rationalisierung von Dienstleistungsbranchen, die auf gängigen Modellen des Sachgüterbereichs aufbauen, immer mehr an ihre Grenzen stoßen (Schlesinger, Heskett 1991, S. 74).

So deutet sich in bestimmten Dienstleistungsbranchen ein Wandel des Kaufverhaltens hin zu einer stärkeren **Bedürfnisdifferenzierung bzw. -individualisierung** an. Diese Abkehr von standardisierten Massenleistungen wird als ein wesentlicher Grund für den sinkenden ökonomischen Erfolg der Fast-Food-Kette McDonald's angeführt (Lehmann 1992, S. 21). Zudem bestehen bei Dienstleistungen mit relativ hohem Interaktionsgrad nur **eingeschränkte Automatisierungs- und Standardisierungspotentiale**. Mittelfristige Prognosen für den Finanzdienstleistungsbereich gehen davon aus, daß reine Selbstbedienungsfilialen gegenüber solchen mit personalgestützten Beratungsbereichen in der Minderzahl verbleiben werden (Terrahe 1992, S. B15).

Schließlich vermag auch die **Rationalisierung des back-office-Bereichs** oftmals die in sie gesetzten Erwartungen nicht zu erfüllen. Empirische Untersuchungen in den Vereinigten Staaten führten zu dem Ergebnis, daß Investitionen in neue Technologien nicht die beabsichtigten Personaleinsparungen im Verwaltungsbereich erbrachten (Roach 1991, S. 85 f.). In der Folge verschlechterten sich die Kostenstrukturen in Richtung einer Fixkostendominanz. Zusätzlich sank die Flexibilität aufgrund der hohen Anlagenintensität.

5.33 Ausgestaltung von Wettbewerbsstrategien

Drei Strategietypen – die Kooperations-, Akquisitions- und Multiplikationsstrategie – dominieren das Wettbewerbsverhalten von Dienstleistungsunternehmen bei nationaler, insbesondere aber internationaler Unternehmenstätigkeit (Zach 1992, S. 20).

Kooperations- und Akquisitionsstrategien zielen primär auf eine Durchsetzung von **Differenzierungsvorteilen** im Wettbewerb. Neben räumlich unverbundenen Formen der Zusammenarbeit gewinnen in jüngster Zeit Standortkooperationen wie etwa Messe- und Kongreßcenter oder Medical Center immer mehr an Bedeutung. Wie zahlreiche aktuelle Beispiele zeigen, steht bei Kooperationsstrategien die Realisierung von Verbund- und Leistungsprogrammvorteilen im Vordergrund. So bemühte sich die Deutsche Lufthansa zunächst längere Zeit vergeblich um den Abschluß eines Marketingabkommens mit einer US-Fluggesellschaft, um bei ihren Transatlantikflügen inneramerikanische Anschlußflüge anbieten zu können (o.V. 1992a, S. 14), bis sie letztendlich einen Kooperationspartner in dem Unternehmen United Airlines fand.

Vor allem für kleinere und mittlere Unternehmen bieten Kooperationsstrategien angesichts der Internationalisierung vieler Dienstleistungsmärkte eine sinnvolle Alternative zu einer **Konzentrations- bzw. Nischenstrategie**. Angesichts der Vollendung eines gemeinsamen EG-Dienstleistungsmarktes unterzeichneten bereits im März 1990 Sparkassenorganisationen aus 16 europäischen Ländern ein Kooperationsabkommen, um auf diesem Wege den erheblichen Konzentrationstendenzen, die für die Finanzdienstleistungsmärkte prognostiziert werden, entgegenwirken zu können (Geiger 1992, S. B1; o.V. 1992b, S. 21).

Kooperationsstrategien bieten aber auch Ansatzpunkte für die Durchsetzung von **Kostenvorteilen**. Dies beweist die Zusammenarbeit der Fluggesellschaften Austrian Airlines und Swissair, die mit der skandinavischen SAS eine „European Quality Alliance“ gebildet haben. Seit Herbst 1992 betreiben die Gesellschaften in einem für die europäische Luftfahrt bislang einzigartigen Modell die Kundendiensteinrichtungen auf den Heimatmärkten sowie in benachbarten grenznahen Regionen gemeinsam. Die jährlichen Kostensenkungspotentiale werden auf sieben bis acht Millionen DM geschätzt (o.V. 1992c, S. 53).

Angesichts der sich derzeit abzeichnenden Deregulierungs- und Harmonisierungsmaßnahmen, die zu einer Öffnung zahlreicher bislang noch geschützter nationaler Dienstleistungsmärkte führen, werden **Multiplikationsstrategien** zunehmend an Bedeutung gewinnen (Pümpin 1989, S. 102 ff.). Der Grundgedanke dieses Strategietyps besteht in der raschen Duplizierung national erprobter Marktbearbeitungskonzepte in Auslandsmärkten. Die Multiplikationsstrategie ist damit auf die Erzielung von **Zeitvorteilen** im Wettbewerb gerichtet und ermöglicht damit den Aufbau von Markteintrittsbarrieren gegenüber nachfolgenden Wettbewerbern. Dabei dominieren im Bereich konsumtiver Dienstleistungen eindeutig Lizenzvergaben und Franchising-Konzepte (Eramilli 1990, S. 55), während die Multiplikation erfolgreicher Dienstleistungskonzepte im investiven Bereich sehr viel stärker durch Auslandsakquisitionen betrieben wird (Köhler 1991, S. 185).

5.34 Erweiterung der Instrumentestrategien und Notwendigkeit einer funktionsübergreifenden Optimierung

Neben einer klaren Positionierung im Wettbewerbsumfeld ist die erfolgreiche Führung von Dienstleistungsunternehmen an eine Leistungsprofilierung gegenüber den Konsumenten geknüpft. Wettbewerbsstrategien müssen daher zwingend durch **konsumentengerichtete Instrumentestrategien** ergänzt werden. Die Abgrenzung und Systematisierung der Marketinginstrumente erweist sich jedoch im Dienstleistungsmarketing als problematisch. Wird in der Dienstleistungstheorie zum Teil für eine Übertragung der vier Mix-Bereiche des klassischen Konsumgütermarketing plädiert (Corsten 1988, S. 181), so fordern andere Autoren eine dienstleistungsspezifische Erweiterung des Marketing-Mix um die Bereiche Personal, physische Einrichtungen und Prozeßmanagement (vgl. Abbildung 5) (Magrath 1986, S. 45). Diese beruht auf der Einsicht, daß der klassische Marketing-Mix-Ansatz nicht alle Ressourcen und Aktivitäten erfaßt, die während des Kundenlebenszyklus auf die Beziehung zwischen Dienstleistungsunternehmen und Kunden Einfluß nehmen (Grönroos 1990, S. 4).

Betrachtet man den Anteil **strategischer und operativer Komponenten** an den einzelnen Mix-Bereichen, so zeigt sich, daß den drei zusätzlichen Instrumenten eine vergleichsweise hohe strategische Bedeutung zukommt. Insbesondere bei einem hohen Interaktionsgrad gehen vom Kontaktpersonal und den physischen Einrichtungen des Dienstleistungsunternehmens wesentliche Beiträge zur Sicherung strategischer Erfolgspotentiale aus. Demgegenüber hängt die strategische Bedeutung des Prozeßmanagement zusätzlich vom Individualisierungsgrad der Dienstleistung ab. Tendenziell wird der Erfolgspotentialbeitrag des Prozeßmanagement um so höher sein, je stärker der Ablauf der Dienstleistungserstellung antizipierbar und damit planbar ist. Dies ist aber vor allem bei standardisierten und wenig interaktiven Dienstleistungen der Fall.

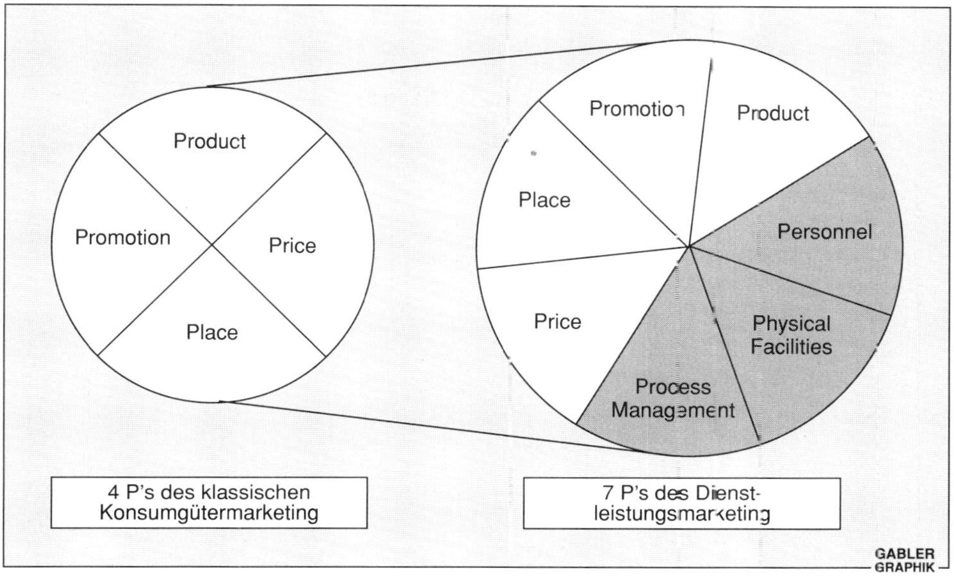

Abbildung 5: Erweiterung des absatzpolitischen Instrumentariums im Dienstleistungsmarketing

Im Kern findet bei einer derartigen Erweiterung der Instrumentestrategien lediglich eine Unterordnung von primären und unterstützenden Wertaktivitäten unter die Marketingfunktion statt. Diese Erweiterung bringt die Notwendigkeit einer **funktionsübergreifenden Integration von Wertaktivitäten** in Dienstleistungsunternehmen zum Ausdruck (vgl. Abbildung 6). Wie intensiv die Wertaktivitäten integriert werden müssen, hängt im wesentlichen vom Interaktionsgrad bei der Leistungserstellung ab. Genau diese Forderung nach einer umfassenden, funktionsübergreifenden Integration ist aber auch zentraler Bestandteil des **Total-Quality-Management**, dessen Relevanz in jüngster Zeit auch verstärkt für Dienstleistungsunternehmen diskutiert wird. Dabei scheint es aus der Perspektive des klassischen Sachgütermarketing durchaus gerechtfertigt, angesichts der vielfältigen Auswirkungen auf die Qualitätspolitik von einem **Paradigmenwechsel** zu sprechen (Engelhardt, Schütz 1991, S. 395). Demgegenüber sind die Konsequenzen für das Dienstleistungsmarketing weniger weitreichend. Bei interaktiven Leistungen, bei denen das Verhalten des Kontaktpersonals unmittelbar auf die Qualitätswahrnehmung der Kunden einwirkt, ist die Erweiterung der Qualitätsbetrachtung von einer ergebnisbezogenen hin zu einer prozeßbezogenen Orientierung zwingend notwendig (Bruhn 1991, S. 42). Aus dem gleichen Grund ist Dienstleistungsunternehmen auch die Möglichkeit einer Leistungsnachbesserung im Rahmen der Qualitätskontrolle, wie sie lange Zeit kennzeichnend für die Qualitätspolitik von Sachgüterunternehmen war, in der Regel verwehrt.

Es ist ein wesentliches Verdienst des Total-Quality-Ansatzes, als umfassendes integratives Managementkonzept der Forderung nach einem **Schnittstellenmanagement** von Unter-

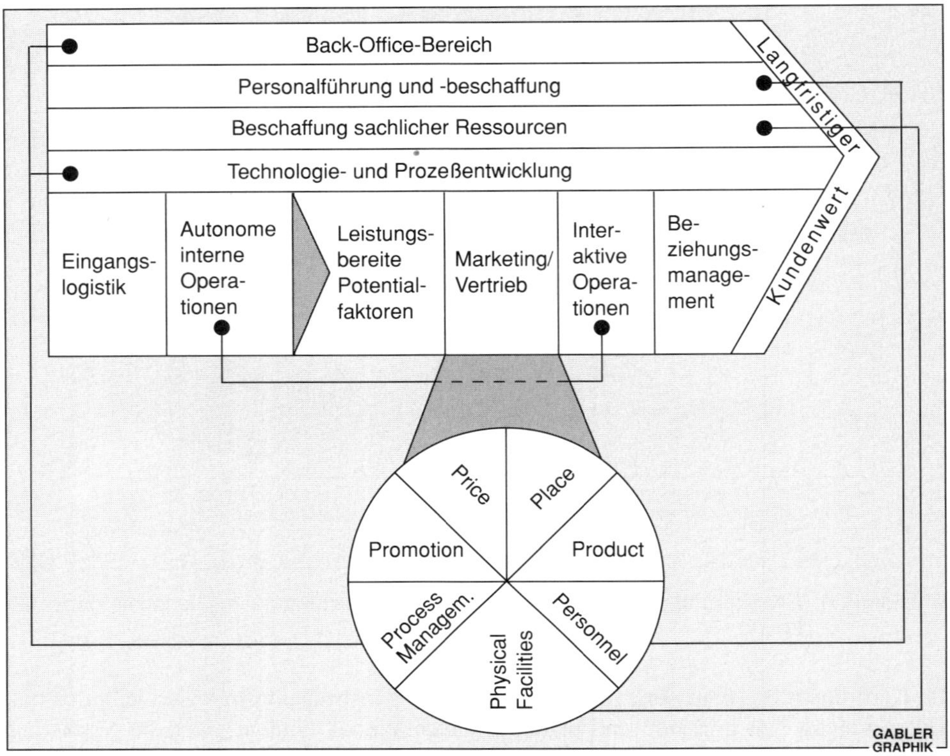

Abbildung 6: Funktionsübergreifende Integration von Wertaktivitäten im Dienstleistungsmarketing

nehmen entschiedenen Nachdruck verliehen zu haben. Dennoch ist die Führung von Dienstleistungsunternehmen bei einem hohen Interaktionsgrad der Leistungserstellungsprozesse letztlich gleichbedeutend mit einem solchen Schnittstellenmanagement. Jedes richtig verstandene und umgesetzte Total-Quality-Management von Dienstleistern führt daher im Ergebnis zu einer marktorientierten Unternehmensführung.

5.4 Implementierung von Strategien im Dienstleistungsmarketing

5.41 Integration und Koordination als Schlüsselprobleme der Implementierung

Der Erfolg marktteilnehmerorientierter Strategiekonzepte ist auf das engste mit einer Anpassung von Strukturen, Kulturen und Systemen in Dienstleistungsunternehmen verbunden. Eine der zentralen Aufgaben bei der Strategiedurchsetzung und -umsetzung besteht dabei in der Sicherstellung einer **Integration und Koordination** von Unternehmensaktivitäten. Diese ist auf drei unterschiedlichen Ebenen erforderlich: zwischen selbständigen Unternehmen, zwischen strategischen Geschäftseinheiten und – dies verdeutlichten bereits die Aussagen zum Qualitätsmanagement – zwischen Funktionsbereichen (vgl. Abbildung 7). Die Notwendigkeit einer Integration auf Unternehmens- und Geschäftsbereichsebene hat im Dienstleistungsmarketing aufgrund der wachsenden Bedeutung von Verbund- und Leistungsprogrammvorteilen zur Wettbewerbsprofilierung in den vergangenen Jahren sehr an Bedeutung gewonnen.

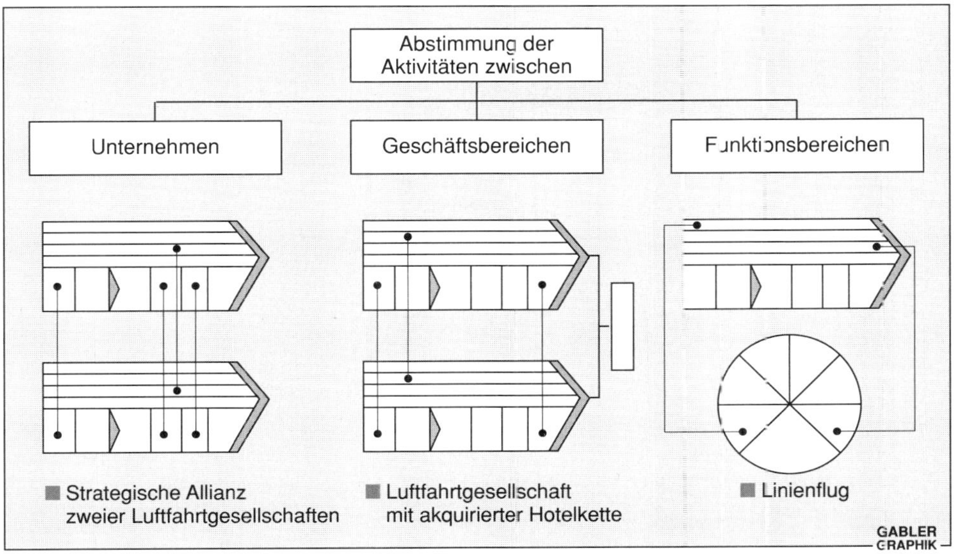

Abbildung 7: Ebenen der Integration und Koordination

Zur Erfüllung dieser Aufgabe stehen mit **planungstechnokratischen, strukturorientierten und kulturorientierten Ansätzen** drei verschiedene, einander ergänzende **Koordinationskonzepte** zur Verfügung (vgl. Abbildung 8). Deren Eignung wird wesentlich durch den Interaktions- und Individualisierungsgrad der Leistung bestimmt. Empfehlungen zur Gestaltung von Strukturen, Kulturen und Systemen können daher immer nur für einen bestimmten Dienstleistungstyp ausgesprochen werden.

Planungstechnokratische Ansätze, die eine Abstimmung durch Plan- und Sollvorgaben anstreben, sind vor allem bei niedrigen Individualisierungsgraden als Integrations- und Steuerungskonzept geeignet. Die Standardisierung der Leistungserstellung, die zusätzlich noch von der Einbindung des externen Faktors beeinflußt wird, ermöglicht nämlich die Vereinheitlichung zahlreicher Abläufe und damit deren genaue Antizipation und Planung. Wesentliche Nachteile derartiger Konzepte liegen in einer geringen Flexibilität des Leistungserstellungssystems sowie in motivationshemmenden Wirkungen für das Dienstleistungspersonal (Meffert 1990, S. 387).

Kulturorientierte Koordinationskonzepte basieren hingegen auf der integrierenden Wirkung gemeinsamer Werte, Verhaltensnormen sowie Denk- und Handlungsweisen der Mitarbeiter. Eine kulturorientierte Abstimmung ist insbesondere bei solchen Leistungen geeignet, die sowohl kundenindividuell als auch stark interaktiv erbracht werden. Dies liegt vor allem darin begründet, daß im Falle eines hohen Individualisierungs- und Interaktionsgrades die gegenseitige Abhängigkeit zwischen einzelnen Funktionsbereichen bei der Leistungserstellung wächst und die Strukturiertheit der Aufgabe abnimmt. Die Integration

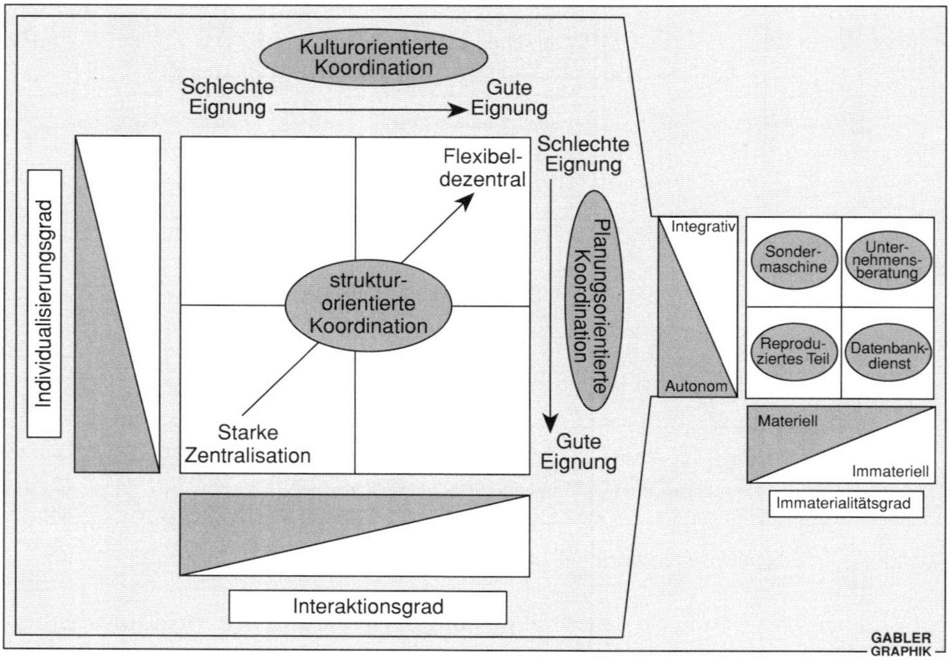

Abbildung 8: Eignung von Koordinationskonzepten

der für die Leistungserstellung notwendigen Teilprozesse kann dabei nicht durch externe Vorgaben erreicht werden, sondern muß gleichsam „von innen gelebt" werden.

Strukturorientierte Koordinationskonzepte streben eine Abstimmung durch ein direktes Zuammenwirken von Entscheidungsinstanzen an (Meffert 1990, S. 388). Dieses soll durch aufbau- oder ablauforganisatorische Maßnahmen gewährleistet werden. Die strukturorientierten Konzepte weisen die vergleichsweise breiteste Eignung zur Erfüllung von Koordinationsaufgaben auf. Sie sind also nicht – wie die planungstechnokratischen und kulturorientierten Ansätze – schwerpunktmäßig für bestimmte Typen von Dienstleistungen geeignet. Die zweckmäßige Ausgestaltung der Strukturen variiert jedoch sehr stark und hängt wesentlich vom betrachteten Dienstleistungstyp ab. Sie spannt ein Spektrum zwischen traditionellen, stark zentralisierten Stab-Linien-Organisationen und innovativen Organisations- und Führungskonzepten auf.

5.42 Typenspezifische Ausgestaltung von Integrations- und Koordinationskonzepten

Nachfolgend sollen die zentralen Implikationen abgeleitet werden, die sich für die Koordination und Integration bei individuell erbrachten Leistungen und starker Interaktion mit dem externen Faktor ergeben. Dieser Leistungstyp weist die deutlichsten Unterschiede gegenüber dem Sachgüterbereich auf und erweist sich damit für die Darstellung als didaktisch besonders gut geeignet.

5.421 Gestaltung der Strukturen und Anpassung des Führungssystems

Für individuelle und interaktiv erbrachte Dienstleistungen wird zunehmend die Forderung nach einem **neuen Leitbild** der Organisation und Führung erhoben (vgl. Abbildung 9) (Reichheld, Sasser 1991, S. 108 ff.; Schlesinger, Heskett, 1991, S. 72; Drucker 1992, S. 64 ff.). Dabei sollen Kunden und Mitarbeiter in den Mittelpunkt der Führung gestellt und das Geschäftssystem um diese herum angeordnet werden (Bleicher 1990, S. 152). Geleitet von der Erkenntnis, daß die starke Vertikalisierung traditioneller Strukturen diesen Anforderungen nicht gerecht wird, gewinnen Maßnahmen an Bedeutung, die eine Entbürokratisierung der Organisation und eine stärkere **horizontale Ausrichtung** ermöglichen (Peters 1989, S. 58). Maßnahmen zur Umsetzung dieser Zielvorgaben bestehen in

- einem Abbau von Hierarchiestufen,
- einer größtmöglichen Delegation und Selbstkontrolle seitens der Mitarbeiter,

- der Einführung temporärer Parallelstrukturen sowie
- einer personenbezogenen Strukturierung (ad personam).

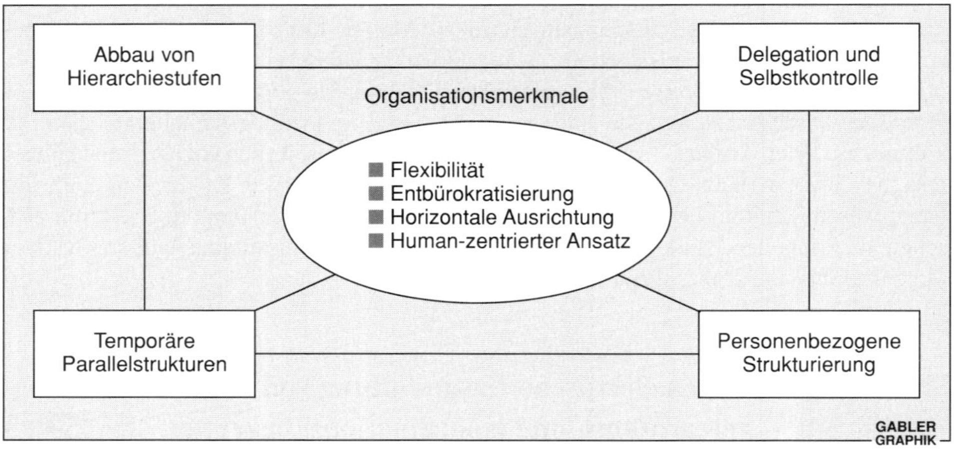

Abbildung 9: Leitbild der Organisation und Führung von Dienstleistungsunternehmen

Durch den **Abbau von Hierarchiestufen** wird insbesondere ein besserer Informationsfluß, wie er für eine effektive Koordination unabdingbar ist, sichergestellt. Ein klassisches Beispiel für eine derartige Politik ist sicherlich die Luftverkehrsgesellschaft People Express, deren Organisationsstruktur nur drei Hierarchieebenen aufwies (Heskett 1988, S. 130 f.).

Diese strukturellen Maßnahmen müssen notwendigerweise von einer Anpassung des **Führungssystems** flankiert werden. Nicht Leitungs- und Kontrollfunktionen werden schwerpunktmäßig von den Vorgesetzten wahrgenommen, sondern Coaching- und Unterstützungsfunktionen (Wohlgemuth 1989, S. 341; Schlesinger, Heskett 1991, S. 77). Die Funktionsverschiebung ist verbunden mit einer größtmöglichen **Delegation** von Aufgaben an die unteren Hierarchiestufen. Diese reicht bis zu umfangreichen Verantwortlichkeiten im Rahmen des Innovationsmanagement für neue Dienstleistungskonzepte (Grönroos 1989, S. 517). Hohe Delegationsgrade besitzen aus Sicht von Dienstleistungsunternehmen zwei wesentliche Vorteile: Sie ermöglichen eine effiziente, weil auf der Ebene der Bedarfsentstehung stattfindende Koordination und eine größtmögliche Markt- und Kundennähe.

Die in Dienstleistungsunternehmen so bedeutende horizontale Koordination sollte durch eine **flexible Aufgabenverteilung an Projektteams** unterstützt werden (Wohlgemuth 1989, S. 341 f.; Servatius 1991, S. 178). Diese übernehmen die Lösung komplexer Problemstellungen wie etwa die Entwicklung neuer Verbundkonzepte, die häufig eine intensive funktions- und geschäftsbereichsübergreifende Zusammenarbeit erfordern. Angesichts der vielen Freiheitsgrade und der hohen individuellen Verantwortung, die eine derartige Organisationsstruktur mit sich bringt, kommt den Fähigkeiten und der Motivation der Humanressourcen eine überaus hohe Bedeutung zu. Um eine optimale Ausschöpfung individueller Fähigkeitspotentiale zu gewährleisten, sollte relativ stark **personenbezogen**, also unter Berücksichtigung der jeweiligen Stärken-Schwächen-Profile der Mitarbeiter, strukturiert werden (Wohlgemuth 1989, S. 341 f.).

5.422 Funktionserweiterung der Unternehmenskultur

Die zahlreichen Freiheitsgrade der Mitarbeiter verdeutlichen, warum strukturorientierte Koordinations- und Steuerungskonzepte mit steigendem Individualisierungs- und Interaktivitätsgrad der Dienstleistung zwingend durch **kulturorientierte Konzepte** ergänzt werden müssen. Dabei erscheint die Herausbildung einer kundenorientierten **Intrapreneur-Kultur** notwendig (vgl. Abbildung 10) (Bleicher 1990, S. 156). Zentrale Elemente eines solchen Kulturtyps sind

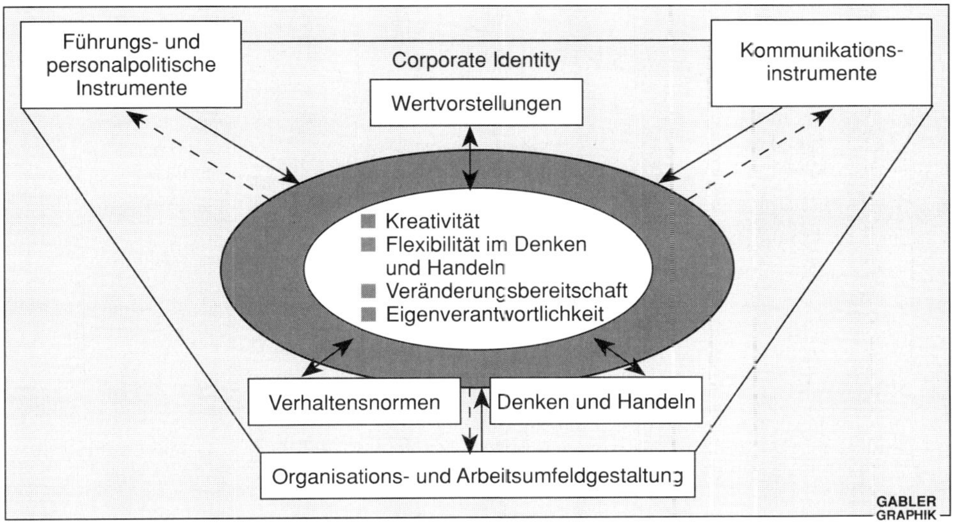

Abbildung 10: Merkmale einer kundenorientierten Intrapreneurkultur in Dienstleistungsunternehmen

- Kreativität und Innovationsfähigkeit,
- Flexibilität im Denken und Handeln,
- Veränderungsbereitschaft sowie
- Eigenverantwortlichkeit.

Spezifisch für das Dienstleistungsmarketing ist dabei vor allem die Notwendigkeit einer großen Flexibilität der Mitarbeiter, die aus einer im Vergleich zum Sachgüterbereich ungleich höheren **Rollenvielfalt** resultiert (Schneider 1989, S. 306). Diese äußert sich zunächst in einem breiten Spektrum tätigkeitsbezogener Verhaltenserwartungen, die vereinfachend in Leistungserstellungs- und Marketingfunktionen unterteilt werden können (Grönroos 1989, S. 511). Überfordern diese Verhaltenserwartungen den Mitarbeiter quantitativ, besteht die Gefahr einer **Rollenüberlastung** (Staehle 1989, S. 363). Die funktionsbestimmte Rollenvielfalt wird aber noch dadurch vergrößert, daß Verhaltenserwartungen nicht nur durch Vorgesetzte, sondern in besonderem Maße auch von der Nachfrageseite formuliert werden. Die Verhaltenserwartungen dieser beiden Anspruchsgruppen sind nicht immer kompatibel, wie das Beispiel des Beschwerdemanagement verdeutlicht. Eine derartige Inkompatibilität kann dann zu **Rollenkonflikten** mit entsprechend dysfunktionalen Wirkungen für die Zielerreichung führen (vgl. Abbildung 11) (Shamir 1989, S. 317 f.).

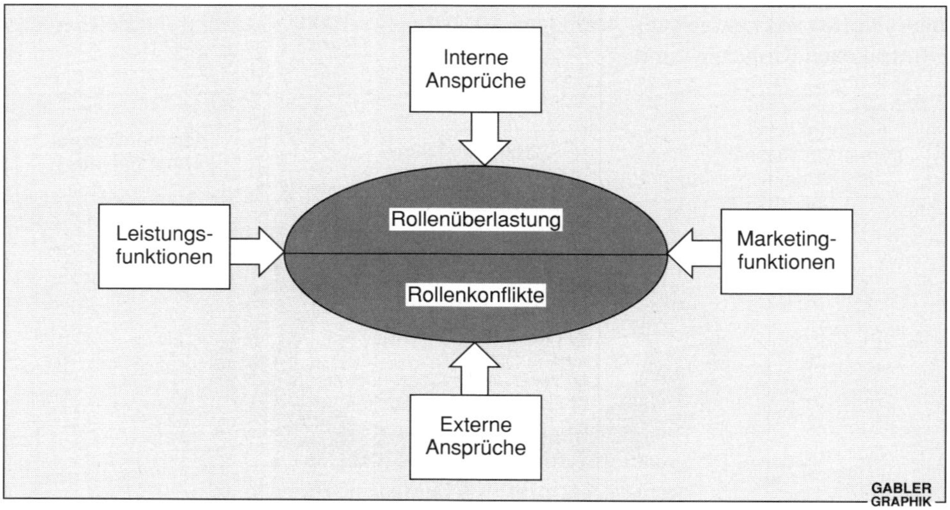

Abbildung 11: Ursachen und Konsequenzen der Rollenvielfalt in Dienstleistungsunternehmen

Im Gegensatz zu Industrieunternehmen ist es im Dienstleistungsbereich von zentraler Bedeutung, eine Intrapreneur-Kultur insbesondere auch auf den unteren Hierarchiestufen durchzusetzen. Denn die dort beschäftigten Mitarbeiter tragen über ihre Interaktionsbeziehung mit dem externen Faktor hohe Verantwortung für den dauerhaften Unternehmenserfolg. Zur **Implementierung** einer derartigen Kultur kann auf ein umfangreiches Instrumentarium zurückgegriffen werden. Neben Instrumenten der internen Kommunikation sowie der Organisations- und Arbeitsumfeldgestaltung besitzen vor allem führungs- und personalpolitische Maßnahmen starken kulturprägenden Charakter. So belegen empirische Untersuchungen aus dem Finanzdienstleistungsbereich die Vorbildfunktion der Führungskräfte (Schneider 1989, S. 305 ff.). Demnach besteht ein eindeutig positiver Zusammenhang zwischen einer gelebten Serviceorientierung des Management und der Zufriedenheit und Motivation der Mitarbeiter.

Der effektive Einsatz der Koordinationskonzepte erfordert eine Unterstützung durch entsprechend angepaßte Informations- und Kontrollsysteme. Im Mittelpunkt steht dabei die Forderung nach mitarbeiter- und kundenbezogenen Informations- und Kontrollsystemen.

5.423 Unterstützender Einsatz der Informations- und Kontrollsysteme

Ein erstes wesentliches Element derartig disaggregierter Systeme ist ein **Human-Resources-Controlling**. Zwei Aufgabenkomplexe lassen sich für ein derartiges personalorientiertes Controlling identifizieren (Welge 1988, S. 139 ff.):

- **Erfolgskontrollen im Personalwesen**, die sowohl die Personalbeschaffungs- und -freisetzungskontrolle als auch die Kontrolle von Personalerhaltungs- und -entwicklungsmaßnahmen umfassen sowie

- die **Personalinformationswirtschaft**, deren wichtigste Funktion in der Implementierung umfangreicher Personalinformationssysteme besteht.

Während Erfolgskontrollen schwerpunktmäßig zur Erhöhung der Effizienz des Personalmanagement beitragen, kommt Personalinformationssystemen wesentliche Bedeutung bei der Verfolgung von Motivations- und Personalbindungszielen zu. Sie erleichtern damit die notwendige Anpassung der Führungssysteme und unterstützen kulturorientierte Koordinationskonzepte. So richtete etwa Mövenpick zur Senkung der bei jährlich über 100 Prozent liegenden Fluktuationsraten im Gastronomie- und Hotelleriebereich ein innovatives Zeiterfassungssystem ein. Es bietet die Möglichkeit zu einer individuellen und flexiblen Arbeitszeitplanung und führt zu einem Höchstmaß an Zeitsouveränität der Mitarbeiter (Lange 1991, S. 159 ff.; Schulz, Hentschel 1992, S. 53).

Kundenbezogene Informations- und Kontrollsysteme besitzen schließlich eine wesentliche Unterstützungsfunktion bei der Planung und Durchführung effizienter Kundengewinnungs- und -betreuungsaktivitäten. Dazu müssen disaggregierte Ein- und Auszahlungsgrößen bereitgestellt werden. Aus den prognostizierten Einzahlungsgrößen läßt sich der **Lebenszeitwert** eines Kunden ermitteln (Hart, Heskett, Sasser 1990, S. 148 ff.). Dieser erfaßt den Barwert aller kundenbezogenen Umsätze und stellt eine zentrale Steuerungsgröße im Rahmen individualisierter Marktbearbeitungsstrategien, sogenannter **„Segment-of-One"-Strategien**, dar.

5.5 Ausblick und abschließende Thesen zur Entwicklung des Dienstleistungsmarketing

Die Ausführungen haben verdeutlicht, daß sich Dienstleistungsunternehmen in Zukunft einer Vielzahl neuartiger Herausforderungen stellen müssen. Nicht für alle hält die betriebswirtschaftliche Forschung derzeit Lösungen bereit. Abschließend sollen daher einige zusammenfassende Thesen formuliert werden, die Perspektiven für die erfolgreiche Führung von Dienstleistungsunternehmen in den neunziger Jahren aufzeigen (vgl. Abbildung 12). Damit sind gleichzeitig Ansatzpunkte für weiterführende Arbeiten auf dem Gebiet des Dienstleistungsmarketing gegeben:

- Angesichts der zunehmenden Bedeutung des Faktors „Zeit" wird das Wettbewerbsverhalten von Dienstleistungsunternehmen in Zukunft immer stärker durch Multiplikationsstrategien bestimmt.

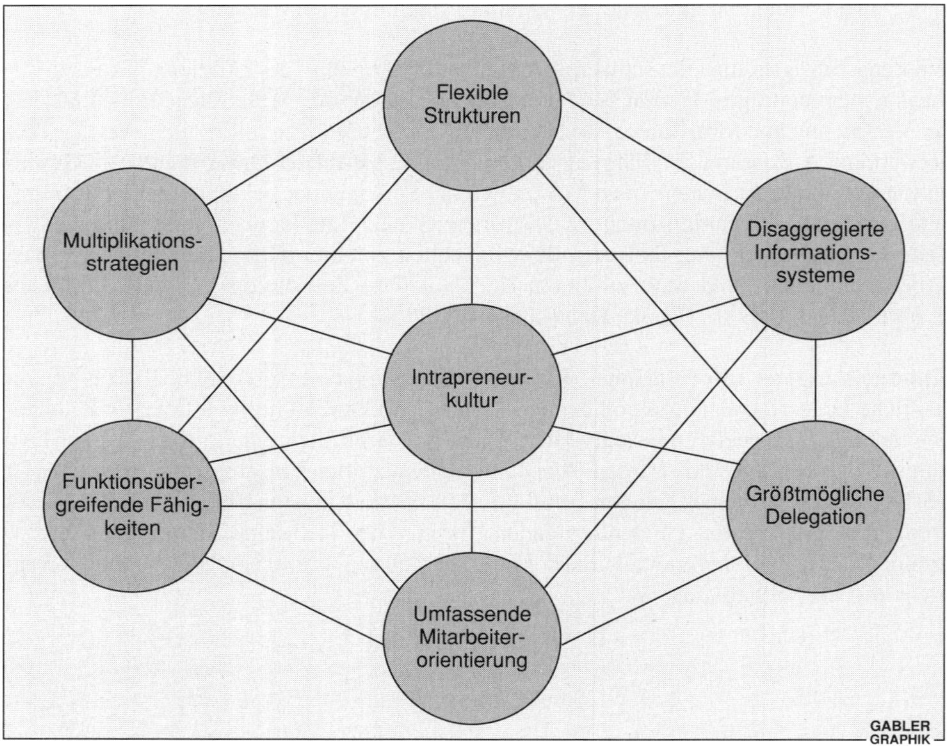

Abbildung 12: Erfolgreiches Dienstleistungsmarketing in den 90er Jahren

- Die Notwendigkeit eines effektiven Schnittstellenmanagement und die damit verbundene Rollenvielfalt des einzelnen Mitarbeiters verdeutlichen, daß qualifiziertes Personal neben branchenspezifischen Kenntnissen auch funktionsübergreifende Fertigkeiten aufweisen muß.

- Aufgrund der Interaktion von Kontaktpersonal und Kunden und der daraus resultierenden Einflüsse des Personals auf die Dienstleistungsqualität wird eine umfassende Mitarbeiterorientierung zu einem der Kundenorientierung an Wichtigkeit gleichgestellten Erfolgsfaktor.

- Eine konsequente Kundenorientierung ist nur bei einer größtmöglichen Delegation von Kompetenzen an die unteren Hierarchiestufen möglich. Die Führungsaufgaben werden damit auf Coaching- und Unterstützungsfunktionen verlagert.

- Die effiziente Gestaltung von Planungs-, Entscheidungs- und Kontrollprozessen erfordert wegen der zunehmenden Individualisierungstendenzen im Dienstleistungsmarketing vor allem leistungsfähige disaggregierte Informationssysteme. Deren Bezugsobjekte sind Kunden und Mitarbeiter.

- Die erfolgreiche Implementierung von Dienstleistungsstrategien macht eine Abflachung der Hierarchien und eine Flexibilisierung der Organisation durch temporäre Parallelstrukturen notwendig.

- Erfolgreiche Dienstleistungsunternehmen stellen weniger die Sachaufgabe als vielmehr den Menschen in den Mittelpunkt ihres Handelns. Sie zeichnen sich durch eine ganzheitliche Intrapreneurkultur aus.

Literaturhinweise

Benölken, H., Greipel, P. (1990): Dienstleistungsmanagement: Service als strategische Erfolgsposition, Wiesbaden 1990.

Beckmann, F. (1992): Die beste Qualität ist unser Ziel. Die Deutsche Lufthansa AG setzt auf weiche Service-Qualität, in: Marketing Journal, Nr. 2, 1992, S. 116–121.

Berry, L. L., Zeithaml, V.A., Parasuraman, A. (1990): Five Imperatives for Improving Service Quality, in: Sloan Management Review, No. 4, 1990, S. 29–38.

Bleicher, K. (1990): Zukunftsperspektiven organisatorischer Entwicklung, in: Zeitschrift Führung und Organisation, Nr. 3, 1990, S. 152–161.

Bowen, J. (1990): Development of a Taxonomy of Services to gain Strategic Marketing Insights, in: Journal of the Academy of Marketing Science, No. 1, S. 43–49.

Bruhn, M. (1991): Qualitätssicherung im Dienstleistungsmarketing, in: Bruhn, M., Stauss, B. (Hrsg.): Dienstleistungsqualität. Konzepte, Methoden, Erfahrungen, Wiesbaden 1991, S. 19–47.

Büker, B. (1991): Qualitätsbeurteilung investiver Dienstleistungen, in: Meffert, H. (Hrsg.): Schriften zu Marketing und Management, Band 17, Frankfurt/Main u. a. 1991.

Bundesministerium für Wirtschaft (Hrsg.) (1991): Die Vollendung des Europäischen Binnenmarktes 1992. Chance und Herausforderung, Bonn 1991.

Corsten, H. (1988): Betriebswirtschaftslehre der Dienstleistungsunternehmungen, München u. a. 1988.

Corsten, H. (1990): Betriebswirtschaftslehre der Dienstleistungsunternehmungen, 2. Aufl., München,Wien 1990.

Dahringer, L. D. (1991): Marketing Services Internationally: Barriers and Management Strategies, in: The Journal of Services Marketing, No. 3, 1991, S. 5–17.

Dahringer, L. D., Mühlbacher, H. (1991): International Marketing. A Global Perspective, Reading, Massachusetts u. a. 1991.

Drucker, P. F. (1992): Dienstleister müssen produktiver werden, in: Harvard Manager, Nr. 2, 1992, S. 64–72.

Engelhardt, W. H. (1990): Dienstleistungsorientiertes Marketing – Antwort auf die Herausforderung durch neue Technologien, in: Adam, D. et al. (Hrsg.): Integration und Flexibilität. Eine Herausforderung für die Allgemeine Betriebswirtschaftslehre, 51. Wissenschaftliche Jahrestagung des Verbandes der Hochschullehrer für Betriebswirtschaftslehre e.V. 1989 in Münster, Wiesbaden, 1990, S. 269–288.

Engelhardt, W. H., Schütz, P. (1991): Total Quality Management, in: Wirtschaftswissenschaftliches Studium, Heft 8, 1991, S. 394–399.

Engelhardt, W. H., Kleinaltenkamp, M. Reckenfelderbäumer, M. (1992): Dienstleistungen als Absatzobjekt, Arbeitsbericht Nr. 52 des Instituts für Unternehmensführung und Unternehmensforschung, Ruhr-Universität Bochum 1992.

Eramilli, M. K. (1990): Entry Mode Choice in Service Industries, in: International Marketing Review, No. 5, 1990, S. 50–62.

Fryar, C. R. (1990): What's different about Services Marketing?, in: The Journal of Services Marketing, No. 4, 1990, S. 53–58.

Geiger, H. (1992): Die Kooperationsstrategie ist der „Königsweg“ nach Europa, in: Handelsblatt vom 5.5.1992, S. B1.

Grönroos, Chr. (1989): Innovative Marketing Strategies and Organization Structures for Service Firms, in: Bateson, J.E.G. (Hrsg.): Managing Services Marketing, Chicago u. a. 1989, S. 506–521.

Grönroos, Chr. (1990): Relationship Approach to Marketing in Service Contexts: The Marketing and Organizational Behavior Interface, in: Journal of Business Research, No. 1, 1990, S. 3–11.

Hart, Chr. W. L., Heskett, J. L., Sasser, W. E. (1990): The Profitable Art of Service Recovery, in: Harvard Business Review, No. 4, 1990, S. 148–156.

Heller, H. (1992); Die Integration zum Technologiekonzern muß in den Köpfen der Mitarbeiter beginnen, in: Handelsblatt vom 12.5.1992, S. 13.
Heskett, J. L. (1986): Managing in the Service Economy, Boston 1986.
Heskett, J. L. (1988): Management von Dienstleistungsunternehmen Erfolgreiche Strategien in einem Wachstumsmarkt, Wiesbaden 1988.
Jugel, S., Zerr, K. (1989): Dienstleistungen als strategisches Element eines Technologie-Marketing, in: Marketing ZFP, Heft 3, 1989, S. 162–172.
Klaus, P. (1991): Die Qualität von Bedienungsinteraktionen, in: Bruhn, M., Stauss, B. (Hrsg.): Dienstleistungsqualität, Wiesbaden 1991, S. 247–265.
Köhler, L. (1991): Die Internationalisierung produzentenorientierter Dienstleistungsunternehmen, Hamburg 1991.
Lange, P. (1991): Die individuelle Arbeitszeit – Konzept der serviceorientierten Führung und Unternehmenskultur, in: Stauss, B. (Hrsg.): Erfolg durch Service-Qualität, München 1991, S. 159–170.
Lehmann, A. (1989): Marketing-Qualität im Dienstleistungsmanagement – eine neue Perspektive?, in: Thexis, Nr. 6, 1989, S. 46–50.
Lehmann, A. (1992): Top Service – Top Quality. Visionen prägen die amerikanische Dienstleistungsentwicklung, in: Thexis, Nr. 1, 1992, S. 20–25.
Lovelock, Ch. H. (1988): Classifying Services to Gain Strategic Marketing Insights, in: Lovelock, Ch. H. (Hrsg.): Managing Services, Englewood Cliffs 1988, S. 44–47.
Magrath, A. J. (1986): When Marketing Services 4 Ps Are Not Enough, in: Business Horizons, No. 3, 1986, S. 44–50.
Maister, D. H., Lovelock, Ch. H. (1988): Managing Faciliator Services, in: Lovelock, Ch. H. (Hrsg.): Managing Services, Englewood Cliffs 1988, S. 58–70.
Meffert, H. (1990): Klassische Funktionenlehre und marktorientierte Führung, in: Adam, D. et al. (Hrsg.): Integration und Flexibilität. Eine Herausforderung für die Allgemeine Betriebswirtschaftslehre, 51. Wissenschaftliche Jahrestagung des Verbandes der Hochschullehrer für Betriebswirtschaftslehre e.V. 1989 in Münster, Wiesbaden 1990, S. 373–408.
Meffert, H., Birkelbach, R. (1992): Customized Marketing, in: Thexis, Nr. 1, 1992, S. 18–19.
Meyer, A. (1987): Die Automatisierung und Veredelung von Dienstleistungen, in: Jahrbuch der Absatz- und Verbrauchsforschung, Nr. 1, 1987, S. 25–46.
Meyer, A. (1991): Dienstleistungs-Marketing, in: Die Betriebswirtschaftslehre, Heft 2, S. 195–209.
o. V. (1992a): Eile mit US-Partner, in: Handelsblatt vom 25.2.1992, S 14.
o. V. (1992b): Im EG-Binnenmarkt dürften sich die Strukturen gewaltig verändern, in: Handelsblatt vom 27.05.1992, S. 21.
o. V. (1992c): Die Kundendiensteinrichtungen werden in den Heimatmärkten zusammengelegt, in: Handelsblatt vom 21.5.1992, S. 53.
Peters, M. (1991): Besonderheiten des Dienstleistungsmarketing, in: Bruhn, M., Stauss, B. (Hrsg.): Dienstleistungsqualität. Wiesbaden 1991, S. 49–65.
Pfund, K. (1992): Der Not gehorchend – nicht dem eigenen Triebe, in: Handelsblatt vom 10.6.1992, S. 17.
Pümpin, C. (1989): Das Dynamik-Prinzip. Zukunftsorientierungen für Unternehmer und Manager, Düsseldorf, Wien, New York 1989.
Quinn, J. B., Doorley, T. L., Paquette, P. C. (1990): Wie Dienstleister Industrien umkrempeln, in: Harvard Manager, Nr. 4, 1990, S. 133–142.
Reichheld, F. F., Sasser, W. E. (1991): Zero Migration: Dienstleister im Sog der Qualitätsrevolution, in: Harvard Manager, Nr. 4, 1991, S. 108–116.
Reiss, M. (1992): Mit Blut, Schweiß und Tränen zur schlanken Organisation, in: Harvard Manager, Nr. 2, 1992, S. 57–62.
Roach, S. S. (1991): Services under Siege – The Restructuring Imperative, in: Harvard Business Review, No. 5, 1991, S. 82–91.
Rosada, M. (1990): Kundendienststrategien im Automobilsektor, Berlin 1990.

Schlesinger, L. A., Heskett, J. L. (1991): The Service-Driven Service Company, in: Harvard Business Review, No. 5, 1991, S. 71–81.
Schneider, B. (1989): The Service Organization: Climate is Crucial, in: Bateson, J. E. G. (Hrsg.): Managing Services Marketing – Text and Readings, Chicago u. a. 1989, S. 304–316.
Schulz, B., Hentschel, B. (1992): Erfolg durch Service-Qualität, in: Thexis, Nr.1, 1992, S. 51–53.
Servatius, H. G. (1991): Vom strategischen Management zur evolutionären Führung, Stuttgart 1991.
Shamir, B. (1989): Between Service and Servility: Role Conflict in Subordinate Service Roles, in: Bateson, J.E.G. (Hrsg.): Managing Services Marketing , Chicago u. a. 1989, S. 317–327.
Staehle, W. H. (1989): Management. Eine verhaltenswissenschaftliche Perspektive, 4. Aufl., München 1989.
Staffelbach, B. (1988): Strategisches Marketing von Dienstleistungen, in: Marketing ZFP, Heft 4, 1988, S. 277–284.
Stauss, B. (1990): Internes Marketing, in: Marketing ZFP, Heft 3, 1990, S. 149–158.
Stauss, B. (1991): Dienstleister und die vierte Dimension, in: Harvard Manager, Nr. 2, 1991, S. 81–89.
Terrahe, J. (1992): Das Rationalisierungs-Motiv der Banken ist längst dem Kunden-Wunsch gewichen, in: Handelsblatt vom 12.5.1992, S. B15.
Upah, G. D., Berry, L. L., Shostack, L. L. (1983): Emerging themes and directions for services marketing, in: Berry, L. L., Shostack, L.L., Upah, G.D., (Hrsg.): Emerging perspectives on services marketing, Chicago 1983, S. 139–141.
Welge, M. K. (1988): Unternehmensführung, Band 3: Controlling, Stuttgart 1988.
Wohlgemuth, A. C. (1989): Führung im Dienstleistungsbereich. Interaktionsintensität und Produktionsstandardisierung als Basis einer neuen Typologie, in: Zeitschrift Führung und Organisation, Nr. 5, 1989, S. 339–349.
Zach, Chr. (1992): Der ausländische Handel kommt nach Deutschland – langsam, aber vollständig, in: Handelsblatt vom 18.5.1992, S. 20.

6. Marktorientierte Umweltschutzstrategien*

6.1 Ökologische Problemstellungen als Herausforderung an die marktorientierte Unternehmensführung

Während im vergangenen Jahrzehnt die Probleme der gesättigten Märkte, Internationalisierung, Technologie-Dynamik und des Wertewandels Unternehmensführung und Marketing vor neue Herausforderungen gestellt haben, so stehen heute zunehmend die ökologischen Probleme als Bestimmungsfaktoren der Unternehmenspolitik im Mittelpunkt der aktuellen Diskussion. Umweltkatastrophen, verschärfte gesetzliche Umweltanforderungen, umweltorientierte Vorstöße von Wettbewerbern und Handel sowie die hohe Sensibilisierung der Bevölkerung für Umweltfragen begründen neue Diskontinuitäten im Unternehmensumfeld.

Umweltprobleme führen heute bereits zu einer abrupten Verkürzung von Produktlebenszyklen und zu einer Umorientierung ganzer Branchen. Andererseits eröffnen sich innovativen Unternehmen ganz neue Marktchancen und Profilierungsmöglichkeiten in umweltschutzinduzierten Problemfeldern.

Ökologische Problemstellungen induzieren direkte und indirekte Einflüsse auf betroffene Unternehmen, die Ansatzpunkte und Herausforderungen für ein ökologieorientiertes Unternehmensverhalten bieten. Betrachtet man zunächst die Herausforderungen, die durch den direkten Einfluß der ökologischen Probleme an die Unternehmensführung herangetragen werden, so führt mittel- und langfristig die Verknappung von natürlichen Ressourcen zu einer notwendigen Neuorientierung ganzer Branchen oder sogar zu einer existentiellen Bedrohung der rohstofferzeugenden und -verarbeitenden Industrie. Selbst bei ausreichender Verfügbarkeit von regenerierbaren Ressourcen erfordern bereits heute Qualitätsminderungen, wie z. B. die zunehmende Belastung von Nahrungsmitteln durch Schadstoffe (Blei, Cadmium, Nitrat u. a. m.), immer aufwendigere Methoden der Nahrungsmittelgewinnung und -kontrolle. Schneller als erwartet vollzieht sich der „Treibhauseffekt" durch den Anstieg der CO_2-Konzentration in der Atmosphäre. Durch die Freisetzung von Chlorverbindungen wie Fluorchlorkohlenwasserstoff (FCKW) ist in den letzten 10 Jahren das „Ozonloch" um ein Vielfaches gewachsen, mit noch nicht absehbaren Veränderungen des ökologischen Gleichgewichts und des globalen Klimasystems. Angesichts dieser Situation wird in Zukunft die Unternehmensführung ein existentielles Inter-

* Der Beitrag wurde in ähnlicher Form unter dem Titel „Strategisches Ökologie-Management" in dem Reader „Ökologiemanagement als strategischer Wettbewerbsfaktor", Hrsg.: Coenenberg, A. G., Weise, E. Eckrich, K., Stuttgart 1991, S. 7–32 veröffentlicht.

esse daran haben müssen, die Unternehmensaktivitäten auch unter dem Ziel einer **ökologischen Effizienz** zu gestalten (vgl. Abbildung 1).

Andererseits sind Unternehmen mit der **gesellschaftlichen Dimension** ökologischer Herausforderungen konfrontiert. Als Mitverursacher der Umweltprobleme sehen sie sich einem zunehmenden Umweltbewußtsein der Öffentlichkeit gegenüber, das sich in einer verschärften Umweltschutzgesetzgebung, der zunehmenden Sympathie für Gruppen der „Kritik und des Widerspruchs" wie z. B. Bürgerinitiativen, Verbraucherorganisationen

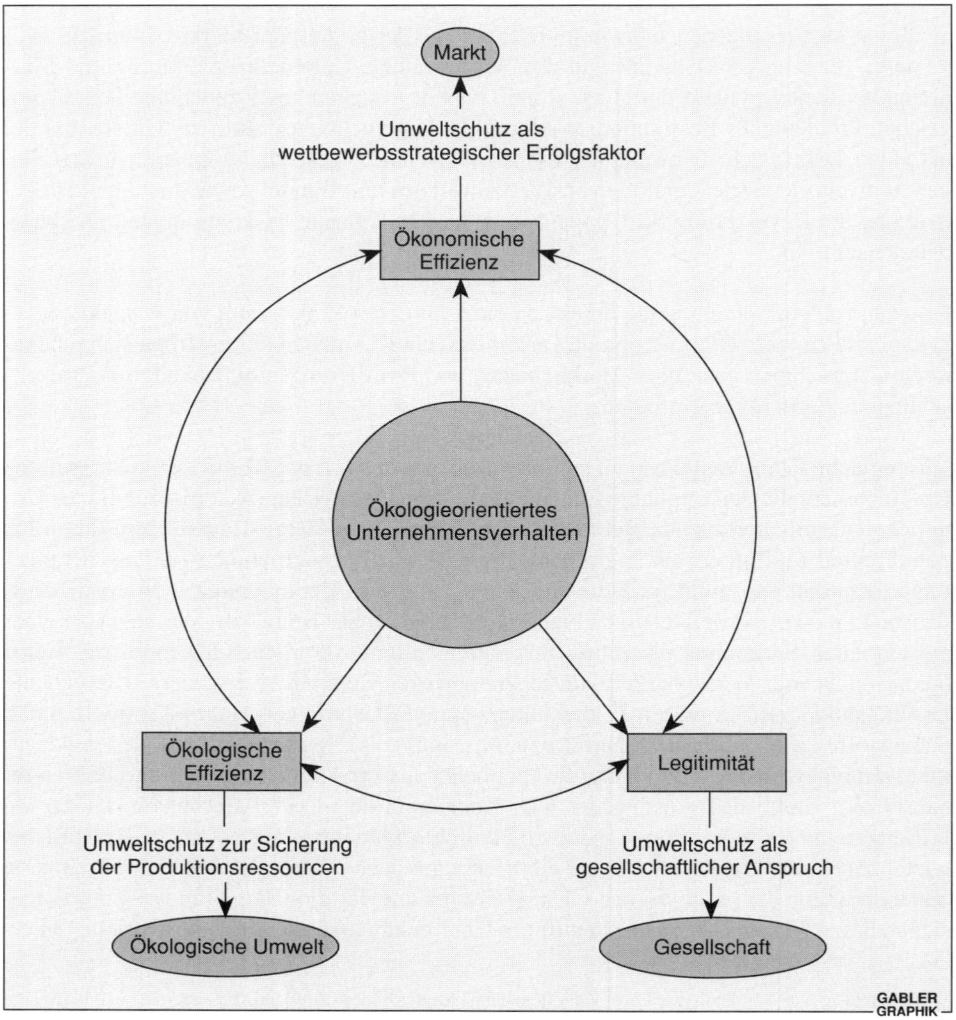

Abbildung 1: Spannungsfelder der ökologieorientierten Unternehmensführung

sowie Naturschutzverbänden und nicht zuletzt in der Akzeptanz sog. „Grüner Parteien" niederschlägt. In den vergangenen Jahren hat eine Vielzahl empirischer Studien die Facetten eines sich abzeichnenden Wertewandels in der Gesellschaft aufgezeigt. Eine Höherbewertung des Umweltschutzes, verbunden mit einer kritischen Einstellung gegenüber dem technischen Fortschritt, kennzeichnen dabei eine zunehmende Divergenz zwischen gesellschaftlichen Wertvorstellungen und den unternehmensbezogenen Zielen. Ein notwendiges Maß an Übereinstimmung des Unternehmensverhaltens mit den nicht ökonomischen gesellschaftlichen Werthaltungen i. S. eines Legitimitätsanspruchs ist aber langfristig zur Sicherung der Unternehmensexistenz unabdingbar. Insofern ist der Umweltschutz als gesellschaftlich vermittelter Anspruch und Element der **gesellschaftsbezogenen Legitimität** im Rahmen der Unternehmensführung zu berücksichtigen.

Die in der Gesellschaft artikulierten Umweltschutzforderungen üben auch einen Einfluß auf die Veränderung des Wettbewerbsumfeldes aus. Dementsprechend müssen sich Unternehmen zunehmend auch mit dem **Umweltschutz als wettbewerbsstrategischem Problem** auseinandersetzen (Kirchgeorg 1990, S. 109). Angesichts der wettbewerbsstrategischen Dimension des Umweltschutzes beinhaltet umweltorientiertes Management auch die Wahrung der **ökonomischen Effizienz** zur Absicherung bestehender und Erschließung neuer Gewinn- und Profilierungspotentiale. Die Unternehmen sind gefordert, einen eigenständigen Beitrag zur Lösung der aufgezeigten Problemfelder des Umweltschutzes zu leisten. Dies erfordert einen Bewußtseinswandel in der Unternehmensführung, um den Umweltschutz nicht allein als Wachstumsbegrenzung, sondern vielmehr als Wachstumsvoraussetzung zu begreifen.

Die Frage nach einem erfolgreichen strategischen Umweltmanagement stellt sich vor allem bei Unternehmen mit hoher ökologischer Betroffenheit. Im Hinblick auf die Betroffenheit von ökologischen Problemen ergeben sich dabei Chancen und Risiken aus:

- umweltpolitischen Aktivitäten des Gesetzgebers (z. B. Novellierung des Abfallgesetzes, Umwelthaftung und Umweltpflichtversicherung, gesetzliche Fixierung von Emissionsgrenzwerten),

- dem Umweltbewußtsein der Öffentlichkeit (z. B. medienpolitische Umweltdiskussionen, Demonstrationen, Konsumboykott),

- dem Umweltbewußtsein und Verhalten der Absatzmittler und Abnehmer (z. B. Einstellungs-, Werte- und Verhaltensänderungen),

- umweltbezogenen Aktivitäten von Konkurrenten und Lieferanten im nationalen und internationalen Wettbewerb (z. B. Einführung umweltfreundlicher Produkte) sowie

- Entwicklungen im Bereich der Wissenschaft und Forschung (z. B. Katalysatortechnik, integrierte Umweltschutztechnologien).

Unterscheidet man die Wirkungen einzelner externer Einflußgrößen, so kann man jenen Faktoren, die auf Unternehmen – unabhängig von nachfrageinduzierten Einflüssen – einen Internalisierungsdruck von Umweltschutzkosten oder einen Innovationszwang zur Implementierung umweltfreundlicher Produkt- und Prozeßtechnologien ausüben, eine **Ökologie-Push-Wirkung** zuordnen. Sofern eine frühzeitige Antizipation dieser Wirkungsfaktoren unterbleibt, führen z. B. gesetzgeberische Aktivitäten zu einer Verengung des unternehmerischen Handlungsspielraumes.

Wie die Abbildung 2 zeigt, wird andererseits durch eine verstärkte Forderung der Konsumenten und des Handels nach Belieferung mit umweltfreundlicheren Problemlösungen ein Bedürfnispotential deutlich, aus dem ein Nachfragesog bzw. eine **Ökologie-Pull-Wirkung** entsteht. Beide Wirkungskomponenten können in verschiedenen Branchen unterschiedlich ausgeprägt sein und bestimmen die Ausrichtung der ökologieorientierten Wettbewerbsstrategien (Meffert, Kirchgeorg 1993, S. 73 f.).

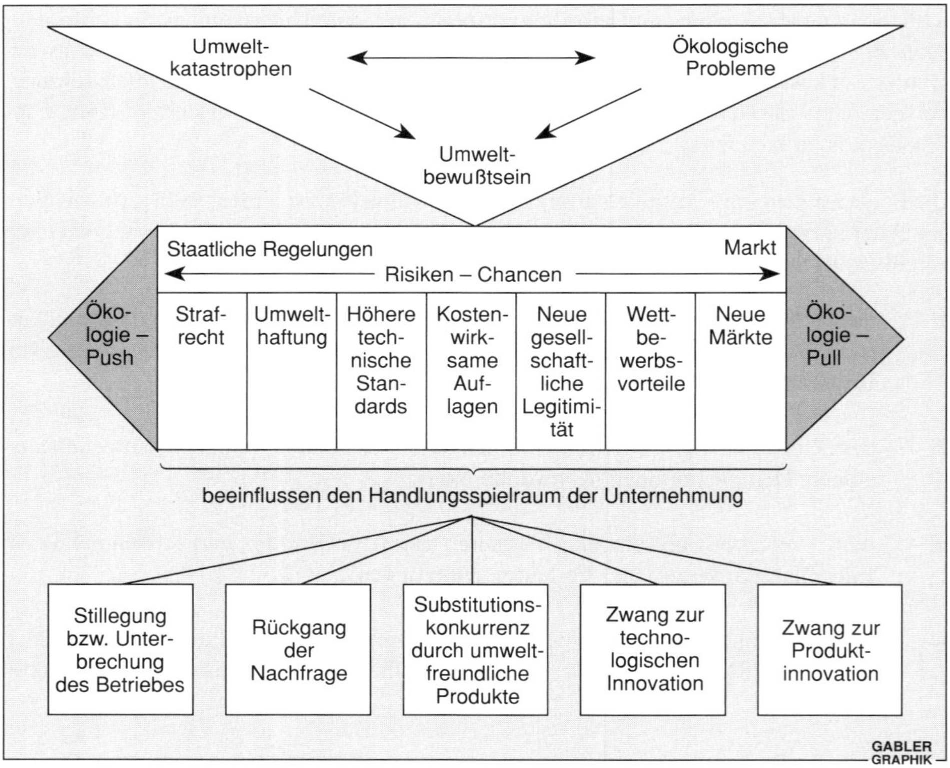

Abbildung 2: Ökologieorientierte Chancen-Risiken-Analyse

6.2 Bedeutung der Ökologie als Wettbewerbsfaktor

Die Entscheidung, ob und in welcher Weise Unternehmen ökologieorientierte Strategien verfolgen sollen, ist angesichts der aufgezeigten wettbewerbsstrategischen Dimension ökologischer Problemstellungen nicht allein mehr die Frage der wahrgenommenen ethischen Verpflichtungen bzw. der Anpassung an gesetzliche Rahmenbedingungen. Wie bereits erwähnt, haben ökologische Problemstellungen längst begonnen, Spielregeln des Wettbewerbs in nahezu allen Branchen nachhaltig zu verändern.

Zur Ableitung von Strategien, die Ökologie über ethische Überzeugungen hinaus als Chance zur Profilierung im Wettbewerb aufgreifen, erscheint es geboten, zunächst den Einfluß ökologischer Problemstellungen auf **Bestimmungsfaktoren des Wettbewerbs** zu untersuchen. Da die konkrete Bedeutung der Ökologie als Wettbewerbsfaktor im Einzelfall nur branchenspezifisch zu beurteilen ist, bietet es sich an, den Einfluß auf die generellen Triebkräfte des Branchenwettbewerbs zu diskutieren, die dann in weiterführenden Analyseschritten für jede spezielle Branche zu konkretisieren sind.

Den Ausgangspunkt bildet das von Michael Porter entwickelte Modell der Wettbewerbskräfte (Porter 1992, S. 23). Gemäß dieser Konzeption wird die Wettbewerbsintensität und damit die Ertragskraft einer Branche durch die Faktoren

- Gefahr des Markteintritts neuer Konkurrenten,
- Bedrohung durch Ersatzprodukte,
- Verhandlungsstärke von Lieferanten,
- Verhandlungsstärke von Abnehmern und
- Rivalität der Unternehmen innerhalb der Branche

bestimmt. Daneben wirkt der Staat durch Gesetze und Verordnungen auf jede einzelne Triebkraft der Wettbewerbsintensität ein.

Forderungen nach ökologischer Verträglichkeit von Produkten sind angesichts des gestiegenen Umweltbewußtseins der Verbraucher heute in fast allen Erzeugnisbereichen zu einer Selbstverständlichkeit geworden. Diese als zusätzliche Nutzendimension empfundenen Produktmerkmale bieten ökologieorientierten **Newcomern** vielfach gute Chancen, auch in zuvor scheinbar unter etablierten Wettbewerbern aufgeteilten Märkten Fuß zu fassen. Ein gutes Beispiel hierfür ist der vielzitierte Erfolg des Reinigungsmittels „Frosch", das sich in kurzer Zeit in einem bis dato festgefügten Markt erfolgreich etablieren konnte. Wirksame Eintrittsbarrieren wie Zugang zu Vertriebskanälen oder Produktdifferenzierung griffen nicht, da es die etablierten Wettbewerber versäumt hatten, die ökologischen Eigenschaften ihrer Produkte hinreichend zu verdeutlichen. Gleichzeitig war der Lebensmitteleinzelhandel dankbar, ein Produkt präsentieren zu können, das den gestiegenen ökologischen Anforderungen der Kundschaft und der Öffentlichkeit genügte (Ostmeier 1990, S. 89 f.).

Die Gefahr einer ökologiebedingten Bedrohung durch **Substitutionsprodukte** ist in der Vergangenheit besonders in Bereichen der Rohstoff- und Zulieferindustrie zum Tragen gekommen. So bedeutete die Einführung des Phosphatersatzstoffes „SASIL" in der Waschmittelindustrie den nahezu vollständigen Verlust dieser Branche als Absatzmarkt für die Hersteller von Phosphaten. Einer ähnlichen Situation sehen sich die Lieferanten von Asbest gegenüber, die durch den zunehmenden Einsatz von Ersatzstoffen in fast allen Anwendungsbereichen (Bau, Bremsbeläge etc.) vor erhebliche Probleme gestellt sind. Beispiele dieser Art ließen sich beliebig fortsetzen.

Insgesamt gilt, daß die Umweltschutzdiskussion in fast jeder Branche Möglichkeiten zum Markteintritt neuer Wettbewerber schafft bzw. Ansatzpunkte für das Auftreten von Substitutionsprodukten bietet. Die Wirkungen der Ökologieproblematik auf die Verhandlungsstärke von Lieferanten und Abnehmern sowie die Rivalität unter bestehenden Unternehmen der Branche können demgegenüber sowohl intensivierend als auch entspannend auf die Wettbewerbsintensität wirken.

Die **Verhandlungsstärke von Lieferanten,** denen es nicht gelingt, hinreichend umweltverträgliche Rohstoffe oder Vorprodukte anzubieten, wird sicherlich sinken. Andererseits erfahren Lieferanten, die zentrale umweltverträgliche Produkte anbieten, eine enorme Verbesserung ihrer Verhandlungsposition. Nicht selten scheitert die vollständige Umstellung des Produktprogramms von Herstellern auf umweltfreundliche Varianten an der mangelnden Verfügbarkeit dazu notwendiger Zulieferteile (Beispiel: Verfügbarkeit von Katalysatoren für Kleinwagen).

Ähnliches gilt für die **Verhandlungsstärke der Abnehmer.** Gegenüber Herstellern, die als einzige umweltgerechte Produkte anbieten, sinkt die Verhandlungsmacht des Handels. Beispiele dafür, daß selbst Nischenanbieter, die ansonsten im Handel kaum eine Chance hätten, bei Vorliegen einer ökologieorientierten Produktdifferenzierung in die Regale kommen, gibt es aus vielen Branchen. Im Bereich der Wasch- und Reinigungsmittel ist hier erneut die Marke Frosch anzuführen. Aber auch der etablierte Marktführer Persil konnte durch die Einführung seines Persil-Phosphatfrei vergleichsweise mühelos ein neues Produkt im Handel plazieren. Andererseits vergrößert der Handel den Druck auf nicht-umweltgerechte Produktvarianten. Beispiele für Auslistungen nicht-umweltgerechter Erzeugnisse gibt es vor allem im Getränkebereich (z. B. Dosenbier).

Die Wirkung der Ökologie auf die **Rivalität existierender Unternehmen** in einer Branche ist ebenfalls differenziert zu beurteilen. In Branchen mit bislang vergleichsweise undifferenzierten Produkten kann die Möglichkeit zur Profilierung über Umweltargumente den Wettbewerbsdruck bei Standardprodukten lindern und die Preis- bzw. Kostenkonkurrenz entspannen. Dies wird immer dann der Fall sein, wenn sich der Markt in nebeneinander existierende Segmente für umweltgerechte und weniger umweltgerechte Produkte aufteilt. Demgegenüber kann die Profilierung über Umweltschutzargumente als Angriffsstrategie die Wettbewerbsintensität einer Branche deutlich erhöhen, wenn seitens der Kunden und Absatzmittler eine derartige Segmentierung nicht akzeptiert wird bzw. lediglich eine Substitution und keine Marktausweitung stattfindet.

Die Ausführungen machen deutlich, daß die vielfach von Unternehmen gegenüber dem Umweltschutz an den Tag gelegte defensive, an der notwendigen Anpassung gegenüber Gesetzen und Vorschriften geprägte Grundhaltung die Gefahr in sich birgt, den wettbewerbsstrategisch wichtigen Faktor Umweltschutz zu vernachlässigen, anstatt ihn zur gezielten Profilierung im Wettbewerb zu nutzen.

In einer vom Umweltbundesamt und dem Land Nordrhein-Westfalen geförderten empirischen Untersuchung von rd. 200 Unternehmen aus 8 Branchen wurden Ziele, Ansatzpunkte und Erfolgsbedingungen von ökologieorientierten Strategien differenziert untersucht (Kirchgeorg 1990).

In dieser Untersuchung wurde die Bedeutung der staatlichen und gesellschaftlichen Umweltschutzforderungen (Ökologie-Push) und der markt- und wettbewerbsbezogenen Forderungen nach umweltgerechtem Verhalten (Ökologie-Pull) analysiert. Wie sich in Abbildung 3 zeigt, dominierten bei allen Unternehmen Elemente des Ökologie-Push. Wei-

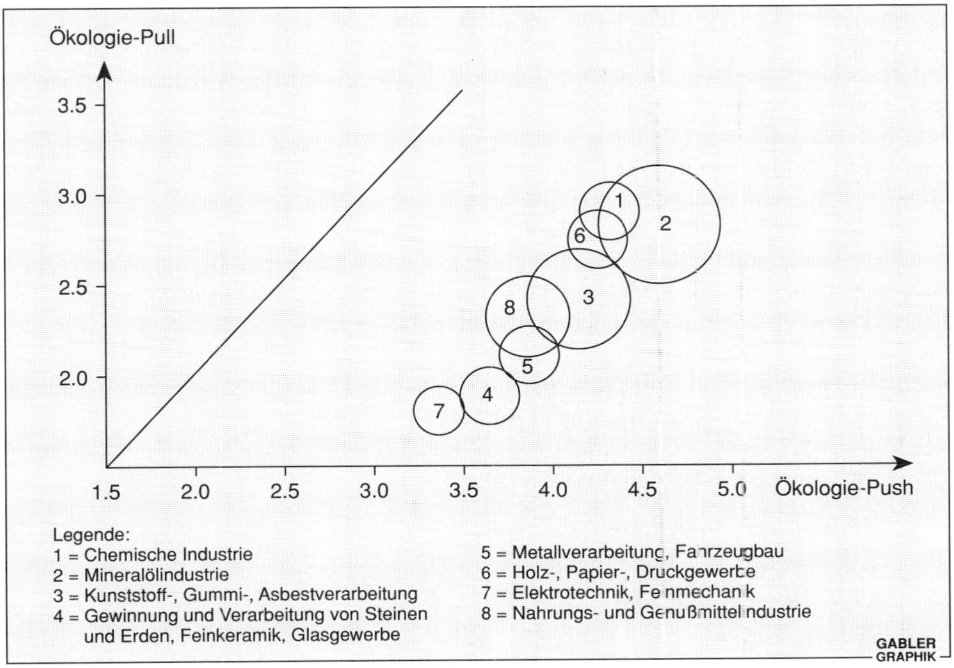

Abbildung 3: Branchenbezogene Betroffenheitspositionierung der Unternehmen

terhin zeigte sich, daß Unternehmen der Chemischen Industrie und der Mineralölindustrie die größte Betroffenheit aufweisen und sich Unternehmen der Elektrotechnik/Feinmechanik am wenigsten betroffen fühlen. Bemerkenswert ist allerdings, daß mit zunehmender Betroffenheit durch Umweltschutzforderungen von Staat und Gesellschaft auch die Betroffenheit seitens des Marktes zunimmt (Kirchgeorg 1990, S. 180 f.).

Eine betriebsgrößenspezifische Auswertung ergab, daß sehr große und sehr kleine Unternehmen sich am stärksten durch Umweltschutzforderungen betroffen fühlen. Bei Großunternehmen erklärt sich dieses Phänomen aus ihrer starken öffentlichen Sichtbarkeit. Die Kleinunternehmen fühlen sich vielfach von in der Regel lokal erhobenen Umweltschutzforderungen (z. B. Auflagen des Gewerbeaufsichtsamtes) überfordert.

6.3 Ansatzpunkte zur ökologieorientierten Profilierung im Wettbewerb

6.31 Ziele und Ansatzpunkte ökologieorientierter Strategien

Die Einbeziehung von Umweltschutzzielen in das Zielsystem der Unternehmen bildet den Ausgangspunkt, um alle Unternehmensaktivitäten aus einer konzeptionellen Gesamtsicht heraus ökologieorientiert anzupassen. Um die Ökologie als Leitlinie des Unternehmensverhaltens wirksam zu etablieren, muß der Umweltschutz als Zielsetzung bei allen Entscheidungen und schließlich im Verhalten eines jeden Mitarbeiters Berücksichtigung finden, d. h. als ein „shared value" der Unternehmung verstanden werden.

In welchem Umfang die Umweltschutzziele im Entscheidungsprozeß der Unternehmen Berücksichtigung finden, wird durch ihren, von der Unternehmensführung gegenüber anderen Unternehmenszielen eingeräumten Stellenwert bestimmt.

Der **Stellenwert von Umweltschutzzielen** in den untersuchten 200 Unternehmen wird aus folgender durchschnittlicher Wichtigkeitseinstufung ersichtlich:

1. Sicherung der Wettbewerbsfähigkeit
2. Langfristiger Gewinn
3. Produktivität
4. Kosteneinsparungen
5. Mitarbeitermotivation
6. Image

7. Erschließung neuer Märkte
8. **Umweltschutz**
9. Erhaltung von Arbeitsplätzen
10. Marktanteil
11. Kooperation mit dem Handel
12. Umsatz
13. Kurzfristiger Gewinn

Hierbei wird das Umweltschutzziel auf den achten Rang eingestuft, während die Sicherung der Wettbewerbsfähigkeit (Rang 1) und die langfristige Gewinnerzielung (Rang 2) deutlich als Oberziele zu kennzeichnen sind. Dem Umweltschutzziel wird jedoch gegenüber den klassischen Marktzielen wie Umsatz, Marktanteil und kurzfristige Gewinnerzielung bereits ein deutlicher Vorrang eingeräumt.

Angesichts dieser Untersuchungsergebnisse zeigt sich, daß das Umweltschutzziel den Oberzielen der Wettbewerbsfähigkeit und langfristigen Gewinnerzielung in einer Mittel-Zweck-Beziehung untergeordnet wird und nicht als ausschließlich moralisches Postulat i. S. einer Sozialverantwortlichkeit der Unternehmen verstanden wird.

Eine darüber hinaus durchgeführte **Analyse von Zielkonflikten** zwischen Umweltschutz und klassischen Unternehmenszielen zeigt auf, daß der Umweltschutz in positiver Beziehung zu den Oberzielen der langfristigen Gewinnerzielung und Sicherung der Wettbewerbsfähigkeit gesehen wird (vgl. Abbildung 4). Unternehmen scheinen somit den Umweltschutz langfristig als ökonomischen Erfolgsfaktor und Instrument zur Profilierung im Wettbewerb erkannt zu haben. Konflikte bei der Verfolgung von Umweltschutzzielen werden in bezug auf die Ziele der kurzfristigen Gewinnerzielung, Kostenreduzierung und in leicht abgeschwächter Form auch bei den Produktivitätszielen gesehen. Damit reduziert sich der vielbeschworene Zielkonflikt zwischen Ökologie und Ökonomie auf ein Konkurrenzverhältnis zwischen kurzfristiger ökonomischer Rationalität und den ökologischen Zielen. Die Nachteile bei den eher kurzfristig orientierten ökonomischen Zielen werden angesichts der langfristigen Gewinnperspektiven des Umweltschutzes aus der Sicht der untersuchten Unternehmen deutlich überkompensiert. Das zur Verteidigung defensiver Grundhaltungen von Unternehmen im Umweltschutz vielbemühte Argument des Verlustes der Wettbewerbsfähigkeit durch die Berücksichtigung umweltschutzbezogener Belange scheint aufgrund der gefundenen Ergebnisse zumindest relativierungs- oder revisionsbedürftig.

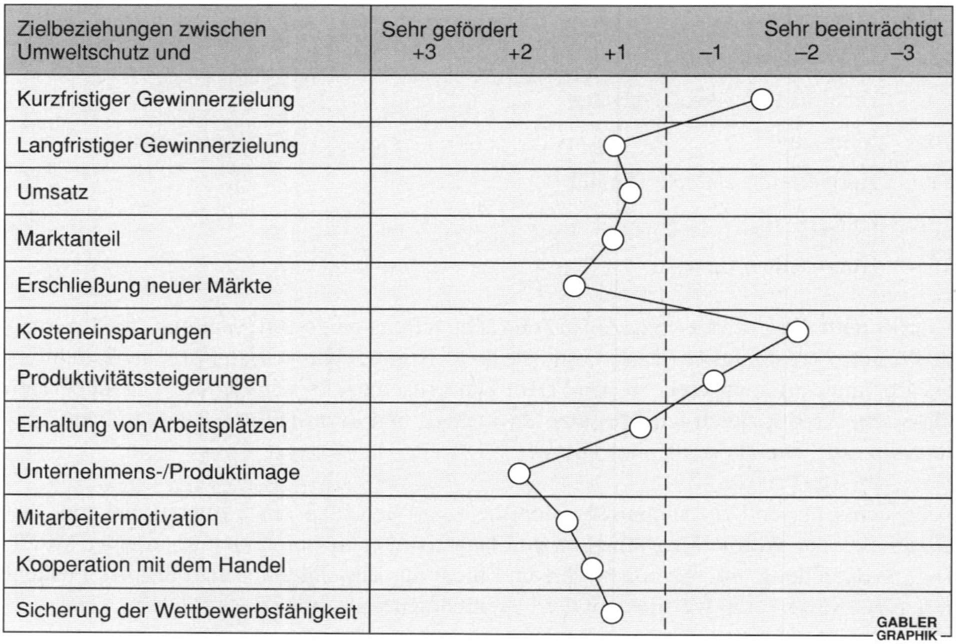

Abbildung 4: Beziehung zwischen ökologischen und ökonomischen Unternehmenszielen

Angesichts der Tatsache, daß ökologieorientierte Verhaltensweisen als Basis für erfolgreiche Strategien zur Behauptung und Verbesserung der Wettbewerbsposition von Unternehmen angesehen werden können, ergibt sich die Frage, welche konkreten Ansatzpunkte Unternehmen besitzen, um den Umweltschutz als wirksame Profilierungsdimension im Wettbewerb zu nutzen. Vor allem die jüngere Literatur zum strategischen Management stellt heraus, daß eine langfristig erfolgreiche Wettbewerbsstrategie eine Verankerung der zentralen Leistungs- und Kostenvorteile auf allen Stufen des betrieblichen Geschäftssystems erfordert.

Unternehmen können demzufolge langfristig Chancen im Umweltschutz nur dann nutzen, wenn sie systematisch in allen Unternehmensfunktionen ökologische Problembereiche identifizieren und mögliche Umweltschutzmaßnahmen auf ihre Ansatzpunkte zur Verbesserung der Wertschöpfung bzw. Gewinnspanne analysieren. In diesem Zusammenhang ist zu prüfen, inwieweit umweltorientierte Maßnahmen Kostensenkungen oder Kostenerhöhungen in Verbindung mit wettbewerbsbezogenen Differenzierungsmöglichkeiten implizieren.

Ansätze für **ökologieorientierte Maßnahmen** lassen sich grundsätzlich für jeden betrieblichen Funktionsbereich ableiten und entsprechend einer Kosten-Nutzen-Analyse bewerten (Meffert, Kirchgeorg 1993, S. 108 f.). Sie sind hinsichtlich ihrer Wirkung auf die Bestimmungsfaktoren der Wertschöpfung bzw. Gewinnspanne (Absatzpreise, funktionsspezifische Kosten, staatliche Unterstützungen etc.) zu untersuchen. Die Abbildung 5 zeigt beispielhaft erzielbare Markt- und Kostenvorteile durch umweltorientierte Prozeß- und Produktinnovationen für Schmelzkleber.

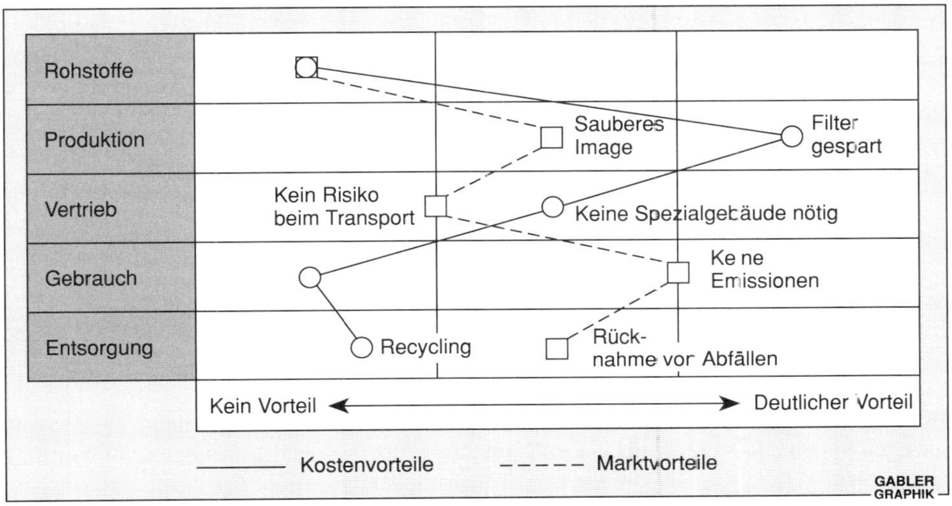

Abbildung 5: Markt- und Kostenvorteile durch umweltorientierte Prozeß- und Produktinnovationen am Beispiel von Schmelzklebern
(Quelle: Annighöfer/Lavalette 1989)

Kostenvorteile ergeben sich vor allem in der Produktion durch Einsparung von Filtern sowie im Vertrieb, wo durch die relative Lösungsmittelfreiheit des Klebers keine Spezialgebäude mehr einzusetzen sind. Marktvorteile ergeben sich dadurch, daß der Verwender des Klebers im Rahmen seiner eigenen Produktion keine Emissionen verursacht und seinerseits Einsparungen verwirklichen kann. Daneben ergeben sich in der Entsorgungsphase Vorteile dadurch, daß die Rücknahme von Produktionsabfällen erleichtert wird.

Die Vorteile einer alle betrieblichen Funktionsbereiche umfassenden **Wertkettenanalyse** liegen zum einen in der Identifikation kostenreduzierender und ertragssteigernder umweltbezogener Maßnahmen. Vor allem aber kann das Analyseinstrument im Rahmen einer offensiven umweltbewußten Unternehmensführung unter strategischen Gesichtspunkten zur Schaffung von Wettbewerbsvorteilen eingesetzt werden. Insbesondere werden Wirkungsanalysen durch die Verknüpfung von ökologieorientierten Aktivitäten zwischen einzelnen Funktionsbereichen ermöglicht.

Die Analyse von **Verbundwirkungen** ist von besonderer Bedeutung, da sie eine korrekte Bewertung von Auswirkungen ökologieinduzierter Maßnahmen erst ermöglicht. Dies wird dadurch bedingt, daß bei den derzeit vorherrschenden Organisationsformen des Umweltschutzes vielfach die Entscheidungen über umweltrelevante Maßnahmen in vielen unterschiedlichen betrieblichen Funktionsbereichen isoliert voneinander getroffen werden. Das gleiche gilt für die Zurechnung relevanter Kosten- und Erlöswirkungen umweltorientierter Aktivitäten. Eine isolierte Betrachtung trägt dem sachlichen Zusammenhang zwischen einzelnen umweltbezogenen Maßnahmen und deren Auswirkungen jedoch nicht hinreichend Rechnung. Umweltinduzierte Aktivitäten zeigen demzufolge oftmals auf den ersten Blick umweltneutral erscheinende Wirkungen in bestimmten benachbarten Funktionsbereichen. Zur korrekten Beurteilung des Gesamteffekts einer ökologieorientierten Marketingstrategie in allen Unternehmensbereichen ist daher eine funktionsübergreifende Betrachtung unumgänglich. Im Mittelpunkt steht dabei die Frage, welche generellen wettbewerbsstrategischen Stoßrichtungen im Umweltschutz bei Unternehmen nachzuweisen sind und wie ihr Erfolg zu beurteilen ist.

6.32 Ökologieorientierte Basisstrategien

Bei der Formulierung ökologieorientierter Strategien steht das Management vor der Aufgabe, längerfristige Akzente in der Geschäftstätigkeit zu setzen. Insbesondere stellt sich die Frage, wie durch ein Engagement im Umweltschutzbereich Erfolgspotentiale bzw. -positionen aufgebaut werden können, die die Wettbewerbsfähigkeit der Unternehmung auf lange Sicht gewährleisten. Dabei bewegt sich das Unternehmen in einem strategischen Spannungsfeld, das sich aus den von der Umwelt an die Unternehmung herangetragenen ökologischen Forderungen, den sich aus der jeweiligen Unternehmenscharakteristik ergebenden Potentialen zur Nutzung von Umweltschutzaufgaben, aus dem Verhalten der Wettbewerber und aus den Marktchancen bei der Berücksichtigung ökologischer Komponenten in der Unternehmens- und Marketingpolitik ergibt (Kirchgeorg 1990, S. 137 f.).

Grundsätzlich lassen sich zwei **Basisstrategien** unterscheiden:

- **Verfolgung einer defensiven Umweltschutzstrategie**
  Diese Strategie ist dadurch gekennzeichnet, daß das Unternehmen erst dann Umweltschutzmaßnahmen in die Planungsüberlegungen einbezieht, wenn gesetzgeberische Aktivitäten, Auflagen von Gewerbeaufsichtsämtern, Maßnahmen der Konkurrenz und sonstige Gegebenheiten es gebieten.

- **Verfolgung einer offensiven Umweltschutzstrategie**
  Bei dieser Strategie wird das Gesetz des Handelns in der Hand behalten (agieren statt reagieren). Es werden die spezifischen Umweltprobleme a priori bei den Planungsüberlegungen berücksichtigt. Eine solche Strategie kann z. B. die Umstellung von Produktionsverfahren zur Minimierung der bei der Produktion anfallenden Emissionen oder die Berücksichtigung von Entsorgungsproblemen bei der Nutzung des Produktes durch den Konsumenten schon in den Produktplanungsphasen veranlassen.

Die Ergebnisse der Untersuchung lassen erkennen, daß in Abhängigkeit vom Stellenwert des Umweltschutzziels im einzelnen Unternehmen unterschiedliche Umweltschutzstrategien verfolgt werden. Es konnten vier Unternehmenstypen mit ihren jeweiligen Maßnahmenschwerpunkten ermittelt werden:

- Selektiv-Ökologieorientierte (19,8 %)
- Passive (29,9 %)
- Innengerichtete Aktive (27,4 %)
- Ökologieorientierte Innovatoren (22,9 %)

Abbildung 6 zeigt die zentralen Ausprägungen dieser Strategietypen:

	Grundhaltungstypen / Merkmale	Selektive 19,8%	Passive 29,9%	Innengerichtete Aktive 27,4%	Innovatoren 22,9%
Strategie	Marktbezogene Umweltschutzstrategie	+	–	–	+
	Innengerichtete Umweltschutzstrategie	+	–	+	+
	Widerstandsstrategie	+	–	–	–
	Rückzugsstrategie	+	–	–	–
Umweltschutzmaßnahmen	Angebot von umweltgerechten Produkten	+	–	–	++
	Diversifikation in Umweltschutzmärkte	0	– –	– –	++
	Umweltberatung	+	– –	–	+
	Ökologieorientierte Kommunikation (Prozeß)	++	–	–	+
	Ökologieorientierte Kommunikation (Produkt)	+	– –	– –	–
	Ökologieorientierte Distribution	+	–	+	0
	Ökologieorientierte F&E	+	–	–	+
	Umweltschutzorganisation	+	–	0	0
	Erfolg	+	–	–	++
Situation	Betroffenheit (Markt)	+	–	–	+
	Betroffenheit (Gesellschaft)	+	–	+	–
	Ökologischer Wettbewerb	++	–	– –	+
	Umweltschutzziel Stellenwert	Hoch	Gering	Mittel	Hoch
	Durchsetzungsbarrieren	Sehr hoch	Mittel	Gering	Gering

Legende: (++) + = (Stark) überdurchschnittliche Ausprägung
(– –) – = (Stark) unterdurchschnittliche Ausprägung
0 = Durchschnittliche Ausprägung

GABLER GRAPHIK

Abbildung 6: Ausprägung ökologieorientierter Strategietypen

Die **„Selektiv-Ökologieorientierten“** verfolgen sowohl Widerstands- und Rückzugsstrategien als auch eine ausgeprägte innen- und außengerichtete Umweltschutzstrategie. Sie leisten in hohem Maße Widerstand gegen Umweltschutzforderungen und sich konkretisierende gesetzliche Umweltschutzregelungen. Bei der instrumentellen Ausrichtung dieses Verhaltenstyps zeigt sich auf der Organisationsebene ein hohes umweltgerichtetes Aktivitätsniveau, wobei überdurchschnittlich häufig die Verantwortung für umweltschutzbezogene Fragestellungen durch Mitglieder der Geschäftsführung direkt wahrgenommen wird. Weiterhin sind besonders intensive Forschungsaktivitäten für die Entwicklung von umweltgerechteren Produktions- und Produkttechnologien für diese Unternehmen kennzeichnend. Dies läßt den Schluß zu, daß umweltschutzbezogene Problemstellungen bei diesen Unternehmen vor allem in der Zukunft einen hohen Stellenwert besitzen. Die umfassende Ausrichtung ökologieorientierter Marketing-Maßnahmen belegt den Stellenwert der marktorientierten Umweltschutzstrategie für diese Unternehmen.

Immerhin 30 % der befragten Unternehmen sind als **„Passive“** einzustufen. Die umweltbezogenen Strategiedimensionen sind bei ihnen sehr gering ausgeprägt und lassen eine passive Grundhaltung gegenüber den ökologischen Problemstellungen erkennen. Insbesondere die Anpassung an Umweltgesetze sowie die Vornahme vorbeugender Umweltschutzinvestitionen nehmen einen geringen Stellenwert im Strategiekonzept dieser Unternehmen ein. Vielmehr wird deutlich, daß diese Unternehmen eher die Konkretisierung von Umweltschutzgesetzen abwarten.

Bei den als **„Innengerichtete Aktive“** gekennzeichneten Unternehmen liegt der Schwerpunkt der strategischen Verhaltensausrichtung auf der Verfolgung einer innengerichteten Umweltschutzstrategie. Rückzugs- und Widerstandsstrategien sind für diese Unternehmen nicht relevant. Somit dominieren bei der Realisierung von Umweltschutzmaßnahmen produktionsbezogene Aktivitäten, wobei die Unternehmen durch Betriebsbesichtigungen, Umweltberichterstattungen und die Erstellung von Sozial- und Umweltbilanzen ihre innengerichteten Umweltschutzaktivitäten nach außen hin dokumentieren. Ein überdurchschnittlicher Anteil an Produkteliminierungen dürfte bei diesen Unternehmen primär auf produktionsbezogene Umweltschutzprobleme zurückzuführen sein.

Als **„Ökologieorientierte Innovatoren“** sind Unternehmen des vierten Verhaltensclusters zu kennzeichnen. Sie verfolgen sowohl eine innen- als auch eine außengerichtete Umweltschutzstrategie und messen Rückzugs- und Widerstandsstrategien einen geringen Stellenwert bei. Gerade im Hinblick auf diese Strategiedimension unterscheiden sie sich gegenüber den als „Selektiv“ gekennzeichneten Verhaltenstypen. Sie orientieren sich darüber hinaus in geringem Umfang an den umweltschutzbezogenen Aktivitäten der Konkurrenz und setzen eigenständig Maßstäbe im Markt. Die instrumentelle Ausrichtung dieses Verhaltenstyps zeigt neben überdurchschnittlichen innengerichteten Umweltschutzaktivitäten, daß die Unternehmen sich insbesondere durch neue umweltgerechte Produkte in bestehenden Geschäftsfeldern profilieren und verstärkt Produkte in Umweltschutzmärkten anbieten. Durch eine ökologieorientierte Kommunikationspolitik versuchen die „Innovatoren“, ihre Kompetenz als umweltorientierte Anbieter herauszustellen.

Aus dieser Verhaltensanalyse lassen sich insbesondere drei zentrale Erkenntnisse ableiten:

- Eine integrierte Berücksichtigung des Umweltschutzes in allen Unternehmensfunktionen stellt eine wichtige Erfolgsvoraussetzung eines offensiven Umweltmanagement dar.
- Innengerichtete Umweltschutzstrategien sind durch marktgerichtete Umweltschutzstrategien bzw. ein Öko-Marketing zu ergänzen, um den Umweltschutz als Marktchance zu nutzen und damit Kosten für freiwillig durchgeführte Umweltschutzmaßnahmen durch ein zusätzliches Ertragspotential zu kompensieren.
- Eine frühzeitige (proaktive) Auseinandersetzung mit Umweltschutzproblemen fördert die Entwicklung innovativer Problemlösungen und schafft Zeit- und Erfolgsvorteile im Wettbewerb.

Von besonderem Interesse ist in diesem Zusammenhang die Analyse von **Durchsetzungsbarrieren** offensiver Umweltschutzstrategien, die insbesondere bei den „Passiven" ursächlich für die nur unterentwickelte ökologische Ausrichtung sind (Kirchgeorg 1990, S. 262 f.). Es wird deutlich, daß insbesondere die Höhe der erforderlichen Umweltschutzinvestitionen sowie der Betriebskosten von Umweltschutzanlagen als Barrieren genannt werden. Aber auch fehlende Informationen sowie gesetzliche Regelungen werden zusammen mit einem hohen wahrgenommenen Zeitdruck als relevante Barrieren für Öko-Strategien angeführt.

Die **betriebsgrößenspezifische Analyse** zeigt jedoch erhebliche Wahrnehmungsunterschiede zwischen Groß- und Kleinunternehmen auf. Kleinunternehmen nehmen die Unsicherheit bezüglich der Umweltgesetzgebung sowie den erforderlichen Investitionsaufwand als Barrieren deutlicher wahr als Großunternehmen. Bei Großunternehmen stellen hingegen hohe Betriebskosten und der hohe wahrgenommene Zeitdruck Barrieren dar. Informations- und Know-how-Defizite kommen bei ihnen kaum zum Tragen.

Entschließen sich Unternehmen trotz aller denkbaren Barrieren dazu, offensive ökologieorientierte Strategien zu verfolgen, ist diese strategische Basisentscheidung weiter zu konkretisieren. Die in diesem Zusammenhang zu treffenden Entscheidungen umfassen neben der Art des anzustrebenden Wettbewerbsvorteils auch die Ermittlung des unter Berücksichtigung der Markt- und Wettbewerbssituation für das Unternehmen günstigsten Timing ökologieorientierter Strategien. Von der Ausgestaltung beider konkurrenzstrategischer Optionen sind dabei Auswirkungen auf den Erfolg zu erwarten, die im folgenden analysiert werden.

6.321 Ökologieorientierte Differenzierungsstrategien

Ökologieorientierte Differenzierungsstrategien zielen grundsätzlich darauf ab, Anforderungen der Abnehmer bezüglich der Umweltverträglichkeit von Produkten und Herstellungsprozessen besser zu erfüllen als die Mitbewerber. Dabei kann unterschieden werden, ob ein Unternehmen diesen Anspruch für alle existierenden und von ihm bearbeiteten Marktsegmente oder lediglich für bestimmte Nischen erfüllt.

Unabhängig davon, ob eine Gesamt- oder Teilmarktorientierung vorliegt, ist es in jedem Fall erforderlich, daß Differenzierungsvorteile dauerhaft und verteidigbar sind. Wie an anderer Stelle bereits betont, ist der Erfolg ökologieorientierter Wettbewerbsstrategien in diesem Zusammenhang davon abhängig, in welchem Umfang die ökologischen Vorteile der Produkte in allen Stufen des Wertschöpfungssystems einer Unternehmung verankert sind. In diesem Zusammenhang sind drei Arten ökologieorientierter Strategien zu unterscheiden:

- **Pseudo-ökologieorientierte** Strategien stellen ein vordergründiges beliebiges Aufgreifen ökologischer Argumente oder Stilmittel in der Werbung oder Verpackungsgestaltung dar, ohne daß die beworbenen Produkte eine verbesserte Umweltverträglichkeit besitzen.

- **Verkürzte ökologieorientierte** Strategien setzen zwar an konkreten umweltrelevanten Produkteigenschaften an, vernachlässigen jedoch, alle umweltrelevanten Effekte aus Produktion, Distribution, Nutzung und Entsorgung in die Betrachtung miteinzubeziehen.

- Welche Ansatzpunkte zur Gestaltung **echter ökologieorientierter Strategien** mit dauerhaftem Differenzierungsvorteil existieren, ist konkret nur für den Einzelfall zu entscheiden. Fest steht allerdings, daß Überlegungen zur Gestaltung echter ökologieorientierter Strategien an einer den gesamten Entstehungs-, Verwendungs- und Entsorgungszyklus umfassenden Analyse ansetzen müssen.

Je nachdem, um welches Produkt es sich handelt, können unterschiedliche Schwerpunktsetzungen angezeigt sein. In Abbildung 7 sind beispielhaft die Kumulationskurven für Immissionen dreier hypothetischer Produkte über ihren gesamten Lebenszyklus aufgezeigt (Meffert, Kirchgeorg 1993, S. 155). Produkt A verursacht den weitaus größten Teil seiner negativen Einwirkungen auf die Umwelt in seiner Entsorgungsphase. Für Produkt B ergeben sich Umweltprobleme hauptsächlich in den Phasen der Rohstoffgewinnung und der Verwendung. Produkt C hingegen verursacht den weitaus größten Teil seiner Immissionen in der Herstellungsphase.

Maßnahmen zur ökologischen Differenzierung müssen im Fall von Produkt A eindeutig außerhalb der unmittelbaren Einflußsphäre des Unternehmens ansetzen. Hier wären Konzepte anzudenken, die eine kontrollierte Rückführung und möglicherweise Wiederverwendung des bis zum Ende der Verwendungsphase relativ umweltverträglichen Produktes ermöglichen.

Auch bei Produkt B treten Umweltschäden in Lebenszyklusstufen auf, die von der Unternehmung nicht direkt kontrolliert werden. Die Herstellerfirma von B, die bezogen auf den

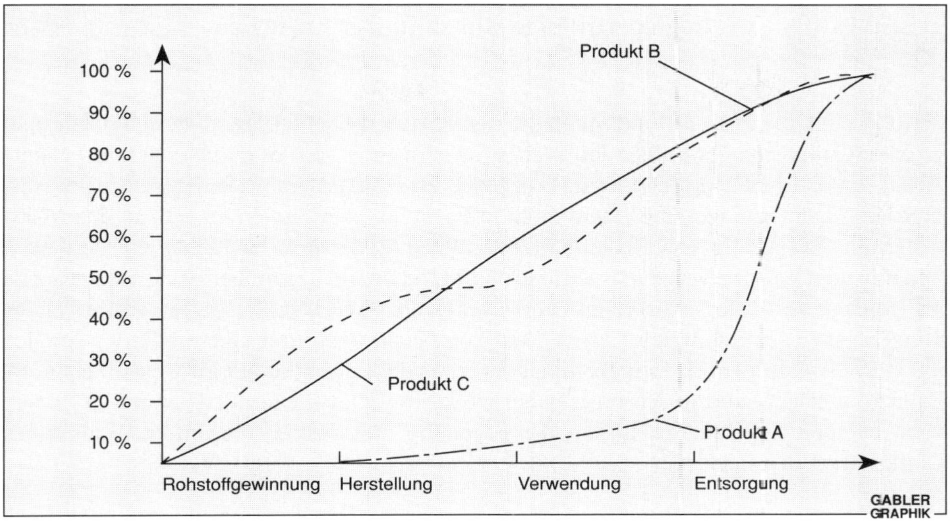

Abbildung 7: Beispielhafte Kumulationskurven der Immission unterschiedlicher Produkte

Produktionsprozeß eine ausgezeichnete Umweltbilanz vorzuweisen hat, muß ihre ökologieorientierte Wettbewerbsprofilierung durch Einflußnahme auf die der Herstellung vor- bzw. nachgelagerten Lebenszyklusphasen des Produktes realisieren.

Der Hersteller von C findet Ansatzpunkte zur ökologieorientierten Wettbewerbsprofilierung vornehmlich im eigenen Unternehmen. Die durch sein Produkt hervorgerufene Gesamtbelastung der Umwelt kann am wirkungsvollsten durch eine ökologiegerechtere Gestaltung des Herstellungsprozesses reduziert werden.

In der empirischen Studie konnte der **Erfolg ökologieorientierter Strategien** dadurch überprüft werden, daß der Beitrag der Einführung ökologieorientierter Produktinnovationen auf zentrale Zielgrößen der Unternehmen analysiert wurde. Der Vektor der Zielgrößen teilt sich dabei in ökonomische und psychographische Ziele ökologieorientierter Strategien auf. Unter den ökonomischen Zielgrößen gestattet die Betrachtung der Veränderung der Wettbewerbsposition eine Aussage zur Wirksamkeit ökologieorientierter Wettbewerbsstrategien.

Die Ergebnisse zeigen, daß die ökologieorientierte Profilierung im Rahmen von Differenzierungs- und Nischenstrategien signifikant positiv mit einer Verbesserung der Wettbewerbsposition korreliert. Bei den psychographischen Erfolgsgrößen zeigt sich, daß ökologieorientierte Differenzierungs- und Nischenstrategien das Image bei den Nachfragern sowie die Zufriedenheit und Preisbereitschaft der Kunden steigern konnten. Darüber hinausgehende Wirkungen in Form einer Steigerung der Kooperationsbereitschaft des Handels bzw. der Verbesserung des Bildes in der Öffentlichkeit konnten nur von Unternehmen berichtet werden, die Nischenstrategien verfolgten.

6.322 Ökologieorientierte Kostenführerstrategien

Verfolgt ein Unternehmen eine **Strategie der Kostenführerschaft,** so besteht seine spezifische Kompetenz gegenüber den Wettbewerbern darin, daß es durch eine konsequente Produkt- und Prozeßoptimierung im Vergleich zu Konkurrenten niedrigere Stückkosten realisieren kann und diesen Kostenvorteil in Form von niedrigeren Preisen an den Markt weitergibt. Der Erfolg von Kostenführerstrategien ist dabei davon abhängig, ob es den Unternehmen gelingt, vergleichsweise große Marktanteile gegenüber der Konkurrenz zu erringen, um damit Degressions- und Lerneffekte nutzen zu können. Hieraus ergibt sich die Notwendigkeit, eine möglichst große Zahl von Nachfragern mit einem relativ schmalen und flachen Sortiment zu bedienen, das aus der Sicht des Kunden im wesentlichen die Standardnutzenerwartungen erfüllt. Daher wird diese Strategie nur dann zum Ziel führen, wenn bei den Kunden Preisargumente gegenüber besonderen Nutzenerwartungen als Kaufkriterien dominieren.

Von **strategischer Stimmigkeit** einer ökologieorientierten Profilierung im Wettbewerb zu einer Kosten- und Preisführerstrategie ist dann auszugehen, wenn die Umweltverträglichkeit ökologieorientierter Neuprodukte einhergeht mit im Vergleich zu herkömmlichen Erzeugnissen niedrigeren Stückkosten. Diese Situation ist denkbar, wenn z. B. umweltschädliche teure Rohstoffe durch umweltverträgliche billigere Rohstoffe ersetzt werden bzw. die Einsatzmenge teurer Rohstoffe durch die Verwendung von recycliertem Material verringert werden kann (Meffert, Kirchgeorg 1993, S. 156).

Wenn bei den anvisierten Zielgruppen Qualitäts- und Nutzenerwartungen als zentrale Kauffaktoren hinter den Preis zurücktreten, werden die vielfach bei umweltfreundlichen Recyclingprodukten auftretenden Minderungen der ästhetischen Eigenschaften bei einem entsprechenden Preisvorteil akzeptiert. Allerdings besteht weitgehend Einigkeit darüber, daß **substantielle Kostenvorteile umweltgerechter Produktinnovationen nur in Ausnahmefällen zu erwarten sind**. In aller Regel werden ökologieorientierte Innovationen mit Kostensteigerungen einhergehen, die im Widerspruch zu Erfordernissen erfolgreicher Kostenführerstrategien stehen.

Empirisch läßt sich die Richtigkeit dieser These belegen. Es zeigt sich kein signifikanter Zusammenhang zwischen der ökologieorientierten Profilierung im Rahmen von Kostenführerstrategien und der Verbesserung der Wettbewerbsposition. Vielmehr zeigt sich sogar ein signifikanter negativer Einfluß auf die ebenfalls untersuchte Zielgröße „Verbesserung des Wachstumspotentials". Diese Ergebnisse lassen vermuten, daß ökologieorientierte Profilierungsansätze im Rahmen von Kostenführerstrategien offenbar den Eintritt in Randsegmente des Marktes mit wenig aussichtsreichen Wachstumsperspektiven bedingen. Ein Beispiel hierfür geben die oftmals zitierten Produkte aus recycliertem Kunststoff ab, die sich auf billige und ästhetisch weniger ansprechende Parkbänke und Blumenkübel beschränken. Eine positive Wirkung der ökologieorientierten Profilierung im Rahmen von Kostenführerstrategien ist ausschließlich auf ein Nachlassen des Preisdrucks des Handels festzustellen. Der Handel sieht offenbar niedrigpreisorientierte ökologiegerechte Neuprodukte als Chance an, sich gegenüber seinen Wettbewerbern zu profilieren und honoriert das Angebot derartiger Produkte durch einen nachlassenden Preisdruck auf diese Erzeugnisse.

Diese Ergebnisse bedeuten jedoch keinesfalls, daß die Berücksichtigung ökologischer Fragestellungen für Unternehmen, die eine Kostenführerschaft verfolgen, nicht von hoher Relevanz wäre. Die wenig signifikanten Ergebnisse bezüglich des Erfolgsbeitrags ökologieorientierter Maßnahmen beziehen sich ausschließlich auf eine offensive Profilierung durch ökologieorientierte Produktinnovationen. Im Zusammenhang mit der Verteidigung vorteilhafter Kostenpositionen in von Umweltproblemen betroffenen Märkten ist zu bedenken, daß die zunehmende Verschärfung von Umweltgesetzen und Auflagen zu einer Aufhebung bereits realisierter Kostenvorteile von Unternehmen führen kann, deren Kostenposition sich vor allem durch einen weitgehenden Verzicht von Umweltschutzvorkehrungen begründet. Für solche Unternehmen gilt es, eine **Risikoabwägung** vorzunehmen, die eventuell übergangsweise Kostennachteile durch vorzeitige Erfüllung von Umweltschutzforderungen den negativen Kostenwirkungen einer unter Zeit- und Normendruck vorgenommenen nachträglichen Anpassung an Umweltschutzstandards gegenüberstellt.

Fest steht, daß sich der Kostenhebel zur Erfüllung von Auflagen im Umweltschutz mit fortschreitender Zeit erheblich verschlechtert. Frühzeitige Anpassung vor der Konkurrenz kann Kostenvorteile bewahren. Damit sind Aspekte des ökologieorientierten Timing angesprochen.

6.323 Ökologieorientierte Timingstrategien

Die grunsätzlichen Entscheidungstatbestände einer **Timingstrategie** lassen sich auf die Frage reduzieren, ob eine ökologieorientierte Profilierung zeitlich vor oder nach den Hauptwettbewerbern betrieben werden soll. Stark vereinfacht kann im ersten Fall von einer sog. Pionier-, im zweiten von einer Folgerstrategie gesprochen werden. Die Herausforderung für Timing-Entscheidungen besteht darin, unter Abwägung der unternehmensspezifischen Stärken im Vergleich zur Konkurrenz und den Anforderungen des Marktes das „strategisch optimale Fenster" der ökologieorientierten Profilierung zu finden (Meffert, Kirchgeorg 1993, S. 157 f.).

Obgleich die konkrete Bestimmung des „optimalen" Profilierungszeitpunktes exakt letztendlich nur in Abhängigkeit vom unternehmensindividuellen strategischen Kontext möglich ist, werden in der Literatur konzeptionelle Aussagen über die Vorteilhaftigkeit des Markteintritts als Pionier bzw. als Folger abgeleitet. Vor allem technologieintensive und rasch wachsende Märkte stehen wegen der dort hohen Problemrelevanz des Timing im Mittelpunkt des Interesses.

Der Einfluß des Timing auf den **Erfolg ökologieorientierter Profilierungsansätze** soll im folgenden vor dem Hintergrund spezieller Marktwiderstände für ökologieorientierte Produktinnovationen konkretisiert werden. Sie besitzen branchen-, technologie- und produktübergreifend für alle umweltorientierten Produktinnovationen gleichermaßen hohe Relevanz.

Dabei ist zwischen sog. primären und sekundären Marktwiderständen zu unterscheiden. Mit **primären Marktwiderständen** sind die Widerstände der Abnehmer zur Akzeptanz und Übernahme neuer Produkte angesprochen. Für ökologieorientierte Produktinnovationen wird die Stärke des primären nachfragerbezogenen Marktwiderstands davon abhängig sein, in welchem Maße die Umweltverträglichkeit von Produkten als relevantes Kaufkriterium Bedeutung hat. Die Bedeutung der Umweltverträglichkeit als Kaufkriterium wird dabei grundsätzlich von der generellen öffentlichen Aufmerksamkeit für Umweltprobleme im Zusammenhang mit der Herstellung und Verwendung der betreffenden Produkte abhängen.

Einem in der Forschung weitverbreiteten Konzept zufolge nimmt die öffentliche Aufmerksamkeit für Umweltprobleme im Zusammenhang mit der Verwendung von Produkten im Zeitablauf zu, bis sich die ökologischen Forderungen schließlich in Form gesetzlicher Regelungen zu einer zwingend erforderlichen Produkteigenschaft entwickeln (z. B. Katalysatorpflicht, Verbot von bleihaltigem Benzin, FCKW-Verbot u. a.). Der Kaufwiderstand gegenüber ökologieorientierten Produkten nimmt mit zunehmendem Bewußtsein über Umwelteigenschaften in der betreffenden Produktkategorie ab, bis er im Extremfall – nach Verbot aller nicht umweltfreundlichen Alternativen – gegen Null tendiert. Da die Überwindung von primären Marktwiderständen erhebliche Aufwendungen seitens früh in den Markt eintretender Unternehmen erfordert, erscheint eine Folgerstrategie vorteilhafter als ein im Vergleich zur Konkurrenz früher Markteintritt.

Allerdings vermitteln Kaufwiderstände nur ein unvollständiges Bild der für eine Timing-Entscheidung relevanten Marktwiderstände. Die Vorteilhaftigkeit einer frühen oder späten Markteinführung von ökologieorientierten Produktinnovationen wird in erheblichem Umfang auch von konkurrenzbezogenen, sog. **sekundären Marktwiderständen** bestimmt, die sich in Markteintritts- und Mobilitätsbarrieren einteilen lassen. **Markteintrittsbarrieren** umfassen die Summe aller Faktoren, die es den Unternehmen erschweren oder gänzlich unmöglich machen, sich erfolgreich in einem Markt zu etablieren. Sie charakterisieren dabei die Nachteile, die neu eintretende Unternehmen im Vergleich zu etablierten Anbietern haben und die aus dem Wettbewerbsverhalten der übrigen Marktteilnehmer resultieren. Die Bereitschaft des Handels zur Aufnahme ökologieorientierter Innovationen gehört zu den Markteintrittsbarrieren, die sich im Zeitablauf für Folgerunternehmen verschärfen.

Mobilitätsbarrieren bezeichnen all diejenigen Faktoren, die es einem Unternehmen nach erfolgtem Markteintritt erschweren, sich ebenfalls als kompetenter und verantwortlicher Anbieter von ökologieorientierten Produkten zu profilieren. Nicht selten sind solche Firmen gezwungen, als „ewiger Zweiter“ langfristig Goodwill-Nachteile hinnehmen zu müssen, die ihren Niederschlag auch und insbesondere in fehlender Preisbereitschaft der Nachfrager und mangelnder Kooperationsfreude des Handels finden.

Da Markteintritts- und Mobilitätsbarrieren im Zeitablauf zunehmen, Kaufwiderstände jedoch sinken, ergibt sich für die Timing-Entscheidung des Markteintritts mit ökologiegerechten Produktinnovationen ein „strategisches Dilemma“: Je später ein Unternehmen umweltgerechte Produktinnovationen am Markt einführt, desto weniger Kaufwiderstände wird es zu überwinden haben. Nutzen jedoch Wettbewerber die Möglichkeit zu einem frühen Markteintritt, dann sieht sich das Unternehmen mit zunehmender Reaktionszeit wachsenden Markteintritts- und Mobilitätsbarrieren gegenüber. Ein Einfluß des wettbewerbsbezogenen Timing auf die Verbesserung der Wettbewerbsposition in Form einer signifikanten linearen Korrelationsbeziehung konnte in der Untersuchung nicht nachgewiesen werden.

Die Vorteile einer **Pionierstrategie** bei der Einführung ökologieorientierter Produktinnovationen bleiben auf eine gestiegene generelle Kooperationsbereitschaft des Handels und auf ein mit dem zeitlichen Einführungsvorsprung zunehmend besseres Bild in der Öffentlichkeit beschränkt. Der Handel ist offenbar geneigt, relativ früh angebotene umweltfreundliche Produkte, die möglicherweise als ökologieorientierte Alibiprodukte das Sortiment abrunden, versuchsweise aufzunehmen. Folgerprodukte sind demgegenüber mit keiner vergleichbar hohen Profilierungswirkung gegenüber der allgemeinen Öffentlichkeit ausgestattet und bieten dem Handel damit nicht die gleichen Möglichkeiten zu einer umweltbewußten Selbstdarstellung. Die ausgesprochen positive Wirkung einer Pionierstrategie auf das Ansehen in der Öffentlichkeit belegt ihre Eignung zur Sicherung der gesellschaftlichen Legitimität, die offenbar auch vom Handel erkannt und zur Erreichung eigener Legitimitätsziele genutzt wird. Die Tatsache, daß Pionierstrategien keine signifikante Steigerung der Akzeptanz ökologieorientierter Produktinnovationen bei den Kunden mit sich bringen, kann damit begründet werden, daß umweltgerechte Produkte vielfach mit dem Image der eingeschränkten Gebrauchstauglichkeit behaftet sind, was zu einer skeptischen Haltung der Nachfrager führt. Dieser Effekt ist allerdings nicht so stark ausgeprägt, daß eine Folgerstrategie prinzipiell angebracht erscheint.

Eine durchgeführte Analyse der Timingstrategien von Unternehmen unterschiedlicher Erfolgsgruppen erbrachte, daß sehr erfolgreiche ökologieorientierte Innovationen zeitlich deutlich vor den ökologieorientierten Wettbewerbsprodukten eingeführt wurden. Für nicht erfolgreiche ökologieorientierte Produkte ließ sich feststellen, daß sie mit einem zeitlichen Abstand von nahezu zwei Jahren im Vergleich zum Branchendurchschnitt eingeführt wurden.

Bemerkenswert ist die **Gruppe der sog. „Ökonomisch Erfolgreichen“**. Sie konnte zwar keine Verbesserung ihres Ansehens bei Verbrauchern bzw. in der Öffentlichkeit durch Einführung ökologieorientierter Produkte erzielen. Andererseits ermöglichte ihr die mit einem zeitlichen Abstand von mehr als zwei Jahren gegenüber dem Branchendurchschnitt durchgeführte Einführung ökologieorientierter Innovationen die Verwirklichung ökonomischer Ziele. Als Erklärung des Erfolgs dieser speziellen Gruppe der Konkurrenzfolger kann angeführt werden, daß sie offenbar die Einführung ökologieorientierter Produkte auf Segmente konzentrieren konnte, die sich bereits als ökonomisch lukrativ erwiesen hatten. Ferner ist zu vermuten, daß sie aus den Fehlern der vor ihnen eingetretenen Wettbewerber lernen sowie aufwendige Markterschließungskosten vermeiden konnten.

Bleibt noch der Hinweis auf **Kooperationsstrategien** zur Lösung ökologischer Probleme. Der Stellenwert zwischenbetrieblicher Zusammenarbeit auf diesem Gebiet wird relativ hoch eingeschätzt. Mehr als die Hälfte der befragten Unternehmungen kooperiert in irgendeiner Form mit den Wettbewerbern. Es überrascht nicht, daß die Ziele weniger in der Markterschließung als in der Absicherung und Risikoreduktion gesehen werden. Dementsprechend präferieren vor allem die defensiven und selektiv-ökologieorientierten Unternehmungen diese strategische Option. Die Verbesserung der Wettbewerbsposition wird dabei von den kooperierenden Firmen signifikant höher eingeschätzt als von den „Einzelkämpfern“.

6.4 Zusammenfassende Thesen

Die zentralen Erkenntnisse und Perspektiven marktorientierter Umweltschutzstrategien lassen sich in folgenden Thesen zusammenfassen:

These 1:
Ökologische Problemstellungen nehmen zunehmend Einfluß auf die Wettbewerbsbedingungen in einzelnen Branchen. Dieser empirischen Tatsache kann sich angesichts der Ergebnisse heute kaum mehr ein Unternehmen entziehen.

These 2:
Die Verfolgung von Umweltschutzideen fördert die Sicherung der Wettbewerbsposition. Eine defensive Grundhaltung gegenüber Erfordernissen des Umweltschutzes bzw. die Ignoranz von Umweltthemen kann den Verzicht auf tragfähige Wettbewerbsvorteile bedeuten. Hier gilt: „Wer heute den Kopf vor Umweltproblemen in den Sand steckt, knirscht morgen mit den Zähnen“.

These 3:
Vor allem die Umsetzung ökologieorientierter Wettbewerbsvorteile im Rahmen von Differenzierungsstrategien kann die Wettbewerbsposition von Unternehmen verbessern. Handel und Nachfrager honorieren das Angebot von Umwelteigenschaften von Produkten zunehmend als neue Leistungskomponente von Erzeugnissen.

These 4:
Die Verbesserung von Umwelteigenschaften von Produkten muß jede Lebenszyklusphase berücksichtigen. Dabei sind auch Kooperationsstrategien über die Unternehmensgrenze hinweg zu berücksichtigen. Eine immer kritischere und sachkundiger werdende Öffentlichkeit wird jede verkürzte oder pseudo-ökologieorientierte Strategie mit großer Wahrscheinlichkeit mittelfristig entlarven.

These 5:
Im Rahmen von Kostenführerstrategien konnte eine Verbesserung der Wettbewerbsposition durch offensive ökologieorientierte Strategien nicht nachgewiesen werden. Die Vernachlässigung einer vorausschauenden Integration von Umweltschutzaspekten bringt allerdings mittelfristig die Gefahr der Erosion von bestehenden Kostenvorteilen. Der Kostenhebel zur Erfüllung gesetzlicher Auflagen verschlechtert sich im Zeitablauf.

These 6:
Hohe Investitions- und Folgekosten sowie hoher Zeitdruck stellen die bedeutendsten Durchsetzungsbarrieren für Öko-Strategien dar. Das Timing von Öko-Strategien hat erheblichen Einfluß auf ihre Kosten und ihren Erfolg.

These 7:
Sehr erfolgreiche Unternehmen haben ökologieorientierte Strategien lange Zeit vor ihren Wettbewerbern implementiert. Nicht erfolgreiche Unternehmen haben als Folger auf den Durchschnitt der Branche reagiert. Eine kleine Gruppe von späten Folgern konnte durch gezielte Auswahl lukrativer Öko-Segmente ökonomisch erfolgreich ökologieorientierte Produkte einführen. Sie erzielten jedoch keine dauerhaften Imagevorteile als umweltbewußte Unternehmen.

These 8:
Empfehlungen zur Gestaltung erfolgreicher ökologieorientierter Strategien lassen sich in dem „Konzept der 4 C" zusammenfassen:

1. Echte ökologieorientierte Strategien werden auf der Grundlage einer tatsächlichen Problemlösungskompetenz entwickelt. Vordergründige und isolierte Lösungen werden wenig erfolgversprechend sein (Competence).
2. Echte ökologieorientierte Strategien sind glaubwürdig, weil sie auf der Grundlage ganzheitlicher Konzeptionen das gesamte Unternehmen und seine Einflußbereiche durchdringen (Credibility).
3. Echte ökologieorientierte Strategien bedeuten eine ständige Verpflichtung zur schöpferischen Zerstörung existierender Lösungen zugunsten ökologisch besserer Alternativen (Commitment).
4. Echte ökologieorientierte Strategien beziehen alle zur Lösung von Umweltproblemen geeigneten Akteure im Sinne konstruktiver Zusammenarbeit aktiv ein (Cooperation).

Literaturhinweise

Kirchgeorg, M. (1990): Ökologieorientiertes Unternehmensverhalten, Wiesbaden 1990.

Meffert, H. (1990): Strategisches Marketing und Umweltschutz – Berichte aus einem Forschungsprojekt, in: Wagner, G. R. (Hrsg.): Unternehmung und ökologische Umwelt, München 1990, S. 73–96.

Meffert, H., Kirchgeorg, M. (1993): Marktorientiertes Umweltmanagement, 2. Aufl., Stuttgart 1993.

Meffert, H., Kirchgeorg, M., Ostmeier, H. (1990) Der Einfluß von Ökologie und Marketing auf die Strategien, in: Absatzwirtschaft, Sondernummer 1990, S. 42–56.

Meffert, H., Ostmeier, H. (1990): Umweltschutz und Marketing – Möglichkeiten der Verbesserung der betriebswirtschaftlichen Situation durch umweltorientierte Absatzmaßnahmen, Berichte 8/90 Umweltbundesamt, Berlin 1990.

Ostmeier, H. (1990): Ökologieorientierte Produktinnovation, Frankfurt/Main u. a. 1990.

Porter, M. (1992): Wettbewerbsvorteile, Frankfurt/Main 1992.

Kapitelübersicht

Fünftes Kapitel

Implementierung von Marketingstrategien

1. Grundlagen der Strategieimplementierung

1.1 Die Implementierung von Strategien als Herausforderung an das Marketing-Management

1.11 „Implementierungslücke“ als strategisches Dilemma

Die 80er Jahre können in der Betriebswirtschaftslehre und Praxis zu Recht als Jahrzehnt des Strategischen Management bezeichnet werden. Ende der 70er Jahre waren es zunächst die großen Industrieunternehmen, dann der Dienstleistungssektor und zum Ende der Dekade in verstärktem Maße auch Handelsunternehmen, die unter Einsatz verschiedenster Planungstechniken strategische Leitvisionen und Strategiekonzepte entwickelten.

Allem Analyse- und planerischen Aufwand zum Trotz stellte sich jedoch der gewünschte Erfolg einer strategischen Ausrichtung in vielen Fällen nicht ein. Strategische Konzepte versagten, „versandeten in der Schublade des Planers“ oder erzielten im Unternehmen gar eine kontraproduktive Wirkung durch aktive und passive Widerstandsreaktionen bei den von der Strategierealisation betroffenen Unternehmensmitgliedern. Vielerorts wird mit dem Hinweis auf den planerischen Aufwand bei der Strategieentwicklung bereits eine Abkehr vom strategischen Denken und Handeln gefordert.

Demgegenüber verweisen viele ernstzunehmende Autoren und Praktiker darauf, daß das Scheitern von Strategien vielschichtige Ursachen hat (vgl. Abbildung 1). So kann die Qualität der entwickelten Strategie selbst, ein fehlender „Fit“ der Strategie zu den Unternehmensressourcen oder aber ein unerwarteter Wechsel der unterstellten Rahmenbedingungen neben anderen Ursachen Strategiekonzepte vorzeitig zum Scheitern verurteilen. Stellt sich die mangelnde Umsetzung einer ungeeigneten Strategie i. S. e. „verhinderten Gefahr“ noch als das geringere Übel dar, so wird in der Praxis vor allem die umgekehrte Eignungskonstellation bemängelt: Eine „gute“ Strategie kann ihre Erfolgspotentiale nicht erschließen, weil die Implementierung nicht gelingt (Bonoma 1985, S. 73).

Als größtes Praxisproblem hat sich das Fehlen eines geschlossenen Konzeptes zur Implementierung der entwickelten Marketingstrategien in den realen Unternehmenskontext erwiesen (Kolks 1990, S. 2). Dieser Vorwurf kann der Forschung ebenso gemacht werden wie den Unternehmensberatern, denen die mangelnde Betreuung in der Implementierungsphase oftmals als „Flucht aus der Verantwortung“ ausgelegt wird.

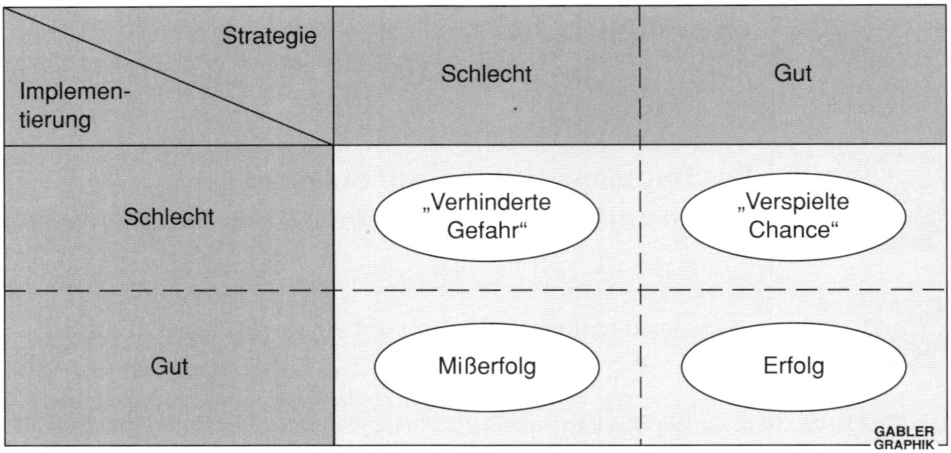

Abbildung 1: Ursachen für das Scheitern von Strategien

1.12 Begriff und Inhalt der Strategieimplementierung

In der anglo-amerikanischen Managementliteratur wird unter Implementation ein Prozeß verstanden, durch den „Marketingpläne in aktionsfähige Aufgaben umgewandelt werden und durch den sichergestellt wird, daß diese Aufgaben so durchgeführt werden, daß sie die Ziele des Planes erfüllen“ (Kotler, Bliemel 1992, S. 1049). Die Aufgabe des **„make the strategy work“** kann dabei inhaltlich in drei Teilaufgaben untergliedert werden:

- Die Schaffung von Akzeptanz für die Strategie bei den betroffenen Unternehmensmitgliedern,
- die Spezifizierung der globalen Strategievorgaben sowie
- die Anpassung von Unternehmensstruktur, -systemen und -kultur.

Die Akzeptanzschaffung wird in diesem Zusammenhang auch als **Durchsetzungsaufgabe** der Implementierung bezeichnet. Die Strategiespezifizierung sowie die Anpassung der Unternehmenspotentiale gelten als **Umsetzungsaufgabe** (Kolks 1990, S. 78 f.).

Der Begriff der Strategieimplementierung kann darüber hinaus sowohl prozessual als auch als eigenes Strategieteilprojekt verstanden werden. **Prozessual** umfaßt die Strategieimplementierung, wie der Gestaltungsrahmen in Abbildung 2 zeigt, die Formulierung von Implementierungszielen, die Abgrenzung von Aufgabenbereichen wie Durchsetzung und Umsetzung sowie die Durchführung der Implementierungskontrolle. Damit stellt die Implementierung eine Teilphase des strategischen Managementprozesses dar, zu dessen anderen Elementen (Strategieentwicklung, -kontrolle etc.) sie in einem interdependenten Zusammenhang steht. Gerade in den unmittelbaren Realisationsphasen von Strategiekonzepten empfiehlt es sich darüber hinaus, die Implementierung als **eigenständiges Projekt** mit einer spezifischen Implementierungsorganisation zu definieren.

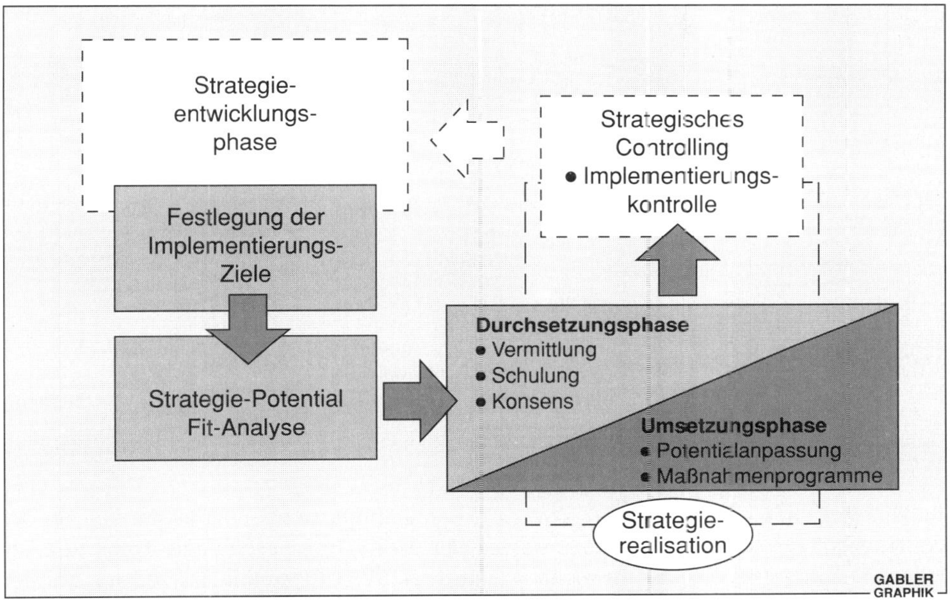

Abbildung 2: Prozeß der Implementierung von Marketingstrategien

1.2 Ziele und Gegenstand der Implementierung von Marketingstrategien

1.21 Ziele der Strategieimplementierung

Neben den eigentlichen, mit der Strategieentwicklung verfolgten Zielsetzungen wie Umsatz, Rendite und Marktanteil, ist es für das Unternehmen insbesondere bei weitreichenden strategischen Entscheidungen ratsam, den Implementierungsprozeß selbst an speziellen Implementierungszielen festzumachen (vgl. Abbildung 3).

Das **Oberziel** des Implementierungsprozesses bildet „die erfolgreiche Implementierung der entwickelten Strategie". Dieser Sollzustand kann nun wieder in Systemziele der Durchsetzung und Umsetzung sowie in Durchführungsziele unterteilt werden (Krüger 1983, S. 40).

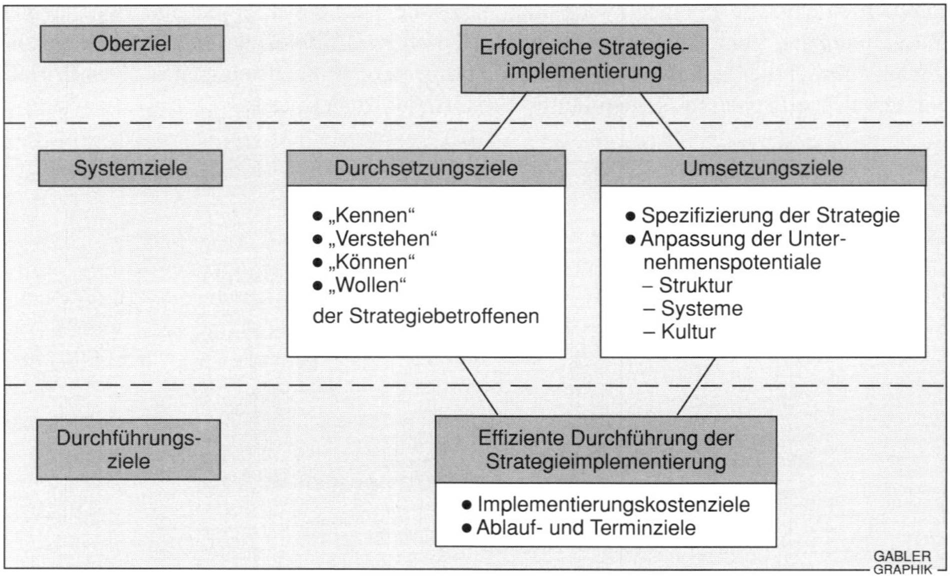

Abbildung 3: Ziele der Strategieimplementierung

Im Hinblick auf das **Durchsetzungsziel** der Strategieimplementierung lassen sich aus den verhaltenswissenschaftlichen Erkenntnissen der Motivationspsychologie Unterziele ableiten. Demzufolge sind zur Erreichung einer positiven Einstellungsakzeptanz bei den Mitarbeitern

- die Kenntnis und
- das Verstehen der Strategieinhalte zu gewährleisten,
- die Strategiebetroffenen mit der entsprechenden Kompetenz („Können“ der Strategie) auszustatten und
- mit dem „Wollen“ der Strategie die Voraussetzungen für eine strategiekonforme Leistungs- und Einsatzbereitschaft zu erreichen (Gebert 1976, S. 19 ff.; Kolks 1990, S. 110 ff.).

Für die **Umsetzung** ist im Zusammenhang mit der Spezifizierung der Strategien festzulegen, in welchem Ausmaß die zunächst global formulierten Vorgaben im Verlauf der Implementierung zu präzisieren sind. Darüber hinaus ist zu entscheiden, in welchem Umfang Anpassungen bei den Unternehmenspotentialen vorzunehmen sind.

Neben diesen Systemzielen beschreiben die **Durchführungsziele** die Anforderungen an eine „effiziente Durchführung der Strategieimplementierung“. Im wesentlichen sind dabei Kostenziele sowie termin- und durchführungsorientierte Ablaufziele im Rahmen des Implementierungsprozesses angesprochen.

1.22 Durchsetzung von Marketingstrategien

Als Voraussetzung für eine erfolgreiche Durchsetzung der Strategien geht es in einem ersten Schritt darum, die **Strategieinhalte den Betroffenen in der Unternehmung zu vermitteln.** Bei dieser – oftmals in der Praxis nur unzureichend wahrgenommenen Kommunikationsaufgabe – sind zwei Adressatengruppen zu unterscheiden. Eine erste Gruppe stellt der obere und mittlere Führungskreis dar, der in Gestalt der Geschäftsbereichsleiter und der funktional bestimmten Führungskräfte über die Gründe des strategischen Wandels, Inhalte, Erfolgserwartungen und die zu erwartenden unmittelbaren Auswirkungen des Strategiekonzeptes zu informieren ist. Als geeignete Vermittlungsform hat sich dabei die informelle Kommunikation („4-Augen-Gespräche") zwischen den Strategieentwicklern und den später für die Strategie Verantwortlichen erwiesen. Diese ersten „konstruktiven Diskussionen" bieten die Möglichkeit, Durchsetzungsbarrieren zu identifizieren und „Widerständler" zu erkennen (Allaire, Y., Firsirotu 1985, S. 26).

In einer zweiten, eher formal gehaltenen Kommunikationsrunde (Personalversammlung, Verkäufertagungen etc.) sind die übrigen Mitarbeiter über die Strategieinhalte zu informieren. Dabei reduziert sich der Umfang der vermittelten Strategieinhalte nicht zuletzt aus Geheimhaltungsgründen und einem begrenzten strategischen Problemverständnis der Mitarbeiter.

Spätestens in dieser Phase werden strategiebezogene Spannungn zwischen den Strategieentscheidern und den betroffenen Bereichen in Form vertikaler wie auch horizontaler Konflikte deutlich. Als **typische Implementierungskonflikte** können die folgenden Spannungstypen unterschieden werden (Kolks 1990, S. 120 f.):

- **Zielkonflikte** ergeben sich beispielsweise, wenn die Ziele einzelner Geschäftsbereiche von denen anderer Bereiche abweichen und sich eine gleichzeitige Zielerreichung nicht realisieren läßt. So ist es im Fall eines Chemieunternehmens denkbar, daß die Kosmetik-Division eine hochpreisige Dachmarken-Strategie anstrebt, während der Bereich „Wasch- und Reinigungsmittel" eine discount-orientierte Positionierung verfolgt.

- **Erwartungsdivergenzen** umschreiben die Tatsache, daß die Führungskräfte unterschiedliche Erfolgseinschätzungen der prognostizierten Strategiewirkung haben.

- Ferner können **Durchsetzungskonflikte** zwischen den Bereichen als Folge persönlichkeits- und/oder qualifikationsbezogener Einstellungen offensichtlich werden.

- Schließlich kristallisieren sich **Kulturkonflikte** im Durchsetzungsprozeß heraus, wie z. B. zwischen technisch orientierten Verfahrenstechnikern und Marketingfachleuten bei der Realisierung einer neuen ökologieorientierten Verpackungslinie.

Als Lösungsalternativen bieten sich neben der generellen Möglichkeit, durch eine Intensivierung der Kommunikation im Vorfeld die Konfliktintensität zu entschärfen, **vier Formen der Konflikthandhabung** an. Sie zielen insbesondere darauf ab, das „Wollen" der Strategie bei den Verantwortlichen zu fördern (Kolks 1990, S. 126 f.).

- Im günstigsten Fall – wenn ein Interessenausgleich möglich und bei keiner Konfliktpartei eine Anspruchsanpassung erforderlich ist – kann die **„Problemlösung"** Implementierungswiderstände durch Überzeugung einzelner Konfliktträger beseitigen. So wird beispielsweise der Produktmanager eines Markenartikelunternehmens durch „reine Überzeugungsarbeit" dazu bewegt, seine Produktlinienerweiterung aufgrund von Vertriebsengpässen zeitlich zu verschieben.
- Sind alle Betroffenen bereit, Zugeständnisse einzuräumen, stellt der **Kompromiß** die geeignete Konflikthandhabungsform dar.
- Die **Vermittlung und Schlichtung** wird erforderlich, wenn ein „freiwilliger" Interessenausgleich aufgrund der Konfliktintensität unmöglich ist. Als Vermittler können hierarchisch Vorgesetzte oder aber auch Strategie- und Unternehmensberater eingesetzt werden.
- Kommt es bei einem unmöglich erscheinenden Interessenausgleich zu einer Konfliktausweitung, entscheidet letztlich der **Kampf** oder der **Rückzug** einer der Parteien darüber, welche Strategievariante „die richtige" ist und implementiert werden soll. Insbesondere bei der Realisierung von Kostensenkungsstrategien sind die Spielräume eines gegenseitigen Interessenausgleichs begrenzt und es kommt mitunter zu einer schwierigen Zusammenarbeit, die u. U. ein Ausscheiden von Führungskräften in der Implementierungsphase als letzte Konsequenz erfordert.

An die Kommunikationsaufgabe schließt sich unmittelbar die Durchführung eines strategiebezogenen **Schulungs- und Einweisungskonzeptes** an. Hier gilt es, durch aufeinander abgestimmte Schulungsmaßnahmen und Trainingskurse die betroffenen Führungskräfte und Mitarbeiter in einen strategiebezogenen Lernprozeß zu integrieren, sie über die konkreten Auswirkungen des Strategiewechsels in ihren Bereichen zu unterweisen und dabei etwaige Verständnisbarrieren zu beseitigen.

1.23 Spezifizierung von Marketingstrategien

Im Rahmen der Strategiespezifizierung gilt es, die im Strategieentwicklungsprozeß zwangsläufig global gehaltenen „Verhaltenskorridore" sukzessiv durch geeignete operative Maßnahmen zu spezifizieren. Dieser „Detaillierungsprozeß" kann situationsadäquat nur unter Einfluß der mittleren Managementebene durchgeführt werden. Mithin ist auch die

Maßnahmenplanung erst dann sinnvoll, wenn die grundsätzlichen Strategieinhalte von den Führungskräften akzeptiert sind.

Die **Spezifizierung** kann dabei an dem organisatorischen Geltungsbereich der Strategie und/oder den funktionalen Teilstrategien ansetzen. Bei ersterem ist zunächst festzulegen, für welche Bereiche des Unternehmens – also etwa in welchem Geschäftsfeld – die Strategie Anwendung finden soll und ob der Implementierungsprozeß dabei einer zeitlichen Abfolge unterliegen soll. Gerade bei Unternehmen mit einer Vielzahl von Märkten kann eine schrittweise Implementierung wertvolle Hinweise für eine mögliche Anpassung der Marketingstrategien selbst liefern.

Die **Generierung von Maßnahmenpaketen** setzt sachlogisch an den im Strategieentwicklungsprozeß vorgezeichneten funktionalen Teilstrategien an, die sich anhand der Wertkette systematisieren lassen (Porter 1992, S. 59). Beispiele für die Spezifizierung von funktionalen Teilstrategien durch Maßnahmenpakete im Beschaffungsbereich sind bei einem klassischen Markenartikelunternehmen etwa die Entwicklung von Lieferantenbewertungsmodellen, die Ausgestaltung von Lieferverträgen etc. Im Bereich der Eingangslogistik sind z. B. bei der Implementierung von Just-in-time-Konzepten die bisher eingesetzten Verfahren in der Qualitätskontrolle zu überdenken. Im Kundendienst sind operative Maßnahmen zur Steigerung der Servicequalität zu planen und gegenüber Absatzmittlern und Endabnehmern umzusetzen. Analoge Maßnahmenpakete lassen sich in den Bereichen Finanzierung und Personal aufstellen, wie z. B. die Konkretisierung von Vorgaben für die Aufteilung von Ressourcen oder die Gestaltung von Richtlinien für die Auswahl und Entwicklung von Führungskräften (Hinterhuber 1992, S. 5).

Aufgrund der zentralen Stellung eines **integrierten Marketing-Mix** für die erfolgreiche Implementierung von Marketingstrategien kommt der operativen Ausgestaltung der Marketing-Instrumente in der Spezifizierungsphase ein besonderer Stellenwert zu. Die strategischen und operativen Marketingpläne sind hierbei derart miteinander zu verknüpfen, daß ein adäquat auf die Strategie ausgerichteter Einsatz der Marketing-Mix-Instrumente erreicht wird (Köhler 1991, S. 91).

Typische Spezifizierungsaufgaben des **Leistungsmixes** als Summe aller Entscheidungen, die sich auf die Gestaltung der Absatzleistungen beziehen, sind

- die konkrete Festlegung der Produktlinien wie z. B. die Herausnahme von Produktvarianten,
- die Festlegung des Kundendienstniveaus wie z. B. die Ergänzung des Kundendienstkataloges oder
- die Umsetzung von markenstrategischen Entscheidungen wie z. B. die Kreation einer neuen Familienmarke für ein Produktsegment oder der Relaunch der Dachmarke.

Das Ziel eines **distributionspolitischen Umsetzungskonzeptes** ist die Gestaltung der Absatzwege inklusive der Festlegung der physischen Distributionswege. Hierzu zählt die Auswahl der Handelsstufen und Absatzmittlertypen ebenso wie die Selektion geeigneter Händler.

Einen vergleichsweise hohen Spezialisierungs- und Entscheidungsbedarf in der Implementierungsphase weist das **Kontrahierungsmix** auf. Hier gilt es, die Preisstrategien unter Beachtung situativer und dabei vor allem wettbewerbsorientierter Außeneinflüsse umzusetzen. Beispielsweise sind in diesem Zusammenhang die Zeitpunkte der Preisnachlaßgewährung bei der Umsetzung einer Marktaustrittsstrategie festzuschreiben.

Im Rahmen der **Kommunikationspolitik** steht zur bewußten Gestaltung der auf die Kundengruppen gerichteten Informationen eines Unternehmens in der Implementierungsphase die monatliche und wöchentliche Festsetzung und Ausschöpfung des Werbeetats im Vordergrund. Hier ist insbesondere die strategieadäquate zeitliche bzw. sachliche Verteilung des Werbeetats auf die Werbeobjekte, -mittel und -träger zu spezifizieren. Maßnahmenpakete im Rahmen der Verkaufsförderung, der klassischen Werbung und der Öffentlichkeitsarbeit runden die Realisierungspotentiale ab.

1.24 Anpassung der Unternehmenspotentiale

Wenn nicht bereits in der Strategieentwicklungsphase, so wird spätestens im Rahmen der konkreten Spezifizierung deutlich, ob die Struktur-, System- und Kulturpotentiale für die Strategierealisation ausreichen oder ob hier im Rahmen der Strategieimplementierung Anpassungen vorzunehmen sind.

1.241 Anpassung der Unternehmensstruktur

Die Anpassung der Unternehmens- bzw. Organisationsstruktur an die neu formulierte Marketingstrategie ist spätestens seit der in den 60er Jahren von dem Amerikaner Chandler aufgestellten These **„structure follows strategy“** Gegenstand einer Vielzahl von Beiträgen zur Implementierungsproblematik (Chandler 1962, S. 14 f.). Im Mittelpunkt steht hierbei die Diskussion der Vor- und Nachteile klassischer Unternehmensstrukturen wie der funktionalen und der objektorientierten (produkt-, abnehmer-, gebietsorientierten) Organisationsform sowie der Matrixorganisation. Die Wahl der angemessenen Organisationsstruktur wird abhängig gemacht von einer Vielzahl situativer Faktoren. Zur Bewertung unterschiedlicher Strukturen werden dabei u. a. folgende Kriterien herangezogen (Kieser, Kubicek 1992, S. 73 ff.):

- **Spezialisierung**
  D. h. stimmt der in der Strategieformulierung unterstellte Spezialisierungsgrad der einzelnen Linien- oder Stabsfunktionen mit der realen Aufbauorganisation überein? Verlangt z. B. die verabredete Internationalisierungsstrategie die Schaffung von spezialisierten Länderreferaten in Gestalt einer Stabsstelle?

- **Koordination**
  Reichen die Koordinationsmechanismen innerhalb des Unternehmens aus oder wird z. B. durch den Übergang zur Key-Account-Betreuung eine Neuorganisation notwendig?

- **Leitungssystem der Entscheidungsdelegation**
  Ist die Struktur der Weisungsbefugnisse und vertikale Abtretung von Aufgaben und Kompetenzen auf den strategischen Wandel ausgerichtet oder sind beispielsweise durch eine veränderte Definition der strategischen Geschäftsfelder die Verantwortungsbereiche neu zu vergeben?

Neben der Diskussion dieser klassischen Organisationsstrukturen läßt sich feststellen, daß der Unternehmensaufbau derzeit sehr stark unter dem Blickwinkel einer **ganzheitlichen Prozeßorientierung** betrachtet wird. Die Gestaltung der Organisation erfolgt dabei unter der Zielsetzung, eine möglichst effiziente Zusammenarbeit der einzelnen Teileinheiten zu erreichen und insbesondere Schnittstellenprobleme zu vermeiden. Die geforderten „produktiven Organisationsstrukturen" vermeiden Arbeitsteilung und funktionale Abgrenzungen, Formalismen und Mehrfachkontrollen und sind durch hohe Kooperations- und Leistungsbereitschaft der Mitglieder gekennzeichnet. Als **Regeln für den Aufbau von produktiven Organisationsstrukturen** ergeben sich die folgenden Ansatzpunkte (Sommerlatte, Wedekind 1990, S. 36 ff.):

- Für jeden strategisch bedeutenden Leistungsprozeß existiert ein auf höherer Ebene angesiedelter Prozeßverantwortlicher, der funktions- und abteilungsübergreifend den Prozeß steuert und überwacht.

- Für Teilprozesse, an denen mehrere Funktionsbereiche beteiligt sind, wird die Form der Projektorganisation gewählt. Die Projektteams umfassen dabei jeweils einen Repräsentanten aus jedem Funktionsbereich.

- Die Zahl der Schnittstellen zwischen den Funktionsbereichen ist so gering wie möglich. Unvermeidliche Schnittstellen werden durch eindeutige Beschreibungen des Schnittstellenvorgangs und der Verantwortlichkeiten gekennzeichnet.

Die **Beurteilung der unterschiedlichen Organisationsformen** erfolgt im Hinblick auf die starke Prozeßorientierung anhand von Kriterien wie Prozeßkosten, Durchlaufzeit, Flexibilität und Eindeutigkeit der Prozeßverantwortung.

Berücksichtigt man die gegenwärtigen Entwicklungen, lassen sich für die Zukunft folgende Tendenzen für die Gestaltung von Organisationsstrukturen erkennen (Bleicher 1992,

S. 230 ff.): Zunächst findet eine **Entbürokratisierung** der Unternehmen statt. An die Stelle formaler organisatorischer Regelungen mit einem Übermaß an Präzision treten informale Beziehungen. Parallel hierzu wird die Kompetenz der Mitarbeiter zur Eigenregelung und Autonomie erhöht. Diese Maßnahmen werden begleitet von einer stärkeren **Personalorientierung,** wodurch die Organisation weniger durch ihre Strukturen als vielmehr von ihren Führungspersönlichkeiten geprägt wird.

Die **Schaffung kleiner, flexibler Geschäftseinheiten** stellt eine weitere Entwicklung dar, die sich aus der Notwendigkeit ergibt, schnell und flexibel auf die Anforderungen des Marktes reagieren zu können. Große, zentral gesteuerte Unternehmen haben sich hierbei als zu unbeweglich erwiesen. Die Devise lautet „small is beautiful". Angestrebt werden Organisationsformen, die das Kreativitäts- und Innovationsklima fördern und Mitarbeiter zum unternehmerischen Handeln bewegen. Denkbar ist in diesem Zusammenhang eine **Koppelung dezentral organisierter, wenig arbeitsteiliger und temporär eingerichteter Einheiten mit einem dauerhaft installierten und funktional strukturierten Unternehmensbereich**. Diese kleinen Einheiten werden bei Bedarf gebildet, um Marktchancen frühzeitig zu erkennen und durch unternehmerisches Handeln zu nutzen. Dem Unternehmenskernbereich kommen Aufgaben wie Ressourcenbereitstellung, Produktion und Logistik zu.

Im Hinblick auf die Arbeit der Planungsabteilungen ist eine **Rückorientierung zur Basisarbeit** festzustellen. Die bislang der Unternehmensspitze zugeordneten Stabsabteilungen werden verkleinert und stattdessen den eher operativen Einheiten zur Schaffung kundengerechter Problemlösungen zugeordnet.

1.242 Anpassung der Unternehmenssysteme

Die Neuausrichtung von Strategien und die Umgestaltung von Organisationsstrukturen erfordern häufig eine Anpassung der Unternehmenssysteme. Ein besonderer Stellenwert kommt in diesem Zusammenhang der modernen **Informations- und Kommunikationstechnologie** zu. Während der Einsatz der Computertechnik in der Vergangenheit überwiegend unter operativen Aspekten betrachtet wurde, werden Informations- und Kommunikationstechnologien heute zunehmend im Zusammenhang mit der Schaffung von Wettbewerbsvorteilen diskutiert. Durch den sinnvollen Einsatz dieser Techniken können unternehmensinterne Ressourcen besser organisiert und dadurch schneller und flexibler auf Erfordernisse des Marktes reagiert werden. Untersuchungen kommen daher auch zu dem Ergebnis, daß nicht nur quantitative Ziele wie Kostensenkung, Umsatz- und Marktanteilssteigerung, sondern ebenso qualitative Wirkungen wie eine Differenzierung gegenüber den Konkurrenten und eine Erhöhung der Kundenbindung durch den Einsatz von Informations- und Kommunikationstechnologien erreicht werden können (Macharzina 1993, S. 658).

Die strategische Bedeutung neuer Technologien, verbunden mit neuen, flexiblen Organisationsstrukturen und einer wesentlich intensiveren Nutzung der Systeme erfordert eine **Neugestaltung der Verantwortlichkeiten**. Wurden bislang Strategien und Informationssysteme getrennt voneinander betrachtet, stellt sich heute die Forderung einer Integration der Entwicklung von Strategien, Organisationsstrukturen und Informationsprozessen (Brandes u. a. 1990, S. 46). Unangemessene oder falsch strukturierte Informations- und Kommunikationssysteme können die erfolgreiche Implementierung von Strategien erheblich behindern. So setzt beispielsweise eine Qualitätsorientierung bei Logistikunternehmen voraus, daß deren Abnehmer jederzeit über Standort und Status des Transportgutes informiert und Änderungswünsche schnell und flexibel eingeplant werden können.

Bei der **Implementierung der Systeme** ist darauf zu achten, daß diese sich an den strategisch relevanten Wettbewerbsfaktoren orientieren. Der Versuch, komplexe Gesamtsysteme zu entwickeln, die möglichst alle Aspekte und Systemzusammenhänge berücksichtigen, hat sich in der Praxis vielfach als Fehlschlag erwiesen. Übertriebene Informationsanforderungen der Anwender und zu technisch orientierte Systemverantwortliche führten häufig zu Systemen, die sich gerade bei den entscheidenden Prozeßabläufen als unflexibel und unzureichend erwiesen.

Analog zu den Veränderungen in den Organisationsstrukturen wandelt sich daher auch die Betrachtung von Informations- und Kommunikationssystemen zu einer prozessualen Sichtweise. Moderne Systeme verfolgen das Ziel, alle in einem Leistungsprozeß zusammenhängenden Funktionen jeweils in einem System zu verknüpfen, zur Erhöhung der Flexibilität gleichzeitig aber andere Leistungsprozesse informationstechnisch zu entkoppeln (Brandes u. a. 1990, S. 47 ff.).

1.243 Anpassung der Unternehmenskultur

Neben Strukturen und Systemen ist als dritter Faktor die Unternehmenskultur ausschlaggebend für eine erfolgreiche Implementierung von Marketingstrategien. Trotz der Bedeutung der Unternehmenskultur und einer intensiven Auseinandersetzung mit diesem Thema existiert derzeit jedoch noch kein einheitliches Begriffsverständnis. Folgt man der Definition von Heinen/Dill, so läßt sich Kultur als **Grundgesamtheit aller Werte- und Normenvorstellungen sowie Denk- und Verhaltensmuster** beschreiben, die Entscheidungen, Handlungen und Aktivitäten der Organisationsmitglieder prägen (Heinen, Dill 1990, S. 17).

Dieses Begriffsverständnis verdeutlicht den engen **Zusammenhang zwischen Unternehmenskultur und Strategie**. Die Kultur beeinflußt das Verhalten der Mitarbeiter und damit letztendlich sowohl den Ablauf interner Prozesse als auch die Darstellung des Unternehmens nach außen. Bei einer fehlenden Übereinstimmung von strategischer und kultureller Ausrichtung werden die strategischen Marketingpläne weder durch das Verhalten der Mitarbeiter innerhalb des Unternehmens umgesetzt, noch durch die erbrachte Leistung nach außen kommuniziert. So ist beispielsweise eine am Innovationsvorteil ausgerichtete Strategie nicht ohne eine ausgeprägte Pionierkultur zu realisieren.

Im Vergleich zur Anpassung von Strukturen und Systemen gestaltet sich ein Wandel der Unternehmenskultur als sehr langfristiger und schwieriger Prozeß. Zum einen verhalten sich die Mitarbeiter häufig sehr ablehnend gegenüber solchen Veränderungen, die im Widerspruch zu dem über Jahre gewachsenen und fest verankerten Werte- und Normengefüge stehen. Zum anderen ist es im Gegensatz zur Neustrukturierung von Organisationen oder der Einführung von Systemen nicht bzw. nur sehr eingeschränkt möglich, Kulturveränderungen durch formale Anordnungen durchzusetzen.

Eng verbunden mit der Unternehmenskultur ist der Begriff der **Unternehmensphilosophie**, die das oberste Leitbild einer Unternehmung darstellt. Verankert in Form klar formulierter Unternehmensgrundsätze, wird den Mitarbeitern eine gemeinsame Zielausrichtung vermittelt, an der sich deren grundsätzliche Verhaltensweise ausrichten soll. Eine intensive Kommunikation dieser Grundsätze und die Unterstützung durch äußerliche Merkmale können hierbei Hilfsmittel bei der Implementierung darstellen. Wesentlich für den Durchsetzungserfolg der Unternehmensphilosophie ist jedoch die Vorbildfunktion der Unternehmensführung. Nur wenn sich das Top-Management ebenfalls an den aufgestellten Unternehmensgrundsätzen orientiert und dies auch in seinem Verhalten dokumentiert, wird die Unternehmensphilosophie auch von den Mitarbeitern aufgenommen.

1.25 Implementierungsprinzipien des Total Quality Management

Das Konzept des **Total Quality Management (TQM)** wird in jüngster Zeit verstärkt in der Literatur diskutiert. Im Kern handelt es sich hierbei um eine Unternehmensführungsphilosophie, die ausgehend von den Kundenbedürfnissen ein von allen Mitarbeitern akzeptiertes und umgesetztes Qualitätsdenken ermöglichen soll (Hilker 1993, S. 180).

Der **Qualitätsbegriff** erfährt im TQM-Ansatz eine wesentlich breitere Bedeutung als in der klassischen Qualitätsliteratur. Zum einen bezieht sich die Qualität auf unterschiedliche Gegenstandsbereiche wie Qualität der Produkte, Qualität der Prozesse und Qualität der Außenbeziehungen. Zum anderen wird ein Qualitätsdenken nicht nur externen Abnehmern entgegengebracht, sondern es werden auch interne Beziehungen unter dem Aspekt des Kunden-Lieferanten-Verhältnisses betrachtet. Qualität wird somit als unternehmensweite Aufgabe verstanden und nicht etwa als Funktion einer Abteilung wie etwa der Qualitätskontrolle. Jeder Mitarbeiter ist gegenüber seinem – internen oder externen – Abnehmer für die Qualität seiner Leistung verantwortlich (Schildknecht 1992, S. 199 ff.).

Das Konzept des TQM zeigt mit seinen **grundlegenden Gestaltungsprinzipien** wichtige Ansatzpunkte für eine erfolgreiche Implementierung von Strategien auf (Schildknecht 1992, S. 124 ff.; Hilker 1993, S. 184 ff.):

- **Prinzip der Eindeutigkeit und Einfachheit**
  Eines der Grundprinzipien des TQM zielt darauf ab, die Mitarbeiter möglichst schnell und genau über ihre Aufgaben und die an sie gestellten Anforderungen zu informieren. Dazu wird die zu implementierende Strategie in möglichst kleine, klar beschriebene Teilprozesse untergliedert und den Verantwortlichen zugeordnet. Im Ergebnis wird hierdurch die Implementierungszielsetzung des Kennens und Verstehens der Strategie erfüllt.

- **Prinzip der Prozeßorientierung**
  Die Idee des internen Kunden gilt als Grundgedanke bei der Umsetzung der Kundenorientierung im gesamten Prozeß der innerbetrieblichen Leistungserstellung. Jede Prozeßstufe hat dabei das Recht, von der jeweils vorgelagerten Stufe die angeforderte Leistung in fehlerfreier Form zu erhalten. Für die Implementierung ergibt sich hieraus der wesentliche Vorteil, daß die Kundenorientierung während des gesamten Leistungsprozesses nicht verloren geht. So wird sichergestellt, daß die vom Kunden geforderte und vom Marketing spezifizierte Produktleistung durch F&E- und Produktionsaktivitäten zunächst in eine entsprechende produktmerkmalsbezogene Qualität und anschließend in eine fertigungsprozeßbezogene Qualität umgesetzt wird.

- **Prinzip der Mitarbeiterorientierung**
  Eine explizite Berücksichtigung des Verhaltens und der Problemlösungsfähigkeiten der Mitarbeiter zählt ebenfalls zu den Grundprinzipien des TQM-Ansatzes. Dem einzelnen Mitarbeiter wird möglichst viel Verantwortung übertragen, während der Vorgesetzte eher unterstützende und moderierende Funktionen übernimmt. Die Akzeptanz der Mitarbeiter bei der Implementierung der geplanten Strategie wird hierdurch wesentlich erhöht.

Obwohl das TQM letztlich darauf ausgerichtet ist, die kundenorientierte Qualität der Unternehmensleistung zu steigern, ist der Ansatz nicht an eine qualitätsorientierte Strategie gebunden. Grundsätzlich können durch das TQM die innerbetrieblichen Leistungsprozesse besser, schneller und kostengünstiger durchgeführt werden, so daß sich die Prinzipien des TQM auch für die Implementierung von Marketingstrategien eignen, die nicht den Wettbewerbsvorteil der Qualität in den Vordergrund stellen.

1.3 Durchführung und Erfolgsvoraussetzungen der Strategieimplementierung

Gerade bei einem geplanten tiefgreifenden strategischen Wandel oder hoher Dringlichkeit der Strategierealisation hat es sich als sinnvoll erwiesen, die **„Implementierung“ als eigenständiges Projekt** innerhalb des Unternehmens zu definieren. Ziel dieser Phase des Implementierungsprozesses ist es, im Sinne eines „Anschub-Management“ die Strategie „auf die Bahn zu bringen“. Später, in der oft mehrjährigen Strategierealisation, müssen die Implementierungsprozesse eine so hohe Eigendynamik und Selbständigkeit erreicht haben, daß sich das Management anderen Implementierungsaufgaben zuwenden kann.

Als **Erfolgsvoraussetzungen** haben sich bei Implementierungsprojekten vor allem drei Aspekte herausgestellt (Kolks 1990, S. 206):

- Die Strategieentscheider müssen die relevanten „Implementierungsträger“ innerhalb des Unternehmens identifizieren.
- Zur Umsetzung und Durchsetzung von Strategien sollten sich die Führungskräfte eines adäquaten Implementierungsstiles bedienen und
- für das Implementierungsprojekt sind effiziente aufbau- und ablauforganisatorische Voraussetzungen zu schaffen.

1.31 Identifikation relevanter Implementierungsträger

Als Implementierungsträger sind solche Fach- und Führungskräfte einzuordnen, die zur Erfüllung der zahlreichen Durchsetzungs- und Umsetzungsaufgaben maßgeblich beitragen sollen. Sie haben damit wesentlichen Anteil an der Qualität der Strategieverwirklichung.

In der Literatur werden dazu vor allem zwei Grundsätze aufgeführt, die bei der Identifikation relevanter Implementierungsträger zu berücksichtigen sind. Erstens sollen die Strategieentwickler aktiv in den Implementierungsprozeß einbezogen werden, zweitens sind unbedingt die Schlüsselmanager in den Prozeß zu integrieren. Als solche können Macht- und Fachpromotoren eingestuft werden (Hauschildt, Schmidt-Tiedemann 1993, S. 17).

Machtpromotoren sind Personengruppen, die sich auf ihre formale hierarchische Position innerhalb der Organisation stützen. Sie sind insbesondere für die durchsetzungsbezogenen Aufgaben wie z. B. das Konfliktmanagement von entscheidender Bedeutung. So versteht sich von selbst, daß eine neue divisionale Marketingstrategie nicht ohne aktive und zustimmende Rolle des Geschäftsbereichsleiters erfolgreich implementiert werden kann.

Zu den **Fachpromotoren** sind solche Schlüsselpersonen zu zählen, die aufgrund ihres implementierungsspezifischen Fachwissens besonders geeignet sind, den Umsetzungserfolg der Strategie zu gewährleisten. So wird ein Markenartikler bei dem Übergang von einer Einzelmarken- zu einer Dachmarkenstrategie sowohl die bisherigen Produktmanager als auch die für die gesamte Unternehmenskommunikation verantwortlichen Schlüsselmanager sinnvollerweise in den Umsetzungsprozeß der neuen Markenstrategie einbinden.

Eine andere Einteilung der Implementierungsträger kann nach den Gruppen „Strategieplaner", „Strategieberater" und „Entscheider" erfolgen, wobei die Entscheider wiederum in verschiedene Hierarchiestufen eingeteilt werden können. Dabei zeigt sich, daß diesen drei „Funktionen" im Rahmen des Implementierungsprozesses unterschiedliche Rollen zukommen sollten (vgl. Abbildung 4). Sind die Strategieplaner vor allem in Vermittlungs-, Schulungs- und Potentialanpassungsphasen einzusetzen, kommt den Consultants in der Einweisungsstufe herausragende Bedeutung zu. Die Entscheider sind hingegen in allen Fällen erfolgreich in den Implementierungsprozeß zu integrieren.

Implementierungsträger / Implementierungsaufgaben	Fachpromotoren → Machtpromotoren		
	Planer	Berater	Entscheider
Durchsetzung			
• Vermittlung	XX	XX	XXX
• Schulung	XXX	XXX	X
• Konflikthandhabung	X	X	XXX
Umsetzung			
Maßnahmen-Mix	XXX	X	XX
Potentialanpassung	XX	XX	XXX

GABLER GRAPHIK

Abbildung 4: Rollenverteilung im Implementierungsprozeß

1.32 Anwendung adäquater Führungsstile

Ausgangspunkt zur Ableitung adäquater Führungsstile bei der Strategieimplementierung ist der Planungsprozeß, in dem die in Kraft zu setzende Strategie durchgeführt wurde. Hier ist zunächst zwischen einem „Top-down"-Vorgehen und einem „Bottom-Up"-Ansatz zu differenzieren. Kennzeichen der **„top-down"-Planung** ist die Formulierung der Strategie auf der höchsten Führungsebene, die dann der nächsten Stufe quasi als Vorgabe „von oben nach unten" diktiert wird. Demgegenüber sieht der entgegengesetzte **„bottom-up"-Ansatz** vor, daß die Strategieentwicklung in „Anwendungsnähe" durchgeführt wird und von der jeweils höheren Ebene genehmigt bzw. modifiziert wird. Als Kompromiß aus Nachteilen des ersten Ansatzes in Form von zu erwartenden Implementierungswiderständen und den oft zu eng und operativ gehaltenen Strategievorschlägen der unteren Ebene findet das **„down-up-" oder Gegenstrom-Prinzip** breite Anwendung.

Mit diesen Planungsverfahren korrespondieren auch spezifische Führungsstile, die in der Literatur durch den Grad der Partizipation der nächsten Führungsebene abgegrenzt werden. Hier ist zunächst offensichtlich, daß der **partizipative Implementierungsstil** – der bei der Strategieentscheidung die Ideen, Sachkenntnisse und Erfahrungen der nächsten Ebene sowie der Strategiebetroffenen weitgehend einzubeziehen sucht – den Implementierungsprozeß optimal begleiten kann. Allerdings kann es sich insbesondere bei Durchsetzungskonflikten als sinnvoll erweisen, den Partizipationsgrad zurückzunehmen. Desgleichen werden strategiespezifisch etwa bei Kostensenkungsprogrammen autoritäre Implementierungsstile angebracht sein.

Die Führungsstile stehen in engem Zusammenhang mit den individuellen Fähigkeiten der mit der Implementierung befaßten Manager. Häufig sind es gerade einzelne Führungskräfte, die mit ihrer Qualifikation und ihrer Persönlichkeit zum Gelingen des Implementierungsprozesses beitragen. Bonoma identifiziert in seiner Untersuchung die folgenden, für die Implementierung von Strategien besonders wichtigen Fähigkeiten (Bonoma 1986, S. 60 f.; Bonoma, Crittenden 1988, S. 8 f.):

- **Interaktionsfähigkeit**
  Die Interaktionsfähigkeit bezieht sich sowohl auf das eigene Verhalten des Managers als auch auf dessen Geschick, andere Personen zu beeinflussen bzw. zu steuern. Dieser Fähigkeit kommt besonders in den Fällen ein hoher Stellenwert zu, in denen keine formalen Weisungsbefugnisse bestehen.

- **Allokationsfähigkeit**
  Die Verteilung der eigenen Zeit, der Zeit anderer sowie die Allokation der finanziellen Mittel zählt zu den wesentlichen Managementaufgaben. Für die Implementierung von Strategien ist es entscheidend, die zur Verfügung stehenden Ressourcen nicht gleichmäßig über alle Funktionen und Bereiche zu verteilen, sondern sie dort einzusetzen, wo die größte Wirkung erzielt werden kann.

- **Überwachungsfähigkeit**
  Die Fähigkeit zur Überwachung bezieht sich auf das Wissen um Beziehungen und Ereignisse hinsichtlich der im Verantwortungsbereich des Managers auftretenden Aufgaben. Bonoma erklärt die Bedeutung dieser Managementfähigkeit aus der Unzulänglichkeit bestehender Überwachungs- und Kontrollsysteme.

- **Organisatorische Fähigkeiten**
  Erfolgreiche Manager verfügen über ein ausgeprägtes organisatorisches Talent, Netzwerke in Form von persönlichen Beziehungen zu knüpfen und hiermit ihre individuellen, jeweils den Problemen angepaßten, informellen Organisationsstrukturen zu bilden.

1.33 Einsatz einer effizienten Implementierungsorganisation

Nicht zuletzt aufgrund der tiefgreifenden Konsequenzen eines Strategiescheiterns erweist es sich als notwendig, den Implementierungsprozeß mit seinen Trägern als eigenständiges Implementierungsprojekt zu institutionalisieren. Als aufbauorganisatorische Gestaltungsalternative haben sich dazu teamorientierte Strukturen als sinnvoll erwiesen, die für die Dauer der Implementierungsphase den Status einer „Sekundärorganisation" annehmen (Kolks 1990, S. 241). Da die Implementierung in der Regel funktions- und geschäftsbereichsübergreifenden Charakter annimmt, empfiehlt es sich, interdisziplinäre Teams in Form von Gremien, Arbeitskreisen oder Umsetzungskommissionen zu etablieren. Diese können ihre Aufgaben laufend oder in regelmäßig konzentrierter Form, etwa Implementierungsworkshops, bewältigen. Die zentrale Position des Projektleiters ist durch einen Schlüsselmanager zu besetzen. Die Teammitglieder sollten ein effektives und harmonisches „Macht- und Fachpromotoren-Mix" bilden.

Dem Implementierungs-Projektleiter obliegen dabei folgende Aufgaben:

- Kontrolle des Implementierungsfortschrittes,
- Bewertung einzelner Lösungsbausteine und
- schließlich die laufende Richtungsvorgabe bzw. -korrektur zur Erreichung der Implementierungsziele unter Beachtung möglicher Veränderungen der Umweltbedingungen.

Wenngleich der Durch- und Umsetzungsprozeß der Strategie zeitlich und sachlogisch interdependent mit dem Strategieentwicklungsprozeß verläuft, ist der eigentliche Implementierungsprozeß – allein zur Durchführung der Fortschrittskontrolle – auf einen Zeitraum zu begrenzen.

Ausgangspunkt des Implementierungs-Projektverlaufes bildet zunächst in Stufe 1 ein Strategieworkshop, innerhalb dessen die Strategie und die Implementierungsvoraussetzungen i. S. einer Führungskräfte-, Struktur- und Kulturdiagnose zu analysieren, die Implementierungsziele zu formulieren und Implementierungsmaßnahmen abzuleiten sind. Der Kommunikations- und Vermittlungsphase schließt sich in Phase III die eigentliche Durchsetzungsphase an. Hier gilt es insbesondere, potentielle Konflikte und Widerstände auf der Führungsebene zu beseitigen. Im fließenden Übergang zur Umsetzungsphase gewinnen Spezifikationsaufgaben und die Anpassungsgestaltung im Potentialbereich an Bedeutung.

Die Durchführung der Implementierungskontrolle unter der zentralen Frage „wird die Strategie hinreichend angewandt?" stellt bereits ein Teilproblem des strategischen Controlling dar.

1.4 Ausblick

Die Ausführungen belegen, daß das Versagen strategischer Konzepte nur in einzelnen Fällen auf die mangelnde Qualität der Strategie zurückzuführen ist. Vielmehr kann als zentrales Praxisproblem die unzureichende Implementierung der Marketingstrategien gelten.

Besondere Bedeutung kommt der Identifizierung der relevanten Implementierungsträger in Form von Macht- und Fachpromotoren zu. So braucht die Unternehmung nicht nur „strategische Denker", sondern auch „strategische Macher". Es werden heute mehr denn je Führungspersönlichkeiten auf allen Unternehmensebenen mit profunden Kenntnissen, mit dem Charisma zur Führung von Menschen, einem starken Drang zur Tat und dem ungebrochenen Willen benötigt, die als sinnvoll erkannten Marketingstrategien durchzusetzen und im Unternehmenskontext umzusetzen. In diesem Sinne lautet bei Peters und Waterman die Devise erfolgreicher Unternehmen **Do it, try it, fix it!**

Literaturhinweise

Allaire, Y., Firsirotu, M. (1985): How to Implement Radical Strategies in Large Organizations, in: Sloan Management Review, Spring 1985, S. 19–34.

Ansoff, H. (1982): Methoden zur Verwirklichung strategischer Änderungen, in: Jacob, H. (Hrsg.): Strategisches Management, Band 1, Schriften zur Unternehmensführung Band 29, Wiesbaden 1982, S. 64–87.

Bleicher, K. (1992): Das Konzept Integriertes Management, 2. Aufl., Frankfurt/Main, New York 1992.

Bonoma, T. V. (1985): Wie man Marketingstrategien in die Praxis umsetzt, in: Harvard Manager, Nr. 2, 1985, S. 72–79.

Bonoma, T. V. (1986): Der Marketing Vorsprung, Landsberg 1986.

Bonoma, T. V., Crittenden, V. L. (1988): Managing Marketing Implementation, in: Sloan Management Review, Winter 1988, S. 7–14.

Brandes, W. u. a. (1990): Leistungsprozesse und Organisationsstruktur, in: Little, A. D. (Hrsg.): Management der Hochleistungsorganisation, Wiesbaden 1990, S. 45–60.

Chandler, A. D. (1962): Strategy and Structure, Cambridge/Mass. 1962.

Gebert, D. (1976): Zur Erarbeitung und Einführung einer neuen Führungskonzeption, Berlin 1976.

Hauschild, J., Schmidt-Tiedemann, J. (1993): Neue Produkte erfordern neue Strukturen, in: Harvard Business Manager, Nr. 4, 1993.

Heinen, Dill (1990): Unternehmenskultur aus betriebswirtschaftlicher Sicht, in: Simon, H. (Hrsg.): Herausforderung Unternehmenskultur, Stuttgart 1990, S. 12–24.

Hinterhuber, H. H. (1992): Strategische Unternehmungsführung, II. Strategisches Handeln, 5. Aufl., Berlin, New York 1992.

Hilker, Jörg (1993): Marketingimplementierung, Münster 1993, Diss.

Jacob, H. (Hrsg.) (1982): Strategisches Management, Band 1, Schriften zur Unternehmensführung Band 29, Wiesbaden 1982.

Jebert, D. (1976): Zur Erarbeitung und Einführung einer neuen Führungskonzeption, Berlin 1976.

Kieser, A., Kubicek, H. (1992): Organisation, 3. Aufl., Berlin, New York 1992.

Köhler, R. (1991): Beiträge zum Marketing-Management, 2. Aufl., Stuttgart 1991.

Kolks, V. (1990): Strategieimplementierung: Ein anwenderorientiertes Konzept, Wiesbaden, 1990, Diss.

Kotler, P., Bliemel, W. (1992): Marketing-Management, Stuttgart 1992.

Krüger, W. (1983): Grundlagen der Organisationsplanung, Gießen 1983.

Meffert, H. (1988): Strategische Unternehmensführung und Marketing, Wiesbaden 1988

Pfohl, H. C., Rürup, B. (Hrsg.) (1979): Anwendungsprobleme moderner Planungs- und Entscheidungstechniken, Königstein 1979.

Porter, M. (1992): Wettbewerbsvorteile, Frankfurt 1992.

Reinermann, H. (1979): Systemanalytische Implementierungsstrategien, In: Pfohl, H. C., Rürup, B. (Hrsg.): Anwendungsprobleme moderner Planungs- und Entscheidungstechniken, Königstein 1979, S. 49–78.

Schildknecht, R. (1992): Total quality management, Frankfurt/Main 1992.

Sommerlatte, T., Wedekind, E. (1990): Leistungsprozesse und Organisationsstruktur, in: Little, A. D. (Hrsg.): Management der Hochleistungsorganisation, Wiesbaden 1990, S. 25–41.

2. Computergestützte Systeme in der strategischen Marketingplanung

2.1 Die Bedeutung computergestützter Systeme zur Entscheidungsunterstützung in der strategischen Marketingplanung

Seit ihrer Einführung in den 60er Jahren konnte sich die computergestützte Datenverarbeitung in vielen Bereichen der Unternehmenspraxis durchsetzen. Im Vordergrund standen dabei Systeme für die Durchführung gut-strukturierter, operativer Aufgaben. Darüber hinaus wurden Systeme eingesetzt, die zur Entlastung bei Routineentscheidungen dienten, wie z. B. der Bestimmung optimaler Bestellmengen und -zeitpunkte (Dannenberg 1990, S. 4).

Als weniger erfolgreich hat sich dagegen die Entwicklung computergestützter Systeme gezeigt, die im Rahmen strategischer Problemstellungen von der Unternehmensführung zur Entscheidungsunterstützung herangezogen werden können. Ein wesentlicher Grund hierfür liegt in der deutlichen Diskrepanz zwischen der aus dem theoretischen Anspruch abgeleiteten Erwartungshaltung und der tatsächlichen, praxisbezogenen Leistungsfähigkeit. Idealerweise sollte ein derartiges System nicht nur in der Lage sein, eine vollständige und umfassende Erfassung aller Faktoren und Wirkungsbeziehungen des Unternehmens und seiner Umwelt zu gewährleisten, sondern darüber hinaus möglichst selbständig Lösungen für konkrete Problemstellungen zu generieren. Es wurde jedoch vernachlässigt, daß es sich im Vergleich zur operativen Planung bei der strategischen Planung um schlecht-strukturierte, vielseitige und interdependente Problembereiche handelt, die sich einer „automatisierten", rein mathematisch-analytischen Entscheidungsfindung entziehen. Da die strategischen Entscheidungsunterstützungssysteme den an sie gestellten Anforderungen in der Praxis nicht gerecht werden konnten, legte sich die ihnen zu Beginn der 70er Jahre entgegengebrachte Euphorie recht schnell (Gaul, Both 1990, S. 64 f.).

Ausgelöst durch neuere technische Entwicklungen in der Computer- und Kommunikationstechnologie kommt es jedoch in den letzten Jahren zu einer Renaissance computergestützter Systeme, die speziell auf strategische Problemstellungen ausgerichtet sind. Im Gegensatz zu der früher häufig angestrebten „Automatisierung" der Entscheidungsfindung berücksichtigen neuere Anwendungen dabei die Besonderheiten strategischer Entscheidungen und betonen die Ergänzung, nicht den Ersatz menschlicher Kompetenz im Entscheidungsprozeß (Schwarz 1987, S. 17; Dannenberg 1990, S. 4 ff.)

Zu den **Besonderheiten der strategischen Marketingplanung** zählt, daß sie auf eine systematische, zukunftsbezogene Erfassung, Analyse und Gestaltung der Beziehungen zwischen Unternehmen und Umwelt gerichtet ist. Sie ist durch unklare Ursache-Wirkungsbeziehungen gekennzeichnet, erfordert heuristische und kreative Problemlösungen und führt zu langfristig wirksamen Konsequenzen. Informationen, auf deren Grundlage strategische Entscheidungen beruhen, sind häufig qualitativ, besitzen einen hohen Aggregationsgrad und sind mit relativ starker Unsicherheit behaftet (Schwarz 1987, S. 11 f.). Da strategische Pläne langfristig orientiert und unter Berücksichtigung unsicherer Zukunftserwartungen entwickelt werden, ist zudem eine ständige Überprüfung von antizipierter und tatsächlicher Unternehmens- und Umweltentwicklung erforderlich, um möglichst frühzeitig notwendige Korrekturen vornehmen zu können.

Vor dem Hintergrund dieser Besonderheiten soll im folgenden aufgezeigt werden, welche Möglichkeiten computergestützte Systeme zur Entscheidungsunterstützung im Rahmen der strategischen Marketingplanung bieten. Hierzu werden unterschiedliche Ansätze vorgestellt und dahingehend untersucht, inwieweit sie in der Lage sind, den Prozeß der Entscheidungsfindung zu systematisieren, schlecht-strukturierte Problemstellungen zu handhaben und unsichere Zukunftserwartungen zu berücksichtigen. Bei den Ansätzen werden im Hinblick auf die Art und Weise der Unterstützung informations-, modell- und wissensorientierte Systeme unterschieden (Gaul, Both 1990, S. 161 ff.):

- **Informationsorientierte Systeme** dienen der Speicherung und Bereitstellung von entscheidungsrelevanten unternehmensinternen und -externen Daten.

- **Modellorientierte Systeme** erlauben die Analyse von Beziehungen zwischen den Daten unter Berücksichtigung alternativer Strategien und Umweltsituationen.

- **Wissensorientierte Systeme** stellen Wissen von Experten zur Verfügung, das sich sowohl auf das strategische Problem als auch auf Methoden und Vorgehensweisen zu dessen Lösung bezieht.

2.2 Informationsorientierte Systeme der Entscheidungsunterstützung

2.21 Begriff und Aufbau informationsorientierter Systeme

Die grundlegende Zielsetzung **informationsorientierter Systeme** der Entscheidungsunterstützung besteht in der Versorgung unterschiedlicher Unternehmensebenen und -bereiche mit unternehmensinternen und -externen Informationen, d. h. mit den situationsspezifisch relevanten Daten.

Die in diesem Bereich eingesetzten Softwaresysteme werden als **Management Information Systems (MIS)** oder auch als **Marketing Information Systems (MAIS)** bezeichnet. Der Leistungsumfang der mit diesen Begriffen beschriebenen Systeme wird in der Literatur durchaus kontrovers diskutiert und reicht von der reinen Informationsbereitstellung bis hin zum Einsatz quantitativer Entscheidungsmodelle (Gaul, Both 1990, S. 165).

In Anlehnung an Turban (Turban 1988, S. 5) sollen hier unter MIS/MAIS solche computergestützten Systeme verstanden werden, die Daten aus unterschiedlichen Quellen selektieren, integrieren und aggregieren und sowohl der periodischen als auch der ad-hoc Bereitstellung entscheidungsrelevanter Daten in unterschiedlichen Aggregationsniveaus dienen.

In ihrer grundlegenden Form stellen MIS/MAIS sogenannte **Berichtssysteme** dar, deren Informationen im Hinblick auf Inhalt und Darstellungsform weitgehend vorstrukturiert sind. In Abhängigkeit vom Zeitpunkt und der Art des auslösenden Ereignisses der Informationsbereitstellung können starre Berichtssysteme, Melde- und Warnsysteme sowie Abrufsysteme unterschieden werden (Meffert 1975, S. 25). Eine Erweiterung klassischer Berichtssysteme stellen **Auskunftssysteme** dar. Während bei Berichtssystemen keine Interaktion zwischen System und Anwender vorgesehen ist, ermöglichen Auskunftssysteme eine interaktive Abfrage der gewünschten Informationen. Hierzu stehen Abfragesprachen zur Verfügung, die Bestandteil moderner Datenbanken sind. Die Ausgabe der Informationen in der gewünschten Berichtsform geschieht mit Unterstützung sogenannter Report-Generatoren. Hierbei handelt es sich um Programmiersprachen, die über eigene, leicht verständliche und schnell zu erlernende Anweisungen zur Erstellung selbst komplexer Berichte verfügen.

MIS/MAIS zählten zu den ersten computergestützten Anwendungen, mit denen eine Entscheidungsunterstützung aller Unternehmensebenen angestrebt wurde. Obwohl die Idee einer allumfassenden Datenbasis richtungsweisend für den Einsatz moderner Informationstechnologien war, zeigte sich in der praktischen Anwendung recht schnell eine Reihe von Schwächen. Diese sind sowohl auf konzeptionelle Unzulänglichkeiten als auch auf nicht ausgereifte EDV-Systeme zurückzuführen. Hierzu zählen insbesondere (Bromann 1984, S. 96):

- Unvollständige, überalterte und ungenügend differenzierte Informationsinhalte,
- mangelnde Trennung operativer und strategischer Informationen,
- nicht ausreichende Abstimmung bzw. Integration von Information aus unterschiedlichen Quellen,
- unzureichende Selektionsmöglichkeiten hinsichtlich relevanter Fragestellungen,
- eine komplizierte und häufig nur für EDV-Experten verständliche Handhabung des Systems sowie
- die nicht benutzergerechte Informationsaufarbeitung.

2.22 Executive Information Systems als moderne Informationsinstrumente

Obgleich MIS/MAIS heute besonders im operativen Bereich weitverbreitet sind, haftet ihnen der Makel dieser z. T. historischen Unzulänglichkeiten an. Eine Erweiterung finden die Systeme Mitte der 80er Jahre in den sogenannten **Executive Information Systems (EIS)**, die insbesondere für den Einsatz im Bereich des Top-Management konzipiert wurden. Executive Information Systems können als konzeptionelle Fortführung von MIS/MAIS bezeichnet werden, beruhen aber unter technischen Aspekten auf ausgereiften Hilfsmitteln zur Unterstützung der Speicherung, Abfrage und Präsentation von Informationen. Hierzu haben insbesondere verbesserte Hardwarebedingungen, neue Datenbankkonzepte und die Entwicklung graphischer Benutzeroberflächen beigetragen (Bullinger et. al. 1991, S. 10).

Executive Information Systems zeichnen sich durch folgende **Eigenschaften** aus (Back-Hock 1991, S. 40):

- Sie verfügen über eine Vielzahl von **technischen Schnittstellen** für den Zugriff auf unterschiedliche Datenbanksysteme. Demgegenüber waren MIS/MAIS in ihrer frühen Form häufig auf eine einzelne, unternehmensinterne Datenbank beschränkt. Änderungen und Ergänzungen der einmal installierten, komplexen Datenbank im Hinblick auf zusätzliche Informationsvariablen und den Differenzierungsgrad vorhandener Informationen ließen sich nur schwer realisieren. Zudem mußten dezentral geführte Unternehmensinformationen sowie unternehmensexterne Informationen mit z. T. hohem Aufwand in die interne Datenbank übertragen und aktualisiert werden. Durch die Möglichkeit, Daten aus konzeptionell unterschiedlichen, zeitlich aufeinanderfolgend entwickelten und regional getrennten Datenbanken abzurufen, sind Executive Information Systems in der Lage, den Zugriff auf eine umfassende und aktuelle Datenbasis zu gewährleisten.

- Die Informationen liegen in **unterschiedlichen Aggregationsstufen** vor. Mit Hilfe der sogenannten „Drill-Down-Technik" lassen sich verdichtete Informationen sukzessiv bis zur Detailinformation aufspalten oder aber ergänzende Informationen abrufen. So kann beispielsweise die globale Absatzmenge eines Produktes hinsichtlich unterschiedlicher Dimensionen wie regionale Unterschiede oder zeitliche Entwicklungen analysiert werden. Die regionale Aufspaltung ermöglicht die Betrachtung der Absatzmenge von der hochaggregierten Länderebene bis hin zu einzelnen Absatzgebieten. Eine zeitliche Analyse zeigt den Trendverlauf des Absatzes innerhalb des Jahres, und zusätzliche Informationen wie z.B. Preisentwicklung und Werbeausgaben des eigenen sowie konkurrierender Produkte geben erste Hinweise auf mögliche Zusammenhänge. Die Informationen können überdies in vielfältiger graphischer und tabellarischer Form visualisiert werden, wodurch sich deren Übersichtlichkeit und Verständlichkeit wesentlich erhöht.

- Für die laufende **Überprüfung von Planzielen** besteht die Möglichkeit, Abweichungen von festgelegten Vorgaben gesondert hervorzuheben. Leistungsfähige Executive Information Systems erlauben es darüber hinaus, Toleranzgrenzen als Informationsfilter zu spezifizieren. Das System beschränkt die Informationsbereitstellung damit auf Berichtsinhalte, für die Abweichungen festgestellt wurden, oder weist explizit auf dringend zu untersuchende Besonderheiten hin.

- Nicht zuletzt ermöglicht die benutzerfreundliche **graphische Oberfläche** auch EDV-unerfahrenen Managern eine schnelle Einarbeitung sowie eine effiziente und effektive Nutzung des Systems.

2.23 Die Eignung informationsorientierter Systeme für die strategische Marketingplanung

Informationsorientierte Systeme unterstützen die strategische Planung durch den schnellen und flexiblen Zugriff auf die für strategische Entscheidungen notwendige umfangreiche Datenbasis. Gleichzeitig erhöhen sie das Bewußtsein für die Notwendigkeit einer systematischen Erfassung und Speicherung von Daten aus internen und externen Beobachtungsbereichen. So zeigen sich Bestrebungen, die **Beschaffung strategisch bedeutsamer Informationen zu systematisieren** und die Inhalte um Daten aus der relevanten Unternehmensumwelt zu erweitern. Zu den traditionell stark vertretenen Daten aus dem Rechnungswesen werden zunehmend Daten aus dem Außendienst und der Marktforschung dokumentiert und gespeichert. Zudem konnte festgestellt werden, daß Unternehmen verstärkt auf Daten externer Datenbanken zugreifen, die sowohl gesamtwirtschaftliche als auch markt- und konkurrenzbezogene Daten beinhalten (Spang, Scheer 1992, S. 189). Wesentlich zur Verbesserung der Datenbasis beigetragen haben in diesem Zusammenhang moderne Verfahren der Datenerfassung wie z. B. Scanning und computergestützte Befragungssysteme. Diese liefern Daten nicht nur in ausreichender Quantität, sondern hinsichtlich ihrer Aktualität und Differenzierung auch in hoher Qualität (Meffert 1992, S. 226).

Die vielfältigen Möglichkeiten der Selektion und Aggregation erlauben es dem Management, sich auf die jeweils relevanten Daten in einem der Problemstellung adäquaten Aggregationsniveau zu konzentrieren. Die Disaggregation einzelner sowie die Gegenüberstellung und der Vergleich verschiedener Informationen können darüber hinaus erste Anhaltspunkte für **Strukturen, Zusammenhänge und Ursache-Wirkungsbeziehungen** liefern. Informationsorientierte Systeme erscheinen damit besonders gut für die Bearbeitung schlecht-strukturierter Problemstellungen geeignet, da sie dem Manager eine flexible, schrittweise Analyse der verfügbaren Informationen ermöglichen.

Im Hinblick auf die **Berücksichtigung der Unsicherheit** zukünftiger Informationen ist festzustellen, daß informationsorientierte Systeme auf die Bereitstellung aktueller und historischer Informationen beschränkt sind. Sie erhöhen damit jedoch die Transparenz der aktuellen Unternehmens- und Umweltsituation und verringern somit zumindest den Teilaspekt der Unsicherheit strategischer Entscheidungen, der sich aus der unzureichenden Kenntnis der gegenwärtigen Situation ergibt.

Welchen Beitrag ein EIS zur **Steigerung der Effizienz** liefern kann, zeigt das Beispiel der Firma Bayer. Durch die Implementierung eines EIS konnte der zur Informationsaufbereitung notwendige Anteil an der Gesamtarbeitszeit des Management von 70 % auf 20 % gesenkt werden. Dementsprechend stieg die für die Informationsanwendung verbleibende Zeit von 30 % auf 80 % (Breitschwerdt 1991).

2.3 Modellorientierte Systeme der Entscheidungsunterstützung

2.31 Begriff und Aufbau modellorientierter Systeme

Neben der reinen Informationsabfrage und -darstellung ist zur Entscheidungsfindung eine Analyse der Zusammenhänge zwischen den Informationen erforderlich. **Modellorientierte Systeme** gehen hierzu von einer vereinfachten, aber strukturgleichen Abbildung der Realität aus, in der die relevanten Einflußfaktoren und deren Beziehungsstrukturen explizit Berücksichtigung finden. Je nach Aufgabe und Konzeption dienen diese Modelle der Beschreibung des entscheidungsrelevanten Sachverhaltes, der Prognose zukünftiger Ereignisse und der Ableitung konkreter Entscheidungsempfehlungen (Lilien, Kotler 1986, S. 10; Gaul, Both 1990, S. 68).

Modelle bilden einen wesentlichen Bestandteil von **Decision Support Systems (DSS)**, deren konzeptionelle Grundlagen in den 70er Jahren maßgeblich von Scott-Morton begründet wurden (Scott-Morton 1971). Decision Support Systems sind dabei als interaktive, computergestützte Systeme zu verstehen, die den Entscheidungsträger durch die Bereitstellung von Daten, Modellen und Methoden bei der Lösung schlecht-strukturierter Probleme unterstützen. Ein Decision Support System umfaßt typischerweise die vier Grundkomponenten: Daten-, Modell- und Methodenbank sowie Benutzerschnittstelle (vgl. Abbildung 1) (Heinzelbecker 1985, S. 55 ff.).

Die **Datenbank** enthält alle strategisch relevanten unternehmensinternen und -externen Daten. In der **Modellbank** sind idealerweise Teilmodelle des Unternehmens gespeichert, die sowohl einzeln als auch in kombinierter Form einsetzbar sind. Voraussetzung für den Einsatz derartiger Modellbanken ist eine ausführliche und detaillierte Beschreibung der einzelnen Modelle im Hinblick auf deren Daten- und Methodenanforderungen sowie der unterstellten Beziehungs- und Wirkungszusammenhänge. **Methodenbanken** beinhalten

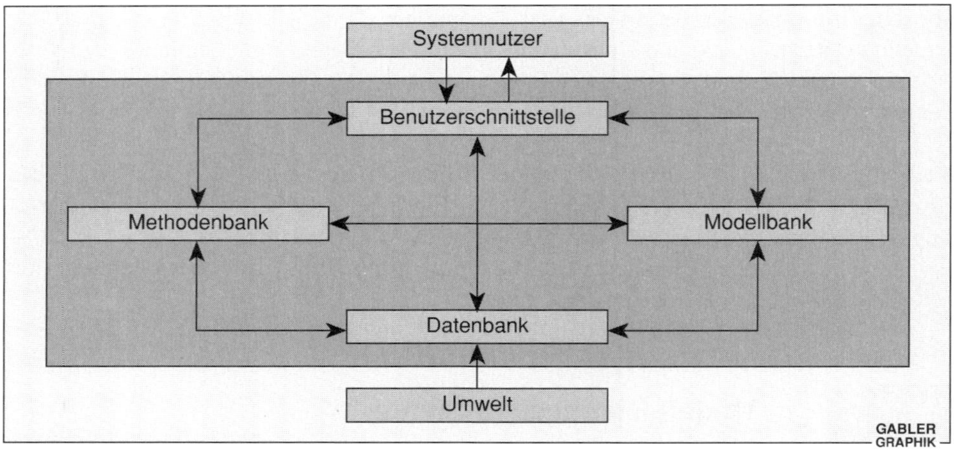

Abbildung 1: Aufbau eines Decision Support Systems

eine Auswahl mathematisch-statistischer Verfahren unterschiedlicher Anspruchsniveaus zur Analyse und Prognose, Verfahren des Operation Research (OR) für optimierende Berechnungen und Simulationsverfahren zur Analyse der Systemzusammenhänge (Wilde 1992, S. 305).

In der Praxis hat sich in diesem Zusammenhang gezeigt, daß OR-Verfahren nur eine geringe Bedeutung zukommt. Intensiv genutzt werden demgegenüber – insbesondere zu Prognosezwecken – einfachere mathematisch-statistische Verfahren. Komplexere Auswertungsmethoden, wie z. B. multivariate Verfahren, besitzen heute noch nicht den Stellenwert, der ihnen aufgrund ihrer Leistungsfähigkeit zukommen sollte. Auch die geforderte idealtypische Trennung von Methoden- und Modellbank läßt sich in der Praxis nicht wiederfinden (Spang, Scheer 1992, S. 191 f.).

Durch die Bereitstellung von Daten, Modellen und Methoden erweitert ein Decision Support System die Fähigkeiten des Managers. Diese Systeme werden daher auch als **„Intelligenzverstärker"** bezeichnet. Die Art und Weise der Nutzung bleibt dem Manager überlassen, da ein Decision Support System zwar Hilfsmittel zur Lösung eines Problems zur Verfügung stellt, jedoch über kein Wissen hinsichlich des Lösungsprozesses verfügt. Die Entscheidungsunterstützung durch ein Decision Support System setzt somit die Fachkompetenz des Managers hinsichtlich der für die Entscheidung erforderlichen Informationen, der Auswahl geeigneter Modelle und des sachgerechten Einsatzes von entsprechenden Methoden voraus (Gaul, Both 1992, S. 88).

2.32 STRATPORT – Ein modellorientiertes System zur Portfolioplanung

Zu den wohl bekanntesten modellorientierten Systemen im Bereich der strategischen Planung zählt das von Laréché und Srinivasan entwickelte Computerprogramm **STRATPORT** (Strategic Portfolio Planning) (Day 1986, S. 231 f.). Das System dient Führungskräften und Unternehmensplanern bei der **Formulierung und Beurteilung von Geschäftsfeldstrategien** und stellt sowohl eine Operationalisierung als auch eine Erweiterung der klassischen Portfolio-Methode dar (Dannenberg 1990, S. 157). Durch die opti-

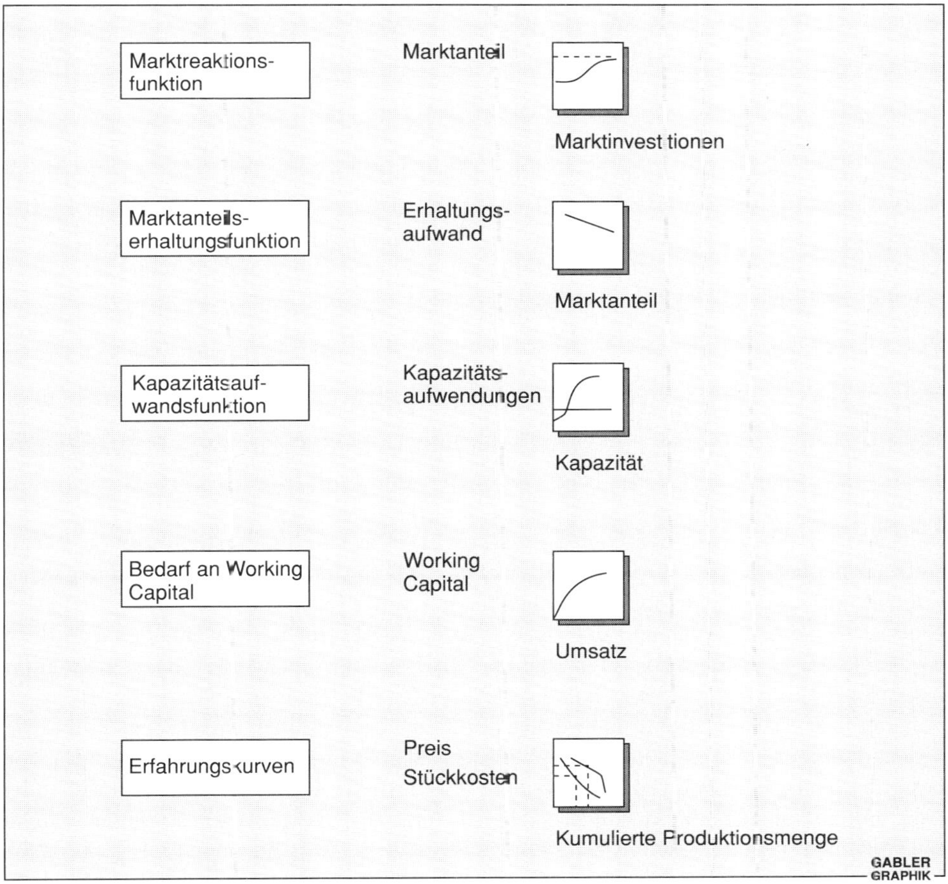

Abbildung 2: Beziehungen zwischen Schlüsselgrößen des Erfolgs im Stratport-Modell (in Anlehnung an Day 1986)

male Allokation der zur Verfügung stehenden Finanzmittel auf alternative strategische Geschäftsfelder soll für einen gegebenen Planungshorizont der Gewinn maximiert werden. STRATPORT basiert auf fünf zentralen Teilmodellen, in denen die Beziehungen zwischen zentralen Erfolgsgrößen abgebildet sind. Dies sind (vgl. Abbildung 2):

- Die Beziehung zwischen Marktanteil und Marktinvestition,
- die minimal notwendigen Ausgaben zur Erhaltung des gegenwärtigen Marktanteils,
- die Kosten der Kapazitätserweiterung in Abhängigkeit von der angestrebten Kapazität,
- der Bedarf an Working Capital in Abhängigkeit vom Umsatz und
- Preise sowie Stückkosten in Abhängigkeit von der kumulierten Produktionsmenge.

Zur Bestimmung der Funktionsparameter ist das Management aufgefordert, fundierte Schätzungen – beispielsweise über die zur Erhaltung des Marktanteils erforderlichen Marketinginvestitionen – in das Modell einzubringen. Diese Informationen erlauben es, die Erfolgswirkung alternativer Strategien zu simulieren. Dabei ist eine Optimierung des langfristigen Gewinns sowohl für einzelne als auch über alle Tätigkeitsfelder der Unternehmung möglich.

2.33 WARNPLAN – Ein modellorientiertes System zur strategischen Früherkennung

Im Rahmen der strategischen Planung stellt die **strategische Früherkennung** ein bedeutendes Potential für den Einsatz computergestützter Systeme dar. Ziel der strategischen Frühaufklärung ist es, zukünftige Entwicklungen in der Unternehmensumwelt und deren Einflüsse auf das Unternehmen zu prognostizieren, so daß frühzeitig Maßnahmen ergriffen werden können, um Chancen zu nutzen und Risiken entgegenzutreten. Bei der Prognose zukünftiger Ereignisse ergibt sich dabei insbesondere das Problem sogenannter Diskontinuitäten in Form von Struktureinbrüchen, Richtungsänderungen, Unstetigkeiten und Niveauänderungen, die mit Hilfe mathematisch-statistischer Prognosemethoden nicht vorhersehbar sind. Moderne Frühwarnsysteme prognostizieren daher die sich anbahnenden Diskontinuitäten nicht direkt, sondern gehen davon aus, daß diese mit bestimmten, ex-ante wahrnehmbaren Ereignissen in Zusammenhang stehen. Aufgabe eines Frühwarnsystems ist es, diese Bereiche zu erkennen, „schwache Signale" zu orten und zu verstärken, so daß deren Bedeutung für den Entscheidungsträger deutlich wird (Müller 1986, S. 249; Dannenberg 1990, S. 327).

Einen Ansatz zur Implementierung strategischer Früherkennungssysteme stellt das von Dannenberg (Dannenberg 1990) entwickelte System **WARNPLAN** dar. Grundlage des Systems ist die Abgrenzung unternehmensrelevanter interner und externer Beobachtungsbereiche, in denen Risiken und Chancen für die Unternehmung entstehen können. Hierbei werden globale Komponenten (z. B. Arbeitsmarkt, Bevölkerungswachstum oder Umweltbewußtsein) ebenso berücksichtigt wie unternehmensindividuelle Merkmale (z. B. Mitarbeiterqualifikation, Finanzlage). Der Einfluß eines Beobachtungsbereiches auf einen anderen wird dabei vom Manager subjektiv auf einer 4er-Skala geschätzt. Auf Basis dieser Angaben werden Kennziffern errechnet, die Hinweise auf besonders chancen- und risikoreiche Beobachtungsbereiche liefern. Analog der Vorgehensweise der Cross-Impact-Analyse, bei der konsistente Szenarien, d. h. Projektionen zukünftiger Entwicklungen und Ereignisse gebildet werden, berücksichtigt WARNPLAN wechselseitige Wirkungen und Rückwirkungen, die durch eine Veränderung innerhalb eines Beobachtungsbereiches ausgelöst werden. Darüber hinaus ermöglicht es WARNPLAN, Indikatoren für die einzelnen Beobachtungsbereiche geschäftsfeldspezifisch zu erfassen und hinsichtlich ihrer negativen und positiven Auswirkungen auf die zukünftige Geschäftstätigkeit gezielt zu analysieren. Es fehlt allerdings die Möglichkeit einer automatischen Überwachung der als bedeutsam erkannten Beobachtungsbereiche und Indikatoren. Idealtypisch sollte ein derartiges System eine kontinuierliche Kontrolle relevanter unternehmensinterner und -externer Informationen gewährleisten und „warnende“ Signale möglichst selbständig anzeigen.

2.34 Die Eignung modellorientierter Systeme für die strategische Marketingplanung

Ein zentraler Vorteil modellorientierter Systeme ist die **Systematisierung des Entscheidungsprozesses** durch die formalisierte Erfassung und Analyse der Beziehungen innerhalb des Unternehmens sowie zwischen Unternehmen und Umwelt. Allein die Entwicklung von Modellen erfordert eine intensive Auseinandersetzung mit Entscheidungsvariablen und -zusammenhängen. Dieser Prozeß liefert Hinweise auf fehlende Informationen und läßt verdeckte bzw. bisher nicht berücksichtigte Beziehungen sichtbar werden. Zudem wird das Management sowohl in der Phase der Modellentwicklung als auch im späteren Einsatz ständig mit strategischen Analyse- und Beurteilungsverfahren konfrontiert. Hierdurch wird letztendlich ein Lernprozeß ausgelöst, strategische Problemstellungen systematisch zu analysieren und Lösungsalternativen möglichst objektiv zu beurteilen (Dannenberg 1990, S. 99).

Schlecht-strukturierte Problemstellungen wie sie in der strategischen Planung anzutreffen sind erfordern eine flexible Handhabung des vorhandenen Instrumentariums und die Berücksichtigung subjektiver Einschätzungen und Erfahrungen des Entscheidungsträgers. Kritiker einer modellgestützten Planung betonen, daß sich Probleme der strategischen

Planung einer modellorientierten Analyse entziehen, da die der Problemstellung zugrunde liegenden Wirkungszusammenhänge unklar sind, qualitativen Aspekten eine hohe Bedeutung zukommt und kreative Lösungsansätze erforderlich sind. Diese Kritik beruht im wesentlichen auf Erfahrungen früherer Modellbildungsansätze, deren Ziel eine möglichst umfassende und detaillierte Abbildung der realen Situation und einer daraus abgeleiteten, optimierenden Bestimmung von Steuerungsvariablen war. Die hieraus resultierenden Modelle waren für den Entscheidungsträger häufig unverständlich und stimmten nicht mit der von ihm wahrgenommenen Realität überein. Einen wesentlichen Beitrag zur Akzeptanzsteigerung liefert in diesem Zusammenhang das von Little entwickelte Konzept des Decision Calculus (Little 1970). Anstelle komplexer, wenig verständlicher Systeme fordert Little einfache Modelle, in die subjektive Urteile und Erfahrungen des Entscheidungsträgers einfließen. Qualitative Aspekte spiegeln sich dabei in den Einschätzungen des Entscheidungsträgers wider. Damit steht weniger die bis ins Detail wirklichkeitsgetreue Abbildung der Realität im Vordergrund, als vielmehr das systematische Entscheidungsverhalten des Entscheidungsträgers.

Die Analyse und Bewertung von Problemstellungen und deren Lösungsvorschlägen darf jedoch nicht mit der Generierung von Lösungsvorschlägen verwechselt werden. Modellorientierte Systeme dienen zur Analyse von System- und Wirkungszusammenhängen. Sie sind nicht in der Lage, kreative Ideen zu generieren. Kreativitätstechniken bleiben weiterhin unverzichtbare Instrumente der strategischen Planung. Lücken, die durch die quantitativen Analysen aufgedeckt werden, müssen durch intuitive und kreative Ideen geschlossen werden (Dannenberg 1990, S. 102).

Auch unter dem Aspekt **unsicherer Zukunftserwartungen** können modellorientierte Systeme wertvolle Hilfestellungen liefern. So besteht insbesondere die Möglichkeit, sehr schnell alternative Szenarien und Strategien hinsichtlich ihrer Konsequenzen für die Zielerreichung zu analysieren. Alternative Szenarien, z. B. hinsichtlich pessimistischer, erwarteter und optimistischer Entwicklungen des Nachfragepotentials, liefern Erkenntnisse über kritische Faktoren, Risiken und Chancen einer Strategie. Möglichkeiten der Analyse und Bewertung unterschiedlicher Strategien erhöhen die Vielfalt der berücksichtigten Alternativen, erlauben deren Vergleich und fördern die Diskussion hinsichtlich der besten Entscheidung (Hanssmann 1980, S. 358; Hanssmann 1988, S. 82).

Zusammenfassend läßt sich für modellorientierte Systeme im Rahmen der strategischen Planung festhalten, daß sie primär eine Strukturierungsfunktion übernehmen und den systematischen Analyse- und Bewertungsprozeß unterstützen. Dabei steht weniger die Genauigkeit des Modellergebnisses im Sinne einer Gewinn- oder Marktanteilsgröße im Mittelpunkt des Interesses, sondern vielmehr die Betrachtung von Wirkungszusammenhängen im relevanten Unternehmens- und Umweltsystem.

2.4 Wissensorientierte Systeme der Entscheidungsunterstützung

2.41 Begriff und Aufbau wissensorientierter Systeme

Ein anderer Weg der Entscheidungsunterstützung wird mit **wissensorientierten Systemen** verfolgt, die häufig auch als **Expertensysteme** bezeichnet werden. Sie umfassen jene Ansätze, die auf die Entwicklung computergestützter Systeme abzielen, mit deren Hilfe menschliche Fähigkeiten bis zu einem gewissen Grad nachgebildet werden können. Expertensysteme sind in der Lage, komplexe Probleme aus eng abgegrenzten Bereichen zu lösen und dabei das Problemlösungsverhalten eines Experten zu simulieren. Im Gegensatz zu den modellorientierten Systemen stehen hier eher qualitative Wissensinhalte, Erfahrungen, subjektive Einschätzungen und Heuristiken zur Problemlösung im Vordergrund. Ziel dieser Systeme ist es, dem Benutzer das Wissen von Experten zur Verfügung zu stellen (Gaul, Both 1990, S. 70 und S. 207 ff.).

Expertensysteme umfassen in ihrem konzeptionellen Aufbau fünf Teilkomponenten (vgl. Abbildung 3): Wissensbasis, Problemlösungs-, Wissensakquisitions-, Erklärungs- und Dialogkomponente. Die **Wissensbasis** bildet das Kernstück des Systems. Zur Speicherung wird das Wissen zunächst in kleine konsistente Einheiten zerlegt und anschließend direkt durch den Experten oder durch einen sogenannten „Knowledge-Engineer" erfaßt. Häufig

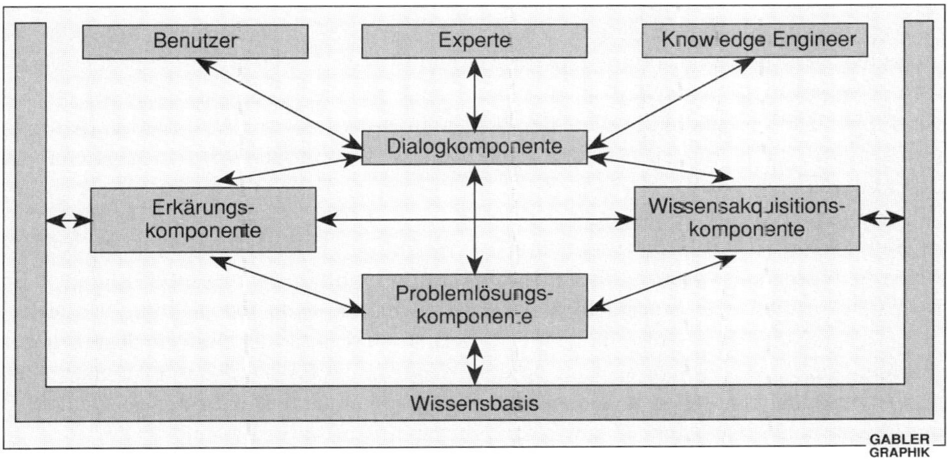

Abbildung 3: Aufbau eines Expertensystems (in Anlehnung an Zentes 1988, S. 246)

Regel 1:	
Wenn	der Marktanteil niedrig ist
und	das Marktwachstum ist hoch
Dann	handelt es sich um ein strategisches Geschäftsfeld (SGF), das als „Question Mark" bezeichnet wird

Regel 2:	
Wenn	das SGF ein „Question Mark" ist
Dann	prüfe die Möglichkeit, den Marktanteilsvorsprung der Konkurrenz durch den verstärkten Einsatz von Marketinginstrumenten aufzuholen

Regel 3:	
Wenn	das SGF ein „Question Mark" ist
und	es besteht die Möglichkeit, den Marktanteilsvorsprung der Konkurrenz aufzuholen
Dann	versorge das SGF mit ausreichend finanziellen Mitteln
Sonst	eliminiere das SGF aus dem Portfolio

GABLER GRAPHIK

Abbildung 4: Vereinfachte Regeln eines Expertensystems zur Portfolioanalyse

wird das Expertenwissen in Form von „wenn-dann-Regeln" implementiert, wie sie beispielhaft in Abbildung 4 dargestellt sind.

Die **Wissensakquisitionskomponente** ermöglicht es, die Eingabe der Regeln ohne Programmierkenntnisse durchzuführen. Die **Problemlösungs**- bzw. **Inferenzkomponente** kommt bei der Nutzung des Expertensystems zum Einsatz. Sie leitet auf Basis des gespeicherten Wissens und der spezifischen Problemstellung schrittweise eine Lösung ab. Erläuterungen zur Vorgehensweise bei der Bestimmung der Lösung liefert die **Erklärungskomponente**, die damit einen wesentlichen Beitrag zur Erhöhung der Transparenz von Expertensystemen schafft.

Im Hinblick auf die **Nutzung eines Expertensystems** durch den Anwender ist die Art und Weise des Vorgehens durch das System vorherbestimmt. Bereits in der Entwicklungsphase des Expertensystems wird festgelegt, welche Informationen zur Bearbeitung der in Betracht kommenden Problemstellungen erforderlich sind und wie diese im Rahmen des Problemlösungsprozesses verarbeitet werden. Während des Einsatzes des Systems werden fallspezifisch die benötigten Informationen direkt vom Nutzer erfragt oder aus Datenbanken übernommen. Ein Eingriff durch den Nutzer in den Problemlösungsablauf ist nicht möglich, da das Expertensystem dem Problemlösungsverhalten eines Experten folgt. Im Gegensatz zu Decision Support Systems, die als „Intelligenzverstärker" dienen, ist die Expertenkompetenz hier im System „eingebaut", so daß Expertensysteme als **„Intelligenzmultiplikatoren"** gelten können (Gaul, Both 1989, S. 216).

Für den Einsatz von Expertensystemen sind besonders diejenigen Aufgabenbereiche geeignet, die eine Reihe von Eigenschaften hinsichtlich der zugrunde liegenden Problemstellung aufweisen (Esch, Muffler 1989, S. 147 f.; Gaul, Both 1990, S. 210; Jucken 1991, S. 26):

- Die Problemstellung sollte klar definierbar und gegenüber anderen Problemlösungen gut abgrenzbar sein.

- Zur Problemlösung sollte kein Allgemeinwissen oder aber umfangreiches Hintergrundwissen erforderlich sein, da sich die notwendige Wissensbasis hierdurch in einem kaum zu realisierenden Umfang vergrößern würde.

- Das zur Lösung erforderliche Wissen sollte unvollständig und vage sein. Die in den Systemen implementierten Heuristiken zur Lösung von Entscheidungsproblemen sind in der Lage, Problemstellungen mit nur unscharf formulierten Ursache-Wirkungszusammenhängen zu verarbeiten.

- Da die Entwicklung von Expertensystemen sehr zeit- und kostenintensiv ist, sollte es sich bei der zu behandelnden Problemstellung um eine wichtige und sich häufig wiederholende Entscheidung handeln. Entsprechend einer Schätzung von Waterman (Waterman 1985, S. 184) ist bei marktspezifischen Anwendungen mit einem Aufwand von mindestens 12 und bei allgemeingültigen Anwendungen mit einem Aufwand von mindestens 30 Mannjahren zu rechnen.

Vor dem Hintergrund dieser Kriterien sind in den letzten Jahren eine Vielzahl von Expertensystemen für das Marketing allgemein und die strategische Marketingplanung im besonderen entwickelt worden (für einen Überblick vgl. Decker, Gaul 1990; Mertens et. al. 1990). Ein Großteil dieser Systeme entstand aus der Arbeit von Forschungsinstituten bzw. aus deren Kooperationen mit Unternehmen und befindet sich heute im Prototyp-Stadium. Zwei dieser Expertensysteme sollen hier exemplarisch vorgestellt werden.

2.42 STRATEX – Ein wissensorientiertes System zur Portfolioplanung

Das von Plattfaut entwickelte System **STRATEX** basiert auf einer **Kombination aus Markt- und Technologieportfolio**. Anhand vorgegebener Kriterienkataloge werden zunächst die Positionen der Produkte innerhalb der Portfolios ermittelt. In die Strategieempfehlung gehen sowohl die aus den individuellen Portfolios als auch aus deren Verknüpfung resultierenden Handlungsempfehlungen ein. Ergänzt wird die Gesamtstrategie durch Teilstrategien, die direkt von der Bewertung einzelner Kriterien abhängen (vgl. Abbildung 5) (Plattfaut 1988, S. 91). STRATEX wurde von Führungskräften unterschiedlicher Un-

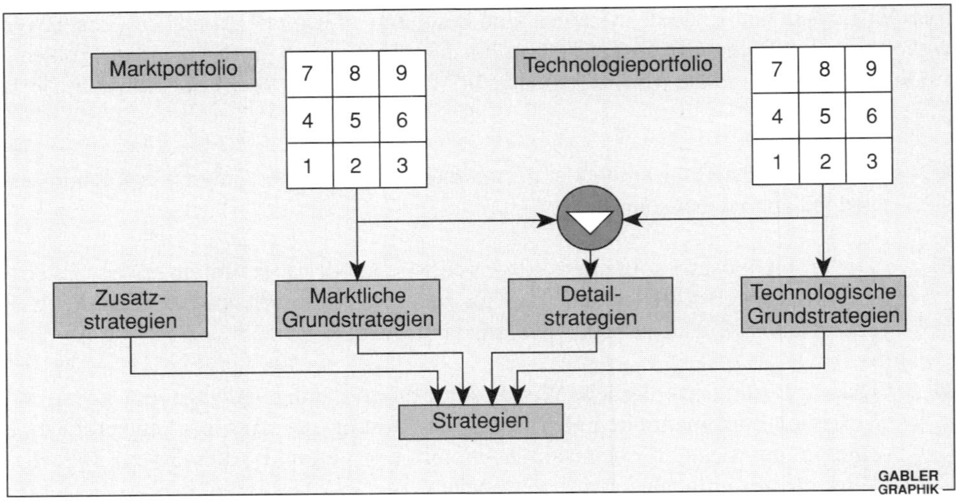

Abbildung 5: Strategiebildung im Planungsmodell STRATEX (in Anlehnung an Plattfaut 1988, S. 91)

ternehmen anhand von Bewertungsbeispielen auf die Plausibilität seiner Empfehlungen überprüft. Positiv wurde dabei die Kombination von Markt- und Technologieportfolios beurteilt, durch die alle wesentlichen Kriterien zur Beurteilung des Geschäftes berücksichtigt werden können. Die Strategieempfehlungen wurden als grundsätzlich plausibel, jedoch zu wenig differenziert beurteilt. Um diesen Mangel zu beseitigen, wäre eine längere Testphase des Systems im praktischen Einsatz notwendig. Die Wissensbasis könnte in diesem Zusammenhang ständig vom Nutzer erweitert und an die Anforderungen des Unternehmens angepaßt werden (Plattfaut 1988, S. 123 f.).

2.43 EXSTRABS – Ein wissensorientiertes System zur Wettbewerbsanalyse

Die **Analyse der Branchenstruktur** und die darauf aufbauende Ableitung von Strategien ist Gegenstand des Expertensystems **EXSTRABS** (Lelke, Werners 1991). Die theoretische Grundlage bildet das Wettbewerbskonzept von Porter, das die Wettbewerbsintensität innerhalb einer Branche auf fünf Wettbewerbskräfte zurückführt (Porter 1992).

Das in dem Expertensystem implementierte Wissen bezieht sich auf die Kenntnis über die zu untersuchenden Branchenmerkmale und deren Einfluß auf die Stärke der einzelnen Wettbewerbskräfte. Zu den Branchenmerkmalen zählen beispielsweise das Branchenwachstum, die Kapitalintensität und der Grad der Produktdifferenzierung. Darüber hinaus bestehen Interdependenzen zwischen einzelnen Branchenmerkmalen, so daß sich für jede Wettbewerbskraft eine Vielzahl von Beziehungen ergibt. Die Beziehungen zwischen den Wettbewerbskräften und den Branchenmerkmalen sind hierzu durch funktionale Abhängigkeiten charakterisiert. Hierbei handelt es sich jedoch nicht um mathematisch exakte Funktionen, sondern um Verknüpfungen von Merkmalen durch Regeln, mit deren Hilfe die Unsicherheit bezüglich der Beziehungen berücksichtigt werden kann (Lelke, Werners 1991, S. 320 f.).

Beim Einsatz des insgesamt 182 Regeln umfassenden Systems werden zunächst die Ausprägungen der Branchenmerkmale abgefragt und hieraus die Stärke der unterschiedlichen Wettbewerbskräfte ermittelt. Auf Basis der Ergebnisse leitet das System anschließend mögliche Strategien ab und erläutert diese dem Systemnutzer (vgl. Abbildung 6).

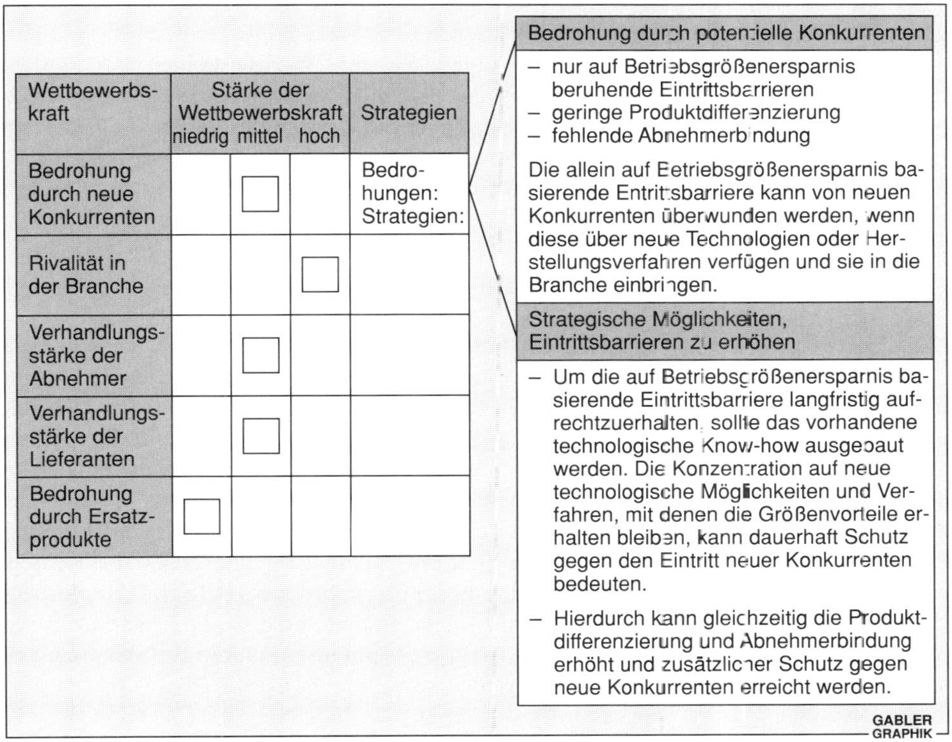

Abbildung 6: Ergebnisdarstellung der Wettbewerbskräfte mit Erläuterungen zu Bedrohungen und möglichen Strategien
(Quelle: Lelke, Werner 1991, S. 323)

2.44 Die Eignung wissensorientierter Systeme für die strategische Marketingplanung

Im Gegensatz zu modellorientierten Systemen verlangen wissensorientierte Systeme keine intensive Kenntnis des zugrunde liegenden Instrumentariums sowie des Problemlösungsprozesses. Sie sind vielmehr darauf ausgerichtet, Nicht-Experten das Wissen von Experten zur Verfügung zu stellen und Problemlösungen eigenständig zu generieren. Für einen derartigen Einsatz findet sich eine Vielzahl von Anwendungsmöglichkeiten, beispielsweise in der Finanzanlagenberatung. Hier sind Expertensysteme häufig durchaus in der Lage, den Experten im Beratungsgespräch zu ersetzen oder aber zumindest dessen Wissen, z.B. hinsichtlich steuerlicher Aspekte verschiedener Anlageformen zu ergänzen.

Strategische Problemstellungen erfordern dagegen nicht nur ein sehr umfangreiches Hintergrundwissen aus unterschiedlichen Unternehmens- und Umweltbereichen, sondern überdies differenzierte und innovative Problemlösungen. Wie die beiden dargestellten Expertensysteme exemplarisch verdeutlichen, sind diese zwar geeignet, konzeptionelle Analyseinstrumente wie die Portfolioplanung oder das Porter'sche Wettbewerbskonzept EDV-gestützt einzusetzen, die **Generierung von Strategien** durch Expertensysteme ist jedoch im wesentlichen auf Normstrategien beschränkt. Obwohl zu erwarten ist, daß sich mit zunehmendem Praxiseinsatz die Zahl der implementierten Strategieoptionen erhöht und damit differenziertere Strategievorschläge unterbreitet werden, können diese lediglich als Basis für die Ausarbeitung von Strategien dienen.

Der Einsatz von Expertensystemen in der strategischen Planung ist daher noch unter einem anderen Aspekt als dem der Strategiegenerierung zu betrachten. Die gezielten und detaillierten Anforderungen des Systems an die benötigten Informationen verlangen vom Benutzer, diese systematisch zu erheben und sich mit deren strategischer Relevanz auseinanderzusetzen. Der Erklärungskomponente kommt in diesem Zusammenhang die besonders bedeutsame Aufgabe zu, die unterstellten Zusammenhänge und Schlußfolgerungen ausführlich zu erläutern. Im Vergleich zu lehrbuchartigen Konzepten, die häufig isoliert und ohne Praxisbezug zur Systematisierung der Entscheidungsfindung angeboten werden, können Expertensysteme **branchen- oder gar unternehmensspezifische Strukturierungshilfen** liefern. Darüber hinaus können neue Erkenntnisse sowie Erfahrungen aus bisherigen Entscheidungen die Datenbasis ergänzen und insbesondere zur Schulung weniger erfahrener Manager dienen.

Zu einer ähnlichen Beurteilung kommt Jucken in einer empirischen Untersuchung zu den Einsatzmöglichkeiten von Expertensystemen in der strategischen Planung (Jucken 1991). Er bezieht sich dabei auf fünf Fallbeispiele, die auf empirischen Beratungsfällen in verschiedenen Branchen beruhen. Hierbei wurden jeweils Prototypen von Expertensystemen entwickelt, die in der Lage waren, Schlußfolgerungen menschlicher Experten nachzuvollziehen. Jucken gelangt zu dem Ergebnis, daß sich Expertensysteme sowohl zur Analyse strategischer Probleme als auch zur Chancen- und Risikenanalyse eignen. Expertensysteme scheinen insbesondere dort erfolgversprechend zu sein, wo bereits heute gut strukturiertes Analysewissen vorhanden ist (z. B. bei der Analyse von Markt- und Distributionsstrukturen oder der Analyse von Wettbewerbspositionen) oder aber eine überschaubare Zahl von Basisalternativen existiert (z. B. bei Wettbewerbsstrategien). Unter Zeit- und Kostenaspekten bieten sich für Unternehmen, die vorwiegend in einer Branche tätig sind, branchenspezifische Lösungen an, da die Entwicklung entsprechender Systeme bei weitem weniger zeitaufwendig ist als bei allgemeingültigen Anwendungen (Jucken 1991, S. 30).

Bezüglich der Handhabung **schlecht-strukturierter** Problemstellungen zeigen Expertensysteme ihre besondere Leistungsfähigkeit, da sie in der Lage sind, unsicheres Wissen zu verarbeiten und heuristische Problemlösungsverfahren einzusetzen. Unsicheres Wissen umfaßt unsichere Benutzereingaben im Hinblick auf unzureichende und subjektive Angaben, unsichere Schlußfolgerungen und unsichere Hypothesen. Die Berücksichtigung unsicheren Wissens geschieht dabei in aller Regel über die Zuordnung von Wahrscheinlichkeiten für die Sicherheit einer Information bzw. Beziehung (Neibecker 1989, S. 71 ff.; Kroeber-Riel, Esch 1992, S. 264 f.).

Durch die Einbeziehung von unsicherem Wissen bezüglich der gegenwärtigen Situation wie auch zukünftiger Entwicklungen in die Entscheidungsfindung wird die Unsicherheit strategischer Entscheidungen nicht reduziert. Sie wird jedoch soweit berücksichtigt wie es die Wahrscheinlichkeitstheorie im Zusammenhang mit subjektiven Schätzungen zuläßt.

Zusammenfassend bleibt festzuhalten, daß Expertensysteme durchaus in der Lage sind, den Lösungsprozeß strategischer Problemstellungen entsprechend der Vorgehensweise eines Experten zu systematisieren und dabei auch unsichere Zusammenhänge und Informationen zu berücksichtigen. Besonders bedeutsam erscheint die Möglichkeit, Lehrbuch- und Erfahrungswissen über strategische Analyseinstrumente und die Auswirkungen strategischer Optionen sowohl allgemeiner als auch branchen- und unternehmensspezifischer Natur zu kombinieren und weniger erfahrenen Managern zur Verfügung zu stellen. Die resultierenden Strategieempfehlungen sind dagegen eher als Anregung und Diskussionsgrundlage zu betrachten.

2.5 Integrierte Systeme der Entscheidungsunterstützung

In der jüngsten Vergangenheit sind Entwicklungen erkennbar, die Bereiche der informations-, modell- und wissensorientierten Systeme zu sogenannten **integrierten entscheidungsunterstützenden Systemen (IEUS)** zu verbinden. So ergab die Untersuchung eines Unternehmens aus der Computerbranche bezüglich des Entscheidungsverhaltens und des

Informationsbedarfs von Managern die Forderung, Executive Information Systems und Decision Support Systems in einem System zu integrieren. Angestrebt wird hierdurch die Unterstützung des gesamten Informationsprozesses und aller daran beteiligten Personen, von der Entscheidungsvorbereitung bis hin zur letztendlichen Entscheidung (Matzke 1990, S. 539).

Einen weiteren Schritt stellt die **Ergänzung derartiger Systeme um wissensbasierte Elemente** dar, mit deren Hilfe die Akzeptanz computergestützter Enscheidungsunterstützung wesentlich gefördert werden kann. Beispielsweise können systemunerfahrene Manager hinsichtlich der Auswahl der zur Lösung ihrer Probleme geeigneten Modelle und Methoden beraten werden.

Im Rahmen der Berichterstattung ermöglichen wissensbasierte Elemente eine selektivere Darbietung und eine Anreicherung der Berichtsinhalte. Für Ausnahmeberichte lassen sich Regeln festlegen, die über die Prüfung von Toleranzschwellen einzelner Werte hinausgehen. Gleichzeitig können durch das Expertensystem Vorschläge erarbeitet werden, welche Informationen der Manager einer detaillierteren Analyse unterziehen sollte. Derartige Hinweise beziehen sich z. B. auf Kompositionseffekte gegenläufiger Entwicklungen, die bei der Betrachtung aggregierter Informationen verdeckt bleiben (Back-Hock 1991, S. 54).

Nicht zuletzt erleichtern wissensorientierte Elemente die Interpretation der Ergebnisse. Mit Hilfe sogenannter Expertisesysteme wird angestrebt, Ergebnisse der Informationsabfrage und -analyse in allgemein verständliche, verbal formulierte Berichte umzusetzen (Mertens 1989). Neben der Zeitersparnis durch die automatische Erzeugung der Berichte ergibt sich der Vorteil einer standardisierten Berichtsform, die dazu beiträgt, strategisch wertvolle Informationen möglichst kompakt und transparent zur Verfügung zu stellen.

Abschließend bleibt festzuhalten, daß mit dem Einsatz computergestützter Systeme zur Unterstützung strategischer Entscheidungen eine Reihe von Vorteilen verbunden ist. Entscheidungen, die unter Zuhilfenahme dieser Systeme getroffen werden,

- basieren auf einer umfassenden und aktuellen Datenbasis, aus der die jeweils relevanten Daten einfach und schnell abrufbar sind,
- beruhen auf einer systematischen Analyse und Bewertung der dem Entscheidungsproblem zugrunde liegenden Systemzusammenhänge,
- erhöhen die Sicherheit der Entscheidung durch die Betrachtung unterschiedlicher Strategiealternativen und
- berücksichtigen das Wissen menschlicher Experten, Literaturwissen und frühere Erfahrungen (Wilde 1992, S. 318).

Dabei berücksichtigen die drei vorgestellten Ansätze unterschiedliche Schwerpunkte. Die Basis stellen informationsorientierte Systeme dar, da sie die notwendigen Informationen für strategische Entscheidungen zur Verfügung stellen. Modellorientierte Systeme dienen eher der Strukturierung von Systemzusammenhängen und verdeutlichen die Auswirkungen unterschiedlicher Strategiealternativen. Wissensorierentierte Systeme besitzen den Vorzug, Wissen über strategische Analysen aus unterschiedlichen Quellen zu vereinen und personenunabhängig zur Verfügung zu stellen.

Wichtig ist jedoch das richtige Verständnis im Umgang mit computergestützten Entscheidungsunterstützungssystemen. Sie stellen Hilfsmittel zur Bearbeitung von Problemstellungen dar und ergänzen somit die Fähigkeiten und Kenntnisse des Managers, können diese aber nicht ersetzen. Kompetenz, Intuitivität und Kreativität des Managers sind trotz aller technischen Hilfsmittel die zentralen Erfolgsfaktoren für die Entwicklung, Auswahl und Umsetzung von Strategien.

Literaturhinweise

Back-Hock, A. (1991): Unterstützung von Controlling-Aufgaben mit Executive-Information-System-Generatoren und -Anwendungen, in: Scheer, A.W. (Hrsg.): 12. Saarbrücker Arbeitstagung Rechnungswesen und EDV, 1991, S. 36-55.

Breitschwerdt, E. (1991): Executive Informationssysteme im Vertrieb, Vortragsunterlagen zur 16. PECOR-Arbeitsgruppensitzung, Marketing Informations Systeme, Gesamthochschule Kassel, 14.06.91.

Bromann, P. (1984): Strategische Marketing-Informationssysteme, in: Wieselhuber, N., Töpfer, A. (Hrsg.): Handbuch Strategisches Marketing, Landsberg am Lech 1984, S. 87-102.

Bullinger, H.J., Huber, H., Koll, P. (1991): Chefinformationssysteme (CIS), in: Office Management, No. 3, 1991, S. 6-20.

Dannenberg, J. (1990): Microcomputergestützte Instrumente der strategischen Unternehmensplanung, Wiesbaden 1990.

Day, G.S. (1986): Analysis for Strategic Market Decisions, St. Paul 1986.

Decker, R., Gaul, W. (1990): Einige Bemerkungen über Expertensysteme für Marketing und Marktforschung, in: Marketing ZFP, Heft 4, 1990, S. 257-271.

Esch, F.R., Muffler, T. (1989): Expertensysteme im Marketing, in: Marketing ZFP, Heft 3, 1991, S. 145-152.

Gaul, W., Both, M. (1990): Computergestütztes Marketing, Berlin u.a. 1990.

Gaul, W., Both, M. (1992): Interdisziplinarität und Integration als Anforderungen an das Electronic Marketing, in: Hermanns, A., Flegel, V. (Hrsg.): Handbuch des Electronic Marketing, München 1992, S. 72-99.

Hanssmann, F. (1980): Systemforschung am Beispiel der strategischen Unternehmensmodelle, in: Wirtschaftsstudium, Heft 8, 1980, S. 357-363.

Hanssmann, F. (1988): Was leistet der Computer in der strategischen Planung, das nicht trivial ist?, in: Strategische Planung, Band 4, 1988, S. 61-83.

Heinzelbecker, K. (1985): Marketing-Informationssysteme, Stuttgart 1985.

Jucken, H. (1991): Einsatz- und Entwicklungsmöglichkeiten von Expertensystemen zur Analyse strategischer Marketingprobleme, in: Marketing ZFP, Heft 1, 1991, S. 23-33.

Kroeber-Riel, W., Esch, F.-R. (1992): Expertensysteme im Marketing, in: Hermanns, A., Flegel, V. (Hrsg.): Handbuch des Electronic Marketing, München 1992, S. 250-269.

Lelke, B., Werners, B. (1991): Modellierung und Implementierung von EXSTRABS: Ein Expertensystem zur Branchenstrukturanalyse der strategischen Planung, in: Wirtschaftsinformatik, Heft 4, 1991, S. 316-324.

Lilien, G.L., Kotler, Ph. (1986): Marketing Decision Making: A Model-Building-Approach, New York 1986.

Little, J.D.C. (1970): Models and Managers: The Concept of a Decision Calculus, in: Management Science, No. 16, S. 466-485.

Little, J.D.C. (1979): Entscheidungsunterstützung für Marketing Manager, in: Zeitschrift für Betriebswirtschaft, Heft 12, 1979, S. 982-1007.

Matzke, H. (1990): Entscheidungsunterstützende Systeme in der Hewlett Packard GmbH, in: Wirtschaftinformatik, Heft 6, 1990, S. 538-542.

Meffert, H. (1975): Computergestützte Marketing-Informationssysteme. Konzeptionen, Modellanwendungen, Entwicklungsstrategien, Wiesbaden 1975.

Meffert, H. (1992): Marktetingforschung und Käuferverhalten, Wiesbaden 1992.

Mertens, P. (1989): Expertisesysteme als Variante der Expertensysteme zur Führungsinformation, Zeitschrift für betriebswirtschaftliche Forschung, Heft 12, 1989, S.835-854.

Mertens, P., Borkowski, V., Geis, W. (1990): Betriebliche Expertensystem Anwendungen, Berlin, u.a. 1990.

Müller, G. (1986): Strategische Frühaufklärung, in: Marketing ZFP, Heft 4, 1986, S. 248-255.

Neibecker, B. (1989): Einsatz von Expertensystemen im Marketing, in: Scheer, A.-W. (Hrsg.): Betriebliche Expertensysteme II, Wiesbaden 1989, S. 55-82.

Plattfaut, E. (1988): DV-Unterstützung strategischer Unternehmensplanung. Beispiele und Experteneinsatz, Berlin u.a. 1988.

Porter, M.E. (1992): Wettbewerbsstrategie, Frankfurt/Main 1992.

Schwarz, W.H. (1987): Systeme der Entscheidungsunterstützung im Rahmen der strategischen Planung, Frankfurt/Main u.a. 1987.

Scott-Morton, M.S. (1971): Management Decision Systems: Computer-Based Support for Decision Making. Cambridge Mass., Division of Research, Harvard University 1971.

Spang, S., Scheer, A.W. (1992): Zum Entwicklungsstand von Marketinginformationssystemen, in: Zeitschrift für betriebswirtschaftliche Forschung, Heft 3, 1992, S. 183-208.

Turban, E. (1988): Decision Support and Expertsystems, New York 1988.

Waterman, D. (1985): A Guide to Expert Systems, London 1985.

Wilde, K.D. (1992): Computergestützte Planungsmethoden für das strategische Marketing, in: Hermanns, A., Flegel, V. (Hrsg.): Handbuch des Electronic Marketing, München 1992, S. 303-319.

3. Controlling im Marketing

3.1 Entwicklungsstand und Konzeption des Marketing-Controlling

3.11 Aktuelle Entwicklungen des Marketing-Controlling

Komplexe Unternehmensentscheidungen erfordern den Einsatz leistungsfähiger Führungskonzeptionen, welche die Unternehmensführung wirksam unterstützen. Diskontinuitäten, zunehmende Dynamik und Komplexität der Marketingumwelt, wachsende Unternehmensgrößen und steigende Differenzierung der Marketingfunktionen erfordern hierbei gerade vom Marketing-Management eine hohe Anpassungsflexibilität und kennzeichnen die besondere Bedeutung einer effektiven Koordination innerhalb des Marketing sowie zwischen Marketing und den übrigen Funktionsbereichen der Unternehmung. In diesem Zusammenhang hat sich zunehmend die Erkenntnis durchgesetzt, daß das Marketing als „Führungskonzeption vom Markt her" der Unterstützung durch das Controlling als „Führungskonzeption vom Ergebnis her" bedarf, da im Spannungsfeld zwischen Umsatz- bzw. Marktanteils- und Kostenorientierung in der Vergangenheit zu häufig Umsatzaspekte vor Gewinn- und Rentabilitätsaspekten dominierten (Kotler 1979, S. 7 ff.; Reichmann 1988, S. 1 ff.).

Das Controlling-Konzept hat seit Ende der 50er Jahre in Deutschland eine starke Verbreitung gefunden (Henzler 1974; Hahn 1978; Horvath 1986; Horvath 1990) und im Zeitablauf eine enorme Aufgabenausweitung erfahren (Reichmann, Kleinschnittger 1987; Weber 1988). Während noch in den 50er und 60er Jahren das Controlling als eine erweiterte Form des Management Accounting angesehen wurde, verliert diese relativ enge Sichtweise zunehmend an Bedeutung. Das Controlling entwickelt sich immer mehr von der historisch-buchhaltungsorientierten Kontrolle zum zukunfts- und aktionsorientierten Controlling, das in zunehmendem Maße Informationsversorgungs-, Budgetierungs-, Planungs- und Koordinationsaufgaben umfaßt (Henzler 1974; Jaworski 1988; Krulis-Randa 1990) und in das umfassende Konzept einer ganzheitlichen Unternehmensführung eingebunden ist (Strüby 1990).

Controlling wird dementsprechend als ein **Konzept der ergebnisorientierten Unternehmensführung** verstanden, in dem unterschiedliche Aufgaben des Rechnungswesens sowie der Information, Planung, Koordination und Kontrolle miteinander verknüpft werden (Horvath 1986; Weber 1988).

Dem Marketing-Controlling kommt innerhalb dieses umfassenden Aufgabenspektrums ein besonderer Stellenwert zu. Dies ist zum einen auf die spezifischen Besonderheiten des

Marketing-Controlling, insbesondere die Notwendigkeit zur Kombination der Daten des internen Rechnungswesens mit spezifischen Marktforschungsinformationen, aber auch auf die stärkere Berücksichtigung nicht-monetärer Zielgrößen zurückzuführen. Zum anderen werden an der Schnittstelle zwischen Unternehmung und Markt Planrevisionen erforderlich, wobei Soll-Ist-Vergleichen, Abweichungsanalysen sowie der Konzeption von Anpassungsmaßnahmen und damit einem effizienten Marketing-Controlling eine entscheidende Bedeutung zukommt (Scheffler 1981; Goetzke, Sieben 1982; Krulis-Randa 1990).

3.12 Marketing-Controlling als ergebnisorientierte Steuerungs-Konzeption

Die begriffliche Abgrenzung des Marketing-Controlling macht deutlich, daß Controlling nicht mit Kontrolle gleichzusetzen ist (Böcker 1987; Krulis-Randa 1990). Zwar zielt Controlling ähnlich wie Kontrolle darauf ab, die im Rahmen eines Planungsvorganges bestimmten Führungs- und Ergebnisgrößen (z. B. Marktanteils-, Deckungsbeitragsziele) trotz des Einflusses von Störungen durch fortlaufende Korrekturen aufrechtzuerhalten. Entscheidendes Merkmal dieses Regelungsprinzips ist dabei jedoch die Rückkopplung (feed back) (Kotler, Bliemel 1992).

Die Intention, die im Rahmen des **feed-back-Prinzips** entstehenden Soll-Ist-Abweichungen nicht nur ex-post durch entsprechende Maßnahmen zu kompensieren, sondern ex-ante zu vermeiden, ist Gegenstand des Steuerungsprinzips, durch das die Zukunftsausrichtung des Controlling besonders betont und eine Abgrenzung zur Marketing-Kontrolle offenbar wird (Böcker 1987). Bei der mit der Steuerung verbundenen **feed-forward orientierten Analyse** soll versucht werden, Abweichungen zu antizipieren und damit ihr Eintreten zu verhindern, indem Informationen über mögliche Einflüsse, die voraussichtlich zu Planänderungen führen, frühzeitig erfaßt werden (Buchner 1981, S. 66; Fischer, Kriese 1990, S. 81 ff.). Durch die konsequente Umsetzung des feed-forward Denkens kommt dem Marketing-Controlling die Funktion eines „Frühwarnsystems" für den Marketingbereich zu (Reis 1973, S. 220; Kiener 1978, S. 69).

Die Konzeption des Marketing-Controlling wird dabei auf zwei unterschiedlichen Ebenen diskutiert (Franz 1989). Es ist zu unterscheiden zwischen Marketing-Controlling im funktionalen und im institutionalen Sinne. **Funktional** gesehen stellt Marketing-Controlling eine Phase im Marketing-Entscheidungsprozeß dar; die planungs- und kontrollbezogenen Aufgaben des Marketing-Controlling sind damit grundsätzlich Funktionen im Verantwortungsbereich des Marketing-Management. Marketing-Controlling im **institutionalen Sinne** ist demgegenüber die organisatorische Verselbständigung dieser Funktionen in der Person eines Marketing-Controllers. Mit der Schaffung einer solchen Position ist zugleich die Problematik einer sinnvollen Aufgabenverteilung zwischen Marketing-Managern und (Marketing-)Controllern verbunden (Weber 1988).

Im folgenden soll – ausgehend von einer funktionalen Begriffsauffassung – zunächst auf die Aufgabenseite des Marketing-Controlling eingegangen werden.

3.2 Funktionen des Marketing-Controlling

3.21 Ansatzpunkte der funktionalen Ausgestaltung

Die funktionale Ausgestaltung des Marketing-Controlling ist an dem situativen Bedingungsrahmen des Marketing auszurichten: Marktdynamik und -komplexität, Unternehmensgröße und Differenzierungsgrad des Absatzprogramms sowie die unterschiedlichen Formen des Absatzprogramms bedingen Schwerpunktsetzungen im Marketing-Controlling (vgl. Abbildung 1).

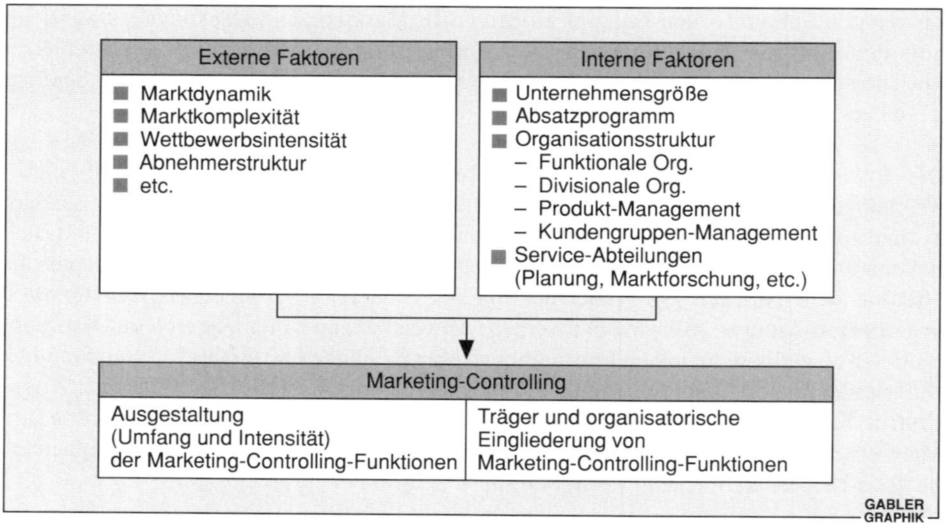

Abbildung 1: Situative Kontextfaktoren des Marketing-Controlling

3.22 Art und Gegenstand der Marketing-Controlling-Funktionen

Über die konkreten Funktionen des Marketing-Controlling bestehen aufgrund der skizzierten situativen Bedingtheit unterschiedliche Auffassungen. Grundsätzlich kann jedoch unterschieden werden zwischen

- der **Art der Marketing-Controlling-Funktionen** (systembildende und systeminterne Funktionen) und
- dem **Gegenstand dieser Funktionen** (Koordination, Informationsversorgung, Planung, Kontrolle und Audit) (Kiener 1980).

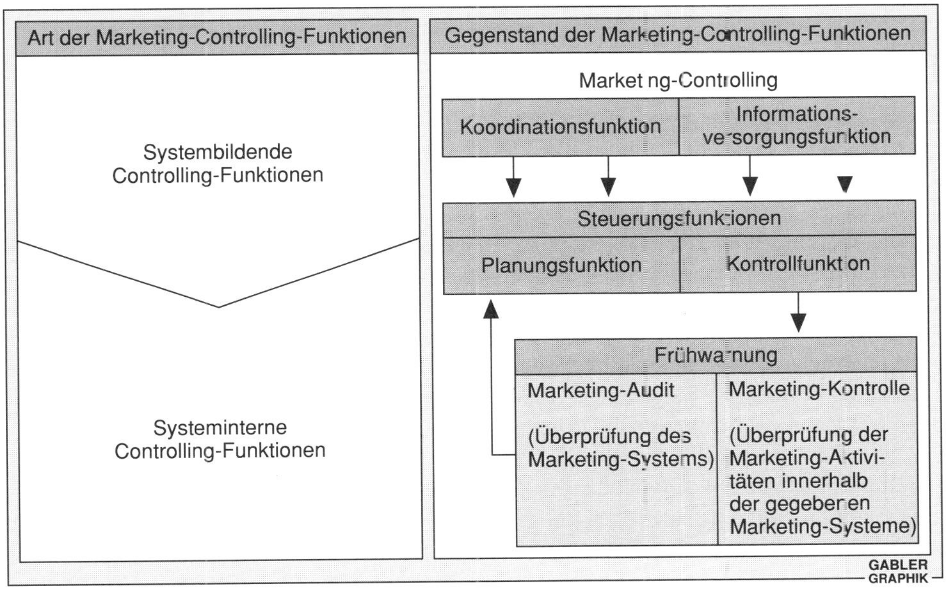

Abbildung 2: Funktionen des Marketing-Controlling

Abbildung 2 vermittelt einen Überblick dieser Funktionen. Die **systembildenden Funktionen** des Marketing-Controlling beinhalten im wesentlichen rahmenschaffende „ex-ante“-Koordinationsaufgaben (Kiener 1980, S. 19), die sich im einzelnen auf die Entwicklung und Abstimmung planungs- und kontrollbezogener Marketing-Informationssysteme, organisatorischer Richtlinien und zielbezogener Marketingplanungs- und Kontrollinstrumente beziehen.

Die laufende Abstimmung von Planung und Kontrolle sowie die Informationsversorgung des Marketing-Management innerhalb des durch die systembildenden Funktionen geschaffenen Rahmens ist demgegenüber Gegenstand der **systeminternen Funktionen** des Marketing-Controlling. Dabei handelt es sich bei diesen Aufgaben in erster Linie um eine situationsabhängige „ad-hoc“-Koordination (Kiener 1980, S. 181).

Neben der **Koordination** von Informationsversorgung, Planung und Kontrolle innerhalb eines zunehmend komplexer organisierten Marketingbereichs kommen dem Marketing-

Controlling darüber hinaus Abstimmungsaufgaben im Schnittstellenbereich zu. Dabei gilt es, die Marketinginformations-, -planungs- und -kontrollsysteme mit den übrigen Funktionsbereichen der Unternehmung zu koordinieren.

Im Rahmen seiner **Informationsversorgungsfunktion** ist das Marketing-Controlling unmittelbar für die Erfassung und Lieferung aller planungs-, entscheidungs- und kontrollrelevanten Informationen zuständig. Dies bedeutet vor allem die Weiterentwicklung eines für die Erfolgssteuerung zweckmäßigen und aussagefähigen Systems der Absatzsegmentrechnung.

Die **Kontrollfunktion** des Marketing-Controlling umfaßt die Prüfung und Beurteilung der grundlegenden Ziele und der Politik des Marketing sowie der Organisation, Methoden und Arbeitskräfte, mit denen die Entscheidungen verwirklicht und die Ziele realisiert werden sollen (Stern 1969, S. 180). Marketingkontrolle umfaßt damit die systematische und objektive Überprüfung der Marketingaktivitäten sowie deren Ergebnisse (Böcker 1987; Kotler, Bliemel 1992). Als Kernbaustein des Marketing-Controlling umfaßt die Marketing-Kontrolle sowohl die Ergebniskontrolle (Erfolgs- und Effizienzkontrolle) als auch die Ausführungskontrolle (Verfahrens- und Terminkontrolle). Der Kontrollprozeß ist dabei als kontinuierlicher Vorgang anzusehen, denn nur bei fortgesetzter Kontrolle der Marketingaktivitäten besteht die Möglichkeit, Abweichungen rechtzeitig zu erkennen und in Plan- bzw. Maßnahmenkorrekturen umzusetzen.

Die **Planungsfunktion** des Marketing-Controlling wird vor allem im Rahmen einer Managementunterstützung auf allen Ebenen des Planungsprozesses diskutiert. Dabei wird insbesondere zwischen strategischem und operativem Marketing-Controlling differenziert.

3.3 Strategisches und operatives Marketing-Controlling

Die zu steuernden Zielgrößen sowie die Variablen der Planung können als wesentliche Determinanten des operativen und des strategischen Marketing-Controlling angesehen werden (Scheffler 1981; Horvath 1986; Weber 1988).

Der Zeithorizont und der Strukturierungs- und Autonomiegrad des Marketing-Controlling können neben den erfaßten und ausgewerteten Informationen als weitere Unterschiede zwischen strategischem und operativem Marketing-Controlling genannt werden (Abbildung 3).

Controlling-Teilgebiete / Merkmale	Strategisches Controlling	Operatives Controlling
Zentral verfolgte Zielgröße	Sicherung der langfristigen Unternehmenserhaltung	Gewinnerzielung
Vorherrschende Orientierung	Primär externe Unternehmensumwelt	Primär Unternehmensinnenwelt
Zeithorizont	Langfristig, nicht a priori begrenzt	Primär kurzfristig (z.B. ein Jahr); im Rahmen rollierender Steuerung auch mittelfristig
Erfaßte und ausgewertete Informationen	Sehr heterogen, bezogen auf – Art der Informationen (z.B. relative Marktpositionen, Wettbewerbsvorteile) – Skalierungsniveau der Informationen (qualitative und quantitative Meßbarkeit)	Primär Kosten und Erlöse
Freiheitsgrad	Bewußte Veränderbarkeit aller Planungs- und Steuerungsparameter (Ziele, Handlungsalternativen)	Weitgehende Konstanz der grundsätzlichen Ziele und Handlungsalternativen
Strukturierungs- und Formalisierungsgrad	Beschränkung auf die Vorgabe eines Methoden- und Prozeßrasters	Stark strukturiertes und formalisiertes Vorgehen („Fahrpläne")
Autonomiegrad des Controlling	Notwendigkeit sehr enger Zusammenarbeit mit anderen Unternehmensstellen in allen Phasen des strategischen Controlling	Nebeneinander autonomer Aufgabenfelder des Controlling

GABLER GRAPHIK

Abbildung 3: Gegenüberstellung von operativem und strategischem Marketing-Controlling (Quelle: Weber 1988, S. 124)

3.31 Strategisches Marketing-Controlling

In den 80er Jahren wurde verstärkt die Forderung erhoben, zur Gewährleistung eines sinnvollen strategischen Handelns die strategische Planung um Elemente der Steuerung, Kontrolle und Frühaufklärung zu ergänzen (Coenenberg, Günther 1990, S. 2 f.). Wenngleich diese Ausweitung des Controlling-Begriffes in die Richtung der strategischen Führung z. T. in der Literatur kontrovers diskutiert wird (Pfohl, Zettelmeyer 1987, S. 145 ff.), so hat das strategische Controlling doch inzwischen eine weite Verbreitung in der Unternehmenspraxis gefunden und wird in aktuellen Untersuchungen (Coenenberg, Günther 1991) als Erfolgsfaktor der marktorientierten Unternehmensführung diskutiert. Abbildung 4 stellt den Prozeß des strategischen Controlling als kybernetisches System dar, welches in unternehmerisches Planen und Handeln eingebunden ist und gleichsam Bezüge zum operativen Management aufweist.

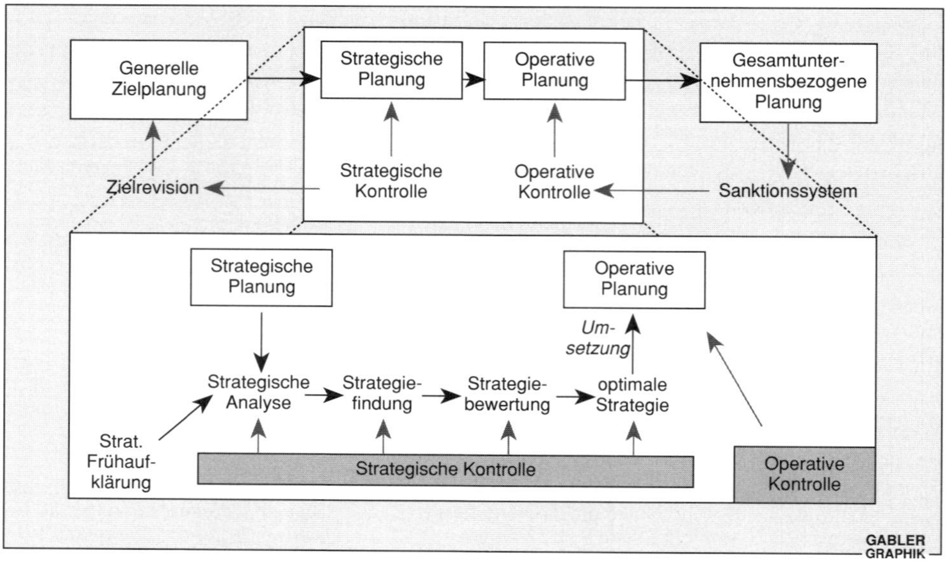

Abbildung 4: Prozeß des strategischen Marketing-Controlling
(Quelle: Coenenberg, Günther 1990, S. 3)

Hinsichtlich der konkreten Ausgestaltung des Aufgabenspektrums, insbesondere des strategischen Marketing-Controlling, werden unterschiedliche Abgrenzungen vorgenommen. Nach Kiener (Kiener 1980) können dem Marketing-Controlling im Rahmen des strategischen Planungsprozesses folgende Aufgaben übertragen werden:

- Sicherstellung eines koordinierten und organisatorisch effizienten Ablaufs einer Portfolio-Analyse.
- Zusammenfassung der Bewertungsergebnisse für jedes strategische Geschäftsfeld und Darstellung ihrer Position im Gesamtportfolio der Unternehmung,
- Unterstützung und Beratung der Funktionsspezialisten im Marketing-Bereich bei der Ableitung und Auswahl operationaler Bewertungskriterien zur Analyse der verschiedenen Produkt-/Markt-Kombinationen sowie die
- Wahrnehmung von Koordinationsfunktionen zwischen den beteiligten Funktionsspezialisten im Falle auftretender Bewertungsdifferenzen hinsichtlich einzelner Produkt-Markt-Kombinationen, evtl. durch Beschaffung und Aufbereitung zusätzlicher Analyse- und Prognoseinformationen (Hasselberg 1989).

Grenzt man die strategischen Aufgaben anhand der generellen Funktionen des Marketing-Controlling ab, so kann auch hier zwischen systembildenden Funktionen einerseits und systeminternen Funktionen andererseits differenziert werden.

Im Rahmen der **systembildenden Funktionen** kommt dem strategischen Marketing-Controlling insbesondere die Aufgabe zu, ein strategisches Marketing-Informationssystem zu entwickeln, das aufbau- und ablauforganisatorische **Basissystem** für die strategische Planung und Umsetzung zu gestalten sowie Planungs- und Kontrollinstrumente wie z. B. Portfoliomanagement oder Lückenplanung zu implementieren (Böcker 1987; Weber 1988).

Im Rahmen der **systeminternen Funktionen** sind insbesondere die Koordinations-, Informationsversorgungs- und Kontrollaufgaben des strategischen Marketing-Controlling von besonderer Bedeutung (Kiener 1980). Die **Koordinationsaufgaben** beziehen sich dabei zum einen auf die formale Planungskoordination. In deren Mittelpunkt steht die organisatorische und prozessuale Abstimmung der strategischen Marketingpläne, also die zeitliche Initiierung der Teilplanungsprozesse, die konsequente und permanente Überwachung des Planungsfortschritts sowie die laufende Terminabstimmung der einzelnen Planungsgremien. Zum anderen ist das strategische Marketing-Controlling auch an der inhaltlichen Koordination der unterschiedlichen Marketing-Teilpläne beteiligt, die darüber hinaus vertikal mit den operativen Plänen abgestimmt werden müssen. Hier kommt dem strategischen Controlling die Aufgabe zu, die Realisationsreife der strategischen Projekte zu überprüfen und Hilfestellung bei der Formulierung von Teil- und Etappenzielen zur Realisierung der Pläne zu leisten (Weber 1988).

Die **Informationsversorgungsfunktion** wird als zentrale Aufgabe des strategischen Marketing-Controlling angesehen. Sie erstreckt sich auf die Koordination der Informationsbeschaffung, auf die Interpretation und Bewertung der Informationen für die strategische Marketingplanung sowie auf die Durchführung von Spezialanalysen, die durch bestehende Marketing-Informationssysteme nicht bzw. nicht unmittelbar bereitgestellt werden können (Kiener 1980).

Schließlich hat das strategische Marketing-Controlling im Rahmen der **Kontrollfunktion** die Aufgabe, Fehlentwicklungen innerhalb der Planungs- und Realisationsprozesse, aber auch innerhalb der Marketingorganisation zu erkennen. Als Kontrollgrößen dienen hier insbesondere die strategischen Marketingziele. Hervorzuheben sind insbesondere die Entwicklung des Marktanteils, die Preis-Qualitäts-Konsistenz sowie die Ausgewogenheit der Produkt-Markt-Kombinationen.

Darüber hinaus besteht die Notwendigkeit einer **Kontrolle der Prämissen**, die in den strategischen Marketingplänen unterstellt werden (Hasselberg 1989). In diesem Zusammenhang kommt dem Marketing-Controlling auch eine **Frühwarnfunktion** zu. Sie bezieht sich auf das möglichst frühzeitige Erkennen strategisch bedeutsamer Veränderungen und Diskontinuitäten im Bedingungsrahmen der Marketingstrategie. Kontrollgrößen sind dabei insbesondere generelle Entwicklungen und Sättigungserscheinungen im Gesamtmarkt, aber insbesondere auch in den für die Unternehmung relevanten Teilmärkten. Darüber hinaus müssen die strategischen Diskontinuitäten im Dreieck zwischen Kunde, Handel und Wettbewerb konsequent erfaßt werden. Kontrollgrößen sind bei der Wettbewerbsanalyse insbesondere die Wettbewerbsstärke sowie der Differenzierungsgrad im Produktprogramm und in der Marktabdeckung. Bei der Absatzmittleranalyse stehen die Sortimentsstruktur und die Wettbewerbsstellung der unterschiedlichen Distributionskanäle im Vordergrund. Die Konsumentenanalyse berücksichtigt unter anderem Bedürfnislage und Kaufkraft sowie Veränderungen dieser Größen in den unterschiedlichen Marktsegmenten. Des weiteren müssen auch die Diskontinuitäten in der generellen Umwelt des Marketing wie technologische und ökologische Veränderungen oder die Anpassung der Rechtsnormen vom strategischen Marketing-Controlling erfaßt werden.

Schließlich ist es von besonderer Bedeutung, die Implementierung und Umsetzung der strategischen Marketingpläne innerhalb der operativen Aktivitäten permanent und systematisch zu überwachen, um strategiekonforme Marketingprogramme zu gewährleisten. Damit ist bereits die Verbindung zum operativen Marketing-Controlling hergestellt.

3.32 Operatives Marketing-Controlling

Auch im Rahmen des operativen Marketing-Management-Prozesses hat das Controlling eine Informations- und Koordinationsfunktion zu erfüllen. Die Informationsfunktion ist jedoch von untergeordneter Bedeutung, sofern ein umfassendes Marketing-Informationssystem besteht. Ähnliches gilt für die Koordinationsfunktion. Sie beschränkt sich vornehmlich auf die Abstimmung komplexer Marketingprojekte wie beispielsweise die Einführung neuer Produkte. Im Gegensatz dazu ist die Koordination der laufenden Marketingaktivitäten nur in Ausnahmefällen als Aufgabe des Marketing-Controlling anzusehen. Sie muß sich vielmehr innerhalb der bestehenden Marketing-Management-Systeme vollziehen.

Damit wird insgesamt deutlich, daß die **Hauptaufgabe des operativen Marketing-Controlling** in der Kontrolle der Marketing-Aktivitäten, in der Analyse von Abweichungsursachen und in der Ableitung von Anpassungsmaßnahmen liegt. Im Rahmen der Marketing-Kontrolle sollen dabei sowohl das gesamte Marketing-Mix als auch die einzelnen Marketinginstrumente einer eingehenden Überprüfung unterzogen werden.

Das **gesamtmixbezogene Marketing-Controlling** vermeidet den Nachteil der Zerschneidung von sachlichen Interdependenzen zwischen den einzelnen Marketinginstrumenten. Die Kontrolle muß allerdings anhand relativ hochaggregierter Zielgrößen erfolgen, wobei der Deckungsbeitragsrechnung sowie dem Einsatz von Kennzahlen und Kennzahlensystemen eine besondere Bedeutung zukommt. Darüber hinaus liefern Marktanteils- und Einstellungsanalysen wichtige Anregungs- und Kontrollinformationen (Meffert 1981).

Da die Gesamtmixkontrolle in erster Linie globale Informationen liefert, die eine eindeutige Ursachenanalyse häufig nicht ermöglichen, können bei Planabweichungen nur selten gezielte Korrekturmaßnahmen ergriffen werden. Zudem besteht die Gefahr von Nivellierungen in den Globalinformationen. Schwächen in einzelnen Submixbereichen können durch den überdurchschnittlichen Erfolgsbeitrag anderer Marketinginstrumente kompensiert werden. Die **instrumentebezogene Marketingkontrolle** muß daher neben die Globalkontrolle des Marketingmix treten.

Die systematische Analyse und Überprüfung der Ergebniswirksamkeit der geplanten oder bereits durchgeführten **Preis- und Konditionenpolitik** und deren Abstimmung mit der erfolgs- und finanzwirtschaftlichen Zielsetzung stellt eine zentrale Aufgabe des instrumentebezogenen Marketing-Controlling dar (Kiener 1980, S. 236).

Da Preisentscheidungen sowie in ähnlicher Weise auch die konditionenpolitischen Entscheidungen im Konsumgüterbereich häufig durch eine geringe zeitliche Beständigkeit gekennzeichnet sind und zudem sowohl kosten-, konkurrenz- als auch nachfrageorientierte Preisbestimmungsfaktoren zu berücksichtigen sind, ist eine starre Preisvorgabe und die Überprüfung ihrer Einhaltung i. d. R. wenig sinnvoll. Zudem wird dabei die direkte Abhängigkeit von Preis- und Nachfragemenge weitgehend vernachlässigt. Auch Verfahren der Gewinnermittlung durch Abzug der tatsächlich angefallenen Ist- und Vollkosten vom realisierten Preis erweisen sich als mit erheblichen Mängeln behaftet. Einen Ausweg aus diesem Dilemma bietet die Überwachung der Einhaltung von Soll-Deckungsbeiträgen für die jeweiligen Produkte bzw. Produktgruppen mit Hilfe von Iso-Deckungsbeitragskurven (Kilger 1976, S. 394 ff.; Deyhle 1980, S. 116 ff.).

Die Kontrolle der **Distributionspolitik** umfaßt sowohl eine Überprüfung der Absatzkanäle als auch des logistischen Systems. Im Rahmen der Erfolgs- bzw. Effizienzanalyse der gewählten Beschaffungs- und Absatzkanäle liefern Kosten-, Deckungsbeitrags- und Investitionsrechnungen nur begrenzt aussagefähige Kontrollinformationen, da insbesondere in mehrstufigen Distributionssystemen eine Vielzahl qualitativer Aspekte zu berücksichtigen sind (z. B. Wachstumschancen bestimmter Betriebsformen, Bereitschaft von Handelsgruppen, das gesamte Absatzprogramm des Herstellers anzubieten) (Küpper, Hoffmann 1988, S. 587 ff.).

Im Bereich der **Logistik** (physische Distribution) muß regelmäßig überprüft werden, ob und inwieweit die Lieferserviceziele unter Einhaltung der budgetierten Logistikkosten erreicht wurden. Dies bezieht die Beschaffungs-, Produktions- und Absatzlogistik in die Betrachtung ein (Hlubek 1988, S. 242). In diesem Bereich kommen als Kontrollinstrument vor allem Kennzahlen und Kennzahlensysteme zur Anwendung. Während hoch aggregierte Kennzahlen wie z. B. Umschlaghäufigkeit des Fertigwarenlagers, durchschnittlicher Auslastungsgrad der vorhandenen Lagerfläche, Reklamationsquoten für verschiedene

Reklamationsursachen, durchschnittliche Lieferzeiten sowie Umsatz/Lagerkosten auf eingetretene Soll-Ist-Abweichungen hinweisen, erleichtern logistische Kennzahlensysteme vor allem eine differenzierte Ursachenanalyse. Derartige Kennzahlensysteme liegen heute für nahezu alle wesentlichen Logistikaufgaben vor (Berg, Maus 1980, S. 189 ff.; Bentz 1982, S. 192 ff.; Küpper, Hoffmann 1988, S. 587 ff.; Friedl 1990).

Während die Kosten- und Terminkontrollen bei der Durchführung kommunikationspolitischer Aktivitäten als unproblematisch anzusehen sind, ist die Überprüfung der Wirkungen der **Kommunikationspolitik** eines der Zentralprobleme der instrumentebezogenen Kontrolle. Zeitliche und sachliche Interdependenzen stellen Hauptprobleme der Isolierbarkeit der Kommunikationswirkung und damit auch der Zurechenbarkeit des Erfolges innerhalb verschiedener Kommunikationsmittel dar.

Vor allem im Bereich der **klassischen Werbung** wird die Unsicherheit über die Wirksamkeit und Effizienz von Werbekampagnen seit jeher als besonders stark empfunden. Zur Lösung dieses Dilemmas sind im Laufe der Zeit eine Vielzahl von Methoden der Werbeerfolgskontrolle entwickelt worden, die jedoch nur zum Teil die Anforderungen nach Objektivität, Validität und Reliabilität erfüllen (Steffenhagen 1984, S. 77 ff.; Mayer 1990). So ist es meist problematisch, die ökonomischen Zielwirkungen der Werbung messen zu wollen, indem den Kosten einer Kommunikationsmaßnahme die Absatz- und Umsatzveränderungen gegenübergestellt werden. Diese Form der Werbeeffizienzmessung ermöglicht zudem keine eindeutige Aussage darüber, ob der Werbeerfolg tatsächlich auf die durchgeführte Werbekampagne oder auf andere Faktoren wie Umwelteinflüsse (z. B. Konkurrenzwerbung, konjunkturelle und saisonale Einflüsse) zurückzuführen ist. Es bestehen jedoch erste Ansätze eines ganzheitlichen Werbe-Controlling (Böcker 1990, S. 21 ff.), die z. B. durch Einbeziehung von Testmarktdaten (Rehorn 1988) diese Erfassungsprobleme zu überwinden suchen.

Für die weiteren Kommunikationsinstrumente werden eine Vielzahl unterschiedlicher Kontrollinstrumente eingesetzt. Während z. B. die Wirksamkeit einer Verkaufsförderungsaktion am point of purchase in der Regel nur verursachungsgerecht durch experimentelle Testverfahren überprüft werden kann, muß sich eine Außendienstbeurteilung im Rahmen des persönlichen Verkaufs häufig an der Überwachung bestimmter Kennzahlen (z. B. Auftragssumme pro Besuch; Zahl der pro Periode neugewonnenen Kunden) orientieren.

Im Rahmen der Kontrolle der **Produktpolitik** werden insbesondere Aspekte der Produktqualität erörtert und damit der Marketing-Controlling-Begriff auf das Qualitätsmanagement fokussiert. Unter Qualitätscontrolling wird dabei ein Teilsystem des (Marketing)-Controlling-Systems verstanden, welches unternehmensweit qualitätsrelevante Vorgänge mit dem Ziel koordiniert, eine anforderungsgerechte Qualität wirtschaftlich sicherzustellen (Horvath, Urban 1990). Damit wird die sehr stark technisch orientierte Ausführungsaufgabe der Qualitätssicherung durch das Qualitätscontrolling um den Blickwinkel der Wirtschaftlichkeit erweitert. Hierbei wird das Produktcontrolling nicht allein auf die Phase der

Marktpräsenz i. S. des Produktlebenszykluskonzeptes begrenzt (Back-Hock 1988). Durch zielgerichtetes F&E-Controlling (Gaiser et al. 1989) wird der Entstehungszyklus (Entwicklungsphase) ebenso in ein umfassendes Produkt-Controlling-Konzept einbezogen wie der Nachsorgezyklus durch eine differenzierte Einbeziehung etwaiger Garantie- und Wartungskosten (Back-Hock 1988).

3.4 Kontrollgrößen und Instrumente des Marketing-Controlling

3.41 Ökonomische und psychographische Kontrollgrößen

Die Auswahl geeigneter **Kontrollgrößen** stellt eines der Zentralprobleme des Marketing-Controlling dar. Grundsätzlich können sämtliche Marketingziele der Unternehmung als Kontrollgrößen herangezogen werden. Neben den in vielen Marketingorganisationen dominierenden ökonomischen (quantitativen) Kontrollgrößen Umsatz, Marktanteil und Deckungsbeitrag spielen unter dem Aspekt der Frühwarnung insbesondere psychographische (qualitative) Kontrollgrößen eine wichtige Rolle.

Eine der am häufigsten verwendeten ökonomischen Kontrollgrößen stellt der **Unternehmensumsatz** dar. Die im Verhältnis zu anderen Kontrollvariablen relativ einfache Prognostizierbarkeit (Sollumsätze) sowie die problemlose Erhebung der Ist-Umsätze aus internen Statistiken sind als die wesentlichen Gründe hierfür anzusehen. Darüber hinaus liefern die Umsatzzahlen erste Anhaltspunkte über den Marketingerfolg einer Unternehmung. Allerdings kann die isolierte Betrachtung der Umsatzentwicklung z. B. ohne Berücksichtigung der Konkurrenzumsätze oder der Marketingkosten zu erheblichen Fehlinterpretationen führen. Außerdem sind die Umsatzzahlen in aggregierter Form nur von begrenzter Aussagekraft für den Einsatz der Marketinginstrumente.

Der **Marktanteil** liefert Hinweise darauf, wie erfolgreich ein Unternehmen im Vergleich zur Konkurrenz arbeitet und gibt damit erste Hinweise für die Gestaltung des Marketing-Mix. Der Informationsgehalt von Marktanteilszahlen läßt sich weiter erhöhen, wenn eine Disaggregation nach verschiedenen Dimensionen vorgenommen wird. Insbesondere unter dem Aspekt der Analyse von Abweichungsursachen wäre z. B. die Ermittlung von Marktanteilen pro Kundengruppe, Absatzkanal oder Absatzgebiet (Region) ein geeigneter Ansatzpunkt, um eine Nichterreichung des Marktanteilszieles der Gesamtunternehmung zu analysieren.

Umsatz- und marktanteilsbezogene Marketingkontrollen sagen jedoch noch nichts über die Gewinnwirkungen der Marketingaktivitäten aus, da die Marketingkosten bei dieser Vorgehensweise vernachlässigt werden. Die **Marketingkosten** stellen daher eine wichtige

Kontrollgröße dar. Im Mittelpunkt einer gewinnorientierten Unternehmung steht jedoch letztlich die Überwachung des mit Hilfe der Marketingmaßnahmen erzielten **Deckungsbeitrages bzw. Bruttoerfolges**. Hierbei kann mit Hilfe der Absatzsegmentrechnung auf einzelne Gewinn- und Verlustquellen hingewiesen und letztendlich zur Erkenntnis beigetragen werden, wo Abweichungen vom Marketingplan entstanden sind bzw. wo sich zukünftige Erfolgssteigerungschancen oder Erfolgsminderungsrisiken anbahnen (Köhler 1975, S. 605 ff.). Zudem gibt sie im Rahmen der Ursachenanalyse und Festlegung von Anpassungsmaßnahmen wertvolle Hinweise darauf, ob eine Marketingaktivität (z. B. Belieferung bestimmter Absatzkanäle, Angebot eines bestimmten Produktes) fortgesetzt, eingestellt oder modifiziert durchgeführt werden sollte (Köhler 1981).

Die alleinige Kontrolle der Marketingaktivitäten anhand ökonomischer, quantitativer Kriterien ist jedoch nicht ausreichend, da diese nicht in der Lage sind, qualitative Marktentwicklungen zu erfassen. Daher ist in der Marketingkontrolle auch den **qualitativen, psychographischen Erfolgskriterien** besondere Beachtung zu schenken.

Die **Einstellungen** der Konsumenten, des Handels sowie anderer Transaktionspartner der Unternehmung stellen wichtige Frühwarnindikatoren für Problementwicklungen dar, denn Änderungen in den Einstellungen gehen vielfach Änderungen im Kaufverhalten voraus.

Des weiteren sind **Indikatoren der Konsumentenzufriedenheit** als geeignete psychographische Kontrollgrößen anzusehen. Beispielhaft sind die Anzahl der pro Periode eingehenden Beschwerden, die wahrgenommene Produktqualität, Markentreue und Wiederkaufraten zu nennen (Schewe, Smith 1980, S. 552). Die aufgeführten Kontrollgrößen bilden die Grundlage für umfassende Kennzahlensysteme.

3.42 Kennzahlen und Kennzahlensysteme

Kennzahlen sind Verhältniszahlen und absolute Zahlen, die in konzentrierter Form einen Überblick über die Leistung des gesamten Unternehmens oder einzelner Teilbereiche geben (Staehle 1969, S. 59; Weber 1988, S. 173 ff.). Neben ihrem Einsatz als Planungsinstrument dienen sie insbesondere der Effizienzkontrolle.

Die Verwendung von Kennzahlen dient dem Zweck, die umfangreichen und unüberschaubaren Datenmengen, die im Rahmen des Rechnungswesens sowie bei der Erhebung von Marktforschungsinformationen anfallen, zu wenigen zentralen Größen zu verdichten. Dabei sollte die Auswahl der zu überwachenden Kennzahlen in der Weise erfolgen, daß diese den Charakter von Indikatoren für die Entwicklung der kritischen Variablen des Marketingbereichs besitzen (Topritzhofer 1975, S. 337 f.).

Als Beispiele für derartige Kennzahlen lassen sich anführen:

- Deckungsbeitrag / Umsatz,
- Umsatz / Kapitaleinsatz,
- Deckungsbeitrag / Kapitaleinsatz,
- Marktanteil / Marketingbudget sowie
- Neukunden / Gesamtkunden.

Da einzelne Kennzahlen in einem komplexen Wirkungszusammenhang stehen, sollten sie in einem Kennzahlensystem zusammengefaßt werden (Schott 1970, S. 253; Radke 1975, S. 21 ff.; Lachnit 1976, S. 216; Wolf 1977, S. 36 ff.). Ein Kennzahlensystem ist eine strukturierte Gesamtheit interdependenter Marketing-Kennzahlen, die sich gegenseitig ergänzen und in ihrem Zusammenhang dem Zweck dienen, einen marketingbezogenen Sachverhalt für Planungs- und Kontrollzwecke sowohl vollständig als auch übersichtlich abzubilden (Kiener 1980, S. 164; Reichmann 1988, S. 8 ff.).

Zu den wichtigsten gesamtunternehmensbezogenen, hierarchisch angeordneten **Kennzahlensystemen** gehören

- das ROI-Kennzahlensystem ("Du Pont System of Financial Ratios“),
- das „Pyramid-Structure of Ratios“-Kennzahlensystem,
- das ZVEI-Kennzahlensystem sowie
- das ROI-Cash-Flow-Kennzahlensystem (Hahn 1974, S. 111 ff.; Weber 1988, S. 73 ff.).

Abbildung 5 kennzeichnet beispielhaft den Aufbau des ROI-Kennzahlensystems. Neben der Umsatzrentabilität als Maßstab für die Gewinnträchtigkeit des Umsatzes und der Umschlaghäufigkeit des Kapitals, die angibt, wie oft der jeweils eingesetzte Kapitalbetrag im Umsatz enthalten ist, verwendet das System nur absolute Kennzahlen. Anlage- und Umlaufvermögen sowie Deckungsbeitrag und fixe Kosten stellen die folgende Ebene der Kennzahlenbildung dar, die wiederum den Ausgangspunkt für weitere Kennzahlenzerlegungen bildet.

Es darf nicht übersehen werden, daß das Marketing die Entwicklung solcher globalen Kennzahlen zwar mehr oder weniger stark beeinflußt, jedoch nicht in vollem Umfang für die realisierten Istwerte verantwortlich gemacht werden kann. Um eine verursachungsgerechte und verantwortungskonforme Marketingkontrolle sicherzustellen, sind diese globalen Systeme durch **bereichsspezifische Kennzahlensysteme** zu ergänzen.

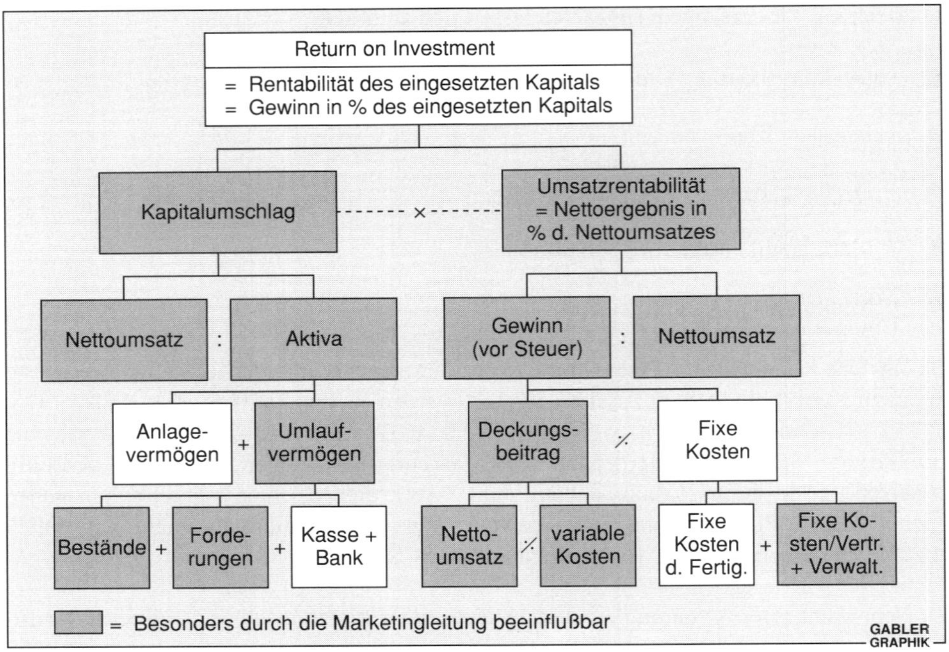

Abbildung 5: ROI-Kennzahlensystem („Du Pont System of Financial Ratios")

3.43 Marketing-Audit

Um sicherzugehen, daß das gesamte Marketingsystem in optimaler Weise an sich schnell ändernde Umwelt- und Marktverhältnisse angepaßt wird, reicht eine an quantitativen Maßstäben orientierte, vorwiegend operative Marketingkontrolle nicht aus. Vielfach stellen die im Rahmen des Soll-Ist-Vergleichs ermittelten Probleme nur die „Spitze eines Eisberges" dar, die eine tiefergehende Ursachenanalyse erfordern, welche die Struktur und Prozeßabläufe in bestehenden Marketingsystemen selbst berühren. Die Erweiterung des Marketing-Controlling mit dem Ziel einer frühzeitigen Entdeckung von Problemfeldern und der Verbesserung des gesamten Marketingsystems (Capella, Sekely 1978; Kotler 1979, S. 25) ist Gegenstand des Marketing-Audit.

Der Ablauf eines **Marketing-Audit-Prozesses** besteht aus drei Phasen. Zunächst muß in einem ersten Schritt in einem Gespräch zwischen dem Management und den Trägern des Marketing-Audit der Zweck, die Breite und Tiefe des Audit, die Informationsquellen, die Form des Berichts und der Durchführungszeitraum geklärt werden. Hierzu wird ein detaillierter Plan darüber erarbeitet, wer zu was, wann und wo befragt werden soll. In einem zweiten Schritt werden die Daten erhoben. Die wohl wichtigste Regel bei der Datensammlung ist, neben den Managern auch andere Informationsquellen zu nutzen. Um ein realistisches Vorstellungsbild zu erhalten, sind Kunden, Händler und andere externe Gruppen einzubeziehen. Nach Abschluß der Datensammlungsphase wird in einem letzten Schritt die Präsentation der Ergebnisse und Vorschläge vorgenommen. Ein wesentlicher Aspekt ist hierbei der Weiterbildungsprozeß, den das Management durchläuft: Neue Vorstellungen über notwendige Marketingaktivitäten werden entwickelt und diskutiert. Das Marketing-Audit beinhaltet die Überprüfung von sechs Hauptkomponenten der Marketingsituation eines Unternehmens, die in Abbildung 6 ihren inhaltlichen Ausprägungen und Daten gegenübergestellt werden.

Die **Marketing-Umwelt** beinhaltet Faktoren, die teilweise nur in geringem Umfang durch das Unternehmen beeinflußbar sind. Die Hauptfragestellung des Marketing-Auditors betrifft die Schlüsseltrends und die Auswirkungen auf das Marketing des Unternehmens. Ein zentraler Trend der letzten Jahre ist dabei die zunehmende Globalisierung der Märkte. Viele Unternehmen müssen sich gegen ausländische Konkurrenten zur Wehr setzen oder sind selbst in Auslandsmärkten aktiv. Dies hat unmittelbar Auswirkungen auf das Marketing-Audit, das mehr denn je internationale Fragestellungen berücksichtigen muß (Meissner 1988; Horvath 1989). Das Audit muß ein weites Spektrum globaler Marketing-Faktoren einbeziehen, einschließlich Aspekten der Standardisierung, Transferpreise und Fragen des Markteintritts.

Komponenten des Marketing-Audit	Relevante Daten der Audit-Komponente		
Marketing-Umwelt	Gesamtwirtschaftliche und demographische Daten Technologie Politik und Gesetzgebung Soziale und kulturelle Faktoren	Märkte Kunden Konkurrenten Distribution/Logistik Händler	Lieferanten Träger von Hilfsdiensten
Marketing-Strategie	Marketing-Ziele	Marketing-Strategien	
Marketing-Organisation	Formale Struktur	Funktionale Effizienz	Effizienz der gegenseitigen Beziehungen
Marketing-Systeme	Marketing-Informationssystem Marketing-Planungssystem	Marketing-Kontrollsystem Neuprodukt-Entwicklungssystem	
Marketing-Produktivität	Gewinnanalyse	Analyse der Kostenwirkung von Marketingaktivitäten	
Marketing-Funktionen	Produkte Preis	Distribution Verkaufsstab	Werbung, Verkaufsförderung

GABLER GRAPHIK

Abbildung 6: Komponenten des Marketing-Audit

Die **Marketing-Ziele und -Strategien** des Unternehmens werden daraufhin beurteilt, wie gut sie an die gegenwärtige und die zukünftig zu erwartende Marketing-Umwelt angepaßt sind (Kiener 1980, S. 211 ff.). Obwohl sich das methodische Gerüst der strategischen Planung in den vergangenen Jahren kaum veränderte, so hat doch eine sehr starke Umorientierung bezüglich der Inhalte stattgefunden.

Die **Marketing-Organisation** des Unternehmens wird auf die Eignung überprüft, die für die erwarteten Umweltverhältnisse notwendige Strategie zu entwickeln und durchzuführen (Kiener 1978, S. 68 ff.). Vor dem Hintergrund des Oberziels einer Unternehmung, die Befriedigung von Kundenbedürfnissen in Gewinne umzuwandeln, kommt dem Marketing organisationsübergreifend als Denkhaltung des Gesamtunternehmens eine besondere Bedeutung zu. Daher muß das Marketing-Audit um organisationsumfassende Fragestellungen erweitert werden.

Die Adäquanz der **Marketing-Systeme** zur Analyse, Planung und Kontrolle ist ein weiterer Aspekt des Marketing-Audit. Hier hat die Relevanz von Computer Hard- und Software, Telekommunikations-Equipment und anderer Technologien erheblich zugenommen. Eine ausgereifte Informationstechnologie kann für ein Unternehmen zum entscheidenden Wettbewerbsvorteil werden: Das Marketing-Audit hat eine Bewertung dieser Technologien und ihrer Möglichkeiten vorzunehmen.

Die Revision der **Marketing-Produktivität** liefert Daten zum Gewinnbeitrag einzelner Marketing-Einheiten sowie zur Kostenwirksamkeit verschiedener Marketing-Aktivitäten. Mit der Überprüfung der **Marketing-Funktionen** wird eine tiefgehende Bewertung der hauptsächlichen Bestandteile des Marketing-Mix durchgeführt. So ist beispielsweise im Bereich der Kommunikation auch die aktuelle oder potentielle Nutzung neuer Medien wie Direct Mail oder Telemarketing zu prüfen.

Ein Zentralproblem des Marketing-Audit stellt nach wie vor die Implementierung dar. Die Praxis hat gezeigt, daß es notwendig ist, das betroffene Management frühzeitig einzubinden und zu informieren, um bestehende Barrieren abzubauen und Know-how effizient zu nutzen.

3.5 Implementierung und Organisation des Marketing-Controlling

3.51 Träger des Marketing-Controlling

Bei der **Institutionalisierung** des Marketing-Controlling im Unternehmen ist zunächst festzustellen, daß die Erfüllung der Controllingaufgaben nicht notwendigerweise die Person und Position eines Controllers voraussetzt (Collard 1969, S. 78; Groß 1980, S. 56).

Sieht man von der Übernahme systembildender Funktionen (z. B. Aufbau von Marketing-Informationssystemen) durch bestimmte Aufgabenträger ab, stellen insbesondere Planung und Kontrolle (einschließlich des Soll-Ist-Vergleichs sowie der Abweichungsanalyse) wichtige Aufgaben des Marketing-Managers selbst dar und sind im Sinne einer Steuerung nach dem „Management by Objectives (MBO)" bzw. „Management by Exception (MBE)" zum großen Teil vom Management der mittleren und unteren Führungsebenen eigenverantwortlich zu übernehmen (Frese 1968, S. 111 ff.; Krüger 1979, S. 163).

Da jedoch die Erfahrungen in der Unternehmenspraxis zeigen, daß die Controllingfunktionen vom Marketing-Management wegen Überlastung durch das Tagesgeschäft vielfach nicht adäquat ausgefüllt werden, wird in vielen Unternehmen angestrebt, das Management von bestimmten Planungs- und Kontrollfunktionen, insbesondere aber von Koordinations- und Informationsversorgungsfunktionen zu entlasten. In diesem Zusammenhang wird u. a. vorgeschlagen,

- externe Berater mit Controllingaufgaben zu versehen,
- das Zentral-Controlling bzw. Sparten-Controlling (in divisionalen Unternehmen) für diese Aufgaben einzusetzen sowie
- die Position eines speziellen dezentralen Marketing-Controllers (bzw. einer Marketing-Controlling-Abteilung) zu schaffen.

Die Übertragung von Controllingaufgaben an **externe Berater** stellt insbesondere für kleine und mittlere Unternehmen eine geeignete Gestaltungsmöglichkeit – zumindest in der Aufbauphase des Marketing-Controlling – dar (Reis 1973, S. 223; Ehlke 1978, S. 341). Vor allem bei der Durchführung des Marketing-Audit wird der Einsatz von Unternehmensberatern häufig befürwortet (Dalrymple, Parsons 1980, S. 642). Neben der größeren Kostenflexibilität stehen die Vorteile einer größeren Objektivität und Unabhängigkeit sowie des breiten Erfahrungswissens im Vordergrund. Diese Vorteile müssen jedoch gegenüber dem Nachteil mangelnder Detailkenntnisse über das Unternehmen seitens des Beraters im Einzelfall sorgfältig abgewogen werden.

Bei Übertragung von Marketing-Controllingaufgaben auf in der **zentralen Controlling-Abteilung** angesiedelte Mitarbeiter wird zwar die Koordination im Hinblick auf die Zielsetzungen der Gesamtunternehmung erleichtert, jedoch besteht die Gefahr einer zu großen Distanz zwischen Marketing-Manager und Controller. Eine effiziente Aufgabenerfüllung setzt detaillierte Kenntnisse über die spezifischen Marketingprobleme und -instrumentarien voraus, die leichter durch eine „organisatorische Nähe" des Controllers zum Marketing sichergestellt werden kann.

Aus diesem Grunde gehen Unternehmen zunehmend dazu über, spezielle Marketing-Controllerpositionen innerhalb des Marketingbereichs einzurichten. In dieser Vorgehensweise erscheint vor allem in großen Unternehmungen mit sehr komplex strukturiertem Marketing und hohem Budgetanteil (gemessen am Gesamtbudget der Unternehmung) eine geeignete Zuordnung von Controllingaufgaben zu liegen.

3.52 Organisatorische Einbindung des Marketing-Controlling

Sofern eine Übernahme von Controllingaufgaben durch einen zentralen oder dezentralen (Marketing-)Controller als notwendig erachtet wird, ist eine intensive Zusammenarbeit zwischen Marketing-Managern und Controllern erforderlich. Die Qualität dieser Zusammenarbeit ist insbesondere von der organisatorischen Eingliederung des Controllers, d. h. von den ihm zugewiesenen Kompetenzen und seiner formalen Stellung im Rahmen der Unternehmens- und Marketingorganisation, abhängig.

Die Aufteilung von Controllingaufgaben zwischen Controller und Marketing-Manager ist umstritten und steht in engem Zusammenhang mit den Kompetenzen, die dem Controller jeweils zugeordnet werden. Ohne hierauf im einzelnen detailliert einzugehen (Kiener 1980; Buchner 1981; Goetzke, Sieben 1982), sollte der Controller als kritisch-konstruktiver Gesprächspartner des Marketing-Management fungieren, der dazu beiträgt, dem Unternehmen mit seinen Marketingaktivitäten mehr Sicherheit, mehr Flexibilität und Effektivität zu bringen (Lange 1975, S. 47; Ehlke 1978, S. 336; Liebl 1980, S. 570 f.). Damit sind dem Controller eher die entscheidungsvor- und -nachbereitenden Aufgaben zu übertragen, wobei die Entscheidungskompetenz des Marketing-Management möglichst wenig eingeschränkt werden sollte.

Die Aufgaben des Marketing-Controllers als „Service-Center" für das Marketing-Management lassen sich nur bedingt durch die Schaffung einer reinen **Stabsstelle** bewältigen, da diese Vorgehensweise mit der Gefahr der Wirkungslosigkeit und Isoliertheit des Controllers behaftet ist (Ehlke 1978, S. 341). Einen höheren Grad an Aufgabenerfüllung gewährleistet insbesondere in Großunternehmen eine zweiseitige Verbindung des Marketing-Controllers sowohl mit der Linienfunktion Marketing als auch mit der zentralen

Controlling- (bzw. Spartencontrolling-)Abteilung. Auf diese Weise wird sowohl den Informations- und Koordinationsbedürfnissen als auch den Besonderheiten des Marketing Rechnung getragen.

Des weiteren stellen **Teamstrukturen** aus Marketing-Managern der verschiedenen Aufgabenbereiche (Werbung, Produktplanung, Marktforschung usw.) und Controllern (Zentral-Controller, Sparten-Controller, Marketing-Controller) eine geeignete Organisationsform dar, um den Marketingbereich in Richtung höherer Effektivität zu lenken (Maune 1980, S. 103 f.).

Obwohl das Marketing-Controlling bereits heute in der Lage ist, die Effektivität des Marketing-Management durch seine Entlastungs- und Servicefunktionen deutlich zu verbessern, befindet es sich in vielen Bereichen noch in einer konzeptionellen Anfangsphase. Des weiteren fehlen häufig objektive Beurteilungsmaßstäbe, die das Spannungsverhältnis zwischen kurzfristiger Gewinnorientierung als Zielsetzung des Controlling und langfristiger Marktsicherung als primärem Ziel des Marketing aufzulösen vermögen. Nicht zuletzt aus diesem Grund ist der Weiterentwicklung strategischer Kontrollsysteme besondere Aufmerksamkeit zu schenken (Köhler 1976, S. 301 ff.; Horovitz 1979, S. 2 ff.; Strüby 1990; Schützdeller 1991).

Der gelegentlich geäußerten Einschätzung, der Controller werde sich von einer bloßen Rechnungswesenverantwortung zu einem gleichberechtigten Mitglied eines Entscheidungsgremiums entwickeln (Reichmann, Kleinschnittger 1987, S. 1090), ist zumindest für den Marketingbereich mit Skepsis zu begegnen. Dennoch ist künftig mit einer erheblichen Aufgabenausweitung des Marketing-Controlling zu rechnen: Ansätze, die ein Marketing-Controlling-Konzept zur Überprüfung und Gestaltung der Kundenzufriedenheit und -orientierung im Unternehmen entwickeln, zeigen hier interessante Perspektiven auf (Henzler 1990).

Literaturverzeichnis

Ahlert, D., Günther, H. (1988): Strategisches Controlling im Handel, Arbeitspapier Nr. 8 des Lehrstuhls für Betriebswirtschaftslehre, insbes. Distribution und Handel, Münster 1988.

Back-Hock, H. (1988): Lebenszyklusorientiertes Produktcontrolling, Berlin 1988.

Bentz, S. (1982): Kennzahlensysteme zur Erfolgskontrolle des Verkaufs und der Marketing-Logistik, Frankfurt/Main, Bern 1982.

Berg, C.C., Maus, M. (1980): Steuerung der Distribution mit Hilfe von Kennzahlen, in: Die Unternehmung, 1980, S. 189 ff.

Böcker, F. (1987): Marketing-Kontrolle, Stuttgart 1987.

Böcker, F. (1990): Ganzheitliches Werbecontrolling, in: Planung und Analyse, Heft 1, 1990, S. 21 ff.

Buchner, M. (1981): Controlling – Ein Schlagwort?, Frankfurt/Main 1981.

Capella, L.M., Sekely, W.S. (1978): The Marketing Audit: Methods, Problems and Perspectives, in: Akron Business and Economic Review, Fall 1978, S. 37 ff.

Coenenberg, A.G., Günther, Th. (1990): Der Stand des strategischen Controlling in deutschen Unternehmen, USW-Working Paper, Nr. 1, 1990.

Coenenberg, A.G., Günther, Th. (1991): Erfolg durch strategisches Controlling, USW-Working Paper, Nr. 1, 1991.

Collard, F.M. (1969): Controller, in: Management Enzyklopädie, Band II, München 1969, S. 71 ff.

Dalrymple, D.J., Parsons, L.J. (1980): Marketing-Management, 2. Aufl., New York u. a. 1980.

Deyhle, A. (1980): Controller Handbuch, Band II, 2. Aufl., Gauting b. München 1980, S. 116 ff.

Ehlke, M. (1978): Das Marketing-Controlling: Organisatorische Zuordnung, Aufgaben, Entwicklungstendenzen, in: Koinecke, J. (Hrsg.): Handbuch Marketing, Band 1, Gernsbach 1978, S. 335 ff.

Fischer, H., Kriese, R. (1990): Controlling und Chancenmanagement: Jenseits der Illusion von Kontrolle und Absicherung, in: Siegwart, H., Mahari, J., Caytas, I., Sander, S. (Hrsg.): Management Controlling, Stuttgart 1990, S. 81 ff.

Franz, St. (1989): Controlling und effiziente Unternehmensführung, Wiesbaden 1989.

Frese, E. (1968): Kontrolle und Unternehmensführung, Wiesbaden 1968.

Friedl, B. (1990): Grundlagen des Beschaffungs-Controlling, Berlin 1990.

Gaiser, B., Horvath, P., Mattern, K., Servatius, H.G. (1989): Wirkungsvolles F+E-Controlling stärkt die Innovationskraft, in: Harvard Manager, Nr. 3, 1989, S. 32 ff.

Goetzke, W., Sieben G. (Hrsg.) (1982): Marketing-Controlling, Bericht von der 10. Kölner BFuP-Tagung am 3. und 4. Dezember 1981, GEBERA-Schriften, Köln 1982.

Groß, G.H. (1980): Controlling. Eine Anleitung, in: Marketing Journal, Nr. 1. 1980, S. 54 ff.

Hahn, D. (1974): Planungs- und Kontrollrechnung – PuK -, Wiesbaden 1974.

Hahn, D. (1978): Hat sich das Konzept des Controllers in Unternehmungen der deutschen Industrie bewährt?, in: Betriebswirtschaftliche Forschung und Praxis, 1978, S. 101 ff.

Hasselberg, F. (1989): Strategische Kontrolle im Rahmen der strategischen Unternehmensführung, Frankfurt/Main 1989.

Henzler, H. (1974): Der Januskopf muß weg!, in: Wirtschaftswoche, Nr. 34, 1974, S. 60 ff.

Henzler, H. (1990): Der Controller der 90er Jahre, in: Horvath, P. (Hrsg.): Strategieunterstützung durch das Controlling. Revolution im Rechnungswesen, Stuttgart 1990, S. 51 ff.

Hlubek, I. (1988): Beschaffungslogistik – eine neue Aufgabe für das Controlling, in: Reichmann, Th. (Hrsg.): Controlling-Praxis. Erfolgsorientierte Unternehmenssteuerung, München 1988, S. 241 ff.

Horovitz, J.H. (1979): Strategic Control, A New Task for Top Management, in: Long Range Planning, June 1979, S. 2 ff.

Horvath, P. (1986): Controlling, 2. Aufl., München 1986.

Horvath, P. (Hrsg.) (1989): Internationalisierung des Controlling, Stuttgart 1989.

Horvath, P. (Hrsg.) (1990): Strategieunterstützung durch das Controlling; Revolution im Rechnungswesen, Stuttgart 1990.

Horvath, P., Gassert, H., Solaro, D. (Hrsg.) (1991): Controlling-Konzeptionen für die Zukunft, Stuttgart 1991.
Horvath, P., Urban, G. (1990): Qualitätscontrolling, Stuttgart 1990.
Jaworski, B.J. (1988): Toward a Theory of Marketing Control: Environmental Context, Control Types and Consequences, in: Journal of Marketing, July 1988, S. 23 ff.
Kiener, J. (1978): Marketing-Audit, in: Absatzwirtschaft, Nr. 4, 1978, S. 58 ff.
Kiener, J. (1980): Marketing-Controlling, Darmstadt 1980.
Kilger, W. (1976): Einführung in die Kostenrechnung, Opladen 1976
Köhler, R. (1975): Verlustquellenanalyse im Marketing, in: Marketing-Enzyklopädie, Band 3, München 1975, S. 605 ff.
Köhler, R. (1976): Die Kontrolle strategischer Pläne als betriebswirtschaftliches Problem, in: Zeitschrift für Betriebswirtschaft, 1976, S. 301 ff.
Köhler, R. (1981): Absatzsegmentrechnung, in: Handwörterbuch des Rechnungswesens, 2. Aufl., Stuttgart 1981, Sp. 19 ff.
Kotler, P. (1979): Von fanatischem Umsatzstreben zu wirkungsvollem Marketing, in: Harvard Manager, Nr. 1, 1979, S. 7 ff.
Kotler, P., Bliemel, F.W. (1992): Marketing-Management, Stuttgart 1992.
Kotler, P., Gregor, W., Rodgers, W. (1977): The Marketing Audit Comes of Age, in: Sloan Management Review, Winter 1977, S. 25 ff.
Krüger, W. (1979): Controlling: Gegenstandsbereich, Wirkungsweise und Funktionen im Rahmen der Unternehmenspolitik, in: Betriebswirtschaftliche Forschung und Praxis, Heft 2, 1979, S. 158 ff.
Krulis-Randa, J.S. (1990): Theorie und Praxis des Marketing-Controlling, in: Siegwart, H., Mahari, J., Caytas, I., Sander, S. (Hrsg.): Management Controlling, Stuttgart 1990, S. 257 ff.
Küpper, H.U., Hoffmann, H. (1988): Ansätze und Entwicklungstendenzen des Logistik-Controlling in Unternehmen der Bundesrepublik Deutschland, in: Die Betriebswirtschaft, Heft 5, 1988, S. 587 ff.
Lachnit, L. (1976): Zur Weiterentwicklung betriebswirtschaftlicher Kennzahlensysteme, in: Zeitschrift für betriebswirtschaftliche Forschung, 1976, S. 216 ff.
Lange, M. (1975): Konjunktur für Controller, in: Absatzwirtschaft, Nr. 3, 1975, S. 46 ff.
Liebl, W.F. (1980): Keine Angst vor dem Controlling, in: Marketing Journal, Nr. 6, 1980, S. 570 f.
Maune, R. (1980): Planungskontrolle. Die Kontrolle des Planungssystems der Unternehmung, Reihe Wirtschaftswissenschaften, Bd. 207, Frankfurt/Main 1980.
Mayer, H. (1990): Werbewirkung und Kaufverhalten, Stuttgart 1990.
Meffert, H. (1981): Absatzplanungsrechnung, in: Handwörterbuch des Rechnungswesens, 2. Aufl., Stuttgart 1981, Sp. 12 ff.
Meissner, H.G. (1988): Marketing-Controlling für multinationale Unternehmen, in: Reichmann, Th. (Hrsg.): Controlling-Praxis, Erfolgsorientierte Unternehmenssteuerung, München 1988, S. 215 ff.
Pfohl, H.-Ch., Zöllner, W. (1991): Effizienzmessung in der Logistik, in: Die Betriebswirtschaft, Heft 3, 1991, S. 323 ff.
Pfohl, H.-Ch., Zettelmeyer, B. (1987): Strategisches Controlling?, in: Zeitschrift für Betriebswirtschaft, Heft 2, 1987, S. 145-175.
Radke, M. (1975): Betriebswirtschaftliche Absatzkennzahlen, Verkaufsleiter-Studien, Band 1, München 1975.
Rehorn, J. (1988): Werbetests, Neuwied 1988.
Reichmann, Th. (1988): Entwicklungen und Trends im Controlling, in: Reichmann, Th. (Hrsg.): Controlling-Praxis. Erfolgsorientierte Unternehmenssteuerung, München 1988, S. 1 ff.
Reichmann, Th., Kleinschnittger, U. (1987): Die Controllingfunktion in der Unternehmenspraxis, in: Zeitschrift für Betriebswirtschaft, Heft 11, 1987, S. 1090 ff.
Reis, A. (1973): Controller – ein Frühwarnsystem, in: Marketing-Journal, Nr. 3, 1973, S. 210 ff.
Scheffler, H.E. (1981): Grundlagen des Controlling, in: Wirtschaftsstudium, Nr. 8, 1981, S. 332 ff.

Schewe, C.D., Smith, R.M. (1980): Marketing, Tokyo u. a. 1980.
Schott, G. (1970): Kennzahlen, Instrument der Unternehmensführung, 3. Aufl., Stuttgart 1970.
Schützdeller, K. (1991): Neue Aufgaben für das Controlling, in: Harvard Manager, Nr. 3, 1991, S. 116 ff.
Staehle, W.H. (1969): Kennzahlen und Kennzahlensysteme als Mittel der Organisation und Führung von Unternehmen, Wiesbaden 1969.
Steffenhagen, H. (1984): Ansätze der Werbewirkungsforschung, in: Marketing ZFP, Heft 2, 1984, S. 77 ff.
Stern, M.E. (1969): Marketing-Planung – Eine System-Analyse, 2. Aufl., Berlin 1969.
Strüby, R. (1990): Management-Controlling als Grundlage ganzheitlicher Unternehmensführung, in: Siegwart, H., Mahari, J., Caytas, I., Sander, S. (Hrsg.): Management Controlling, Stuttgart 1990, S. 29 ff.
Topritzhofer, E. (1975): Der Aufbau von Kennzahlen im Marketing, in: Böcker, F., Dichtl, E. (Hrsg.): Erfolgskontrolle im Marketing, Schriften zum Marketing, Band 1, Berlin 1975, S. 337 ff.
Weber, J. (1988): Controlling – Möglichkeiten und Grenzen der Übertragbarkeit eines erwerbswirtschaftlichen Führungsinstruments auf öffentliche Institutionen, in: Die Betriebswirtschaft, Heft 2, 1988, S. 171-194.
Wolf, J. (1977): Kennzahlensysteme als betriebliche Führungsinstrumente, München 1977.

4. Unternehmens- und Marketingkultur

4.1 Unternehmenskultur als Erfolgsfaktor der marktorientierten Unternehmensführung

In jüngster Zeit ist in Theorie und Praxis ein zunehmendes Interesse an Fragestellungen der Unternehmenskultur festzustellen. Begründung findet diese Entwicklung in der vermuteten Notwendigkeit, die bislang im Rahmen von Unternehmensführung und Marketing im Vordergrund stehenden traditionellen Erfolgsfaktoren (Strategie, Struktur, Systeme) durch sogenannte „weiche" Erfolgsfaktoren zu ergänzen.

Anhaltspunkte für eine Erklärung der zunehmenden Bedeutung **„weicher" Erfolgsfaktoren** können in den wirtschaftlichen Erfolgen japanischer Unternehmen auf den Weltmärkten in den 70er Jahren gesucht werden (Heinen, Dill 1986, S. 202). Diese traten zu einer Zeit auf, in der westliche Industrieländer, insbesondere die USA, unter Stagnationserscheinungen litten. Durch die Analyse der Ursachen des Wettbewerbsvorsprunges japanischer Unternehmen im Rahmen der **kulturvergleichenden Managementforschung** (Harbison, Myers 1959; Haire, Ghiselli, Porter 1966; Keller 1982) wurde festgestellt, daß selbst bei technisch operativer Ähnlichkeit das Ergebnis der japanischen Produktionsweise der einer amerikanischen überlegen war. Hieraus wurde gefolgert, daß aus der unterschiedlichen Kultur herrührende Einflußfaktoren wirksam sein müßten (Pascale, Athos 1981; Ouchi, Wilkins 1985). Die Suche nach möglichen Ursachen hat innerhalb kürzester Zeit zu einer Reihe von Veröffentlichungen geführt, die eine leistungssteigernde Wirkung der Unternehmenskultur im Sinne eines erhöhten Zielerreichungsgrades feststellen konnten (Ouchi 1981; Pascale, Athos 1981; Deal, Kennedy 1982).

Allgemein wird der **Stellenwert der Unternehmenskultur** in der Literatur durchaus unterschiedlich beurteilt. Die vorherrschende Meinung sieht zwar in der Organisations- und Unternehmenskultur die Grundlage für die strategische Profilierung erfolgreicher Unternehmen (Pümpin, Kobi, Wüthrich 1985). Die Zahl derjenigen, die zumindest ein Unbehagen an dem Konzept der Unternehmenskultur artikulieren, ist jedoch im Steigen begriffen.

Angesichts der kontroversen Diskussion steht die Unternehmensführung vor der Aufgabe, den Stellenwert der Unternehmenskultur richtig einzuschätzen. Neben einer Bestandsaufnahme der unterschiedlichen Kulturtypen bedarf es hierzu insbesondere einer genaueren Analyse des Einflusses der Unternehmenskultur auf den Prozeß der Zielbildung, der Strategieformulierung und deren Realisierung durch den Einsatz von Marketinginstrumenten.

4.2 Marktorientierte Ausprägungen der Unternehmenskultur

4.21 Abgrenzung der Unternehmenskultur

In der Literatur finden sich eine Vielzahl unterschiedlicher und zum Teil kontroverser Definitionen der Unternehmenskultur. Dies erfordert zunächst eine genauere Abgrenzung des Begriffs. Zugrundegelegt werden dabei die beiden, im deutschsprachigen Raum grundlegenden Forschungsrichtungen der objektivistischen sowie der individualistisch/subjektivistischen Kulturforschung.

Die **objektivistische** Unternehmenskulturforschung geht davon aus, daß eine Unternehmung eine Kultur hat, insbesondere in der Form von kulturellen Artefakten wie unternehmensspezifische Legenden, Riten, Ritualen und Zeremonien. Dabei stellt die Unternehmenskultur eine von mehreren internen Variablen dar, die einen wesentlichen Einfluß auf den Unternehmenserfolg ausüben. Die kulturellen Faktoren werden als beeinflußbare Variablen aufgefaßt. Ihre Beherrschung gibt der Unternehmensführung einen weiteren Schlüssel zur effektiven Führung und Steuerung von Unternehmen (Heinen 1987, S. 17; Schwarz 1989, S. 35).

Als Vertreter der objektivistischen Unternehmenskulturforschung sind insbesondere Autoren zu nennen, die aus der Unternehmenspraxis stammen. Beispielhaft sollen hier die Definitionen von Deal, Kennedy und Pümpin aufgezeigt werden.

Auf der Grundlage einer empirischen Untersuchung charakterisieren Deal und Kennedy Unternehmenskultur als ein **System von Werten und Glaubenssätzen** (clearly articulated qualitative values und beliefs), die zu konstituierenden Elementen einer sogenannten starken Unternehmenskultur erhoben werden. Eine starke Unternehmenskultur wirkt funktional, da sie ein System informeller Verhaltensregeln zur Verfügung stellt. Daher wird sie in erster Linie als Faktor unternehmerischer Effizienz interpretiert. Hierbei bilden Werte den zentralen Kernpunkt der Unternehmenskultur und werden durch bestimmte Symbole (Riten, Rituale, Zeremonien) institutionalisiert (Deal, Kennedy 1982, S. 16). Pümpin, Kobi und Wüthrich verstehen unter dem Begriff Unternehmenskultur „die **Gesamtheit von Normen, Wertvorstellungen und Denkhaltungen**, die das Verhalten aller Mitarbeiter und somit das Erscheinungsbild eines Unternehmens prägen". Sie betrachten Unternehmenskultur insbesondere als ein Instrument der Mitarbeiterführung (Pümpin, Kobi, Wüthrich 1985, S. 7 f.).

Bei beiden Konzepten ist die Tendenz festzustellen, daß Unternehmenskultur als **interner Gestaltungsparameter** und **Instrument der Führung** charakterisiert wird, welches von der Unternehmensleitung im Hinblick auf einen höheren Zielerreichungsgrad beeinflußt und gehandhabt werden soll. Da aus wissenschaftlicher Sicht diese instrumentalistische

Sichtweise als zu einseitig beurteilt wird, findet die individualistisch/subjektivistische Sichtweise zunehmend Verwendung (Heinen, Dill 1986, S. 205 ff.; Schwarz 1989, S. 36).

Die **individualistisch/subjektivistische** Sichtweise betrachtet Kultur als ein System von Bedeutungen und Interpretationen und stellt somit das „Wesen" der Kultur in den Vordergrund. Unternehmenskultur wird als „root metaphor" einer Unternehmung (Deshpandé, Webster 1987, S. 12) diskutiert, im Sinne **„die Unternehmung ist eine Kultur"** (Smirich 1983; Schein 1985; Heinen 1987; Schwarz 1989). Damit ist die Unternehmenskultur die Schlüsselgröße zur Erklärung sozialer Systeme. Ziel dieses Ansatzes ist es weniger, einzelne erkennbare und beobachtbare Kulturelemente zu erforschen, als vielmehr die subjektive Interpretation dieser Elemente durch die Unternehmensmitglieder zu analysieren, um hierdurch die Verhaltensmechanismen innerhalb einer Unternehmung aufzudecken (Jelinek, Smirich, Hirsch 1983, S. 338; Smirich 1983, S. 348; Schwarz 1989, S. 36). Hierbei ist jedoch zu beachten, daß es eine rein aus dem individualistisch/subjektivistischen Forschungsansatz resultierende Begriffsdefinition „Unternehmenskultur" nicht gibt. Vielmehr handelt es sich um Definitionen, die neben der objektivistischen Sichtweise versuchen, auch die diesem Forschungsansatz zugrundeliegenden Erkenntnisse zu berücksichtigen.

So verstehen Heinen und Dill als Vertreter dieser Forschungsrichtung unter Unternehmenskultur eine **Grundgesamtheit gemeinsamer Werte- und Normenvorstellungen sowie geteilter Denk- und Verhaltensmuster,** die Entscheidungen, Handlungen und Aktivitäten der Organisationsmitglieder prägen (Heinen, Dill 1990, S. 17). Im Gegensatz zu Pümpin, Kobi, Wüthrich ergänzen Heinen und Dill die Begriffsabgrenzung dadurch, daß sie die Sichtweise „die Unternehmung ist eine Kultur" zugrundelegen. Als Merkmale der Kultur werden sowohl die grundlegenden gemeinsamen Werte- und Normenvorstellungen als auch die von den Organisationsmitgliedern und der Unternehmung entwickelten spezifischen Denkmuster und Verhaltensweisen aufgezeigt (Heinen, Dill 1986, S. 207; Heinen, Dill 1990, S. 20). Dabei werden Normen und Werte als **konstituierende Elemente** einer spezifischen Unternehmenskultur betrachtet, deren eingehende Analyse erforderlich ist, um letztendlich Gestaltungsempfehlungen abgeben zu können.

Neben diesen und weiteren in der Literatur beschriebenen Begriffsabgrenzungen der Unternehmenskultur existiert eine Vielzahl von **synonym verwendeten Konzepten** bzw. **ähnlich positionierten Begriffen** wie Corporate Identity, Corporate Communications oder Unternehmensphilosophie. Zwischen den Konzepten bestehen eine Reihe von Überschneidungen. Abbildung 1 zeigt jedoch, daß der Begriff der Unternehmenskultur aufgrund seiner Mehrdimensionalität wesentlich umfangreicher zu interpretieren ist als andere Konzepte. Von besonderer Bedeutung ist dabei, daß der Kulturansatz sowohl marktbezogene als auch unternehmensinterne Aspekte integriert.

Ebene	Abgrenzung / Ebene/Begriff	Abzugrenzender Begriff	Unternehmenskultur
Strategische Ebene	Unternehmenszweck	Produkt-/ Angebotsbezogen Technologiebezogen	Führungsbezogen
Strategische Ebene	Unternehmensphilosophie	Leitbild der Unternehmung (Soll-Ausprägung)	Tatsächliches Verhalten der Systemmitglieder (Ist-Ausprägung)
Strategische Ebene / Instrumentale Ebene	Corporate Identity	Tendenziell eher marktbezogene Identität des Unternehmens („Make up")	Unternehmensinterne Identität als Basis für die Umsetzung von CI-Maßnahmen
Instrumentale Ebene	Corporate Communications und Public Relations	Markbezogene Kommunikation	Unternehmensinterne und marktbezogene Kommunikation
Innerorganisatorische Ebene	Organisationsklima	Wahrgenommene, verhaltensrelevante Merkmale der Organisation	Festlegung der wahrzunehmenden Merkmale (Vorprägung des Organisationsklimas)
Innerorganisatorische Ebene	Betriebsklima	Kurzfristige Änderbarkeit, subjektiv wahrgenommene Atmosphäre am Arbeitsplatz	Langfristige Änderbarkeit, objektiv wahrnehmbar
Innerorganisatorische Ebene	Unternehmensgrundsätze (mitarbeiterorientiert)	Zielbezogene Verhaltensweisen	Tatsächliche und zielbezogene Verhaltensweisen

GABLER GRAPHIK

Abbildung 1: Begriffsabgrenzung der Unternehmenskultur

4.22 Merkmale von Unternehmenskulturen

Aufgrund der Vielzahl unterschiedlichster Definitionen der Unternehmenskultur und der ihnen zugrundeliegenden unterschiedlichen Forschungsansätze erscheint es zweckmäßig, den Begriff Unternehmenskultur mit Hilfe von Merkmalen näher zu charakterisieren, wie sie im folgenden dargestellt sind (Krulis-Randa 1984, S. 369 f.; Zürn 1985, S. 15 ff.; Kobi, Wüthrich 1986, S. 32):

- **Tradierbarkeit**
  besagt, daß die Ursprünge der Unternehmenskultur in der Vergangenheit liegen und sich über längerfristige Zeiträume zu einem Meinungs-, Normen- und Wertgefüge für das gegenwärtige und zukünftige Verhalten gebildet haben.

- **Wandlungsfähigkeit**
  kennzeichnet die Möglichkeit der Anpassung der Unternehmenskultur an innere und äußere Einflüsse, wie sie insbesondere im Zeichen einer hohen gesellschaftlichen, wirtschaftlichen und technologischen Dynamik von Bedeutung ist.

- **Vielschichtigkeit**
besagt, daß sich die Unternehmenskultur aus einem System verschiedenster Subkulturen zusammensetzt, die sich wechselseitig positiv oder negativ beeinflussen.

- **Erfahr- bzw. Erlernbarkeit**
besagt, daß Unternehmenskulturen durch den Mitarbeiter zum Beispiel über Symbole identifiziert und in einem längerfristigen Prozeß angenommen oder abgelehnt werden können.

- **Überindividualität**
besagt, daß einzelne Persönlichkeiten die Kultur entscheidend mitprägen können, daß sich diese aber letztlich im Zeitablauf immer mehr verselbständigt und zunehmend von Gruppeneinflüssen getragen wird.

Die Merkmale verdeutlichen primär die Folgen und Erscheinungsformen des verhaltensprägenden Werte- und Normengefüges. Die aufgezeigten Ausprägungen sind jedoch nicht unmittelbar erfaß- bzw. meßbar. Daher wurden im Zuge einer in den letzten Jahren expandierenden Kulturforschung die Merkmale der Unternehmenskultur intensiv diskutiert. Trotz aller Unterschiedlichkeiten wurden hierbei als wesentliche Grundelemente der Unternehmenskultur die Begriffe Werte, Normen, Symbole und Artefakte identifiziert (Heinen 1987, S. 22; Gussmann, Breit 1987, S. 108).

Im Rahmen der Unternehmenskultur drücken **Werte** verhaltensbestimmende Präferenzen und Orientierungsmaßstäbe für Ziele und Zustände aus (Keller 1990, S. 78). Werte bzw. Werthaltungen beeinflussen daher maßgeblich die Beurteilung verfügbarer Handlungsalternativen, d. h. sie stellen globale Handlungsorientierungen bereit. Darüber hinaus sind Werte trotz ihres Beharrungsvermögens insbesondere durch Erfahrungen zu Veränderungen fähig. Die Vermittlung der Werte selbst erfolgt dabei über Sozialisationsprozesse (Heinen 1987, S. 23). Bezogen auf das Vorliegen einer marktorientierten Unternehmenskultur bedeutet dies, daß sich in den Werten der Organisationsmitglieder eine entsprechende Kundenorientierung manifestieren muß. Hierdurch entsteht eine auf die Kundenbedürfnisse der Konsumenten abgestimmte Handlungsorientierung der Organisationsmitglieder.

Normen bringen Regeln und Verhaltensvorschriften zum Ausdruck. Beispielsweise geben sie an, welche Aktivitäten und Interaktionen auszuführen sind, welches Verhalten gegenüber Mitarbeitern und Kunden erwünscht und verpflichtend ist (Heinen 1985, S. 987). Als wichtigste Ausprägung von Normen sind Gebräuche zu nennen, die sich im Verlauf der historischen Entwicklung der Unternehmung herausgebildet haben. Diese Gebräuche sind anonyme, implizite Vorschriften und stellen daher ein Verhaltensmuster für die Organisationsmitglieder dar. Darüber hinaus werden als unternehmenskulturelle Normen moralische Prinzipien, Ideal-Regeln und Spielregeln genannt (Heinen 1987, S. 37).

Im Prozeß der Entstehung und Weitergabe von Unternehmenskulturen kommen neben den unternehmensbezogenen Werten und Normen der Organisationsmitglieder auch den

Symbolen, **symbolischen Handlungen** und **symbolischen Artefakten** als sichtbaren Bestandteilen der Unternehmenskultur entscheidende Funktionen zu (Gussmann, Breit 1987, S. 108). Diese Symbole sind für die Entwicklung und Weitergabe von Kulturen von besonderer Bedeutung. Dabei können organisationsspezifische Symbole als relevante Medien begriffen werden, die zur Ausbildung eines gemeinsamen Grundkonsenses bezüglich unternehmensbezogener Werte und Normen beitragen. In diesem Zusammenhang erweisen sich Geschichten, Erzählungen und Mythen (symbolische Handlungen) über unternehmensspezifisches Erfahrungswissen sowie die symbolischen Handlungsartefakte wie Riten, Rituale und Zeremonien als Medien der Unternehmenskultur (Gussmann, Breit 1987, S. 111 ff.).

Zusammenfassend kann festgestellt werden, daß Werte, Normen und Symbole aus einem historischen Prozeß heraus entstehen, der in eine Wertehierarchie innerhalb einer Unternehmung mündet. Die Elemente dieser Wertehierarchie werden dabei durch Symbole wahrgenommen und durch organisatorisches Erfahrungswissen verfestigt oder abgeschwächt. Resultiert aus diesem Prozeß ein Konsens bezüglich der Werte und Normen, so kann von einer starken Unternehmenskultur gesprochen werden.

4.23 Unternehmenskultur-Typologien

Die Unternehmskultur wurde bisher als Ergebnis eines historischen Prozesses interpretiert, dessen Verlauf und Ergebnisse wesentlich von menschlichen Entscheidungen und Handlungen geprägt werden. Jedoch ist auf der Basis dieser Definition eine differenzierte Beurteilung der ökonomischen Konsequenzen einzelner Erscheinungsformen der Unternehmenskultur nicht möglich. Vielmehr ist es notwendig, zunächst eine **Typologisierung von verschiedenen Kulturphänomenen** anhand geeigneter Kriterien vorzunehmen.

In der Literatur findet sich hierzu eine Vielzahl von Ansätzen mit unterschiedlichen Untersuchungsschwerpunkten. So konzentrieren sich Sethia und von Glino (1985) auf das Entlohnungssystem von Unternehmungen. Scholz betrachtet das Informationsverhalten bzw. die Informationskultur (Scholz 1987a). Heinen klassifiziert Unternehmen anhand der Kriterien

- Wirksamkeit der Steuerungsinstrumente,
- Grad der Verankerung unternehmensbezogener Werte und Normen bei den einzelnen Organisationsmitgliedern,
- Ausmaß der Übereinstimmung unternehmensbezogener Werte und Normen mit denen der Organisationsmitglieder sowie
- Ausmaß der Vereinbarkeit von Systemen und Unternehmenskultur.

und gelangt hierdurch zu sechzehn idealtypischen Unternehmenskulturtypen (Heinen 1987, S. 27 f.).

Die bekannteste, mit praktischen Beispielen unterlegte zweidimensionale Typologie stammt von Deal und Kennedy (Deal, Kennedy 1982, S. 107 ff.). Bei diesem Ansatz werden Kulturtypen über die Einzeldimensionen „Entscheidungsrisiko“ und „Durchsetzung der Strategie“ gebildet. Die einzelnen Typen lassen sich wie folgt charakterisieren (vgl. Abbildung 2):

- **„Tough guy, macho-culture“ (Setze Dich durch!)**
  Die Mitarbeiter sind Individualisten, die einerseits bei Entscheidungen risikofreudig sind und andererseits eine schnelle Durchsetzung der Strategie vornehmen.

- **„Work hard/play hard-culture“ (Zieh dir harte Bandagen an!)**
  Die Mitarbeiter leisten harte, aber attraktive Arbeit bei relativ geringem Risiko. Sie erwarten eine schnelle Durchsetzung der Strategie.

- **„Bet your company-culture“ (Sei risikofreudig!)**
  Die Mitarbeiter bzw. die Unternehmungen gehen mit sehr großen Investitionen hohe Risiken ein. Dabei wird die Strategie nur langsam durchgesetzt.

- **„Process-culture“ (Tue, was getan werden muß!)**
  Die Mitarbeiter erfüllen ihre Aufgaben mit geringem Risiko und sind mit einer langsamen Strategieumsetzung zufrieden.

Neben den idealtypischen Typologisierungen der Unternehmenskultur existieren eine Reihe von Untersuchungen, die Kulturtypen auf Basis empirischer Daten bilden. So erbrachte

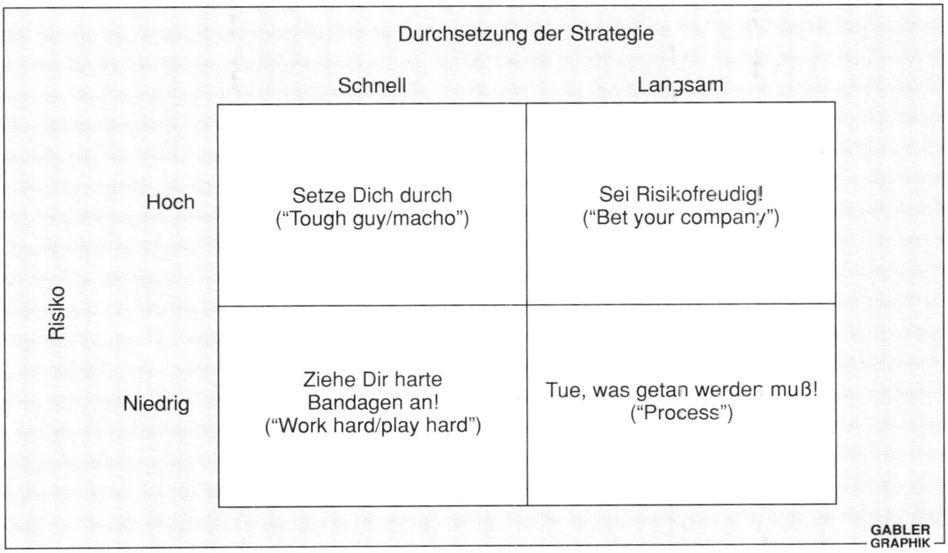

Abbildung 2: Kulturtypologie in Anlehnung an Deal, Kennedy
(Quelle: Deal, Kennedy 1982, S. 107 ff.)

eine Befragung von Führungskräften, in der diese ihre eigene Unternehmenskultur anhand vorgegebener Merkmale beurteilen sollten, fünf unterschiedliche Unternehmenskulturtypen. Deren Merkmale und Typenbezeichnungen sind in Abbildung 3 wiedergegeben.

Cluster / Merkmal	Kulturignorant (1)	Leistungsorientierter Kostenminimierer (2)	Kostenorientierter Innovator (3)	Wettbewerbsorientierter Kulturtyp (4)
Unternehmens-anzahl (%)	31 %	28 %	18 %	23 %
Leistungsprogramm/ Sektoren	Überwiegend Investitions-güterbereich	Hoher Anteil aus dem Konsumgüterbereich	Gleichverteilung über die Sektoren	Viele Dienstleistungsunter-nehmen
Stärke der Kulturausprägung	Geringes Kulturbewußtsein	Durchschnittliches Kulturbewußtsein (über alle Ausprägungsstärken)	Relativ hohes Kulturbewußtsein	Hoher Anteil an Unternehmen mit sehr starker Kultur
Unternehmensgröße (Zahl d. Mitarbeiter)	70 % Unternehmen mit weniger als 2000 Mitarbeitern	Überwiegend Unternehmen mit 1000 – 3000 Mitarbeitern	Kaum Unternehmen mit 2000 – 4000 Mitarbeitern	Überwiegend große Unternehmen mit mehr als 4000 Mitarbeitern

GABLER GRAPHIK

Abbildung 3: Beschreibung von Unternehmenskulturtypen auf der Grundlage einer empirischen Untersuchung
(Quelle: Meffert, Haffner, Poggenpohl 1988, S. 24)

4.24 Abgrenzung von Marketingkulturen

Die bisher aufgezeigten Ausprägungen von Unternehmenskulturen dienen der Einordnung von Unternehmenskulturen im allgemeinen. Betrachtet man hingegen den Teilbereich der **Marketingkulturen**, so stellt sich angesichts der komplexen und heterogenen Entscheidungsfelder des Marketing die Frage, wie Marketingkulturen näher charakterisiert werden können. Es erscheint auch hier zweckmäßig, eine Typologisierung der Kulturausprägungen vorzunehmen.

Für die Typenbildung erweisen sich insbesondere die verschiedenen Verhaltensformen als relevante Abgrenzungskriterien. In diesem Zusammenhang sind vor allem die Kriterien „Verhalten der Marketing-Entscheidungsträger" („Arbeitsweise", „Ausmaß der Teamorientierung") und „strategisch/operative Ausrichtung des Marketing" („Aufgabenorientierung" und „Instrumenteschwerpunkte") von Bedeutung. Branchen- und unternehmensübergreifend sind dabei die „Arbeitsweise" und die „Aufgabenorientierung" des Marketing als Primärkriterien hervorzuheben.

Das Kriterium **„Arbeitsweise"** kennzeichnet die Denk- und Problemlösungsmethodik im Marketing, welche in experimentell-kreative und systematisch-methodenorientierte Arbeitsweise differenziert werden kann. Hieraus resultiert ein Kontinuum von den mehr trial- und error-orientierten Aktivitäten eines innovativen Marketingpioniers bis hin zu eher technokratischen, analytischen Denk- und Arbeitsstilen.

Das Kriterium **„Aufgabenorientierung"** bezieht sich demgegenüber auf den Stellenwert des Verkaufs- bzw. der Handelsorientierung einerseits und der Produkt- bzw. Konsumentenorientierung andererseits. Im ersten Fall wird die Kultur durch handelsbezogene Bedürfnisse geprägt. Das verkäuferorientierte „Push-Marketing" gewinnt dadurch an Bedeutung. Im zweiten Fall wird die Kultur durch die Suche nach individuellen Problemlösungen zur Befriedigung der Konsumentenbedürfnisse geprägt. Hierdurch dominiert ein sich an der Position des Produktmanagers orientierendes „Pull-Marketing".

Als **Sekundärkriterium** zur Abgrenzung von Marketingkulturen ist zunächst die instrumentelle Ausrichtung des Marketing zu nennen. Je nach Akzentsetzung im Marketing-Mix sind präferenz- und preisorientierte Marketingkulturen zu unterscheiden. Das Qualitäts- und Servicedenken steht dabei dem Denken in Preis- und Kostenvorteilen gegenüber. Als zweites Sekundärkriterium wird das Ausmaß der Kollektivität der Planungs- und Durchsetzungsprozesse herangezogen. Hierbei kann zwischen Individual- und Teamorientierung unterschieden werden. Dies äußert sich in Kulturen mit Einzelkämpfermentalitäten und Kulturen mit stark gruppengeprägter Arbeitsweise.

Unter Zugrundelegung dieser Kriterien lassen sich folgende vier vereinfachte Marketingkulturtypen ableiten, die durch die in Abbildung 4 aufgezeigten Marketing-Kulturprofile näher gekennzeichnet sind:

- Funktionsorientierte Marketingkultur (Aktionskultur)
- Innovationsorientierte Marketingkultur (Pionier-Kultur)
- Technokratische Marketingkultur (Administrationskultur)
- Systemorientierte Marketingkultur (Kooperationskultur)

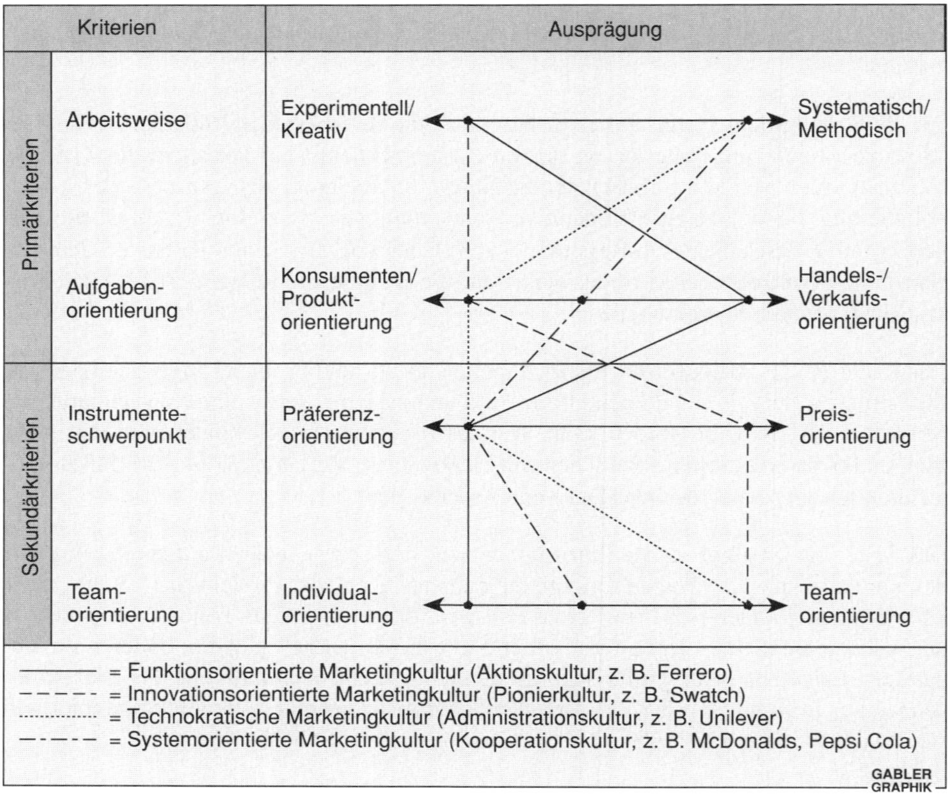

Abbildung 4: Ausgewählte Kulturprofile im Marketing

4.25 Dynamische Aspekte der Unternehmens- und Marketingkultur

Bei der Kennzeichnung von Unternehmens- und Marketingkulturen ist zu berücksichtigen, daß diese im Zeitablauf zahlreichen Veränderungen unterliegen. Abbildung 5 zeigt modellhaft die dynamische Entwicklung der Unternehmenskultur (Freimuth 1985, S. 90 ff.; Kühn, Schnyder 1986, S. 32 ff.) in Abhängigkeit von der Unternehmensentwicklung. Sie gibt Hinweise auf die Entstehung und Veränderung relevanter Einflußgrößen der Unternehmenskultur (vgl. Abbildung 5).

In einer **ersten Kulturphase** entwickeln sich die Ressourcen, das Know-how unternehmerischen Handelns sowie die Führungsgrundsätze und Wertevorstellungen der Gründer. In der eigentlichen **Gründungsphase** des Unternehmens entstehen dann aus den grundlegenden Werte- und Glaubensvorstellungen der Gründer die Kernelemente der Unternehmenskultur in Form der Unternehmensphilosophie (Kulturkern). Da außer den grundlegenden Werte- und Glaubensvorstellungen sowie einigen Grundsätzen noch keine spezifischen Richtlinien bestehen, müssen sich in dieser Phase zunächst prinzipielle handlungsanweisende Grundsätze herausbilden (Sackmann 1986, S. 396 ff.). Darüber hinaus ist die Kultur dadurch gekennzeichnet, daß sie noch nicht in ein kulturelles Netz eingebettet ist. Entscheidungen über die strategische Positionierung und die Organisationsstruktur des jungen Unternehmens begleiten diesen Kulturentstehungsprozeß. Der sich bildende Kulturkern hat einen hohen Stellenwert für die Unternehmensentwicklung. Es wird hier ein

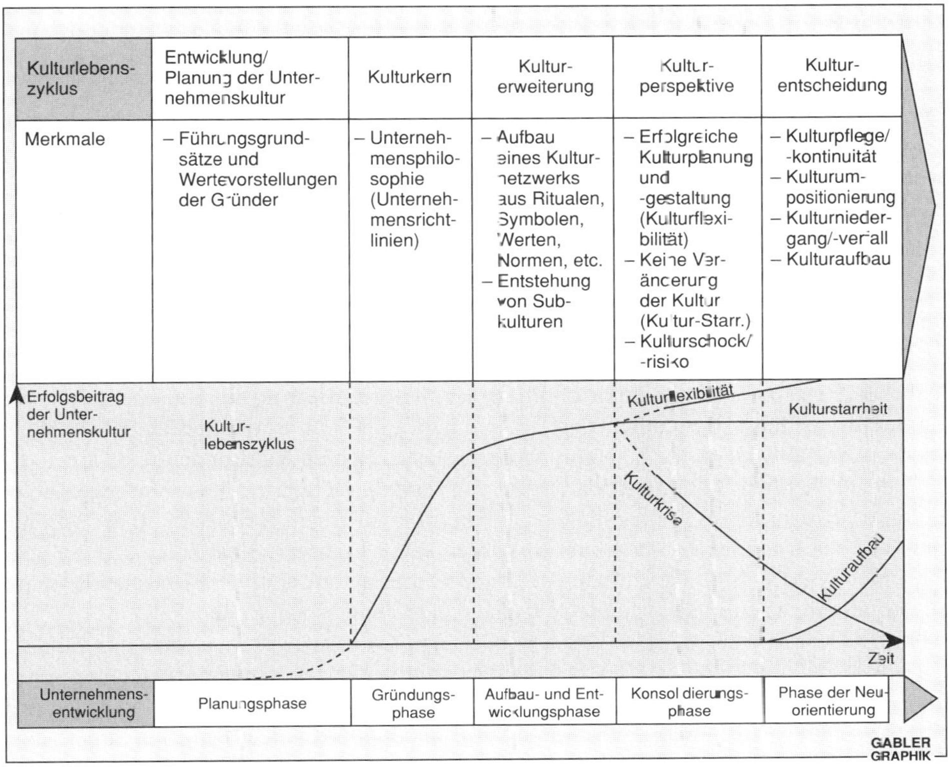

Abbildung 5: Lebenszyklus der Unternehmenskultur (in Anlehnung an Sackmann 1986, S. 399)

Fundament unternehmenspolitischer Grundsätze gelegt, auf das in Wachstums- und in Krisenzeiten stets zurückgegriffen werden kann.

In der nachfolgenden Phase der **Kulturerweiterung** verfestigen sich die anfänglichen Kulturmerkmale. Einige Grundsätze der Unternehmensphilosophie beginnen sich in impliziten und expliziten Normen, Regeln und Richtlinien für konkretes Handeln niederzuschlagen. Es entsteht im Zeitablauf ein umfangreiches Kulturnetzwerk aus Ritualen, Symbolen, Werten, Normen etc., in dessen Zentrum der Kulturkern weiterhin die Werte- und Glaubensvorstellungen bestimmt (Sackmann 1986, S. 400 f.). In dieser Phase bilden sich die besonderen Stärken einer kulturorientierten Unternehmensführung.

Zum **Ende der Aufbau- und Entwicklungsphase** zeichnen sich in vielen Fällen schon die ersten kulturgerichteten Risiken ab. Einerseits bestehen diese in einer wachsenden Inflexibilität der Unternehmenskultur durch verfestigte und formalisierte bzw. routinisierte Prozesse und Strukturen. Andererseits ist hier die Entstehung von Subkulturen mit nicht zielkonformen Wirkungen auf die weitere Unternehmensentwicklung zu nennen. Dem Aspekt der negativen Subkulturwirkungen ist eine große Bedeutung beizumessen, da Subkulturen im Zeitablauf eine starke Eigendynamik entwickeln können, die nur durch den gezielten Einsatz von ordnungsgebenden Instrumenten und Instanzen begrenzt wird.

Der Übergang in die **Konsolidierungsphase** des Unternehmens ist gekennzeichnet durch veränderte Markt- und Nachfragebedingungen (z.B. stagnierende und schrumpfende Märkte). In Abhängigkeit von der Qualität der bisherigen Kulturgestaltung ergeben sich unterschiedliche Kulturperspektiven. Zu Beginn dieser Phase entscheidet sich, ob die Unternehmenskultur aufgrund hoher Kulturflexibilität weiterhin zum Erfolg beiträgt oder ob verfestigte Strukturen zum Phänomen der Kulturstarrheit führen. Zu Beginn der Konsolidierungsphase können Diskrepanzen zwischen Kultur und Unternehmensführung ferner eine Kulturkrise (Kulturschock) mit einem absehbaren Kulturverfall zur Folge haben.

In diesem Zusammenhang wird in der Phase der **Neuorientierung** des Unternehmens eine Kulturentscheidung hinsichtlich der Art der künftigen Kulturorientierung erforderlich. Hierbei kann entweder eine Fortführung der bislang gelebten Kultur oder eine Umgestaltung der bisherigen Kulturposition angestrebt werden. Gelingt es beim Vorliegen einer Kulturkrise nicht, diese zu überwinden, so kommt es zu einem Kulturverfall, der sich negativ auf das Unternehmensergebnis auswirken kann. In diesem Fall bietet sich ein konsequenter Wieder- bzw. Neuaufbau der Unternehmenskultur an. Diese Entscheidung impliziert allerdings zumindest theoretisch eine Unternehmensneugründung.

Insgesamt ist darauf hinzuweisen, daß das dargestellte Konzept einen stark idealtypischen Charakter aufweist. In der Unternehmenspraxis verlaufen die Übergänge zwischen den einzelnen Phasen fließend oder es werden unternehmensindividuell einzelne Phasen ausgelassen. Dennoch gibt die Analyse der dynamisch verlaufenden Kulturentwicklung auf der Grundlage des Lebenszykluskonzeptes wichtige Gestaltungshinweise für ein zeitabhängiges Management der Unternehmenskultur.

Ausgehend vom Lebenszykluskonzept stellt sich die Frage, inwieweit sich auch für **Marketingkulturen** entsprechende Entwicklungslinien aufzeigen lassen. Hierzu bietet es sich an, auf die zuvor identifizierten Typen von Marketingkulturen zurückzugreifen. Unter Zugrundelegung der bei der Typenbildung angesetzten Kriterien lassen sich folgende typische Entwicklungspfade erkennen (vgl. Abbildung 6).

Unternehmen beginnen zumeist mit einer innovationsorientierten Marketingkultur (Pionierkultur) (Sackmann 1986, S. 398f.), die auf kreative Ideen und Marketingleitbilder der Gründer zurückzuführen ist. Im Zeitablauf wandelt sich die Kultur häufig in Richtung auf eine stärker funktionsorientierte Marketingkultur (Aktionskultur). Viele Unternehmen konzentrieren sich in dieser Phase auf den handelsgerichteten Verkauf ihrer Produkte, um eine schnelle Markterschließung zu realisieren. Andererseits ist aufgrund zunehmenden methodischen Know-hows und systematischeren Arbeitsweisen bei gleichzeitig unveränderter Produkt- und Kundenorientierung ebenso häufig eine Wandlung in Richtung technokratisch-administrativer Marketingkultur (Administrationskultur) zu beobachten. Als dritter Entwicklungspfad ist die Sicherung einer innovationsorientierten Marketingkultur (Pionierkultur) durch die Bildung vertikaler Absatzsysteme zu nennen. Zentrale Merkmale dieser systemorientierten Marketingkultur (Kooperationskultur) sind das Key-Account-Management sowie Vertriebsbindungen (z.B. Franchising, Depotsysteme).

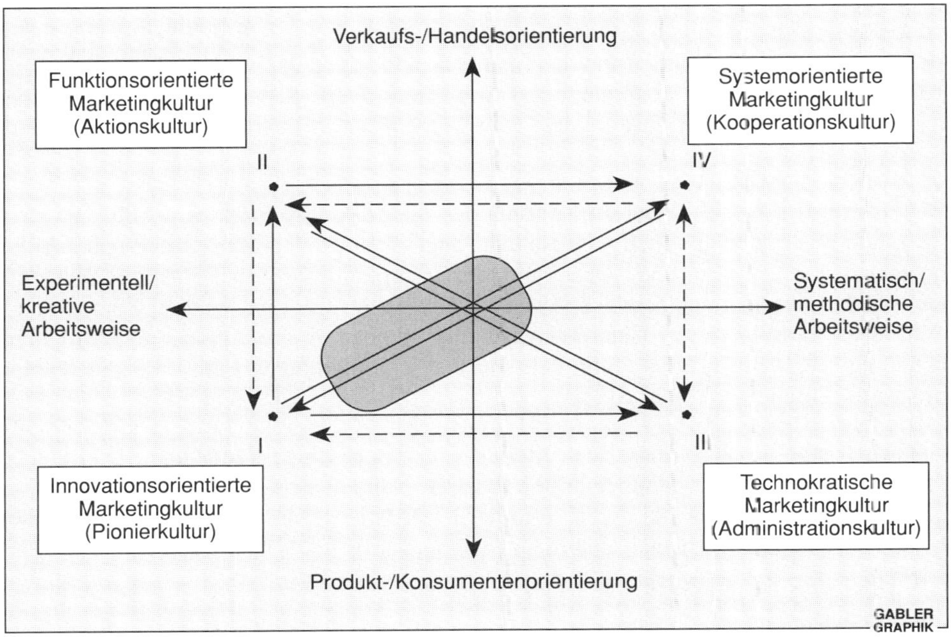

Abbildung 6: Entwicklungspfade von Marketingkulturen

Neben diesen für die Praxis typischen relativ konfliktfreien Entwicklungspfaden gibt es problematische Entwicklungsrichtungen. So ist zum Beispiel der Übergang von einer Administrations- zu einer Kooperationskultur problematisch, da verfestigte Marketingkulturen kaum zu einer gezielten Neuorientierung fähig sind. Auch eine Rückbesinnung auf eine innovationsorientierte Marketingkultur durch den Zukauf von Unternehmen oder den Erwerb von Management-Fähigkeiten ist nach Verlassen des I. Quadranten nur noch bedingt möglich, da in dem Unternehmen schon verfestigte Strukturen bestehen.

Neben den genannten Kulturtypen finden sich in der Praxis vielfach **Mischformen** (vgl. schraffierte Fläche in Abbildung 6). Befindet sich eine Unternehmung aufgrund einer schwach ausgeprägten Kulturposition in der Mitte der Kulturfelder, so können hieraus erhebliche Kulturrisiken für die Marketingkultur resultieren.

4.3 Einfluß der Unternehmenskultur auf die Marketingkonzeption

4.31 Unternehmenskultur im Zielbildungsprozeß

Die strategischen Grundhaltungen determinieren in besonderem Maße den Zielbildungsprozeß einer Unternehmung, da sich konkrete Handlungsziele erst als Folge der gewählten strategischen Grundhaltung formulieren lassen. Andererseits besteht ein starker Wirkungsverbund zwischen Unternehmenskultur und strategischer Grundhaltung, welcher wiederum den Zielbildungsprozeß der Unternehmenskultur beeinflußt (Meffert u.a. 1986, S. 74).

Die Unternehmenskultur kann **im Rahmen des Zielbildungsprozesses** sowohl als unterstützendes Instrument als auch als Resultante angesehen werden. Zum einen stellen unternehmenskulturelle Werte und Normen zentrale Bestimmungsgrößen bei der Zielfestlegung dar, da sie koordinations-, motivations- und integrationsfördernd wirken. Zum anderen wird die Ausgestaltung der Unternehmenskultur von den Prozessen innerhalb der Unternehmung geprägt und ist somit Ergebnis des Zielbildungs- und -durchsetzungsprozesses (Dill, Hügler 1987, S. 162).

Betrachtet man den wechselseitigen Einfluß von Unternehmenskultur und Zielbildungsprozeß unter dem Blickwinkel einer bewußten Gestaltung von Unternehmenskulturen, so ist die Vorgabe von „Idealkulturen“ erforderlich. Als mögliche Ausdrucksformen dieser Vorgaben sind zum Beispiel Unternehmensgrundsätze und Unternehmensleitbilder zu nennen.

Die Notwendigkeit der Formulierung von Unternehmensgrundsätzen und -leitbildern wird in Wissenschaft und Praxis damit begründet, daß die von einer Unternehmung verfolgten

Ideen und Ziele einer expliziten Formulierung bedürfen, um normativen Charakter zu erhalten (Dill, Hügler 1987, S. 165). Bei dem **Unternehmensleitbild** handelt es sich im wesentlichen um die schriftliche Fixierung der Unternehmensphilosophie (Kreutzer, Jugel, Wiedmann 1986, S. 13). Dieses häufig abstrakt formulierte Unternehmensleitbild, läßt sich in konkrete **Unternehmensgrundsätze** überführen, die als zentrale, handlungsleitende Geschäftsprinzipien gegenüber der Umwelt zu verstehen sind (Kreutzer, Jugel, Wiedmann 1986, S. 13). Mit der Aufstellung von Unternehmensleitbildern und Unternehmensgrundsätzen wird das Ziel verfolgt, einen in sich geschlossenen, langfristigen Orientierungsrahmen den Mitarbeitern zur Verfügung zu stellen. Darüber hinaus enthalten sie im Vergleich zur tatsächlich gelebten Unternehmenskultur eine normativ-zukunftsgerichtete Komponente (Kreutzer, Jugel, Wiedmann 1986, S. 26).

Im Rahmen des Kulturmanagements übernehmen diese Leitbilder und Unternehmensgrundsätze zum einen die Funktion der Sichtbarmachung und Dokumentation der für die Unternehmung relevanten Werte und Normen. Andererseits erfolgt durch ihre Formulierung eine Festlegung erwünschter Handlungsweisen. Ferner können sie als Beurteilungskriterien für Sanktionen herangezogen werden.

Leitbilder und Grundsätze, die einen Basiskonsens der Mitglieder ausdrücken, stellen eine Basis für die Verwirklichung einer funktionalen Unternehmenskultur dar. Gleichzeitig wird der Prozeß der Zielbildung verkürzt, da die Organisationsmitglieder von nahezu gleichen Wertegefügen ausgehen und allgemein anerkannte Handlungsrichtlinien existieren. Das Vorliegen einer starken Unternehmenskultur ermöglicht somit eine schnellere **Konsensfähigkeit bei der Zielformulierung** und effizientere Zielbildungs- und durchsetzungsprozesse (Dierkes 1988, S. 560).

Der zunehmende Einfluß kultureller Aspekte auf die Unternehmenskonzeption wird zweifellos auch zu einer stärkeren **Kulturprägung der Zielinhalte** führen. Der wachsende Stellenwert gesellschaftsorientierter und ökologischer Fragestellungen bei der Formulierung von Zielsystemen kann beispielhaft für die inhaltliche Ausweitung des Kulturbegriffes genannt werden (Abels 1985, S. 96 ff.; Meffert et. al. 1985, S. 36 ff.). In diesem Sinne wurden vor allem Veränderungen in den Prioritäten der Zielsysteme größerer Unternehmen diagnostiziert. Gewinn- und Wachstumsziele haben gegenüber der Kunden-, Mitarbeiter- und Umweltorientierung an Bedeutung verloren. Die soziale Verantwortung prägt künftig in stärkerem Maße die Wertvorstellungen zahlreicher Unternehmen.

Um die Unternehmensziele zu realisieren, werden Strategien und Maßnahmen entworfen, die sowohl die Zielvorstellungen als auch die Werte und Normen der Unternehmenskultur weiter konkretisieren. Im folgenden soll zunächst der Einfluß der Unternehmenskultur auf die strategischen Grundhaltungen dargestellt werden.

4.32 Beziehung zwischen strategischer Grundhaltung und Unternehmenskultur

Es wurde bereits darauf hingewiesen, daß sich eine starke Unternehmenskultur nur dann positiv auf den Erfolg auswirkt, wenn deren Ausprägungen gleichzeitig mit den strategischen Grundhaltungen verträglich sind. Um festzustellen, ob ein **Kultur-Strategie-Fit** vorliegt, bietet es sich an, die Kriterien „Stärke der Unternehmenskultur“ und „Präzisionsgrad der strategischen Grundhaltung“ heranzuziehen. Von besonderer Bedeutung ist in diesem Zusammenhang, daß sowohl die Unternehmenskultur als auch die strategische Grundhaltung den Organisationsmitgliedern Handlungsanweisungen im Sinne von Verhaltensregeln geben. Diese Handlungsanweisungen müssen inhaltlich übereinstimmen, damit ein Kultur-Strategie-Fit vorliegt, der letztlich erst den Unternehmenserfolg gewährleistet.

Generell kann gesagt werden, daß bei Vorliegen einer schwachen Unternehmenskultur oder einer nur unpräzise formulierten strategischen Grundhaltung diese stets untereinander stimmig bzw. verträglich sind (Scholz 1987b, S. 97 ff.). Diese stehen selbst bei divergierenden Handlungsanweisungen nicht in konfliktärer Beziehung zueinander, da sie nur schwache Verhaltensregeln abgeben. Liegen hingegen starke Unternehmenskulturen oder starke strategische Grundhaltungen vor, so prägen beide das Verhalten der Organisationsteilnehmer in entscheidendem Maße. Probleme für die Unternehmensführung ergeben sich immer dann, wenn die Unternehmenskultur und die strategische Grundhaltung unterschiedliche Verhaltensrichtlinien vorgeben.

Den Zusammenhang zwischen Unternehmenskultur, Unternehmenserfolg und Kultur-Strategie-Fit zeigt Abbildung 7. Dabei wird deutlich, daß das Vorliegen eines Kultur-Strategie-Fit notwendige Voraussetzung für den Unternehmenserfolg ist. Umgekehrt steigert der Kultur-Strategie-Fit auch die Stärke der Unternehmenskultur, da ein stimmiges Verhalten der Unternehmensmitglieder sich eher in der Unternehmenskultur manifestiert. Darüber hinaus wird deutlich, daß die Unternehmenskultur an Stärke gewinnt, wenn eine Unternehmung erfolgreich ist (Scholz 1987b, S. 88 ff.; Scholz 1987c, S. 82 ff.).

Eine Konkretisierung dieser Beziehungszusammenhänge erfordert sowohl die Kenntnis der detaillierten Ausprägungen der Unternehmenskultur als auch der strategischen Grundhaltungen. Daher ist in der Ausgangslage zunächst eine Bestimmung der eigenen Kulturposition erforderlich (Deal, Kennedy 1982, S. 129; Graves 1986, S. 70 ff.; Kobi, Wüthrich 1986, S. 68 ff.).

Die Diagnose der **Ist-Unternehmenskultur** umfaßt zunächst die Beurteilung der Kulturstärke. Dies kann zum Beispiel anhand der Grundorientierungen wie Kunden-, Mitarbeiter-, Technologie-, Innovationsorientierung etc. geschehen. Bei der Beurteilung der Grundorientierung als Indikator für die Kulturstärke sind zunächst wichtige ökonomische und psychographische Eckpfeiler der Unternehmensführung zu erfassen und in einem

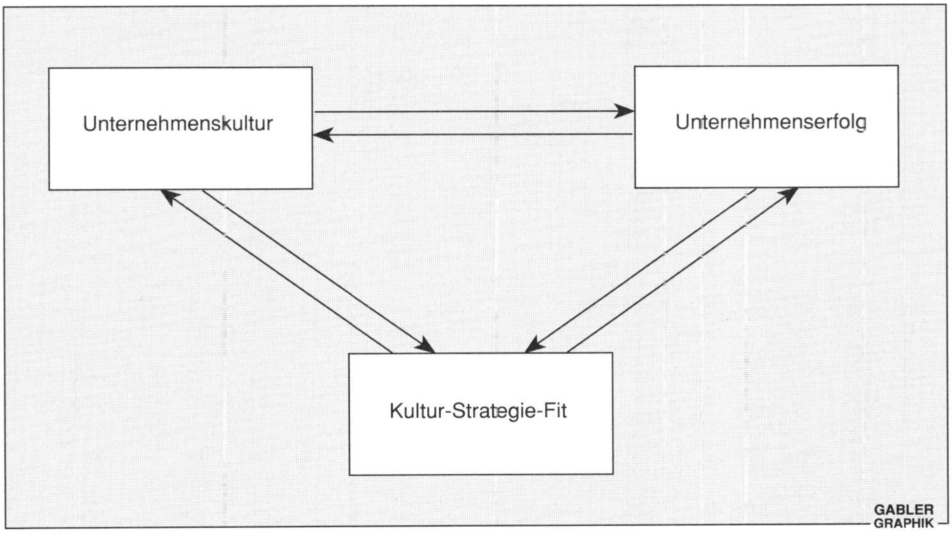

Abbildung 7: Beziehungsstruktur des Kultur-Strategie-Fit (in Anlehnung an Scholz 1987b, S. 99)

Kulturprofil darzustellen (Kobi, Wüthrich 1986, S. 91 ff.). Durch die Berücksichtigung der Kulturausprägungen der Konkurrenten kann darüber hinaus eine Beurteilung der verschiedenen Grundorientierungen im Sinne einer Kulturstärken- und -schwächen-Analyse erfolgen. Wichtig erscheint in diesem Zusammenhang, daß jedes Unternehmen ähnlich den Persönlichkeitsmerkmalen eines Mitarbeiters ein individuell ausgeprägtes Kulturprofil besitzt (Kobi, Wüthrich 1986, S. 98).

Schließlich sind die **Beziehungen** zwischen der Unternehmenskultur und den strategischen Grundhaltungen hinsichtlich ihrer Verträglichkeit zueinander zu untersuchen. Dabei lassen sich beispielsweise nach Miles, Snow in Abhängigkeit der Strategie-Struktur-Beziehungen 4 **Typen von strategischen Grundhaltungen** unterscheiden (Miles, Snow 1978, S. 29; McDaniel, Kolari 1987, S. 20). Die Charakteristika von „Verteidiger", „Prospektor" und „Analysierer" können der Abbildung 8 entnommen werden. Die „Reagierer" als vierter Typ sind dadurch gekennzeichnet, daß ihre Strategie lediglich ein Reagieren auf Umweltveränderungen und -erfordernisse darstellt (Miles, Snow 1978, S. 81 ff.). Eine konsistente Strategie-Struktur-Beziehung ist nicht anzutreffen. Darüber hinaus ist aufgrund ständig wechselnder Verhaltensweisen von einer schwach ausgeprägten Unternehmenskultur bei diesem Strategie-Struktur-Typ auszugehen.

Es ist jedoch zu beachten, daß eine Unternehmung in der Regel keine homogene Einheit bildet. Es bilden sich vielmehr in einer Unternehmung zum Teil unabhängige **Subkulturen** heraus. Neben abteilungsspezifischen, horizontalen Subkulturen (z.B. F&E-Kultur, EDV-Kultur) entstehen insbesondere bei diversifizierten Unternehmen durch die räumli-

	Verteidiger	Analysierer	Prospektor
Strategie	Ich bleibe in der angestammten Domäne Ich strebe nach Kosteneffizienzen	Ich nutze vorhandene Potentiale suche aber auch nach neuen Märkten und Produkten Ich bin effizient im angestammten Bereich und flexibel für neue Bereiche	Ich suche neue Produkte und Märkte und bin dabei flexibel
Dominierender Funktionalbereich	Produktion Finanzierung	keiner	Marketing, Forschung u. Entwicklung
Struktur	Hohe Formalisierung Ausgeprägte Kontrollmechanismen (= Zentralisierung) Einfache Koordination Funktionalbereichsorientierung	Balance zwischen Prospektor und Verteidiger Projektteams Funktionalbereichsorientierung und Profitcentergedanke => Matrixorganisation	Geringe Standardisierung und Formalisierung Komplexe Koordination Divisionale Orientierung (Profitcentergedanke)

GABLER GRAPHIK

Abbildung 8: Merkmale der strategischen Grundhaltung nach Miles, Snow
(Quelle: Boehm-Tettelbach 1990, S. 191)

che oder organisatorische Trennung von Unternehmensbereichen vertikale Subkulturen. Die Bildung von vertikalen Subkulturen entwickelt sich insbesondere in strategischen Geschäftsfeldern, die zumeist spezielle Kulturerfordernisse aufweisen.

In Abhängigkeit von der schon zuvor aufgezeigten Notwendigkeit eines Kultur-Strategie-Fit muß konsequenterweise auch jede aktuelle und zukünftige **Geschäftsfeldstrategie** mit den in der Unternehmenskultur verankerten Werten und Normen verträglich sein. So bedingen beispielsweise service- und beratungsintensive Geschäftsfelder eine konsequente Mitarbeiter- und Kundenorientierung, während Kosten- und Innovationsorientierung tendenziell einen geringeren Stellenwert besitzen.

Da jedoch gleichzeitig die einzelnen strategischen Geschäftsfelder aufgrund ihrer verschiedenartigen strategischen Erfolgspositionen marktstadienspezifische Kulturerfordernisse aufweisen, sollte die **Kulturflexibilität** als wesentliche Voraussetzung für ein erfolgreiches Portfolio-Management sichergestellt werden. Der Erfolg eines strategischen Geschäftsfelds ist dementsprechend davon abhängig, ob eine Stimmigkeit zwischen der jeweiligen Geschäftsfeldstrategie und ihrer Unternehmenskultur bzw. der spezifischen Subkultur erzielt werden kann. Hierbei erweist es sich jedoch als problematisch, daß ein Geschäftsfeld unterschiedliche Phasen im Lebenszyklus durchläuft. Jede Lebenszyklusphase ist durch unterschiedliche Kulturerfordernisse gekennzeichnet, so daß Probleme der

Stimmigkeit fast zwangsläufig aufkommen. Aus diesem Grunde wird die Ist-Kultur nicht in jedem Zeitpunkt mit der Soll-Kultur übereinstimmen.

Um die Forderung nach hinreichender Kulturflexibilität zu berücksichtigen, haben Deshpandé und Parasuraman (Deshpandé, Parasuraman 1986, S. 28 ff.) ein **Kontingenzmodell der strategischen Unternehmenskultur** entwickelt. Unter Verwendung der Typologie von Deal und Kennedy haben sie die Beziehung zum klassischen Marktanteils-Marktwachstums-Portfolio hergestellt. Daneben werden Wechselwirkungen zwischen dem Portfolio, der Kulturtypologie und dem Lebenszyklus-Konzept von Unternehmen und Produkten dargestellt (vgl. Abbildung 9).

Die **„Question Marks“** sind Geschäftsfelder, die sich durch ein hohes Marktwachstum und einen geringen Marktanteil auszeichnen. Diese Geschäftsfelder verfolgen in der Regel Wachstumsstrategien, die auf eine Positionsänderung innerhalb der Matrix gerichtet sind. Die schnelle Durchsetzung einer Strategie erfordert hier das Vorliegen einer **„Setze Dich Durch“-Kultur**. Diese ist gekennzeichnet durch Kreativität und Innovationsfreudigkeit. Aufgrund der hohen Ungewißheit bezüglich des künftigen Marktwachstums und Marktanteils liegt ein hohes Aktivitätsniveau des Managements vor, woraus auch eine erhöhte Risikofreudigkeit resultiert. Da sich die Question Marks meist in der Gründungsphase befinden, besteht darüber hinaus ein hoher Bedarf an der Entwicklung kultureller Artefakte (Scholz, Hofbauer 1990, S. 123).

Die **„Stars“**, gekennzeichnet durch hohes Marktwachstum und einen hohen relativen Marktanteil, streben durch weitere Investitionen die Verbesserung des relativen Marktanteils und die Verteidigung der Marktführerschaft an. In dieser Situation identifizierten Deshpandé und Parasuraman in der Mehrzahl der Fälle eine **„Sei-Risikofreudig“-Kultur**. Dabei ist jedoch das Entstehen von Erfolgsrisiken durch eine zunehmende Wettbewerbsintensität oder eine Überholung des Produktes bereits absehbar. Ein Star sollte ein Wertgerüst besitzen, welches Markt- und Kundenbedürfnisse in den Mittelpunkt stellt. Eine Kosten- oder Technologieorientierung würde hierbei der Konzentration auf Marktbedürfnisse tendenziell entgegenstehen (Scholz, Hofbauer 1990, S. 124).

Bei Geschäftsfeldern, die sich in einer Phase der Marktreife mit geringem Marktwachstum und hohem Marktanteil befinden (**„Cash cow“**), dominiert in der Regel die **„Zieh Dir harte Bandagen an“-Kultur**. Durch das Ausschöpfen von Kostensenkungspotentialen wird versucht, eine hohe Kapitalrendite zu realisieren. Dabei äußert sich die Kostenorientierung im Streben nach Erhöhung der inneren Effizienz durch straffere Organisation und eine striktere Kontrolle. Das ausgeprägte Streben nach innerer Effizienz verursacht jedoch Unstimmigkeiten in dem in der vorangegangenen Lebenszyklusphase als Star entwickelten Werterahmen der Organisationsmitglieder. Zur Durchsetzung der angestrebten Strategie ist nun statt einer starken Kundenorientierung eine Produktions- und Kostenorientierung im Werterahmen zu verankern (Scholz, Hofbauer 1990, S. 125 f.). Darüber hinaus ist diese Phase der Unternehmenskultur dadurch gekennzeichnet, daß als Entscheidungsgrundlage die Erfolgsrezepte der Gründer immer weniger Gültigkeit besitzen und stattdessen detail-

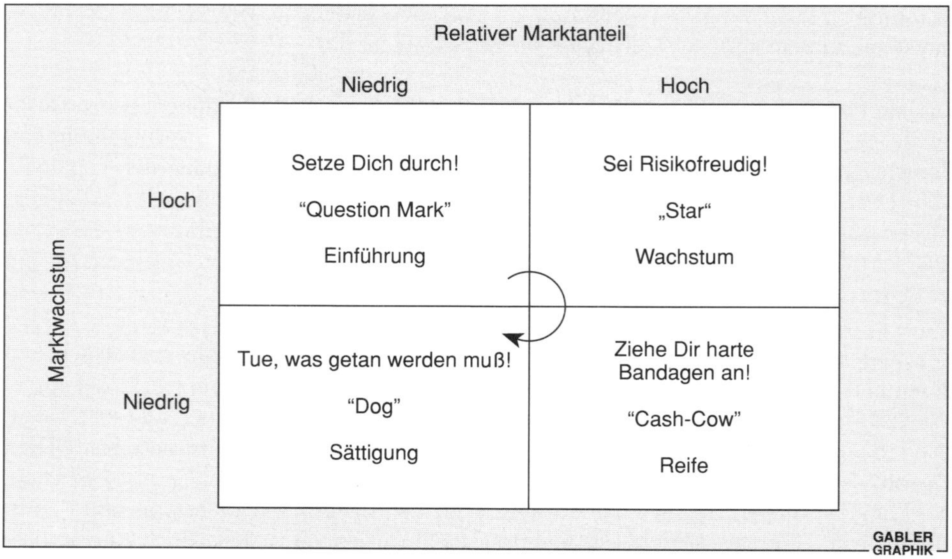

Abbildung 9: Kontingenzmodell der strategischen Unternehmenskultur
(Quelle: Deshpandé, Parasuraman 1986, S. 31)

lierte Budgets und exakte Zahlen herangezogen werden. Hierdurch ergibt sich ein geringeres Flexibilitätserfordernis.

Schließlich ist eine Kultur mit starker Risikoaversion und einer gleichzeitig langsamen Strategiedurchsetzung (**„Tue, was getan werden muß“**) nach Deshpandé und Parasuraman vor allem auf gesättigten oder verteilten Märkten anzutreffen. Da für diese sog. **„Dogs“** eine weitere Marktanteilsausweitung kaum möglich ist, werden Investitionen nur in geringem Umfang getätigt. Es dominieren weiterhin die produktions- und kostenorientierten Werte. Letztendlich wird diese Strategie im Zeitablauf zu einem Marktaustritt führen.

Darüber hinaus besteht für den „Dog“ auch die Möglichkeit, eine Marktbehauptungsstrategie anzustreben. In diesem Zusammenhang nimmt die Kundenorientierung neben der Kostenorientierung einen hohen Stellenwert ein. Eine eindeutige Ausrichtung des „offiziellen Werterahmens“ auf Marketing-, Technologie- und Produktionsorientierung erweist sich jedoch in der Regel als problematisch, da dies zu Unstimmigkeiten mit mindestens einer Variablen der Strategie führt. Zudem erweist sich die Marktbehauptung mit einer Strategieveränderung unter dem Aspekt der Unternehmenskultur nur dann als sinnvoll, wenn der durch einen Strategiewechsel verursachte „Kulturschock“ durch gezielte Verhaltensänderungen aufgefangen werden kann (Scholz, Hofbauer 1990, S. 126 ff.). Insgesamt ist es daher schwierig, Marktbehauptungsstrategien umzusetzen, wenn ein Unternehmen einen festen, eindeutigen Werterahmen besitzt.

Der aufgezeigte Kontingenzansatz stellt eine stark vereinfachende, **idealtypische Taxonomie** dar, die versucht, für einzelne Geschäftsfelder in Abhängigkeit von der intendierten Strategie spezifische Kulturerfordernisse abzuleiten. Dabei wird Geschäftsfeldern in jungen Märkten eine erhöhte Technologie- und Produktorientierung zugesprochen, während in gesättigten Märkten eine verstärkte Kunden-, Wettbewerbs- und Kostenorientierung notwendig erscheint.

Die meisten Unternehmen sind jedoch nicht in der Lage, einen ausreichenden „Fit“ zwischen Unternehmenskultur und spezifischer Geschäftsfeldsituation herzustellen. Die Schwierigkeit besteht letztlich darin, sowohl einen historisch gewachsenen Kulturkern in Form der Unternehmensphilosophie zu erhalten als auch die Unternehmenskultur situations- und geschäftsfeldspezifisch anzupassen. Die Unternehmenskultur wird sich nur zum Teil automatisch an die sich verändernden Bedingungen anpassen.

Über die Notwendigkeit der Anpassung der Unternehmenskultur an die spezifischen Erfordernisse der Geschäftsfelder hinaus besitzt die Unternehmenskultur einen erheblichen Einfluß bei der **Identifikation neuer und dem Rückzug aus alten Geschäftsfeldern**, indem sie eine Entscheidungs- und Kontrollfunktion ausübt. In beiden Fällen können solche Geschäftsfelder, die durch ein hohes Risiko der Kulturunverträglichkeit gekennzeichnet sind, vermieden und zugunsten kulturkonformer Geschäftsfelder aufgegeben werden. Im Falle eines Marktaustritts ist insbesondere zu beachten, daß die Aufgabe des Geschäftsfeldes nicht zu unüberschaubaren Kultur- und Identitätsrisiken für die Gesamtunternehmung führt. Diese Risiken entstehen vor allem bei der Aufgabe traditioneller Geschäftsfelder, da hierdurch eine veränderte Kultur- und Imageeinschätzung des Unternehmens durch die Abnehmer bei unveränderter, unternehmensinterner Kultur entstehen kann.

4.33 Kulturelle Aspekte bei der Bestimmung von Marketingstrategien

Die Unternehmenskultur übt einen erheblichen Einfluß auf die Bearbeitung bisheriger oder neuer Geschäftsfelder aus. Bei der Strategieplanung der **Geschäftsfelder** ist davon auszugehen, daß kulturgeprägte Präferenzen des Management, die sich aus Strategieerfolgen und -mißerfolgen der Vergangenheit ableiten, das Unternehmensverhalten beeinflussen.

Der Grad der Beeinflussung ist dabei von der vorliegenden **Kulturstärke** abhängig. Es kann davon ausgegangen werden, daß ein Zusammenhang besteht zwischen einer undifferenzierten Marktbearbeitung und einer weniger ausgeprägten Unternehmenskultur einerseits und einer differenzierten bzw. konzentrierten Marktbearbeitung bei stärkerer Kulturausprägung andererseits. Diese Beziehung beruht auf der Tatsache, daß starke, vielfach kontinuierlich gewachsene Unternehmenskulturen aufgrund zahlreicher Ereignisse in der Vergangenheit zu eindeutigen Strategie- und Segmentpräferenzen führen. Im Gegensatz zu dieser traditionsorientierten Handlungsweise etablierter Unternehmen werden sog. „start-up-companies", die nur in geringerem Maße Kultur und Tradition besitzen, vornehmlich nach den persönlichen Präferenzen der Gründer bzw. Führungskräfte agieren und zunächst eher zur undifferenzierten Marktbearbeitung neigen (Bleicher 1986).

Hinsichtlich der Grundtypen von Wettbewerbsstrategien im Sinne der **Strategiealternativen Porters** sind spezielle Interdependenzen zwischen Strategieinhalt und Kulturmerkmalen feststellbar. So ist eine Differenzierungsstrategie und die damit verbundene Qualitätsführerschaft langfristig nur durch eine Unternehmenskultur zu realisieren, die Individualität, Risikobereitschaft und produktbezogene Innovation fördert (Altschul 1986, S. 22).

Dagegen stehen bei der Verfolgung von Kosten- und Preisführerschaftsstrategien produktionsorientierte, eher introvertierte Grundhaltungen im Vordergrund. In vielen Fällen wird sich die Unternehmenskultur bei kostenorientierten Strategien auf den sog. Kulturkern beschränken. Eine konsequente Kostenorientierung läßt oft nur wenig Freiraum für die Entwicklung eines umfangreichen kulturellen Netzwerks.

Wird eine **Kooperation** mit den Wettbewerbern angestrebt, so erweist sich die Bestimmung kultureller Risiken als besonders bedeutsam, da zahlreiche Praxisbeispiele (Siemens/Nixdorf; VW/Triumph-Adler; Daimler Benz/MTU/AEG/Dornier) belegen, daß ein Aufeinanderprallen von unterschiedlichen Unternehmenskulturen einen erheblichen Koordinationsaufwand erfordert. Grundsätzlich ist für eine erfolgreiche Kooperation die kulturelle Stimmigkeit zwischen den Unternehmen Voraussetzung. Daher ist vor jeder Kooperation eine genaue Stimmigkeitsanalyse durchzuführen, die neben dem strategischen Fit vor allem den kulturellen Fit untersucht. Ergeben sich nach dieser Analyse zu große Abweichungen, sollte von der geplanten Kooperation Abstand genommen werden (Scholz, Hofbauer 1990 S. 135).

Im Zuge einer zunehmenden **Internationalisierung** der Unternehmensführung und des Marketing (Meffert 1986b) besteht bei internationalen Kooperationsstrategien nicht nur das Risiko unterschiedlicher Unternehmenskulturen, sondern darüber hinaus bedürfen verschiedene Länderkulturen mit andersartigen Kaufgewohnheiten und Einstellungen einer besonderen Abstimmung. Das Beispiel „strategischer Allianzen" im Automobilmarkt mit einer Verschmelzung von Konkurrenzangeboten und Wirtschaftsräumen deutet an, wie sehr sich die effektive Koordination von Einzelkulturen zu einem wichtigen strategischen Erfolgsfaktor entwickelt (Schmidt 1986, S. 56 ff.).

Neben der kulturabhängigen Strategiewahl verdient der Aspekt der **kulturbezogenen Wettbewerbsprofilierung** besondere Beachtung (Kobi, Wüthrich 1986, S. 46 ff.). Demnach stellt eine starke Unternehmenskultur aufgrund ihrer Entstehungsdauer und ihres Erfahrungsschatzes die Grundlage für einen schwer kopierbaren Wettbewerbsvorteil dar. Im Gegensatz zur produkt- und verfahrensbezogenen Profilierung durch Sach- und Finanzmittelpotentiale (physische Profilierung) lassen sich die verhaltensprägenden Wirkungen, die aus einer starken Unternehmenskultur resultieren (verhaltensmäßige Profilierung) kurzfristig nur schwer nachahmen. Die verhaltensmäßige Profilierung bietet demnach einen weitaus größeren Imitationsschutz als die physische Profilierung. Als Beispiele für verhaltensmäßige Profilierungen sind zum Beispiel die kulturgeprägten Führerschaftsstrategien im Automobilmarkt (z.B. Daimler-Benz) oder in der Beratungsbranche (z.B. McKinsey) anzusehen. Die bewußte Pflege und Gestaltung der eigenen Kulturposition wird sich unter diesen Voraussetzungen langfristig immer mehr von einer Rahmenbedingung des konkurrenzorientierten Handelns zu einer notwendigen, erfolgsbestimmenden Nebenbedingung entwickeln.

4.34 Kulturorientierter Einsatz der Marketinginstrumente

Die Frage nach den Interdependenzen zwischen Unternehmenskultur und Marketing-Mix ist bisher nur von wenigen Marketing-Verantwortlichen gestellt worden (Angehrn 1986, S. 201 ff.). Dennoch kann davon ausgegangen werden, daß das durch die Unternehmenskultur geprägte Erscheinungsbild eines Unternehmens wesentlich von seinen produkt- und kommunikationspolitischen Maßnahmen bestimmt wird.

Indem das Unternehmen im Rahmen der **Produktgestaltung** seine Erzeugnisse mit bestimmten Qualitäten, Inhalten und Formen ausstattet, werden im Kulturkern verankerte Grundsätze nach außen dokumentiert. Dieses zeigt sich insbesondere im Design (z.B. kulturprägendes Design von Braun) sowie in der Service- und Kundenorientierung eines Unternehmens. Auch die in der Unternehmenskultur von Daimler-Benz enthaltene Wertvorstellung „Das Beste oder nichts" spiegelt sich unmittelbar in den Produkten des Automobilherstellers wieder (o.V. 1985, S. 74). Beim Vorliegen einer Unternehmenskultur mit besonderer Qualitätsorientierung werden über Produktstandards hinaus auch Entscheidungen bezüglich der Produkteliminierung oder bezüglich der Einführung von Produktinnovationen beeinflußt.

Darüber hinaus ergeben sich unmittelbare **Wechselwirkungen zwischen Unternehmenskultur und Markenpolitik**. Insbesondere eine Dachmarkenpolitik wird durch die kulturellen Grundsätze (z.B. Kontinuität, Qualität etc.) mitgeprägt. Gleichzeitig können aber im Bereich der Firmen- oder Produktmarken (VW/Audi) auch unterschiedliche Kulturausprägungen (Resultatsorientierung, Kundenorientierung etc.) vorhanden sein, wenn diese weiterhin vom Kulturkern geprägt sind. Darüber hinaus ist die Kommunikation der Unternehmenskultur in fast allen Fällen an das Vorhandensein einer Marke und deren Image gebunden. Demnach trägt die Markenpolitik nicht unwesentlich zur Operationalisierung der Unternehmenskultur bei.

Beim Vorliegen einer kulturorientierten Produktpolitik ergeben sich gleichzeitig Konsequenzen für die **Preisgestaltung**, da ein festgelegter Produktstandard die Preisfestsetzung in entscheidendem Maße beeinflußt. Bei Niedrigpreisprodukten und Massenartikeln ist zum Beispiel davon auszugehen, daß die Unternehmenskultur eine stärkere Kosten- und Resultatsorientierung aufweist. Daher übt die Unternehmenskultur weniger Einfluß auf die Produktqualität aus. Sie gibt vielmehr preisstrategische Entscheidungshilfen. Liegt hingegen ein Qualitätsprodukt vor, so bewirken eine entsprechende Kunden- und Technologieorientierung im Rahmen der Unternehmenskultur auch eine Festlegung von höheren Preisen sowie ein erhöhtes Ausmaß an Preisdifferenzierung.

Das Wirkungspotential der Unternehmenskultur wird besonders im **Kommunikationsmix** des Unternehmens deutlich, da die Marktkommunikation wesentlich zur Vermittlung und Visualisierung der Kulturmerkmale beiträgt. So sind alle Aktivitäten, die sich mit der Erarbeitung und Verwirklichung eines Corporate-Identity-Konzeptes befassen, von der Unternehmenskultur geprägt. Dabei stellt die Corporate Identity einen Bestandteil der Unternehmenskultur dar. Dies wird vor allem an den Teilbereichen Corporate Design, Corporate Communications und Corporate Behaviour einer CI-Strategie deutlich.

Die zentrale Zielsetzung einer **Corporate-Identity-Strategie** besteht in der marktgerichteten Einflußnahme auf die Ist-Kultur zur Realisierung einer langfristig anzustrebenden Soll-Unternehmenskultur. Hierbei finden sich Symbole und unternehmenstypische Zeichen im Corporate Design, kommunizierte Werte und Normen innerhalb der Corporate Communications sowie Rituale und Verhaltensausprägungen einer Unternehmenskultur im Corporate Behaviour wieder. Auf diese Weise werden wichtige Soll-Kulturelemente gegenüber den Marktpartnern kommuniziert und bilden somit das Fundament aller Kommunikationsmaßnahmen. Demnach werden sowohl in der Werbung und der Verkaufsförderung als auch im persönlichen Verkauf stets Merkmale der Unternehmenskultur zur Imagebildung gegenüber Umwelt und Abnehmern verwandt.

Schließlich ist die **Distributionspolitik** ähnlich den preispolitischen Maßnahmen nur mittelbar Kulturwirkungen ausgesetzt. Die Art der Kundenansprache und Kundenbetreuung ist Ausdruck einer bestimmten Grundorientierung. Beispielsweise werden technologieorientierte Unternehmen den Einsatz neuer Medien im Außendienst oder das „Tele-Selling" bevorzugen, während kundenorientierte Firmen eher die individuelle, persönliche Beratung mit einem aufwendigen Servicenetz verbinden. Ebenso initiiert eine ausgeprägte Resultats- und Kostenorientierung einen kostengünstigen Direkt- oder SB-Filialvertrieb (Bonoma 1984, S. 170 ff.).

Zusammenfassend ist festzustellen, daß die Unternehmenskultur den Einsatz von Marketinginstrumenten in vielfältiger Weise beeinflußt. Abbildung 10 gibt einen synoptischen Überblick der wesentlichen Einflüsse. Darüber hinaus lassen sich aus dem kulturorientierten Einsatz des Marketing-Mix zwei Schlüsselfunktionen ableiten. Einerseits übernehmen Marketingmaßnahmen die Visualisierung und Vermittlung der Unternehmenskultur gegenüber den Abnehmern. Andererseits liefern das Konsumentenverhalten sowie insbesondere die Reaktionen der Konsumenten auf das Kulturverhalten des Unternehmens wichtige Informationen für eventuelle Kultur- oder Imagekorrekturen.

Kulturwirkung / Marketing-Mix	Einfluß der Unternehmenskultur
Produktpolitik	– Kulturadäquate Produktgestaltung (Qualität, Form, Inhalt) – Grad der Service- und Kundendienstorientierung – Beeinflußung der Produkteliminierung und Innovation – Setzen von Produktstandards
Kommunikations-politik	– Vermittlung der Unternehmenskultur durch Corporate-Identity-Maßnahmen – Kommunikation der Soll-Unternehmenskultur – Zuordnung von Kulturmerkmalen zu: – Corporate Design (Symbole, Firmenzeichen) – Corporate Communications (Kommunikation von Werten und Normen) – Corporate Behaviour (Verhaltensausprägungen) – Beitrag der Unternehmenskultur zur Imagebildung – Impliziter Bestandteil von Werbung, Verkaufsförderung, persönlichem Verkauf, etc.
Distributions-politik	– Grundorientierungen beeinflussen den Vertriebsweg Beispiel: – Technologieorientierung/Tele-selling – Kundenorientierung/Fachgeschäft/Service – Resultats- und Kostenorientierung/SB-Filialvertrieb – Verhalten der Vertriebsorganisation
Preispolitik	– Grundorientierungen beeinflussen die Preissetzung Beispiel: – Resultats- und Kostenorientierung/Niedrigpreisstrategie – Kunden- und Technologieorientierung/Hochpreisstrategie

GABLER GRAPHIK

Abbildung 10: Einfluß der Unternehmenskultur auf das Marketing-Mix

4.4 Ausblick

Die marktorientierte Unternehmensführung wird als Folge der Vielschichtigkeit kultureller Einflüsse künftig stärker als bisher von den Wechselwirkungen zwischen Unternehmenskultur und Unternehmenskonzeption geprägt. Eine längerfristige Akzentsetzung und Ausrichtung der Geschäftstätigkeit wird zukünftig nicht mehr ausschließlich von der strategischen Planung und ihren Konzepten bestimmt. Vielmehr bedarf es zusätzlicher unterstützender Maßnahmen aus dem Bereich der Unternehmenskultur. Der Prozeß einer bewußten Integration von Unternehmenskultur und Unternehmensführung wird sich damit weiter verstärken.

Literaturhinweise

Abels, H. (1985): Gesellschaftsorientierte Unternehmensstrategien, in: Harvard Manager, Nr. 2, 1985, S. 96-101.

Altschul, K. (1986): Unternehmenskultur – die Masche der 80er Jahre, in: Absatzwirtschaft, Nr. 5, 1986, S. 20-29.

Angehrn, O. (1986): Marketing und Kultur, in: Gfk – Jahrbuch der Absatz- und Verbrauchsforschung, Nr. 2, 1986, S. 201-208.

Ansoff, H.I. (1984): Implanting Strategic Management, Englewood Cliffs, N.J. 1984.

Bleicher, K. (1986): Strukturen und Kulturen der Organisation im Umbruch: Herausforderung für den Organisator, in: Zeitschrift Führung und Organisation, Nr. 2, 1986, S. 97-108.

Boehm-Tettelbach, P. (1990): Unternehmenspolitischer Rahmen und Strategisches Management, München 1990.

Bonoma, Th.V. (1984): Managing Marketing, Text, Cases and Readings, New York 1984.

Deal, T.E., Kennedy, A.A. (1982): Corporate Cultures: The Rites and Rituals of Corporate Life, Mass. 1982.

Deshpandé, R., Webster, F. E. (1987): Organisational Culture and Marketing: Defining the Research Agenda, Report No. 87-106, Marketing Science Institute, Cambridge 1987.

Deshpandé, R., Parasuraman, A. (1986): Linking Corporate Culture to Strategic Planning, in: Business-Horizons, May-June 1986, S. 28-37.

Dierkes, M. (1988): Unternehmenskultur und Unternehmensführung: Konzeptionelle Ansätze und gesicherte Erkenntnisse, in: Zeitschrift für Betriebswirtschaft, Heft 5/6, 1988, S. 554-575.

Dill, P., Hügler, G. (1987): Unternehmenskultur und Führung betriebswirtschaftlicher Organisationen – Ansatzpunkte für ein kulturbewußtes Management, in: Heinen, E. (Hrsg.): Unternehmenskultur, München 1987, S. 141-210.

Freimuth, J. (1985): Organisationskultur- Ihre Bedeutung für den Erfolg von Unternehmungen, in: Wirtschaftswissenschaftliches Studium, Heft 2, 1985, S. 89-92.

Graves, D. (1986): Corporate Culture – Diagnosis and Change, London 1986.

Gussmann, B., Breit, C. (1987): Ansatzpunkte für eine Theorie der Unternehmenskultur, in: Heinen, E. (Hrsg.): Unternehmenskultur, München 1987, S. 107-128.

Haire, M., Ghiselli, E., Porter, L. (1966): Managerial Thinking: An International Study, New York 1966.

Harbison, F.H., Myers, C.A. (1959): Management in the Industrial World: An International Analysis, New York 1959.

Heinen, E. (1985): Entscheidungsorientierte Betriebswirtschaftslehre und Unternehmenskultur, in: Zeitschrift für Betriebswirtschaft, Heft 10, 1985, S. 980-990.

Heinen, E. (1987): Unternehmenskultur als Gegenstand der Betriebswirtschaftslehre, in: Heinen, E. (Hrsg.): Unternehmenskultur, München 1987, S. 1-48.

Heinen, E., Dill, P. (1986): Unternehmenskultur – Überlegungen aus betriebswirtschaftlicher Sicht, in: Zeitschrift für Betriebswirtschaft, Heft 3, 1986, S. 202-218.

Heinen, E., Dill, P. (1990): Unternehmenskultur aus betriebswirtschaftlicher Sicht, in: Simon, H. (Hrsg.): Herausforderung Unternehmenskultur, Stuttgart 1990, S. 12-24.

Jelinek, M., Smirich, L., Hirsch, P. (1983): Introduction: A code of many colors, in: Administrative Science Quarterly 28, 1983, S. 331 ff.

Keller, E. (1982): Management in fremden Kulturen, Bern 1982.

Keller, A. (1990): Die Rolle der Unternehmenskultur im Rahmen der Differenzierung und Integration der Unternehmung, Bern, Stuttgart 1990.

Kobi, J.-M., Wüthrich, H.A. (1986): Unternehmenskultur verstehen, erfassen und gestalten, Landsberg am Lech 1986.

Kreutzer, R., Jugel, S. Wiedmann, K.-P. (1986): Unternehmensphilosophie und Corporate Identity, Arbeitspapier Nr. 40 des Instituts für Marketing an der Universität Mannheim, Mannheim 1986.

Krulis-Randa, J.S. (1984): Reflexionen über die Unternehmenskultur, in: Die Unternehmung, Nr. 4, 1984, S. 358-371.

Kühn, R., Schnyder, A. B. (1986): Präzisierung des Unternehmenskultur-Modells unter Berücksichtigung ethnologischer Erkenntnisse, Arbeitspapier Nr. 99 des Wirtschafts- und Sozialwissenschaftlichen Instituts an der Universität Freiburg/Schweiz, Freiburg 1986.

McDaniel, S.W., Kolari, J.W. (1987): Marketing Strategy Implications of the Miles and Snow Strategic Typology, in: Journal of Marketing, Okt. 1987, S. 19-30.

Meffert, H. (1986): Marketing. Grundlagen der Absatzpolitik, 7. Aufl., 1986.

Meffert, H., Bruhn, M., Schubert, F., Walther, Th. (1985): Marketing und Ökologie – eine Bestandsaufnahme, Arbeitspapier Nr. 25 der Wissenschaftlichen Gesellschaft für Marketing und Unternehmensführung e.V., Hrsg.: H. Meffert, H. Wagner, Münster 1985.

Meffert, H., Hafner, K., Poggenpohl, M. (1988): Unternehmenskultur und Unternehmensführung – Ergebnisse einer empirischen Untersuchung, Arbeitspapier Nr. 43 der Wissenschaftlichen Gesellschaft für Marketing und Unternehmensführung e.V., Hrsg.: H. Meffert, H. Wagner, Münster 1988.

Ouchi, W.G., Theory Z (1981): How American Business can meet the Japanese Challenge, Reading/Mass. 1981.

Ouchi, W.G., Wilkins, A.L. (1985): Organizational Culture, in: Annual Review of Sociology, Nr. 11, 1985, S. 457-583.

o.V. (1985): Unternehmenskultur – Bewegung mit Werten, in: Wirtschaftswoche, Nr. 47 vom 15.11.1985, S. 70-87.

Pascale, R., Athos, A.G. (1981): The Art of Japanese Management, New York 1981.

Pümpin, C., Kobi, J.M., Wüthrich, H.A. (1985): Unternehmenskultur. Basis strategischer Profilierung erfolgreicher Unternehmen, in: Die Orientierung, Nr. 85, Hrsg.: Schweizerische Volksbank, Bern 1985.

Sackmann, S. (1986): Organisationskultur. Die unsichtbare Einflußgröße, in: Gruppendynamik, 1986, S. 396-406.

Sandner, G. (1988): „Von Mythen und Märchen, Kulturpflege und Sinn-Management": Organisationskultur als Gegenstand der Organisationsforschung, in: Die Betriebswirtschaft, Nr. 5, 1988, S. 651-670.

Schein, E.H. (1985): Organizational culture and leadership, San Francisko 1985.

Schmidt, W.P. (1986): Unternehmens- und Marketingstrategien: Arealstrategien der Volkswagen AG, in: Unternehmensstrategie und Marketing aus europäischer und amerikanischer Perspektive – Dokumentation des 11. Münsteraner Führungsgesprächs, Arbeitspapier Nr. 34 der Wissenschaftlichen Gesellschaft für Marketing und Unternehmensführung e.V., Hrsg.: H. Meffert, H. Wagner, Münster 1986, S. 56-65.

Scholz, Ch. (1987a): Informationskultur: Erklärung und Gestaltung mit Hilfe der dualen Regelung, Arbeitspapier Nr. 4 des Lehrstuhls für Betriebswirtschaftslehre, insb. Organisation, Personal- und Informationsmanagement der Universität des Saarlandes, Heidelberg 1987.

Scholz, Ch. (1987b): Strategisches Management. Ein integrativer Ansatz, Berlin, New York 1987.

Scholz, Ch. (1987c): Corporate Culture and Strategy – The Problem of Strategic Fit, in Long Range Planning, Vol. 20, 1987, S. 78-87.

Scholz, Ch., Hofbauer, W. (1990): Organisationskultur. Die vier Erfolgsprinzipien, Wiesbaden 1990.

Schwarz, G. (1989): Unternehmenskultur als Element des Strategischen Managements, Berlin 1989.

Sethia, N.K., von Glinow, M.A. (1985): Arriving at Four Cultures by Managing the Reward System, in: R.H. Kelmann, M.J. Saxton, R. Serpa (Hrsg.): Gaining Control of the Corporate Culture, San Francisco 1985, S. 400-420.

Smirich, L. (1983): Concepts of Culture and Organisational Analysis, in: Administrative Science Quarterly, Sept. 1983, S. 339 ff.

Zürn, P. (1985): Vom Geist und Stil des Hauses, 2. überarb. Aufl., Landsberg am Lech 1985.

5. Flexibilität als Erfolgsfaktor der Unternehmung

5.1 Wachsender Flexibilitätsbedarf als Herausforderung an die Unternehmensführung

Seit der Veröffentlichung des Buches „In Search of Excellence" und der PIMS-Studie sind die Erfolgsfaktoren der Unternehmung und des Marketing Gegenstand der Diskussion in Wissenschaft und Praxis. Erstaunlicherweise wird dabei dem Aspekt der Unternehmens- und Marketing-Flexibilität vergleichsweise wenig Beachtung geschenkt. Zwar werden bei Peters/Waterman das flexible Eingehen auf Kundenwünsche und flexible Organisationseinheiten besonders hervorgehoben, in der PIMS-Studie fehlt diese Größe jedoch ganz. Dies wirft die Frage auf, welche Bedeutung der Marketing-Flexibilität als Erfolgsfaktor der Unternehmung zukommt.

Es ist offenkundig, daß sich die Erfolgsbedingungen vieler Unternehmungen angesichts der anstehenden Herausforderungen und strategischen Anpassungserfordernisse ständig verändern. Vor dem Hintergrund ökologischer Probleme, dem Wandel des Konsumentenverhaltens und der Technologiedynamik erhält das sog. „Gesetz der erforderlichen Varietät" (Ashby 1961, S. 82 ff.) im „Zeitalter der Diskontinuitäten" neue Aktualität. Danach gilt – stark vereinfacht – als **Überlebensbedingung für offene Systeme**, daß mit zunehmender Varietät und Turbulenz der Umwelt die erforderliche Varietät eines Systems ebenso ansteigen muß. Dementsprechend erlangt das Flexibilitätsphänomen im Marketing eine neue Dimension. Die Forderung nach mehr Freiheitsgraden, größeren Handlungsspielräumen, kürzeren Reaktionszeiten und höherer Mobilität wird immer mehr in Beziehung zur Unternehmensstrategie und den Überlebenszielen der Unternehmung gesehen.

Flexibilität darf indes keinesfalls mit ad-hoc-Management und Improvisation gleichgesetzt werden, die wegen fehlender strategischer Ausrichtung der Unternehmung – häufig in hektischen Aktionen – zur Abwehr von Bedrohungen und Wahrnehmung von Chancen eingesetzt wurden. An die Stelle des Improvisierens und der partiellen Anpassungsfähigkeit in einzelnen Funktionsbereichen (z. B. Marketing-, Produktions-, Finanzflexibilität) muß eine **integrative und strategische Planung der Unternehmensflexibilität** treten. Sie beinhaltet alle zukunftsgerichteten Überlegungen der langfristigen Schaffung und Sicherung von Handlungsspielräumen zur Begegnung von Risiken und Wahrnehmung von Chancen. Eine systematische Flexibilitätsplanung erfordert die Abstimmung der unternehmerischen Flexibilitätspotentiale bzw. flexibilitätssteigernden Maßnahmen mit dem jeweils gegebenen Flexibilitätsbedarf.

5.2 Ziel-, Strategie- und Situationsabhängigkeit der Flexibilität

Unternehmensflexibilität kann prinzipiell keinen Selbstzweck darstellen und dementsprechend kein tragendes Geschäftsprinzip sein. Sie ist vielmehr ziel-, strategie- und situationsabhängig (Meffert 1968, S. 7 ff.; Meffert 1969, S. 798 f.).

Die zentrale Zielsetzung der Flexibilitätssteigerung wurde lange in der Sicherung des Unternehmensbestandes durch gezielte **Risikovorsorge** gesehen. In jüngerer Zeit wird jedoch immer deutlicher, daß unerwartet auftretende Marktchancen (z. B. neue Technologien) nur dann konsequent aufgegriffen werden können, wenn die Unternehmung auf die Nutzung solcher **Handlungsspielräume** vorbereitet ist. Oder anders ausgedrückt: Unzureichende Flexibilität ist dann mit erheblichen Wettbewerbsnachteilen verbunden wenn sie Opportunitätskosten durch Gewinnentgang verursacht.

Freilich steht dieser komplementären Beziehung zwischen der Flexibilitätssteigerung und den Oberzielen der Unternehmung auch eine konfliktäre gegenüber. Denn flexibilitätssteigernde Maßnahmen (z. B. das Halten von quantitativen und qualitativen Kapazitätsreserven) rufen bekanntlich Mehrkosten hervor. In dieser **gegenläufigen Tendenz von Flexibilitätsvorteilen und Kostennachteilen** liegt das Dilemma der Flexibilitätsplanung. Seine Lösung erfordert die Bestimmung des optimalen Ausmaßes der Flexibilität, auf das später eingegangen wird.

Der Flexibilitätsbedarf und das Anpassungspotential einer Unternehmung werden in entscheidendem Maße auch von den verfolgten Strategien der Unternehmung bestimmt. Flexibilität ist also keine Strategie per se; sie ist eine Eigenschaftsdimension von Strategien.

5.3 Ausprägungen der Flexibilität

Die Literatur kennt eine Vielzahl unterschiedlicher Flexibilitätsarten. So unterscheidet z. B. Ansoff zwischen interner und externer Flexibilität (Ansoff 1984, S. 76 ff.). **Interne Flexibilität** ist gegeben, wenn die Ressourcen und Fähigkeiten im Marketing schnell und effizient von einem Geschäftsfeld auf das andere übertragen werden können. **Externe Flexibilität** strebt zwischen den Geschäftsfeldern einer Unternehmung einen Risikoausgleich an. Sie kann entweder defensiv oder offensiv wahrgenommen werden. Defensive externe Flexibilität beinhaltet z. B. das Engagement in Multiproduktmärkten zur Abwehr von Risiken (Risikoausgleich), während die offensive externe Flexibilität die Teilnahme an verschiedenen technologischen Entwicklungen zur Wahrnehmung von Chancen beinhaltet. Diese Art von Flexibilität praktizieren vor allem japanische High-Tech-Firmen.

Aaker und Mascarenhas gelangen aufgrund ihrer empirischen Untersuchung zu folgenden Stoßrichtungen der Flexibilität (Aaker, Mascarenhas 1984, S. 74 ff.).

- Entwicklung von Diversifikationsstärken (z. B. ausgeglichene Produkt- bzw. Lieferantenportfolios).
- Investition in Reservekapazitäten (z. B. quantitative und qualitative Vertriebsreserven).
- Reduktion der Abhängigkeit von spezialisiert nutzbaren Ressourcen (z. B. Einzel- statt Dachmarkenkonzepte).

Aufbauend auf diesen Überlegungen soll im folgenden zwischen der Built-in-Flexibilität und der Handlungsflexibilität unterschieden werden. Die daraus abgeleiteten Flexibilitätskonzepte sind in Abbildung 1 wiedergegeben.

Das Dilemma der Flexibilitätsplanung kommt in der Gegenüberstellung der beiden grundlegenden Optionen zur Sicherung der Anpassungsfähigkeit der Unternehmung besonders deutlich zum Ausdruck.

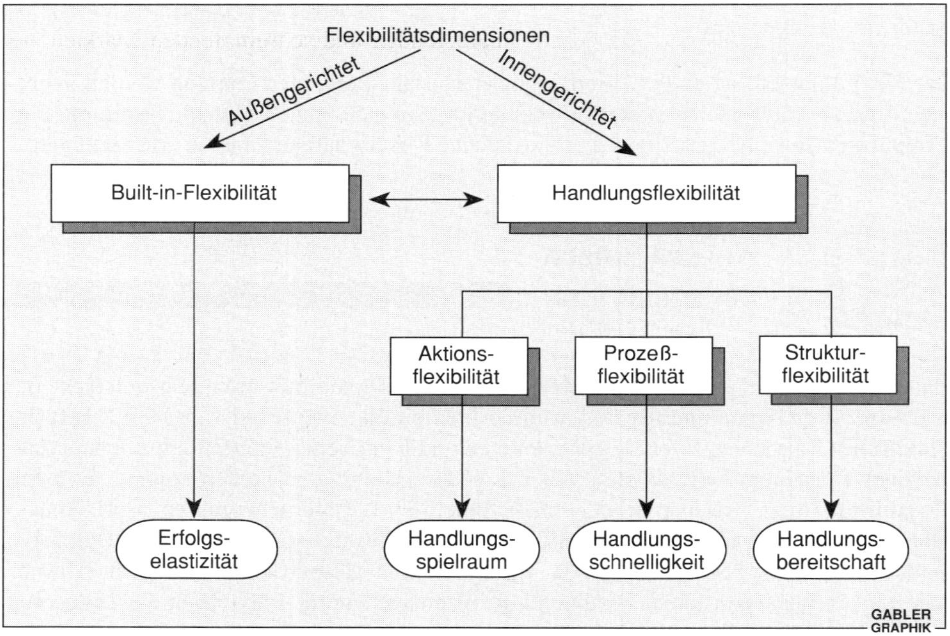

Abbildung 1: Flexibilitätsdimensionen

Die **Built-in-Flexibilität** zielt darauf ab, durch Maßnahmen der Risikovorsorge den negativen Einfluß von Umweltentwicklungen auf den Unternehmenserfolg gering zu halten. Man ist bemüht, sich durch eine Streuung der Unternehmensaktivitäten auf unterschiedliche Märkte und/oder eine Risikoabwälzung auf die Marktpartner gegenüber Umwelteinflüssen resistent zu machen (geringe Erfolgselastizität).

Speziell in den 70er Jahren gewannen **Diversifikationsstrategien** zunehmend an Bedeutung, häufiger jedoch mit dem Ziel der Wachstumssicherung als mit dem der Risikostreuung. Wurden sie zur Steigerung der Built-in-Flexibilität eingesetzt, dann vor allem zum Ausgleich saisonaler und konjunktureller Absatzschwankungen. Nur wenigen Unternehmen ist es jedoch gelungen, sich den dynamischen Veränderungen im Unternehmensumfeld durch Diversifikationsstrategien zu entziehen.

Hierfür lassen sich vor allem folgende Gründe anführen:

- Eine zu starke Produktdiversifizierung führte häufig zu einer „Verzettelung", zu einem Verlust an Synergien im Absatz-, Produktions-, Finanz- sowie Forschungs- und Entwicklungsbereich.
- Die Streuung der Absatzaktivitäten hat an Bedeutung verloren. Attraktive Wachstumsmärkte sind größtenteils mit wettbewerbsstarken Anbietern belegt. Der Risikoausgleich im Sinne des Portfoliogedankens wird auch unter Einbeziehung der Auslandsmärkte (high-risk-low-chance) immer weniger möglich.
- Die Unternehmen sehen sich in stagnierenden und schrumpfenden Märkten aus Kosten- und Wettbewerbsgründen gezwungen, ihre Produktlinien zu straffen. Es fehlt vielerorts der finanzielle Spielraum für Diversifikationen.

Auch eine weitere bewährte Strategie der Risikovorsorge, nämlich die **Rückwärts- und Vorwärtsintegration** scheint wegen des damit verbundenen erheblichen Kapitalbedarfs, der hohen Fixkostenbelastungen und wachsender Marktaustrittsbarrieren in vielen Branchen nicht mehr gangbar. Daraus folgt, daß heute und mehr noch in Zukunft die Unternehmungen den grundlegenden Strukturveränderungen mit einer offensiven Erhöhung ihrer Handlungsflexibilität begegnen müssen.

Im Gegensatz zu dieser defensiven Absicherung ist die **Handlungsflexibilität** darauf ausgerichtet, die Reaktionskapazität der Unternehmung zu erhöhen, d. h. sie verschafft Freiheitsgrade, um auch in schwierigen, nicht vorhersehbaren Situationen „einen guten Zug tun zu können".

Im folgenden sollen – stark vereinfacht und ohne Anspruch auf Überschneidungsfreiheit – drei Ansatzpunkte zur Gestaltung der Handlungsflexibilität unterschieden werden:

- die **Aktionsflexibilität** als Menge der Handlungsspielräume in den Funktionsbereichen der Unternehmung,

- die **Prozeßflexibilität** als Handlungsschnelligkeit im Bereich der Planung und Entscheidungsumsetzung,
- die **Strukturflexibilität** als Handlungsbereitschaft im Bereich der Organisation, des Personals und der Führungssysteme.

5.31 Aktionsflexibilität zur Sicherung von Handlungsspielräumen

Auf der Ebene der Aktionsflexibilität bieten sich zunächst Ansatzpunkte zur Flexibilitätssteigerung im Bereich der **Beschaffung**. Hier gilt es, Abhängigkeiten durch die Suche nach Substitutionsmöglichkeiten und eine breite Streuung der Lieferanten abzubauen. In Zeiten der Rohstoffverknappung gewinnt zur Sicherung der Beschaffung – trotz höherer Fixkostenbelastung – die Rückwärtsintegration an Bedeutung. Auch die Variation von Beschaffungszeitpunkten und der flexible Aufbau von Rohstoff- und Zwischenlagern scheinen ebenso wie das Leasing (Personal-, Anlagenleasing) Ansatzpunkte zur Flexibilitätssteigerung zu bieten.

Die stärksten Auswirkungen unvorhersehbarer Markt- und Umweltentwicklungen treten im **Produktionsbereich** auf. Dies ist nicht zuletzt auf die Rationalisierungsbemühungen in der Produktion zurückzuführen, in deren Mittelpunkt sehr häufig Einzweckaggregate mit hohem Automatisierungsgrad stehen. Flexibilitätssteigernde Maßnahmen im Produktionsbereich werden insbesondere von dem Grad der Verwendung des Baukastenprinzips bei der Fertigung differenzierter Produktprogramme und den Möglichkeiten des Einsatzes vielseitig verwendbarer und kombinierbarer Produktionsanlagen beeinflußt. Gerade hier scheinen Flexibilitätssteigerungen durch den Einsatz „intelligenter" Fertigungsanlagen, wie sie mit Methoden des computergestützten Designs und Manufacturing (CAD, CAM) möglich sind, in hohem Umfang erreichbar zu sein. Dies gilt speziell in den Bereichen Fertigungsvorbereitung, Fertigungssteuerung sowie Fertigungskontrolle.

Die Flexibilität im **Absatzbereich** einer Unternehmung wird von der Fähigkeit des Vertriebs beeinflußt, sich auf neuartige Produkte und auf die Bearbeitung neuer Märkte umzustellen. Sie wird im wesentlichen bestimmt durch die Anpassungsfähigkeit der Vertriebsorganisation, vor allem der Qualifikation der Außendienstmitarbeiter sowie durch die Varietät der logistischen Systeme und des Kundendienstes (Liefer- und Kundendienstflexibilität). Die wachsende vertikale Konzentration führt heute tendenziell zu höherem eigenen Flexibilitätsbedarf der Unternehmungen in den Vertriebssystemen (z. B. Lagerung). Dabei können beispielsweise neue Medien in Märkten mit relativ problemlosen Produkten Handlungsspielräume in Form des Direktvertriebes eröffnen.

Daß gerade auf Märkten mit hoher Innovationsdynamik das Innovationspotential die wichtigste Flexibilitätskomponente ist, bedarf keiner weiteren Begründung. Die **Forschungs- und Entwicklungsflexibilität** wird dabei allerdings nicht allein durch die Fähigkeit bestimmt, laufend als erstes Unternehmen Neuprodukte am Markt anzubieten. Viele kleinere Firmen sind vor allem deshalb besonders erfolgreich, weil sie Konkurrenzinnovationen relativ schnell imitieren und bedürfnisgerechter in Nischen vermarkten.

Eine zentrale Stellung im Bereich der Aktionsflexibilität nimmt der verfügbare **Finanzspielraum** einer Unternehmung ein. Denn er kann sowohl als Puffer gegen unvorhersehbare Risiken als auch zur Nutzung plötzlich auftretender Chancen eingesetzt werden. Finanzflexibilität schafft einerseits das im „Zeitalter der Diskontinuitäten" notwendige Potential für Anpassungen. Andererseits kostet die Flexibilitätssteigerung in den anderen Funktionsbereichen meist Finanzflexibilität. Die Aktionsflexibilität ist in den einzelnen Funktionsbereichen eine speziell gerichtete, schnelle Flexibilität, während die finanzielle Anpassungsfähigkeit als generelle, langsam wirkende Globalflexibilität gekennzeichnet werden kann.

Die besondere Situationsabhängigkeit der unterschiedlichen Maßnahmenkomplexe im Bereich der Aktionsflexibilität wird insbesondere durch eine Analyse des **Marktlebenszyklus** deutlich. Unterteilt man den Marktlebenszyklus in drei Phasen, die Erschließung, das Wachstum und die Stagnation, so weist der Flexibilitätsbedarf – sofern dieser global

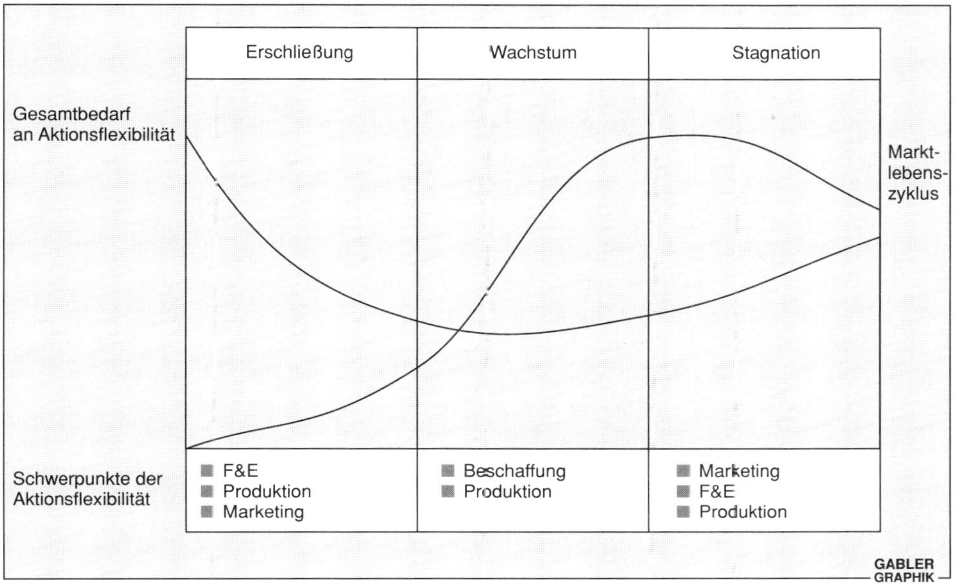

Abbildung 2: Marktphasenabhängigkeit des Flexibilitätsbedarfs

überhaupt meßbar ist – tendenziell einen U-förmigen Verlauf auf. In den einzelnen Phasen erstreckt sich der Flexibilitätsbedarf jedoch auf unterschiedlichste Bereiche.

In der **Markterschließungsphase** richtet er sich insbesondere auf die Bereiche F&E, Produktion und Marketing. Dies ist darauf zurückzuführen, daß die Innovationsrate noch relativ hoch ist und die relevanten Absatzkanäle noch nicht (vollständig) erschlossen sind. In der **Wachstumsphase** sind hohe Anforderungen an die Flexibilität der Beschaffung und wiederum der Produktion zu richten, da in dieser Phase erhebliche Kapazitätserweiterungen durchzuführen sind. In der **Stagnationsphase** müssen die sich bietenden Marktnischen frühzeitig erkannt und konsequent genutzt werden, um die Wettbewerbsfähigkeit der Unternehmung zu erhalten. Deshalb scheint speziell in dieser Phase eine Steigerung der Marketingflexibilität notwendig. Sie strahlt auf die Flexibilitätserfordernisse im Bereich F&E sowie Produktion ab (vgl. Abbildung 2).

5.32 Prozeßflexibilität zur Sicherung der Handlungsschnelligkeit

Auf der Ebene der Prozeßflexibilität ist die Zeit, in der Unternehmungen auf unerwartet auftretende Veränderungen reagieren können, die entscheidende Determinante. Die Möglichkeiten zur **Steigerung der Handlungsschnelligkeit** liegen in den Planungs- und Realisationsprozessen (Mössner 1982, S. 99 ff.).

Im Bereich der Planungsprozesse kommt es dabei häufig zu einer Kollision der Forderung nach Schnelligkeit der Entscheidung und der Forderung nach deren Güte. Unter dem Primat der Handlungsschnelligkeit geht die Planung rasch in Improvisation über. Diesem Dilemma kann vor allem durch folgende Maßnahmen begegnet werden:

- Zur Steigerung der Handlungsflexibilität kann erstens die **Eventualplanung** eingesetzt werden. Sie hat in den letzten Jahren allerdings an Bedeutung verloren. Die Umweltentwicklung ist mittlerweile so vieldimensional, daß eine umfassende Eventualplanung nur durch eine erhebliche Vergrößerung der damit betrauten Stäbe möglich ist.

- Eine andere Möglichkeit zur Verkürzung des Planungszyklus besteht im Einsatz **standardisierter Planungsmodelle** für wiederkehrende Entscheidungsfälle (z. B. Portfolio-Selektions-Modelle). Derartige Planungsmethoden sind jedoch nicht in der Lage, kreative Lösungen für neue Probleme anzuregen. Überdies ist in Zeiten dynamischer Umweltentwicklungen ihr Einsatz stark eingeschränkt.

- Letztlich kann die Handlungsschnelligkeit durch eine Vorverlegung des Planungsbeginns auf den Zeitpunkt erhöht werden, zu dem erste schwache Signale zukünftiger Umweltveränderungen eingehen. Voraussetzung einer solchen Anpassung ist die konsequente Erfassung und die systematische Analyse derartiger Informationen in **Früherkennungssystemen.** Bei der Gestaltung solcher Systeme kommt der Bestimmung relevanter Beobachtungsbereiche sowie der Definition geeigneter Frühwarnindikatoren, Informationsquellen und Informationskanälen eine besondere Bedeutung zu.

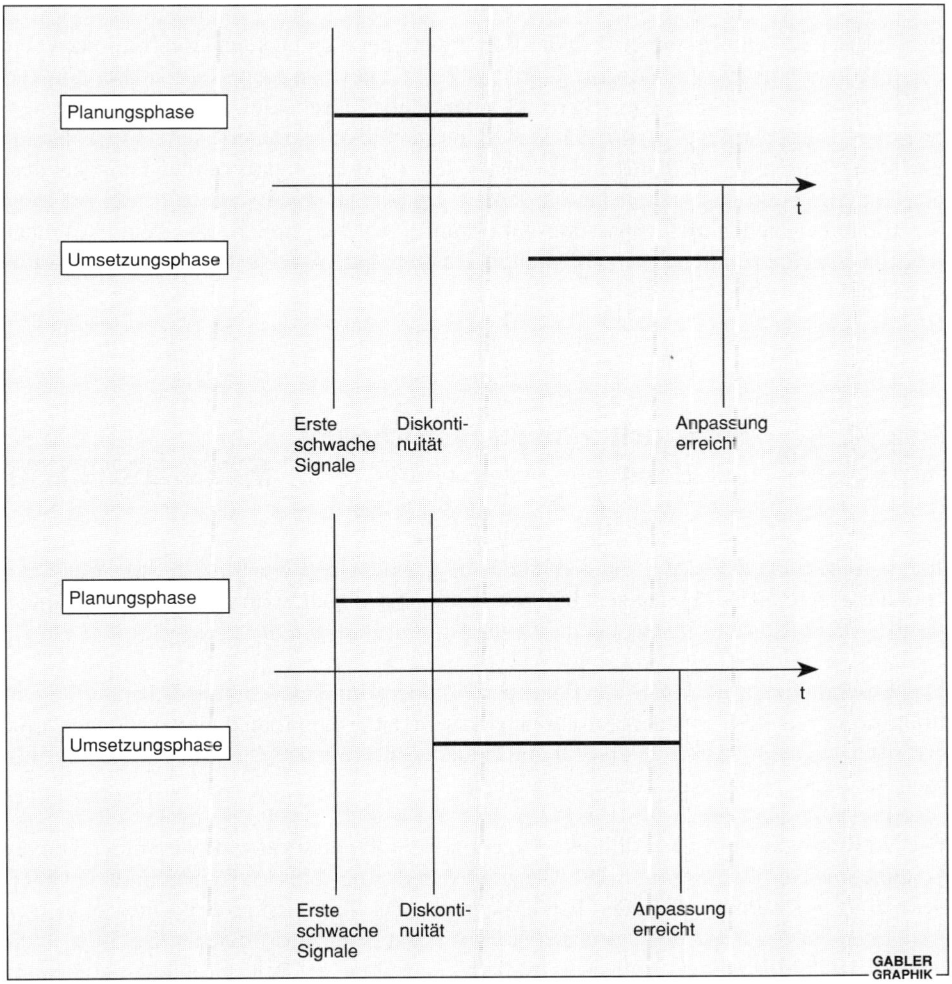

Abbildung 3: Reaktionszeit bei sukzessiver und paralleler Umsetzung der Planung

Im Bereich der **Entscheidungsumsetzung** lassen sich durch die Verkürzung der Vorbereitungs- und Durchführungszeiten Flexibilitätspotentiale aufbauen.

- Komplexe Anpassungsmaßnahmen gehen häufig mit langen Vorbereitungszeiten einher (z. B. Automobilmodelle mit Katalysator). Zur Erhöhung der Handlungsschnelligkeit sind deshalb entsprechende Vorbereitungsmaßnahmen zu veranlassen, bevor die Anpassungsnotwendigkeit eintritt.

- Die Durchführungszeit von Anpassungsmaßnahmen kann bekanntlich durch Verfahren der Durchführungsplanung (z. B. Netzplantechnik) verkürzt werden.

Besondere Bedeutung kommt neben der Verkürzung der Planungs- und Realisationszyklen deren **Synchronisation** zu (Ansoff 1984, S. 426 f.). Diese Tatsache verdeutlicht ein Vergleich europäischer, amerikanischer und japanischer Entscheidungs- und Ausführungsprozesse. Europäische und amerikanische Unternehmungen führen Anpassungsplanung und deren Umsetzung in aller Regel sukzessiv durch. Bei den Japanern sind demgegenüber die Planungs- und Umsetzungsphasen länger. Dadurch können sie sich besser auf neue Situationen einstellen und Anpassungswiderstände abbauen. Gleichzeitig gelingt es ihnen jedoch auch, ihre Handlungsschnelligkeit zu erhöhen, indem sie die beiden Phasen parallel ausführen (vgl. Abbildung 3).

5.33 Strukturflexibilität zur Sicherung der Handlungsbereitschaft

Jedes Anpassungsverhalten vollzieht sich in sozialen Systemen. Zur Steigerung der Handlungsbereitschaft bieten sich hier vor allem Ansatzpunkte im Bereich der Organisation, des Personals und Managements sowie der Führungssysteme.

Das wesentliche Strukturmerkmal **flexibler Organisationen** ist ein ausreichender Dezentralisationsgrad. Als besonders erfolgreich hat sich dabei die Produktsparten-Organisation erwiesen, während durch Matrix-Organisationen eher Flexibilitätshemmnisse (Abstimmungsaufwand, Konflikte) aufgebaut werden.

Die Notwendigkeit einer Flexibilitätssteigerung der Organisation wird wesentlich von der Unternehmensgröße bestimmt. Die Organisationsstruktur kleinerer und mittlerer Unternehmen ist – sofern sie nicht den Fehler begehen, das Verhalten großer Unternehmen zu imitieren – in der Regel wenig formalisiert und von Natur aus flexibel. Hier liegt ja die eigentliche Stärke mittelständischer Betriebe. Exzellent geführte Großunternehmungen haben – wie Peters und Waterman in ihrer vielbeachteten Studie feststellen – dies erkannt, indem sie kleine, weitgehend eigenständige Einheiten innerhalb des Unternehmens gebildet haben. Es gilt die Devise: „Small is beautiful" (Peters, Waterman 1983, S. 358 ff.). Im einzelnen zeichnen sich die erfolgreichen Großunternehmungen vor allem durch folgende Eigenschaften aus:

- Weniger formale Elemente in der Organisation (Enthierarchisierung, „Adhokratie", „organisiertes Chaos"),
- wesentlich flachere Organisationsstrukturen (kürzere Informationswege, kleine überschaubare Einheiten) und
- bewußt eingebaute organisatorische Spielräume („Freiräume für Unternehmertum", mehr Umweltwissen und strategisches Denken in der Linie).

Trotzdem besteht ein Höchstmaß an konzeptioneller Integration aller Bereiche.

Natürlich ist auch die Notwendigkeit zur Steigerung der Organisationsflexibilität strategie- und situationsabhängig (Structure follows Strategy). Dieser Sachverhalt soll – stark vereinfacht – am Marktwachstums-Marktanteilsportfolio skizziert werden (Murray 1984). Bei stabilen, hohen Marktanteilen und hohen stabilen Wachstumsraten ist der Flexibilitätsbedarf relativ gering. Deshalb spricht in Geschäftseinheiten mit dieser Portfoliosituation einiges für die Matrix-Organisation. Geschäftseinheiten, die sich in der Question-Mark bzw. in der Cash-Cow-Situation befinden, haben einen erheblich höheren Flexibilitätsbedarf. Für sie scheint daher die Projekt- bzw. die Spartenorganisation eher geeignet (vgl. Abbildung 4).

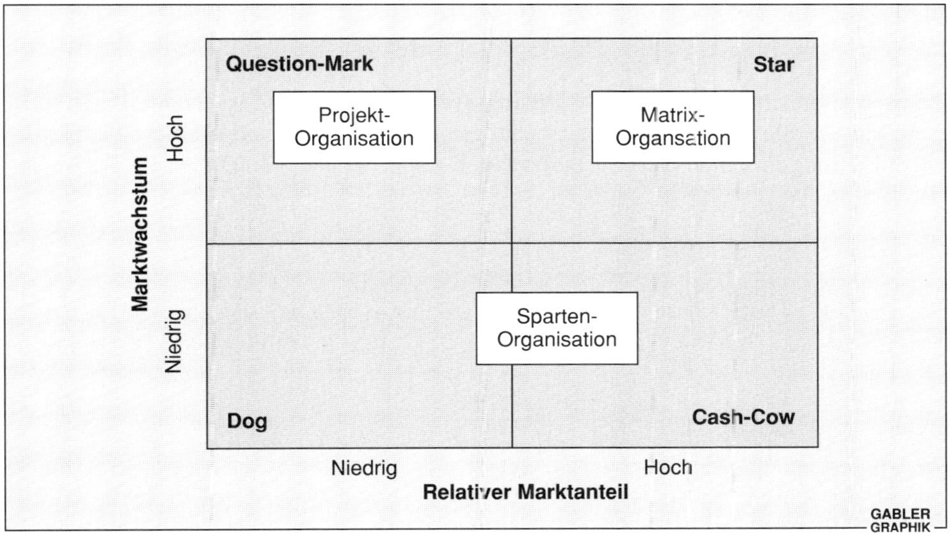

Abbildung 4: Portfolioabhängigkeit der Organisationsstruktur

Einen besonderen Einfluß auf die Handlungsbereitschaft der Unternehmung haben die flexibilitätsbestimmenden Eigenschaften des **Management und des Personals.** Für das Management sind hier speziell die Bereitschaft zum Wandel und die Fähigkeit anzuführen, kreative Lösungen für neue Probleme zu finden und durchzusetzen. Die Flexibilität des Personals äußert sich nicht nur darin, unterschiedlichste Aufgabenbereiche wahrzunehmen.

Vielmehr erfordert sie auch Anpassungsbereitschaft und Lernfähigkeit. So konnte ein großer Verlag einen Druckerstreik nur deshalb ohne Produktionsausfall überstehen, weil ein Großteil der „white collar workers“ an den Tiefdruckrotationen ausgebildet und bereit war, kurzfristig die Aufgaben der Streikenden zu übernehmen. Flexibilitätssteigernde Maßnahmen im Bereich Management bzw. Personal müssen deshalb nicht nur beim Anreiz- und Entlohnungssystem, sondern insbesondere in der Schulung und Fortbildung ansetzen.

Folgt man einem Gedanken Ansoffs, so ist der **situationsgerechte Managertyp** von der strategischen Positionierung der Unternehmung im Wettbewerbsposition/Lebenszyklusportfolio abhängig (Ansoff 1979, S. 142 ff.). In der Entstehungs- und Wachstumsphase sind bei ungünstiger Wettbewerbsposition kühne Entrepreneure der geeignete Managertyp. Sie zeichnen sich durch hohe Flexibilität und Kreativität, Ruhelosigkeit und intuitive Vorausahnungen aus. Die kühlen Marketeers sind weniger kreativ als neuheitsorientiert und reagieren sensitiv auf schwache Signale. Die nüchternen Administratoren halten am Status Quo fest und sind bestrebt, das Erreichte zu verteidigen. Ihr Anpassungsverhalten ist eher routinemäßig als flexibel. Die harten Operateure entwickeln nur noch geringe Eigeninitiative und tun, was getan werden muß. Sie verhalten sich eher autoritär und bürokratisch. Somit läßt sich die These vertreten, daß speziell bei Technologiesprüngen, die grundlegende Innovationen und damit neue Lebenszyklen nach sich ziehen, ein Umdenken im Management, eventuell sogar ein Wechsel notwendig ist. Häufig können nur auf diese Weise die Voraussetzungen für Durchbruchstrategien geschaffen werden.

Damit sind gleichzeitig auch das **Führungssystem** und **Führungsverhalten** angesprochen. Nahezu alle empirischen Untersuchungen bestätigen, daß kooperative bzw. partizipative Führung im Sinne der Delegation von Kompetenz und Verantwortung die Anpas-

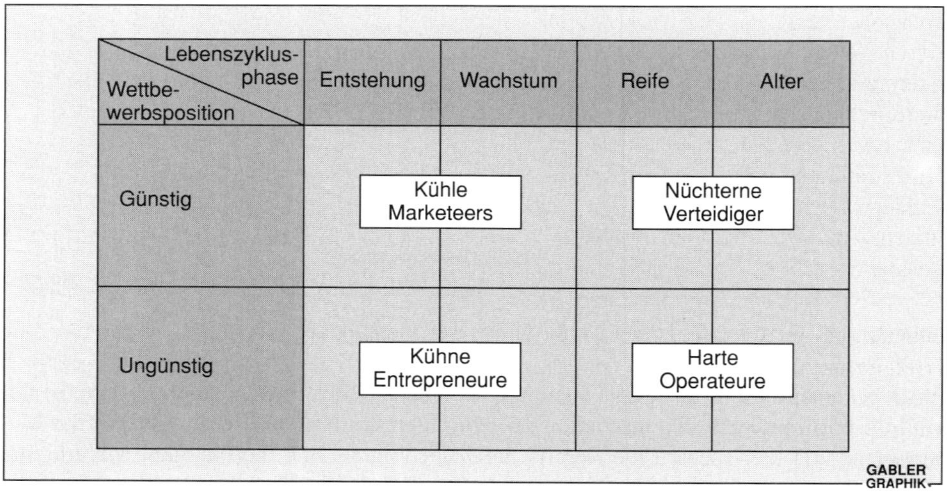

Abbildung 5: Strategische Positionierung von Managertypen

sungsfähigkeit im Sinne der Kreativitätsentfaltung fördert und die Bereitschaft zu Änderungen in der Organisation erhöht. Trotzdem wird gerade in schwierigen Zeiten der Ruf nach strafferer, autoritärer Führung und nach mehr Zentralisation laut. Darin kommt speziell die Gegenläufigkeit der Flexibilitätskomponenten „Handlungsschnelligkeit" und „Handlungsspielraum" zum Ausdruck. Straffere Führung und Zentralisation verkürzen zwar die Reaktionszeit, schränken jedoch zugleich die Aktionsflexibilität und damit das Innovationspotential in Unternehmungen ein.

5.4 Bestimmung der optimalen Flexibilität

Die Bestimmung der optimalen Flexibilität setzt die Messung ihres Erfolgsbeitrags im Sinne von Ausmaß und Sicherheit der Zielerreichung voraus. Häufig erfolgt diese Messung über Indikatoren, die einen Zusammenhang von Flexibilität und Erfolg zwar unterstellen, nicht aber explizit berücksichtigen. So wird der Anteil von Mehrzweckmaschinen an der gesamten Produktionseinrichtung als Indikator für die Produktionsflexibilität gewertet (Pauli 1987, S. 87 ff.; Jacob 1989, S. 26 f.; Schneeweiß, Kühn 1990, S. 384 ff.). Der aus Sicht der Unternehmensführung bedeutsame Erfolgsbeitrag erfordert jedoch letztlich die Erfassung der zusätzlich erwarteten Erlöse und Kosten.

Die Problemstellung der Flexibilitätskosten ist in neuerer Zeit insbesondere von der Transaktionskostentheorie aufgegriffen worden. Der Transaktionskostenansatz dient grundsätzlich zur Beurteilung der Vorteilhaftigkeit von unternehmensinternen Transaktionen gegenüber solchen, die am Markt stattfinden. In bezug auf die Flexibilität wird versucht zu analysieren, inwieweit diese durch die Aufnahme vormals am Markt bezogener Leistungen in den internen Leistungsprozeß des Unternehmens gesteigert werden kann und in welchem Maße hierdurch zusätzliche Transaktionskosten entstehen (Reese 1991, S. 370). Fraglich ist, ob dieser Ansatz neben der theoretischen Fundierung flexibilitätsbedingter Transaktionskosten Hilfestellungen für die betriebliche Praxis geben kann. Probleme entstehen hierbei insbesondere durch die fehlende Zurechenbarkeit von Kosten und Erlösen zu einzelnen Flexibilitätsmaßnahmen, die durch die Komplexität der Kombination unterschiedlicher Flexibilitätsarten noch verstärkt werden.

Überdies ist zu berücksichtigen, daß die Bewertung der Flexibilität nicht eindimensional erfolgen kann. Neben dem Grad der Zielerreichung ist als zweite Dimension die Sicherheit, diesen zu erreichen, in die Bewertung einzubeziehen. Dies erfordert nicht nur die Schätzung der möglichen Risikoreduktion, sondern auch die Offenlegung der Wertesysteme, insbesondere der Risikopräferenzen des Management. Auch hier handelt es sich eher um theoretische Konstrukte zur Erläuterung des Entscheidungsverhaltens, denn um praxisbezogene Entscheidungsinstrumente.

Insgesamt kann gefolgert werden, daß ein theoretisch exaktes und gleichzeitig operationales Maß zur Messung und Optimierung von Flexibilität nicht existiert. Daher soll im folgenden auf eine exakte Bestimmung des optimalen Flexibilitätsmix verzichtet werden und stattdessen ziel- und situationsspezifische Tendenzaussagen zur Gestaltung gegeben werden.

5.5 Integration des Flexibilitätsmix der Unternehmung

Es versteht sich von selbst, daß die Planung des Flexibilitätsmix der Unternehmung nicht aus der bloßen Addition von Teilflexibilitäten bestehen kann. Zwischen der Vielzahl von Gestaltungsvarianten bestehen ebenso viele Interdependenzen wie Substitutionsmöglichkeiten. Dabei sind unterschiedlichste **Akzentsetzungen** und **Flexibilitätsprofile** speziell im Aktionsbereich der Unternehmung denkbar.

Zunächst ist das Flexibilitätsprofil der Unternehmung vom Ausmaß der Unsicherheit und der Turbulenz der Markt- und Umweltentwicklungen abhängig (vgl. Abbildung 6). Je höher die Ungewißheit, um so bedeutsamer wird die **situationsübergreifende Flexibilität**. Die Akzente müssen beim Personal, bei der Organisation, der Finanzierung und im Ausbau von Frühwarnsystemen liegen. Geringerer Unsicherheit kann primär mit **situationsspezifischer Flexibilität** in den einzelnen Funktionsbereichen begegnet werden. Die finanzielle Flexibilität stellt eine notwendige, wenn auch nicht hinreichende Bedingung für die überwiegende Zahl betrieblicher Anpassungsmaßnahmen dar. Sie kann als Substitut für mangelnde Anpassungsfähigkeit in den Funktionsbereichen fungieren, hat aber eine geringere Anpassungsgeschwindigkeit zur Folge.

Die Akzente der Flexibilitätsgestaltung haben sich im Laufe der Zeit durch die technologischen Entwicklungen verlagert. Früher herrschte bei relativ stabilen Produktionssystemen die Flexibilität in den peripheren Systemen (Marketing, Lagerung, Beschaffung) vor. Heute scheint sich ein **Trend zur größeren Produktionsflexibilität** abzuzeichnen. Die Einführung integrierter Produktionsplanungs- und Steuerungssysteme führt nicht nur zu einer erhöhten Anpassungsfähigkeit in diesen Bereichen, sondern erbringt – durch die verbesserten Möglichkeiten des Datenaustausches – auch Flexibilitätssteigerungen in den Funktionsbereichen Beschaffung, Absatz, Finanzierung usw.

Vor dem Hintergrund dieser Tendenzen muß letztlich jede Unternehmung ein richtiges Flexibilitätsmix finden. Einige Beispiele mögen zeigen, wo Maßnahmen der Flexibilitätssteigerung ansetzen.

Zunächst zwei Beispiele zur **Marketingflexibilität.** Sie entstammen dem zweifellos schwierigen und dynamischen deutschen Textilmarkt, der insbesondere durch Marktstagnation, Überkapazitäten, Moderisiken, Preiskonkurrenz aus Billiglohnländern sowie einen begrenzten Einsatz der Computertechnologien in der Fertigung gekennzeichnet ist.

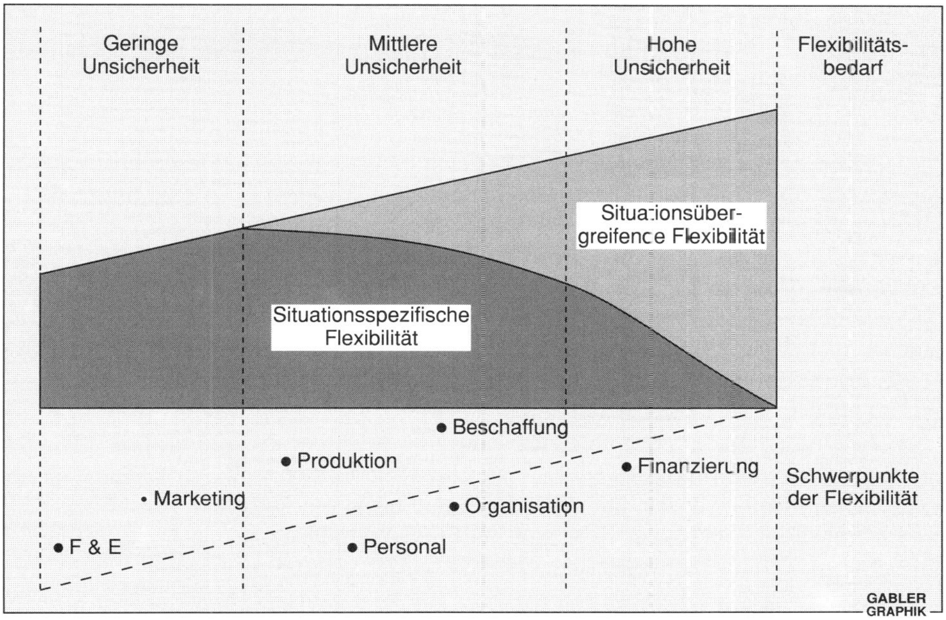

Abbildung 6: Schwerpunkte der Flexibilität bei abnehmender Prognostizierbarkeit der Entwicklungen

In dieser Marktsituation ist die Fa. **Odermark** GmbH an zu großer Absatzflexibilität gescheitert. Die Firmenphilosophie aus den Gründerzeiten „Ganz groß in allen Größen" (100 Modelle, 120 Größen, 150 Designs und Stoffqualitäten) mußte in Verbindung mit dem Angebot, jeden Service in Sondermodellen und -größen zu leisten, teuer bezahlt werden. Das hochdifferenzierte Absatzprogramm mit kleinsten Losgrößen führte die Firma kostenmäßig ins Abseits.

Ein Erfolgsbeispiel auf der Gegenseite ist die Firma **Steilmann**: Hier steht nicht die Programmdifferenzierung, sondern die Handlungsbereitschaft und -schnelligkeit im Vordergrund. Sie ist bemüht, den Modezyklus zu beeinflussen und damit Flexibilität gegenüber dem Handel zu praktizieren. Steilmann verfügt über gute Frühwarnsysteme, setzt auf Topqualität und versucht, über die Flexibilität in der Nachorder Kundenrisiken zu absorbieren. Damit wird die Flexibilität zum wettbewerbsprofilierenden Erfolgskonzept.

Aus dem Bereich der **Fertigungsflexibilität** zeigt das Beispiel der Ford-Werke, welche Risiken eine unflexible Fertigung beinhaltet. So mußte Ford eine hochautomatisierte Fabrik für 8-Zylinder-Motoren schließen, als aufgrund der veränderten Nachfrage kleinere Motoren benötigt wurden.

5.6 Ausblick

Viele Anzeichen deuten darauf hin, daß der Flexibilitätssicherung künftig ein noch höherer Stellenwert zukommt. Erfolgreiche Unternehmungen brauchen ein Management, Strategien und Strukturen, die konsequent am geplanten Wandel orientiert sind. Mit einer defensiven, lediglich auf Risikovorsorge ausgerichteten Flexibilitätspolitik lassen sich die Zukunftsprobleme im Zeitalter der Diskontinuitäten nicht mehr lösen. Die veränderten Anforderungen der Umwelt verlangen ein größeres, in strategischen Planungen sorgfältig auf die spezifischen Belange jeder Unternehmung zugeschnittenes Maß an offensiver Handlungsflexibilität.

Über die Diskussion der Flexibilität darf jedoch die Stabilität als Erfolgsfaktor der Unternehmung nicht vernachlässigt werden. Viele klassische Marken (z. B. Nivea, Persil, Braun) verdanken ihren Erfolg der Stabilität und Kontinuität im Auftritt (Distribution, Preis, Kommunikation). Hektisches Reagieren im Sinne einer überzogenen Flexibilität führte hingegen viele etablierte Marken in den Ruin.

Stabile und prägende Wertsysteme, ein längerfristiger Orientierungsrahmen sowie eine klare Aufgabenfixierung in den operativen Bereichen bestimmen die effiziente Wahrnehmung der Grundaufgaben auch in der Unternehmung von morgen. Deshalb ist eine ausgewogene Mischung von Flexibilität und Stabilität anzustreben.

Literaturhinweise

Aaker, D. A., Mascarenhas, B. (1984): The Need of Strategic Flexibility, in: The Journal of Business Strategy, No. 5, 1984, S. 74 ff.
Ansoff, H. I. (1979): Strategic Management, Englewood Cliffs 1979.
Ansoff, H. I. (1984): Implanting Strategic Management, Englewood Cliffs 1984.
Ashby, W. R. (1961): An Introduction to Cybernetics, 4. Aufl., 1961.
Jacob, H. (1989): Flexibilität und ihre Bedeutung für die Betriebspolitik, in: Adam, D., Backhaus, K., Meffert, H., Wagner, H. (Hrsg.): Integration und Flexibilität, Wiesbaden 1989, S. 15–60.
Meffert, H. (1968): Die Flexibilität in der betriebswirtschaftlichen Entscheidung, unveröffentlichte Habilitationsschrift, München 1968.
Meffert, H. (1969): Zum Problem der betriebswirtschaftlichen Flexibilität, in: Zeitschrift für Betriebswirtschaft, 1969, S. 798 ff.
Mössner, G. U. (1982): Planung flexibler Unternehmensstrategien, 1982.
Murray, J. A. (1984): A Concept of Entrepreneurial Strategy, in: Strategic Management Journal, 1984, S. 4 ff.
Pauli, J. (1987): So wird Ihr Unternehmen flexibel, Zürich 1987.
Peters, T. J., Waterman, R. H. (1983): Auf der Suche nach Spitzenleistungen, Landsberg 1983.
Reese, J. (1991): Unternehmensflexibilität, in: Kistner, K. P., Schmidt, R. (Hrsg.): Unternehmensdynamik, Wiesbaden 1991, S. 361–387.
Schneeweiß, C., Kühn, M. (1990): Zur Definition und gegenseitigen Abgrenzung der Begriffe Flexibilität, Elastizität und Robustheit, in: Zeitschrift für betriebswirtschaftliche Forschung, Heft 5, 1989, S. 378–395.

Kapitelübersicht

Sechstes Kapitel

Zukunftsperspektiven des Marketing

Zukunftperspektiven des Marketing – Zehn abschließende Thesen

These 1

Die Kritik am Marketing läßt sich nur zum Teil auf ein zu enges bzw. falsches Marketingverständnis zurückführen. Viele Anzeichen sprechen dafür, daß sich die marktorientierte Unternehmensführung in Wissenschaft und Praxis in einer Umbruchphase befindet.

Marketing als angewandte betriebswirtschaftliche Disziplin mit dem Ziel der Erklärung und Gestaltung von Markttransaktionen wird seit geraumer Zeit in Wissenschaft und Praxis kritisiert. Die Kritik reicht von der „Theorielosigkeit der Aussagensysteme" (Schneider 1983) über das Instrumentarium des Marketing-Mix bis hin zur Infragestellung des Integrationsanspruchs der Marketingphilosophie. Es werden von der Wissenschaft leistungsfähigere Paradigmen gefordert und von der Praxis neue Schlagworte (Time based Marketing, Lean Marketing) in die Diskussion gebracht.

Ein nicht unwesentlicher Teil der Kritik läßt sich auf ein zu enges bzw. falsches Marketingverständnis zurückführen, das Marketing als betriebswirtschaftliche Funktion mit Dominanzanspruch interpretiert. Richtig verstandenes Marketing erfordert als duales Leitkonzept der Führung die funktionsübergreifende Ausrichtung aller Aktivitäten der Wertschöpfungskette auf den Kundennutzen zur Erzielung „komparativer Wettbewerbsvorteile" (Backhaus 1992).

Weitreichender ist der Einwand, daß die einseitige Orientierung der marktorientierten Führung an Kundenbedürfnissen und Wettbewerbsvorteilen zu einer Vernachlässigung der Interessen der übrigen „Stakeholder" (Mitarbeiter, Kapitalgeber, Lieferanten) und gesellschaftlicher Anspruchsgruppen führe und eine „spezifische Ethik der Unternehmensführung" (Schneider 1983) impliziere. Diesem Einwand kann zwar mit der Einbeziehung weiterer Gruppeninteressen in das Leitbild der marktorientierten Führung begegnet werden (Personalmarketing, Zulieferermarketing, Finanzmarketing, Public Marketing). Ein Ausschließlichkeits- bzw. Dominanzanspruch der absatzmarktbezogenen Perspektive gegenüber anderen Unternehmensphilosophien bzw. -leitbildern (technologie-, personal- oder finanzwirtschaftliche Führung) kann indes nicht erhoben werden.

Besonders gravierend für die Beantwortung der Frage nach der Leistungsfähigkeit des Marketingansatzes für die ganzheitliche Gestaltung der Wertschöpfungskette ist jedoch der Einwand, daß traditionelle mikroökonomische und entscheidungsorientierte Paradigmen den veränderten Rahmenbedingungen auf Märkten (z.B. Individualisierung, Kunde als Ko-Produzent, neue Organisationsformen) und in der Umwelt (z.B. Technologiedynamik, Ökologieansprüche, Globalisierung der Wettbewerber) nicht mehr gerecht würden. Auf der Grundlage der Vorstellung klassischer Marktreaktionsmodelle sei das komplexe Marktgeschehen weder befriedigend erklärbar noch beeinflußbar. Mit diesem Vorwurf setzen sich die folgenden Thesen auseinander.

These 2

Die tiefgreifenden Umfeldentwicklungen erfordern einen schrittweisen Paradigmenwechsel in der Marketing-Philosophie. Das Marketing der Zukunft wird sich als individualisiertes, vernetztes und multioptionales Market-Management verstehen müssen.

Der Wohlstand in den westlichen Industriegesellschaften wird – wenngleich mit rezessionsbedingten Rückschlägen – eine Weiterentwicklung der geeigneten Vermarktungsmethoden erzwingen. Angesichts wachsender Kaufkraft und einer Ausdifferenzierung der Käuferwünsche vollzog sich die Evolution des Marketing vom Massen- zum Zielgruppenmarketing und wird sich zukünftig zum individualisierten Marketing fortsetzen. Dies erfordert sowohl ein Umdenken in der Kundenorientierung (im Extremfall zu einem „one-customer-approach") als auch eine Anpassung der Marketinginstrumente.

Individualisiertes Marketing setzt dabei den verstärkten Kunden-Dialog voraus. Bedingt durch die Entwicklung der Kommunikationstechnologie tritt damit an die Stelle linearer Kommunikations- und Beeinflussungskonzepte ein vernetztes Beziehungsmarketing. Individualisiertes und vernetztes Marketing läßt sich allerdings nur bei einer gleichzeitigen Effizienzsteigerung des Marketinginstrumentariums erreichen. Individualisiertes Massenmarketing strebt deshalb eine Synthese aus individualisiertem Angebot und Volumenseffekten an.

These 3

Die in der Marketingwissenschaft diskutierten „neuen" Paradigmen (institutionenökonomische Ansätze, interaktive Netzwerkansätze) greifen zwar in einer neuen Sichtweise grundlegende Unternehmens-Markt-Beziehungen auf. Es ist jedoch nicht zu übersehen, daß vielfach nur eine Umterminologisierung von bekannten Aspekten des Marketing erfolgt. Der Erkenntnisfortschritt für marktstrategische Gestaltungsprobleme ist derzeit noch relativ bescheiden.

Die neue Institutionenlehre stellt nicht auf Austauschbeziehungen, sondern auf Verträge, Institutionen und Transaktionen ab. Sie versucht, Aufschluß über die Frage zu geben, warum bestimmte Koordinationsaufgaben über Märkte und andere innerhalb der Unternehmung abgewickelt werden (Make or Buy-Entscheidung). In eher instrumenteller Sicht wird untersucht, durch welche institutionellen Lösungen bestimmte Koordinationsprobleme am effizientesten gelöst werden können (z. B. Anreiz- und Kontrollmechanismus für Handelsvertreter).

Das institutionenökonomische Gedankengut liefert über die Analyse von Transaktionskosten und -nutzen zum einen stringente Begründungen für Marketingaufgaben „als Leistungsfindung und -begründung" (Kaas 1993). Zum anderen werden in Abhängigkeit von Art und Ausmaß der Qualitätsunsicherheit und verschiedenen Formen des Opportunismus interessante, weiterführende Gütertypologien (Austausch, Kontraktgüter, Geschäftsbeziehungen) und darauf aufbauende unterschiedliche Erscheinungsformen des Marketing abgegrenzt. Schließlich wird gezeigt, wie Unternehmungen durch den Einsatz der Marketinginstrumente Transaktionen in einer unvollkommenen Welt fördern, schaffen und ausgestalten sowie vorhandene für sich ausnutzen können. Dabei werden Unterschiede und Gemeinsamkeiten zu den verschiedenen Grundformen des Marketing hergestellt.

Dem institutionenökonomischen Ansatz kann nicht nur formale Geschlossenheit und eine gewisse Integrationskraft für die Betriebswirtschaftslehre als Ganzes zugeschrieben werden. Vielmehr liefert er auch neue Erkenntnisse, insbesondere für die Erklärung von Marktinstitutionen, zur Vertrauensbildung sowie zur rechtlichen und ökonomischen Gestaltung von Geschäftsbeziehungen.

Die Grenzen des Ansatzes liegen vor allem in der mangelnden Operationalisierung des Transaktionskostenbegriffs, in der oft unzureichenden Präzisierung von institutionellen Transaktionsbedingungen und Handlungsspielräumen sowie in der Vernachlässigung von Machtprozessen und Konflikten. Für die Gestaltung und Bewertung von Marktstrategien gibt der Ansatz nur wenig Hilfestellung.

Eine andere – wenn auch zur neuen Institutionenökonomie nicht überschneidungsfreie – Akzentsetzung streben interaktionsorientierte Netzwerkansätze an. Diesem Paradigma liegt die These zugrunde, daß die Vorstellung von Transaktionen für das Verständnis der Kundenbeziehungen und neuen Organisationsformen auf Märkten nicht adäquat sei: „Strategische Allianzen, Just-in-Time-Beziehungen, Netzwerkorganisationen und vertikale Kooperation sind weder Märkte noch Hierarchien" (Webster 1993). Die bisher übliche instrumentelle, eher auf eine kurzfristige Erfolgsperspektive ausgerichtete Einwegbetrachtung soll durch eine prozessuale, ganzheitliche, evolutorisch und dynamisch angelegte Betrachtung abgelöst werden. An Stelle von „Beeinflussungs-" wird „Beziehungsmarketing" gefordert.

Die Ansätze haben eine lange Tradition im Investitionsgütermarketing, wo Geschäftsbeziehungen auf verschiedenen Interaktionsebenen (Organisation, Gruppe, Person) untersucht werden. Neu ist die strategisch angelegte Perspektive (Leitbild für Geschäftsbeziehungen, innere Verpflichtung in die Geschäftsbeziehungen, ökonomischer Anreiz zu einer Geschäftsbeziehung, Vertrauen zwischen Geschäftspartnern). Das „Relationship Marketing" kann als eine solche Form der Partnerschaft zu allen externen und internen Anspruchsgruppen interpretiert werden. Der Vorzug dieses Ansatzes liegt darin, daß der Fokus auf die Erklärung und Gestaltung der Kundenbeziehungen im weitesten Sinne gelegt wird: „Customer relationship becomes the key strategic asset defining the firm as a distinct entity in the network" (Webster 1993). Auf diese Weise gelingt es nicht nur, empirisch relevante Klassifikationen von Geschäftsbeziehungen – im Spektrum von Gelegenheitsbeziehungen zu Allianzen – abzugrenzen und im Hinblick auf Effizienz und Stabilität zu analysieren. Vielmehr wird dem Aspekt der Individualisierung im Sinne von Customization und der – derzeit im Verdrängungswettbewerb besonders aktuellen – Aufgabe der Kundenbindung und der Gestaltung des „Kundenwertes“ (customer value) ein besonderer Stellenwert zugewiesen. Darüber hinaus gelingt es auch, neue, interessante Fragestellungen wie z.B. die des „Kunden als Ko-Produzenten“ in die wissenschaftliche Analyse des Marketing einzubeziehen.

These 4

Der Zielfindungsprozeß wird im Marketing weiter an Komplexität gewinnen. Einerseits sind Marketingziele noch mehr an externen Anspruchsgruppen zu orientieren, andererseits ist mit der sich beschleunigenden Umweltdynamik eine ständige Abnahme des Segment- und Zeitbezuges von Marketingzielen verbunden.

Aus der zunehmenden Vernetzung der Unternehmensinnen- und -außenwelt resultiert die Forderung, auf der obersten Zielebene nicht mehr nur eine inside-out-orientierte „business mission“ zu formulieren. Vielmehr ist den operativen Marketingzielen und -strategien eine „value mission“ voranzustellen, in der die Rolle und der zu erwartende Beitrag des Unternehmens für die verschiedenen internen und externen Anspruchsgruppen der Gesellschaft definiert werden („outside-in-Perspektive“).

Auf der operativen Zielformulierungsebene stellt sich das Problem, daß für die Zielbestimmung notwendige Informationen mit mittelfristig stabilem Aussagegehalt (z. B. Käufertypologien, Life-Style-Trends etc.) an Bedeutung verlieren. Dementsprechend sind Marketingziele für vergleichsweise kürzere Zeiträume und kleinere bis kleinste Segmente festzulegen. Der hohe Stellenwert der Kundenbindung führt zusätzlich dazu, daß Kundenbindungsziele verstärkt unter dem Aspekt von Lebenszeitwertzielen zu definieren sind.

Das „Ausdünnen“ der mittleren, strategischen Zielebene führt zu einer weiteren Bedeutungszunahme einer klar formulierten Corporate Identity. Mit ihr ist sicherzustellen, daß durch ein auch nach außen dokumentiertes und vergleichbar stabiles Werte-Ziel-System Eckpunkte einer Marketingphilosophie abgesteckt werden, innerhalb derer dann operative Marketingziele und -zielgruppen vergleichsweise kurzfristig und auf kleine Segmente bezogen definiert werden können.

These 5

An die Stelle klassischer Strategiekonzepte tritt in Zukunft die mehrdimensionale strategische Optimierung. In Abkehr von bipolaren Erfolgsfaktorenmustern wie z. B. „Preis- oder Qualitätsorientierung“ tritt die gleichzeitige Erreichung mehrerer bekannter und neuer Wettbewerbsvorteile.

Die in den 80er Jahren erfolgreichen „Entweder-oder-Strategien" (z. B. Preis- oder Qualitätsstrategien, Massen- oder Individualstrategien) sind zukünftig verstärkt zur Erreichung der aufgezeigten Unternehmensziele anzupassen. Ein gleichzeitig wachsender Kosten- und Ausdifferenzierungsdruck von Kundenwünschen verlangt modulare Marketingstrategien, um die Spannungsfelder zwischen individueller Bedürfnisorientierung und Effizienzsteigerung anzugleichen. Einen wesentlichen Beitrag kann dabei die Multiplikation von System- und Produktkomponenten leisten, die interne Kostenvorteile mit marktgerichteten Differenzierungsvorteilen verknüpft („Sowohl-als-auch-Verhaltensmuster"). Kooperationen im Automobilsektor zeigen hier gangbare Wege auf.

Eng verbunden mit der mehrdimensionalen strategischen Optimierung ist die Ergänzung neuer Wettbewerbsvorteile im Marketing der 90er Jahre. Hier dürfte sich der Umweltvorteil – zusätzlich differenziert in Retrodistributionsvorteile – weiter neben Preis und Qualität als dritter komparativer Konkurrenzvorteil etablieren.

Insgesamt wird das strategische Marketing – allen Unkenrufen zum Trotz – nicht an Bedeutung verlieren. Gerade in Zeiten wachsender Umweltdynamik gilt es, einen globalen Verhaltensplan gegenüber den Marktpartnern zu definieren. Vielschichtigere Austauschprozesse von Know-how und Synergiepotentialen lassen dabei kooperative Strategiemuster zu Lasten der in den 80er Jahren propagierten Verdrängungsstrategien in den Vordergrund treten. Dies gilt sowohl für die vertikalen, abnehmerorientierten als auch die horizontalen Wettbewerbsstrategien.

These 6

Die Produktpolitik wird auch weiterhin das Kernstück des Marketing sein. Der Übergang vom Einzelprodukt-Marketing zur Vermarktung von Systempaketen verleiht dem klassischen Produktmarketing immer mehr den Charakter des Dienstleistungsmarketing.

Eine innovative Produktpolitik wird sich auch zukünftig als der zentrale instrumentelle Erfolgsfaktor des Marketing erweisen. Der kosteninduzierte Zwang zu volumenstarken Produkten einerseits und der nachfragerseitige Trend zu individualisierten Problemlösungen andererseits fördern die Entwicklung und zunehmende Vermarktung von Systemangeboten auch an Endverbraucher. Standardisierte Produktkerne werden dabei verstärkt durch maßgeschneiderte Dienstleistungsbestandteile i. S. eines added value ergänzt. Dieser wachsende Serviceanteil bringt zwangsläufig im Verbund mit neuen interaktiven Fertigungstechnologien („elektronische Manufaktur") auch eine zunehmende Integration des Abnehmers als „externen (Produktions-)Faktor" in den Wertschöpfungsprozeß mit sich. In seiner Folge steigt der Anteil kundendesignter „outside-in-Produkte".

Neben diesem „horizontalen Produkt-Engineering", d. h. einer i. d. R. auch multifunktionellen Verknüpfung von Hard- und Softwarebestandteilen zu kundenindividuellen Systemlösungen, gewinnt auch das sog. vertikale Produkt-Engineering an Bedeutung. Darunter ist die Vorgehensweise zu verstehen, auch mittels der Produktpolitik Abnehmer über lange Zeiträume an den Lieferanten zu binden. Instrumentelle Ansatzpunkte liegen dabei sowohl in der periodischen Austauschbarkeit von Produktbestandteilen wie etwa recyclingfähigen Basiskomponenten (Renaissance der rundumerneuerten Autoreifen) als auch der lebenszyklusgerechten Modifikation der jeweiligen Dienstleistungskomponenten (z. B. variable Finanzierungs- und Kundendienstpakete beim Autokauf).

Insgesamt müssen die Anbieter einen Übergang von einer Produkt- zu einer Problemlösungskompetenz leisten. Intern bedeutet dies, daß die Unternehmen in zunehmendem Maße auch ihr Fertigungspersonal in den Kundendialog einbinden müssen, wodurch ein „Marketing nach innen“ an Bedeutung gewinnt. Extern wird der Übergang zur „Dienstleistungsfabrik“ durch die Notwendigkeit begleitet, durch den forcierten Einsatz von Dach- und Familienmarken die Anbieterkompetenz zu kommunizieren.

These 7

Die Distributionspolitik wird Ende der 90er Jahre mehr denn je zu einem Erfolgsfaktor im Marketing. Im Bereich der physisch-informatorischen Warendistribution werden zukünftig direktere Belieferungsformen an Bedeutung gewinnen. Bei der Absatzkanalgestaltung werden die Anbieter mit dem weiteren Rückgriff auf Filialisierungs- und Franchisekonzepte verstärkt Multiplikationsvorteile anstreben.

Zunehmende Verkehrsdichte in immer größeren Markträumen (EG-Binnenmarkt, Osteuropa etc.) veranlassen die Anbieter, die größten Rationalisierungspotentiale im Bereich der physisch-informatorischen Warendistribution zu suchen. Im business-to-business Geschäft gilt dies in zunehmendem Maße sowohl für eine quasi-integrierte Logistik von Vorproduzent und Hersteller als auch für die Warenwirtschaftssysteme im Handel. Demgegenüber wird im Endverbrauchergeschäft der Direktvertrieb davon profitieren, daß ein zudem immer älterer Kunde zeitlich aufwendiger gewordene Beschaffungsprozesse verkürzen will. Dies gilt sowohl für den non-food-Bereich via Versandhandel als auch den food-Bereich, wo Heimbelieferungsdienste weiter wachsen werden.

Direkte Distributionsformen werden aufgrund der hohen fixen Transaktionskosten allerdings nur dann wirtschaftlich zu realisieren sein, wenn ihr längere Kundenbindungen zugrunde liegen. Mithin wird der Direktvertrieb in ein zunehmendes Kontraktmarketing mit dem Endverbraucher eingebunden sein. Dieser Tendenz ist weiter zuträglich, daß die Anbieter verstärkt verpflichtet sind, im Rahmen der Retrodistribution alle Waren bzw. Produktkomponenten zurückzuführen. Hier sind logistische Synergieeffekte offensichtlich.

Gleichzeitig werden die Anbieter versuchen, auch im Nahversorgungsbereich Convenience- und Kostenvorteile zu verknüpfen. Das „Postamt in der Tankstelle“ ist ein Beispiel, „Tante Emma-Laden-ähnliche“ Versorgungsstrukturen in reinen Wohngebieten zu revitalisieren. Unter Kostengesichtspunkten wird dies zweifelsfrei nur möglich sein, wenn die Anbieter wie auch in anderen Sortimentsbereichen weiter verstärkt dazu übergehen, Distributionssysteme zu multiplizieren. Hier werden vor allem die Franchisesysteme von der flexiblen Möglichkeit profitieren, vermarktungsorientierte Systemvorteile mit überlegenen Anreizstrukturen zu verknüpfen. Fraglich ist dabei, ob wachsende Individualisierungs- und Regionalisierungsbestrebungen („unverwechselbare Stadtidentitäten" etc.) nicht dazu führen müssen, bei der Ladengestaltung von Filial- und Franchisegeschäften individuellere Outlet-Module anzubieten, die sich besser in das regionale Umfeld einfügen.

Der Erlebnishandel wird – mit rezessiven Verzögerungen – weiter an Bedeutung gewinnen. Die damit verbundene Diffusion der Versorgungs- und Unterhaltungsfunktion im Distributionsprozeß wird sich voraussichtlich auch auf andere Sortimentsbereiche (Erlebnis-Autohaus, Freizeit-Telefonladen etc.) und ländliche Versorgungsgebiete ausweiten.

These 8

Die Preis- und Kontrahierungspolitik erfährt mit dem vermehrten Angebot von komplexen Systemangeboten eine Revitalisierung als Gestaltungs- und Profilierungsinstrument des Marketing. Persönlich-zeitliche Preisdifferenzierungen nehmen dabei einen besonderen Stellenwert ein.

Mit dem Übergang von Einzel- zu Systemangeboten wird sich die Preis- und Kontrahierungspolitik wesentlich komplexer, damit aber auch besser instrumentell ausgestaltbar erweisen. Einerseits bieten sich dem Marketing-Management nunmehr verstärkt Möglichkeiten, in Begleitung des horizontalen Produkt-Engineering über den Preis und seine angebotsspezifische Zusammensetzung Individualisierungsvorteile zu realisieren. Andererseits ist zu erwarten, daß i. S. des vertikalen Produkt-Engineering persönlich-zeitliche Preisdifferenzierungsformen genutzt werden, um langfristige Kundenbeziehungen und somit den Lebenszeitwert einer Kundenbeziehung zu maximieren. Offensichtlich bieten sich mit den neugeschaffenen Finanzkauf-, Leasing- und sonstigen Tarifen verstärkt Möglichkeiten, Preishemmschwellen zeitlich zu verteilen und damit auch neue Kundenschichten insbesondere für langlebige Konsumgüter zu erreichen.

Der mit den neuen Finanzierungsalternativen bislang einhergegangene Boom der Kundenkarten wird voraussichtlich in den 90er Jahren in eine Reifephase gelangen. Zunehmende Intransparenz auf Kundenseite und ein Überschwemmen des Kartenmarktes dürften vielmehr dazu führen, daß nur Karten- und Kontenformen in Verbindung mit besonderen Clearing-, Konsolidierungs- und Beratungsfunktionen überleben werden.

Eine zunehmende Angleichung und Austauschbarkeit von Produkt- und Dienstleistungsangeboten bei gleichzeitiger Zunahme der Anbieter wird die Nachfrage nach Verbraucherschutzinformation und Information unabhängiger Testinstitute steigern. Parallel werden sich bisher primär bei Finanzdienstleistungen tätige Makler und Maklerorganisationen in den Distributionsprozeß komplexer Systemangebote einschalten. Aus allen Effekten zusammen wird sich dann eine erhöhte Transparenz und in ihrer Folge ein verstärkter Preisdruck für die Anbieter ergeben.

These 9

Die Kommunikationspolitik steht künftig unter dem Primat, klassische und neue Medien instrumentell und inhaltlich zu integrieren. Die klassische Werbung wird zugunsten direkter Kommunikationsformen an Bedeutung verlieren.

Mit der rapide ansteigenden Zahl neuer Kommunikationsinstrumente und Vermittlungsformen (Öko-Sponsoring, Szenen-Kommunikation etc.) wird die zunehmende Notwendigkeit offensichtlich, zukünftig die Marktkommunikation noch effektiver zu integrieren. Instrumentell bedingt dies ein zeitlich abgestimmtes Mix zielgruppen- und angebotsspezifischer Kommunikationsinstrumente. Ob dabei der Siegeszug unkonventioneller neuer Werbeformen wie etwa des Productplacement anhält, erscheint fraglich. Vieles spricht dafür, daß hier nach einer gewissen Experimentierphase und nur bedingt möglichen Werbeerfolgskontrollen eine Ernüchterung eingetreten ist (z.B. sinkende Effizienzannahmen beim Pool-Sponsoring etc.). Demgegenüber wird das Direktmarketing via mail und elektronischer Dienste an Bedeutung gewinnen (Telefax-Marketing, Kundenclubs etc.). Wesentliche Impulse werden dabei von der Möglichkeit ausgehen, komplexe und individuelle Produkte mittels neuer Technologien (Hologramme, Cyber-Space etc.) „tangible“ zu machen. Der Anstieg der Direktdistribution wird dabei kommunikationsseitig durch eine weitere Bedeutungszunahme der Verkaufsförderung begleitet, die sich zunehmend auch elektronischer Vermittlungsformen bedienen wird (Interaktives Display-Video, Bildplatten etc.).

Die klassische Massenkommunikation wird auf hohem Niveau stagnieren und sich mit Bezug auf die Werbeträger zunehmend auf elektronische (private) Medien verlagern. Printmedien wie Zeitschriften und Zeitungen werden weiter unter Absatzdruck geraten und ihre dominante Stellung in zahlreichen Sortimentsbereichen verlieren.

Bei den Kommunikationsinhalten werden die Werbetreibenden bei steigendem Warenangebot und sinkendem Share of Voice unter zunehmenden Kreativitätsdruck geraten. Wenngleich in Zeiten wirtschaftlicher Rezession Sachargumente verlorenes Terrain zurückgewinnen, wird langfristig weniger das „hardselling“ und Textsprache als vielmehr emotionale, erlebnisbetonte und multisensorische Werbung (Bildsprache, Duftstoffe etc.) die Kommunikationslandschaft prägen.

These 10

Nach dem Siegeszug des strategisch-konzeptionellen Marketing in den 80er Jahren wird die Implementierungsqualität des Marketing zum zentralen Wettbewerbsfaktor. Wichtigste Instrumente sind dabei die Gestaltung der Unternehmens- und Marketingkulturen und -strukturen als auch die Schaffung effektiver Anreiz- und Controllingstrukturen.

Angesichts wachsender Umweltkomplexität wird eine erfolgreiche Strategieimplementierung im Marketing mehr denn je von einem adäquaten Fit zwischen Strategie und Unternehmenskultur abhängen. Im Rahmen des geplanten, evolutorischen Wandels in Organisationen ist neben der Vermittlung fachlicher Kompetenz zukünftig vor allem auf Sensitivität, Kreativität, Kommunikationsfähigkeit und Verantwortungsbewußtsein auf allen Unternehmensebenen zu achten (Synthese von Hard- und Softfaktoren).

Bei sinkender Anzahl von Hierarchieebenen („lean management") und notwendiger größerer Markt- und Kundennähe auch des Erstellungs- und Produktionspersonals ist die prozessuale Einflußnahme der Marketingorganisation zwingend.

Eine generell gestiegene Markt- und Kundenorientierung in den Organsiationen wird dabei eine sukzessive Rückverlagerung von Marktentscheidungen in die jeweiligen Fachabteilungen begünstigen und unter Kostengesichtspunkten erfordern. „Lean Marketing" reflektiert damit nicht einen organisatorischen Bedeutungsverlust des Marketing (im funktionellen Sinne), sondern die effektivste Form der marktorientierten Führung. Hier werden sich die explizit Marketingverantwortlichen zunehmend vor allem auf koordinierende Aufgaben konzentrieren müssen. Der marktorientierte Managementprozeß wird dabei angesichts der erhöhten Komplexität und des intensivierten Einflusses interner und externer Anspruchsgruppen entsprechende Planungsressourcen binden.

Eine marktorientierte Führung und Steuerung unter erheblich gestiegenen Anforderungen ist nur dann erfolgreich zu leisten, wenn es gelingt, Marktentscheidungen in kleine Verantwortungseinheiten zu delegieren und über geeignete Controllingsysteme zu lenken.

Die veränderten Rahmenbedingungen auf den Märkten erfordern in Zukunft mehr noch als bisher eine ganzheitliche, die Funktions- und Firmengrenzen überschreitende Betrachtungsweise. Sie führt zur Vision des „totalen Marketing" (Kotler 1992), indem zur Sicherung und Gestaltung von Wettbewerbsvorteilen alle Koalitionspartner und Anspruchsgruppen unter dem Aspekt der marktorientierten Führung einbezogen werden. Dem „internen Marketing" kommt für eine erfolgreiche Implementierung dieses erweiterten Marketingdenkens eine Schlüsselrolle zu.

Literaturhinweise

Backhaus, K. (1992): Investitionsgütermarketing, 3. Aufl., München 1992.

Kaas, K.-P. (1993): Marketing und neue Institutionenlehre, Arbeitspapier Nr. 1 aus dem Forschungsprojekt Marketing und ökonomische Theorie der Universität Frankfurt, Frankfurt/Main 1993.

Kotler, Ph. (1992): Total Marketing, Business Week Advance Executive Brief, Volume 2, New York 1992.

Schneider, D. (1983): Marketing als Wirtschaftswissenschaft oder Geburt einer Marketingwissenschaft aus dem Geiste des Unternehmerversagens?, in: Zeitschrift für betriebswirtschaftliche Forschung, Nr. 3, 1983, S. 197-222.

Webster, F. E. (1993): Toward a New Marketing Concept. Vortrag anläßlich der Konferenz der American Marketing Association am 8. August 1993 in Boston.

Stichwortverzeichnis

Meffert Marketing Edition

Heribert Meffert
Marketing
7., überarbeitete Auflage 1986, 740 Seiten, gebunden
ISBN 3-409-69014-X

Heribert Meffert
Marketingforschung und Käuferverhalten
2., vollst. überarb. u. erw. Aufl. 1992,
XVIII, 474 Seiten, Broschur
ISBN 3-409-23606-6

Heribert Meffert
Marketing
Arbeitsbuch
Aufgaben – Fallstudien – Lösungen
5., überarbeitete und erweiterte Auflage 1992,
X, 437 Seiten, Broschur
ISBN 3-409-69085-9

Heribert Meffert
Marketing-Management
Analyse – Strategie – Implementierung
1994, XXII, 486 Seiten, Broschur
ISBN 3-409-23613-4

Heribert Meffert / Manfred Bruhn
Marketing
Fallstudien
Fallbeispiele – Aufgaben – Lösungen
2. vollst. überarb. u. erw. Auflage 1993, IX, 363 Seiten
ISBN 3-409-23610-4

GABLER-Fachliteratur zum Thema „Marketing“ (Auswahl)

L. Berekoven / W. Eckert / P. Ellenrieder
Marktforschung
Methodische Grundlagen und praktische Anwendung
6., aktualisierte Auflage 1993, 407 Seiten,
Broschur DM 89,–
ISBN 3-409-36987-2

R. Berndt/A. Hermanns (Hrsg.)
Handbuch Marketing – Kommunikation
Grundlagen, Instrumente, Perspektiven 1993, 1044 Seiten,
gebunden mit Schutzumschlag DM 368,–
ISBN 3-409-13660-6

M. Bruhn
Marketing
Grundlagen, Fallstudien, Problemlösungen
(Betriebswirtschaft interaktiv)
1990, 312 Seiten
mit 5,25"-Diskette, DM 248,–*
ISBN 3-409-01051-3
3,5"-Diskette DM 248,–*
ISBN 3-409-01071-8

H. Dallmer (Hrsg.)
Handbuch Direct Marketing
6., völlig überarbeitete Auflage 1990, XII, 884 Seiten, gebunden DM 298,–
ISBN 3-409-36700-4

W. Hilke (Hrsg.)
Dienstleistungs-Marketing
(Schriften zur Unternehmensführung, Band 35)
1989, 133 Seiten,
Broschur DM 44,–
ISBN 3-409-17904-6

M. Kliche
Industrielles Innovationsmarketing
1991, XVI, 198 Seiten,
Broschur DM 89,–
ISBN 3-409-13653-3

A. Kuß
Ablauf einer Marktforschungsstudie
1990, 63 Min. VHS-Video
mit Begleitheft DM 128,–*
ISBN 3-409-13934-6

Marketing zwischen Theorie und Praxis e. V. (Hrsg.)
Marketing 2000
2., durchgesehene Auflage 1989, 394 Seiten,
gebunden DM 68,–
ISBN 3-409-23616-3

H. Meffert
Marketing
7., überarbeitete Auflage 1986, 740 Seiten,
gebunden DM 59,–
ISBN 3-409-69014-X

In der Reihe „Wissenschaft und Praxis“ bei GABLER erschienene Bücher (Auswahl)

Aaker, David A.
Strategisches Markt-Management
1989, 379 Seiten,
Geb. DM 89,–
ISBN 3-409-13339-9

Biervert, Bernd/
Dierkes, Meinolf
Informations- und Kommunikationstechniken im Dienstleistungssektor
1989, 280 Seiten,
Geb. DM 89,–
ISBN 3-409-13347-X

Bleicher, Knut/Leberl,
Diethard/Paul, Herbert
Unternehmungsverfassung und Spitzenorganisation
1989, 297 Seiten,
Geb. DM 98,–
ISBN 3-409-13340-2

Bruhn, Manfred/
Stauss, Bernd (Hrsg.)
Dienstleistungsqualität
Konzepte – Methoden – Erfahrungen
1991, 429 Seiten,
Geb. DM 134,–
ISBN 3-409-13655-X

Buzzell, Robert D. (Hrsg.)
Marketing im Zeitalter der Compunications
1988, 386 Seiten,
Geb. DM 98,–
ISBN 3-409-13615-0

Deppe, Joachim (Hrsg.)
Eurobetriebsräte
Internationale Mitbestimmung – Konsequenzen für Unternehmen und Gewerkschaften
1992, XX, 287 Seiten,
Geb. DM 168,–
ISBN 3-409-13454-9

Dichtl, Erwin/Raffée, Hans/
Thiess, Michael (Hrsg.)
Innovatives Pharma-Marketing
1989, 512 Seiten,
Geb. DM 198,–
ISBN 3-409-13624-X

Fieten, Robert
Erfolgsstrategien für Zulieferer
1991, 222 Seiten,
Geb. DM 128,–
ISBN 3-409-13944-3

Gabarro, John J.
Leitende in neuen Positionen
1988, 175 Seiten,
Geb. DM 64,–
ISBN 3-409-13835-8

Heskett, James L.
Management von Dienstleistungsunternehmen
1988, VI, 214 Seiten,
Geb. DM 68,–
ISBN 3-409-13328-3

Hofstede, Geert
Interkulturelle Zusammenarbeit
1993, 328 Seiten,
Geb. DM 128,–
ISBN 3-409-13157-4

Kreikebaum, Hartmut/
Herbert, Klaus J.
Humanisierung der Arbeit
1988, XV, 242 Seiten,
Geb. DM 78,–
ISBN 3-409-19104-6

Laub, Ulf D. /
Schneider, Dietram (Hrsg.)
Innovation und Unternehmertum
1991, 367 Seiten,
Geb. DM 148,–
ISBN 3-409-13215-5

Macharzina, Klaus
Informationspolitik
1990, 275 Seiten,
Geb. DM 98,–
ISBN 3-409-13128-0

March, James G. (Hrsg.)
Entscheidung und Organisation
1990, 516 Seiten,
Geb. DM 198,–
ISBN 3-409-13125-6

Mayer, Elmar (Hrsg.)
Controlling-Konzepte
3., vollst. überarb. und erw. Aufl. 1993, 372 Seiten,
Geb. DM 128,–
ISBN 3-409-33004-6

Mintzberg, Henry
Mintzberg über Management
1991, 382 Seiten,
Geb. DM 118,–
ISBN 3-409-13217-1

Porter, Michael (Hrsg.)
Globaler Wettbewerb
1989, XII, 660 Seiten,
Geb. DM 148,–
ISBN 3-409-13332-1

Reichwald, Ralf (Hrsg.)
Marktnahe Produktion
Lean Production – Leistungstiefe – Time to Market-Vernetzung – Qualifikation
1992, X, 357 Seiten,
Geb. DM 89,–
ISBN 3-409-13156-6

Servatius, Hans G.
New Venture Management
1988, IX, 352 Seiten,
Geb. DM 89,–
ISBN 3-409-13909-5

Strothmann, Karl-Heinz/
Kliche, Mario
Innovations-Marketing
1989, 185 Seiten,
Geb. DM 84,–
ISBN 3-409-13621-5

Walldorf, Erwin G.
Auslands-Marketing
1987, 571 Seiten,
Geb. DM 198,–
ISBN 3-409-13003-9

Wildemann, Horst
Strategische Investitionsplanung
1987, XII, 215 Seiten,
Geb. DM 78,–
ISBN 3-409-13715-7